Burhoff · Vereinsrecht

NWB · Ratgeber Wirtschaft

Vereinsrecht

Ein Leitfaden für Vereine und ihre Mitglieder

Von
Richter am OLG D. Burhoff

6. Auflage

nwb
Verlag Neue Wirtschafts-Briefe
Herne/Berlin

ISBN-13: 978-3-482-**42986**-6

ISBN-10: 3-482-**42986**-3 – 6. Auflage 2006

Druck: Griebsch & Rochol Druck GmbH & Co. KG, Hamm.

Vorwort

Die freie Zeit des Einzelnen nimmt zu. Deshalb steigen die Mitgliederzahlen in Vereinen, die insbesondere als Sport- oder sonstiger Freizeitverein über Freizeitangebote verfügen. Fast 60 Prozent aller Bundesbürger sind in einem Verein Mitglied. Nach der Vereinsstatistik 2005 gab es im Sommer 2005 594 277 eingetragene Vereine, davon mehr als 78 000 Sportvereine mit rund 23 Millionen Mitgliedern. Die Automobilclubs haben mehr als 13 Millionen Mitglieder. Ihnen folgen mit rund 8,5 Millionen Mitgliedern die Jugendvereine. Angewachsen ist in den letzten Jahren die Zahl der Förder- und Freizeitvereine. Pro 1 000 Bundesbürger gibt es mehr als 7 Vereine.

Der Nutzen der Mitgliedschaft in einem Verein hängt u. a. entscheidend vom Wissen um die eigenen Rechte ab. Dieses Wissen will die vorliegende Broschüre dem juristischen Laien vermitteln, der selbst Kenntnis über seine rechtliche Position in einem Verein erlangen soll. Die Schrift wendet sich auch an Vereinsvorstände, denen die im Vereinsleben auftauchenden rechtlichen Zweifelsfragen beantwortet werden sollen.

Dargestellt wird im Wesentlichen die sog. herrschende Meinung. Wer sich über den vorliegenden Leitfaden hinaus unterrichten will, findet u. a. in Sauter/Schweyer/Waldner, Der eingetragene Verein, 18. Auflage, München 2006, in Stöber, Handbuch zum Vereinsrecht, 9. Auflage, Bonn 2004, und in Reichert, Handbuch des Vereins- und Verbandsrechts, 10. Auflage, Neuwied 2004, wissenschaftlich fundierte Darstellungen unter Auseinandersetzung mit den Meinungen des Schrifttums und der Rechtsprechung. Darauf verzichtet der „Leitfaden“, da er das Ziel hat, die für die Vereine und ihre Mitglieder sichersten Wege aufzuzeigen.

Die im Herbst 1989 erschienene **1. Auflage** ist weitgehend zustimmend aufgenommen worden. Die **2. Auflage,** die Anfang 1994 erschienen ist, habe ich um den Teil „Vereine und Steuerrecht“ erweitert, der Vereinsmitgliedern, insbesondere aber den im Verein verantwortlich Tätigen einen Überblick über die für Vereine geltenden steuerrechtlichen Vorschriften geben will. Eine eingehende Darstellung der steuerrechtlichen Problematik findet sich bei Schleder, Steuerrecht der Vereine, 7. Aufl. 2005 (NWB-Verlag). In die 1997 erschienene **3. Auflage** ist der Teil „Vereine und Sponsoring“ aufgenommen worden, der einen Überblick über die mit dem Sponsoring zusammenhängenden Fragen, die immer mehr an Bedeutung gewinnen, geben soll. Die **4. Auflage** ist im Textteil weiter aufgelockert worden. Neu aufgenommen worden sind die durch Kästen und Schattierungen hervorgehobenen „Hinweise“, die auf das in dem jeweiligen Zusammenhang besonders zu Beachtende oder besonders Wichtige hinweisen. Damit ist eine noch schnellere Information möglich. In der **5. Auflage** sind viele Hinweise und Fragen verarbeitet, die sich aus meiner Teilnahme am Forum bei www.nonprofit-management.de ergeben haben. Immer, wenn ich eine der dort aufgeworfenen Fragen mit meinem Leitfaden nicht habe beantworten können, ist die entsprechende Passage überarbeitet bzw. erweitert worden. Dies habe ich in der nun vorliegenden **6. Auflage** fortgesetzt und zudem die Ausführungen aktualisiert und überarbeitet. Ich hoffe, dass sich der eine oder andere Teilnehmer des Forums an der einen oder anderen Stelle mit seinen Fragen wiederfindet. Die bei den Rdn. 543 ff. vorhandenen Muster, auf die im Text durch das Icon  hingewiesen wird, stehen im Übrigen auch im Internet zum Download bereit. Sie finden sie unter http://www.burhoff.de –> Bücher –> Vereinsrecht –> Muster zum Download.

Die veröffentlichte Rechtsprechung und Literatur ist weitgehend bis Februar 2006 berücksichtigt.

Ich hoffe, es ist mir mit der Aktualisierung des Leitfadens wiederum gelungen, Vereinen und den in ihnen Tätigen bei ihrer Arbeit behilflich zu sein. Anregungen und Kritik nehme ich gern entgegen. Beides kann helfen, eine nächste Auflage noch besser zu gestalten. Wer will, kann mir unter: „Detlef@Burhoff.de“ eine E-Mail schicken. Ich bitte aber um Nachsicht, dass ich schon aus haftungsrechtlichen Gründen keine Einzelberatungen durchführe.

Münster, im Februar 2006 Detlef Burhoff

Inhaltsverzeichnis

Literaturverzeichnis

Ott, Die Vereinssatzung, 2. Auflage, München 1996

Palandt, Bürgerliches Gesetzbuch, Kurzkommentar, 64. Auflage, München 2005 (zitiert: Palandt/Bearbeiter, § und Rdn.)

Reichert, Handbuch des Vereins- und Verbandsrechts, 10. Auflage, Neuwied 2004 (zitiert: Reichert, Rdn.)

Sauter/Schweyer/Waldner, Der eingetragene Verein, 18. Auflage, München 2006 (zitiert: Sauter/Schweyer/Waldner, Rdn.)

Schleder, Steuerrecht der Vereine, 7. Auflage, Herne/Berlin 2005 (zitiert: Schleder, Rdn.)

Soergel, Kommentar zum Bürgerlichen Gesetzbuch, begründet von Soergel, neu herausgegeben von Siebert, 13. Auflage, Stuttgart 2000, (zitiert: Soergel/Hadding, § und Rdn.)

Staudinger, Kommentar zum Bürgerlichen Gesetzbuch, 13. Auflage, Berlin 1999, (zitiert: Staudinger/Weick bzw. Staudinger/Habermann, § und Rdn.)

Stöber, Handbuch zum Vereinsrecht, 9. Auflage, Bonn 2004 (zitiert: Stöber, Rdn.)

Abkürzungsverzeichnis

A

a.	auch/aber
a. A.	anderer Ansicht
a. a. O.	am angegebenen Ort
Abs.	Absatz
a. E.	am Ende
AEAO	Anwendungserlass Abgabenordnung
a. F.	alte Fassung
AG	Amtsgericht/Aktiengesellschaft
AnwBl	Anwaltsblatt (Zeitschrift; Jahr und Seite)
Anm.	Anmerkung
AO	Abgabenordnung
ArbGG	Arbeitsgerichtsgesetz
Art.	Artikel

B

BAG	Bundesarbeitsgericht
BayObLG	Bayerisches Oberstes Landesgericht
BayObLGZ	Entscheidungen des Bayerischen Obersten Landesgerichts in Zivilsachen (Zeitschrift; Jahr und Seite)
BB	Der Betriebs-Berater (Zeitschrift; Jahr und Seite)
Betrieb	Der Betrieb (Zeitschrift; Jahr und Seite)
BezG	Bezirksgericht
BFH	Bundesfinanzhof
BGB	Bürgerliches Gesetzbuch
BGBl	Bundesgesetzblatt
BGH	Bundesgerichtshof
BGHZ	Entscheidungen des Bundesgerichtshofs in Zivilsachen (Band und Seite)
BMF	Bundesministerium der Finanzen
BSG	Bundessozialgericht
BStBl	Bundessteuerblatt
BtPrax	Betreuungsrechtliche Praxis (Zeitschrift; Jahr und Seite)
BuW	Betrieb und Wirtschaft (Zeitschrift; Jahr und Seite)
BVerwG	Bundesverwaltungsgericht

D

d. h.	das heißt
DNotZ	Deutsche Notar-Zeitschrift (Zeitschrift; Jahr und Seite)

DStR	Deutsches Steuerrecht (Zeitschrift; Jahr und Seite)
DtZ	Deutsch-Deutsche Rechts-Zeitschrift (Jahr und Seite)
DVBl	Deutsches Verwaltungsblatt (Zeitschrift; Jahr und Seite)
DWW	Deutsche Wohnungswirtschaft (Zeitschrift; Jahr und Seite)
E	
EFG	Entscheidungen der Finanzgerichte (Zeitschrift; Jahr und Seite)
EStG	Einkommensteuergesetz
EStR	Einkommensteuer-Richtlinien
Einzelh.	Einzelheiten
EuGH	Europäischer Gerichtshof
EuV	Europäischer Verein
F	
FA	Finanzamt
ff.	folgende
FG	Finanzgericht
FGG	Gesetz über die Angelegenheiten der freiwilligen Gerichtsbarkeit
FGO	Finanzgerichtsordnung
FGPrax	Praxis der freiwilligen Gerichtsbarkeit, vereinigt mit OLGZ (Zeitschrift; Jahr und Seite)
G	
GA	Goldammer's Archiv für Strafrecht (Zeitschrift; Jahr und Seite)
gem.	gemäß
GenG	Gesetz betr. die Erwerbs- und Wirtschaftsgenossenschaften
GmbHG	Gesetz betr. die Gesellschaften mit beschränkter Haftung
GG	Grundgesetz für die Bundesrepublik Deutschland
grds.	grundsätzlich
GrEStG	Grunderwerbsteuergesetz
GrStG	Grundsteuergesetz
GWB	Gesetz gegen Wettbewerbsbeschränkungen
H	
HGB	Handelsgesetzbuch
h. M.	herrschende Meinung
HWiG	Gesetz über den Widerruf von Haustürgeschäften und ähnlichen Geschäften (Haustürwiderrufsgesetz)

I

i. d. F.	in der Fassung
i. d. R.	in der Regel
i. S. (v.)	im Sinn(e) (von)
i. V. m.	in Verbindung mit

J

JurBüro	Das juristische Büro (Zeitschrift; Jahr und Seite)
JuS	Juristische Schulung (Zeitschrift; Jahr und Seite)

K

KG	Kammergericht (Berlin)
KostO	Kostenordnung
KStG	Körperschaftsteuergesetz

L

LG	Landgericht
Lit.	Literatur
Ls.	Leitsatz
LStR	Lohnsteuer-Richtlinien

M

MDR	Monatsschrift für Deutsches Recht (Zeitschrift; Jahr und Seite)
m.	mit
MMR	MultiMedia und Recht (Zeitschrift; Jahr und Seite)
m. w. N.	mit weiteren Nachweisen

N

Nds.Rpfl.	Niedersächsische Rechtspflege (Zeitschrift; Jahr und Seite)
NJ	Neue Justiz (Zeitschrift; Jahr und Seite)
NJW	Neue Juristische Wochenschrift (Zeitschrift; Jahr und Seite)
NJW-RR	NJW-Rechtsprechungs-Report (Zeitschrift; Jahr und Seite)
NJWE-VHR	NJW-Entscheidungsdienst Versicherungs-/Haftungsrecht (Zeitschrift; Jahr und Seite)
NotBZ	Zeitschrift für die notarielle Beratungs- und Beurkundungspraxis (Zeitschrift; Jahr und Seite)
NVwZ	Neue Zeitschrift für Verwaltungsrecht (Zeitschrift; Jahr und Seite)
NVwZ-RR	Neue Zeitschrift für Verwaltungsrecht Rechtsprechungs-Report (Zeitschrift; Jahr und Seite)
NWB	Neue Wirtschafts-Briefe (Fach und Seite)
NWB EN-Nr.	Neue Wirtschafts-Briefe Eilnachrichten Nr.(/Jahr)

NZA	Neue Zeitschrift für Arbeitsrecht (Zeitschrift; Jahr und Seite)
NZG	Neue Zeitschrift für Gesellschaftsrecht (Zeitschrift; Jahr und Seite)

O

OFD	Oberfinanzdirektion
OHG	offene Handelsgesellschaft
OLG	Oberlandesgericht
OLGE	Sammlung der Rechtsprechung der Oberlandesgerichte (Band und Seite)
OLG NL	OLG-Rechtsprechung Neue Länder (Zeitschrift; Jahr und Seite)
OLGR	OLG-Report (Zeitschrift; getrennt für jedes OLG; Jahr und Seite)
OLGZ	Entscheidungen der Oberlandesgerichte in Zivilsachen (Zeitschrift; Jahr und Seite)

P

PartG	Parteiengesetz

R

Rbeistand	Rechtsbeistand (Zeitschrift; Jahrgang und Seite)
Rdn	Randnummer
RdJ	Recht der Jugend und des Bildungswesens (Zeitschrift; Jahr und Seite)
RG	Reichsgericht
RGZ	Entscheidungen des Reichsgerichts in Zivilsachen (Band und Seite)
Rpfleger	Der Deutsche Rechtspfleger (Zeitschrift; Jahr und Seite)
RRa	Reiserecht aktuell
r+s	Recht und Schaden (Zeitschrift; Jahr und Seite)
RVG	Rechtsanwaltsvergütungsgesetz
RVO	Reichsversicherungsordnung

S

S.	Satz
s.	siehe
SchlHAnz	Schleswig-Holsteinische Anzeigen (Zeitschrift; Jahr und Seite)
SigG	Signaturgesetz
SGB	Sozialgesetzbuch
SGb	Die Sozialgerichtsbarkeit (Zeitschrift; Jahr und Seite)
SGG	Sozialgerichtsgesetz
SpuRt	Sport und Recht (Zeitschrift; Jahr und Seite)
StBerG	Steuerberatungsgesetz

StGB	Strafgesetzbuch
StPO	Strafprozeßordnung
str.	streitig
st.Rspr.	ständige Rechtsprechung
U	
UStB	Umsatzsteuerberater (Zeitschrift; Jahr und Seite)
UStG	Umsatzsteuergesetz
UmwG	Umwandlungsgesetz
V	
VAG	Versicherungsaufsichtsgesetz
VereinsG	Gesetz zur Regelung des öffentlichen Vereinsrechts (Vereinsgesetz)
VermG	Gesetz zur Regelung offener Vermögensfragen
VersR	Versicherungsrecht (Zeitschrift; Jahr und Seite)
VGH	Verwaltungsgerichtshof
vgl.	vergleiche
VRV	Vereinsregisterverordnung
VV	Vergütungsverzeichnis
W	
WiB	Wirtschaftsrechtliche Beratung (Zeitschrift; Jahr und Seite)
WPM	Wertpapiermitteilungen Teil IV B (Zeitschrift; Jahr und Seite)
WuW	Wirtschaft und Wettbewerb (Zeitschrift; Jahr und Seite)
Z	
ZAP	Zeitschrift für die Anwaltspraxis (Fach und Seite)
ZfRV	Zeitschrift für Rechtsvergleichung (Zeitschrift; Jahr und Seite)
zfs	Zeitschrift für Schadensrecht (Zeitschrift; Jahr und Seite)
Ziff.	Ziffer
ZIP	Zeitschrift für Wirtschaftsrecht (Zeitschrift; Jahr und Seite)
ZOV	Zeitschrift für offene Vermögensfragen (Zeitschrift; Jahr und Seite)
ZPO	Zivilprozessordnung
ZZP	Zeitschrift für Zivilprozess (Band und Seite)

A. Der eingetragene Verein

I. Was ist ein Verein?

Das Bürgerliche Gesetzbuch enthält zwar in den §§ 21 ff. BGB Vorschriften, die das Vereinsrecht regeln, eine Definition des Begriffs „Verein" ist jedoch nicht enthalten. Die Definition des § 2 des Gesetzes zur Regelung des öffentlichen Vereinsrechts (Vereinsgesetz) gilt nur im Bereich des öffentlichen Rechts. Daher hat die Rspr. den Begriff des „Vereins" für den Bereich des Zivilrechts klären müssen. Schon nach der Rspr. des Reichsgerichts ist ein Verein ein auf gewisse Dauer angelegter, **körperschaftlich organisierter Zusammenschluss** einer Anzahl von Personen, die ein gemeinschaftliches Ziel verfolgen (RGZ 140 S. 143). Eine körperschaftliche Organisation liegt vor, wenn die sich zusammenschließenden Einzelpersonen künftig als eine Einheit auftreten wollen, die einen Gesamtnamen führt, durch einen Vorstand vertreten wird und ihren Willen grds. durch Beschlussfassung der Mitglieder nach Stimmenmehrheit äußert. Zum Wesen des Vereins gehört außerdem, dass ein Wechsel im Mitgliederbestand stattfinden kann (§ 58 Nr. 1 BGB). 1

Nach **Art. 9 Abs. 1 GG** haben alle Deutschen das Recht, Vereine und Gesellschaften zu bilden. Dieser Grundsatz gilt jedoch nicht uneingeschränkt. So sind Vereinigungen, deren Zweck den Strafgesetzen zuwiderläuft oder die sich gegen die verfassungsmäßige Ordnung der Bundesrepublik Deutschland richten, verboten. Diese Verfassungswidrigkeit ist entweder durch das zuständige Landesministerium oder das Bundesinnenministerium festzustellen, wogegen Widerspruch eingelegt und auch von einem Vereinsmitglied das Verwaltungsgericht angerufen werden kann (VGH Mannheim NJW 1990 S. 61). Die Einzelheiten sind im VereinsG geregelt; auf sie soll hier nicht weiter eingegangen werden (vgl. zu den Voraussetzungen für ein Vereinsverbot u. a. BVerwG NJW 1995 S. 2505 [Verbot des Vereins „Wicking-Jugend"]; DVBl 2005 2

S. 590 [Verbot eines Vereins, dessen Ziele sich gegen die Völkerverständigung richten]).

3 In der Europäischen Gemeinschaft ist ein **Europäischer Verein** (EUV) vorgesehen (vgl. Vorschlag für EG-VO im Amtsblatt Nr. C 236 vom 31. 8. 1993), mit dem die aktive Teilnahme am Leben der Gemeinschaft erleichtert und gefördert werden soll. Da der EUV in der Praxis bislang keine große Rolle spielt, soll auf ihn hier nur hingewiesen werden, ohne weiter auf Einzelheiten einzugehen (s. dazu Neßler, ZfRV 2000 S. 1; Steding, BuW 1999 S. 545; Hopt, ZIP 2005 S. 461).

II. Die Stellung des Vereins im Rechtsverkehr

1. Rechts- und Geschäftsfähigkeit

4 Der eingetragene Verein ist juristische **Person.** Er besitzt damit wie jede natürliche Person rechtliche Selbständigkeit, ist **rechtsfähig** und kann Träger von Rechten und Pflichten sein. Die Rechtsfähigkeit stellt den Verein auf eine Stufe mit der natürlichen Person. Er wird im Rechtsverkehr als tatsächlich vorhandenes Wesen behandelt. Er ist reale Verbandspersönlichkeit und handelt durch seine Organe. Der Verein ist der natürlichen Person jedoch nicht in allen Belangen gleichgestellt. Die Rechtsfähigkeit wirkt sich im Wesentlichen nur im vermögensrechtlichen Bereich aus, nicht jedoch, soweit der Natur der Sache nach nur ein Mensch Träger von Rechten und Pflichten sein kann. Im Einzelnen gilt:

5 Der Verein ist **parteifähig,** er kann also klagen und verklagt werden (§ 50 ZPO; s. aber BGH NJW 1995 S. 516 [kein Recht eines zum Schutz von Kleinaktionären gegründeten Vereins, abgetretene Aktionärsansprüche im eigenen Namen geltend zu machen, da die Abtretung wegen Verstoßes gegen das Rechtsberatungsgesetz nichtig ist]). Unter den Voraussetzungen des § 116 Abs. 1 Nr. 2 ZPO hat er einen Anspruch auf **Prozesskostenhilfe** nach den §§ 114 ff. ZPO, wenn die Prozesskosten weder vom Verein noch von den Vereinsmitgliedern aufgebracht werden können (nach

OLG Hamburg NJW-RR 1987 S. 894 kommt es bei einem gemeinnützigen Verein, der Jugendarbeit leistet, auf die Vermögensverhältnisse der Mitglieder nicht an).

Dem Verein ist der Erwerb eigenen Vermögens möglich, auch kann er Erbe und Vermächtnisnehmer sein. Der Verein kann als Inhaber eines dinglichen Rechts, wie Eigentum, Grundschuld, im Grundbuch eingetragen werden, d. h. er ist **grundbuchfähig.** Über sein Vermögen kann bei Überschuldung oder Zahlungseinstellung das Insolvenzverfahren eröffnet werden (§ 11 Abs. 1 InsO); im Insolvenzverfahren kann er zum Mitglied eines Gläubigerausschusses bestellt werden. Auch kann er selbst Mitglied, auch Vorstandsmitglied, eines anderen Vereins oder einer Handelsgesellschaft werden (Soergel/Hadding, § 27 BGB Rdn. 5). Der Verein hat das Recht, gem. § 12 BGB Schutz seines Namens zu beanspruchen, und, wenn dieses Recht verletzt wird, Schadensersatz geltend zu machen (§ 823 BGB). **6**

Im **familienrechtlichen Bereich** ist hingegen die Rechtsfähigkeit des Vereins **nicht** gegeben, so dass er z. B. kein Kind annehmen kann. Auch hat der Verein keinen Wohnsitz, sondern einen „Sitz".

Art. 9 Abs. 1 GG – die sog. **Vereinigungsfreiheit** – gewährleistet den Vereinen Schutz vor staatlichem Eingriff in den Kernbereich ihres Bestandes und ihrer Tätigkeit (s. u. a. BVerfGE 84 S. 372 = NJW 1992 S. 549). Dazu gehören das Recht auf Entstehen, Bestehen und vereinsmäßige Betätigung. Die **Grundrechte** des GG gelten gem. Art. 19 Abs. 3 GG im Übrigen für den Verein aber nur, soweit sie ihrem Wesen nach auf ihn anwendbar sind. Das ist anerkannt für den Gleichheitsgrundsatz des Art. 3 GG, für das Recht auf den gesetzlichen Richter, für die Namensführung und die satzungsgemäße Betätigung. Auch kann einem (eingetragenen gemeinnützigen) Verein das sich aus Art. 12 Abs. 1 GG ergebende Grundrecht der Berufsfreiheit zustehen (st. Rspr. seit BVerfG NJW 1967 S. 974; s. zuletzt BVerwG NJW 1994 S. 2166 m. w. N. aus der Rspr. [für eine Tätigkeit im Bereich der Schulung und Ausbildung von Fahrerlaubnisbewerbern, mit der Kenntnisse in **7** der Versorgung Unfallverletzter und in Erster Hilfe vermittelt werden]).

8 Der Verein kann nicht Straftäter sein, er ist also **nicht straffähig.** Ebenso wenig muss er für kriminelle Handlungen einstehen, es sei denn, sie haben vermögensrechtliche Auswirkungen (wegen der Haftung des Vereins s. Rdn. 335 ff.). Der Verein kann also für den Betrug, die Untreue oder die Unterschlagung seines Vorstandes nicht mit Freiheits- oder Geldstrafe bestraft werden. Eine **Ausnahme** gilt, wenn der Vorstand oder eines seiner Mitglieder eine Ordnungswidrigkeit nach dem Wirtschaftsstrafgesetz, dem Gesetz über Ordnungswidrigkeiten oder dem Gesetz gegen Wettbewerbsbeschränkungen begangen hat, durch die typische Vereinspflichten verletzt worden sind oder durch die der Verein bereichert worden ist. Dann kann gegen den Verein eine Geldbuße festgesetzt werden, die gem. § 30 Abs. 2 Nr. 1 OWiG im Fall einer vorsätzlichen Tat bis zu 1 000 000 € und bei nur fahrlässigem Handeln nach § 30 Abs. 2 Nr. 1 OWiG 500 000 € beträgt.

9 Von der Rechtsfähigkeit zu unterscheiden ist die **Geschäftsfähigkeit.** Das ist die Fähigkeit, selbständig voll wirksam am Rechtsleben teilzunehmen, indem insbesondere Rechtsgeschäfte und Verträge abgeschlossen werden. Der Verein als solcher besitzt diese Fähigkeit nicht, da er selbst nicht handeln kann. Für die Teilnahme am Rechtsverkehr muss er sich natürlicher Personen bedienen, und zwar der Personen, denen nach der Organisation in der Satzung die Vertretung nach außen zukommt. Das sind der Vorstand oder andere satzungsmäßig berufene Vertreter.

Hinweis:

Der **Vorstand** ist Organ und damit **Teil der juristischen Person** „Verein“. Das Handeln des Vorstandes ist eigenes Handeln des Vereins, für das er haftet. Der Vorstand ist nicht bloß Repräsentant oder rechtsgeschäftlich bestellter Vertreter (§ 164 BGB), sondern Glied der juristischen Person. Ebenso wie die Hand ein Glied des menschlichen Körpers ist, mit dem der Mensch handelt, ist der Vorstand das nach außen handelnde Organ des Vereins.

Die rechtliche Selbständigkeit, d. h. die Rechtsfähigkeit, erlangt der Verein nicht schon mit der Gründung (s. Rdn. 17), sondern entweder erst durch die Eintragung ins Vereinsregister gem. § 21 BGB oder durch die staatliche Verleihung gem. § 22 BGB, die beim wirtschaftlichen Verein von besonderer Bedeutung ist (s. Rdn. 34 ff.).

2. Anwendungsbereich der vereinsrechtlichen Vorschriften

Die §§ 21 bis 53 BGB sind auf alle rechtsfähigen Vereine anwendbar, ohne Rücksicht auf Größe und Bedeutung des Vereins. Sie gelten weitgehend auch für den nichtrechtsfähigen Verein (s. Rdn. 413 ff.). Für Handelsgesellschaften, Genossenschaften und den Versicherungsverein auf Gegenseitigkeit sind in erster Linie die einschlägigen **Sondergesetze** wie AktG, GmbHG, GenG, VAG, maßgebend. Soweit diese Lücken enthalten, finden die Vorschriften des Vereinsrechts Anwendung. Dementsprechend erstreckt sich der Anwendungsbereich der § 29 (Notvorstand), § 30 (besonderer Vertreter), § 31 (Haftung für Organe) und § 35 (Sonderrechte) auf alle juristischen Personen des Privatrechts (Palandt/Heinrichs, vor § 21 Rdn. 15). **10**

Die **politischen Parteien** sind durchweg als rechtsfähige oder nichtrechtsfähige Vereine organisiert (zum Begriff der politischen Partei s. BVerwG NJW 1993 S. 3213). Für sie gilt aber in erster Linie das **Parteiengesetz,** das für eine Reihe von wichtigen Fragen (Namensrecht, aktive Parteifähigkeit, demokratische Organisation, Gebietsverbände, Aufnahme, Austritt und Ausschluss von Mitgliedern) **Sonderregelungen** enthält. Ergänzend werden die §§ 21 ff. BGB angewendet. **11**

Religiöse Vereine, die Religionsgesellschaften i. S. des Art. 140 GG sind, können ihre Angelegenheiten nach ihrem religiösen Selbstverständnis ordnen (BayObLGZ 1987 S. 170). Ihre Regelungsbefugnis beruht nicht auf § 25 BGB, sondern ist originär. Sie unterliegen der staatlichen Gründungskontrolle (v. Camphausen, NJW 1990 S. 887, 2670; Rpfleger 1989 S. 349; kritisch Kopp, NJW 1989 S. 2497), müssen einen Vorstand haben und den Zusatz „e. V." führen (BayObLG a. a. O.). Bei der Gründung sind sie ggf. **12**

nicht an die Einhaltung der gesetzlichen Mindestmitgliederzahl von sieben Gründungsmitgliedern (s. § 56 BGB; vgl. dazu Rdn. 17) gebunden, es sei denn, der Verein wäre offensichtlich nicht in der Lage, sich – wegen der geringen Gründungsmitgliederzahl – eine körperschaftliche Organisation zu geben (OLG Hamm NJW-RR 1997, 1397 m. w. N. [für Gründung eines Vereins nur durch die in den fünf nordrhein-westfälischen Diözesen vorhandenen Religionslehrerverbände]). Die religiösen Vereine können auch ihre Satzung ohne Bindung an bestehende vereinsrechtliche Vorschriften gestalten, soweit der Innenbereich des vereinsrechtlichen Zusammenschlusses betroffen ist (OLG Köln Rpfleger 1992 S. 112 = NJW 1992 S. 1048). **Einschränkungen** der Vereinsautonomie, die sich aus der Organisation als Teil einer Religionsgemeinschaft ergeben, etwa bei Satzungsänderungen, Rechtsstellung, Ausschluss von Mitgliedern und Auflösung, sind ebenfalls **zulässig** (BVerfG NJW 1991 S. 2623, 2625 = DVBl 1991 S. 435; OLG Köln a. a. O. [für vorherige Zustimmung zu bestimmten Rechtsgeschäften oder zur Auflösung des Vereins]; OLG Frankfurt NJW-RR 1997, 482 [für Beschränkung der Beteiligung an der Willensbildung auf eine bestimmte Gruppe von Mitgliedern]; s. a. Schockenhoff, NJW 1992 S. 1013; kritisch Flume, JZ 1992 S. 238 ff.). Zulässig ist auch eine Regelung, wonach kirchliche Funktionsträger „geborene" Mitglieder im Verein sind (OLG Hamm NJW-RR 1995 S. 119; s. a. Rdn. 62 ff.).

3. Vereine in den neuen Bundesländern

13 In der ehemaligen DDR ist noch am 21. Februar 1990 das Gesetz über Vereinigungen – Vereinigungsgesetz – (GBl I Nr. 10 S. 75) in Kraft getreten (zur Rechtslage in der früheren DDR bis zum 20. Februar 1990 s. Reichert, Rdn. 3006; zum Begriff der Rechtsnachfolge i. S. des § 2 Abs. 1 S. 1 VermG im Hinblick auf einen neu gegründeten Verein s. VG Meiningen ZOV 1995 S. 227). In diesem Gesetz wurde die Bildung von erlaubten Vereinigungen als frei bezeichnet, sie bedurfte nach § 2 Abs. 1 des Gesetzes keiner Genehmigung. Die Vereinigungen, die am 21. Februar 1990 aufgrund staatlicher Anerkennung oder des Erlasses von Rechtsvorschriften Rechtsfähigkeit erlangt hatten, mussten innerhalb von sechs Monaten bei dem zuständigen Kreisgericht den Antrag auf Registrierung stellen, anderenfalls ging nach § 22 Abs. 2 des Gesetzes die Rechtsfähigkeit verloren.

Nach Art. 231 § 2 Abs. 1 EGBGB i. d. F. des Einigungsvertrages **14**
v. 31. August 1990 (BGBl II S. 889) bestehen rechtsfähige Vereinigungen, die nach dem Recht der ehemaligen DDR (s. o.) vor dem Wirksamwerden des Beitritts am 3. Oktober 1990 entstanden sind, **fort** (siehe zur Identität zwischen einer Betriebssportgemeinschaft der DDR und einem nach dem 2. 10. 1990 eingetragenen Verein auch AG Berlin-Köpenick VIZ 1998 S. 38). Zielsetzung dieser Regelung im Einigungsvertrag war zunächst der **Bestandsschutz** der nach dem Recht der ehemaligen DDR wirksam entstandenen Vereinigungen, die in ihren Grundzügen den Vereinen i. S. der §§ 21 ff. des BGB entsprechen (zum Fortbestand rechtsfähiger Vereinigungen nach dem Einigungsvertrag s. Nissel, DtZ 1991 S. 239).

Im Zuge der Rechtsangleichung wurden nach den im Einigungs- **15**
vertrag getroffenen Regelungen rechtsfähige Vereinigungen i. S. des Vereinigungsgesetzes in die Rechtsform der **rechtsfähigen Vereine** i. S. des BGB überführt. Auf sie sind gem. Art. 231 § 2 Abs. 2 EGBGB i. d. F. des Einigungsvertrages ab 3. Oktober 1990, dem Tage des Beitritts, die §§ 21 bis 79 BGB anzuwenden. Das bedeutet u. a., dass sie die Bezeichnung „eingetragener Verein" führen. Auf **nichtrechtsfähige** Vereine findet § 54 BGB Anwendung. Eine Besonderheit war für die Führung der Vereinsregister vorgesehen. Da in Vollzug des Vereinigungsgesetzes der ehemaligen DDR bereits Register angelegt und Zuständigkeiten für deren Führung bestimmt (s. Erste Durchführungsverordnung zum Vereinigungsgesetz vom 8. März 1990, GBl I Nr. 18 S. 159) wurden, sollten die hiernach zuständigen Stellen zunächst auch weiterhin die Vereinsregister führen (wegen der Einzelheiten vgl. Reichert, Rdn. 3007 ff.; zur Löschung eingetragener Verein im Vereinsregister der ehemaligen DDR s. Tietje, DtZ 1994 S. 138). Diese Regelung ist mit dem Inkrafttreten des Rechtspflege-Anpassungsgesetzes v. 26. 6. 1992 (BGBl I S. 1147) mit Wirkung

v. 1. 7. 1992 ersatzlos entfallen. Für den fortbestehenden DDR-Verein gelten im Übrigen die allgemeinen Regeln. Es ist also z. B. die Verschmelzung mit anderen Vereinen bzw. ein liquidationsloser Vermögensübergang nur nach Maßgabe der allgemeinen Grundsätze möglich (BGH, Urt. v. 16. 12. 2004 - III ZR 179/04).

16 Zur **Überleitung** der sich aus § 8 Abs. 2, § 17 des DDR-Vereinigungsgesetzes ergebenden **Organhaftung** bestimmt Art. 231 § 4 EGBGB, dass § 31 BGB nur auf solche Handlungen anzuwenden ist, die nach dem 2. Oktober 1990 begangen wurden. Bei einem pflichtwidrigen Handeln, das vor und nach dem genannten Stichtag liegt (z. B. eine Verletzung der Aufsichtspflicht), ist entscheidend, welche Teilhandlung für den Schaden ursächlich war. Lässt sich das nicht (mehr) aufklären, gilt das Haftungsrecht der DDR weiter (Palandt/Heinrichs, Art. § 231 § 4 EGBGB Rdn. 3).

III. Wie entsteht der eingetragene Verein?

1. Der Gründungsakt

17 Für die Gründung des Vereins erforderlich ist zunächst, dass die Regelungen, die für den künftigen Verein verbindlich sein sollen, in einer Satzung niedergelegt werden. Eigentlicher Gründungsakt ist dann die Einigung der Gründungsmitglieder, dass die Satzung verbindlich sein, der Verein ins Vereinsregister eingetragen und somit Rechtsfähigkeit erhalten soll. Dieser von den Vereinsgründern geschlossene Vertrag bedarf grds. keiner Form. **Praktisch** ist aber wegen § 59 Abs. 2 Nr. 1 BGB, wonach bei der Anmeldung die Satzung in Ur- und Abschrift beizufügen ist, die Einhaltung der **Schriftform** notwendig. An dem Vertrag beteiligen müssen sich mindestens zwei Personen.

Hinweis:

Da aber die Eintragung nach § 56 BGB grds. nur erfolgen soll, wenn der Verein mindestens sieben Mitglieder hat, ist es sinnvoll, mit der Gründung so lange zu **warten,** bis sich mindestens **sieben Personen** daran beteiligen (zur Ausnahme bei einem religiösen Verein s. oben Rdn. 12).

Neben natürlichen Personen können **auch juristische Personen,** wie z. B. ein anderer rechtsfähiger Verein, als Gründer auftreten. Setzen sich die Gründungsmitglieder aus natürlichen und juristischen Personen (z. B. GmbH) zusammen und werden die juristischen Personen von den natürlichen Personen beherrscht und repräsentiert, so ist für die Mindestzahl von sieben Mitgliedern nur die Zahl der natürlichen Personen maßgebend (OLG Köln NJW 1989 S. 173; OLG Stuttgart Rpfleger 1983 S. 318). Das gilt auch, wenn der Verein als Dachverband andere Vereine zu Mitgliedern hat (LG Hamburg Rpfleger 1981 S. 198; a. A. LG Mainz MDR 1978 S. 312). Auch ein nichtrechtsfähiger Verein kann Vereinsgründer sein (LG Duisburg JW 1933 S. 2167). **18**

Bei der Gründung müssen die **Gründer geschäftsfähig** sein, also i. d. R. achtzehn Jahre alt. Sie dürfen weder entmündigt noch geisteskrank sein. Ist ein Gründer beschränkt geschäftsfähig, also sieben, aber noch nicht achtzehn Jahre alt, kann er sich an der Gründung beteiligen, wenn er dadurch lediglich einen rechtlichen Vorteil erlangt (§ 107 BGB). **19**

Beispiel:

Es soll ein Sportverein mit einer Jugendabteilung gegründet werden. Folgende Satzungsbestimmungen sind vorgesehen: Die Mitglieder der Jugendabteilung werden kostenlos für eine bestimmte Sportart ausgebildet, Vereinsbeiträge in Geld sind nicht zu leisten, auf der Mitgliederversammlung sind sie nur teilnahme- nicht aber stimmberechtigt. Einen solchen Verein können sechs Erwachsene und ein 17jähriger gründen (Reichert, Rdn. 58).

Da der Minderjährige wegen der Mitgliedschaftspflichten meist aber nicht lediglich einen rechtlichen Vorteil erlangt, bedarf er, wenn er bei einer Vereinsgründung mitwirken soll/will, i. d. R. der **Zustimmung** seines **gesetzlichen Vertreters** (so auch Stöber, Rdn. 16). Die Regelung in **§ 110 BGB** (sog. Taschengeldparagraph) hilft häufig nicht, da das Mitglied normalerweise nicht nur einen finanziellen Beitrag zu erbringen hat (vgl. auch Hofmann,

Zum Vereinsbeitritt Minderjähriger, Rpfleger 1986 S. 5; zum Eintritt Minderjähriger in einen rechtsfähigen Verein s. Rdn. 65; zur Teilnahme von Minderjährigen an der Mitgliederversammlung s. Rdn. 217, 227). Auch die neue Vorschrift des **§ 105a** BGB, die die Wirksamkeit von Geschäften des täglichen Lebens regelt (vgl. dazu Casper, NJW 2002 S. 3425), hilft nicht. Eine Vereinsgründung dürfte nicht als ein „Geschäft des täglichen Lebens" anzusehen sein. Das sind nach der Gesetzesbegründung (vgl. BT-Drucks. 14/9266, S. 43) vor allem der Erwerb von Gegenständen des täglichen Bedarfs und die Inanspruchnahme von einfachen Dienstleistungen.

Auch ein **Betreuter** kann an der Vereinsgründung teilnehmen. Wenn er jedoch zur Beitrittserklärung nach § 1903 Abs. 1 BGB der Einwilligung des Betreuers bedarf – sog. Einwilligungsvorbehalt –, kann er sich auch nur mit dessen Einwilligung an der Vereinsgründung beteiligen (Stöber, a. a. O.).

19 a Bei der Vereinsgründung kann sich einer der Gründer durch eine andere (natürliche) Person **vertreten** lassen. Wird dafür eine schriftliche Vollmacht ausgestellt, muss diese sich auf den Gründungsakt beziehen, also z. B. „Vollmacht zur Teilnahme an der Gründung des Vereins ....". Der Vertreter kann dann i. d. R. nicht selbst auch Gründungsmitglied werden; dem steht § 181 BGB und das Verbot des In-Sich-Geschäfts entgegen. Davon kann der Vertreter aber befreit werden.

2. Mängel des Gründungsaktes

20 Ist die Willenserklärung eines Gründers beim Gründungsakt nichtig, z. B. weil er geschäftsunfähig ist, hat dies auf die Wirksamkeit der Gründung nur dann Einfluss, wenn mit dem Wegfall dieses Gründers die Mindestzahl von zwei Personen, die rechtlich einwandfreie Erklärungen abgegeben haben, nicht mehr gegeben ist (Sauter/Schweyer/Waldner, Rdn. 12 m. w. N.). Wird die Gründungserklärung von einem Gründer wegen Irrtums, Täuschung oder Drohung gem. den §§ 119, 123 BGB angefochten, wird davon der Gründungsakt selbst nicht berührt, wenn der Verein bereits eingetragen ist oder seine Tätigkeit nach außen hin aufgenommen hat. Die Nichtigkeits- und Anfechtungsgründe können nur mit **zukünftiger Wirkung** geltend gemacht werden. Diese Geltendmachung hat lediglich die Wirkung einer **Austrittserklärung** (Sauter/Schweyer/Waldner, a. a. O.; Stöber, Rdn. 18).

Verstößt der Gründungsvertrag gegen ein **gesetzliches Verbot** (§ 134 BGB) oder gegen die **guten Sitten** (§ 138 BGB), ist er unheilbar nichtig (s. a. Rdn. 45 ff.). Das gilt zum **21**

Beispiel

- bei einem Verein, der entgeltlich **Wohnungsvermittlung** betreiben will (LG Karlsruhe Rpfleger 1984 S. 22),
- bei einem Verein von **Strafgefangenen**, der ohne Genehmigung der Anstaltsleitung die Aufgabe einer **Insassenvertretung** übernehmen soll (BayObLGZ 1981 S. 289; OLG Karlsruhe Rpfleger 1983 S. 405).
- **nicht** hingegen bei einem Verein, der nach seiner Satzung **Meisterschaften** und Turniere im **Meeresangeln** durchführt, da die Strafbarkeit des Wettbewerbsfischens nicht feststeht (LG Hamburg NJW-RR 1991 S. 892),
- Ein Verstoß gegen die guten Sitten kann aber auch vorliegen, wenn nach der Satzung **Fremdeinfluss** derart **überwiegt**, dass der Verein zu einer eigenen selbständigen Willensbildung nicht mehr in der Lage ist, sondern eine unselbständige Verwaltungsstelle eines Dritten darstellt (OLG Köln Rpfleger 1992 S. 112 = NJW 1992 S. 1048; LG Bonn Rpfleger 1991 S. 157, jeweils für einen kirchlichen Verein; s. a. OLG Celle NJW-RR 1995 S. 1273, wenn die Geschicke des Vereins nach der Satzung ausschließlich von bestimmten Mitgliedern gestaltet werden).

Die **Nichtigkeit einzelner Bestimmungen** der Satzung hat jedoch nicht die Nichtigkeit der gesamten Satzung zur Folge. § 139 BGB gilt also nicht. An die Stelle der nichtigen Satzungsbestimmungen treten die gesetzlichen Regelungen (eingehend zur Nichtigkeit Stöber, Rdn. 43).

3. Von der Gründung zur Eintragung – Vorverein

Mit der Einigung der Gründungsmitglieder über die Satzung ist **22**
zwar ein wesentlicher Schritt zur Entstehung des Vereins getan, diese ist aber noch nicht vollendet. Da es zum Wesen des Vereins

gehört, dass er körperschaftlich organisiert ist, muss ihm das wesentliche Organ gegeben werden, das ihn erst handlungsfähig macht. Die Gründer müssen deshalb den ersten Vorstand des Vereins bestellen, und zwar gem. der gerade von ihnen aufgestellten Satzung. D. h.: Zur Wahl ist die von der Satzung vorgesehene Stimmenmehrheit erforderlich und es müssen soviel Vorstandsmitglieder gewählt werden, wie die Satzung vorsieht. Das ist ebenso wie der Hergang der Gründung in einer **Niederschrift** (s. Gründungsprotokoll im Anhang Rdn. 547) festzuhalten, deren Abschrift später mit der Anmeldung des Vereins beim Amtsgericht vorgelegt werden muss (§ 59 Abs. 2 Nr. 2 BGB).

23 Mit der Bestellung des Vorstandes ist der Verein errichtet, als rechtsfähiger Verein entsteht er jedoch erst mit der Eintragung. In dem dazwischen liegenden Zeitraum liegt ein sog. **Vorverein** vor, der meist ein nichtrechtsfähiger Verein ist. Dieser wird durch den Vorstand vertreten, der sich i. d. R. darauf beschränkt, unverzüglich für die Eintragung in das Vereinsregister zu sorgen. Die Tätigkeit des Vorstandes kann jedoch auch darüber hinausgehen. Werden dadurch bereits Rechte und Pflichten des Vorvereins begründet, gehen diese später automatisch auf den eingetragenen Verein über, da er mit dem Vorverein identisch ist (BGH WPM 1978 S. 115, 116; Stöber, Rdn. 22). Das Vermögen des Vorvereins geht ohne weiteres auf den eingetragenen Verein als Rechtsnachfolger über, besondere Übertragungsakte sind nicht notwendig. So ist z. B. bei Grundstücken eine Auflassung nicht nötig, sondern es muss lediglich das Grundbuch berichtigt werden (§ 894 BGB).

24 Zu **unterscheiden** vom Vorverein, der entgegen der Bezeichnung nicht immer Verein im rechtlichen Sinne ist, ist die sog. **Vorgründungsgesellschaft**. Bei einem entsprechenden Bindungswillen der Gründungsmitglieder kann nämlich in der Zeit bis zur Feststellung der Satzung als **Vorstufe** des Vorvereins eine BGB-Gesellschaft **zur Vereinsgründung, die sog. Vorgründungsgesellschaft,** bestehen. Diese liegt z. B. vor, wenn der „Vorverein" nicht vom Mitgliederwechsel unabhängig sein soll. In der Praxis ist das meist der Fall, wenn ein sog. Gründungskonsortium besteht, dessen Mitglieder unter sich bleiben wollen und dessen Aufgabe sich allein in der Gründung des Vereins erschöpfen soll. Für eine solche Vorgründungsgesellschaft gelten die Regeln der BGB-Gesellschaft nach §§ 705 ff. BGB. Die Gründer/Mitglieder haften als BGB-Gesellschafter persönlich und unbeschränkt. Rechte und Pflichten gehen nicht unmittelbar auf den späteren Verein über. Die Gründungsgesellschafter sind in ihrem Geschäftsbereich auf die sog. Gründungsgeschäfte beschränkt. Nur für diese, die unmittelbar zur Schaffung des Vereins gehören, haftet der eingetragene Verein nach der Eintragung. Werden Geschäfte vorgenommen, die bereits zum späteren Vereinsleben gehören, haftet aus diesen Verpflichtungen der eingetragene Verein nicht; es haften nur die Mitglieder der Gründungsgesellschaft (BGH NJW 1998 S. 1645; NJW 2001 S. 748).

Beispiel:

Sieben Wanderer wollen einen Wanderklub gründen. Die Formalitäten sollen durch einen Rechtsanwalt erledigt werden. Außerdem beschließen die Gründer, ein Darlehen zum Kauf eines Kleinbusses aufzunehmen, mit dem die Wanderer sich zu den Startorten fahren lassen wollen. Der eingetragene Verein haftet später nur für die Anwaltskosten, da nur sie aus einem Gründungsgeschäft stammen. Für das Darlehen haftet er nicht, da dieses schon dem späteren Vereinsleben zuzurechnen ist.

4. Die Anmeldung zum Vereinsregister

Die Rechtsfähigkeit erlangt der Verein erst durch die Eintragung ins Vereinsregister (§ 21 BGB). Dazu ist der Verein vom Vorstand anzumelden. Bei einem mehrköpfigen Vorstand reicht es nach wohl h. M. aus, wenn die **Anmeldung** von so vielen Vorstandsmitgliedern vorgenommen wird, wie nach der Satzung oder dem Gesetz zur Vertretung des Vereins erforderlich sind (Sauter/Schweyer/Waldner, Rdn. 15 m. w. N. zur a. A.; Stöber, Rdn. 1018; jetzt auch OLG Hamm NJW-RR 2000 S. 698 f.). Diese lange umstrittene Rechtsfrage hat der BGH für die Anmeldung einer Satzungsänderung so entschieden (vgl. BGH NJW 1986 S. 1033 = Rpfleger 1986 S. 184). Es besteht kein Grund, zwischen der Anmeldung des Vereins und einer späteren Anmeldung einer Satzungsänderung zu unterscheiden, so dass in beiden Fällen die Anmeldung **25**

durch Vorstandsmitglieder in vertretungsberechtigter Zahl genügt (so auch BayObLG Rpfleger 1991 S. 207 m. w. N. und Anm. Buchberger, Rpfleger 1991 S. 374; aus neuerer Zeit LG Schwerin Rpfleger 1997, 264; wohl auch OLG Hamm Rpfleger 2000 S. 70 u. S. 277; siehe auch Stöber, Rdn. 1019 m. w. N. zur teilweise in der Rspr. immer noch vertretenen a. A., wie z. B. LG Bonn Rpfleger 2001 S. 432; Palandt/Heinrichs, § 59 Rdn. 1; offen gelassen von OLG Köln NJW-RR 1997 S. 1531 f.).

Beispiel:

Besteht der Vorstand aus drei Mitgliedern, von denen jedes Einzelvertretungsbefugnis hat, kann jedes Vorstandsmitglied allein den Verein anmelden. Wird der Verein nach der Satzung von jeweils zwei Vorstandsmitgliedern gemeinsam vertreten, müssen auch zwei die Anmeldung vornehmen.

Hinweis:

Da die Frage der Erstanmeldung in der höchstrichterlichen Rspr. ausdrücklich aber noch nicht entschieden ist, ist es, um eine Zwischenverfügung oder gar die Zurückweisung der Eintragung zu vermeiden, zu empfehlen, sich beim zuständigen **Registergericht** oder beim Notar zu **erkundigen**, ob im Bezirk nach der wohl h. M. verfahren wird.

26 Die Anmeldung muss gem. § 77 BGB in **öffentlich beglaubigter Form** erfolgen, es ist also der Gang zum Notar notwendig. Die Unterschriften müssen vor ihm abgegeben werden. Lassen sich die Vorstandsmitglieder bei der Anmeldung vertreten, was auch durch ein anderes Vorstandsmitglied möglich ist, muss die Vollmacht ebenfalls notariell beglaubigt sein. Bei der Eintragung sind nicht nur die Mitglieder der Vorstandes, sondern auch ihre Vertretungsmacht anzugeben (§ 64 S. 2 BGB, zur Vertretungsmacht s. unten Rdn. 261 ff.).

Hinweis:

Ist die Anmeldung von mehreren Vorstandsmitgliedern vorzunehmen, müssen diese **nicht gleichzeitig** vor dem Notar anwesend sein, sondern können die erforderlichen Unterschriften auch zu unterschiedlichen

Zeiten leisten. Dadurch entstehen aber mehrfache Kosten, so dass sich diese Verfahrensweise schon aus diesem Grund nicht empfiehlt.

Beigefügt werden muss der Anmeldung gem. § 59 Abs. 2 BGB die Satzung im Original und in Abschrift sowie eine Abschrift der Urkunden über die Bestellung des Vorstandes (s. Anhang Rdn. 547).

Im **Anmeldeverfahren** kann das **Registergericht Beanstandungen** erheben. Beanstandet es die Satzung, weil ein Mangel vorliegt, und ist deshalb eine Abänderung oder Ergänzung der Satzung erforderlich, ist dafür nur die in der Satzung bestimmte Mehrheit oder, falls eine entsprechende Regelung fehlt, die Mehrheit von drei Vierteln der abgegebenen gültigen Stimmen (§ 33 Abs. 1 S. 1 BGB) erforderlich. Es handelt sich nicht um eine Abänderung des Gründungsvertrages, für den ein einstimmiger Beschluss erforderlich wäre. **27**

Entspricht die Anmeldung nicht den gesetzlichen Erfordernissen, kann der Verein nicht in das Vereinsregister eingetragen werden. Die Anmeldung wird dann entweder unter Angabe von Gründen zurückgewiesen (vgl. dazu LG Hamburg NJW-RR 1991 S. 892), oder es wird den Anmeldenden mit einer **Zwischenverfügung** Gelegenheit gegeben, die bestehenden Hindernisse zu beseitigen. In beiden Fällen kann vom Vorverein, der beteiligtenfähig ist (BayObLG Rpfleger 1991 S. 207; OLG Jena NJW-RR 1994 S. 698 = OLG NL 1994 S. 44 m. Anm. Werner), das Rechtsmittel der Erinnerung eingelegt werden, die bei einer bloßen Zwischenverfügung an **keine Frist** gebunden ist (LG Bonn Rpfleger 2001 S. 432). Die **Erinnerung** gegen die (endgültige) Zurückweisung der Anmeldung muss innerhalb einer **Frist von zwei Wochen** ab Zustellung des Beschlusses beim Amtsgericht schriftlich oder zur Niederschrift der Geschäftsstelle eingelegt werden (§ 11 Abs. 1 S. 2 RpflegerG). Über sie entscheidet zunächst der Amtsrichter und, wenn er die Erinnerung für unbegründet hält, das Landgericht. Weist dieses die Beschwerde zurück, so kann diese Entscheidung mit der sofortigen **weiteren Beschwerde**, über die das

Oberlandesgericht entscheidet, angefochten werden. Auch hier gilt eine **Einlegungsfrist** von **zwei Wochen**.

28 Früher teilte das Amtsgericht, wenn die Anmeldung zugelassen, wurde, dies der zuständigen **Verwaltungsbehörde** mit, die dann Einspruch erheben konnte, wenn der Verein nach öffentlichem Vereinsrecht unerlaubt war oder verboten werden konnte (§ 61 Abs. 2 a. F. BGB). Diese Möglichkeit ist seit dem 1. 6. 1998, nachdem die §§ 61-63 BGB aufgehoben worden sind, **entfallen.**

5. Die Eintragung

29 Entspricht die Anmeldung den gesetzlichen Anforderungen und erhebt das Registergericht keine Beanstandungen, erfolgt die **Eintragung** des Vereins. Im Vereinsregister erscheinen Name, Sitz, Tag der Gründung des Vereins sowie die Namen der Vorstandsmitglieder. Soll entgegen dem Grundsatz die Vertretungsmacht des Vorstandes eingeschränkt werden oder innerhalb des mehrköpfigen Vorstandes nach Mehrheitsprinzip abgestimmt werden, müssen diese Satzungsbestimmungen ebenfalls durch Eintragung öffentlich bekannt gemacht werden (§ 64 BGB; vgl. zur Beschränkung der Vertretungsmacht des Vorstandes Rdn. 270 ff.). Ein ausdrücklich bestellter besonderer Vertreter nach § 30 BGB, dem Vertretungsmacht zusteht, muss ebenfalls in das Vereinsregister eingetragen werden (zum besonderen Vertreter siehe Rdn. 326 ff.).

Mit der Eintragung erhält der Name des Vereins den Zusatz „eingetragener Verein" (§ 65 BGB). Der Name, der Sitz des Vereins und der Tag der Eintragung werden vom Amtsgericht im Amtsblatt, meist einer Tageszeitung, bekannt gemacht. Nach § 21 BGB hat die **Eintragung konstitutive Wirkung**, d. h. sie ist auch dann gültig, wenn sie zu Unrecht oder fehlerhaft vorgenommen wurde, z. B. wenn die Mindestmitgliederzahl von sieben nicht erreicht ist.

30 Im Eintragungsverfahren entstehen **Kosten,** und zwar beim **Notar** für die notarielle Beglaubigung der Anmeldung sowie beim **Amtsgericht** die Eintragungsgebühr für die Eintragung des Vereins ins Vereinsregister und für die Bekanntmachung der Eintragung im Amtsblatt. Die Höhe der Gebühren richtet sich nach dem Ge-

schäftswert, der – je nach den Umständen – zwischen 1000 € und 500 000 € angenommen werden kann. Im Normalfall beträgt er nach §§ 29, 30 Abs. 2 KostO 3 000 €. Er kann jedoch auch niedriger angenommen werden, so z. B. bei sozialen oder gemeinnützigen Zwecken (BayObLG Rpfleger 1960 S. 187; vgl. zu Einzelh. Sauter/Schweyer/Waldner, Rdn. 473 ff.; Stöber, Rdn. 1212). Die beim Amtsgericht und beim Notar anfallenden Kosten sind bei einem Regelwert von 3 000 € nicht sehr hoch. Sie liegen insgesamt bei etwa 125 €.

Hinweis:

Für Vereine, die gemeinnützigen oder mildtätigen Zwecken dienen (vgl. dazu Rdn. 457 ff.), kann in einzelnen Bundesländern eine **Befreiung** von den Eintragungsgebühren/-kosten in Betracht kommen. Ob das der Fall ist, erfährt man beim Notar oder beim Finanzamt, an das man sich wegen des zur Erlangung der Gebührenbefreiung erforderlichen Freistellungsbescheides ohnehin wenden muss.

IV. Was muss die Vereinssatzung regeln?

1. Allgemeines

Bevor man sich über den notwendigen oder erwünschten Inhalt der Vereinssatzung Gedanken macht, sind die Begriffe der Vereinsverfassung und der Vereinssatzung zu klären. Diese sind nicht inhaltsgleich. **31**

Die **Vereinsverfassung** ist die **rechtliche Grundordnung des Vereins.** Zu ihr gehören nach der Rspr. des BGH (s. NJW 1967 S. 1268) die Bestimmungen über Namen, Zweck und Sitz, über Erwerb, Verlust und Inhalt der Mitgliedschaft, über Aufgaben und Arbeitsweise der Vereinsorgane sowie die Grundregeln über die Beitragspflicht (BGH NJW 1989 S. 1724; 1995 S. 2981 [für einen Verein, der durch seine Beiträge umfangreiche Leistungen an die Mitglieder finanziert]). Die Verfassung enthält somit die das Vereinsleben bestimmenden Grundentscheidungen. Sie wird zunächst festgelegt durch die zwingenden Normen des **Vereinsrechts.** Das sind die in den §§ 26 ff. BGB enthaltenen Vorschriften, die nach § 40 BGB nicht durch die Satzung abgeändert werden dürfen. Zwingendes Recht können aber auch ungeschriebene Rechtsgrundsätze sein, wie z. B. der Grundsatz der Gleichbehandlung der Mitglieder. Die Vereinsverfassung wird weiter festgelegt durch die vom Verein erlassene **Satzung** und schließlich, soweit die Satzung keine abweichenden Regelungen getroffen hat, durch die ergänzend geltenden dispositiven, d. h. nachgiebigen Vorschriften des BGB.

32 Die **Vereinssatzung** ist also **Teil der Vereinsverfassung.** Vereinsbestimmungen, die wesentliche, das Vereinsleben bestimmende Grundentscheidungen enthalten, sind nur wirksam, wenn sie in der Satzung enthalten sind (Sauter/Schweyer/Waldner, Rdn. 34). Die Satzungsbestimmungen werden in der Satzungsurkunde, die bei der Anmeldung beim Amtsgericht eingereicht wird, zusammengefasst. Durch sie wird Inhalt und Umfang der Satzung verbindlich festgestellt. Bestimmungen, die nicht in der Satzungsurkunde enthalten sind, gehören nicht zur Satzung. Zu **Satzungsmustern** s. Anhang Rdn. 543 ff.

Zur **Rechtsnatur der Satzung** ist festzuhalten: Sie ist zunächst ein von den Vereinsgründern geschlossener Vertrag, der sich aber mit der Entstehung des Vereins von den Personen der Gründer löst. Sie wird dann rechtlich unabhängig und Bestandteil der körperschaftlichen Verfassung des Vereins.

33 Die Vereinssatzung kann bei Unklarheiten **ausgelegt** werden. Sie darf aber nur aus sich heraus und nur einheitlich ausgelegt werden, da sie auch für künftige Mitglieder und für die Rechtsbeziehungen zu Dritten maßgebend ist (BGH NJW 1989 S. 1212; 1991 S. 1727; 1997 S. 3368). Die Auslegung hat sich am Zweck des Vereins und den berechtigten Interessen der Mitglieder auszurichten. Außerhalb der Satzung liegende Umstände dürfen nur dann berücksichtigt werden, wenn deren Kenntnis allgemein bei den Betroffenen erwartet werden kann (BayObLG FGPrax 2001 S. 30). Daher sind die subjektiven Interessen und Ziele der Gründer und die Entstehungsgeschichte i. d. R. nicht zu berücksichtigen, wohl aber eine ständige Übung im Vereinsleben.

2. Der Vereinszweck

Von entscheidender Bedeutung für die Frage der Rechtsfähigkeit ist der in der Satzung festgelegte Vereinszweck, da nach § 21 BGB nur die Vereine in das Vereinsregister eingetragen werden (müssen), „deren Zweck nicht auf einen wirtschaftlichen Geschäftsbetrieb gerichtet ist". Das sind die sog. **Idealvereine.** Verfolgt der Verein einen wirtschaftlichen Zweck, kommt nur die Verleihung der Rechtsfähigkeit durch die Verwaltungsbehörde nach § 22 BGB in Betracht. 34

Beispiel:

Taxiunternehmer schließen sich zusammen, um die Interessen des Einzelnen gegenüber Behörden besser vertreten zu können. Außerdem soll ein gemeinsamer Dienstbetrieb ausgestaltet, gefördert und durchgeführt werden. Hier kommt eine andere Rechtsform für die Erlangung der Rechtsfähigkeit nicht in Betracht. Deshalb kann hier die Rechtsfähigkeit nach § 22 BGB verliehen werden (BVerwG NJW 1979 S. 2265).

Hinweis: 34 a

Der **Referentenentwurf** eines Gesetzes zur Änderung des Vereinsrechts vom 25. 8. 2004 will den **wirtschaftlichen Verein** i. S. des § 22 BGB wie auch das Konzessionserfordernis im Fall des § 23 BGB **abschaffen (abrufbar** unter http://www.jura.uni-duesseldorf.de/dozenten/noack/texte/normen). Dazu ist eine Neufassung des § 21 BGB vorgesehen. Danach soll die Frage, ob der Verein einen wirtschaftlichen Geschäftsbetrieb unterhalten darf, vom quantitativen Verhältnis der wirtschaftlichen zur sonstigen Vereinstätigkeit abhängen. Je größer der Verein, umso intensiver soll er sich am wirtschaftlichen Geschäftsverkehr beteiligen können. Der Referentenentwurf ist in der Lit. überwiegend kritisch aufgenommen worden (vgl. Beuthien, NZG 2005, 493; Terner, Rpfleger 2005, 296; zur Reform des privaten Vereinsrechts s. auch Ott, ZRP 2002 SW. 433; Möhlenkamp, DB 2004 S. 2737; Damas, ZRP 2005 S. 3; Terner, ZRP 2005 S. 169; Arnold, ZRP 2005 S. 170). Ob, wann und vor allem wie er Gesetz wird, lässt sich derzeit nicht absehen.

35 Die **Verleihung** darf nur erfolgen, wenn es für die Mitglieder unzumutbar ist, sich in einer anderen rechtlichen Form zu organisieren, um die Rechtsfähigkeit zu erlangen, ferner dann, wenn die Rechtsform des wirtschaftlichen Vereins durch bundesgesetzliche Sonderregelungen, wie z. B. § 3 MarktstrukturG und § 5 Gesetz über forstwirtschaftliche Zusammenschlüsse, ausdrücklich zugelassen ist (BVerwG a. a. O.).

Welche **Verwaltungsbehörde** für die Verleihung **zuständig** ist, bestimmt sich nach Landesrecht. Zuständig sind in fast allen Bundesländern höhere Verwaltungsbehörden (s. die Zusammenstellung bei Staudinger/Weick, § 22 BGB Rdn. 8).

a) Der wirtschaftliche Geschäftsbetrieb

aa) Unternehmerische Teilnahme am Wirtschafts- und Rechtsverkehr

36 Dieser Begriff ist zunächst zu klären. Dabei sind zwei Fragen **streng** zu unterscheiden: Einmal geht es um den **Zweck** des Vereins als die Aufgabe, die ihm die Satzung stellt. Dies kann eine wirtschaftliche oder eine nicht wirtschaftliche sein. Die zweite Frage ist, ob sich die in Aussicht genommene Art und Weise der satzungsmäßigen **Betätigung** des Vereins als „wirtschaftlicher Geschäftsbetrieb" darstellt oder nicht. Für die Abgrenzung, ob es sich um einen wirtschaftlichen oder nicht wirtschaftlichen Verein handelt, ist die zweite Frage, also nicht das Ziel, sondern die **objektive Tätigkeit** des Vereins **maßgebend** (Palandt/Heinrichs, § 21 Rdn. 2; Reichert Rdn. 103 ff.; s. a. OLG Düsseldorf Rpfleger 1996 S. 291 = NJW-RR 1996 S. 989; OLG Hamm Rpfleger 2003 S. 370 = NJW-RR 2003 S. 898 m. Anm. Terner, Rpfleger 2003 S. 537; LG Chemnitz DtZ 1994 S. 412).

37 Was ist nun unter einem „wirtschaftlichen Geschäftsbetrieb" zu verstehen? Der **Begriff** ist wenig klar und hat daher in der Vergangenheit in Rspr. und Lit. zu einer Vielzahl von unterschiedlichen Abgrenzungsvorschlägen geführt. Eine neuere Ansicht sieht das entscheidende Abgrenzungskriterium darin, dass der wirtschaftliche Verein wie ein Unternehmer **am Wirtschafts- und Rechts-**

verkehr teilnimmt (so u. a. BayObLG NJW-RR 1999 S. 765 = Rpfleger 1998, 345; ähnlich BGHZ 45 S. 398; s. a. OLG Düsseldorf a. a. O.; NJW-RR 1998, 683; zu allem Palandt/Heinrichs, a. a. O.; Reichert, a. a. O.).

Entscheidend ist danach grds., ob der Verein planmäßig **Leistungen** gegen Entgelt **anbietet.** Dabei scheiden aber alle Leistungen aus, die mit der Verwaltung des Vereins und der Gestaltung des Vereinslebens zu tun haben wie z. B. Betrieb und Unterhaltung eines Vereinshauses, einer Vereinsgeschäftsstelle, Durchführung von Vereinsveranstaltungen (zum steuerpflichtigen wirtschaftlichen Geschäftsbetrieb s. Rdn. 483 ff.). Unerheblich sind auch die Tätigkeiten, die der Verein bei der Nachfrage nach Wirtschaftsgütern entwickelt. Bei der anbietenden Tätigkeit am Markt muss es sich nicht um eine kaufmännische Tätigkeit mit „Waren" im eigentlichen Sinn handeln. Ideelle Güter können ebenfalls vermarktet werden (OLG Düsseldorf NJW 1983 S. 2574 und VG Stuttgart NVwZ 1994 S. 612; VGH Mannheim NJW 1996 S. 3359; siehe aber auch BVerwG NJW 1998 S. 1166 m. Anm. Karsten, NJW 1998 S. 1124 und Müller-Laube, JZ 1998 S. 788 [für eine religiöse Gemeinschaft – Scientology-Sekte –, die ideelle Güter nach Art von Wirtschaftsgütern vermarktet]; so auch v. Camphausen, NJW 1990 S. 887, 2670). **Gewinnerzielungsabsicht** ist **nicht** notwendigerweise **Voraussetzung** für die Annahme eines wirtschaftlichen Geschäftsbetriebs. Ein Verein kann auch dann ein wirtschaftlicher sein, wenn es nicht um die Erzielung von Gewinn für sich selbst oder die Mitglieder geht, aber ein **umfangreicher Geschäftsbetrieb** eingerichtet ist (BGH NJW-RR 1986 S. 417) oder die Leistung gegen ein Entgelt angeboten wird, wobei dieses auch in einem Vereinsbeitrag oder einer Umlage bestehen kann (OLG Schleswig NJWE-MietR 1997 S. 40).

Die **Beteiligung** des Vereins an einem **Unternehmen anderer** **38**
Rechtsform oder die Ausgliederung von unternehmerischer Tätigkeit durch Gründung von Tochtergesellschaften begründet keinen wirtschaftlichen Geschäftsbetrieb, und zwar grds. auch dann nicht, wenn der Verein auf die unternehmerische Tätigkeit der Tochtergesellschaft einen beherrschenden Einfluss ausübt (BGH

NJW 1983 S. 569 für die vom ADAC gegründete Rechtsschutzversicherungs-AG). Das wird auch für die Ausgliederung des wirtschaftlichen Geschäftsbetriebs der Lizenzspielerabteilung eines Fußballvereins auf eine selbständige Fußball-AG vertreten (siehe dazu Steinbeck/Menke, NJW 1998 S. 2169). Dagegen wird man die Beteiligung des Vereins als Gesellschafter an einer offenen Handelsgesellschaft oder als Komplementär an einer Kommanditgesellschaft als wirtschaftlichen Geschäftsbetrieb i. S. der §§ 21, 22 BGB ansehen müssen, wenn damit nicht nur eine vermögensverwaltende oder vermögensbildende Funktion verbunden ist (vgl. Sauter/Schweyer/Waldner, Rdn. 46). Ein wirtschaftlicher Geschäftsbetrieb liegt auch vor, wenn sich die Tätigkeit des Vereins als **ausgelagerter Teilbetrieb** der gewerblichen Unternehmen der Vereinsmitglieder darstellt (sog. genossenschaftlicher Verein; BGHZ 45 S. 395, 397 [Taxizentrale]; Hans. OLG Bremen Rpfleger 1988 S. 532 [Werbegemeinschaft]; OLG Düsseldorf Rpfleger 1996 S. 291 = NJW-RR 1996 S. 989; 1998 S. 683; OLG Celle NJW-RR 1996 S. 1502 [jeweils Immobilienbörse]; s. dazu eingehend Eyles, NJW 1996 S. 1994 ff.; OLG Hamm Rpfleger 2000 S. 277 [Hauptzweck des Vereins liegt im Aushandeln von Einkaufskonditionen für seine Mitglieder]; LG Bremen NJW-RR 2000 S. 1565) und/oder für diesen sog. Hilfsgeschäfte ausübt (OLG Celle NJW-RR 1996 S. 1502; OLG Hamm Rpfleger 1997 S. 166 [für eine Vereinigung von Notfallärzten]). Das gilt auch dann, wenn die anbietende/wirtschaftliche Tätigkeit des Vereins der Mittelbeschaffung für einen ideellen Versorgungszweck dient. Unschädlich ist es aber für einen nicht wirtschaftlichen Verein, wenn die unternehmerische Tätigkeit als Nebenverfolgungszweck in den Dienst des Hauptzwecks gestellt wird (OLG Schleswig NJW-RR 2001 S. 1478). So kann z. B. die Förderung der Kultur einer (Hafen)Stadt durch die Veranstaltung eines jährlich stattfindenden (Hafen)Festes verwirklicht werden (OLG Schleswig, a. a. O.). Ähnlich hat das OLG Hamm argumentiert, wenn die satzungsmäßige Tätigkeit des Vereins sich als Ausschnitt der Förderung eines übergeordneten Zwecks eines Dachvereins darstellt

(OLG Hamm Rpfleger 2003 S. 370 = NJW-RR 2003 S. 898 [für den Reisedienst des Kolpingwerkes]).

Wirtschaftlich betätigt sich auch ein Verein, der in einem aus seinen Mitgliedern bestehenden **inneren Markt** planmäßig und dauerhaft **Leistungen** gegen ein Entgelt anbietet, wobei das Entgelt auch im Mitgliedsbeitrag enthalten sein kann (zu allem eingehend Reichert, Rdn. 122 ff. m. w. N.; OLG Schleswig NJWE-MietR 1997 S. 40; LG Saarbrücken Rpfleger 2000 S. 25). Beispiele dafür sind Kreditreformvereine, Buchgemeinschaften, Einkaufszentralen für Beamte, Gewerkschaftsmitglieder oder Erwerbslose (s. zu den Einzelh. Palandt/Heinrichs, § 21 Rdn. 3a). Es muss sich aber um Leistungen handeln, die in der Regel auf einem äußeren Markt gegen ein Entgelt erworben werden und keinen mitgliedschaftlichen Charakter haben (zur Abgrenzung s. a. LG Gießen Rpfleger 2000 S. 24). Deshalb bleibt der Tennisverein, der seinen Platz den Mitgliedern stundenweise gegen ein Entgelt zur Verfügung stellt, ein Idealverein (Palandt/Heinrichs, a. a. O.). 39

Zusammenfassung: 40

Lässt sich also ein Verein unter eine der folgenden (Grund)**Typen** einordnen, handelt es sich um einen wirtschaftlichen Verein, dessen Eintragung im Vereinsregister dann ausgeschlossen ist (s. a. BayObLG NJW-RR 1999, 765):

- der unternehmerisch tätige Verein, der **planmäßig**-dauerhaft und **entgeltlich** an einem **äußeren Markt** anbietend tätig ist (vgl. oben Rdn. 36),
- der unternehmerisch anbietende Verein mit **planmäßig-entgeltlicher** Tätigkeit in einem **inneren Markt** (vgl. oben Rdn. 37 f.),
- der **genossenschaftliche Verein** (vgl. Rdn. 37 f.).

Für die Frage, ob ein wirtschaftlicher oder ein „Idealverein" gegeben ist, kommt es grds. auf den **Zeitpunkt** der Eintragung an. Hat es sich zunächst um einen „Idealverein" gehandelt und nimmt dieser nach seiner Eintragung satzungswidrig einen wirtschaftlichen Geschäftsbetrieb auf, kann ihm (nur) im Verfahren nach § 43 Abs. 2 BGB die Rechtsfähigkeit entzogen werden (wegen des 41

Wandels vom „Idealverein“ zum Wirtschaftsverein s. Oetker, NJW 1991 S. 385; wegen des Verfahrens s. KG NJW-RR 1993 S. 188 m. w. N.; s. dazu auch Rdn. 370 ff.)

bb) Nebenzweck

42 Nach den o. a. Abgrenzungskriterien müsste an sich jede unternehmerische Betätigung eines Vereins diesen zu einem wirtschaftlichen Verein mit der Folge machen, dass er nicht ins Vereinsregister eingetragen werden könnte. Das ist jedoch dann nicht der Fall, wenn die unternehmerische Betätigung, der wirtschaftliche Geschäftsbetrieb, im Rahmen einer ideellen Zielsetzung des Vereins nur **Nebenzweck** und nicht Satzungszweck ist. Ein Verein kann sich also zwar wirtschaftlich betätigen, nur darf das nicht Hauptzweck sein. Auch ein wirtschaftlicher Nebenzweck kann aber der Steuerpflicht unterliegen (vgl. Rdn. 483 ff.). **Beispiele** sind die Buchhandlung eines religiösen Vereins, das Reisebüro eines Kulturvereins oder auch der Restaurationsbetrieb eines Schwimmvereins in dessen Schwimmbad. Hier gilt das sog. **Nebenzweckprivileg** für Idealvereine. Voraussetzung für dessen Vorliegen ist, dass der Verein sich nach wie vor hauptsächlich ideell betätigt und die unternehmerische Betätigung nur eine **eindeutig untergeordnete Rolle** spielt. Sie muss außerdem die ideelle Betätigung ergänzen und sich als sinnvolles Mittel zur Förderung des Vereinszwecks darstellen.

Hinweis:

Ist nach der Satzung eine wirtschaftliche Betätigung des zur Eintragung beim Vereinsregister angemeldeten Vereins nicht auszuschließen, verfolgt der Verein aber nach der **Satzung** ausschließlich **gemeinnützige Zwecke** und ist dies vom Finanzamt bestätigt worden, spricht dies nach Auffassung des KG dafür, dass die Unterhaltung eines wirtschaftlichen Geschäftsbetriebes nur Nebenzweck ist und damit der Eintragung nicht entgegen steht (KG Rpfleger 2005 S. 199).

Bei der Prüfung gilt ein **strenger Maßstab** (vgl. dazu AG Passau Rpfleger 1999 S. 410 [Nebenzweckprivileg verneint für einen sog. Internet-Verein, der selbständig einen Einwahlknoten betreibt und hierzu auch die notwendige personelle und technische Infrastruktur schafft]). Trotz des strengen Maßstabs wird das Nebenzweckprivileg aber auch (noch) auf Bundesligavereine angewendet (s. die Lit.-Nachweise bei Palandt/Heinrichs, § 21 Rdn. 5; dazu auch Steinbeck/Menke, NJW 1998 S. 2169; Koch, DB 2002 S. 1701).

b) Beispielsfälle

Folgende **Beispiele** aus der Rspr. zur **Abgrenzung** wirtschaftlicher/nicht wirtschaftlicher Verein lassen sich zusammenstellen (jeweils in alphabetischer Reihenfolge; s. auch Sauter/Schweyer/Waldner, Rdn. 49 f.; Reichert, Rdn. 102, 120, 126, 131; Stöber; Rdn. 59):

Nicht wirtschaftlicher Verein: 43

Verein, der die Arbeitnehmer der Mitgliedsunternehmen **arbeitsmedizinisch betreuen** und die Mitglieder **sicherheitstechnisch beraten** soll (LG Gießen Rpfleger 2000 S. 24)

ärztlicher Laborverein, sofern er nur für Mitglieder, nicht aber für Dritte tätig wird

Verein zum **Betrieb** einer **Werkskantine** mit ausschließlich betriebsangehöriger Kundschaft (BayObLGZ 1973 S. 303)

Verein zum Betrieb eines Betriebsarztzentrums (OLG Oldenburg NJW 1976 S. 374)

(sonstige) **betriebliche Sozialeinrichtungen** (LG Bonn Rpfleger 1991 S. 423; a. A. LG Bielefeld NJW-RR 2001 S. 1259)

ggf. ein kleiner **Car-Sharing-Verein** zur Nutzung eines oder mehrerer Pkw durch die Mitglieder (LG Bremen Rpfleger 1992 S. 67; vgl. dazu aber auch Schöner, BB 1996 S. 438)

Verein zur Förderung gewerblicher Interessen (RGZ 78 S. 80; siehe aber OLG Hamm Rpfleger 2000 S. 277)

Verein zur **Förderung** und Weiterentwicklung eines bestimmten **Kreditkartensystems** in Deutschland (LG Frankfurt NJW 1996 S. 2039 m. Anm. Eyles, NJW 1996 S. 1994 u. Jäger, WiB 1995 S. 751)

Haus- und **Grundbesitzerverein** (RGZ 88 S. 333)

Kassenärztliche Vereinigung (RGZ 83 S. 231)

Lohnsteuerhilfeverein (OLG Celle NJW 1976 S. 197; s. a. BGH NJW-RR 1989 S. 1515)

Lotsenbetriebverein (LG Aurich MDR 1961 S. 144)

Verein zur **Minimierung** von Umweltschäden durch Kraftfahrzeuge (LG Bremen Rpfleger 1992 S. 67)

Musikschulverein

Mieterverein

Verein/**Reisedienst**, dessen satzungsmäßige Tätigkeit sich als Ausschnitt der Förderung eines übergeordneten Zwecks eines **Dachvereins** (Kolpingwerk) darstellt (OLG Hamm Rpfleger 2003 S. 370 = NJW-RR 2003 S. 898)

betriebliche **Unterstützungskasse**, wenn Mitglieder **auch** die **Arbeitnehmer** sind (BayObLG Rpfleger 1976 S. 56; siehe aber LG Braunschweig NJW-RR 2000 S. 333 = Rpfleger 2000 S. 116: keine Eintragung bei nicht ausreichender Insolvenzsicherung und bei Verfolgung wirtschaftlicher Ziele, die mit dem Charakter einer Unterstützungskasse nicht vereinbar sind)

Warenhausverband (BayObLGZ 1953 S. 30)

44 **Wirtschaftlicher Verein:**

Abrechnungsstelle für Angehörige der Heilberufe (OLG Hamm Rpfleger 1981 S. 66)

Antennenverein (in den neuen Bundesländern) zum Betreiben einer gemeinschaftlich errichteten Antennenanlage (LG Mühlhausen DtZ 1996 S. 245; s. zur Eintragungsfähigkeit ehemaliger sog. ZGB-Gemeinschaften in das Vereinsregister auch Christoph, DtZ 1994 S. 234; Nissel, DtZ 1994 S. 239; Schubel, DtZ 1994 S. 132)

Verein zum **Betrieb** von **Skischleppliften** und Seilbahnen (OLG Stuttgart OLGZ 1971 S. 465)

Verein, dessen Hauptzweck darin liegt, zugunsten seiner gewerblichen Mitglieder bei herstellenden Unternehmen **Einkaufskonditionen** auszuhandeln (OLG Hamm Rpfleger 2000 S. 277)

Einkaufszentrale für Gewerkschaftsmitglieder (AG Alzenau BB 1961 S. 8)

Erzeugergemeinschaft i. S. des Marktstrukturgesetzes vom 16. 5. 1969 (BayObLGZ 1974 S. 242; OLG Schleswig Rpfleger 1990 S. 303; a. A. Deselaers, Rpfleger 1990 S. 103)

Funktaxizentrale (BGH NJW 1966 S. 2007)

Garagenverein in den neuen Bundesländern (LG Chemnitz DtZ 1994 S. 158; LG Chemnitz DtZ 1994 S. 412; s. a. die Nachweise oben bei „Antennenverein“)

Immobilienbörse, die als ein für Immobilienmakler als Mitglieder gegründeter Verein die „Zusammenführung von Angebot und Nachfrage" sowie „die obligatorische Durchführung des Gemeinschaftsgeschäfts" bezweckt (OLG Düsseldorf Rpfleger 1996 S. 291 = NJW-RR 1996 S. 989; s. a. OLG Celle Nds. Rpfl. 1995 S. 164; s. a. „Sachwertorientierte Versorgungseinrichtung")

Inkassoverein (LG Hagen Rpfleger 1959 S. 348, str.)

Internet-Verein, der selbständig einen Einwahlknoten betreibt und hierzu auch die notwendige personelle und technische Infrastruktur schafft (AG Passau Rpfleger 1999 S. 401; zu solchen Vereinen s. a. OFD Münster BB 1996 S. 6767)

Verein der **Marktbeschicker**, der Standplätze auf einem Markt nicht nur seinen Mitgliedern, sondern auch außenstehenden Beschickern anbietet (LG Hanau NJW-RR 2002 S. 102)

Mähdreschverein (LG Lübeck SchlHAnz 1962 S. 102)

Verein, der den ärztlichen **Notfalldienst** seiner Mitglieder organisiert und abwickelt (OLG Hamm NJW-RR 1997 S. 1530)

„Sachwertorientierte Versorgungseinrichtung", die Immobiliengeschäfte betreiben will (OLG Düsseldorf NJW-RR 1998 S. 683)

freie Sparkassen

Sparkassenlotterieverein, der gemeinsam mit Sparkassen Lotteriesparen durchführen will (LG Potsdam Rpfleger 1994 S. 361)

Verein zur Förderung der **Urlaubsgestaltung**, wenn letztlich die gewerbliche Nutzung eines Schiffes zugunsten des früheren Eigentümers das eigentliche Ziel ist (OLG Düsseldorf Rpfleger 1979 S. 259)

Religiöse Gemeinschaft, die ideelle Güter nach Art von Wirtschaftsgütern vermarktet (OLG Düsseldorf NJW 1983 S. 2574; s. auch v. Camphausen, NJW 1990 S. 887, 2670; Kopp, NJW 1989 S. 2497 und die weiteren Nachweise bei Rdn. 34); etwas **anderes** kann gelten, wenn der Verein seinen Mitgliedern in Verwirklichung seines idealen Zwecks Leistungen (Auditing, Seminare, Kurse) anbietet, die nicht unabhängig den von mitgliedschaftlichen Beziehungen üblicherweise auch von anderen Anbietern erbracht werden können (VG Stuttgart NVwZ-RR 2000 S. 162)

Selbsthilfe-**Siedlergemeinschaft,** die durch einen Bauträger Eigenheime für ihre Mitglieder errichten lässt (LG Hagen Rpfleger 1969 S. 297)

Technische Prüf- und **Vertriebsstelle** des Schornsteinfegerhandwerks (LG Oldenburg Rpfleger 1978 S. 371)

Verein als **Treuhänder** einer Wohnungseigentümergemeinschaft mit dem Zweck, ihm gehörende Eigentumswohnungen und Tiefgaragenplätze an Dritte zu vermieten (BayObLG Rpfleger 1985 S. 495) betriebliche **Unterstützungskasse/Gruppenunterstützungskasse**, wenn Mitglieder **ausschließlich Arbeitgeber** sind, die sich die Errichtung einer eigenen betriebs- oder unternehmensbezogenen Unterstützungskasse ersparen wollen (LG Bielefeld Rpfleger 2001 S. 138; siehe auch LG Braunschweig NJW-RR 2000 S. 333 = Rpfleger 2000 S. 116)

Verein zur finanziellen **Unterstützung** der **Mitglieder** beim **Hausbau** (LG Kassel Rpfleger 1986 S. 228)

Verein zur **Vergabe** von **Wohnrecht** an Ferienwohnungen (BayObLGZ 1989 S. 124)

Verkehrsverein zur Förderung des Fremdenverkehrs und zur Vermittlung von Unterkünften für Feriengäste (OLG Celle Rpfleger 1992 S. 66)

Privatärztliche **Verrechnungsstelle** (LG Hagen Rpfleger 1959 S. 348)

Verein zur **Versorgung** der **Mitglieder** mit (Trink- und Brauch-)Wasser (BayObLGZ 1978 S. 87; NJW-RR 1999 S. 765 = Rpfleger 1998 S. 345)

Werbegemeinschaft (BayObLG Rpfleger 1977 S. 20)

c) Gesetzwidriger Vereinszweck

45 Es ist bereits darauf hingewiesen, dass der Gründungsvertrag nicht gegen ein gesetzliches Verbot oder gegen die guten Sitten verstoßen darf, §§ 134, 138 BGB (s. Rdn. 20 f.). Dasselbe gilt für den Zweck des Vereins. Liegt ein Verstoß vor, ist ggf. bereits der Gründungsakt nichtig und es kann eine Eintragung des Vereins in das Vereinsregister nicht erfolgen.

46 Als Vereinszwecke, die gegen das Gesetz verstoßen (§ 134 BGB) sind angesehen worden: Naturgemäß zunächst einmal diejenigen, die sich gegen Strafgesetze oder andere gesetzliche Verbote oder Gebote sowie gegen die verfassungsmäßige Ordnung richten. Das wäre z. B. bei Rechtsanwälten, Notaren und Ärzten der Fall, wenn diese eine **Praxisgemeinschaft** in der Rechtsform des Vereins bilden wollten. Denn das ist nach dem jeweiligen Standesrecht verboten. **Lohnsteuerhilfevereine** dürfen z. B. kein besonderes Entgelt für Hilfeleistungen verlangen; ein solches kann also in der Satzung nicht festgelegt werden.

47 Was als Vereinszweck gegen die guten Sitten verstößt (§ 138 BGB), ist nach der allgemein herrschenden Volksmeinung und den Anschauungen der Beteiligten zu beurteilen. Einen sittenwidrigen Zweck würde danach z. B. ein **Glücksspielklub** verfolgen. Das gilt auch für einen Verein, dessen satzungsmäßige Aufgabe u. a. die Eintreibung rückständiger Forderungen für Vereinsmitglieder ist, und zwar durch Einsatz von schwarz gekleideten Männern bei Schuldnern (LG Leipzig NJ 1995 S. 264 [„Schwarze Schatten"]; LG Bonn Rpfleger 1995 S. 302 = NJW-RR 1995 S. 1515 [„Schwarze Männer"]).

d) Vereinszweck und Gemeinnützigkeit

Der Vereinszweck (und die Betätigung des Vereins) sind entschei- **48**
dend auch für die Frage, ob und in welchem Umfang Steuern zu entrichten sind. Für Vereine gibt es unterschiedliche steuerliche Vergünstigungen, die jedoch voraussetzen, dass der Verein gemeinnützig ist, also gemeinnützigen, **mildtätigen oder kirchlichen Zwecken** dient. An dieser Stelle soll die Frage, wann ein Verein gemeinnützig ist, nicht beantwortet werden.

Hier soll folgender **Hinweis** genügen (s. a. Schleder, Rdn. 100 ff.; Reichert, Rdn. 3176 ff.): Die steuerliche Anerkennung der Gemeinnützigkeit setzt nicht nur voraus, dass der Verein tatsächlich gemeinnützige Zwecke verfolgt, sondern er muss dies auch in seiner Satzung festlegen, sog. **formelle Satzungsmäßigkeit** (s. **Mustersatzungen** Anh. Rdn. 543 ff.). Dabei muss die Satzung so präzise gefasst sein, dass aus ihr unmittelbar entnommen werden kann, ob die Voraussetzungen der Gemeinnützigkeit erfüllt sind. Es **reicht** also **nicht** die **Bezugnahme** auf die Satzung eines anderen Vereins (BFH BB 1989 S. 1476). Eine Ausnahme gilt, wenn es bei diesen Verweisen nicht um die Bestimmung des Vereinszwecks, sondern nur um die bei der Verwirklichung des Zwecks zu beachtenden Wettkampfregeln der nationalen oder internationalen Verbände geht.

In der Satzung muss vor allem zum **Ausdruck** kommen, **49**

1. dass der Verein **ausschließlich** und **unmittelbar** gemeinnützige Zwecke verfolgt, wobei diese im Einzelnen aufzuführen sind;

2. dass der Verein **selbstlos tätig** ist und nicht in erster Linie eigenwirtschaftliche Zwecke verfolgt;
3. dass die **Mittel** nur für **satzungsmäßige Zwecke** verwendet werden und die Mitglieder keine Gewinnanteile oder sonstige Zuwendungen aus Mitteln des Vereins erhalten (zu den Auswirkungen der Verwendung von Mitteln des Vereins zum Ausgleich von Verlusten auf die Gemeinnützigkeit s. Rdn. 467);
4. dass der Verein keine Person durch Ausgaben, die dem Zweck des Vereins fremd sind, oder durch **unverhältnismäßig hohe Vergütungen begünstigt** (zur konkreten Formulierung FG Köln, Beschl. v. 24. 2. 1999 – 13 K 242/99);
5. dass bei Auflösung des Vereins oder bei Wegfall seines bisherigen Zwecks das Vermögen nur für steuerbegünstigte Zwecke verwendet werden darf (Grundsatz der **Vermögensbindung**).

50 **Nicht erforderlich** ist, dass die Satzung eine ausdrückliche Regelung darüber enthält, unter welchen Voraussetzungen ein Bewerber um die Mitgliedschaft abgelehnt werden kann (BFH NJW 1998 S. 928 [Ls.] = DStR 1997 S. 1679 = SpuRt 1997 S. 200). Es schadet der Annahme von Gemeinnützigkeit im Übrigen auch nicht, wenn die Satzung eine Bestimmung enthält, wonach jedes Aufnahmegesuch von zwei Vereinsmitgliedern befürwortet werden muss (BFH a. a. O.). Zur Gemeinnützigkeit und zum Verein im Steuerrecht siehe im Übrigen die Ausführungen in Rdn. 440 ff.

3. Der Sitz des Vereins

51 Der Sitz des Vereins entspricht dem Wohnsitz der natürlichen Person (§ 7 BGB). Nach § 24 BGB gilt als Sitz des Vereins, wenn nichts anderes bestimmt ist, der Ort, an welchem die Verwaltung geführt wird. Der Sitz des Vereins ist maßgebend für den Gerichtsstand (§ 17 Abs. 1 ZPO), für die Frage, welches Amtsgericht ihn in das Vereinsregister einträgt, sowie dafür, welche Behörde ggf. für die Zulassung im Anmeldeverfahren zuständig ist.

Der eingetragene Verein **muss** gem. § 57 Abs. 1 BGB den Sitz in der **Satzung festlegen**. Er kann ihn grds. frei bestimmen. Wählbar ist ein beliebiger Ort, selbst wenn dort keinerlei Vereinstätigkeit ausgeübt werden soll, allerdings muss der Verein zu dem als Sitz gewählten Ort wenigstens einen Bezug haben, also z. B. zumindest postalisch erreichbar sein (so wohl Sauter/Schweyer/Waldner, Rdn. 65; a. A. Stöber, Rdn. 114 [jeder beliebige Ort wählbar]; s. auch LG Berlin NJW-RR 1999 S. 335 [Rechtsmissbrauch, wenn der Verein an dem als Sitz gewählten Ort keine Aktivität entfaltet und auch keine Geschäftsstelle unterhält]). Besteht die Vereinsverwaltung an einem anderen Ort als dem Sitz des Vereins, so braucht dieser **Verwaltungssitz** in der Satzung nicht angegeben zu werden (Sauter/Schweyer/Waldner, Rdn. 65). Als Sitz des Vereins muss nicht in jedem Fall eine bestimmte politische Gemeinde festgelegt werden, es kann auch ein Gemeindeteil mit eigenem Namen gewählt werden (OLG Hamm Rpfleger 1977 S. 275). **Unzulässig** ist es aber, den jeweiligen Wohnsitz des 1. Vorsitzenden des Vereins oder einer anderen Person als Sitz des Vereins zu bestimmen, wenn dieser Wohnort in der Satzung nicht benannt ist; diese Satzungsbestimmung wäre zu unbestimmt (Palandt/Heinrichs, § 24 Rdn. 2; Sauter/Schweyer/Waldner, Rdn. 66). Unzulässig ist nach h. M. in der Rspr. auch ein **Doppelsitz** (vgl. OLG Hamburg MDR 1972 S. 417).

Hinweis:

Die postalische Erreichbarkeit des Vereins an seinem Sitz kann nicht gefordert werden. Gemäß § 15 VRV ist der Vereinsvorstand auf Anforderung des Registergerichts aber zur Mitteilung einer **ladungsfähigen Anschrift** verpflichtet, es ist jedoch nicht vorausgesetzt, dass sich diese am Sitz des Vereins befinden müsste. Im allgemeinen Geschäftsverkehr spricht natürlich nichts gegen eine **Postfachadresse** als „postalischen Sitz" des Vereins.

Die **Verlegung** des Vereinssitzes ist **unproblematisch**. Sie erfolgt **52**
durch **Satzungsänderung**, die der Eintragung ins Vereinsregister bedarf (§ 71 Abs. 1 BGB). Die Sitzverlegung muss beim Gericht des bisherigen Sitzes angemeldet werden, das die Anmeldung an das Gericht des neuen Sitzes weiterleitet (h. M., wie z. B. OLG Köln Rpfleger 1991 S. 462; KG NJW-RR 1992 S. 509; OLG Oldenburg MDR 1993 S. 79; OLG Schleswig NJW-RR 1994

S. 1404; BayObLG NJW-RR 1996 S. 938; OLG Stuttgart Rpfleger 1997 S. 312; OLG Zweibrücken Rpfleger 1998 S. 28).

Hinweis:

Von einer Sitzverlegung zu unterscheiden ist die bloße **Änderung der Anschrift** eines Vereins, z. B. durch Wechsel des Vereinslokals oder Umzug des 1. Vorsitzenden. Hier muss dem Amtsgericht lediglich die neue Anschrift **mitgeteilt** werden. Eine Sitzverlegung ist nicht erforderlich.

Es empfiehlt sich im Übrigen, wegen der mit einer **Sitzverlegung** verbundenen Formalitäten (Satzungsänderung und Eintragung) sowie der Kosten eine Sitzverlegung **nur** dann durchzuführen, wenn der Sitz des Vereins endgültig und auf **Dauer** an einen anderen Ort wechselt (Stöber, Rdn. 114).

52 a Der Verein verliert seine Rechtsfähigkeit nach deutschem Recht bei **Verlegung** des tatsächlichen Sitzes in das **Ausland** (so genannter „Wegzugsfall"). Daher behandelt § 6 Abs. 3 VRV derartige Sitzverlegungen als Auflösung.

4. Der Name des Vereins

a) Grundsätze des Namensrechts

53 Die Satzung des Vereins **muss** nach § 57 Abs. 1 BGB den Namen des Vereins enthalten, d. h. also, dass der Verein einen Namen führen muss. Dieser ist ebenso wie bei der natürlichen Person Ausdruck der Individualität und dient der Unterscheidung von anderen (juristischen) Personen. Der Name des eingetragenen Vereins steht unter dem Schutz von § 12 BGB (vgl. u. Rdn. 60).

Der Name kann sich vom Vereinszweck ableiten oder nach einem anderen, dem Verein wesentlichen Umstand bestimmen, also z. B. „Heimatverein A-Dorf" oder „Verein zur Förderung . . .". Der Name braucht bis auf den Zusatz „eingetragener Verein" nicht deutsch zu sein. Es kann auch ein **Phantasiename** gewählt werden, der aber noch als Name erkennbar sein muss.

Der Verein darf nur einen Namen führen. Etwas anderes gilt nur dann, wenn der Verein im Rahmen des sog. Nebenzwecksprivilegs für Idealvereine (s. Rdn. 42) ein Handelsgeschäft übernommen hat. Dieses darf er unter der bisherigen Firma weiterbetreiben.

Nach § 57 Abs. 2 BGB soll sich der Name des Vereins von den Namen der an demselben Ort oder in derselben Gemeinde bestehenden eingetragenen Vereine deutlich **unterscheiden**. Unter Gemeinde ist die politische Gemeinde, die auch mehrere Orte umfassen kann, zu verstehen. Ohne Bedeutung ist es, ob der Zweck der Vereine gleich oder verschieden ist. Werden gleichzeitig Vereine mit verwechselbarem oder gleichem Namen angemeldet, kann i. d. R. der Verein seinen Namen behalten, der zuerst in das Vereinsregister eingetragen worden ist. Der andere Verein muss seinen Namen ändern oder ggf. gegen den eingetragenen Verein auf Namensänderung klagen. Diese Klage wird aber nur dann Erfolg haben, wenn er der „ältere" Verein ist (s. a. LG Bonn Rpfleger 1996 S. 463 zur verneinten Verwechselungsfähigkeit bei Vereinsnamen studentischer Verbindungen [einerseits „Bonner Burschenschaft G", andererseits „Turnerschaft G zu Bonn"]). **54**

Ist der Verein bereits in das Vereinsregister eingetragen, ist eine **Änderung des Namens** auf jeden Fall eine **Satzungsänderung**, die der Eintragung ins Vereinsregister bedarf (§ 71 Abs. 1 BGB). Wird der Vereinsname noch im Gründungsstadium geändert, handelt es sich zwar auch um eine Satzungsänderung, die jedoch keiner besonderen Anmeldung bedarf. Es genügt vielmehr, im Anmeldeverfahren des neu gegründeten Vereins die geänderte Satzung einzureichen.

b) Zusätze im Vereinsnamen

Auf den Namen des Vereins wird die Vorschrift des **§ 18 Abs. 2 HGB entsprechend** angewendet (s. dazu zuletzt OLG Düsseldorf Rpfleger 2004 S. 570; OLG Frankfurt NJW-RR 2002 S. 177). Allerdings sind mit Einführung des Handelsrechtsreformgesetzes und den damit verbundenen Neuregelungen die früher strengeren Anforderungen an das firmenrechtliche Irreführungsverbot gelockert worden (vgl. dazu Bokelmann, GmbHR 1998 S. 57). **55**

Hinweis:

Der Grundsatz der (Firmen)**Namenswahrheit** bedeutet nach wie vor, dass der Vereinsname nicht geeignet sein darf, über Art, Zweck, Größe, Alter oder sonstige Verhältnisse des Vereins zu täuschen. Es genügt aber nicht mehr, wenn nur Einzelne irregeführt werden können, sondern es ist erforderlich, dass die **„angesprochenen Verkehrskreise“ getäuscht** werden können. Auch muss die durch die mögliche Täuschung in Betracht kommende Irreführung von einer gewissen Bedeutung für die angesprochenen Verkehrskreise sein, wobei ein objektiver Maßstab aus der Sicht der durchschnittlichen Angehörigen des betroffenen Personenkreises und deren verständiger Würdigung anzulegen ist (OLG Düsseldorf, a. a. O.; s. auch Rdn. 56).

Ein Vereinsname, der hiergegen verstößt, ist unzulässig und kann von Amts wegen gelöscht werden. Dadurch wird allerdings die Rechtsfähigkeit des Vereins nicht berührt (BGH NJW 1984 S. 668).

56 Für die Frage, ob die Möglichkeit einer **Täuschung** der Öffentlichkeit besteht, ist grundsätzlich allein der Eindruck maßgebend, den der Name des Vereins unter Anlegung objektiver Maßstäbe bei der Allgemeinheit erweckt oder erwecken kann. Bei der Prüfung kommt es auf die allgemeine Verkehrsauffassung an (LG Lüneburg BB 1979 S. 135 „Baugruppe“); die Überlegungen müssen sich im durchschnittlichen Rahmen halten. Nach der Neufassung des § 18 Abs. 2 HGB ist auch darauf abzustellen, ob sich aus der Verwendung des Namensbestandteils im Einzelfall konkrete Anhaltspunkte für eine Täuschungseignung ergeben (OLG Düsseldorf Rpfleger 2004 S. 570; OLG Hamm DB 1999 S. 2002 = Rpfleger 1999 S. 545; eingehend zur Neuregelung des Firmenrechts a. Lutter/Welp, ZIP 1999 S. 1073).

Aus der umfangreichen Rspr. lassen sich folgende allgemeine **Grundsätze** ableiten (die Rspr. ist zwar weitgehend zur alten Fassung des § 18 Abs. 2 HGB ergangen, sie dürfte aber im Wesentlichen auch weiterhin anwendbar sein):

- Wird bei der Bildung eines Vereinsnamens der **Name** oder die Firmenbezeichnung **einer anderen Person** verwendet (z. B. bei einem Fanclub oder bei einer Interessengemeinschaft), so ist das unzulässig, wenn der Eindruck entsteht, es bestehe eine wirtschaftliche, sachliche oder personelle Verbindung, ohne dass diese tatsächlich vorhanden ist.

- Die im Stamm gleich lautenden Namen von studentischen Verbindungen sind nicht verwechselungsfähig, wenn neben den Stammnamen ein **Namensbestandteil** mit **ausreichender Unterscheidungskraft** tritt (LG Bonn Rpfleger 1996 S. 463 mit ablehnender Anm. Schmittmann [gemeinsamer Namensteil mit vorangestellten Bezeichnungen „Altherrenbund“ und „Alt-Herren-Verband“]).

- Bei der Verwendung der Bezeichnung **„Stiftung“** wird meist an einen gemeinnützigen oder wohltätigen Vereinszweck, zumindest aber an eine Stiftungsaufsicht gedacht (s. aber OLG Frankfurt NJW-RR 2002 S. 177). Auch die Bezeichnung **„Kammer“** erweckt den Eindruck einer öffentlich-rechtlichen Organisation und ist ohne einen klarstellenden Zusatz unzulässig (vgl. OLG Dresden WRP 2000 S. 1202). Der Begriff **„Akademie“** ist nur in Ausnahmefällen zulässig, wenn es sich entweder um eine Vereinigung von Wissenschaftlern oder um eine Einrichtung handelt, die der Ausbildung oder Fortbildung dient. Der Begriff Akademie in einem Vereinsnamen kann aber jedenfalls nicht (allein) deshalb entsprechend § 18 Abs. 2 HGB beanstandet werden, weil der Verein keine akademische, d. h. hochschulähnliche Strukturen aufweist und nicht staatlich gefördert oder kontrolliert ist (KG Rpfleger 2005 S. 199).

- Soll im Vereinsnamen die Bezeichnung **„Institut“** geführt werden, kommt es für die Zulässigkeit auf den Vereinszweck und auf die beabsichtigte Tätigkeit sowie auf die Qualifikation des Vereinspersonals an, da in der Öffentlichkeit i. d. R. die Annahme besteht, dass es sich bei einem „Institut“ um eine wissenschaftliche Einrichtung mit entsprechend geschultem Personal handelt (zuletzt OLG Düsseldorf Rpfleger 2004 S. 570; vgl. einerseits auch BayObLG Rpfleger 1990 S. 407, wonach eine Tätigkeitsbezeichnung beizufügen ist, und andererseits BayObLG **57**

NJW- RR 1990 S. 1125 zur Unzulässigkeit; s. a. BGH NJW-RR 1987 S. 735: Frage des Einzelfalls). I. d. R. wird deshalb ein Verein, der die vorgenannten Voraussetzungen nicht erfüllt, entweder einen weiteren Namenskern oder Namen hinzufügen müssen (BayObLG a. a. O.; LG Detmold Rpfleger 1999 S. 333). Ein solcher Zusatz ist auch durch die Angabe eines Tätigkeitsbereiches möglich (LG Detmold a. a. O.).

- Will sich ein Verein als **„Verband“** bezeichnen, ist u. a. darauf abzustellen, ob er eine größere Zahl von Mitgliedern hat, oder ob sich in ihm mehrere Vereine zusammengeschlossen haben (zur Täuschungseignung bei „Fachverband“ s. LG Bremen Rpfleger 1989 S. 202; zur Frage der Irreführung bei Bezeichnung eines Berufsverbandes als „Deutsche Heilpraktiker e. V. Bundesverband“ s. BGH NJW-RR 1987 S. 1178; zur Verwendung einer uneingeschränkten Berufsbezeichnung im Namen s. OLG Düsseldorf OLG-Report Düsseldorf 1996 S. 68). Entscheidend kann auch sein, ob sich aus dem Vereinsnamen ggf. ableiten lässt, dass es sich um einen Zusammenschluss aller Gruppen einer bestimmten Gesellschaftsschicht oder nur von Angehörigen eines bestimmten Berufes handelt.

- Will ein Verein in seinem Namen eine **Jahreszahl** führen, was auch in abgekürzter Form zulässig sein kann (z. B. „Schalke 04“ statt „Schalke 1904“), muss es sich i. d. R. um das wirkliche Gründungsjahr des Vereins selbst handeln.

- Bei einem geographischen **Zusatz** (z. B.: „Deutscher Verein ...“) ist darauf zu achten, dass nicht hinsichtlich des Gebiets, auf das sich die Vereinstätigkeit erstreckt, oder hinsichtlich der Größe oder der Bedeutung des Vereins ein falsches Bild entsteht (vgl. OLG Celle Rpfleger 1974 S. 222 [Zusatz: „hanseatischer ...“]; s. a. zuletzt für „Association Europa“ LG Bremen Rpfleger 1994 S. 362 m. w. N.). Allerdings sind z. B. die Namensbestandteile **„Euro“** oder „European“ unbedenklich, sofern sich nicht im Einzelfall konkrete Anhaltspunkte für eine Täuschungseignung ergeben (OLG Hamm DB 1999 S. 2002 = Rpfleger 1999 S. 545 [zum neuen Recht]).

Unter **Anwendung dieser Grundsätze** sind als **täuschende Vereinsnamen** angesehen worden: **58**

„Ärztlicher Arbeitskreis“, wenn nur 8 der Mitglieder Ärzte sind (OLG Karlsruhe OLGZ 1982 S. 385)

„Akademie für praktische Betriebswirtschaft“ (OLG Bremen NJW 1972 S. 164)

„Aktionsgemeinschaft der deutschen Rechtsanwälte“ für einen Verein mit unbedeutender Mitgliederzahl (OLG Hamm OLGZ 1978 S. 431)

„Die Gemeinde in ...“ als Name einer Religionsgemeinde (LG Bonn Rpfleger 1987 S. 205)

„Dolmetscher-Institut e. K.“ (OLG Düsseldorf Rpfleger 2004 S. 570)

„Europäische Wirtschaftskammer für Handel, Gewerbe und Industrie“ (OLG Dresden WRP 2000 S. 1202)

„German-Omani General Association for Trade and Industry“, wenn der Name des Vereins deshalb zu Täuschungen Anlass gibt, weil der Verein aus lediglich sieben Mitgliedern besteht (LG Tübingen Rpfleger 1995 S. 258)

„Hanseatischer...“ (OLG Celle Rpfleger 1974 S. 222)

„Immobilienbörse“, da damit i. d. R. der Eindruck einer herausgehobenen Stellung am örtlichen Markt sowie eines besonders vielseitigen und preisgünstigen Angebots mit börsengleichem Umfang erweckt wird (OLG Düsseldorf Rpfleger 1996 S. 291 = NJW-RR 1996 S. 989)

„Institut für steuerwissenschaftliche Informatik“ für einen Verein mit Sitz in einer Universitätsstadt, wobei es ohne Bedeutung ist, ob Vorstandsmitglieder auf dem Gebiet des Steuerrechts eine öffentliche Lehrbefugnis haben (BayObLG NJW- RR 1990 S. 1125)

„International Chamber of Commerce“ für einen Verein, der keine Verbindungen zu staatlichen Stellen oder Organisationen der Wirtschaft hat (OLG Stuttgart NJWE-WettbR 1996 S. 197 = WRP 1996 S. 945)

„Internationaler Wassersport-Club“ für einen kleinen lokalen Verein (LG Hagen Rpfleger 1971 S. 428)

„Olympia-Stiftung“ für einen Verein, der keiner Stiftungsaufsicht unterliegt (BayObLG NJW 1973 S. 249)

„Privilegierte Schützengesellschaft“ für einen Verein ohne Privilegien (BayObLGZ 1959 S. 290)

„Sport-Schützen-Gesellschaft 1007“, wenn die Zahl nicht mit der Jahreszahl der Gründung identisch ist (BayObLG NJW 1972 S. 957)

„Sozis gegen Filz“ für eine Wählervereinigung, da zur Täuschung mit der SPD geeignet (BayObLG NJW-RR 1990 S. 996)

59 **Unbedenklich sind die Vereinsnamen:**

„Ärztetag für Medizin ohne Nebenwirkungen", da nicht ohne weiteres ein Hinweis auf eine öffentlich-rechtliche Körperschaft angenommen werden könne (BayObLG NJW 1992 S. 2362)

„Anwalt des Kindes", wenn die Interessen von Kindern wahrgenommen werden (OLG Hamburg NJW-RR 1991 S. 1005)

der Namenszusatz „Euro" oder „European", sofern nicht im Einzelfall konkrete Anhaltspunkte für eine Täuschungseignung gegeben sind (OLG Hamm DB 1999 S. 2002 = Rpfleger 2000 S. 545 [zum neuen Recht])

„Griechische Gemeinde" für einen Verein, der die kulturellen und beruflichen Interessen seiner griechischen Mitglieder fördern will (BayObLGZ 1982 S. 282)

„Landesarbeitsgemeinschaft Bayern der … e. V." (BayObLG Rpfleger 1992 S. 397)

c) Der Schutz des Vereinsnamens

60 Der Vereinsname steht unter dem Schutz des § 12 BGB. Der Verein kann also von jedem verlangen, dass er die Führung des gleichen Namens unterlässt, wenn durch die unbefugte Führung des Namens ein berechtigtes **Interesse** des Vereins verletzt wird (BGH NJW 1970 S. 1270; OLG München NJW 2002 S. 611; zum Fortbestand und Namensschutz altrechtlicher Schützengesellschaften in Thüringen LG Gera NotBZ 2003 S. 399). Entsteht dem Verein durch die unberechtigte Führung seines Namens ein Schaden, kann er gem. § 823 Abs. 1 BGB Schadensersatz fordern, da es sich bei dem Namensrecht um „ein sonstiges Recht" i. S. von § 823 Abs. 1 BGB handelt (zum Namensrechtsvertrag bei Sportstätten Klingmüller SpuRt 2002 S. 59).

5. Bestimmung, dass der Verein ins Vereinsregister eingetragen werden soll

61 Nach § 57 Abs. 1 BGB **muss** sich aus der Satzung ergeben, dass der Verein eingetragen werden soll. Die Satzung muss also den Willen der Vereinsgründer erkennen lassen, einen rechtsfähigen Verein gründen zu wollen.

Hinweis:
Üblich und zu **empfehlen** ist für die Satzung **folgende Fassung** der Bestimmung: „Der Verein soll in das Vereinsregister eingetragen werden. Nach der Eintragung führt er zu seinem Namen den Zusatz e. V.“

Fehlt in der Satzung eine **entsprechende Bestimmung** und ergibt sich auch sonst nicht genügend deutlich, dass der Verein in das Vereinsregister eingetragen werden soll, ist der Verein als nichtrechtsfähiger Verein errichtet. Für die Erlangung der Rechtsfähigkeit reicht es nicht aus, dass nun die Vorstandsmitglieder diesen Verein zur Eintragung anmelden. Auf ihren Willen, dass der Verein Rechtsfähigkeit erlangt, kommt es nicht an; dafür muss eine Grundlage in der Satzung vorhanden sein. Die Vorstandsmitglieder können aber durch entsprechenden Beschluss die Satzung ergänzen, wenn sich aus anderen (Gründungs-)Unterlagen ergibt, dass der Verein eingetragen werden soll, z. B. aus dem Protokoll über die Gründungsversammlung (vgl. dazu Spitzenberg, Rpfleger 1971 S. 242).

Hinweis:
Soll ein zunächst als nichtrechtsfähiger Verein gegründeter Verein **später rechtsfähig** werden, muss seine **Satzung** dahin **geändert** werden, dass der Verein nunmehr in das Vereinsregister eingetragen werden soll.

6. Der Eintritt von Mitgliedern

a) Voraussetzungen für den Erwerb der Mitgliedschaft

Gem. § 58 Nr. 1 BGB **muss** die Satzung Bestimmungen über den **62**
Eintritt der Mitglieder enthalten. Daraus folgt, dass der eingetragene Verein keinen geschlossenen Mitgliederbestand haben darf (Sauter/Schweyer/Waldner, Rdn. 70 m. w. N.). Weitere Einzelheiten über den Eintritt eines neuen Mitglieds enthält das BGB nicht. Insbesondere verlangt es nicht, dass die Satzung festlegt, wer Mitglied des Vereins werden kann (OLG Köln NJW 1989 S. 173, 174). Auch muss die Satzung keine Bestimmung darüber enthal-

ten, in welcher Form ein Aufnahmeantrag zu stellen ist (BayObLG NJW 1972 S. 1323). Entscheidend ist allein, dass sich aus der Satzung mit **hinreichender Bestimmtheit** ergibt, **wie** sich der Eintritt eines Mitglieds vollzieht (BayObLG Rpfleger 2001 S. 62). Das gilt für alle Mitglieder des Vereins, also z. B. auch für Probemitglieder (BayObLG a. a. O.)

Hinweis:
Bei der Festlegung der Voraussetzungen für die Mitgliedschaft sollte auf die **Formulierung** der entsprechenden Satzungsbestimmung **große Sorgfalt** verwendet werden. Denn die Kriterien, von denen der Verein die Aufnahme eines neuen Mitglieds ggf. abhängig machen will, können dafür entscheidend sein, ob der Verein i. S. des § 52 Abs. 1 AO die Allgemeinheit fördert und u. a. deshalb als gemeinnützig anzuerkennen ist (s. einerseits BFH BStBl II 1979 S. 488 [schriftliches Aufnahmegesuch, das möglichst von 2 Mitgliedern befürwortet sein muss, und Entscheidung des Vorstands darüber mit Zweidrittel-Mehrheit schadet nicht]; andererseits FG Schleswig-Holstein EFG 1996 S. 604; s. a. die ablehnende Besprechung von Gast-de Haan, DStR 1996 S. 405; s. a. Rdn. 451 und Schleder, Rdn. 102 ff.). Das gilt insbesondere auch für die (zu hohe) Festsetzung einer Aufnahmegebühr (s. dazu Rdn. 452 m. w. N.).

Der Verein ist somit bei der **Festlegung** der **Voraussetzungen** für den Erwerb der Mitgliedschaft grds. **frei.** So kann seine Satzung bestimmen, ob jede beliebige Person oder nur natürliche oder nur juristische Personen Mitglied werden können. Sie kann die Mitgliedschaft auch an **bestimmte Eigenschaften** wie z. B. Beruf, Alter, Geschlecht, Wohnsitz, Staatsangehörigkeit knüpfen (s. z. B. AG Wiesbaden NZM 1999 S. 776 [Mitglied in einem Mieterschutzverein können nur Mieter sein]; zum Austritt in diesen Fällen s. Rdn. 76). Möglich ist es außerdem, nur eine **begrenzte Anzahl** von Mitgliedern vorzusehen sowie für die Mitgliedschaft die **vorherige Aufforderung** zum Beitritt notwendig zu machen. Die Satzung kann im Übrigen auch vorsehen, dass die Mitglieder des Vereins automatisch Mitglieder in einem **Dachverband** sind (vgl. zuletzt BGHZ 105 S. 306; LG Frankenthal Rpfleger 2003 S. 591). Es müssen dann aber korrespondierende Satzungsbestimmungen vorliegen, die dahin gehen, dass die Aufnahme einer Person in einen der Verbandsvereine automatisch die Einzelmitgliedschaft im Dachverband zur Folge hat (BGH, a. a. O.; LG Frankenthal, a. a. O.).

Hinweis:

Die Satzung darf die Aufnahme eines beschränkt Geschäftsfähigen/ **Minderjährigen** davon **abhängig** machen, dass der **gesetzliche Vertreter** für die **Mitgliedsbeiträge** des neuen Mitglieds **haftet** (OLG Hamm NJW-RR 2000 S. 42 = Rpfleger 2000 S. 70). Allerdings muss diese (rechtsgeschäftliche) Haftungsübernahme des gesetzlichen Vertreters für die Mitgliedsbeiträge in der Satzung so ausgestaltet sein, dass der gesetzliche Vertreter bei der Stellung des Aufnahmeantrages von der doppelten Bedeutung der von ihm abgegebenen Erklärung Kenntnis hat. Nicht ausreichend ist es, wenn die Satzung sich auf die Anordnung beschränkt, der gesetzliche Vertreter verpflichte sich durch seine Unterschrift unter den Aufnahmeantrag des beschränkt Geschäftsfähigen zur Zahlung der Mitgliedsbeiträge (OLG Hamm a. a. O.). Es **empfiehlt** sich daher, den Aufnahmeantrag **entsprechend auszugestalten**, indem z. B. der gesetzliche Vertreter bei der Unterzeichnung ausdrücklich versichert, dass ihm die entsprechende Regelung in der Satzung bekannt ist und er für die Mitgliedsbeiträge des Minderjährigen haftet.

Grds. **nicht möglich** ist eine Art **„Zwangsmitgliedschaft“** in der **63**
Weise, dass jemand bereits lediglich aufgrund seiner beruflichen Stellung oder einer bestimmten Eigenschaft Mitglied des Vereins ist (BayObLG DB 1973 S. 2518 = MDR 1974 S. 400). Nicht zulässig ist außerdem eine Satzungsregelung, wonach die Vereinsmitglieder von außenstehenden Dritten in den Verein gewählt werden (OLG Stuttgart Rpfleger 1986 S. 262; OLG Köln a. a. O.). Eine **Ausnahme** vom Verbot der „Zwangsmitgliedschaft“ wird anerkannt, wenn eine verbandsrechtliche Pflichtmitgliedschaft gesetzlich vorgeschrieben ist, wie z. B. in § 54 GenG, wonach eingetragene (Kredit-)Genossenschaften ausnahmslos Mitglied eines genossenschaftlichen Prüfverbandes sein müssen (vgl. dazu BGH NJW 1995 S. 2981). Eine Ausnahme wird zudem für einen **kirchlichen Verein** angenommen. Bei ihm darf die Satzung bestimmen,

dass kirchliche Funktionsträger „geborene" Vereinsmitglieder sind (OLG Köln NJW 1992 S. 1048, 1049 = Rpfleger 1992 S. 112 ff.; OLG Hamm NJW-RR 1995 S. 139). Eine entsprechende Satzungsvorschrift wird man aber dahin auslegen können, dass damit nur ein Eintrittsrecht gewährt wird (BGH MDR 1981 S. 27 für den automatischen Übergang der Mitgliedschaft auf einen Funktionsnachfolger eines ausgeschiedenen Mitglieds).

b) Beitrittserklärung/Aufnahmeverfahren

64 Die Beitrittserklärung ist an **keine** bestimmte **Form** gebunden. Sie kann also mündlich erfolgen. Die Satzung kann jedoch eine schriftliche Erklärung vorsehen, was zweckmäßig ist, weil damit Streit über das Bestehen der Mitgliedschaft oder über den Zeitpunkt des Beitritts ausgeschlossen ist. Sieht die Satzung Schriftform vor, genügt die Übermittlung der Beitrittserklärung mittels Telefax (BGH NJW-RR 1996 S. 866 [für die Austrittserklärung]; s. a. Rdn. 78). Das neue Mitglied kann sich bei der Beitrittserklärung auch vertreten lassen. Ein Ehegatte kann jedoch nicht allein aufgrund der sich aus § 1357 BGB ergebenden sog. „Schlüsselgewalt" den Beitritt des anderen Ehegatten erklären (AG Münster MDR 1970 S. 142; AG Marl FamRZ 1998 S. 283 = NJW-RR 1988 S. 197).

Der Beitritt kann sowohl von dem neuen Mitglied als auch vom Verein an eine **Bedingung** geknüpft werden. So kann das neue Mitglied bestimmte Sonder- oder Vorzugsrechte verlangen, während die Satzung für den Verein die Zahlung einer „Aufnahmegebühr" oder eines „Eintritts" vorsehen kann (zur verneinten steuerlichen Abzugsfähigkeit einer „Eintrittsspende" in der Form eines Darlehensverzichts s. FG Düsseldorf EFG 1995 S. 710; s. a. BFH NJW 1997 S. 3047, 3048). Der Eintritt eines Minderjährigen kann daran geknüpft werden, dass der gesetzliche Vertreter die Mithaft für die Mitgliedsbeiträge übernimmt (OLG Hamm NJW-RR 2000 S. 42 = Rpfleger 2000 S. 70; wegen der Einzelh. siehe Rdn. 62).

Die **Mitgliedschaft** selbst wird durch den **Vertrag** zwischen dem Beitrittswilligen und dem Verein erworben. Dieser Vertrag kann, etwa wegen Geschäftsunfähigkeit, nichtig sein oder **angefochten** werden. Ebenso wie bei der Gründung können Nichtigkeits- und Anfechtungsgründe aber nur mit Wirkung für die Zukunft geltend gemacht werden (str.; ebenso Sauter/Schweyer/Waldner, Rdn. 75; Palandt/Heinrichs, § 38 Rdn. 4; Stöber, Rdn. 149). Mitgliedsbeiträge können daher nach Anfechtung nicht zurückgefordert werden (Stöber a. a. O.).

Hinweis: 65

Zum **Beitritt Minderjähriger** gilt das zu Rdn. 19 Ausgeführte. Das bedeutet:

- Ist der Beitrittswillige noch nicht 18 Jahre alt, bedarf er gem. § 107 BGB zur Beitrittserklärung der **Einwilligung** seines **gesetzlichen Vertreters.** Das sind nach §§ 1626 Abs. 1, 1629 Abs. 1 BGB grds. Vater und Mutter.
- Die Einwilligung kann vor dem Beitritt oder nach § 108 BGB **nach** dem **Beitritt** als **Genehmigung** erteilt werden.
- Da der Beitritt dem Minderjährigen i. d. R. nicht lediglich einen rechtlichen Vorteil bringt, sondern ihn auch zu künftigen Beitragszahlungen und der Erfüllung weiterer mitgliedschaftlicher Pflichten verpflichtet, findet § 110 BGB – sog. Taschengeldparagraph **– meist keine Anwendung** (so auch Stöber, Rdn. 159 m. w. N. auch zur a. A.). Auch § 105a BGB ist nicht anwendbar (s. auch Rdn. 19a).
- Ist der Minderjährige allerdings nach §§ 112, 113 BGB von seinem gesetzlichen Vertreter zum selbständigen Betrieb eines Erwerbsgeschäfts oder zur Eingehung eines Dienst- oder **Arbeitsverhältnisses ermächtigt,** so kann er in damit zusammenhängende Vereine (z. B. Gewerkschaft oder Berufsverbände) auch ohne (nochmalige) Einwilligung seines gesetzlichen Vertreters eintreten (so auch Stöber, a. a. O.).

Die Satzung kann auch vorsehen, dass über den Eintritt von Mit- 66
gliedern in einem besonderen **Aufnahmeverfahren** entschieden werden soll. Diese Regelung empfiehlt sich immer dann, wenn dem Verein die Entscheidung vorbehalten werden soll, ob er jemanden als Mitglied aufnehmen will oder nicht. Auf diese Weise kann der Unterwanderung des Vereins begegnet werden. Die Satzung kann das **Aufnahmeverfahren** letztlich **frei gestalten:** Die

Entscheidung über die Aufnahme kann dem Vorstand, einem besonderen Aufnahmeausschuss oder der Mitgliederversammlung vorbehalten sein. Ist eine Regelung darüber nicht getroffen, ist die Mitgliederversammlung zuständig. Möglich ist auch die Bekanntgabe des Beitrittswilligen an alle Mitglieder mit der Einräumung eines Widerspruchsrechts innerhalb bestimmter Frist gegen die Aufnahme. Vorsehen kann die Satzung schließlich, dass gegen die Ablehnung des Beitrittsgesuchs durch ein anderes Organ als die Mitgliederversammlung Berufung an ein anderes Organ zulässig ist, das dann endgültig über die Aufnahme entscheidet.

Möglich ist es endlich auch, dass die Satzung vorsieht, dem Beitrittswilligen ggf. zunächst nur eine **vorläufige Mitgliedschaft** einzuräumen (zur Regelung des Eintritts von „Probemitgliedern" BayObLG Rpfleger 2001 S. 137 [fehlt eine Regelung in der Satzung werden die „Probemitglieder" automatisch Vollmitglieder]). Das kann sich empfehlen, wenn noch bestimmte Aufnahmekriterien erfüllt werden müssen, so z. B., wenn bei Eintritt in einen Verband die Satzung des beitrittswilligen Vereins noch an die Vorgaben des Verbandes angepasst werden muss (siehe dazu OLG Düsseldorf NJW-RR 1998 S. 328 [wenn Mitglieder eines Sportvereins nur dann an Wettkämpfen teilnehmen können und bei der Ausübung des Sports versichert sind, wenn der Sportverein Mitglied des zuständigen Landessportverbandes ist, hat der Sportverein einen im Wege der einstweiligen Verfügung durchsetzbaren Anspruch auf eine in der Satzung des Landessportverbandes vorgesehene vorläufige Mitgliedschaft]).

Hinweis:

Wegen der durch den Vereinsbeitritt entstehenden Rechte und Pflichten des (neuen) Mitglieds empfiehlt es sich, den **Zeitpunkt** des **Erwerbs** der Mitgliedschaft in der Satzung **eindeutig** zu **regeln.** Sonst können nämlich z. B. bei einer Mitgliederversammlung Unstimmigkeiten darüber entstehen, ob ein Mitglied schon stimmberechtigt ist oder nicht.

Stöber (Rdn. 142) empfiehlt z. B. etwa folgende **Formulierung** in der Satzung: „Die Mitgliedschaft ist erworben, wenn die Beitrittserklärung durch Vorstandsbeschluss angenommen ist. Die Mitteilung der Aufnahme an den Erwerber erfolgt durch den Vorstand. Diese Mitteilung hat für den Zeitpunkt der Aufnahme keine Bedeutung."

Ist in der Satzung der **Beginn** der Mitgliedschaft an die **Aushändigung** eines **Satzungsexemplars** oder einer (unterschriebenen) Mitgliedskarte geknüpft, was zulässig ist, so erwirbt das neue Mitglied die Mitgliedschaft erst mit der Aushändigung dieser Urkunde. Das gilt auch dann, wenn der Vorstand oder das sonst zuständige Vereinsorgan bereits die Aufnahme beschlossen und der Mitgliedschaftsbewerber davon Kenntnis erlangt hat (BGH NJW 1987 S. 2503).

Lediglich um eine besondere Bedingung für den Erwerb der Mitgliedschaft handelt es sich i. d. R., wenn die Satzung bestimmt, dass ein neues Mitglied einen oder mehrere **Bürgen** zu benennen hat. Diese Bestimmung ist ohne weiteres zulässig. Es handelt sich nicht um die Übernahme einer Bürgschaft i. S. von §§ 765 ff. BGB. „Gebürgt" wird hier für den guten Leumund des neuen Mitglieds. Soll es sich tatsächlich um eine Bürgschaft i. S. des BGB handeln, indem z. B. der Bürge dem Verein gegenüber für die Mitgliedsbeiträge des neuen Mitglieds haften soll, muss das in der Satzung eindeutig erklärt werden. In diesem Fall bedarf es dann auch gem. § 766 BGB einer schriftlichen Bürgschaftserklärung des Bürgen gegenüber dem Verein (Sauter/Schweyer/Waldner, Rdn. 72; zur Mithaftung des gesetzlichen Vertreters für die Mitgliedsbeiträge bei Eintritt eines neuen minderjährigen Mitglieds s. OLG Hamm NJW-RR 2000 S. 42 = Rpfleger 2000 S. 70; dazu auch Rdn. 62). **67**

Rechtliche Folge der Aufnahme oder des Beitritts in den Verein ist die Bindung des neuen Mitglieds an die Vereinsverfassung, unabhängig davon, ob ihm diese in allen Teilen bekannt ist oder nicht. Verbindlich sind auch alle früher von Vereinsorganen gefassten Beschlüsse (Sauter/Schweyer/Waldner, Rdn. 80). **68**

In der Vergangenheit ist die Frage, ob der Vereinsbeitritt als ein entgeltlicher Vertrag i. S. des § 1 des **Haustürwiderrufgesetzes** vom 16. Januar 1986 (s. dazu Rdn. 538) mit der Folge, dass der Beitritt innerhalb von einer Woche widerrufen werden konnte, anzusehen war, von der Rspr. nicht eindeutig beantwortet worden. **69**

Einerseits hat das OLG Karlsruhe (NJW 1991 S. 433) die Anwendbarkeit des (früher geltenden) HWiG für den Beitritt zu einem Luftrettungsverein verneint. Das OLG München (NJW 1996 S. 263) und das LG Stuttgart (NJW-RR 1995 S. 1009) haben hingegen die Anwendbarkeit bejaht. Das Haustürwiderrufsgesetz ist zum 1. 1. 2002 aufgehoben worden. Die entsprechenden Regelungen befinden sich jetzt als § 312 BGB im BGB. Die Problematik hat sich dadurch aber nicht erledigt. M. E. wird man nach wie vor aufgrund der Entstehungsgeschichte des HWiG und der im Wesentlichen gleichen neuen Vorschriften des BGB davon ausgehen müssen, dass der Vereinsbeitritt dem Widerrufsrecht grds. nicht unterfällt (s. auch Palandt-Heinrichs, § 312 Rdn. 8; a. A. Stöber, Rdn. 164; Reichert, Rdn. 642). Etwas anderes wird man aber für entgeltliche Verträge annehmen können, die zwischen dem Verein und seinen Mitgliedern über bestimmte, nicht schon aus der Mitgliedschaft zu beanspruchende Leistungen geschlossen werden.

Die Frage ist deshalb in der Praxis von Bedeutung, weil bei Anwendbarkeit des § 312 BGB der Kunde/Beitretende gem. §§ 312 Abs. 1, 355 Abs. 2 BGB über sein Widerrufsrecht **belehrt** werden muss. Wird er, was in der Praxis die Regel sein dürfte, nicht belehrt, beginnt nach § 355 Abs. 2 BGB die 2-wöchige Widerrufsfrist nicht zu laufen und der Beitritt kann auch noch später widerrufen werden.

Beispiel:

Der Beitretende verpflichtet sich zum Zweck des Beitritts zu einem ime-Sharing-Verein zur Zahlung eines Aufnahmebeitrags in einer Höhe (13 000 € für Ferienwohnrecht), die in anderen Time-Sharing-Modellen dem Nutzungsrechtserwerbspreis entspricht. In diesem Fall ging das LG Stuttgart (a. a. O.) von einem entgeltlichen Vertrag und der Möglichkeit des Widerrufs nach dem HWiG aus. Jetzt finden die §§ 312a, 485 BGB Anwendung.

Der **Widerruf** hat **innerhalb zwei Wochen** zu erfolgen, wenn der Kunde ordnungsgemäß (in Textform!; s. § 355 Abs. 2 BGB) belehrt worden ist. Ist die Belehrung unterblieben, kann der Kunde auch noch später widerrufen. Das Widerrufsrecht erlischt nach § 355 Abs. 3 BGB allerdings spätestens nach sechs Monaten, wenn ordnungsgemäß belehrt worden ist (Ausnahme: § 355 Abs. 3 Satz 3 BGB). Darüber hinaus fällt aber auch der Vereinsbeitritt als solcher unter die Umgehungsvorschrift des § 312a BGB, wenn ein entgeltlicher Vertrag nur als Vereinsmitgliedschaft getarnt ist (Löwe, BB 1986 S. 821, 823; Ulmer in Münchner Kommentar zum BGB, 3. Aufl., § 1 HWiG Rdn. 12 m. w. N.).

c) Pflicht zur Aufnahme in den Verein

Auch wenn ein Bewerber alle in der Satzung vorgesehenen Voraussetzungen für die Aufnahme in den Verein erfüllt, ergibt sich daraus **i. d. R.** für den Verein noch **keine Aufnahmepflicht.** Etwas anderes gilt nur dann, wenn sich der Verein durch eine entsprechende Satzungsbestimmung, wonach z. B. für den Beitritt allein die Beitrittserklärung des Bewerbers genügt, **selbst gebunden** hat. Davon kann aber nicht schon dann ausgegangen werden, wenn die Vereinssatzung ein Probejahr vorsieht (LG Lübeck MDR 1993 S. 292 für die Aufnahmepflicht bereits bekannter Personen). **70**

Darüber hinaus sind nur Vereine mit einer **Monopolstellung** gem. § 826 BGB grds. zur Aufnahme verpflichtet, wenn die Verweigerung der Mitgliedschaft eine sittenwidrige Schädigung darstellt. Dieser **Aufnahmezwang** besteht insbesondere bei Wirtschaftsverbänden oder Berufsvereinigungen.

Die Rspr. hat daneben den allgemeinen Rechtsgrundsatz entwickelt, dass eine **Aufnahmepflicht** des Vereins immer dann besteht, wenn trotz Erfüllung der satzungsmäßigen Aufnahmebedingungen die Ablehnung der Aufnahme zu einer – im Verhältnis zu bereits aufgenommenen Mitgliedern – sachlich nicht gerechtfertigten ungleichen Behandlung und unbilligen Benachteiligung des Bewerbers führt (siehe u. a. BGH NJW 1985 S. 1216 [für Industriegewerkschaft Metall]).

Hinweis:

Das gilt **auch** für die **Aufnahme** in einen Sportverband oder **Sportverein** (siehe u. a. BGH NJW 1975 S. 771 für die Aufnahme in den Deutschen Sportbund; BGH NJW-RR 1986 S. 583 allgemein zum Anspruch auf Aufnahme in einen Verein, dargestellt am Beispiel der Sportverbände, Steinbeck, WuW 1996 S. 91; zuletzt zusammenfassend BGH NJW 1999 S. 1326). (Sport)Verbände mit überragender Machtstellung können auch begrenzt auf einzelne Regionen bestehen (BGH a. a. O. [für einen Zusammenschluss von aus einer bestimmten Stadt stammenden Sportvereinen]).

71 Eine Monopolstellung des Vereins ist dann nicht mehr erforderlich. Es genügt, wenn er eine erhebliche **wirtschaftliche oder soziale Machtstellung** besitzt (BGH NJW 1980 S. 186 für die Frage der Aufnahme in einen Anwaltsverein; NJW 1989 S. 1724 für Spitzenverband der Kreditgenossenschaften) und der Bewerber ein schwerwiegendes Interesse am Erwerb der Mitgliedschaft hat. Das kann z. B. gegeben sein, wenn die Mitgliedschaft Voraussetzung für die Teilnahme an Wettkämpfen oder Wettbewerben ist. **Praktisch** wichtiger ist das GWB. Nach dessen § 27 GWB a. F. konnte die Kartellbehörde bei missbräuchlicher Verweigerung der Mitgliedschaft eine Aufnahmeanordnung erlassen (BGH NJW 1995 S. 462). In der seit dem 1. Januar 1999 geltenden Fassung verbietet § 20 Abs. 6 GWB die Ablehnung der Aufnahme. Das kann die Kartellbehörde nach § 32 GWB untersagen, § 33 GWB gewährt einen Unterlassungsanspruch.

72 Für die **Ablehnung** der Aufnahme müssen **sachlich** gerechtfertigte **Gründe** vorhanden sein (OLG Düsseldorf NJW-RR 1987 S. 503). Auf jeden Fall muss der Bewerber grds. die übrigen in der Satzung vorgesehenen Voraussetzungen für die Aufnahme in den Verein erfüllen und ist i. d. R. eine Abwägung zwischen beiden Interessen und Grundrechtspositionen erforderlich (BGH NJW 1985 S. 1216; BVerfG NJW-RR 1989, S. 636). Der Bewerber muss auch die (sachlich gerechtfertigten) **Aufnahmebestimmungen** erfüllen (OLG Frankfurt, Urt. v. 26. 7. 2005, 11 U 13/05 [Mindestmitgliederzahl kann eine sachlich gerechtfertigte Aufnahmebestimmung darstellen, um Splittergruppen von marginaler Bedeutung auszuschließen]). Lehnt der Bewerber es ab, sich der Satzung des Vereins und den darin enthaltenen Aufnahmebestimmungen anzupassen, obwohl er das ohne weiteres könnte, ist die Ablehnung seiner Aufnahme nicht sittenwidrig (siehe z. B. BGH NJW 1973 S. 35, 36 m. w. N.). Die Ablehnung eines Aufnahmegesuchs kann auch dann gerechtfertigt sein, wenn der Name des beitrittswilligen Vereins Bestandteile aufweist, die Unterschiede und Gegensätze zu anderen Vereinsmitgliedern betonen und ggf. unsachliche Reaktionen hervorrufen können (KG NJW-RR 1993 S. 183 [für Namensbestandteil „schwul"]).

Beispiele:

Aufnahmepflicht besteht:

grds. bei Gewerkschaften, Deutscher Sportbund, Landessportbund gegenüber Sportfachverband, i. d. R. wohl bei einem Zusammenschluss von **Sportvereinen** einer bestimmten Stadt gegenüber einem Sportverein mit Sitz in dieser Stadt (BGH NJW 1999 S. 1326), bei einem das gesamte Hundewesen vertretenden Zuchtverband (BGH WuW 1980 S. 827); bei einem Stadtjugendring gegenüber „Schwuler Jugendgruppe" (LG Heidelberg NJW 1991 S. 927; vgl. aber KG NJW-RR 1993 S. 183, das die Aufnahmepflicht eines Vereins Homosexueller in einen Sportdachverband verneint hat, anders insoweit LG Heidelberg NJW 1991 S. 927; vgl. im Übrigen Palandt/Heinrichs, § 25 Rdn. 10 m. w. N.).

Aufnahmepflicht besteht nicht:

Anwaltsverein, Mieterverein (LG Münster MDR 1974 S. 309), Gemeinnützige Wohnungsbaugenossenschaft (OLG Köln OLGZ 1966 S. 132); **Landessportbund** gegenüber einem Verein mit dem Namensbestandteil „Dynamo" (BVerfG NJW-RR 1989 S. 636); wohl auch nicht bei der Bergwacht des DRK (a. A. LG München NJW-RR 1993 S. 890).

d) Wiederaufnahme in den Verein **73**

Für die Wiederaufnahme einmal aus dem Verein ausgeschiedener Mitglieder kann die Satzung **andere Voraussetzungen als** für einen **Ersteintritt** festlegen. So kann die Wiederaufnahme einmal ausgeschiedener Mitglieder überhaupt ausgeschlossen oder auch nur vom Ableisten einer **Probezeit** abhängig gemacht werden. Nach Reichert (s. Rdn. 641) soll die Wiederaufnahme nicht mit der Begründung verweigert werden können, der Bewerber habe in der Zwischenzeit ein vereinsschädigendes Verhalten gezeigt, da er in dieser Zeit nicht zur Vereinstreue verpflichtet gewesen sei. Das erscheint zweifelhaft, da der Verein kaum verpflichtet sein dürfte, einen Bewerber als Mitglied aufzunehmen, der sich ihm gegenüber schädigend verhalten hat. Sieht die Satzung (schon) für einen Ersteintritt die Ableistung einer Probezeit vor, kann im Fall einer Wiederaufnahme die Probezeit verweigert werden, da der „Bewerber“ den übrigen Mitgliedern bekannt ist (LG Lübeck MDR 1993 S. 292).

7. Der Austritt aus dem Verein

a) Regelung in der Satzung

74 Ebenso wie über den Eintritt schreibt § 58 Nr. 1 BGB hinreichend bestimmte Regelungen in der Satzung über den Austritt der Mitglieder vor (BayObLG Rpfleger 2001 S. 137). Gemeint ist damit die Ausgestaltung des **unabdingbaren** Rechts jedes Vereinsmitglieds, aus dem Verein auszutreten. Dieses Recht ist in § 39 BGB zwingend festgelegt und kann auch durch die Satzung **nur geringfügig eingeschränkt** werden.

Die Satzung kann für den Austritt bestimmen, dass er nur am Schluss eines Geschäftsjahres oder erst nach Ablauf einer **Kündigungsfrist,** die nicht länger als zwei Jahre sein darf, zulässig ist (§ 39 Abs. 2 BGB). Beide Voraussetzungen können kombiniert werden. Dabei ist aber darauf zu achten, dass dadurch das Mitglied nach der Austrittserklärung nicht länger als noch zwei Jahre an den Verein gebunden wird. Zulässig ist daher eine Bestimmung, dass der Austritt unter Einhaltung einer einjährigen Kündigungsfrist nur zum Schluss eines Kalenderjahres erfolgen kann. Die Satzung kann auch vorsehen, dass erst nach einer gewissen Zeit nach dem Eintritt (aber nicht mehr als zwei Jahre!) der Austritt erklärt werden darf. Sieht die Satzung eine zu lange Kündigungsfrist vor, fällt diese nicht ersatzlos weg, sondern verkürzt sich gem. § 39 Abs. 2 BGB auf die dort vorgesehenen zwei Jahre. Soll eine in der Satzung festgelegte Kündigungsfrist **geändert/** verlängert werden, bedarf es dazu einer **Satzungsänderung**.

Der **Austritt** darf durch die Satzung **nicht**, weder offen noch versteckt, **erschwert** werden, auch dürfen dem austrittswilligen Mitglied durch den Austritt keine Nachteile entstehen. Im Einzelnen gilt: **75**

- Unzulässig ist es, die **Austrittserklärung** an **besondere Formvorschriften** zu binden, die über die Schriftform hinausgehen (zur Form der Austrittserklärung s. u. Rdn. 78).
- Sieht die Satzung den **Austritt** mittels **eingeschriebenen Briefs** vor, ist das eine unzulässige Erschwerung, wenn von der Einhaltung dieser Form die Wirksamkeit des Austritts abhängig gemacht werden soll. Eine solche Satzungsvorschrift dient i. d. R. jedoch nur der Beweiserleichterung, nämlich dem Nachweis des Zugangs der Austrittserklärung beim Verein. Die **Wirksamkeit** des Austritts kann daher nicht mit der Begründung bestritten werden, die Austrittserklärung sei nur mit „einfachem Brief" und nicht „eingeschrieben" übersandt worden (RGZ 77 S. 70; Sauter/Schweyer/Waldner, Rdn. 84).
- Eine **unzulässige Erschwerung** des Austritts bedeutet es auch, wenn für die Erklärung ein **Begründungszwang** bestimmt ist oder der Austritt nur aus wichtigem Grund erklärt werden darf.
- Die Wirksamkeit des Austritts kann auch nicht von der **Zahlung rückständiger Beiträge,** sonstiger Schulden oder eines Austrittsgeldes abhängig gemacht werden. Es kann jedoch bestimmt werden, dass beim Austritt eines Mitglieds ein Darlehen, das diesem vom Verein gewährt worden ist, zur Rückzahlung fällig wird (Stöber, Rdn. 188).
- **Unzulässig** ist weiter die Androhung der Aufnahme in eine **schwarze Liste** für den Fall des Austritts oder die Festsetzung besonders harter Bedingungen für den Fall des Wiedereintritts.
- Das Gleiche gilt schließlich für eine Satzungsvorschrift, nach der ein freiwilliges Ausscheiden aus dem Verein nicht mehr möglich sein soll, sobald gegen das Mitglied das **Ausschlussverfahren** oder ein sonstiges Vereinsstrafverfahren eingeleitet worden ist (vgl. zu allem Sauter/Schweyer/Waldner, Rdn. 86).

b) Der fristlose Austritt

76 Neben dem ordentlichen Austritt aus dem Verein kann ein fristloser Austritt in Betracht kommen. Die Mitgliedschaft kann aber durch sofortigen Austritt aus dem Verein nur beendet werden, wenn ein **wichtiger Grund** vorliegt. Dieser ist gegeben, wenn ein Verbleiben im Verein bis zum Ablauf der satzungsgemäßen Kündigungsfrist unter Berücksichtigung der gesamten Umstände eine unerträgliche Belastung bedeuten würde, die dem austrittswilligen Mitglied nicht zugemutet werden kann (LG Itzehoe NJW-RR 1989 S. 1531). Im Allgemeinen wird das Mitglied darauf hinzuweisen sein, dass der Austritt in der Satzung an eine bestimmte Frist gebunden ist, und dass es sich dem durch den Beitritt zum Verein unterworfen hat. Eine andere Frage ist, ob nicht der Vorstand oder ein anderes Vereinsorgan den sofortigen Austritt zulassen kann. Dieses Recht wird ihm die Satzung einräumen dürfen.

Hinweis:
Ist die fristlose Austrittserklärung unwirksam, so wird die Erklärung zumindest als fristgemäßer **Austritt** zum **nächstmöglichen Zeitpunkt** wirksam sein.

Ein sofortiger Austritt aus dem Verein kann auch dann in Betracht kommen, wenn die Rechte aus der Mitgliedschaft an **bestimmte Eigenschaften** geknüpft sind. **Fallen** diese **weg,** kann das Mitglied zum sofortigen Austritt berechtigt sein (AG Wiesbaden und AG Bochum NZM 1999 S. 776 m. Anm. Wenzel, NZM 1999 S. 981 [für Austritt aus einem Mieterverein nach Wegfall der Mietereigenschaft]).

77 Bei der Prüfung der Frage, ob ein **wichtiger Grund** vorliegt, müssen die Belange und der Zweck des Vereins und die Folgen des Austritts für ihn gegen die Interessen des Mitglieds abgewogen werden (zur [nicht zulässigen] „Kündigung" der Vereinsmitgliedschaft, wenn nur ein geringer Teil der Einnahmen des Vereins dem eigentlichen Vereinszweck zugeführt wird, s. BGH NJW 1995 S. 539). So werden vereinsinterne Streitigkeiten allein i. d. R. nicht zum fristlosen Austritt berechtigen. Das gilt erst recht, wenn das austrittswillige Mitglied den Austrittsgrund selbst (mit-)verschuldet hat (RGZ 130 S. 375, 378; Stöber, Rdn. 196). Zum fristlosen Austritt berechtigt ist ein Mitglied i. d. R. auch nicht, wenn es mehrfach versucht hat, ein Anliegen im Büro des Vereins vorzutragen, dies aber wegen starken Andrangs gescheitert ist (AG Münster ZMR 1965 S. 43).

I. d. R. wird auch eine **Beitragserhöhung** für einen fristlosen Austritt aus dem Verein **nicht** ausreichen (AG Essen DWW 1961 S. 119; zu den Vereinsbeiträgen allgemein s. Rdn. 81 ff.). Das gilt nach Auffassung des LG Aurich (Rpfleger 1987 S. 115) selbst dann, wenn die Beitragserhöhung 40 % beträgt; zu berücksichtigen sind nämlich die „Gesamtumstände". Dabei hat das LG Aurich darauf abgestellt, dass es sich in dem von ihm entschiedenen Fall um einen Tennisverein handelte, der Mitgliedsbeitrag bei Teilnahme am aktiven Spielbetrieb also nur einen Teil der anfallenden Kosten ausmachte, und die erhöhte Belastung von den Mitgliedern nur für ein Jahr zu tragen war. Einen Grund zum fristlosen Austritt aus dem Verein aufgrund einer Beitragserhöhung ist jedoch dann bejaht worden, wenn die vom Vorstand für die Erhöhung gegebene Begründung inhaltsleer und nicht nachvollziehbar ist (AG Nürnberg Rpfleger 1988 S. 109 für Erhöhung um 25 %).

Hinweis:

Eine andere Frage ist, ob die Mitglieder nach einer **rückwirkenden Beitragserhöhung** (fristlos) kündigen können. Das wird man, wenn die rückwirkende Erhöhung nicht in der Satzung vorgesehen war, m. E. bejahen müssen (so auch LG Hamburg NJW-RR 1999 S. 1708 für eine rückwirkende Erhöhung um allerdings 300 %; a. A. LG Aurich a. a. O.; a. A. offenbar auch Stöber, Rdn. 215; zur rückwirkenden Beitragserhöhung s. Rdn. 85 b).

c) Austrittserklärung

Die **Austrittserklärung** ist eine einseitige empfangsbedürftige Willenserklärung, die mit dem Zugang an ein Vorstandsmitglied oder an das in der Satzung bestimmte Vereinsorgan (§ 130 BGB, § 28 Abs. 2 BGB) wirksam wird. Die Mitgliedschaft lebt (später) **78** nicht dadurch wieder auf, dass die Austrittserklärung zurückgenommen wird. Vielmehr kann die Mitgliedschaft nur durch Beitritt wieder neu begründet werden.

Die Satzung kann eine **Kündigungsfrist** vorsehen, z. B. einen Monat vor Erreichen des Austrittstermins. Ist das nicht der Fall, wird der Austritt mit dem Zugang der Austrittserklärung sofort wirksam, wenn nicht ein bestimmter Austrittstermin (z. B. zum Ende des Kalenderjahres) vorgesehen ist. Ist nach der Satzung ein bestimmter Austrittstermin vorgesehen, nicht aber eine Kündigungsfrist, kann der Austritt noch am Terminstag wirksam erklärt werden. Erforderlich ist aber, dass die Erklärung dem Verein noch am selben Tag zugeht.

Beispiel:

Nach der Satzung ist der Austritt bis zum Ende des Kalenderjahres zulässig. Ein Austritt ist dann wirksam, wenn die Austrittserklärung dem Verein noch am 31. Dezember des Jahres zugeht.

Die Satzung kann für die Austrittserklärung **Schriftform** vorsehen (s. o. Rdn. 75). Das ist dann grds. als gewillkürte Schriftform i. S. des § 127 BGB anzusehen. Das bedeutet: Nach § 127 Abs. 2 BGB genügt dem Schriftformerfordernis auch eine „telekommunikative Übermittlung“. D.h.: Die Übermittlung der Austrittserklärung mittels **Telefax, Fernschreiben, Teletext, E-Mail und Computerfax** genügt dem in der Satzung aufgestellten Schriftformerfordernis, ohne dass es einer besonderen „Zulassung“ durch die Rechtsprechung bedarf (vgl. zur alten Rechtslage BGH NJW-RR 1996 S. 866; zur Zulässigkeit eines Austritts per Fax siehe auch BGH NJW 2000 S. 2340; zur prozessrechtlichen Wirksamkeit eines Computerfaxes mit eingescannter Unterschrift).

Hinweis:

Wegen des ggf. erforderlichen Nachweises **empfiehlt** es sich für das austrittswillige Mitglied, den Austritt in einer Form zu erklären, die später diesen Nachweis auch ermöglicht, also i. d. R. **Schriftform** mit eingeschriebenem Brief oder gegen Empfangsbestätigung.

Eine **Kündigung** per **E-Mail** ist dem Verein zugegangen, wenn sie in seinem allgemein bekannten Postfach bei seinem Provider eingegangen ist (zur Abgabe und zum Zugang elektronisch übermittelter Willenserklärungen vgl. Vehslage, AnwBl. 2002 S. 86).

Nach **Abgabe** der Austrittserklärung kann das Recht, aus dem Verein auszuscheiden, **nicht mehr** durch eine **Verlängerung** der Kündigungsfrist beeinträchtigt werden. Eine nach Erklärung des Austritts vorgenommene Verlängerung hat also keine Bedeutung mehr für diejenigen Mitglieder, die ihre Austrittserklärung vor Eintragung der Satzungsänderung in das Vereinsregister abgegeben haben. Wird nach Abgabe der Austrittserklärung die bisherige Kündigungsfrist durch eine Satzungsänderung **verkürzt,** kommt es darauf an, ob die bisherige oder die neue Kündigungsfrist zu einem früheren Austrittstermin führt. Der frühere ist dann der gültige (Sauter/Schweyer/Waldner, Rdn. 82). **79**

Beispiel:

Nach der alten Regelung ist die Kündigung nur zum Ende des Kalenderjahres zulässig. Im August wird eine neue Kündigungsregelung eingeführt, wonach nunmehr zum Ende eines jeden Quartals gekündigt werden kann. Diese Satzungsänderung wird im September ins Vereinsregister eingetragen. Ein Mitglied, das seine Mitgliedschaft bereits am Anfang des Jahres gekündigt hat, scheidet somit mit dem 30. September aus dem Verein aus. Die neue Kündigungsfrist führt zu einem früheren Austrittstermin.

d) Rechtsfolgen des Austritts

Rechtliche Folge des Austritts ist die **Beendigung der Mitgliedschaft.** Es erlöschen grds. alle Mitgliedschaftsrechte und -pflichten. Vorher entstandene vermögensrechtliche Ansprüche (z. B. Schadensersatzansprüche) bleiben jedoch bestehen. Der Ausgeschiedene braucht aber die erst nach dem Wirksamwerden des Austritts fällig werdenden Beiträge auch dann nicht zu zahlen, wenn die Beitragsschuld vorher entstanden war (BGHZ 48 S. 207, 211 = NJW 1967 S. 2303; zur Behandlung der Beitragspflicht beim Ausscheiden aus dem Verein s. Rdn. 85). **80**

Beispiel:

Der Beschluss über die Zahlung eines Sonderbeitrags ergeht zwischen Kündigung und deren Wirksamwerden. Der Beitrag wird jedoch erst nach Wirksamkeit der Kündigung fällig. Das ausgetretene Mitglied braucht den Beitrag nicht mehr zu zahlen (BGHZ a. a. O.). Wird der Beitrag hingegen bis zur Wirksamkeit der Kündigung fällig, muss ihn auch das Mitglied, das bereits seinen Austritt erklärt hat, noch entrichten (BVerfG NJW 1991 S. 2626; AG Grevenbroich NJW 1991 S. 2646).

Mit dem Austritt erhält das scheidende Mitglied **keinen Anspruch** auf ein **Auseinandersetzungsguthaben** am Vereinsvermögen. Das ausscheidende Mitglied hat auch keinen grundsätzlichen **Anspruch** auf **Rückzahlung** eines bei Eintritt in den Verein gezahlten **Aufnahmebeitrages** (OLG Brandenburg MDR 2005 S. 640 = OLG-NL 2005 S. 177 [für Golfclub]). Allerdings kann in der Satzung etwas anderes geregelt werden. Sieht die Satzung eine Regelung vor, verstößt eine Bestimmung, wonach die Rückzahlung der Aufnahmebeiträge von dem Erreichen einer Höchstmitgliederzahl abhängt, ebenso wenig gegen § 39 Abs. 1 BGB wie eine Regelung, nach der die Rückzahlung des Aufnahmebeitrages die Werbung eines neuen Vereinsmitglieds durch das ausscheidende Vereinsmitglied voraussetzt (OLG Brandenburg, a. a. O.).

80 a Das scheidende Mitglied haftet auch nicht mehr für etwaige **Vereinsschulden**, soweit eine Haftung dafür überhaupt vorgesehen war. Auch nach dem Austritt bleibt aber für Streitigkeiten aus dem Mitgliedschaftsverhältnis ein etwa in der Satzung festgelegtes Schiedsgericht zuständig.

8. Die Erhebung von Beiträgen

Die Satzung soll nach § 58 Nr. 2 BGB Bestimmungen darüber enthalten, ob und welche Beiträge von den Mitgliedern zu leisten sind. Fehlt eine solche Bestimmung, kann der Verein nicht eingetragen werden (§ 60 BGB).

81 a) **Beiträge** sind alle mitgliedschaftlichen Pflichten, die ein Mitglied zur Förderung des Vereinszwecks zu erfüllen hat (Soergel/Hadding, § 58 BGB Rdn. 3; s. a. Reichert, Rdn. 578 ff.; zur steuer-

lichen Behandlung/Abzugsfähigkeit von Mitgliedsbeiträgen s. Rdn. 526 ff.). „Beiträge" können also Geldzahlungen, Sachleistungen aber auch Leistung von Diensten sein. Soll das Vereinsmitglied verpflichtet sein, am Training und an Wettkämpfen teilzunehmen, muss das in der Satzung festgelegt werden (Reichert, Rdn. 578, 600; zu Werbepflichten für den Verein s. Rdn. 407).

Wie der Verein in der Satzung die Beitragspflicht **regelt**, steht ihm **frei**. Erforderlich ist nur eine Bestimmung, die regelt, dass überhaupt Beiträge erhoben werden. So muss z. B. die Beitragshöhe in der Satzung **nicht ziffernmäßig** bestimmt sein (BGH NJW 1995 S. 2981). Es genügt, wenn die Satzung das für die Festsetzung der Beiträge zuständige Organ bezeichnet, das nicht die Mitgliederversammlung sein muss (BGH, a. a. O.).

Hinweis:

Im Hinblick auf den Erhalt der **Gemeinnützigkeit** dürfen die Mitgliedsbeiträge, die von den Vereinsmitgliedern erhoben werden, nicht zu hoch sein, da es sonst Schwierigkeiten bei dem Merkmal „Förderung der Allgemeinheit" geben kann (vgl. dazu Rdn. 452 und Schleder, Rdn. 102; s. auch BFH-Urt. v. 23. 7. 2003 - XI R 41/03, und Schreiben des BMF v. 19. 5. 2005 [IV C 4-S 0171-66/05]).

Will der Verein durch die Beiträge umfangreiche Leistungen für die Mitglieder finanzieren, muss die **Satzung** aber die **Grundzüge** der Beitragspflicht, insbesondere die mögliche Höchstbelastung, festlegen (BGH NJW 1989 S. 1724, 1726). Eine allgemeine monatliche Beitragspflicht berechtigt den Verein im Übrigen nicht zum Einzug eines 13. Monatsbeitrags bei seinen Mitgliedern für Sonderzwecke (OLG München NJW-RR 1998 S. 966). Die Satzung kann auch **nicht** vorsehen, dass ein **Dritter** verpflichtet ist, den Mitgliedsbeitrag für das Vereinsmitglied zu zahlen (Stöber, Rdn. 216 b). Sollen die gesetzlichen Vertreter von nur beschränkt geschäftsfähigen Mitgliedern zur Zahlung von deren Mitgliedsbeiträgen verpflichtet sein/werden, bedarf das einer ausdrücklichen Übernahme der Mithaft (vgl. OLG Hamm Rpfleger 2000 S. 70 = NJW-RR 2000 S. 42).

Hinweis:

Werden regelmäßige Mitgliedsbeiträge verlangt, erscheint es **wenig zweckmäßig,** die entsprechenden **Beträge** in der **Satzung festzulegen,** da zu jeder Erhöhung eine Satzungsänderung erforderlich ist. Zweckmäßig ist es vielmehr, einem bestimmten Vereinsorgan (Vorstand, Mitgliederversammlung) die Festsetzung der Höhe zu überlassen.

81 a Geregelt werden kann auch die **Form**, in der die Beiträge zu zahlen sind. Möglich wäre also z. B. eine Bestimmung in der Satzung, die festlegt, dass der Mitgliedsbeitrag jährlich oder monatlich durch Lastschrift vom Konto des Vereinsmitglieds eingezogen wird (BayObLG NJW-RR 1999 S. 453 [für Wohnungseigentumsgemeinschaft]). Aber auch insoweit empfiehlt es sich, dies nicht in der Satzung festzulegen, da dann auch für die Änderung der Form der Beitragszahlung jeweils eine Satzungsänderung durchgeführt werden müsste. Auch für diesen Bereich sollte daher nur bestimmt werden, dass das für die Festsetzung der Höhe des Mitgliedsbeitrags zuständige Organ auch bestimmen kann, wie der Mitgliedsbeitrag zu zahlen ist.

82 b) **Neben** fest in der Satzung vorgeschriebenen **Beiträgen** können vom Verein außerordentliche Zahlungen oder besondere **Umlagen** verlangt werden (vgl. dazu Müller, Die Erhebung von Umlagen, MDR 1992 S. 924 ff.). Dabei handelt es sich um eine besondere Form des Vereinsbeitrags, die sowohl an Stelle eines laufenden/jährlichen Mitgliedsbeitrags als auch zusätzlich zu diesem festgesetzt werden kann. Ebenso wie der „normale" Mitgliedsbeitrag kann eine Umlage aber nur verlangt werden, wenn dies die Satzung ausdrücklich vorsieht (BVerfG NJW 1991 S. 2626; AG Grevenbroich NJW 1991 S. 2646). Es kann also nicht einfach der Vorstand, wenn er dazu von der Satzung nicht ermächtigt ist, die Erhebung einer „Umlage" beschließen, um damit z. B. ein Defizit in der Vereinskasse zu decken. Das gilt auch, wenn der Vorstand zur Bestimmung der Höhe des laufenden Mitgliedsbeitrags berechtigt ist (Sauter/Schweyer/Waldner, Rdn. 120; Müller MDR 1992 S. 924; Stöber, Rdn. 213).

Die Bestimmung in der Satzung, die die Erhebung einer Umlage regelt/zulässt, muss **hinreichend bestimmt** sein, also z. B. eine Obergrenze für die zulässige Höhe der Umlage und/oder einen Berechnungsmodus aufweisen (OLG München NJW-RR 1998 S. 966; zu sog. „Investitionsumlagen“ im Hinblick auf § 52 AO siehe Wallenhorst, DStR 1997 S. 479; vgl. auch Rdn. 452). Die Erhebung einer Umlagenerhebung ist auch nur zur Erfüllung des Vereinszwecks möglich (OLG München a. a. O.). Entsprechendes gilt für ein Eintrittsgeld oder eine **Aufnahmegebühr.**

Hinweis:

Die Umlage kann als **Geldleistung** vorgesehen werden. Möglich ist eine Sonderleistung aber auch in Form einer **Werk**- oder **Dienstleistung** (AG Grevenbroich a. a. O. [Arbeitsleistung zur Errichtung eines Clubhauses für einen Tennisverein]; BVerfG NJW 1991 S. 2626; Müller, MDR 1992 S. 924). Die Begründung vereinsrechtlicher Arbeitspflichten darf allerdings nicht zur Umgehung zwingender arbeitsrechtlicher Schutzbestimmungen führen (BAG NZA 1995 S. 823 = NJW 1996 S. 143 [für Scientology Kirche]). Eine Umgehung liegt u. a. vor, wenn dem zur Arbeit verpflichteten Vereinsmitglied keine Mitgliedschaftsrechte zustehen, die ihm eine Einflussnahme ermöglichen (zur Unfallversicherung s. Rdn. 516).

c) Die **Beiträge** können für die Mitglieder **unterschiedlich hoch** **83**
sein (BGH BB 1954 S. 953), so z. B. für Jugendliche und Erwachsene. Die Grundlage, auf der die Mitglieder zu den Beiträgen herangezogen werden, muss jedoch für alle Mitglieder gleich sein (z. B. bestimmter Prozentsatz vom Umsatz, Gehalt oder Lohn). Es können auch einzelne Mitglieder von der Beitragspflicht ganz freigestellt werden, was meist bei Ehrenmitgliedern der Fall ist (sog. Sonderrecht; vgl. dazu Rdn. 146 ff.).

Die **Ausübung** der Mitgliedschaftsrechte (z. B. Stimmrecht auf **84**
der Mitgliederversammlung, Bezug der Vereinszeitschrift oder Benutzung von Vereinseinrichtungen) kann in der Satzung von der Bezahlung der fälligen Beiträge **abhängig** gemacht werden (Sauter/Schweyer/Waldner, Rdn. 122). Zulässig ist also eine Sat-

zungsbestimmung, wonach das Stimmrecht eines Mitglieds so lange ruht, wie es mit dem Beitrag im Rückstand ist.

85 Die **Beitragspflicht** besteht grds. **bis zum Ausscheiden** aus dem Verein, wobei es auf den Zeitpunkt ankommt, in dem die Mitgliedschaft satzungsgemäß endet. Wird zwischen Austrittserklärung und Beendigung der Mitgliedschaft der Beitrag erhöht, muss auch der erhöhte Beitrag gezahlt werden. Das ausgeschiedene Mitglied muss die im Zeitpunkt des Ausscheidens bereits fälligen Beitragsschulden bezahlen (s. Rdn. 80; AG Grevenbroich NJW 1991 S. 2646; zur Beitragspflicht bei Ausscheiden des Mitglieds durch Tod s. Rdn. 118). Die Beitragspflicht endet mit der Eröffnung des Insolvenzverfahrens nach der InsO, wenn die Satzung nichts Abweichendes bestimmt (BGH NJW 1986 S. 1604).

85 a d) Die Mitgliedsbeiträge unterliegen der **Verjährung**. Insoweit gilt nach Inkrafttreten der Schuldrechtsmodernisierung zum 1. 1. 2002:

Ab 1. 1. 2002 unterliegen die Mitgliedsbeiträge der regelmäßigen Verjährung des § 195 BGB n. F. Diese beträgt (nur noch) **drei Jahre**. Nach § 199 Abs. 1 Nr. 1 BGB n. F. beginnt die regelmäßige Verjährung mit dem Schluss des Jahres, in dem der Anspruch entstanden ist (vgl. zum alten Recht AG Köln WM 1980 S. 206).

Beispiel:

Die am 1. 1. 2003 fällig gewesenen Beiträge verjähren am 31. 12. 2006

85 b e) In der Praxis gibt es vor allem um **rückwirkende Beitragserhöhungen** immer wieder **Streit**. Dazu gilt: Die „**normale**" Beitragserhöhung wird von dem nach der Satzung zuständigen Vereinsorgan beschlossen. In der Regel gilt sie nur für die Zukunft. Streit entsteht im Verein meist um **rückwirkende Beitragserhöhungen**. Deshalb ist zu empfehlen, davon grundsätzlich Abstand zu nehmen. Ohne weiteres zulässig sind diese nämlich ohnehin nur, wenn die Satzung eine rückwirkende Beitragserhöhung ausdrücklich zulässt. Ist das nicht der Fall, lässt sich die Zulässigkeit nur durch Auslegung der Satzung ermitteln (Stöber, Rn. 215). Danach soll die rückwirkende Erhöhung zulässig sein, wenn damit nach den Verhältnissen des Vereins zu rechnen sein soll. Das soll

der Fall sein, wenn der Verein turnusmäßig nur einmal jährlich seine Mitgliederversammlung abhält und der erhöhte Mitgliedsbeitrag rückwirkend vom Beginn des laufenden Geschäfts- oder Kalenderjahres an gezahlt werden soll (a. A. LG Hamburg NJW-RR 1999 S. 1708). Dem wird man m. E. nicht zustimmen können. Denn aus dem vorgeschriebenen Turnus der Mitgliederversammlung lässt sich für das Mitglied nicht ableiten, dass es deshalb mit für die Vergangenheit erhöhten Beiträgen rechnen muss.

Umstritten ist auch, ob Vereinsmitglieder nach einer **rückwirkenden Beitragserhöhung kündigen** können. Das wird man, wenn die rückwirkende Erhöhung nicht in der Satzung vorgesehen war, m. E. bejahen müssen (so auch LG Hamburg, a. a. O., für eine rückwirkende Erhöhung um 300 %; a. A. LG Aurich Rpfleger 1987 S. 115 für eine Beitragserhöhung in einem Sportverein um unter 100%; a. A. offenbar auch Stöber, a. a. O.). Hat ein Mitglied bereits vor einer Beitragserhöhung seinen Austritt erklärt, muss es den erhöhten Beitrag aber dann noch zahlen, wenn dieser bis zur Beendigung seiner Mitgliedschaft noch (in der erhöhten Form) fällig wird.

Beispiel

Das Mitglied hat die Mitgliedschaft zum 30. 6. 2002 gekündigt. Die Mitgliederversammlung beschließt eine Beitragserhöhung zum 1. 5. 2002. Das Mitglied muss den erhöhten Beitrag (noch) zahlen.

9. Die Bildung des Vorstandes

§ 58 Nr. 3 BGB verlangt weiter, dass die Satzung eine Vorschrift **86**
über die Bildung des Vorstandes enthalten muss. Fehlt eine entsprechende Bestimmung, kann der Verein letztlich nicht eingetragen werden (§ 60 BGB).

Unter „Bildung des Vorstandes“ ist die eindeutige Festsetzung zu verstehen, wie sich der Vorstand **zusammensetzt** (Palandt/Heinrichs, § 58 Rdn. 6). Aus der Satzung muss sich also zumindest ergeben, ob der Vorstand aus einer oder aus mehreren Personen, ggf. aus wie vielen (s. § 26 Abs. 1 S. 2 BGB), besteht. Nach der Satzung dürfen keine Zweifel darüber bestehen, welche Inhaber von Vereinsämtern oder welche Mitglieder eines Vereinsorgans den Vorstand des Vereins bilden (Näheres über den Vereinsvorstand Rdn. 242 ff.). In diesem Punkt muss die Satzung bestimmt sein, so dass mit „Vorstand" nicht einmal das Vertretungsorgan und einmal das Geschäftsführungsorgan des Vereins bezeichnet werden kann (BayObLG Rpfleger 1971 S. 352). Möglich ist allerdings die Regelung, dass der Vorstand aus einer Mindest- und/oder einer Höchstzahl von Mitgliedern besteht. Dann entscheidet die Mitgliederversammlung, wie viele Mitglieder für den Vorstand zu bestellen sind. Nach Auffassung des LG Gießen (MDR 1984 S. 312) kann die Mitgliederversammlung, wenn die Satzung das vorsieht, die Zahl der Vorstandsmitglieder sogar auch ohne Festlegung einer Ober- und Untergrenze bestimmen.

10. Voraussetzung der Berufung der Mitgliederversammlung

87 Das Gesetz verlangt weiter, dass die Satzung eine Bestimmung über die Berufung der Mitgliederversammlung enthält (§ 58 Nr. 4 BGB). Auch das Fehlen dieser Regelung führt zur Zurückweisung der Eintragung (§ 60 BGB).

Das Gesetz selbst regelt in den §§ 36, 37 BGB, die nicht abdingbar sind, die Einberufung der Mitgliederversammlung. Die Satzung soll daneben unter Berücksichtigung der Verhältnisse des jeweiligen Vereins **konkrete Vorschriften** über die **Einberufung** einer Mitgliederversammlung aufstellen. Hierbei ist der Satzung freies Ermessen überlassen, so dass sie die Einberufung nach bestimmten Zeitabschnitten, zu festen Terminen oder bei bestimmten Ereignissen vorsehen kann (nähere Einzelheiten zur „Mitgliederversammlung" s. Rdn. 171 ff.).

11. Form der Berufung der Mitgliederversammlung

88 Nach § 58 Nr. 4 BGB muss die Satzung auch bestimmen, wie die Mitglieder zur Mitgliederversammlung einzuladen sind. Fehlt eine entsprechende Vorschrift, kann der Verein ebenfalls nicht eingetragen werden (§ 60 BGB).

In welcher Form die Mitgliederversammlung einzuberufen ist, sagt das Gesetz nicht. Die Satzung ist hier **frei,** muss **aber** eine **bestimmte Form** festlegen. Sie kann die Form der Einberufung nicht dem Ermessen des Vorstandes überlassen (OLG Hamm OLGZ 1965 S. 66). Näheres s. Rdn. 171 ff.

12. Beurkundung der Beschlüsse der Mitgliederversammlung

§ 58 Nr. 4 BGB verlangt schließlich noch, dass die Satzung eine **89**
Bestimmung über die Beurkundung der Beschlüsse der Mitgliederversammlung enthält. Deren Fehlen führt ebenfalls zur Zurückweisung der Eintragung (§ 60 BGB).

Über die Beurkundung kann die Satzung nach freiem Belieben entscheiden. Ob sie auch von einer „Beurkundung" überhaupt absehen kann (Palandt/Heinrichs, § 58 Rdn. 7), erscheint fraglich. Denn „Beurkundung" bedeutet zumindest, dass die Beschlüsse **schriftlich** niederzulegen sind. Die Beteiligung **eines Notars** ist damit **nicht** verlangt (Sauter/Schweyer/Waldner, Rdn. 127). Sieht die Satzung allerdings einen „Protokollführer" vor, muss dieser das von ihm gefertigte Protokoll auch ausdrücklich als „Protokollführer" unterzeichnen (OLG Hamm NJW-RR 1997 S. 484).

Nach dem Gesetz ist es auch nicht erforderlich, dass sich aus der Niederschrift im Einzelnen der Ablauf der Mitgliederversammlung ergibt (sog. **Ablaufprotokoll).** Es **genügt** vielmehr, wenn in der Niederschrift nur die Ergebnisse der Versammlung festgehalten werden, also vor allem die gefassten Beschlüsse (sog. **Ergebnisprotokoll).** Damit können nicht nur die Mitglieder über den Inhalt und das Zustandekommen von Beschlüssen informiert werden, sondern es kann auch das Registergericht bei zur Eintragung in das Vereinsregister anzumeldenden Beschlüssen (z. B. Satzungsänderungen) und Wahlen (z. B. Vorstand) prüfen, ob der Beschluss ordnungsgemäß gefasst oder die Wahl rechtmäßig zustande gekommen ist. Wegen der weiteren Einzelheiten über die Protokollierung der Mitgliederversammlung s. Rdn. 205 ff.

13. Checkliste zum notwendigen Satzungsinhalt **90**

Zur Überprüfung, ob die anhand der vorstehenden Ausführungen aufgestellte Satzung den nach den Vorschriften des BGB notwendigen Inhalt hat (zum zusätzlich möglichen, ggf. wünschenswerten s. Rdn. 137), folgende

Checkliste:

1.	Vereinszweck	Rdn. 34 ff.
2.	Vereinssitz	Rdn. 51 f.
3.	Vereinsname	Rdn. 53 ff.
4.	Bestimmung, dass der Verein eingetragen werden soll	Rdn. 61
5.	Regelung zum Eintritt von Mitgliedern	Rdn. 62 ff.
6.	Regelung zum Austritt von Mitgliedern	Rdn. 74 ff.
7.	Regelung zur Beitragspflicht	Rdn. 81 ff.
8.	Bildung des Vorstands gem. § 26 BGB	Rdn. 86
9.	Voraussetzung der Berufung der Mitgliederversammlung	Rdn. 87a
10.	Form der Berufung der Mitgliederversammlung	Rdn. 88
11.	Beurkundung der Beschlüsse der Mitgliederversammlung	Rdn. 89

V. Was sollte die Vereinssatzung noch regeln?

91 Nach dem Gesetz müssen bestimmte Regelungen in der Satzung als sog. Mussvorschriften enthalten sein (s. § 57 BGB), während andere Bestimmungen nur als sog. Sollvorschriften in die Satzung aufgenommen werden sollen (s. § 58 BGB). Der Unterschied zwischen beiden Arten ist jedoch nicht sehr groß, da der Verein auch beim Fehlen nur von sog. Sollvorschriften gem. § 60 BGB nicht ins Vereinsregister eingetragen werden darf.

Die §§ 57, 58 BGB legen den Mindestinhalt der Vereinssatzung fest. Darüber hinaus haben aber die Vereinsgründer und später die Mitglieder zahlreiche Möglichkeiten, die Satzung individuell an die Verhältnisse im jeweiligen Verein anzupassen. Die Bestimmungen des Vereinsrechts sind weitgehend nachgiebiges Recht (§ 40 BGB). Neben den bereits erwähnten Muss- und Sollvorschriften sollte die Vereinssatzung einige weitere Vorschriften auf jeden Fall auch enthalten, da durch eine entsprechende Regelung in der Satzung mancher Ärger im Vereinsleben vermieden werden kann.

1. Die Regelung des Ausschlusses aus dem Verein

Über den freiwilligen Austritt eines Mitglieds muss die Satzung gem. § 58 Nr. 1 BGB eine Bestimmung treffen (s. Rdn. 33 ff.). Der Ausschluss aus dem Verein muss hingegen nicht notwendigerweise geregelt werden. **92**

Hinweis:
Im Interesse des Vereinsfriedens sollte aber gerade in diesem Bereich **auf jeden Fall** eine Regelung in der Satzung erfolgen.

Der Ausschluss aus dem Verein stellt i. d. R. die schwerste Vereinsstrafe dar, zu deren Verhängung der Verein zur Durchsetzung und Aufrechterhaltung der Vereinsordnung aufgrund seiner Autonomie berechtigt ist (eingehend zum Vereinsstrafrecht Stöber, Rdn. 667 ff.; zum Ausschluss aus dem Verein s. auch Benecke, WM 2000 S. 1173).

a) Voraussetzungen für den Ausschluss

Für die **Voraussetzungen** für den Ausschluss gilt im Einzelnen: **93**

Die **Ausschließungsgründe** sind in der **Satzung** zu bezeichnen (§ 40 BGB): Dabei können entweder einzelne Tatbestände, auch in Form von Generalklauseln, genannt werden (z. B. „vereinsschädigendes Verhalten“, „grobe Zuwiderhandlung gegen die Vereinsinteressen“, „Eröffnung des Insolvenzverfahrens [früher: Konkurs] eines Mitglieds“), es reicht aber auch die allgemeine Bestimmung, dass ein Mitglied „aus wichtigem Grund“ ausgeschlossen werden kann. Aus Gründen der Klarheit sollten die Ausschlussgründe jedoch im Einzelnen genannt werden (zur – verneinten – Anwendung des verfassungsrechtlichen Bestimmtheitsgrundsatzes im Vereinsrecht Reichert, Rdn. 1589; Sauter/Schweyer/Waldner, Rdn. 369; s. auch unten Rdn. 111).

Hinweis:
Die **Nennung einzelner** bestimmter **Ausschließungsgründe** hindert den Verein nicht, ein Mitglied auch bei Vorliegen eines wichtigen Grundes auszuschließen (Sauter/Schweyer/Waldner, Rdn. 88).

93 a Im Einzelnen gilt:

- I. d. R. setzt der Ausschluss ein **schuldhaftes Verhalten** des Mitglieds voraus. Ein Vereinsausschluss ist daher z. B. **unwirksam,** wenn er allein damit begründet ist, dass **Angehörige** des Mitglieds in erheblichem Umfang **gegen** die Vereinsordnung **verstoßen** haben (BGH NJW 1972 S. 1893 [Taubenzüchterverband]; vgl. auch OLG Frankfurt NJW-RR 1991 S. 1276 [Ausschluss aus einem Umweltschutzverein wegen unberechtigter finanzieller Ausgaben]). **Zulässig** ist aber z. B. der **Ausschluss** eines weiblichen Mitglieds aus einem Verein, der nach seiner Satzung die Tradition der **baltischen Ritterschaften** pflegt, wenn im Falle der Eheschließung der Geburtsname der Ehefrau als Ehename gewählt wird (OLG Celle NJW-RR 1989 S. 313). Zulässig ist auch der Ausschluss aus einem **Golfclub,** wenn dem Mitglied vorgeworfen wird, auf dem Golfplatz eines befreundeten Golfclubs unberechtigt, ggf. mit einem Nachschlüssel, ein Golf-Cart benutzt zu haben (LG Wiesbaden SpuRt 1996 S. 65; s. a. die Vorinstanzen in SpuRt 1994 S. 244 und SpuRt 1995 S. 79).

- Die **Ausschlussgründe** müssen **in** der **Satzung** genannt sein, und zwar entweder als einzelne Tatbestände oder zumindest in Form einer Generalklausel (s. o. Rdn. 93). Eine entsprechende Anwendung anderer Ausschlussgründe kommt nicht in Betracht (OLG Saarbrücken NJW-RR 1994 S. 251 [für Nichtzahlung der Kosten für Jugendtraining der minderjährigen Kinder des Vereinsmitglieds]). Die Nennung der Ausschlussgründe nur in einer Verfahrens- oder Geschäftsordnung genügt nicht, diese kann nur das Verfahren des Ausschlusses regeln (Stöber, Rdn. 675).

- Die Satzung muss Bedingungen, die **automatisch** zum **Ausschluss** eines Mitglieds führen sollen, klar (und auch für Nichtjuristen) **nachvollziehbar regeln.** Ausreichend ist, dass sich solche Bedingungen zwingend aus einer objektiven Auslegung der Satzung ergeben, subjektive Vorstellungen von Vereinsorganen können zur Auslegung nicht herangezogen werden (LG

Braunschweig MDR 1995 S. 754 [für eine Regelung der „automatischen“ Beendigung der Mitgliedschaft durch Aufgabe der Grundsätze ...“]).

- Nach h. M. soll der **Vorstand** des Vereins **nicht** ein anderes **Vorstandsmitglied** ausschließen können (vgl. u. a. BGH NJW 1984 S. 1884; OLG Düsseldorf NJW-RR 1988 S. 1271; a. A. Stöber, Rdn. 701), und zwar auch dann nicht, wenn die Satzung dem Vorstand dieses Recht einräumt (LG Freiburg NJW-RR 1989 S. 1021; zu allem auch Rdn. 310 ff.). Jedenfalls kann, wenn die Satzung für den Ausschluss eines Mitglieds eine schuldhafte Schädigung des Vereins verlangt, ein **Vorstandsmitglied,** das gleichzeitig Vereinsmitglied ist, wegen Verletzung seiner Vorstandspflichten nur dann ausgeschlossen werden, wenn ihm nach seinem Bildungsgrad und seinen persönlichen Fähigkeiten ein Verschulden zur Last fällt (BGH BB 1963 S. 407). **94**

- Bei **Ausschlussmaßnahmen** gegenüber **Jugendlichen,** insbesondere aus einem **Sportverein,** ist zu berücksichtigen, dass es zu den Aufgaben eines Sportvereins gehört, jugendliche Mitglieder an das sportliche „Fairplay“ heranzuführen und damit zu deren Charakterbildung wesentlich beizutragen. Ein Ausschluss ist daher nur bei **besonders gravierendem Fehlverhalten** des Jugendlichen zulässig (AG Germersheim SpuRt 1995 S. 221).

- Für den (allgemeinen) „**Ausschluss** aus **wichtigem Grund**“ ist im Zweifel die Mitgliederversammlung zuständig, eine besondere satzungsmäßige Grundlage ist nicht erforderlich (OLG Frankfurt NJW-RR 1991 S. 1276). Er erfordert kein Verschulden, unterliegt aber voll der gerichtlichen Nachprüfung (BGH NJW 1972 S. 1893), auch muss der Ausschlussgrund konkret bezeichnet werden (BGH NJW 1990 S. 41).

- Für die Mitglieder einer **politischen Partei** enthalten die §§ 10, 14 PartG eine abschließende Regelung (BGH NJW 1994 S. 2610). **95**

- Der **Ausschluss** aus einer **Gewerkschaft** ist zulässig wegen aktiver Zugehörigkeit zu einer gewerkschaftsfeindlichen Partei bzw. gegnerischen Organisation (Marxistisch-Leninistische Partei Deutschlands; BGH NJW 1991 S. 485) oder einer undemokratischen Vereinigung (Gewerkschaft der Polizei und „Die Republikaner"; s. OLG Düsseldorf NJW-RR 1994 S. 1401) oder wegen eines grob illoyalen Verhaltens (BGH NJW-RR 1991 S. 888).
- An einen Ausschluss aus einem **wirtschaftlichen Verein** sind strenge Anforderungen zu stellen (vgl. Schulze, NJW 1991 S. 3264, dargestellt am Beispiel der GEMA).
- **Unwirksam** ist ein **gruppenweiser Ausschluss** aus dem Verein (BayObLG Rpfleger 1988 S. 417; wegen der Einzelh. s. Sauter/Schweyer/Waldner, Rdn. 354).
- Eine Satzungsregelung, mit der die **Zuständigkeit** zum Ausschluss von Vereinsmitgliedern auf den **Vorstand** übertragen wird, ist unwirksam, wenn der Vorstand einer Kontrolle durch die Mitgliederversammlung weitgehend entzogen ist (OLG Dresden OLGR Dresden 2002 S. 461).

96 Zulässig ist auch ein „**Ausschluss** auf **Zeit**", und zwar auch dann, wenn die Satzung über ihn zwar keine Regelung enthält, aber den Gesamtausschluss regelt. Der Ausschluss auf Zeit ist dann die mildere Maßregel. Für ihn müssen aber die Voraussetzungen vorliegen, die an sich den endgültigen Ausschluss rechtfertigen würden (OLG Frankfurt NJW 1974 S. 189).

Hinweis:

Der „Ausschluss auf Zeit" kann also **nicht** dazu benutzt werden, um erst noch weiter festzustellen, ob die geltend gemachten **Ausschlussgründe vorliegen.**

96 a Die Satzung kann auch vorsehen, dass die **Mitgliedschaft**(srechte) eines Mitgliedes für eine bestimmte Zeit **ruhen**. Das führt dann aber nicht zum zeitweiligen Erlöschen der Mitgliedschaft, sondern nur dazu, dass die Mitgliedschaftsrechte und -pflichten während dieser Zeit ausgesetzt/suspendiert sind. Das wird in der Praxis häufig für die Dauer eines **Beitragsrückstandes** vorgesehen. In der Zeit des Ruhen der Mitgliedschaft können - je nach der Regelung in der Satzung - die Mitgliedschaftsrechte nicht wahrgenommen werden, es bestehen aber im Zweifel dann auch nicht die Mitgliedschaftspflichten.

Grds. ist ein **bedingter Ausschluss nicht möglich.** Eine Ausnahme gilt dann, wenn für das auszuschließende Mitglied kein Zweifel entstehen kann, ob die Bedingung eingetreten ist. So ist ein bedingter Ausschluss möglich, wenn das Mitglied nicht innerhalb einer bestimmten Frist eine Erklärung abgibt oder eine Handlung vornimmt, z. B. rückständigen Beitrag zahlt. Das Vereinsorgan, das den bedingten Ausschluss ausgesprochen hat, hat auch darüber zu entscheiden, ob die Bedingung eingetreten ist. **97**

b) Das Ausschlussverfahren

Der Ausschluss des Vereinsmitglieds wird in einem besonderen **Verfahren** ausgesprochen, dessen Ausgestaltung die Satzung übernimmt (eingehend zum Verfahren a. OLG Köln NJW-RR 1993 S. 891; Reichert, Rdn. 1807; s. a. Rdn. 115). **98**

Hinweis:

Auf die **Beachtung** der in der Satzung vorgesehenen **Verfahrensvoraussetzungen** ist **besondere Sorgfalt** zu verwenden. Werden sie nicht beachtet, das Mitglied aber dennoch ausgeschlossen, kann sich der Verein gegenüber dem ausgeschlossenen Mitglied schadensersatzpflichtig machen (vgl. dazu OLG Schleswig SchlHA 2002 S. 258 = OLGR Schleswig 2002 S. 457).

Zur Wirksamkeit des Ausschließungsbeschlusses ist es erforderlich, dass der Beschluss ordnungsgemäß zustande gekommen ist. Das ist der Fall, wenn die in der **Satzung** oder einer besonderen Verfahrensordnung für die Ausschließung eines Mitglieds vorgesehenen **Bestimmungen** eingehalten sind: Zuständig für die Ausschließung ist in erster Linie das in der Satzung hierfür bestimmte Vereinsorgan. Das kann ein besonderes Vereinsgericht, ein Ehrengericht, ein „Schiedsgericht“ (vgl. dazu BGHZ 159

S. 207 = NJW 2004 S. 2226; s. auch Rdn. 105) oder eine Schlichtungskommission sein. Ist eine besondere **Zuständigkeit** nicht in der Satzung geregelt, entscheidet **im Zweifel die Mitgliederversammlung** über den Ausschluss. Diese **muss** nach der Rspr. beteiligt werden, wenn es um die Abberufung oder den **Ausschluss** eines **Vorstandsmitgliedes** geht, da sie über die Zusammensetzung des Vorstandes zu entscheiden hat (BGH NJW 1984 S. 1884; LG Freiburg NJW-RR 1989 S. 1021). Das gilt auch, wenn es um den Ausschluss eines Mitglieds geht, das als juristische Person zwar nicht selbst Mitglied des Vorstandes ist, ihm aber mit seinem örtlichen Repräsentanten angehört (OLG Düsseldorf NJW-RR 1988 S. 271), z. B. beratende Stimme eines Gemeindedirektors in einem Heimatverein.

Die Satzung kann für die **Einberufung** des Organs, das über die Ausschließung beschließt, besondere **Bestimmungen** enthalten. Ist das nicht der Fall, finden die satzungsmäßigen Bestimmungen über die Einberufung der Mitgliederversammlung Anwendung. Ist danach die Angabe einer **Tagesordnung** notwendig, reicht für die Verhandlung über den Ausschluss eines Mitglieds die bloße Angabe „Verschiedenes" nicht aus (Sauter/Schweyer/Waldner, Rdn. 358). Soll der Ausschluss nicht auf ein erwiesenes vereinsschädigendes Verhalten gestützt werden, sondern nur auf einen „**dringenden Verdacht**", der die Vertrauensgrundlage für eine weitere Zusammenarbeit zerstört hat, muss das in der Einladung und auch in der Mitgliederversammlung deutlich gemacht werden (BGH NJW 1990 S. 40, 42).

99 Auch die Frage, mit welcher **Stimmenmehrheit** über den Ausschluss zu beschließen ist, bestimmt sich zunächst nach einer ausdrücklichen Regelung in der Satzung, dann nach den Satzungsvorschriften über die Beschlussfassung in der Mitgliederversammlung sowie letztlich nach der gesetzlichen Regelung in § 32 Abs. 1 BGB (vgl. dazu Rdn. 223 ff.).

Hinweis:

Die Vereinsmitglieder, die den Ausschluss **beantragt** haben, können am Ausschlussverfahren und an der Entscheidung über den Ausschluss

mitwirken. Sie sind nicht etwa wegen „Befangenheit" ausgeschlossen. Das Mitglied, das ausgeschlossen werden soll, ist selbst ggf. auch stimmberechtigt (wohl h. M., s. u. a. OLG Köln NJW 1968 S. 992; LG Itzehoe NJW-RR 1989 S. 1531 f.; Stöber, Rdn. 707 m. w. N. auch zur a. A.; a. A. auch Reichert, Rdn. 1808 unter Hinw. auf BGH NJW 1981 S. 744) .

Ein Mitglied des **Vorstands** oder eines anderen Vereinsorgans, das durch das Verhalten, das jetzt zum Gegenstand des Ausschlussverfahrens gemacht wird, **„verletzt"** wurde, kann an dem Ausschlussverfahren hingegen **nicht mitwirken** (BGH NJW 1981 S. 744; OLG Karlsruhe NJW-RR 1996 S. 1503), und zwar weder an der Abstimmung noch als Versammlungsleiter (ähnlich OLG Hamm BB 1976 S. 1191).

Das Ausschlussverfahren wird i. d. R. durch einen **Antrag** eingeleitet, der von jedem Vereinsmitglied bei dem für die Ausschließung zuständigen Organ gestellt werden kann. Die Satzung kann auch vorsehen, dass das Ausschlussorgan selbst das Verfahren einleitet und über den Antrag entscheidet. Das gilt natürlich nicht, wenn der Ausschluss durch den Vorstand erfolgt, und das Verfahren sich gegen ein Vereinsmitglied richtet, das zugleich Vorstandsmitglied ist (s. o. Rdn. 99). Hier entscheidet die Mitgliederversammlung (s. Rdn. 98). **100**

Für das Ausschließungsverfahren kann von der Mitgliederversammlung oder vom Ausschließungsorgan eine **Verfahrensordnung** aufgestellt werden. Hierbei handelt es sich um eine Geschäftsordnung, an die das betreffende Vereinsorgan gebunden ist. Bei der Regelung des Verfahrens ist der Verein weitgehend frei. Die Verfahrensordnung muss auch nicht in die Satzung aufgenommen werden. Leitender Gedanke in der Verfahrensordnung sollte es sein, das Ausschlussverfahren **fair** zu gestalten (zur Geltung rechtsstaatlicher Grundsätze im Verbandsstrafrecht s. Rechtsausschuss des Deutschen Leichtathletik-Verbandes SpuRt 1996 S. 66). Grundlegende, allgemeingültige Verfahrensgrundsätze sind zu **beachten** (OLG Karlsruhe NJW-RR 1996 S. 1503, Reichert, Rdn. 1808).

101 Auf jeden Fall besteht im Ausschlussverfahren ein Anspruch auf **rechtliches Gehör.** Dafür genügt es i. d. R., wenn dem betroffenen Mitglied Gelegenheit zu einer schriftlichen Stellungnahme gegeben wird (BGHZ 29 S. 352, 355). Rechtliches Gehör ist allerdings nicht gewährt, wenn die Mitgliederversammlung ein **abwesendes Mitglied** ausschließt, obwohl zuvor eine vergleichsweise Einigung zur Vermeidung des weiteren Ausschließungsverfahrens zustande gekommen war und das Mitglied vereinbarungsgemäß nicht an der Versammlung teilgenommen hat (LG Gießen NJW-RR 1995 S. 828). Auch reicht es nicht, wenn dem Mitglied nur allgemein gehaltene Formulierungen des Ausschlusstatbestandes zur Kenntnis gebracht werden, aus denen es nicht erkennen kann, welche konkreten Verhaltensweisen ihm vorgeworfen werden (BGH NJW 1988 S. 552; NJW-RR 1991 S. 888, 890; OLG Köln NJW-RR 1993 S. 891 [Ls.]; dazu auch Reichert, Rdn. 1666).

102 Ob sich ein Vereinsmitglied im Ausschlussverfahren **vertreten** lassen darf, insbesondere durch einen **Rechtsanwalt**, ist **fraglich**. Grds. wird man annehmen können, dass sich das Mitglied selbst mit den anderen Mitgliedern auseinandersetzen und seine Interessen wahrnehmen kann (BGH NJW 1971 S. 870). Jedoch kann je nach den Umständen des Einzelfalls die Hinzuziehung eines Rechtsanwalts erlaubt oder sogar geboten sein (zur Abrechnung der Tätigkeit des Rechtsanwalts s. Rdn. 105 a). Dabei kommt es auf die Person des auszuschließenden Mitglieds, die für den Ausschluss zu erörternden Fragen und schließlich auch auf die wirtschaftlichen Folgen an, die durch den Ausschluss für das Mitglied entstehen (Sauter/Schweyer/Waldner, Rdn. 363; ähnlich Stöber, Rdn. 693). Aus Gründen der Waffengleichheit wird die Zuziehung eines Rechtsanwaltes jedenfalls aber immer dann erlaubt sein, wenn der Verein selbst einen Rechtsanwalt hinzuzieht und sich dadurch ein Übergewicht verschaffen könnte (BGH a. a. O.; NJW 1971 S. 779; s. aber NJW 1975 S. 160 [allein die Tatsache, dass der Vorsitzende des Ausschlussorgans ein Rechtsanwalt ist, ist aber kein zwingender Grund, die Vertretung des betroffenen Mitglieds durch einen Rechtsanwalt zuzulassen]).

Hinweis:
Im Ausschlussverfahren gegen einen **Minderjährigen** darf dessen **gesetzlicher Vertreter** nicht daran gehindert werden, den Minderjährigen zu vertreten.

Der **Ausschließungsbeschluss** muss **begründet** und **protokolliert** werden, beides sind zwingende Voraussetzungen für eine Überprüfung der Maßnahme durch die ordentlichen Gerichte (AG Germersheim SpuRt 1995 S. 221). Die Begründung braucht nur kurz zu sein. Aus ihr muss das Mitglied aber entnehmen können, worauf sich der Beschluss stützt. Wird der Ausschluss mit dem Vorliegen eines wichtigen Grundes begründet, müssen die Umstände, aus denen sich die Unzumutbarkeit der Fortführung des Mitgliedschaftsverhältnisses im Einzelfall ergeben, **eindeutig** und **konkret** bezeichnet und in gerichtlich nachprüfbarer Weise festgestellt werden (BGH NJW 1990 S. 40; 1997 S. 3368 = MDR 1997 S. 954; OLG Karlsruhe NJW-RR 1998 S. 684). Mindesterfordernis ist, dass die Vorwürfe so konkret bezeichnet werden, dass sich der Auszuschließende in angemessener Form verteidigen kann und für die gerichtliche Überprüfung eindeutig feststeht, aufgrund welcher als erwiesen angesehener Tatsachen der Ausschluss erfolgt ist (BGH NJW 1988 S. 552; vgl. auch OLG Köln NJW-RR 1993 S. 891). Wirksam wird der Ausschließungsbeschluss erst, wenn die Ausschließungserklärung des Vorstandes dem Mitglied zugeht. **103**

Die Satzung kann **vereinsinterne Rechtsbehelfe** gegen den Ausschließungsbeschluss vorsehen, so z. B. gegen den Ausschluss durch den Vorstand oder einen Ehrenrat Berufung bei der Mitgliederversammlung oder einem anderen Vereinsorgan. Der vereinsinterne Rechtsbehelf muss aber ausdrücklich in der Satzung vorgesehen sein, sonst steht er dem Mitglied nicht zu. Er hat grds. aufschiebende Wirkung (BayObLG Rpfleger 1988 S. 417; OLG Köln a. a. O.), d. h., bis zur Entscheidung bleibt die Mitgliedschaft des ausgeschlossenen Mitglieds bestehen. Ist zunächst der Grundsatz rechtlichen Gehörs verletzt worden, kann diese Verletzung **104** durch die vereinsinterne Rechtsmittelinstanz geheilt werden (LG Gießen NJW-RR 1995 S. 828; s. a. oben Rdn. 101 f.).

Hinweis:

Zulässig ist eine Satzungsregelung, die den **Ablauf** einer nicht genutzten **Rechtsmittelfrist** mit der Rechtsfolge verbindet, die Mitgliedschaft des betroffenen Vereinsmitgliedes gelte durch den erstinstanzlichen Beschluss des Vereinsorgans als beendet (BGHZ 47 S. 172; LG Münster, Urt. v. 9. 2. 2005 - 1 S 131/04).

c) Rechtsschutz beim Vereinsausschluss

105 Der Vereinsausschluss kann zur **gerichtlichen Nachprüfung** gebracht werden (zur Rspr. des BGH zur Überprüfung von Vereinsausschlüssen s. Gehrlein, ZIP 1994 S. 852; zu allem eingehend auch Stöber, Rdn. 712 ff.; Reichert, Rdn. 1792 ff.; s. auch BGHZ 159 S. 207 = NJW 2004 S. 2226; OLG Frankfurt NJW-RR 2000 S. 1117; OLG Hamm NJW-RR 2002 S. 1480; OLG Koblenz, OLGR Koblenz 2003 S. 361, jeweils zur Frage, in welchem Umfang staatliche Gerichte Verbandsentscheidungen nachprüfen dürfen). Die Satzung kann dies **nicht ausschließen.** Sie kann aber die Entscheidung über die Wirksamkeit des Ausschlusses gem. §§ 1025 ff. ZPO einem Schiedsgericht übertragen (BGH, a. a. O.). Die Zuständigkeit und Organisation des Schiedsgerichts müssen dann aber in der Satzung festgelegt werden (BGHZ 88 S. 314 = NJW 1984 S. 1355).

Hinweis:

Wird die **Schiedsklausel erst nach Eintritt** eines Mitglieds in den Verein aufgenommen, kann sie ihm später nur dann entgegengehalten werden, wenn er der Satzungsänderung, in der die Einrichtung eines Schiedsgerichts beschlossen worden ist, zugestimmt hat (BGH NJW 2000 S. 1713; a. A. Stöber, Rdn. 755).

Wird das Nachprüfungsverfahren in einer sog. Schiedsgerichts- oder Ehrenordnung (s. Anhang Rdn. 556) geregelt, genügt das nur dann, wenn diese ausdrücklich zum Bestandteil der Satzung erklärt und formell und materiell, z. B. durch Eintragung ins Vereinsregister, wie ein Teil der Satzung behandelt wird. Das **Schiedsgericht** i. S. der §§ 1025 ff. ZPO muss als eine von den übrigen Vereinsorganen **unabhängige** und **unparteiische** Stelle organisiert sein (BGHZ 159 S. 207 = NJW 2004 S. 218; OLG Braunschweig OLGR Braunschweig 2005 S. 515). Ist das nicht der Fall, handelt es sich trotz der anders lautenden Bezeichnung um ein Vereinsgericht, gegen dessen Entscheidungen die allgemeine gerichtliche Überprüfung zulässig ist (BGH, a. a. O.; BGH NJW 1995 S. 583 [Reiterliche Vereinigung]; s. dazu auch OLG Frankfurt SpuRt 2003 S. 212 m. abl. Anm. Reichert, SpuRt 2004 S. 50; dazu auch noch Vieweg, SpuRt 1995 S. 97; Meyer, SpuRt 2005 S. 97; Kröll, ZIP 2005 S. 13; s. a. Rdn. 132 ff.).

Hinweis:

Bei der Abfassung der **Satzung** muss – wegen der unterschiedlichen Rechtsfolgen (s. o.) – sorgfältig darauf geachtet werden, ob tatsächlich ein Schiedsgericht i. S. der §§ 1025 ff. ZPO für die entsprechenden Streitigkeiten eingerichtet werden soll oder ob es sich um ein sonstiges (Vereins)Organ handelt. Ist das letztere der Fall, dann sollte tunlichst die **Bezeichnung „Schiedsgericht“ vermieden** werden.

Wurde das ausgeschlossene Mitglied von einem **Rechtsanwalt** **105 a**
vertreten, kann dieser seine Tätigkeit, wenn es sich um ein Schiedsgericht nach §§ 1025 ff. ZPO gehandelt hat, nach § 36 RVG i. V. m. Teil 3 Abschnitt 1 und 2 VV RVG **abrechnen**. Ist der Rechtsanwalt vor einem Vereinsgericht als Organ des Vereins tätig geworden, ist diese außergerichtliche Tätigkeit nach Teil 2 VV RVG, und zwar nach Nr. 2400 VV RVG abzurechnen.

I. d. R. muss das ausgeschlossene Mitglied mit der **Feststellungs-** **106**
klage nach § 256 ZPO die Unwirksamkeit des Ausschließungsbeschlusses geltend machen. Zulässig ist die Anrufung der staatlichen Gerichte grds. erst dann, wenn die vereinsinternen Rechtsbehelfe eingelegt und beschieden sind und der etwaige Instanzenzug innerhalb des Vereins erschöpft ist. Nur wenn der Verein das Verfahren ungebührlich verzögert (vgl. KG NJW 1988 S. 3159 für

Parteistreitigkeiten), seine Durchführung überhaupt verweigert oder dem Mitglied wegen lebenswichtiger Interessen ein weiteres Warten nicht zugemutet werden kann, können die staatlichen Gerichte sofort um Hilfe angegangen werden.

Hinweis:

Das ausgeschlossene Mitglied muss darauf **achten,** dass es nicht zu spät Klage erhebt. Zwar ist die Feststellungsklage von Gesetzes wegen nicht fristgebunden, das **Klagerecht** kann aber bei zu später Klageerhebung **verwirkt** sein. Das hat das OLG Hamm bei einem Zeitraum von annähernd 4 Monaten zwischen dem verfahrensabschließenden Beschluss eines Verbandsehrengerichts und der Klageerhebung angenommen (OLG Hamm NJW-RR 1997 S. 989).

107 Die **gerichtliche Nachprüfung** des Ausschlusses findet nur in **beschränkten Grenzen** statt (vgl. Stöber, Rdn. 708 ff.; OLG Düsseldorf SpuRt 1995 S. 171; OLG München NJW 1996 S. 2381; AG Münster, Urt. v. 18. 3. 2004 - 8 C 2688/03). Nach ständiger Rspr. (vgl. BGHZ 87 S. 337, 344 = NJW 1984 S. 918) erstreckt sie sich bei Vereinen, die keiner Aufnahmepflicht unterliegen, darauf, ob der Ausschluss im Gesetz oder in der Satzung gestützt wird, ob das in der Satzung vorgeschriebene Verfahren beachtet wurde, sonst keine Gesetzes- oder Satzungsverstöße vorgekommen sind und ob der Ausschluss nicht grob unbillig oder willkürlich ist (s. für eine politische Partei BGH NJW 1994 S. 2610; 1997 S. 3368 = MDR 1997 S. 954, 955). Bei Vereinen mit Monopolstellung muss der Ausschluss zudem durch sachliche Gründe gerechtfertigt sein (BGH NJW 1988 S. 552; 1997 S. 3368, 3370 [s. o.]).

Die Gerichte überprüfen nach der neueren Rspr. des Bundesgerichtshofes (BGHZ 87 S. 337 = NJW 1984 S. 918) im Rahmen der Beweisanträge der Parteien zudem auch die Tatsachenermittlung im vereinsrechtlichen Ausschlussverfahren, also ob z. B. die Umstände, aus denen ein Verstoß gegen die Interessen des Vereins hergeleitet wird, richtig ermittelt sind. Im Ergebnis findet insoweit also eine volle Überprüfung statt (BGH NJW 1993 S. 43).

Hinweis:
Gegenstand der Nachprüfung ist der Ausschließungsbeschluss mit dem Inhalt, wie er im vereinsinternen Verfahren zustande gekommen ist; der Verein kann **keine Gründe nachschieben** (OLG Düsseldorf NJW-RR 1994 S. 1402 m. w. N.).

Hat das ausgeschlossene Mitglied mit der **Klage** gegen den Ausschluss **Erfolg,** so steht damit fest, dass es nach wie vor noch dem Verein angehört. Zwischenzeitlich ergangene Beschlüsse der Vereinsorgane sind daher für das Mitglied verbindlich. War mit dem Ausschluss der Verlust eines Vereinsamtes verbunden, rückt das Mitglied nicht automatisch wieder in dieses Amt ein. Es bedarf vielmehr einer Neubestellung/Neuwahl (BGHZ 31 S. 192, 195). Ist dem Mitglied durch den Ausschluss ein Schaden entstanden, kann es bei Verschulden des beschließenden Organs Ersatz verlangen (BGH NJW 1984 S. 1884; s. auch OLG Schleswig SchlHA 2002, 258 = OLGR Schleswig 2002 S. 457). **108**

2. Streichung aus der Mitgliederliste

Die Satzung kann neben einem besonderen Ausschließungsverfahren bestimmen, dass die Mitgliedschaft auch durch Streichung aus der Mitgliederliste beendet wird. Das ist ein **vereinfachtes Ausschließungsverfahren** (OLG Celle NJW-RR 1989 S. 313), das in einfach gelagerten und leicht feststellbaren Fällen, ohne dass eine nähere Erforschung des zum Grund der Ausschließung gemachten Sachverhalts erforderlich ist, zulässig sein dürfte. Dazu gehören die **Fälle** des Beitragsrückstandes, Verlegung des Wohnsitzes, Nichtteilnahme an einer bestimmten Zahl von Vereinsveranstaltungen, Wegfall besonderer Voraussetzungen für die Mitgliedschaft. Für die Streichung aus der Mitgliederliste gelten die zum „Ausschluss aus dem Verein“ gemachten Ausführungen entsprechend (s. Rdn. 92 ff.) **109**

3. (Weitere) Vereinsstrafen

Neben dem Ausschluss aus dem Verein als der schwersten Vereinsstrafe kann die Satzung für Verstöße gegen Mitgliedspflichten **110**

weitere Sanktionen vorsehen, wie z. B. **Rüge, Verweis,** zeitweilige **Suspendierung** von einem Vereinsamt, befristeter **Ausschluss von der Benutzung** von Vereinseinrichtungen, aber auch die Androhung von Geldstrafen.

111 Die **Straftatbestände** und die angedrohten Strafen müssen in der **Satzung** festgelegt sein. Es genügt eine Generalklausel wie z. B. „vereinsschädigendes Verhalten“ (s. aber auch oben Rdn. 93). Gibt es im Verein eine Ehrenordnung, darf diese die Strafvorschriften nur konkretisieren, nicht aber erweitern oder zusätzliche Nachteile wie etwa die Auferlegung von Kosten vorsehen. Die Höhe einer **Geldstrafe** muss nicht unbedingt in der Satzung festgelegt werden. Es reicht die Bestimmung eines Strafrahmens aus, innerhalb dessen dann das Vereinsorgan, das mit der Vereinsstrafe befasst ist, unter Berücksichtigung der Umstände des Einzelfalls die angemessene Strafe festsetzt.

Die Satzung kann die Vereinsstrafe auch an ein Verhalten knüpfen, das zugleich mit öffentlicher Strafe bedroht ist. Die Bestrafung ist nur zulässig, wenn das strafbewehrte Verbot oder Gebot zur Zeit der Vornahme der Handlung in der Satzung schon bestand. Die Vereinsstrafe erfordert nicht unbedingt ein Verschulden (BGHZ 29 S. 359 = NJW 1959 S. 982; a. A. wohl Palandt/Heinrichs, § 25 Rdn. 14).

112 Eine Vereinsstrafe kann **grds. nur** gegen **Vereinsmitglieder** verhängt werden (BGH a. a. O.; Stöber, Rdn. 732 ff.).

Hinweis:

Nach Ausscheiden eines Mitglieds ist also dessen Bestrafung **unzulässig,** möglich ist sie aber noch zwischen Austrittserklärung und Wirksamwerden des Ausscheidens.

113 **Nichtmitglieder** können sich aber durch Vertrag der Strafgewalt des Vereins unterwerfen bzw. auch durch **Teilnahme** an einem nach der Sport- oder Wettkampfordnung des betreffenden Verbandes ausgeschriebenen **Wettbewerb** (vgl. zu allem BGH NJW 1995 S. 583 [Reiterliche Vereinigung]; Haas/Adolphsen, NJW

1995 S. 2146; Haas/Prokop, SpuRt 1998 S. 15; Vieweg, SpuRt 1995 S. 97) oder durch die Benutzung von Vereinseinrichtungen (OLG Düsseldorf SpuRt 1995 S. 171). Die Nichtmitglieder sind dann den Mitgliedern gleichgestellt. Die sportlichen Regelwerke des Vereins sind keine Allgemeinen Geschäftsbedingungen und unterliegen daher der vollen Inhaltskontrolle (BGH a. a. O.).

Der dem Verein übergeordnete **Verband** hat gegenüber den Mitgliedern des nachgeordneten Vereins **Strafgewalt,** wenn diese zugleich Mitglied im übergeordneten Verband sind (BGHZ 28 S. 131; s. dazu Rdn. 353 ff.), oder wenn die Strafgewalt des Verbandes in den Satzungen der beiden beteiligten Vereine abgesichert ist (BayObLGZ 1986 S. 534; zur Frage, in welchem Umfang staatliche Gerichte Verbandsentscheidungen nachprüfen dürfen, s. OLG Frankfurt NJW-RR 2000 S. 1117). **114**

An das **Vereinsstrafenverfahren** sind dieselben Mindestanforderungen zu stellen wie an das Vereinsausschlussverfahren (s. dazu Rdn. 98 ff.). Instruktiv ist dazu der Beschluss des OLG Köln in NJW-RR 1993 S. 891: **115**

Beispiel:

Der **Antrag** des Mitglieds eines Hundezuchtvereins, dem Verein im Wege der einstweiligen Verfügung aufzugeben, dem Antragsteller die – durch eine Vereinsstrafe für drei Monate untersagte – Nutzung des Übungsgeländes zu gestatten, ist weder deshalb unzulässig, weil der Antragsteller bis zum Verfügungsantrag sechs Wochen Zeit hat verstreichen lassen, um zuvor den nach der Satzung vorgeschalteten vereinsinternen Rechtsweg auszuschöpfen, noch deshalb, weil der Antragsteller theoretisch die Möglichkeit hat, mit seinem Hund auf dem Gelände eines anderen Vereins zu üben.

Die **vereinsinterne Strafgewalt** unterliege insoweit **gerichtlicher Überprüfung,** als es um die Einhaltung des von der Satzung vorgesehenen Verfahrens sowie darum gehe, ob die verhängte Strafe allgemein auf einem fairen Verfahren beruhe und nicht gesetzwidrig, sittenwidrig oder offenbar unbillig sei.

Ist in der Satzung vorgesehen, dass einem Mitglied, gegen das ein Vereinsstrafverfahren in Gang gesetzt wird, die **Vorwürfe** in ihren wesentlichen Punkten **zuvor mitgeteilt** werden müssen, so genügt der Verein diesen Pflichten nicht, wenn er sich auf allgemein gehaltene Formulierungen beschränkt, die nicht erkennen lassen, welche konkreten Äußerungen und Verhaltensweisen dem Betreffenden vorgeworfen werden.

116 Es stellt eine **Verletzung des rechtlichen Gehörs** dar, wenn der Vorstand es ablehne, eine zweieinhalbseitige schriftliche Stellungnahme des Betroffenen zur Kenntnis zu nehmen, die eine Stunde vor der Verhandlung über die Vereinsstrafe per Fax eingegangen ist und dem Vorstand vorgelegen hat.

Liegt dem Verfahren der Vorwurf zugrunde, der Betroffene habe ein **Vorstandsmitglied beleidigt,** so stellt es eine Verletzung allgemeiner rechtsstaatlicher Verfahrensgrundsätze dar, wenn dasselbe Vorstandsmitglied an der Entscheidung über die Vereinsstrafe mitwirke.

Es widerspricht ferner allgemeinen rechtsstaatlichen Verfahrensgrundsätzen, wenn in der Satzung eines Vereins für **Rechtsmittel** gegen eine Vereinsstrafe keine **aufschiebende Wirkung** vorgesehen oder der sofortige Vollzug nicht auf solche Fälle beschränkt werde, in denen besondere Umstände dies rechtfertigen.

117 Das bestrafte Mitglied kann die gegen ihn getroffene Maßnahme **gerichtlich überprüfen** lassen. Es gelten die Rdn. 105 ff. entsprechend. Im Wege der gerichtlichen Nachprüfung kann die Herabsetzung einer Geldstrafe auf einen angemessenen Betrag nicht erreicht werden (BayObLGZ 1959 S. 457, 468). Die Vereinsstrafe wird von den ordentlichen Gerichten nur darauf überprüft, ob die Bestrafung offenbar unbillig ist (OLG Düsseldorf SpuRt 1995 S. 171; s. a. OLG München NJWE-VHR 1996 S. 96 = NJW 1996 S. 2382 [Ls.] zur Verhängung einer Wettkampfsperre von 12 Monaten wegen Einnahme ärztlich nicht verordneter Medikamente [Fall Krabbe]).

4. Beendigung der Mitgliedschaft aus sonstigen Gründen

118 Die Mitgliedschaft endet regelmäßig mit dem **Tod** eines Mitglieds, da nach § 38 S. 1 BGB die Mitgliedschaft nicht vererblich ist. Die Satzung kann dies jedoch anders regeln (§ 40 BGB). Ist das der Fall, tritt der Erbe mit dem Erbfall in die Mitgliedschaft ein.

Hinweis:

I. d. R. wird es sich **nicht empfehlen,** die **Mitgliedschaft vererblich** zu machen. Etwas anderes kann gelten, wenn eine besondere Beziehung zum Vereinsvermögen besteht oder wenn die Mitgliedschaft z. B. mit der Inhaberschaft an einem Geschäftsbetrieb verbunden ist (Stöber, Rdn. 169).

Unabhängig von der Frage der Vererbung ist die des **Übergangs** von den **Rechten** und **Pflichten** auf den Erben, die ihren Ursprung in der Mitgliedschaft des Erblassers hatten. Für diese gelten die allgemeinen Regeln des Erbrechts. D.h.: Der Erbe haftet dem Verein auf rückständige Mitgliedsbeiträge und Umlagen, er kann gegenüber dem Verein bestehende Ansprüche des Erblassers, z. B. auf Ersatz von Aufwendungen oder auf Schadensersatz, geltend machen (so auch Stöber, Rdn. 170).

Die Vereinssatzung kann auch bestimmen, dass die Mitgliedschaft **119**
von **besonderen Eigenschaften** des Mitglieds abhängig sein soll, z. B. vom Beruf, Alter. Bestimmt die Satzung außerdem, dass mit dem **Wegfall** dieser besonderen Eigenschaften die Mitgliedschaft endet, erlischt sie ohne weitere Maßnahme des Vereins, wenn die besondere Voraussetzung in der Person des Mitglieds nicht mehr vorliegt (BGH DB 1978 S. 1973). Darüber hinaus dürfte in der Satzung auch eine Regelung möglich sein, wonach die Mitgliedschaft erlischt, sobald ein näher bezeichneter Tatbestand gegeben ist, z. B. Eröffnung des Insolvenzverfahrens gegenüber einem Mitglied, Verlust einer Amtsstellung (vgl. LG Braunschweig MDR 1995 S. 745 zu den Anforderungen an die Formulierung der entsprechenden Regelung in der Satzung; s. a. zum „automatischen“ Ausschluss oben Rdn. 93).

5. Bestimmung des Geschäftsjahrs

Eine Bestimmung über das Geschäftsjahr sollte **zweckmäßiger-** **120**
weise in die Satzung aufgenommen werden. Enthält die Satzung keine abweichende Bestimmung, so ist das Kalenderjahr das Geschäftsjahr. Entsprechend der früheren Regelung in § 39 Abs. 1 S. 1 BGB darf das Geschäftsjahr keinen längeren Zeitraum als zwölf Monate umfassen.

Die **nachträgliche** Einführung eines vom **Kalenderjahr abweichenden** Geschäftsjahres dürfte eine **Satzungsänderung** erfordern, da die Vereinsverfassung jedenfalls dann berührt ist, wenn das Geschäftsjahr z. B. für die Amtszeit des Vorstandes oder eines anderen Vereinsorgans von Bedeutung ist (so Sauter/Schweyer/Waldner, Rdn. 131).

6. Regelung der Voraussetzungen einer Satzungsänderung

121 Das Gesetz regelt die Satzungsänderung in § 33 Abs. 1 BGB. Die Vorschrift ist gem. § 40 BGB nachgiebiges Recht, so dass eine **abweichende Regelung möglich** ist.

a) Was ist eine Satzungsänderung?

Satzungsänderung ist **jede Änderung des Wortlauts** der Satzungsurkunde, sei es, dass eine Satzungsvorschrift aufgehoben, geändert, ergänzt oder durch eine andere ersetzt werden soll. **Auch rein** redaktionelle **Änderungen,** also solche, die keine Änderung der bisherigen Rechtslage bezwecken, sondern lediglich den Wortlaut einer Vorschrift anders fassen wollen, fallen unter diesen Begriff. Um eine Satzungsänderung handelt es sich auch, wenn Satzungsvorschriften geändert werden, die ihrem Inhalt nach bloße Geschäftsordnungen (Spielordnungen, Ehrenordnungen) sind und auch als einfaches Vereinsrecht hätten erlassen werden können. **Nicht** zur **Satzung** gehören nur jene Bestimmungen, bei denen ganz offensichtlich ist, dass sie nur bei Gelegenheit der Errichtung der Satzung in den Text aufgenommen worden sind und daher von Anfang an als Fremdkörper in der Satzung erscheinen. Das ist z. B. der Fall, wenn in der Gründungssatzung die Namen der Vorstandsmitglieder ausdrücklich erwähnt sind (Sauter/Schweyer/Waldner, Rdn. 133). Diese Teile der Satzung können ohne Beachtung der Vorschriften über die Satzungsänderung geändert werden.

Hinweis:

Grds. ist jedoch **Vorsicht** geboten. Denn im Zweifel ist jede Änderung der zum Vereinsregister eingereichten Satzung nur im Wege der Satzungsänderung möglich. Das gilt auch, wenn ein bisher nicht geregelter Punkt nunmehr abweichend vom Gesetz geregelt werden soll (z. B. Einzelvertretungsbefugnis von Vorstandsmitgliedern) oder eine gesetzlich vorgesehene Regelung ausdrücklich in die Satzung aufgenommen werden soll.

b) Verfahren bei Satzungsänderungen

Das für die Satzungsänderung **zuständige Organ** ist nach dem Gesetz die **Mitgliederversammlung**. Die Satzung kann ein anderes Vereinsorgan für zuständig erklären. 122

Hinweis:

Das kann - bei größeren Vereinen - z. B. eine **Delegiertenversammlung** sein. Allerdings sollte man mit solchen Bestimmungen in der Gründungssatzung **vorsichtig** sein. So lange nämlich nicht eine ausreichende Zahl von Mitgliedern vorhanden ist, um eine Delegiertenversammlung zu bilden, könnte der Verein dann seine Satzung nicht „satzungsgemäß" ändern. Einen Ausweg bildet dann nur der Weg, solange bis eine Delegiertenversammlung gebildet werden kann, die Satzungsänderung durch die Mitgliederversammlung zuzulassen. Vorsichtshalber sollte das aber mit dem zuständigen Amtsgericht abgeklärt werden.

Möglich ist es auch, die Satzungsänderung von der Zustimmung eines Mitglieds oder der **Genehmigung** eines **Dritten** abhängig zu machen. Dadurch wird die Satzungsautonomie des Vereins lediglich eingeschränkt. Wird hingegen durch eine Satzungsbestimmung die eigene selbständige Willensbildung des Vereins nicht nur eingeschränkt, sondern ihm letztlich die Möglichkeit entzogen, sein (Satzungs-)Recht selbst zu setzen, ist diese Bestimmung unwirksam (OLG Frankfurt NJW 1983 S. 2576 für den Fall, dass ein Dritter für Satzungsänderungen zuständig ist; so wohl auch OLG Celle Nds. Rpfl. 1995 S. 49 [Satzungsänderung durch einen Beirat]). 122 a

Für die Satzungsänderung müssen die für die Beschlussfassung des betreffenden Organs im Gesetz oder in der Satzung vorgeschriebenen **Förmlichkeiten beachtet** sein (s. Rdn. 171 ff. für Einberufung und Beschlussfähigkeit der Mitgliederversammlung). Muss im Einladungsschreiben zur Sitzung des Vereinsorgans, das für die Satzungsänderung zuständig ist, die **Tagesordnung** mit- 123 geteilt werden, reicht die bloße Ankündigung „Satzungsänderung" nicht aus. Die Tagesordnung muss so mitgeteilt werden, dass die Mitglieder aus der Mitteilung im Wesentlichen erkennen können, um was es sich bei der geplanten Satzungsänderung handelt (s. Rdn. 181 f.; sowie **Muster** im Anhang Rdn. 550).

c) Welche Abstimmungsmehrheit bei Satzungsänderungen?

124 Das **Gesetz** verlangt in § 33 Abs. 1 S. 1 BGB für eine Satzungsänderung eine **Mehrheit von drei viertel** der erschienenen Mitglieder. Diese im Gesetz vorgesehene Mehrheit kann die **Satzung** ändern, wobei sie die Anforderungen an die notwendige Mehrheit **mildern** oder **verschärfen** kann. Sie kann also ebenso die Einstimmigkeit vorschreiben wie andererseits eine Zweidrittel- oder einfache Mehrheit für die Satzungsänderung genügen lassen (zur Auslegung einer Bestimmung in der Satzung, wonach Satzungsänderungen „der Mehrheit von mindestens 2/3 der in der Mitgliederversammlung vertretenen Stimmen" bedürfen, s. LG Detmold Rpfleger 1999 S. 333 [keine Zulassung der Stellvertretung bei der Stimmabgabe über eine Satzungsänderung, sondern nur sprachlich missglückt]).

Die Regelung in § 33 Abs. 1 S. 1 BGB ist lange Zeit so verstanden worden, dass bei der **Ermittlung** der **Mehrheit** von der Zahl der bei der Abstimmung anwesenden stimmberechtigten Mitglieder auszugehen sei und Stimmenthaltungen sowie ungültige Stimmen von dieser Zahl nicht vorweg abgezogen werden dürften. Stimmenthaltungen und ungültige Stimmen sind danach praktisch wie Nein-Stimmen gewertet worden. Die Rspr. des Bundesgerichtshofes versteht den Hinweis auf die Mehrheit der „erschienenen" Mitglieder lediglich als Klarstellung, dass Beschlüsse nicht von der Mehrheit der überhaupt dem Verein angehörenden Mitglieder gefasst zu werden brauchen (BGH NJW 1982 S. 1585). Ergangen ist die Entscheidung zwar zu einem „normalen" Beschluss der Mitgliederversammlung, sie ist aber wegen der grundsätzlichen Aussage über die Behandlung von Stimmenthaltungen auch für den Beschluss über eine Satzungsänderung anzuwenden. Das bedeutet, dass (auch) bei der Beschlussfassung über eine Satzungsänderung **Stimmenthaltungen und ungültige Stimmen nicht zu berücksichtigen** sind, vielmehr ist die erforderliche Mehrheit nur an Hand der abgegebenen gültigen Ja- und Nein-Stimmen zu errechnen. Der Antrag ist daher angenommen, wenn die Zahl der Ja-Stimmen größer ist als die der Nein-Stimmen und eine erforderliche qualifizierte Mehrheit erreicht ist (so auch Sauter/Schweyer/Waldner, Rdn. 135; a. A. Stöber, Rdn. 527; s. a. Rdn. 223 f.).

Beispiel:

Gilt die gesetzliche Regelung und sind 100 stimmberechtigte Mitglieder anwesend, von denen 75 mit Ja stimmen, 20 mit Nein und fünf sich der Stimme enthalten, ist der Antrag auf Satzungsänderung angenommen. Dasselbe gilt, wenn nach der Satzung „die Mehrheit der erschienenen Mitglieder" ausreicht, und von 100 stimmberechtigten anwesenden Mitgliedern 50 mit Ja stimmen, 49 mit Nein und ein Mitglied sich der Stimme enthält. Bis zur neuen Rspr. wäre in diesem Fall davon auszugehen gewesen, dass der Satzungsänderungsantrag abgelehnt ist.

Sieht die Satzung für bestimmte Beschlüsse, insbesondere für Sat- **125**
zungsänderungen, besondere Erfordernisse, meist besondere Mehrheiten vor, so muss auch der Beschluss über eine Änderung dieser Regelung noch diesen Anforderungen entsprechen (Stöber, Rdn. 616 m. w. N.).

Beispiel:

Ist nach der Satzung zur Änderung der Satzung eine 3/4-Mehrheit der abgegebenen Stimmen erforderlich, so muss für die Einführung einer anderen Regelung, egal ob diese eine Erschwerung oder Erleichterung darstellt, eine Mehrheit von 3/4 der abgegebenen Stimmen erreicht werden. Soll an die Stelle der gesetzlichen Regelung von 3/4-Mehrheit eine andere treten, so muss diese Satzungsänderung noch mit der gesetzlich vorgeschriebenen Mehrheit von 3/4 der abgegebenen gültigen Stimmen beschlossen werden.

Hinweis: **126**

Zu **beachten** ist schließlich noch Folgendes: Bei Abfassung einer Satzungsbestimmung, die für Satzungsänderungen oder sonstige Beschlüsse eine bestimmte Mehrheit erfordert, ist diese ausdrücklich dahin zu fassen, dass die x-Mehrheit der „abgegebenen gültigen Stimmen" erforderlich ist und nicht eine x-Mehrheit der „erschienenen Mitglieder" festgesetzt wird. Denn die oben angeführte Rspr. des BGH (vgl. NJW 1982 S. 1585) lässt bei der letzteren Satzungsbestimmung den Schluss zu, dass die Satzung, was nach § 40 BGB möglich ist, bewusst eine positive Entscheidung der erschienenen Mitglieder verlangt und Stimmenthaltungen wie Nein-Stimmen behandelt werden müssen (Sauter/Schweyer/Waldner, Rdn. 135 a. E.). Im Übrigen bedarf eine Abweichung von der gesetzlichen Regelung, wie sie vom Bundesgerichtshof verstanden wird, einer ausdrücklichen und eindeutigen Regelung in der **Satzung.**

d) Anmeldung und Eintragung der Satzungsänderung

127 Für die Wirksamkeit der Satzungsänderung ist neben dem Beschluss des zuständigen Vereinsorgans die **Eintragung** in das Vereinsregister notwendig (§ 71 Abs. 1 BGB). Die Eintragung hat **konstitutive Wirkung.** Solange sie nicht erfolgt ist, hat die Satzungsänderung im Verhältnis zu Dritten und zu den Mitgliedern **keine Wirkung.** Die Vereinsorgane können nach h. M. aber bereits vor der Eintragung aufgrund der neuen Satzung Beschlüsse fassen; diese werden jedoch erst mit Eintritt der aufschiebenden Bedingung der Eintragung der Satzungsänderung wirksam (OLG München NJW-RR 1998 S. 966).

Beispiel:

Wird z. B. die Änderung der Satzung dahin beschlossen, dass der Vorstand statt aus einer künftig aus zwei oder mehr Personen bestehen soll, so kann sogleich das zweite Vorstandsmitglied gewählt werden. Das gleiche gilt, wenn die Satzung nach der Änderung einen besonderen Vertreter gem. § 30 BGB vorsieht. Die entsprechende Wahl wird aber erst mit der Eintragung der Satzungsänderung wirksam. Vorher gehört der Gewählte nicht zum Vorstand und kann auch nicht als Vorstandsmitglied für den Verein tätig werden.

128 Die Eintragung der Satzungsänderung in das Vereinsregister muss **angemeldet** werden. Für die Anmeldung und das Eintragungsverfahren gelten die gleichen Regeln wie bei der Ersteintragung des Vereins (§ 71 Abs. 2 i. V. m. §§ 60-64, 66 Abs. 2 BGB). Die Anmeldung muss durch den nach der alten Satzung gewählten Vorstand erfolgen. Der ggf. aufgrund einer geänderten Satzung neu gewählte Vorstand ist noch nicht zuständig. Der Anmeldung ist der die Änderung enthaltende Beschluss in Urschrift und in Abschrift beizufügen. Nicht erforderlich ist, dass das vollständige Sitzungsprotokoll in Urschrift vorgelegt wird. Es genügt ein Auszug, der neben den allgemeinen Formalien nur noch den satzungsändernden Beschluss enthält. Unterschrieben muss er von demjenigen sein, der nach der Satzung für die Aufnahme des Versammlungsprotokolls zuständig ist. Im Übrigen gelten die Ausführungen für das Anmeldeverfahren bei der Ersteintragung des Vereins (s. Rdn. 25 f.).

7. Regelung über die Änderung des Vereinszwecks

Nach § 33 Abs. 1 S. 2 BGB ist eine Änderung des Vereinszwecks möglich, es müssen jedoch grds. **sämtliche** Vereinsmitglieder ihre Zustimmung geben. Die in der Mitgliederversammlung **Nichterschienenen** müssen dem (nachträglich) **schriftlich** zustimmen. Dafür reichen Telegramm oder **Telefax** (wie hier Reichert, Rdn. 425; Sauter/Schweyer/Waldner, Rdn. 146; Soergel/Hadding, § 33 Rdn. 11). Das Fax muss den Voraussetzungen des § 126 b BGB entsprechen. Die Erklärung muss also in einer Urkunde enthalten sein, die per Fax übermittelt wird. Es reicht auch eine am Computer abgefasste und per **E-Mail** zugeleitete Erklärung (vgl. Palandt/Heinrichs, § 126 b Rdn. 3 und § 127 Rdn. 2; vgl. zum alten Recht vgl. BGH NJW-RR 1996 S. 866). **129**

Es genügt **nicht**, wenn die nicht erschienenen Mitglieder nachträglich vom Verein zur **Zustimmung aufgefordert** werden mit der Maßgabe, wenn binnen einer gesetzten Frist keine Mitteilung eingehe, gelte die Zustimmung als erteilt. Denn grds. ist Schweigen keine (Willens-)Erklärung, andererseits fehlt es an der erforderlichen Schriftform (Reichert, a. a. O.).

Auch die BGB-Regelung über die Änderung des Vereinszwecks kann in der Satzung durch eine andere ersetzt werden (§ 40 BGB). Dabei kann die schon sehr strenge gesetzliche Regelung noch weiter **verschärft** werden, indem z. B. die Anwesenheit **und** Zustimmung aller Mitglieder in der Mitgliederversammlung verlangt wird. Sie kann aber auch **gemildert** werden, so dass für eine Zweckänderung eine x-Mehrheit der abgegebenen gültigen Stimmen ausreichend sein kann. Regelt eine Satzungsvorschrift das Verfahren bei Satzungsänderungen abweichend von § 33 Abs. 1 S. 1 BGB, z. B. hinsichtlich der Stimmenmehrheit, so gilt das aber nicht auch für Änderungen des Vereinszwecks, wenn sich dies nicht eindeutig aus Wortlaut oder Sinn der Vorschrift ergibt (so BGH NJW 1986 S. 1033; OLG Köln NJW-RR 1996 S. 1180).

Hinweis:

Wegen der bei größeren Vereinen ggf. bestehenden Schwierigkeit, die Zustimmung aller Mitglieder zu erlangen, dürfte es sich eher **empfehlen,** die Anforderungen an die Änderung des Vereinszwecks in der Satzung zu **mildern** als noch zu verschärfen.

130 Vereinszweck ist der den Charakter des Vereins festlegende oberste Leitsatz der Vereinstätigkeit (BGH a. a. O.). Um eine Änderung **des Vereinszwecks** handelt es sich, **wenn** statt der bisher in der Satzung festgelegten Ziele andere angestrebt werden oder wenn eine bisher untergeordnete Aufgabe zum Hauptzweck gemacht werden soll (Sauter/Schweyer/Waldner, Rdn. 147; LG Frankenthal Rpfleger 2003 S. 591). Dabei kann die Zweckänderung sowohl in einer Erweiterung als auch in einer Einschränkung der bisherigen Aufgaben liegen, z. B. in einer Spezialisierung auf ein bestimmtes Aufgabengebiet. Im Zweifel ist nur derjenige enge Satzungsbestandteil, in dem der oberste Leitsatz für die Vereinstätigkeit zum Ausdruck gebracht wird und mit dessen Abänderung schlechterdings kein Mitglied bei seinem Beitritt zum Verein rechnen kann, als „Vereinszweck“ i. S. des § 33 BGB anzusehen (LG Bremen Rpfleger 1989 S. 415; zur Zweckänderung bei einem Förderverein s. a. OLG Köln a. a. O.).

Hinweis:

Wird **nur** der **Wortlaut** der Satzungsregelung über den Vereinszweck (redaktionell) abgeändert, handelt es sich **nicht** um eine **Änderung** des Vereinszwecks (Stöber, Rdn. 631). Entscheidend ist, ob die Änderung das die Mitglieder verbindende Interesse berührt/ändert oder ob es sich nur um sprachliche Anpassungen handelt. Um eine Änderung des Vereinszwecks handelt es sich auch nicht, wenn die bisherige Leitidee des Vereins „dem Wandel der Zeit“ angepasst wird (BayObLG NJW-RR 2001 S. 1260).

Stimmt die nach dem Gesetz oder nach der Satzung **erforderliche Zahl** von Mitgliedern dem Beschluss, mit dem die Änderung des Vereinszwecks angestrebt wird, **nicht** zu, ist die Zweckänderung an sich fehlgeschlagen. Wird dieser unwirksame Beschluss von der Mehrheit der Mitglieder aber dennoch faktisch durchgeführt und hat die Minderheit keine Möglichkeit, die Mehrheit auf den Boden der Satzung zurückzuführen, so ist das Verhalten der Mehrheit als Austritt aus dem bisherigen Verein – mit dem nicht geänderten Vereinszweck – und Gründung eines neuen Vereins anzusehen. Die Minderheit hingegen führt den alten Verein weiter und kann von der Mehrheit das Vereinsvermögen herausverlangen (st. Rspr.; BGH NJW 1968 S. 545). Nimmt die Minderheit hingegen eine von der Mehrheit beschlossene, satzungswidrige Zweckänderung hin und kommt es nicht zu einer Spaltung des Vereins, so bleibt der Verein bestehen und wird mit dem veränderten Zweck fortgesetzt. In der Hinnahme der satzungswidrigen Zweckänderung liegt dann praktisch die Zustimmung der Minderheit zur Zweckänderung (BGHZ 23 S. 128). **131**

8. Einrichtung eines Schiedsgerichts

Soll ein Schiedsgericht eingerichtet werden, das über Streitigkeiten zwischen Mitgliedern oder zwischen Mitgliedern und dem Verein anstelle eines ordentlichen Gerichts entscheidet, müssen die wesentlichen Punkte der sog. Schiedsklausel **in der Satzung** festgelegt werden (s. Rdn. 31 ff.). Hierzu gehören insbesondere die **Zusammensetzung** des Schiedsgerichts und die Regeln über die Auswahl und die Bestellung der Schiedsrichter. Auch sollte die **Zuständigkeit** des Schiedsgerichts bereits in der Satzung festgelegt werden. So kann z. B. dem Schiedsgericht die Nachprüfung von Vereinsstrafen einschließlich des Ausschlusses aus dem Verein übertragen werden. Dann muss das Schiedsgericht als eine **132** von den übrigen Vereinsorganen unabhängige und unparteiische Stelle organisiert sein. Ist das nicht der Fall, handelt es sich trotz der anders lautenden Bezeichnung nur um ein Vereinsgericht, gegen dessen Entscheidungen der ordentliche Rechtsweg offen steht (BGHZ 159 S. 207 = NJW 2004 S. 2226; BGH NJW 1995 S. 583 [Reiterliche Vereinigung]; OLG Braunschweig OLGR Braunschweig 2005 S. 515; s. u. Rdn. 134). Die Wirkung des Schiedsgerichts kann grds. nicht auf Dritte, die dem Verein nicht angehören, erstreckt werden, z. B. auf Angestellte des Vereins. Für die Festlegung des Schiedsgerichts in der Satzung genügt es, wenn in der Satzung die Schiedsgerichtsordnung zu ihrem Bestandteil erklärt und die Schiedsgerichtsordnung beim Registergericht miteingereicht wird (OLG München BB 1977 S. 865).

133 Das Schiedsgericht setzt sich **üblicherweise** aus **drei Mitgliedern** zusammen, nämlich einem Vorsitzenden und je einem von jeder Partei zu benennenden Beisitzer. Beisitzer können Vereinsmitglieder, nicht aber Vorstandsmitglieder sein. Denn diese wären, da sie Vereinsorgan sind, bei Streitigkeiten des Vereins zugleich Partei. Das Schiedsgericht muss im Verfahren den Sachverhalt ermitteln, es kann dazu Zeugen und Sachverständige vernehmen. Die streitenden Parteien können sich der Hilfe von Rechtsanwälten bedienen. Die Verhandlung vor dem Schiedsgericht ist i. d. R. öffentlich. Das Schiedsgericht entscheidet mit einfacher Stimmenmehrheit, wenn die Satzung keine andere Regelung trifft. Das **Muster** einer Schiedsgerichtsordnung ist abgedruckt in Rdn. 556.

Gegen den **Schiedsspruch** ist der Aufhebungsantrag nach § 1060 ZPO zulässig. Er kann u. a. darauf gestützt werden, der Schiedsspruch sei mit wesentlichen Grundsätzen des deutschen Rechts unvereinbar oder es sei rechtliches Gehör nicht gewährt worden. Der Aufhebungsantrag gegen den Schiedsspruch kann durch die Satzung nicht ausgeschlossen werden.

134 **Hinzuweisen** ist auf Folgendes:

Das Schiedsgericht ist zu **unterscheiden von einem Vereinsausschuss,** der über die Festsetzung einer Vereinsstrafe und über den Ausschluss eines Mitglieds zu entscheiden hat. Dieser ist nämlich Disziplinarorgan des Vereins, während das Schiedsgericht kein Vereinsorgan ist (s. BGHZ 159 S. 207 = NJW 2004 S. 2226; OLG Braunschweig OLGR Braunschweig 2005 S. 515; OLG Frankfurt NJW-RR 2001 S. 1078, wonach es der Grundsatz von „Treu und Glauben" (§ 242 BGB) gebieten kann, einen Verband gegenüber seinen Mitgliedern an der in der Satzung festgeschriebenen Bezeichnung eines Verbandsorgans als „Schiedsgericht" festzuhalten). Wegen der unterschiedlichen Voraussetzungen und Rechtsfolgen ist deshalb genau zu prüfen, welche der genannten Einrichtungen vorliegt. Sieht die Satzung bei Streitigkeiten zwischen dem Verein und seinen Mitgliedern die Anrufung eines „Schiedsgerichts" oder eines „Ehrengerichts" und gegen dessen Entscheidung die Anrufung der Mitgliederversammlung vor, so handelt es sich nicht um ein echtes Schiedsgericht im obigen Sinne. Die Einrede des § 1032 ZPO, nämlich Entscheidung durch ein Schiedsgericht, kann nicht erhoben werden. Es handelt sich vielmehr um eine Regelung, die es den Vereinsmitgliedern zur Pflicht macht, vor einer Klage beim ordentlichen Gericht zunächst den vereinsinternen Rechtsweg zu beschreiten. Andernfalls ist die Klage vor dem ordentlichen Gericht unzulässig.

9. Regelung des inneren Vereinslebens

Sollen für das Vereinsleben außer der Satzung noch weitere Vorschriften gelten, sollte die Vereinssatzung hierüber eine Regelung enthalten. Dabei sind zwei Fälle zu unterscheiden: **135**

Sollen für den Verein zumindest Teile der Satzung eines anderen Vereins gelten, etwa des **Dachverbandes,** ist eine Regelung in der Satzung erforderlich. Allerdings wird eine Verweisung auf die andere Satzung genügen (Sauter/Schweyer/Waldner, Rdn. 132; für den nicht eingetragenen Verein s. Rdn. 422), die aber so bestimmt sein muss, dass keine Zweifel darüber bestehen können, welche Bestimmungen der anderen Satzung gemeint sind (OLG Hamm NJW-RR 1988 S. 183). Diese Satzung muss dann beim Registergericht miteingereicht werden.

Das Vereinsleben kann näher durch **weitere Vorschriften** neben der Satzung ausgestaltet werden, etwa durch Wahlordnungen, Finanzordnungen, Ehrengerichtsordnungen, Wettkampfordnungen usw. (siehe dazu auch Stöber, Rdn. 658 ff.). In der Satzung muss **136** für den Erlass derartiger sog. Vereinsordnungen dann aber eine eindeutige Ermächtigung enthalten sein. Aus dieser Ermächtigung muss sich ergeben, welches Vereinsorgan in näher bestimmtem Umfang zum Erlass der Ordnung zuständig ist. Zuständig ist sonst die Mitgliederversammlung. **Inhaltlich** darf die Vereinsordnung nicht gegen die Satzung verstoßen und darf keine für das Vereinsleben bestimmenden Grundentscheidungen treffen (BGH NJW 1967 S. 126; MDR 1984 S. 119), vielmehr beschränkt sie sich auf deren geschäftsmäßige Durchführung. Vereinsordnungen können, da sie nicht zum notwendigen Inhalt der Vereinssatzung gehören, ohne Einhaltung der für Satzungsänderungen im Verein bestehenden Bestimmungen **geändert** werden (Sauter/Schweyer/Waldner, Rdn. 154 m. w. N.), es sei denn, die Vereinsordnung wäre unmittelbar Satzungsinhalt.

Verbindlich ist eine Vereinsordnung für die Mitglieder nur dann, wenn sie ihnen **bekannt gemacht** worden ist. Die Art der Bekanntmachung richtet sich nach den Verhältnissen des Vereins; z. B. kann ein Rundschreiben, dem die Vereinsordnung beigefügt ist, oder aber auch eine Veröffentlichung in einer Vereinszeitschrift, die jedes Vereinsmitglied erhält, angebracht sein. Es empfiehlt sich, neuen Mitgliedern bereits bestehende Vereinsordnungen nach ihrem Beitritt zukommen zu lassen. Damit kann späterer Streit über die Verbindlichkeit vermieden werden.

Hinweis:

Zu **unterscheiden** von einer Vereinsordnung ist eine **Geschäftsordnung.** Sie regelt lediglich den Geschäftsgang der einzelnen Vereinsorgane. Sie können sich die Vereinsorgane auch ohne ausdrückliche satzungsmäßige Ermächtigung geben (Palandt/Heinrichs, § 25 Rdn. 6).

137 **10. Checkliste zum möglichen, ggf. wünschenswerten Satzungsinhalt**

Zur **Überprüfung,** ob eine Satzung den nach den Vorschriften des BGB möglichen, ggf. wünschenswerten Inhalt hat (zum notwendigen Inhalt s. Rdn. 90), folgende

Checkliste:

1.	Regelung des Ausschlusses aus dem Verein	Rdn. 92 ff.
2.	Regelung von Vereinsstrafen	Rdn. 110
3.	Beendigung der Mitgliedschaft aus sonstigen Gründen	Rdn. 118 f.
4.	Bestimmung des Geschäftsjahrs	Rdn. 120
5.	Voraussetzungen für eine Satzungsänderung	Rdn. 121 ff.
6.	Regelung zur Änderung des Vereinszwecks	Rdn. 129 f.
7.	Einrichtung eines Schiedsgerichts	Rdn. 132 ff.
8.	Aufstellung von Vereinsordnungen	Rdn. 135 f.

VI. Was wird häufig in Vereinssatzungen noch zusätzlich geregelt?

In Abschnitt IV. (Rdn. 31 ff.) ist dargelegt, was die Vereinssatzung mindestens regeln muss, in Abschnitt V. (Rdn. 91 ff.) das, was sie darüber hinaus enthalten sollte. Damit sind die Möglichkeiten der Gestaltung der Satzung aber noch nicht erschöpft, da nach § 40 BGB das Vereinsrecht bis auf einige wenige Vorschriften nachgiebiges Recht ist. Die Vereine haben daher **zahlreiche Möglichkeiten,** ihre Satzungen den jeweiligen Verhältnissen im Verein anzupassen. Davon wird auch meist Gebrauch gemacht. Die in der Praxis häufigsten und gebräuchlichsten individuellen Regelungen sollen hier kurz aufgelistet werden: **138**

(1) Vorstand:

- Die **Bestellung** des Vorstandes wird einem anderen Organ als der Mitgliederversammlung überlassen, häufig auch einer außerhalb des Vereins stehenden Person.
- Bei der **Amtsdauer** des Vorstandes wird eine sog. „Übergangsklausel" eingeführt, die bei einer zeitlich bestimmten Amtsdauer festsetzt, dass der Vorstand so lange im Amt bleibt, bis ein Nachfolger gewählt ist.
- Bewährt hat sich auch die Klausel, dass bei **Ausscheiden** eines Vorstandsmitglieds während einer zeitlich festgelegten Amts-

periode das dafür gewählte Mitglied nur für die Restdauer der Amtsperiode gewählt ist.

- Die **Abberufung** oder Abwahl des Vorstandes kann auf den Fall beschränkt werden, dass ein wichtiger Grund vorliegt.
- Bei mehrgliedrigem Vorstand wird häufig **Einzelvertretungsbefugnis** erteilt (zum Vorstand eingehend Rdn. 242 ff.).

(2) Mitgliederversammlung:

- Die Formalitäten bei der **Einberufung** werden insoweit erleichtert, dass die Tagesordnung nicht angekündigt zu werden braucht.
- Zur Vermeidung von Zufallsergebnissen bei der Abstimmung wird die **Beschlussfähigkeit** besonders geregelt, z. B. ist die Anwesenheit einer bestimmten Anzahl von Mitgliedern erforderlich.
- Das **Minderheitenrecht** auf Einberufung einer Mitgliederversammlung wird erweitert oder eingeschränkt (zur Mitgliederversammlung eingehend Rdn. 153 ff.).

(3) Satzungsänderungen:

- Die nach dem Gesetz erforderliche **Mehrheit** wird durch eine kleinere oder größere ersetzt,
- ebenso wird für die **Änderung** des **Vereinszwecks** eine andere als die gesetzliche Regelung getroffen (zu Satzungsänderungen s. Rdn. 121 ff.).

(4) Sonstiges

- **Die Übertragung des Stimmrechts** wird allgemein oder unter bestimmten Einschränkungen zugelassen (siehe Rdn. 148, 55 ff.).
- Es wird außerdem erlaubt, **schriftliche Beschlüsse** mit Mehrheit zu fassen.
- **Auflösung** des Vereins und **Austritt** aus dem Verein werden erschwert (vgl. Rdn. 358 ff.; Rdn. 74 ff.).

VII. Rechte und Pflichten der Vereinsmitglieder

1. Allgemeines zur Mitgliedschaft

Die Mitgliedschaft ist die Gesamtheit der Rechtsbeziehungen zwischen Mitglied und Verein und umfasst alle Rechte und Pflichten des Mitglieds als solche. Sie beruht auf der organisatorischen Eingliederung in den Verein und ist ein personenrechtliches **Rechtsverhältnis** (RGZ 163 S. 203). Die Mitgliedschaft begründet ein je nach dem Vereinszweck mehr oder weniger enges gegenseitiges **Treueverhältnis** (Palandt/Heinrichs, § 38 Rdn. 1). **139**

Die Mitgliedschaft ist als **höchstpersönliche** Rechtsstellung unübertragbar, unvererblich und damit auch unpfändbar (§ 38 BGB). Die Satzung kann etwas Abweichendes bestimmen (zur Vererblichkeit siehe aber Rdn. 118). Sie kann aber nicht anordnen, dass die Mitgliedschaft automatisch auf einen außenstehenden Dritten übergeht (s. Rdn. 63).

Nach der Regelung in § 38 BGB haben grds. alle **Mitglieder** die **gleichen Rechte** und **Pflichten.** Die Satzung kann aber verschiedene Arten von Mitgliedern mit unterschiedlicher Rechtsstellung vorsehen. Sie muss dann aber die unterschiedlichen Rechte und Pflichten der einzelnen Gruppen eindeutig festlegen. Bestehen nach der Satzung Unklarheiten, ist sie im Zweifel so auszulegen, dass die größtmögliche Gleichheit zwischen den unterschiedlichen Mitgliederkategorien erreicht wird.

In der Praxis sind folgende **Arten** von **Mitgliedern** häufig (vgl. wegen der Einzelh. und weiterer Arten Reichert, Rdn. 500 ff.): **139 a**

- Das sog. **ordentliche Mitglied** ist Vollmitglied im Verein, für das insbesondere gilt, dass alle Mitglieder die gleichen Rechte und Pflichten haben.
- Das **aktive Mitglied** ist i. d. R. Vollmitglied, das sich am Vereinsleben beteiligt, insbesondere an der nach außen gerichteten Vereinstätigkeit, also z. B. in einem Gesangverein selbst auch im Chor des Vereins mitsingt.

- Im Gegensatz zum aktiven Mitglied nimmt das **passive Mitglied** gerade nicht an der nach außen gerichteten Vereinstätigkeit teil. Häufig zahlen diese Mitglieder geringere Beiträge. Das Recht zur Teilnahme an der Mitgliederversammlung kann nicht entzogen werden.

- **Fördernde Mitglieder** leisten regelmäßig oder unregelmäßig Beiträge an den Verein. Dabei kann es sich um Geld-, Sach- oder auch Dienstleistungen handeln. Fördernden Mitgliedern sind Mindestrechte einzuräumen. Sie können weder von der Mitgliederversammlung noch vom Minderheitenrecht zur Einberufung der Mitgliederversammlung (ganz) ausgeschlossen werden (LG Bremen Rpfleger 1990 S. 262; vgl. dazu Rdn. 153 ff.).

- Hinzuweisen ist schließlich noch auf die **Ehrenmitglieder**. Die Verleihung der Ehrenmitgliedschaft an solche Mitglieder, die sich um den Verein (besonders) verdient gemacht haben, ist in der Praxis üblich. Allerdings ist hier besonders sorgfältig zu prüfen, ob dem Geehrten lediglich ein Ehrentitel verliehen wird oder eine Mitgliedschaft, die ggf. – wie z. B. beim Ehrenvorstand – mit einer Organstellung verbunden ist (vgl. Reichert, Rdn. 507; vgl. auch Rdn. 248 a).

Hinweis:
Ist die Ernennung mit einer Organstellung verbunden, dann muss eine **satzungsmäßige Grundlage** vorhanden sein. In anderen Fällen muss die Ehrung nicht in der Satzung vorgesehen sein. Fehlt eine Satzungsregelung, ist die Mitgliederversammlung für die Ehrung zuständig.

140 Die **Mitgliedschaft** wird durch Beteiligung an der Gründung (s. Rdn. 17) oder später durch Vertrag zwischen dem Verein und dem Mitglied **erworben** (s. Rdn. 64). Die für den Erwerb der Mitgliedschaft notwendigen Willenserklärungen sind die Beitrittserklärung und die Aufnahme. In welcher zeitlichen Reihenfolge sie abgegeben und wie sie bezeichnet werden, ist gleichgültig. Bei dem Vertrag zwischen dem Verein und dem Mitglied handelt es sich nicht um einen gegenseitigen Vertrag i. S. der §§ 320 ff. BGB;

ob er unter das HWiG fiel, ist fraglich (s. dazu Rdn. 69). Für den Beitritt Minderjähriger gelten die Ausführungen unter Rdn. 19 entsprechend.

Die **Mitgliedschaft endet** in der Regel durch Austritt aus dem Verein (wegen der Einzelh. s. Rdn. 74 ff.) oder durch Ausschluss (wegen der Einzelh. dazu Rdn. 92 ff.). Die Satzung kann daneben auch das **Ruhen** der **Mitgliedschaft** anordnen. So kann sie dies z. B. für den Fall der Nichtzahlung des Mitgliedsbeitrags oder der Nichtteilnahme an Vereinsveranstaltungen bestimmen. Das Mitglied kann allerdings nicht selbst das Ruhen seiner Mitgliedschaft „beschließen", etwa weil es mit bestimmten Vorgängen im Verein nicht einverstanden ist. Es kann dann nur kündigen. Tut es das nicht, bleibt die Mitgliedschaft mit allen aus ihr folgenden Rechten und Pflichten, insbesondere auch mit der Pflicht zur Zahlung des Mitgliedsbeitrags bestehen. **140 a**

Die **Zahl der Vereinsmitglieder** ist im Gesetz nur insoweit festgelegt, als die Eintragung des Vereins im Vereinsregister nur erfolgen soll, wenn die Zahl der Mitglieder mindestens sieben beträgt (§ 56 BGB), und andererseits dem Verein die Rechtsfähigkeit zu entziehen ist, wenn die Zahl seiner Mitglieder unter drei sinkt (§ 73 BGB). Durch diese Vorschriften soll verhindert werden, dass unbedeutende Vereine eingetragen werden oder rechtsfähig bleiben. Die Satzung kann zur Zahl der Vereinsmitglieder eine Regelung treffen, insbesondere eine Höchstzahl vorschreiben. **141**

2. Die allgemeinen Rechte der Mitglieder

Die allgemeinen Rechte der Mitglieder sind diejenigen, die allen Mitgliedern gleichmäßig zustehen. Sie lassen sich unterteilen in sog. Organschaftsrechte (z. B. Stimmrecht [zur Ausübung s. Rdn. 226 ff.], aktives und passives Wahlrecht) und die sog. Wertrechte (s. Rdn. 145). **142**

Die **Organschaftsrechte** ergeben sich aus dem Gesetz, aus der Satzung und aus Beschlüssen der Mitgliederversammlung. So ist das Recht auf Sitz und Stimme in der Mitgliederversammlung in § 32 BGB, das sog. Minderheitsrecht auf Einberufung der Mitgliederversammlung in § 37 BGB geregelt (wegen der Einzelheiten s. Rdn. 226 f. und Rdn. 164 ff.).

Die **Satzung** kann die allgemeinen Mitgliedsrechte regeln. Sie kann sie erweitern, schmälern oder auch entziehen. Das Recht aus § 37 BGB (Minderheitsrecht auf Einberufung einer Mitgliederversammlung) kann den Mitgliedern allerdings nicht genommen werden. Denn **grds.** sind **alle** Mitglieder **gleich** zu behandeln. Will die Satzung Mitglieder **unterschiedlich** behandeln, muss dafür ein **sachlicher Grund** vorliegen. Die Satzung kann einer bestimmten Gruppe von Mitgliedern (vgl. zu den Mitgliedsarten o. Rdn. 139 a), wie z. B. aktiven oder passiven, das Recht auf Sitz und Stimme in der Mitgliederversammlung gewähren oder entziehen oder besonders gestalten, z. B. nur Anwesenheitsrecht oder beratende Stimme. Von der Teilnahme an der Mitgliederversammlung können (fördernde) Mitglieder nicht ausgeschlossen werden (LG Bremen Rpfleger 1990 S. 262; a. A. für einen kirchlichen Verein OLG Frankfurt NJW-RR 1997 S. 482 = Rpfleger 1996 S. 460; zur Teilnahme von minderjährigen Mitgliedern an der Mitgliederversammlung s. Rdn. 217, 227).

143 Mit der Mitgliedschaft ist **kein Anteil am Vereinsvermögen** verbunden. Die Mitglieder haben aber dennoch ein **Auskunftsrecht** und, soweit ein berechtigtes Interesse dargelegt wird, ein **Recht** auf **Einsicht** in die **Bücher** und Urkunden des Vereins (LG Mainz BB 1989 S. 812 [Einsicht in den Geschäftsbericht eines – wirtschaftlichen – Vereins]; s. auch BVerfG NJW 2000 S. 349 zum gem. Art. 14 GG [Eigentumsgarantie] geschützten grundsätzlichen Recht des Aktionärs einer AG, Informationen über seine Gesellschaft zu erhalten).

Von besonderer Bedeutung ist das Recht auf **Einsicht in die Mitgliederliste** oder die Urkunden über den Eintritt und Austritt von Mitgliedern. Hier handelt es sich nicht nur um eine innere Vereinsangelegenheit, sondern um die Rechtsbeziehungen des Mitglieds zum Verein und zu anderen Vereinsmitgliedern, so dass das Mitglied auf Einsicht klagen kann. Bei größeren Vereinen muss die Einsicht allein schon deshalb gewährt werden, weil die untereinander häufig nicht persönlich bekannten Mitglieder sonst von ihrem Recht aus § 37 BGB keinen Gebrauch machen können (s. auch Reichert, Rdn. 889). Die Einsicht kann jedoch verweigert werden, wenn sie gesetz- oder satzungswidrigen Zwecken (z. B. Werbung für private Zwecke des Mitglieds) dienen soll. Das Mitglied hat auch Anspruch darauf, dass ihm der Verein ein **Exemplar** der **Satzung** aushändigt (LG Karlsruhe Rpfleger 1987 S. 164).

Hinweis:

Der Verein, vertreten durch den Vorstand, muss die **Datenschutzbelange** der Mitglieder berücksichtigen. Die Einzelheiten dazu können hier nicht dargestellt werden. Ein Merkblatt für den Datenschutz ist bei Rn. 560, eine Einwilligungserklärung bei Rn. 561 enthalten. Eine ggf. in die Satzung aufzunehmende Datenschutzerklärung ist schließlich bei Rn. 562 dargestellt. Weitere Informationen gibt es unter www.datenschutz.de – Stichwort: Schlagwortsystem - Recht - Vereine und Verbände.

Grds. hat **jedes Mitglied eine Stimme** (BGH NJW 1989 S. 1212), gleichgültig ob es eine natürliche oder juristische Person (GmbH; e. V.) oder handelsrechtliche Personengesellschaft (OHG; KG) ist. Die Satzung kann etwas anderes bestimmen.

Wird ein Mitglied in seinen Rechten **beschränkt,** kann es gegenüber dem Verein den **Rechtsweg beschreiten.** Handelt es sich um einen Beschluss der Mitgliederversammlung, muss auf Feststellung der Nichtigkeit geklagt werden. **144**

Hinweis:

Die **Klage** ist grds. an keine Frist gebunden. Das Vereinsmitglied sollte jedoch **nicht zu lange warten.** So hat das OLG Hamm (siehe NJW-RR 1997 S. 989) für die Klage gegen eine Vereinsstrafe entschieden, dass bei einer **Frist** von annähernd 4 Monaten zwischen dem dazu ergangenen verfahrensabschließenden Beschluss eines Verbandsehrengerichts und der dagegen gerichteten Klage das Klagerecht verwirkt ist.

Der Beschluss des Vereinsorgans, der das Mitglied in seinen Rechten beschränkt, wird vom Gericht i. d. R. nur darauf **überprüft,** ob eine gesetz-, satzungswidrige oder sonst offenbar unbillige Maßnahme vorliegt (s. Rdn. 105 ff. zum Umfang der gerichtlichen Nachprüfung des Ausschlusses). Ggf. kann der Verein verpflichtet sein, die dem Mitglied entstandenen Kosten im Wege des Schadensersatzes zu übernehmen (BGH NJW 1984 S. 1884 [für Anwaltskosten bei unzulässigem Vereinsausschluss durch ein unzuständiges (Vereins-)Organ]).

145 Bei den **Wertrechten** handelt es sich i. d. R. um das **Recht auf Benutzung** von **Vereinseinrichtungen** (z. B. Sportanlagen, Vereinsheim, auch Bezug einer Vereinszeitschrift). Dazu wird man auch das **Recht auf Teilnahme** an Vereinsveranstaltungen (Feste, Wettbewerbe, Vereinsmessen usw.) rechnen können. Wird ein Mitglied daher schuldhaft nicht zu einer Vereinsveranstaltung zugelassen, kann es ggf. gegen Verein und Vorstand Schadensersatzansprüche geltend machen (BGH NJW 1984 S. 1884; BGHZ 110 S. 323 = NJW 1990 S. 2877 zur Nichtzulassung zu einer Yachtregatta; s. auch OLG Schleswig OLGR Schleswig 2002 S. 457). Das gilt aber nicht, wenn wegen eines aufgrund von Beleidigungen sachlich berechtigten Verbots der Zutritt zu Vereinseinrichtungen versagt wird (BGH NJW-RR 1992 S. 507).

Hinweis:

Soll einer bestimmten Gruppe von Mitgliedern das Recht, an einer **Vereinsveranstaltung** teilzunehmen **nicht** oder nur teilweise zustehen, muss das **ausdrücklich** in der Satzung **geregelt** sein (OLG Celle WPM 1988 S. 495 m. Anm. Grunwald). Das Recht zur Teilnahme kann nicht nur durch bloßen Beschluss der Mitgliederversammlung eingeschränkt werden.

Die Satzung kann den Mitgliedern darüber hinaus auch **weitere Rechte** einräumen, sie kann jedoch **nicht** so weit gehen, dass die Mitglieder Miteigentum **am Vereinsvermögen** erhalten (Sauter/Schweyer/Waldner, Rdn. 340). Es kann aber z. B. bei einem Verein mit einem wirtschaftlichen Nebenbetrieb (Vereinskantine auf

Sportgelände) den Mitgliedern ein Vorzugspreis eingeräumt werden.

3. Die Sonderrechte einzelner Mitglieder

Unter „Sonderrechte" sind die einzelnen Mitgliedern gegenüber anderen Mitgliedern zustehenden **Vorrechte** zu verstehen. Sie gehen über die allgemeine Rechtsstellung des Mitgliedes hinaus (wegen der Einzelh. vgl. Sauter/Schweyer/Waldner, Rdn. 344 ff.; Reichert, Rdn. 554 ff.) und schränken die Pflicht zur Gleichbehandlung aller Mitglieder ein (BGHZ 63 S. 14). **146**

Sonderrechte, die sich z. B. Gründungsmitglieder vorbehalten, um besonderen Einfluss auf das Vereinsleben nehmen zu können, können sich auf Organschafts- oder Wertrechte beziehen. Bei den Organschaftsrechten kann es sich um ein **erhöhtes Stimmrecht** handeln, um die dauernde Mitgliedschaft im Vorstand, um das Recht, ein Vereinsorgan zu bestellen, oder auch um ein Vetorecht bei Vereinsbeschlüssen. Sind Wertrechte als Sonderrechte ausgestaltet, kann es sich um das Recht auf **besondere Benutzung** von Vereinseinrichtungen sowie auf Teile des Vereinsvermögens bei Auflösung des Vereins handeln. Zu den Wertrechten gehören auch diejenigen Rechte, die den einzelnen Mitgliedern aus einem besonderen, aber in ihrer Eigenschaft als Mitglieder geschlossenen Vertrag gegen den Verein zustehen.

Hinweis:

Als **Sonderrecht** ist es auch anzusehen, wenn Mitglieder von der Verpflichtung zur **Zahlung** der **Mitgliedsbeiträge frei**gestellt werden. So können in einem Sportverein z. B. die Spieler aller oder bestimmter Mannschaften und Mitglieder, die als Schiedsrichter oder Trainer für den Verein tätig sind, mitgliedsbeitragsfrei gestellt werden. Für die Beitragfreistellung muss aber eine entsprechende **satzungsmäßige Grundlage** bestehen, indem die Freistellung entweder in der Satzung selbst geregelt oder z. B. in der Satzung zumindest auf das Organ verwiesen wird, das die über die Mitgliedsbeiträge beschließt, oder auf eine Beitragsordnung, in der diese Fragen ggf. (auch) geregelt werden. Die Freistellung darf auch nicht individuell erfolgen, sondern nur nach bestimmten Gruppenmerkmalen, wie z. B. Alter, Zugehörigkeit zu einer bestimmten Gruppe usw.

Die Beitragsfreiheit stellt **keine Zuwendung** dar, die für die Mitglieder **steuerpflichtig** werden könnte.

147 Keine **Sonderrechte** sind die sog. **Gläubigerrechte.** Diese sind nicht aus der Mitgliedschaft hergeleitet. Sie entstehen, wenn das Mitglied zum Verein wie ein Dritter Rechtsbeziehungen aufnimmt, so z. B. durch Hingabe von Darlehen, Übernahme einer Bürgschaft, Kaufvertrag oder durch Abschluss von Miet- und Pachtverträgen. Rechte, die allen Mitgliedern zustehen, sind auch dann keine Sonderrechte i. S. des § 35 BGB, wenn sie unentziehbar sind. Das gilt vor allem für das Recht auf gleichmäßige Behandlung.

147 a Das **Sonderrecht** muss eine **Grundlage in der Satzung** haben (BGH NJW 1969 S. 131) und als unentziehbares Recht ausgestaltet sein. Es kann **nicht** ohne Zustimmung des Mitglieds durch Beschluss der Mitgliederversammlung – auch nicht durch Änderung der Satzung – **beeinträchtigt** werden (§ 35 BGB). Dabei ist eine unmittelbare Einwirkung auf das Recht nicht erforderlich. Es genügt jedes Verhalten, das zwangsläufig zu einer Beeinträchtigung führt. Die Beeinträchtigung ist erlaubt, wenn das Mitglied zustimmt. Die Zustimmung kann innerhalb und außerhalb der Mitgliederversammlung erklärt werden. Sie ist an keine besondere Form gebunden. Wird das Sonderrecht eines Mitglieds vom Verein schuldhaft verletzt, besteht ein Schadensersatzanspruch.

4. Die Ausübung der Mitgliedschaftsrechte

148 Nach § 38 S. 2 BGB kann die Ausübung der Mitgliedschaftsrechte nicht einem anderen überlassen werden, sofern die Satzung nicht etwas anderes bestimmt (§ 40 BGB). Grds. sind also die **Mitgliedschaftsrechte persönlich** auszuüben.

Von besonderer Bedeutung ist diese Regelung für die **Ausübung des Stimmrechts.** Die Ausübung durch gesetzliche Vertreter wird, auch ohne besondere Regelung in der Satzung, grds. zulässig sein, soweit sich aus dem Vereinszweck nichts Gegenteiliges ergibt. Die Satzung kann bei der Ausübung die Vertretung durch einen anderen ausdrücklich **zulassen** (zum **Muster** für eine Vollmacht s. Rdn. 555; wegen der Einzelheiten s. Rdn. 226 ff.). Dann kann die Stimmabgabe auf jeden Fall durch ein anderes Mitglied erfolgen, ob auch durch Nichtmitglieder ist fraglich. Das dürfte m. E., weil mit dem Charakter des Idealvereins nicht zu vereinbaren, zu verneinen sein (so auch Palandt/Heinrichs, § 38 Rdn. 3; a. A. Sauter/Schweyer/Waldner, Rdn. 345 m. w. N.; Reuter in Münchner Kommentar zum BGB, 3. Aufl., § 38 Rdn. 40).

Hinweis:

Eine Stimmvollmacht kann **grds. formlos** erteilt werden. Sieht die Satzung vor, dass eine Vollmacht schriftlich nachzuweisen ist, bedeutet das lediglich, dass der Bevollmächtigte nur bei Nachweis einer schriftlichen Bevollmächtigung einen Anspruch auf Teilnahme an der Versammlung hat. Kann die schriftliche Bevollmächtigung nicht nachgewiesen werden, kann der Versammlungsleiter dem Bevollmächtigten die Teilnahme an der Versammlung untersagen (zu allem Reichert, Rdn. 899).

Wie **minderjährige Mitglieder** ihr Mitgliedschaftsrecht, ins- **149**
besondere ihr Stimmrecht ausüben, bestimmt sich zunächst nach der Satzung. Trifft sie keine Regelung, kann der gesetzliche Vertreter stets für den Minderjährigen abstimmen. Darüber hinaus kommt es auf den Einzelfall an (s. dazu Rdn. 217 b).

Hinweis:

Wegen der ggf. mit dem **Stimmrecht** durch **Minderjährige** entstehenden Schwierigkeiten, empfiehlt es sich, dieses in der **Satzung** zu **regeln.** So können z. B. Minderjährige vom Stimmrecht ausgeschlossen werden und nur ihren gesetzlichen Vertretern ein Stimmrecht eingeräumt werden (s. a. Rdn. 217, 227). Das Stimmrecht kann aber auch die Erfüllung bestimmter Voraussetzungen, z. B. Altersgrenzen, erfordern (Stöber, Rdn. 568).

149 a Die (Stimm)Vollmacht kann nach § 168 BGB grds. jederzeit **widerrufen** werden. Damit hat der Bevollmächtigte kein Stimmrecht mehr für den Vollmachtgeber. Ist eine schriftliche Vollmacht erteilt, folgt aus §§ 172, 173 BGB, dass der Vertreter als befugter Stimmrechtsträger gilt, so lange die Vollmachtsurkunde nicht zurückgegeben oder für kraftlos erklärt worden ist. Nach der Stimmabgabe kann die Vollmacht nicht mehr widerrufen werden.

5. Die Pflichten der Mitglieder

150 Die Pflichten der Mitglieder, die **im Gesetz nicht erwähnt** sind, können ebenfalls in Organschafts- und vermögensmäßige Pflichten eingeteilt werden. Sie können im Einzelnen nur durch die Satzung festgelegt werden, nicht bloß durch einen Beschluss der Mitgliederversammlung, der keine Satzungsänderung herbeiführen will.

Beispiel:

Die Satzung enthält keine Regelung über außerordentliche Zahlungen oder besondere Umlagen (s. dazu Rdn. 81 f.). Dann kann nicht die Mitgliederversammlung durch „einfachen“ Beschluss bestimmen, dass jedes Mitglied bestimmte Arbeitsleistungen zu erbringen hat, z. B. bei der Erstellung eines Vereinsheims. Vielmehr ist dafür eine entsprechende Satzungsänderung erforderlich. Enthält allerdings die Satzung eine entsprechende grundsätzliche Regelung, kann die Mitgliederversammlung diese, ohne dass eine Satzungsänderung erforderlich wäre, näher ausgestalten/regeln.

Um **Organschaftspflichten** handelt es sich, wenn die Satzung z. B. die Teilnahmepflicht an der Mitgliederversammlung begründet oder fordert, sich in bestimmter Weise am Vereinsleben zu beteiligen. **Vermögensmäßige** Pflichten sind die Pflicht zur Zahlung der regelmäßigen Beiträge sowie zur Zahlung bestimmter außerordentlicher Umlagen.

151 Auch ohne ausdrückliche gesetzliche oder satzungsmäßige Regelung haben die Mitglieder gegenüber dem Verein eine Treuepflicht. Deren Inhalt und Umfang bestimmt sich nach der Art des

Vereinszweckes, dem Grad der persönlichen Bindung und der Personenbezogenheit des Mitgliedschaftsverhältnisses. Die Treuepflicht verpflichtet das Mitglied, alles zu unterlassen, was dem Vereinszweck schadet (also z. B. keine Teilnahme an der Werbeaktion zugunsten eines anderen Vereins mit gleicher oder ähnlicher Zielsetzung; vgl. BGH DB 1977 S. 2226). Die **Verletzung** der Treuepflicht kann nicht nur die **Ausschließung** aus dem Verein und **Vereinsstrafen** (s. Rdn. 92 ff.), sondern auch Schadensersatzansprüche des Vereins rechtfertigen.

Für alle Mitgliedspflichten gilt ebenso wie für die Rechte der Grundsatz der Gleichbehandlung der Mitglieder, die ohne sachlichen Grund nicht ungleich belastet werden dürfen.

Sonderpflichten können einzelnen Mitgliedern **nur** mit ihrer **Zustimmung** auferlegt werden.

6. Die Haftung der Mitglieder für Vereinsschulden

Der Verein ist juristische Person und damit rechtlich selbständig **152** (s. Rdn. 4). Das Vermögen des Vereins ist nicht auch Vermögen der Mitglieder. Diese haben deshalb für Schulden des Vereins **nur** aufzukommen, wenn dafür eine besondere **Rechtsgrundlage** durch Einzelvertrag zwischen Verein und Mitglied oder durch eine Satzungsvorschrift gegeben ist. Ausnahmsweise kann ein Gläubiger des Vereins aber berechtigt sein, dessen Mitglieder im Wege des sog. **Durchgriffs** in Anspruch zu nehmen. Von der Rspr. (BGH NJW 1970 S. 2015) wird das aus dem Grundsatz von Treu und Glauben (§ 242 BGB) abgeleitet. Das kann z. B. der Fall sein, wenn der Verein **vorgeschoben** wird, damit die Mitglieder persönliche Vorteile erlangen (vgl. dazu BGH a. a. O). Grds. **nicht ausreichend** ist allein eine **Unterkapitalisierung** des Vereins (BGHZ 68 S. 312 = NJW 1977 S. 1449; BAG NJW 1999 S. 740; OLG Oldenburg NZG 2000 S. 555; siehe aber OLG Dresden NZG 2000 S. 598).

VIII. Die Mitgliederversammlung

1. Allgemeines

153 Die Mitgliederversammlung ist i. d. R. das **oberste Organ** des Vereins. In ihr artikuliert sich durch die Stimmabgabe der Mitglieder der **Wille des Vereins** (§ 32 BGB).

Die Rechte der Mitgliederversammlung können durch die Satzung geregelt werden, sie können eingeschränkt werden, die Mitgliederversammlung selbst kann aber nicht ganz abgeschafft werden. Die Satzung kann die Zuständigkeit anderer Vereinsorgane (z. B. eines Beirats) auch nicht in der Weise erweitern, dass das Vereinsleben praktisch nur noch von diesem bestimmt wird, wenn die Vereinsmitglieder auf die Bestellung und Kontrolle dieses Vereinsorgans keinen Einfluss (mehr) haben (OLG Celle NJW-RR 1995 S. 1273).

Beispiel:

Die Satzung sieht einen Beirat vor, der für Bestellung und Kontrolle des Vorstands, Beitragsfestsetzung und auch Satzungsänderungen zuständig ist. Dieser Beirat setzt sich aus den Gründungsmitgliedern des Vereins und aus solchen Mitgliedern zusammen, die von diesen als Beiratsmitglieder bestimmt werden. Eine solche Regelung ist unzulässig (OLG Celle a. a. O.).

154 Das Gesetz spricht in § 32 Abs. 1 BGB von der „Versammlung der Mitglieder“. Diese ist immer dann eine Mitgliederversammlung i. S. von § 32 Abs. 1 BGB, wenn es sich nicht um ein zufälliges Zusammentreffen der Mitglieder handelt, sondern um eine **nach Ort und Zeit** vom Vorstand bzw. vom sonst zuständigen Vereinsorgan **festgesetzte Zusammenkunft.** Die Satzung kann die „Mitgliederversammlung“ auch anders bezeichnen. Gebräuchlich sind die Bezeichnungen Hauptversammlung, Generalversammlung, Vollversammlung, Verbandstag u. a. **Ohne Versammlung** ist nach der gesetzlichen Regelung in § 32 Abs. 2 BGB ein Beschluss der Mitglieder nur durch **schriftliche Zustimmung aller Mitglieder** möglich. Auch insoweit kann jedoch die Satzung etwas Abweichendes bestimmen.

Hinweis:

In der Literatur ist die Frage der Zulässigkeit einer **Online-Versammlung** im Vereinsrecht aufgeworfen worden (vgl. dazu eingehend Erdmann, MMR 2000 S. 526). Dazu gilt: Das BGB stellt es den Mitgliedern in § 40 BGB frei, von den in § 32 Abs. 1 und 2 BGB vorgesehenen gesetzlichen Möglichkeiten, die Angelegenheiten des Vereins zu regeln, abzuweichen. Auch ist die schriftliche Beschlussfassung nicht ausgeschlossen, sondern kann zum Regelverfahren erhoben werden (vgl. §§ 40, 41 BGB). Deshalb wird man die **Zulässigkeit** einer solchen Versammlung **bejahen** können (so auch Erdmann a. a. O.; Palandt/ Heinrichs, § 32 Rdn. 1 a. E. [analog § 32 Abs. 2 BGB]). Technische Voraussetzung für die Durchführung einer solchen Versammlung ist die Einrichtung eines sog. Chat-Rooms, der es ermöglicht, dass sämtliche Benutzer Informationen untereinander austauschen können (wegen der weiteren Einzelh. Erdmann a. a. O.).

Allerdings wird die Möglichkeit der Online-Versammlung nur dann ergriffen werden können, wenn davon ausgegangen werden kann, dass die Mitglieder daran auch teilnehmen können, also bei allen die technischen Voraussetzungen dafür vorliegen (Erdmann, MMR 2000 S. 527). Das zwingt m. E. dazu, die Frage, ob die Mitgliederversammlung ggf. in Form einer Online-Versammlung durchgeführt werden kann, in der **Satzung** zu **regeln** (so wohl auch Erdmann a. a. O.).

In der Praxis wird oft zwischen einer „ordentlichen" und einer **155**
„außerordentlichen" Mitgliederversammlung unterschieden; das Gesetz macht hier keinen Unterschied. Dabei wird als **ordentliche** Mitgliederversammlung meist diejenige Versammlung verstanden, die nach der Satzung zu bestimmten Zeiten **regelmäßig** stattfinden muss. Als **außerordentliche** Mitgliederversammlungen werden die Zusammenkünfte bezeichnet, die nicht regelmäßig, sondern aus einem **besonderen Anlass** einberufen werden.

Hinweis:

Grds. bestehen zwischen einer ordentlichen und einer außerordentlichen Mitgliederversammlung keine **Unterschiede.** Unterscheidet die Satzung daher zwischen beiden nicht, gelten die für die ordentliche Mitgliederversammlung vorgesehenen Regelungen auch für die außerordentliche. Die Satzung kann aber Unterscheidungen treffen, so z. B.

hinsichtlich der Art und Weise der Einberufung oder bei den zu behandelnden Themen, z. B. außerordentliche Mitgliederversammlung nur bei Rücktritt des Vorstandes während der Amtsperiode.

2. Welche Angelegenheiten regelt die Mitgliederversammlung?

156 Die Mitgliederversammlung als oberstes Organ des Vereins hat durch Beschlussfassung grds. **alle** die **Angelegenheiten** des Vereins zu regeln, die nach der Satzung nicht von einem anderen Vereinsorgan zu besorgen sind. Zu ihren **Aufgaben** gehört – vorbehaltlich einer anderen Regelung in der Satzung – die **Bestellung und Kontrolle des Vorstandes** und der anderen Vereinsorgane. I. d. R. erteilt die Mitgliederversammlung dem Vorstand für seine Geschäftsführung auf der Grundlage des entsprechenden Berichts der Kassenprüfer Entlastung (vgl. dazu Rdn. 304, 332). Zuständig ist die Mitgliederversammlung darüber hinaus für **Satzungsänderungen,** Änderungen des Vereinszwecks, die Beschlussfassung über die Auflösung des Vereins, die Bestimmung des Anfallsberechtigten im Falle des § 45 Abs. 2 S. 2 BGB und die Frage der Verschmelzung mit einem anderen Verein (s. dazu Rdn. 363).

157 Die Mitgliederversammlung muss auch entscheiden, wenn zwischen den Mitgliedern eines **anderen Vereinsorgans Streit** darüber besteht, ob sich die Willensbildung in diesem Vereinsorgan (z. B. im Vorstand) satzungsgemäß vollzieht. Dies ist eine Angelegenheit der inneren Ordnung im Verein. Eine Klage auf Feststellung, dass ein Vereinsorgan gegen die Satzung verstößt, kann daher erst erhoben werden, wenn die Mitgliederversammlung hierüber einen Beschluss gefasst hat (BGH NJW 1968 S. 1131).

158 **Fraglich** ist, ob die Mitgliederversammlung gegenüber dem Vorstand oder anderen Vereinsorganen ein **Weisungsrecht** hat. Das wird zu verneinen sein, wenn z. B. der Vorstand nach der Satzung für bestimmte Angelegenheiten allein zuständig ist. Die Mitgliederversammlung kann aber auch in diesem Fall durch Empfehlungen auf die Entscheidungen des Vorstandes Einfluss nehmen (s. a. Rdn. 286). Hält der Vorstand sich nicht an diese Empfehlungen,

bleibt kein anderer Weg, als ihn abzuwählen oder in der Satzung – in Form einer Satzungsänderung – ein Weisungsrecht der Mitgliederversammlung zu verankern.

3. Die Einberufung der Mitgliederversammlung

Für die Einberufung der Mitgliederversammlung ist, soweit die Satzung (§ 58 Nr. 4 BGB; s. Rdn. 88) nichts anderes bestimmt, der **Vorstand i. S. des § 26 BGB** zuständig. D. h. die Einberufung ist von den vertretungsberechtigten **Personen,** nicht dagegen von den nicht mit Vertretungsmacht ausgestatteten Mitgliedern eines „erweiterten“ oder „Gesamtvorstandes“ auszusprechen. 159

Hinweis:

Wer als Vorstand im Vereinsregister eingetragen ist, kann auch dann **wirksam** die Mitgliederversammlung einberufen, wenn seine Amtszeit bereits abgelaufen oder sein Amt, etwa durch **Rücktritt,** erloschen ist (KG OLGZ 1971 S. 481; BayObLGZ 1988 S. 412; Reichert, Rdn. 770). Das Einberufungsrecht des Vorstands besteht im Übrigen auch noch während eines Ausschließungsverfahrens (BayObLG NJW-RR 1994 S. 382).

Von besonderer Bedeutung ist die Frage, ob zur wirksamen Einberufung der Mitgliederversammlung stets ein **gültiger Vorstandsbeschluss erforderlich** ist. Die Beantwortung dieser Frage hängt davon ab, ob zur Wirksamkeit der Vertretungshandlungen des Vorstandes eine ordnungsgemäße interne Beschlussfassung im Vorstand erforderlich ist (vgl. BGH NJW 1977 S. 2310 und Rdn. 262 f.). Zu unterscheiden sind folgende **Fälle** (vgl. dazu BGH NJW 1977 S. 2310; s. a. Stöber, Rdn. 416; Reichert, Rdn. 771): 160

- Hat der **Verein** einen **mehrgliedrigen Vorstand** und regelt die Satzung, wie der Verein rechtsgültig vertreten wird, so können die mit dieser **Vertretungsmacht** ausgestatteten **Vorstandsmitglieder** auch **ohne** internen Vorstandsbeschluss die Mitgliederversammlung einberufen. Ist z. B. nach der Satzung der 1. Vorsitzende und/oder der 2. Vorsitzende allein oder gemeinsam zur Vertretung des Vereins berechtigt, so kann jeder allein oder können beide gemeinsam die Mitgliederversammlung wirksam einberufen.

- Etwas **anderes** gilt, wenn die **Satzung** für die Einberufung der Mitgliederversammlung **besondere Regelungen** trifft, wer einzuberufen hat. Dann müssen diese **Bestimmungen** für die Wirksamkeit der Einberufung **beachtet** werden, z. B. Einberufung vom 1. Vorsitzenden oder Schriftführer. Bei **Verhinderung** oder Wegfall dieses Vorstandsmitglieds kann der in der Satzung vorgesehene Vertreter die Mitgliederversammlung einberufen. Nach der Rspr. soll der stellvertretende Vorsitzende zur Einberufung auch dann ermächtigt sein, wenn der 1. Vorsitzende die Einberufung der Mitgliederversammlung **grundlos unterlässt.**
- Stets **wirksam** ist die Einberufung der Mitgliederversammlung auch, wenn sie, unabhängig von der satzungsmäßigen Regelung, von **allen Vorstandsmitgliedern** getätigt wird.
- Ein **Vorstandsbeschluss** ist damit für die Wirksamkeit der Einberufung der Mitgliederversammlung nur erforderlich, wenn – beim Fehlen entgegenstehender Satzungsregelung – die Versammlung von der Mehrheit der Vorstandsmitglieder in Ausübung ihrer im Gesetz begründeten Vertretungsmacht einberufen wird.

Hinweis:

Handelt das einberufende Vorstandsmitglied ohne internen Vorstandsbeschluss und verstößt es damit z. B. gegen eine Geschäftsordnung des Vorstandes, so kann sich daraus möglicherweise eine Schadensersatzpflicht ergeben.

Die Einberufung durch ein **unzuständiges Organ** des Vereins gegen den Willen des an sich zuständigen ist **unwirksam** (Stöber, Rdn. 418 m. w. N.). Das führt zur **Nichtigkeit** der auf dieser Mitgliederversammlung gefassten Beschlüsse (BGH NJW 1995 S. 1917).

161 Das für die Einberufung zuständige Organ braucht die Mitglieder **nicht persönlich** einzuberufen. Es kann die erforderlichen tatsächlichen Maßnahmen von einem Beauftragten ausführen lassen, es kann allerdings nicht das Einberufungsrecht überhaupt auf einen Beauftragten übertragen (Reichert, Rdn. 772).

Beispiel:

Der Verein hat einen mehrgliedrigen Vorstand und einen angestellten Geschäftsführer, der nicht Mitglied des Vorstandes ist. Die Vorstandsmitglieder beschließen die Einberufung der Mitgliederversammlung und können die Ausführung dieses Beschlusses dem Geschäftsführer übertragen. Sie können aber nicht dem Geschäftsführer auch die Entscheidung darüber übertragen, ob die Mitgliederversammlung einberufen werden soll. Wenn der Geschäftsführer zur Mitgliederversammlung einlädt, sollte sich aus der Einladung ergeben, dass er einen Beschluss des Vorstandes ausführt (Reichert, Rdn. 773).

Die Einberufung ist grds. aber nur dann wirksam, wenn das für die Einberufung **zuständige Organ** selbst **rechtsgültig bestellt** worden und im Zeitpunkt der Einberufung noch im Amt ist. Zur Einberufung der Mitgliederversammlung ist der Vorstand, der nicht ordnungsgemäß bestellt oder dessen Amtszeit bereits abgelaufen ist, aber auch dann (noch) befugt, wenn er im Vereinsregister (noch) eingetragen ist (allgemeine Meinung, siehe u. a. KG OLGZ 1971 S. 481; BayObLGZ 1988 S. 412; wegen weiterer Nachweise siehe Stöber, Rdn. 421 Fn. 15; s. auch Rdn. 159).

Das für die Einberufung zuständige Organ kann die Mitgliederversammlung **absagen** oder **verlegen.** Die Absage oder Verlegung sollte nach Möglichkeit in der **gleichen Form** geschehen wie die Einberufung, auf alle Fälle sind sie eindeutig zu formulieren. Andernfalls können die auf der dennoch abgehaltenen Versammlung gefassten Beschlüsse nicht mit der Begründung angefochten werden, dass die Einberufung rückgängig gemacht worden sei. Eine Verlegung der Versammlung ist im Übrigen auch nur bis zum Beginn der Versammlung möglich. **Nach Eröffnung** der Mitgliederversammlung kann nur die Versammlung selbst über eine Verlegung (= Vertagung) durch Beschluss entscheiden. **162**

Nach § 36 BGB ist die Mitgliederversammlung in den durch die Satzung bestimmten Fällen sowie dann zu berufen, wenn das Interesse des Vereins es erfordert. In diesen Fällen besteht eine **Pflicht zur Einberufung.** § 36 BGB ist zwingendes Recht, kann also **163** durch die Satzung nicht abbedungen werden. Das Einberufungsorgan muss in eigener Verantwortung prüfen und entscheiden, ob das Interesse des Vereins die Einberufung der Mitgliederversammlung erfordert, so z. B. bei Angelegenheiten, die für den Verein von besonders großer Bedeutung sind, oder wenn die Mitglieder über ungewöhnliche Vorkommnisse informiert werden müssen und die Angelegenheit keinen Aufschub duldet (Stöber, Rdn. 412). Das Einberufungsorgan kann **nicht** durch eine **Klage** angehalten werden, die Mitgliederversammlung einzuberufen, sondern nur mit Hilfe des Registergerichts im Verfahren der freiwilligen Gerichtsbarkeit (Sauter/Schweyer/Waldner, Rdn. 158). Es kann auch nicht mit einer einstweiligen Verfügung versucht werden, eine bestimmte Tagesordnung aufzustellen.

Hinweis:

Wird die **Pflicht** zur Einberufung der Mitgliederversammlung schuldhaft **verletzt, haftet** das Einberufungsorgan dem Verein für den entstandenen **Schaden.**

4. Die Einberufung auf Verlangen einer Minderheit

163 a Nach § 37 Abs. 1 BGB kann eine Minderheit von einem Zehntel der Mitglieder schriftlich unter Angabe des Zweckes und der Gründe die Einberufung der Mitgliederversammlung verlangen. **§ 37 BGB** ist **zwingendes Recht, geändert** werden kann durch die Satzung **lediglich** die für die Einberufung erforderliche **Quote** der Mitglieder. Bei einem kirchlichen Verein kann das Einberufungsrecht aber auf die „tätigen“ Mitglieder beschränkt werden (OLG Frankfurt NJW-RR 1997 S. 482 = Rpfleger 1996 S. 460 f.).

Hinweis:

§ 37 BGB ist ein **allgemeiner Grundsatz** des Vereinsrechts. Er ist deshalb auch anzuwenden, wenn die Satzung anstelle der Mitgliederversammlung eine Vertreterversammlung als oberstes Organ vorsieht (OLG Frankfurt OLGZ 1973 S. 139).

Die nachstehenden Ausführungen gelten **entsprechend**, wenn die Minderheit nur verlangt, dass ein **bestimmter Punkt** auf die **Tagesord-**

nung der Mitgliederversammlung gesetzt wird, das Einberufungsorgan dieses aber verweigert (OLG Hamm MDR 1973 S. 929) oder, wenn für eine einberufene Mitgliederversammlung ein ungeeigneter Zeitpunkt oder Ort gewählt worden ist (BayObLGZ 20 S. 328, 334; Reichert, Rdn. 828).

a) Die Bestimmung der Quote

Bei § 37 Abs. 1 BGB handelt es sich um ein Minderheitenrecht. **164**
Deshalb darf die Satzung die für die Einberufung der Mitgliederversammlung erforderliche Mitgliederzahl nicht auf die Hälfte oder mehr der Mitglieder festsetzen (KG NJW 1962 S. 1971). Die Quote ist auch nicht als absolute Zahl, sondern **immer** als ein **Bruchteil der Mitglieder** festzusetzen (LG Münster Rpfleger 1990 S. 302 [für Genossenschaft]). Nur auf diese Weise kann einerseits der Minderheitenschutz auch bei sinkenden Mitgliederzahlen gewährleistet werden, bei steigenden Mitgliederzahlen kann dann andererseits nicht eine zu kleine Zahl von Mitgliedern die Einberufung verlangen.

Beispiel:

Hat der Verein bei der Gründung 30 Mitglieder, dann kann die Satzung nicht bestimmen, dass 10 Mitglieder das Recht haben, die Einberufung zu verlangen. Denn sinkt die Mitgliederzahl auf 20 oder weniger, sind 10 Mitglieder nicht die Minderheit. Steigt sie hingegen auf z. B. 100 Mitglieder, reichen schon 10 Mitglieder für das Verlangen auf Einberufung aus.

Diese Schwierigkeiten lassen sich vermeiden, wenn die **Quote** in der Satzung auf ein Drittel **festgesetzt** wird (vgl. a. OLG Stuttgart NJW-RR 1986 S. 995).

Ist in der Satzung **keine Bestimmung** über die Quote enthalten oder wird sie zu groß festgesetzt, greift die **gesetzliche Regelung** ein, wonach das Recht einem Zehntel der Mitglieder zusteht (Sauter/Schweyer/Waldner, Rdn. 159).

Hinweis:

Zulässig ist es, in der Satzung das **Minderheitenrecht großzügiger** als im Gesetz vorgesehen zu gestalten, indem ein geringerer Bruchteil als ein Zehntel als ausreichend für die Einberufung bestimmt wird. Die Satzung kann aber auch eine größere Quote festlegen, wie z. B. 20 % der Mitglieder (str., zuletzt in diesem Sinn wie die wohl h. M. BayObLG Rpfleger 2001 S. 431 = NJW-RR 2001 S. 1479 m. w. N. auch zur a. A. in der Literatur; s. auch Reichert, Rdn. 791).

165 **Berechnungsgrundlage** für die Quote ist die Mitgliederzahl, die der Verein im Zeitpunkt des Eingehens des Verlangens bei dem zuständigen Organ hat. Dabei zählen alle Mitglieder mit, die das Recht haben, an der Mitgliederversammlung teilzunehmen (also z. B. auch passive, außerordentliche und Ehrenmitglieder). Die Quote kann auch dadurch erreicht werden, dass neu in den Verein eintretende Mitglieder ihren Beitrittserklärungen das Verlangen auf Einberufung zugleich beifügen, wenn der Beitritt zum Verein durch bloße Abgabe einer Beitrittserklärung möglich ist (s. Rdn. 66). Nicht ausreichend ist es, wenn Mitglieder später, etwa im Verfahren vor dem Amtsgericht, den Antrag unterstützen (OLG Frankfurt Rpfleger 1973 S. 54).

b) Vereinsinternes Verfahren

166 Der Antrag auf Einberufung (**Muster** in Rdn. 553 abgedruckt) ist nach h. M. in der Lit. **an den Vorstand** oder, falls dieser nach der Satzung für die Einberufung der Mitgliederversammlung nicht zuständig ist, an das in der Satzung bestimmte Einberufungsorgan zu richten (Sauter/Schweyer/Waldner, Rdn. 161; s. zum Einberufungsverlangen auch Reichert, Rdn. 794). Hat der Vorstand die Mitgliederversammlung einzuberufen, so genügt es, wenn der Antrag **einem** Vorstandsmitglied zugeht (§ 28 Abs. 2 BGB).

Nach § 37 Abs. 1 BGB muss das Verlangen **schriftlich** gestellt werden. Die Schriftform wird durch ein Telegramm, das die Namen der Mitglieder der Minderheit enthält, nicht gewahrt (so aber Sauter/Schweyer/Waldner, Rdn. 161; s. auch BGH NJW-RR 1996 S. 866 [für erforderliche Form bei der Austrittserklärung]). § 127 Abs. 1 BGB gilt nur für die gewillkürte, nicht aber für die gesetzliche Schriftform. Möglich ist aber die elektronische Form des § 126 a BGB. Die Mitglieder können ihre Forderung einzeln oder in einem von allen unterzeichneten Schriftstück geltend machen. Dabei ist auch **Vertretung zulässig.** Das zuständige Einberufungsorgan kann dann jedoch den Nachweis der Vollmachten verlangen. Es ist deshalb sinnvoll, diese sogleich dem Antrag beizufügen.

Hinweis:

Zur **Vereinfachung** ist auch folgendes Verfahren möglich: Ein Mitglied der Minderheit formuliert den Antrag in zweifacher Ausfertigung, wobei er sich in demselben Schriftstück die Vollmacht geben lässt, später ggf. den Antrag beim Amtsgericht zu stellen. Diese Schriftstücke unterschreiben die übrigen Mitglieder der Minderheit. Eins wird dann beim Einberufungsorgan eingereicht, das andere vorsorglich für einen Antrag bei Gericht zurückbehalten.

Der **Antrag** an das Einberufungsorgan muss den vom Gesetz geforderten **Inhalt** haben (s. auch Reichert, Rdn. 794): **167**

- Zunächst muss er den **Zweck** der Mitgliederversammlung eindeutig erkennen lassen, also worüber diese beschließen soll. Das wird am besten dadurch erreicht, dass bereits im Antrag die Angelegenheit als Tagesordnungspunkt formuliert wird.
- Darüber hinaus muss der Antrag die **Gründe** angeben, warum ein Beschluss der Mitgliederversammlung zu den aufgeführten Angelegenheiten verlangt wird.

Hinweis:

Es sollte hier sehr **sorgfältig** gearbeitet werden, da das Einberufungsorgan nur dann zur Einberufung verpflichtet ist, wenn beide Angaben im Antrag enthalten sind.

Das **Einberufungsorgan** ist i. d. R. nicht berechtigt, über sein Verhalten zum Minderheitsverlangen frei zu entscheiden. Es hat kein Recht, die Notwendigkeit der Mitgliederversammlung sachlich zu prüfen und den Antrag, wenn es ihn für unbegründet hält, abzulehnen. Vielmehr ist das Einberufungsorgan **verpflichtet,** die Mitgliederversammlung **einzuberufen,** wenn die formellen Voraus- **168** setzungen erfüllt sind. Nur bei offensichtlichem Missbrauch des Minderheitenrechts darf die Einberufung abgelehnt werden, so wenn bereits mehrfach zurückgewiesene Anträge oder Angelegenheiten behandelt werden sollen oder solche, die eindeutig außerhalb des Vereinszwecks liegen, z. B. Aussagen zu allgemein politischen Fragen bei einem Sportverein, oder die Mitgliederversammlung für die zu beratenden Fragen überhaupt nicht zuständig ist (vgl. auch Reichert, Rdn. 810).

c) Gerichtliches Verfahren

169 **Entspricht** das **Einberufungsorgan** dem **Verlangen** der Minderheit auf Einberufung der Mitgliederversammlung **nicht**, kann die Minderheit beim **Amtsgericht** den **Antrag** stellen, sie zu ermächtigen, selbst die Mitgliederversammlung einzuberufen (§ 37 Abs. 2 S. 1 BGB). Ein **Antragsmuster** enthält Rdn. 554. Zuständig für die Entscheidung ist das Amtsgericht, bei dem der Verein ins Vereinsregister eingetragen ist. Der Anspruch der Minderheit wird nicht im Wege der Klage, sondern im Verfahren der freiwilligen Gerichtsbarkeit nach dem FGG durchgesetzt. Der **Antrag** muss **schriftlich** eingereicht oder zu Protokoll der Geschäftsstelle des Amtsgerichts erklärt werden. Er ist darauf zu richten, dass die einzeln namentlich aufzuführenden Antragsteller zur Einberufung einer Mitgliederversammlung mit einer bestimmten Tagesordnung ermächtigt werden.

Das Amtsgericht darf ebenso wie das Einberufungsorgan die Notwendigkeit der Mitgliederversammlung nicht **prüfen**, sondern nur bei offensichtlichem Missbrauch oder Fehlen eines schutzwürdigen Interesses den Antrag ablehnen, z. B. wenn die angestrebten Beschlüsse ungültig sein würden oder eine ordentliche Mitgliederversammlung mit entsprechender Tagesordnung kurz bevorsteht (s. auch Rdn. 168). Das Amtsgericht prüft allerdings, ob die übrigen Voraussetzungen für die Ermächtigung vorliegen, also insbesondere, ob das in der Satzung bestimmte Quorum erreicht ist. Dazu wird es im Zweifel gem. § 72 BGB vom Verein eine Bescheinigung über die Mitgliederzahl verlangen.

Der die Ermächtigung aussprechende **Beschluss** des Rechtspflegers wird mit der **Zustellung** an die Antragsteller wirksam. Der Beschluss bestimmt die Tagesordnung der Versammlung und kann daneben auch Zeit und Ort der Versammlung bestimmen (zum möglichen Inhalt der Ermächtigung s. Stöber, Rdn. 434).

Hinweis:
Gegen die Ermächtigung kann das Einberufungsorgan, gegen die Ablehnung des Antrags können alle Mitglieder der Minderheit, aber nur gemeinsam, innerhalb von zwei Wochen **sofortige Beschwerde** einlegen (§ 160 Satz 2 FGG).

Das Rechtsmittel des Vorstandes gegen die Ermächtigung hat **keine aufschiebende Wirkung,** macht also die Einberufung und Durchführung der Mitgliederversammlung nicht unmöglich (§ 24 FGG). Möglich ist aber eine einstweilige Anordnung des Beschwerdegerichts (§ 24 Abs. 3 FGG), die vor einer Entscheidung des Beschwerdegerichts die Einberufung der Mitgliederversammlung untersagt. Wenn das Amtsgericht der Minderheit die **Ermächtigung** zur Einberufung **nur befristet** erteilt hat, was in der Praxis häufig vorkommt, erlischt die Ermächtigung von selbst, wenn von ihr durch die Antragsteller bis zum Fristende kein Gebrauch gemacht worden ist (BayObLG Rpfleger 1970 S. 240).

d) Ausführung der Ermächtigung/Einberufung der Mitgliederversammlung **170**

Die durch das Amtsgericht erteilte Ermächtigung zur Einberufung der Mitgliederversammlung gibt der **Minderheit** die **Rechtsstellung des Einberufungsorgans.** Sie muss also alle formellen Voraussetzungen für die Einberufung einer Mitgliederversammlung, wie sie nach Gesetz oder Satzung bestehen, beachten. Außerdem muss in der Einladung zur Mitgliederversammlung auf die Ermächtigung des Amtsgerichts Bezug genommen werden (§ 37 Abs. 2 S. 3 BGB). Ist das nicht der Fall, kann die Versammlung keine wirksamen Beschlüsse fassen (Sauter/Schweyer/Waldner, Rdn. 169). Die Minderheit kann dann eine weitere Versammlung unter Beachtung der gesetzlichen Vorschriften einberufen. Darauf erstreckt sich die gerichtliche Ermächtigung ebenso wie auf die Einberufung einer zweiten Versammlung mit der gleichen Tagesordnung, wenn eine erste Versammlung beschlussunfähig war (s. Rdn. 222). Verbraucht ist die gerichtliche Ermächtigung aber, wenn eine solche zweite Versammlung von der Satzung nicht vorgesehen ist.

Die Minderheit kann für die Einberufung **Einsicht** in diejenigen Vereinsunterlagen nehmen, deren Kenntnis für eine ordnungsgemäße Einberufung der Mitgliederversammlung erforderlich ist, z. B. also in Mitgliederlisten. Dieses Recht kann die Minderheit mit der Klage gegen den Vorstand persönlich durchsetzen (Reichert, Rdn. 818).

Hinweis:
Sind der Minderheit durch die Mitgliederversammlung **Kosten** entstanden, muss der **Verein** diese der Minderheit gem. § 670 BGB **ersetzen** (Wagner, ZZP 105 S. 294 ff., 306; Stöber, Rdn. 438).

170 a Die Ermächtigung nach § 37 Abs. 2 S. 1 BGB hat **nicht** zur Folge, dass das nach der Satzung eigentlich **zuständige Organ** sein **Einberufungsrecht verliert**. Da das satzungsgemäß zuständige Organ mit der Einberufung eine Pflicht gegenüber dem Verein erfüllt, kommt auch bei illoyal verspätetem Tätigwerden oder bewusstem Unterlaufen der von der ermächtigten Mitgliedergruppe vorgenommenen Einberufung keine Verwirkung des Einberufungsrechts in Frage. Das eigentlich zuständige Organ kann also auch (noch) eine Mitgliederversammlung einberufen. Erfolgt nach Ermächtigung der Mitgliedergruppe noch eine Einberufung durch das satzungsmäßig zuständige Organ mit wenigstens teilidentischer Tagesordnung, so gilt nach Auffassung des OLG Stuttgart (Rpfleger 2004 S. 106 = NZG 2004 S. 1020): Vorrang hat die Einberufung, die zuerst bei den Mitgliedern eingeht. Denn damit ist das Ziel des § 37 BGB in jedem Fall erreicht. Bei Gleichzeitigkeit der Einladungen sind dagegen beide **konkurrierenden Einladungen** wegen der dadurch ausgelösten Verwirrung der Mitglieder unwirksam (OLG Stuttgart, a. a. O.).

Hinweis:

Entscheidend ist der **Zugang** bei den Mitgliedern. Das Datum, mit dem die Einladungen versehen sind, hat dagegen keine selbständige rechtliche Bedeutung.

e) Die Mitgliederversammlung nach einem Minderheitenverlangen 170 b

Für die aufgrund der Ermächtigung des Amtsgerichts oder aufgrund des Verlangens von dem Einberufungsorgan einberufene **Mitgliederversammlung** gelten die **allgemeinen Regeln**. D. h.: Es können zu Beginn und während des Verlaufs Anträge zur Tagesordnung gestellt werden (vgl. dazu Rdn. 180, 194). Durch diese können auch die von der Minderheit mit ihrem Verlangen vorgegebene Tagesordnung geändert werden. Der Minderheitenschutz stellt nur sicher, dass überhaupt eine Mitgliederversammlung (mit einer bestimmten Tagesordnung) einberufen wird. Damit ist dem Minderheitenschutz Genüge getan. Er verlangt nicht, dass diese Punkte/Sachthemen auch auf der Tagesordnung bleiben. Wenn die Mehrheit das nicht will, muss die Minderheit das hinnehmen.

Beispiel

Ein Minderheitenverlangen auf Einberufung einer Mitgliederversammlung mit dem Tagesordnungspunkt „Abwahl des Vorstandes" hatte beim Amtsgericht Erfolg. Die vom Amtsgericht ermächtigten Vereinsmitglieder berufen die Mitgliederversammlung ordnungsgemäß ein. Zu Beginn der Mitgliederversammlung wird der Antrag zur Tagesordnung gestellt, den Tagesordnungspunkt abzusetzen.

M. E. zulässig. Der Minderheitenschutz gewährleistet nur die Einberufung einer Mitgliederversammlung, ggf. mit einer bestimmten Tagesordnung.

Hinweis:

Das Einberufungsorgan darf aber die vom Amtsgericht vorgegebene **Tagesordnung** bei der **Einberufung nicht ändern**. Die Punkte, die Gegenstand des Minderheitenverlangens gewesen sind, müssen auch in der Einladung genannt werden.

5. Wie wird die Mitgliederversammlung einberufen?

Eine ausdrückliche Vorschrift, in welcher Form die Mitgliederversammlung einzuberufen ist, enthält das Gesetz nicht. In § 58 Nr. 4 BGB wird nur verlangt, dass eine bestimmte Form in der Satzung festgelegt wird. Ist das nicht der Fall, muss die Anmeldung des Vereins beanstandet, ggf. zurückgewiesen werden (§ 60 BGB).

a) Form der Einladung

171 Die Satzung kann **grds. frei** bestimmen, in welcher Form zur Mitgliederversammlung einzuladen ist (zur Einladung zu einer sog. zweiten Mitgliederversammlung nach Beschlussunfähigkeit der ersten Versammlung s. Rdn. 222). Um aber jedem Mitglied die Möglichkeit zu geben, an der Mitgliederversammlung teilzunehmen, muss die Form der Einladung so gewählt werden, dass **jedes Mitglied** von der Anberaumung der Mitgliederversammlung **Kenntnis** erlangt oder ohne besondere Bemühungen Kenntnis erlangen kann. Dem entspricht jede Form, durch die die **Mitglieder** unmittelbar **benachrichtigt** werden, z. B. Einladung mit einfachem Brief, mit eingeschriebenem Brief oder mit Rundschreiben. Inzwischen wird man auch eine Einladung per **E-Mail** als zulässig ansehen können, jedenfalls dann, wenn alle Mitglieder die Möglichkeit haben, von der Einladung Kenntnis zu nehmen. Das wird der Fall sein, wenn alle Mitglieder über die technischen Möglichkeiten zum Empfang der „Einladungs-E-Mail“ verfügen (Erdmann, MMR 2000 S. 526, 527).

Zulässig sind auch solche Formen, mit denen den Mitgliedern nur die **Möglichkeit** geboten wird, sich selbst **Kenntnis** von der Mitgliederversammlung zu verschaffen, wozu allerdings eine eindeutige und genaue Regelung in der Satzung erforderlich ist. Nicht ausreichend sind Vorschriften wie „durch die Tagespresse“, „durch Anschlag“ oder „durch ortsübliche Bekanntmachung“ (OLG Zweibrücken Rpfleger 1985 S. 31). Die Einladung kann auch durch eine Veröffentlichung in der Vereinszeitschrift erfolgen (Sauter/Schweyer/Waldner, Rdn. 171) sowie nach ganz h. M. in Rspr. und Lit. durch Veröffentlichung in einer – in der Satzung genau bezeichneten – lokalen Zeitung oder Zeitschrift (Sauter/

Schweyer/Waldner, a. a. O. m. w. N.; Stöber, Rdn. 442; so auch LG Bremen Rpfleger 1992 S. 304). Das gilt allerdings nicht, wenn die Satzung eine „schriftliche“ Einberufung vorsieht (AG Elmshorn NJW-RR 2001 S. 25).

Hinweis:

Das gilt aber nur für die ordentliche Mitgliederversammlung. Einladungen zu einer außerordentlichen **Mitgliederversammlung** können überhaupt **nicht** in einer **Tageszeitung** erfolgen. Es ist für die Mitglieder unzumutbar, die Tageszeitung ständig auf eine entsprechende Einladung durchzusehen (LG Bremen a. a. O.).

Die Satzung kann **unterschiedliche Formen** der Einladung wahlweise zulassen, wenn sichergestellt ist, dass jede der zugelassenen Alternativen den an die Wirksamkeit der Einladung gestellten Voraussetzungen gerecht wird. Zulässig wäre danach z. B. die **Wahlmöglichkeit** zwischen eingeschriebenem und einfachem Brief oder zwischen schriftlicher Benachrichtigung und Veröffentlichung in einer Zeitschrift, nicht jedoch die Möglichkeit, zwischen zwei unterschiedlichen Zeitungen zu wählen. Zur Mitteilung der Tagesordnung in der Einladung s. Rdn. 180 f. und die **Muster** in Rdn. 548, 550.

b) Die Einladungsfrist

Die Einladung zur Mitgliederversammlung muss **fristgemäß** er- 172
folgen. Welche Frist zwischen Einladung und dem Termin der Mitgliederversammlung liegen soll, bestimmt das Gesetz nicht. Die Bestimmung dieser sog. **Ladungsfrist** ist somit zunächst der Satzung vorbehalten, die die Frist **nicht zu kurz** bestimmen darf. Ist die Ladungsfrist in der Satzung nicht bestimmt, so muss die Frist so veranschlagt werden, dass es jedem Mitglied möglich ist, sich auf die Versammlung vorzubereiten und an ihr teilzunehmen. Welche Frist angemessen ist, lässt sich allgemein nicht feststellen; jedenfalls darf die Frist nicht zu kurz sein, um die Wirksamkeit der in der Versammlung gestellten Beschlüsse nicht zu beeinträchtigen. Im Übrigen hängt die Frist von den **Gegebenheiten** des **Vereins** ab, so z. B., ob alle Vereinsmitglieder am Ort wohnen

oder ob es sich auch um nicht ortsansässige Mitglieder handelt. Auch ist je nach der Struktur der Mitglieder, z. B. Angehörige freier Berufe, auf eventuelle berufliche Terminschwierigkeiten Rücksicht zu nehmen. Es empfiehlt sich insgesamt, die Ladungsfrist eher zu lang als zu knapp zu bemessen.

173 Das für die Einberufung zuständige **Organ** hat dafür zu sorgen, dass die Ladungsfrist **eingehalten** wird. Diese beginnt – soweit die Satzung nichts anderes bestimmt – erst mit dem Zugang der Einladung bei den Mitgliedern, so dass mögliche Verzögerungen bei der Postzustellung berücksichtigt werden müssen.

Hinweis:

Es ist sorgfältig darauf zu **achten,** dass die von der Satzung vorgesehene **Ladungsfrist eingehalten** wird. Bei Nichteinhaltung liegt nämlich ein Einberufungsmangel vor, der ggf. zur **Unwirksamkeit** von auf der Mitgliederversammlung gefasster **Beschlüsse** führen kann (s. dazu u. a. aus neuerer Zeit OLG Karlsruhe NJW-RR 1998 S. 684; LG Gießen Rpfleger 1998 S. 523; s. auch BayObLG NZM 1999 S. 130 [für den vergleichbaren Fall der nicht fristgemäßen Einberufung der Wohnungseigentümerversammlung]).

Für die **Berechnung** der **Ladungsfrist** gilt: Auszugehen ist nicht von der Absendung der Einladung an die Mitglieder, sondern von dem Tag, an dem die Postsendung bei normalem Postlauf den Empfänger erreicht. Dann gelten die §§ 187, 188 BGB, nicht aber § 193 BGB (Stöber, Rdn. 450; Reichert, Rdn. 835).

Beispiele:

Die Satzung sieht eine Ladungsfrist von 10 Tagen vor. Die Mitgliederversammlung soll am Sonntag, den 24. September 2006 stattfinden. Die Ladung geht den Mitgliedern am 13. September 2006 zu. Diese Ladung ist rechtzeitig; § 193 gilt nicht, so dass der Samstag mit in die Frist fällt. Geht die Ladung erst am 14. September 2006 ein, ist die Frist nicht gewahrt, da dann Sonntag, der 24. September 2006, erst der 10. Tag ist.

Die Satzung sieht eine Einladungsfrist von zwei Wochen vor. Die Mitgliederversammlung soll an einem Mittwoch stattfinden. Die Einladung muss den Mitgliedern dann spätestens am Dienstag der vorvorhergehenden Woche zugehen (§ 188 Abs. 2 BGB).

Den **Zeitpunkt der Mitgliederversammlung** bestimmt regelmäßig auch die Satzung, die hier weitgehend frei ist, z. B. „jährlich im ersten Halbjahr“ oder auch nur „jährlich“. Wird der Zeitpunkt der Mitgliederversammlung in der Satzung nicht geregelt, so ist die Einberufung grds. dem pflichtgemäßen Ermessen des Einberufungsorgans überlassen. Feste Regeln gibt es hier nicht; man wird aber davon ausgehen können, dass etwa **jährlich** eine Mitgliederversammlung abgehalten werden sollte. Dies dürfte schon deshalb erforderlich sein, um die Mitglieder über die wirtschaftlichen Verhältnisse und die vom Vorstand seit der letzten Versammlung getroffenen Entscheidungen zu informieren (vgl. auch Rdn. 288 f.). **174**

Das **Einberufungsorgan** hat die Pflicht, den sich aus der Satzung oder nach pflichtgemäßem Ermessen ergebenden **Zeitpunkt** zu **beachten** (§ 36 BGB). Setzt es sich darüber hinweg, so kann es ggf. schadensersatzpflichtig werden. Die auf der zu früh oder zu spät einberufenen Mitgliederversammlung gefassten Beschlüsse sind aber i. d. R. wirksam (Sauter/Schweyer/Waldner, Rdn. 174).

Hinweis:

Allerdings sollte das Einberufungsorgan **sorgfältig** auf die Einhaltung des **richtigen Zeitpunkts achten**. Die ordnungsgemäße Einberufung der Mitgliederversammlung dient dem Schutz der Interessen aller Vereinsmitglieder, die einen Anspruch darauf haben, dass sie zu dem von der Satzung vorgesehenen Zeitpunkt über die Verhältnisse des Vereins informiert werden. Wohl deshalb plädiert Stöber (Rdn. 588 a) in Zusammenhang mit der Einhaltung der Einberufungsfrist dafür, dass der Verein nachweisen muss, dass der auf einer nicht ordnungsgemäß einberufenen Mitgliederversammlung gefasste Beschluss nicht auf dem Einberufungsmangel beruht. Zudem droht die Gefahr, dass die auf einer zu einem nicht ordnungsgemäßen Zeitpunkt einberufenen Mitgliederversammlung gefassten Beschlüsse nichtig sind (BayObLG Rpfleger 2005 S. 29 = NZG 2004 S. 1017).

Bei der **Wahl des Zeitpunktes** muss für das Einberufungsorgan entscheidend sein, dass dieser so gewählt wird, dass allen Mitgliedern ohne besondere Anstrengungen die Teilnahme möglich ist. **174 a**

So dürfte es z. B. unzulässig sein, wenn bei einem Taubenzüchterverein die Mitgliederversammlung während einer Verbandsveranstaltung (Wettkampf o. ä.), an der erfahrungsgemäß viele Mitglieder des Vereins teilnehmen, einberufen wird. Zu berücksichtigen ist auch, dass i. d. R. der Vormittag eines Werktages wegen der Berufstätigkeit vieler Mitglieder ein ungünstiger Termin sein kann. An **Sonn-** und **Feiertagen** ist ein früherer Beginn als 11.00 Uhr unzulässig (BayObLG und OLG Schleswig NJW-RR 1987 S. 1362). Auch in der **Ferienzeit** wird eine Mitgliederversammlung i. d. R. unzulässig sein (BayObLG Rpfleger 2005 S. 29 = NZG 2004 S. 1017). Das gilt zumindest dann, wenn der Verein grundsätzlich keine Mitgliederversammlungen in den Schulferien abhält und kein Fall besonderer Dringlichkeit vorliegt (BayObLG, a. a. O.). In dem Zusammenhang kann ein Fall besonderer Dringlichkeit, der eine Einladung zu diesem Termin rechtfertigen könnte, nicht allein damit begründet werden, dass der Vorstand der Einberufung einer Mitgliederversammlung durch hierzu gerichtlich ermächtigte Vereinsmitglieder zuvorkommen wollte (BayObLG, a. a. O.).

c) Der Versammlungsort

175 Das Gesetz trifft ebenfalls keine Regelung hinsichtlich des Ortes, an dem die Mitgliederversammlung zusammentritt. Daher kann die **Satzung** den Versammlungsort **bestimmen,** sie muss es aber nicht. Wird eine entsprechende Regelung in die Satzung aufgenommen, muss auch hier beachtet werden, dass der Versammlungsort für die Mitglieder **in zumutbarer Weise erreichbar** ist. Die Satzung kann aber die Bestimmung des Versammlungsortes auch der Mitgliederversammlung oder einem anderen Vereinsorgan, z. B. dem Vorstand als Einberufungsorgan, überlassen. Dann ist es Aufgabe des Vorstandes, an dem allgemein von der Mitgliederversammlung bestimmten Ort einen geeigneten Versammlungsort zu besorgen. Häufig enthalten die Satzungen jedoch weder eine Bestimmung über den Ort der Versammlung noch darüber, wer diese Bestimmung zu treffen hat. Zunächst hat dann die Mitgliederversammlung selbst zu entscheiden, wo sie sich versammeln will, indem sie z. B. den Ort der nächsten ordentlichen Versammlung festlegt. Ist das nicht geschehen, obliegt es dem Einberufungsorgan, i. d. R. also dem Vorstand, den Versammlungsort zu bestimmen. Dieser kann den Versammlungsort aber nicht frei bestimmen: Versammlungsort ist grds. der Ort, an dem der Verein seinen **Sitz** oder **Verwaltungssitz** hat. Davon darf das Einberufungsorgan nur abweichen, wenn triftige Gründe vorliegen.

Das Einberufungsorgan muss einen ausreichenden **Versammlungsraum** zur Verfügung stellen, in dem alle Mitglieder Platz finden und der angemessen ausgestattet ist.

Hinweis:

Der Versammlungsort darf auch **nicht zu klein** sein, damit alle Mitglieder teilnehmen können. Ist das nicht der Fall, können auf der Mitgliederversammlung gefasste Beschlüsse unwirksam sein (Staudinger/Weick, § 32 Rdn. 10; Reichert, Rdn. 830).

Wird die Mitgliederversammlung von **Jugendlichen** besucht, ist das Gesetz zum **Schutz** der **Jugend** in der **Öffentlichkeit** v. 27. 6. 1957 (BGBl I 1058) zu **beachten** (Stöber, Rdn. 461). Jugendliche dürfen zwar in Gaststätten abgehaltene Mitgliederversammlungen besuchen, es darf aber an noch nicht 18-Jährige kein Branntwein abgegeben werden. Andere alkoholische Getränke dürfen nicht an Jugendliche unter 16 Jahren abgegeben werden.

Die **Verlegung** der Mitgliederversammlung an einen anderen Ort **176**
ist zulässig, wenn die Versammlung an dem vorgesehenen Ort nicht ordnungsgemäß abgehalten werden kann, etwa weil dort Störungen zu erwarten sind. Auf die Verlegung muss aber so **deutlich** durch Bekanntmachung, Anschläge, Hinweise oder ggf. auch durch Bereitstellung von Führungspersonen **hingewiesen** werden, dass alle Mitglieder von der Verlegung Kenntnis erlangen und zu dem neuen Versammlungsort gelangen können. Eine Verlegung wird auch erforderlich sein, wenn dem legitimierten Vertreter eines Vereinsmitglieds der Zutritt zu den Räumen, in denen die Mitgliederversammlung stattfinden soll, vom Inhaber des Hausrechts

verweigert wird (OLG Hamm NJW-RR 2003 S. 1400 [für Gesellschafterversammlung der GmbH]).

6. Wer muss zur Mitgliederversammlung eingeladen werden?

177 Zur Mitgliederversammlung sind die Mitglieder einzuladen, die **teilnahmeberechtigt** sind. Das ist **jedes Vereinsmitglied,** gleichgültig, ob es Stimmrecht besitzt oder nicht (a. A. für einen kirchlichen Verein OLG Frankfurt Rpfleger 1996 S. 460 f. [nur die „tätigen" Mitglieder]). Daher sind auch passive, fördernde, Ehrenmitglieder und ggf. auch Minderjährige zur Mitgliederversammlung einzuladen. Die Satzung kann einzelnen Mitgliedern nicht das Stimmrecht **und** das Recht zur Teilnahme an der Mitgliederversammlung aberkennen. Sie kann aber die Teilnahmeberechtigung von förmlichen Voraussetzungen, z. B. vom Vorzeigen der Mitgliedskarte oder einer Einladung als Beweis der Mitgliedschaft, abhängig machen.

178 Wenn nach der Satzung die Einberufung der Mitgliederversammlung nicht durch allgemeine Einladung der Mitglieder in einer Zeitschrift oder Zeitung möglich ist, sondern die Mitglieder einzeln eingeladen werden, ist sorgfältig darauf zu achten, dass **sämtliche teilnahmeberechtigten** Mitglieder zur Mitgliederversammlung eingeladen werden. Werden nämlich einzelne Mitglieder infolge einer vom Verein zu vertretenden Nachlässigkeit nicht eingeladen, kann das nach der Rspr. (BGH NJW 1973 S. 235; BayObLG NJW-RR 1997 S. 289; OLG Karlsruhe NJW-RR 1998 S. 684) die Unwirksamkeit eines auf der Mitgliederversammlung gefassten Beschlusses zur Folge haben. Das ist aber dann nicht der Fall, wenn die unterbliebene Einladung sicher keine Auswirkungen auf den Beschluss gehabt hat. Das schließt der Bundesgerichtshof jedoch schon dann aus, wenn vor der Abstimmung eine Aussprache stattgefunden hat und sich nicht ausschließen lässt, dass die nicht eingeladenen Mitglieder, wären sie erschienen, die Stimmabgabe auch der anderen Mitglieder beeinflusst hätten. Steht hingegen ohne Zweifel fest, dass der Beschluss bei ordnungsgemäßer Einladung aller Mitglieder ebenso ausgefallen wäre, ist er wirksam (s. auch OLG Karlsruhe a. a. O. [einwandfreier Nachweis erforderlich]). Für das Einberufungsorgan kann die schuldhafte Nichteinladung zur Folge haben, dass es für die nutzlos aufgewendeten Kosten der Versammlung oder für die der neu einzuberufenden aufkommen muss.

Grds. ist das **Einberufungsorgan berechtigt,** auch **Dritte** zur 179
Mitgliederversammlung **einzuladen,** wenn die Satzung dies nicht ausdrücklich verbietet. Das wird in der Praxis häufig für Vertreter von Behörden, politischen Parteien, befreundeten Vereinen oder auch für Vertreter übergeordneter Organisationen in Betracht kommen (zum Vorgehen in der Mitgliederversammlung, wenn die Anwesenheit dieser „Gäste" strittig wird, s. Rdn. 191; zum Anwesenheitsrecht des Rechtsbeistands eines Mitglieds, wenn es auf der Mitgliederversammlung um dessen Vereinsausschluss geht, Rdn. 102).

7. Die Tagesordnung der Mitgliederversammlung

Nach § 32 Abs. 1 S. 2 BGB ist zur Gültigkeit eines Beschlusses 180
der Mitgliederversammlung erforderlich, dass „der Gegenstand **der Beschlussfassung**" bei der Einberufung bezeichnet wird (vgl. dazu eingehend Reichert, Rdn. 839 ff.). Sinn und Zweck dieser Regelung ist es, die Mitglieder vorab über die beabsichtigte Beratung und Beschlussfassung in der Mitgliederversammlung zu informieren, um ihnen so die Möglichkeit zu geben, sich vorzubereiten und zu entscheiden, ob eine Teilnahme an der Versammlung notwendig ist.

a) Mitteilung der Tagesordnung

Die Frage, in welchem Umfang die Tagesordnung den Mitgliedern vorab mitzuteilen ist, entscheidet sich **zunächst** nach der **Satzung.** Denn § 32 Abs. 1 S. 2 BGB ist nachgiebiges Recht, so dass die Satzung diesen Punkt, anders als im Gesetz vorgesehen, regeln kann. Dabei kann die Satzung die Anforderungen an die Mitteilungspflicht abschwächen, indem sie z. B. die Mitteilungspflicht ganz aufhebt oder auf bestimmte Angelegenheiten beschränkt. Sie kann sie aber auch verschärfen.

181 Sieht die **Satzung keine Regelung** vor, greift die gesetzliche Bestimmung ein. Sie wird durch jede Mitteilung der Tagesordnung erfüllt, die dem **Zweck, die Mitglieder vorab zu informieren,** gerecht wird (BGH NJW 1975 S. 1559, 1560). Im Einzelnen ist auf Folgendes hinzuweisen:

- Bei einer **Satzungsänderung** genügt es nicht, in die Tagesordnung lediglich die Ankündigung „Satzungsänderung" aufzunehmen. I. d. R. wird zumindest mitgeteilt werden müssen, welche Bestimmung der Satzung geändert werden soll, wobei ggf. der wesentliche Inhalt der Satzungsänderung mit beigefügt werden sollte.

Hinweis:

Die beste Information der Mitglieder wird im Allgemeinen erreicht, wenn der derzeitige Wortlaut der zu ändernden Satzungsbestimmung und der Wortlaut in der Fassung nach der beabsichtigten Änderung **gegenübergestellt** werden. Hinzugefügt werden kann dem noch eine Begründung, warum die Satzungsänderung angestrebt wird oder warum sie notwendig ist (s. das **Muster** in Rdn. 550).

- Soll die **gesamte Satzung neu** gefasst werden, reicht es nicht aus, dies den Mitgliedern vorab lediglich mit der Mitteilung „Neufassung der Satzung" bekannt zu machen (Sauter/Schweyer/Waldner, Rdn. 178; a. A. Stöber, Rdn. 454). Aus dieser Formulierung ergibt sich nämlich nicht, ob es sich um sachliche oder bloß redaktionelle Änderungen handelt. Das „Wie" der Satzungsänderung ist für das Mitglied nicht erkennbar.
- **Wissen** die **Mitglieder** allerdings, worum es geht, kann ggf. **ausnahmsweise** der Tagesordnungspunkt „Satzungsänderung" genügen (OLG Frankfurt ZIP 1985 S. 213, 214).
- Auch wenn **bereits** auf früheren **Mitgliederversammlungen Erörterungen** oder Diskussionen über die beabsichtigte Satzungsänderung stattgefunden haben, soll die Mitteilung „Satzungsänderung entsprechend früheren Erörterungen" in der Einladung ausreichen (LG Bremen Rpfleger 1988 S. 533).

- Soll ein **Mitglied ausgeschlossen** oder eine **Vereinsstrafe** verhängt werden, muss das ebenfalls auf der Tagesordnung angekündigt werden. Da solche Beschlüsse sehr häufig gerichtlich angefochten werden, ist einerseits auf eine sehr **sorgfältige Formulierung** zu achten. Andererseits ist aber jede unnötige Bloßstellung des betroffenen Mitglieds, etwa durch Namensnennung, zu vermeiden. Es reicht die Ankündigung „Beschlussfassung über den Ausschluss (Bestrafung) eines Mitglieds" (Sauter/Schweyer/Waldner, a. a. O.; Reichert, Rdn. 851). **181 a**

- Soll ein Vorstandsmitglied **abberufen** werden, muss in der Ankündigung des Tagesordnungspunktes nicht angegeben werden, ob dies aus wichtigem Grund (BGH NJW 1962 S. 393) oder wegen welcher Vorkommnisse sonst geschehen soll. Die Mitteilung „Neuwahl des Vorstandes" reicht allerdings nicht aus, den Vorstand vorzeitig abzuberufen. Ebenso genügt bei erforderlichen **Ergänzungswahlen** zum Vorstand die Ankündigung „Ergänzungswahlen ..." nicht für eine Abwahl der übrigen noch im Amt verbliebenen Vorstandsmitglieder (vgl. zu allem eingehend Reichert, Rdn. 1309). Ausreichend ist aber die Mitteilung „Widerruf der Bestellung des bisherigen Vorstandes" (OLG Köln OLGZ 1984 S. 401, 404).

- Für eine **Beitragsfestsetzung** genügt nicht die Ankündigung „Feststellung des Kassenvoranschlags".

- Wird ein Tagesordnungspunkt „Anträge" oder **„Verschiedenes"** angekündigt, ermöglicht das **nur Diskussionen** der Mitglieder, aber keine verbindliche Beschlussfassung über Angelegenheiten von wesentlicher Bedeutung (KG OLGZ 1974 S. 399).

Hinweis:

Ist in der Einladung zur Mitgliederversammlung der Gegenstand der Beschlussfassung/die Tagesordnung nicht oder nicht hinreichend bezeichnet, sind die entsprechenden **Beschlüsse** der Mitgliederversammlung **nichtig**. Dies sollte das Mitglied, das sich auf die Unwirksamkeit beruft, so **schnell** wie möglich beim Vorstand und/oder, wenn es um eine Eintragung geht, beim Registergericht **geltend machen** (s. auch Rdn. 233 ff.).

181 b Häufig wird in Mitgliederversammlung über Haushaltspläne diskutiert, denen ein **umfangreiches Zahlenwerk** zugrunde liegt. Damit darf das Vereinsmitglied nicht erst in der Mitgliederversammlung überrascht werden (Reichert, Rdn. 852), sondern es kann vorab – zur Vorbereitung auf die Mitgliederversammlung – **Einsicht** nehmen. In diesen oder vergleichbaren Fällen muss die Einladung dann darauf hinweisen, wo sich die entsprechenden Unterlagen befinden und wann darin Einsicht genommen werden kann. Den Mitgliedern steht im Übrigen das Recht zu, auf ihre Kosten eine Kopie oder Abschrift der Unterlagen zu erhalten (Reichert, a. a. O.).

b) Ergänzung der Tagesordnung durch Anträge zur Tagesordnung

182 I. d. R. können die Vereinsmitglieder auf die Festsetzung der Tagesordnung **Einfluss** nehmen, und zwar indem sie **Anträge zur Tagesordnung** stellen.

Hinweis:

Gemeint sind mit diesem Begriff **hier nicht** Anträge der Mitglieder **in** der Versammlung, die die Tagesordnung oder den Ablauf der Versammlung betreffen. Hier werden unter dem genannten Begriff Anträge der Mitglieder verstanden, die vor oder auch **nach** der **Einberufung** der Mitgliederversammlung mit dem Zweck gestellt werden, bestimmte Angelegenheiten bei der Aufstellung der Tagesordnung zu berücksichtigen (zu Anträgen in der Mitgliederversammlung s. Rdn. 195 ff.).

Dazu gilt:

- Gehen entsprechende Anträge **vor** der **Festsetzung** der **Tagesordnung** beim Vorstand ein, wird dieser – vorbehaltlich einer anderen Regelung in der Satzung – gehalten sein, die entsprechenden Angelegenheiten auf die Tagesordnung zu setzen. Weigert er sich, kommt bei Vorliegen der Voraussetzungen ein entsprechendes Minderheitsverlangen in Betracht (s. Rdn. 168).

- Wird ein **Antrag** zur Tagesordnung **nach** der **Einberufung** der Mitgliederversammlung gestellt, handelt es sich meist um einen Antrag auf **Ergänzung** der Tagesordnung, die vom Vorstand oder Einberufungsorgan festgesetzt worden ist. Das einzuhaltende **Verfahren** wird i. d. R. die Satzung regeln, etwa dahin, dass bestimmte Fristen einzuhalten sind, innerhalb deren die entsprechenden Anträge beim Vorstand eingehen müssen (siehe dazu auch BGH NJW 1987 S. 1811). Enthält die Satzung eine solche Regelung, ist das grds. so zu verstehen, dass nach Fristablauf keine weiteren Angelegenheiten mehr auf die Tagesordnung der bevorstehenden Versammlung gelangen können. Aber auch dies kann die Satzung anders regeln, indem sie z. B. sog. **Dringlichkeitsanträge** zulässt oder ausschließt, z. B. für Satzungsänderungen. Enthält die Satzung keine Regelungen für Anträge zur Tagesordnung, kann der Vorstand in der Einladung zwar eine Frist für Anträge setzen. Diese hat aber i. d. R. nicht die Wirkung, dass nach Ablauf der Frist Anträge ausgeschlossen sind. Sie ist nur eine „Arbeitserleichterung" für den Vorstand bei der Vorbereitung der Mitgliederversammlung. Etwas anderes kann sich aus einer ständigen Übung im Verein ergeben.

Hinweis:

Es **empfiehlt** sich, die mit Anträgen zur Tagesordnung zusammenhängenden Fragen, in der **Satzung** zu **regeln**. Um die Mitglieder vor Überraschungen, insbesondere vor „überraschenden" Satzungsänderungsanträgen zu schützen, empfiehlt es sich insbesondere, in der Satzung gerade **Dringlichkeitsanträge** auf **Satzungsänderungen auszuschließen** (vgl. dazu BGH NJW 1987 S. 1811, 1812; s. das **Muster** bei Rdn. 543, 544).

Das **Verfahren** der Behandlung von Dringlichkeitsanträgen muss im Übrigen die **Satzung** regeln, eine Regelung nur in einer **Geschäftsordnung genügt nicht** (OLG Frankfurt ZIP 1985 S. 213, 223).

Fraglich ist, ob die ergänzend in die Tagesordnung aufgenom- 183
menen **neuen Tagesordnungspunkte** den **Mitgliedern** noch vor der Versammlung mitgeteilt werden müssen. Das hängt zunächst

von einer in der Satzung für diesen Fall getroffenen Regelung ab. Sieht diese ausdrücklich eine Information der Mitglieder nicht vor, müssen die Mitglieder jedenfalls bei (gewichtigen, nicht bloß redaktionellen) **(Satzungsänderungs)Anträgen vor der Versammlung** über den Inhalt der Anträge so rechtzeitig **informiert** werden, dass genügend Zeit für eine sachgerechte Vorbereitung bleibt (BGH a. a. O.; LG Aachen Beschl. v. 22. 11. 1991 – 3 T 266/91). Dabei wird sich die Vorbereitungszeit an der Bedeutung des Antrags auszurichten haben. Für weniger bedeutende Angelegenheiten, die nachträglich auf die Tagesordnung gekommen sind, dürfte es für eine gültige Beschlussfassung in der Mitgliederversammlung ausreichen, wenn der Tagungsleiter zu Beginn die ergänzte oder geänderte Tagesordnung bekannt gibt.

Hinweis:
Da **Satzungsänderungen** für das Vereinsleben von entscheidender Bedeutung sind, sollten sie nach Möglichkeit überhaupt **nicht** im Dringlichkeitsverfahren behandelt werden (BGH a. a. O.).

8. Wer leitet die Mitgliederversammlung?

184 Die Frage, wer die Mitgliederversammlung leitet, ist deshalb von großer Bedeutung, weil Beschlüsse, die die Mitgliederversammlung unter gesetz- oder satzungswidriger Leitung fasst, ungültig sind (LG Bonn Rpfleger 1985 S. 198). Deshalb ist sorgfältig darauf zu achten, dass grds. nur die zur Leitung berufene Person die Mitgliederversammlung leitet.

Wer das ist, bestimmt **zunächst** die **Satzung.** Wenn die danach zum Vorsitz in der Mitgliederversammlung berufene Person nicht erscheint, kann die Versammlung ad hoc aus ihrer Mitte einen Versammlungsleiter wählen (BayObLG OLGZ 1972 S. 329, 330). Entsprechendes gilt für die Dauer einer Vorstandswahl, wenn der nach der Satzung zur Versammlungsleitung berufene Vorsitzende erneut für das Vorstandsamt kandidiert. Die Abgabe/Übertragung der Versammlungsleitung in diesen Fällen ist aber nicht zwingend (Stöber, Rdn. 470 a).

Hinweis:

Die Mitgliederversammlung kann aber **nicht** grds. **entgegen** einer Regelung in der **Satzung** einen (**anderen**) Versammlungsleiter bestimmen (LG Bonn a. a. O.).

Trifft die **Satzung keine Regelung,** ist der **Vorstand** als geschäftsführendes Organ des Vereins zur Leitung der Versammlung zuständig. Bei einem mehrgliedrigen Vorstand ist zunächst der Vorsitzende zur Versammlungsleitung berufen, bei seiner Verhinderung sein Stellvertreter. Ist auch dieser verhindert, kann jedes andere Vorstandsmitglied die Versammlung leiten. Können sich die Vorstandsmitglieder über die Versammlungsleitung nicht einigen, etwa bei Rücktritt des Vorsitzenden und seines Stellvertreters, kann die Mitgliederversammlung den Versammlungsleiter bestimmen.

Hinweis:

Für eine „**außerordentliche Mitgliederversammlung**" oder eine, die aufgrund eines Minderheitenverlangens einberufen worden ist, gelten **keine anderen Regeln**. Auch hier hat der von der Satzung bestimmte Versammlungsleiter die Versammlung zu führen.

9. Allgemeines zu den Rechten und Pflichten des Versammlungsleiters

Für den Versammlungsleiter gilt ebenfalls **zunächst** das, was in **185**
der **Satzung** oder in einer aufgrund der Satzung erlassenen Geschäftsordnung geregelt ist. Gibt es solche Regelungen nicht, gelten folgende allgemeine **Grundsätze:**

Die **Hauptaufgabe** des Versammlungsleiters liegt darin, für die **sachgemäße Erledigung** der in der Mitgliederversammlung anstehenden Geschäfte zu sorgen. Dazu hat der Versammlungsleiter alle Befugnisse und Rechte, die einen ordnungsgemäßen Verlauf der Mitgliederversammlung sicherstellen. Grds. leitet er die Erörterungen und Diskussionen, wobei er sich unparteiisch verhalten und nach sachdienlichen Gesichtspunkten verfahren muss. Einerseits kann der Versammlungsleiter unsachliche Erörterungen unterbinden, andererseits muss er sich aber vor dem Eindruck hüten, er wolle den Mitgliedern seinen Willen aufzwingen. Das schließt jedoch nicht aus, dass er sich selbst auch **an** der **Sachdiskussion beteiligen** (KG NJW 1957 S. 1680), Empfehlungen aussprechen und zu Streitfragen eindeutig Stellung beziehen kann.

Hinweis:

Im BGB ist nicht vorgesehen, dass der Versammlungsleiter bei der Behandlung von Punkten, die ihn selbst betreffen, wegen **Befangenheit** ausgeschlossen ist. Trifft auch die Satzung dazu keine Regelung, kann der Versammlungsleiter die Mitgliederversammlung ohne weiteres leiten. Allerdings wird er sich überlegen, ob es nicht besser ist, die Leitung während der Beratungen und Erörterungen zu dem ihn betreffenden Punkt an ein anderes Mitglied abzutreten. Maßstab können insoweit die Vorschriften sein, die in den **Prozessordnungen** regeln, wann ein Richter von der **Ausübung** des **Richteramtes ausgeschlossen** ist (vgl. dazu z. B. § 22 StPO).

186 Der Versammlungsleiter hat während der Mitgliederversammlung die **Ordnungsgewalt,** die ihn u. a. auch berechtigt, Störer aus der Versammlung auszuschließen (wegen der Einzelheiten s. Rdn. 210). Der Versammlungsleiter kann sich zur Erfüllung seiner Pflichten **Hilfspersonen** bedienen. Dies können sein Ordner, Stimmzähler für Wahlen, aber auch Fachleute, die ggf. zu einem Tagungspunkt gehört werden sollen.

187 Zur Ordnungsgewalt gehört auch das Recht des Versammlungsleiters, die Frage zu regeln, ob in der Mitgliederversammlung **geraucht** werden darf. Dieses kann er, solange nicht die Mitgliederversammlung selbst einen Beschluss dazu gefasst hat, untersagen (s. wegen der Einzelh. a. Sauter/Schweyer/Waldner, Rdn. 188a; Stöber, Rdn. 473 [S. 254]).

Hinweis:

In diesem Zusammenhang taucht immer wieder die Frage auf, ob von einzelnen **Mitgliedern** oder von einer Minderheit **verlangt** werden kann, dass auf der Mitgliederversammlung **nicht geraucht** wird bzw.

das Rauchen eingestellt wird. Zutreffend ist m. E. die dazu in der Lit. vertretene Auffassung von Sauter/Schweyer/Waldner und Stöber (jeweils a. a. O.). Danach ist die Frage zu verneinen, wenn es der Regelung in der Satzung bzw. allgemeiner Übung im Verein entspricht, dass über diese Frage vom Versammlungsleiter oder von der Mitgliederversammlung durch Mehrheitsbeschluss entschieden wird. Ggf. kann für Vereine mit Monopolstellung etwas anderes gelten (Stöber, a. a. O.).

Hat der Versammlungsleiter das Rauchen in der Mitgliederversammlung untersagt, muss er durch ausreichende Pausen die **Interessen** der anwesenden **Raucher** berücksichtigen.

10. Die einzelnen Rechte und Pflichten des Versammlungsleiters während der Mitgliederversammlung

Das BGB enthält keine bestimmten Regeln über den Verlauf der **188**
Mitgliederversammlung. Dies kann aber in der **Satzung** oder in einer Geschäftsordnung geregelt sein, was sich insbesondere bei großen Vereinen empfiehlt. Gibt es eine solche **Regelung,** dann ist **danach** zu **verfahren.**

Sind hingegen über den Verlauf der Mitgliederversammlung bestimmte **Regeln nicht ausdrücklich** festgelegt, dann hat der Versammlungsleiter zumindest die im Nachfolgenden aufgeführten Rechte und Pflichten. Die Darstellung hält sich dabei an den zeitlichen Ablauf der Mitgliederversammlung.

a) Förmliche Eröffnung der Versammlung durch den Leiter

Die Mitgliederversammlung beginnt mit der förmlichen Eröff- **189**
nung durch den Versammlungsleiter, die sich meist einer kurzen Begrüßung der Erschienenen anschließt. Mit der Eröffnung setzt die Ordnungsgewalt des Versammlungsleiters ein (vgl. dazu auch Rdn. 210). Die Eröffnung der Versammlung sollte pünktlich, also weder zu früh noch zu spät, zu dem in der Einladung angegebenen Zeitpunkt erfolgen.

Es empfiehlt sich, nach der Eröffnung festzustellen, dass zu der Versammlung unter Beachtung der satzungsmäßigen Vorschriften eingeladen worden ist. Gleichzeitig sollte die **Beschlussfähigkeit**

festgestellt werden (zur Beschlussfähigkeit im Einzelnen s. Rdn. 220 ff.). Damit können nämlich die Mitglieder ggf. Mängel bei der Einberufung ebenso beanstanden wie die Beschlussunfähigkeit rügen.

Hinweis:

Diese Feststellungen haben folgenden **Vorteil:** Erhebt sich gegen die Feststellung der ordnungsgemäßen Einberufung und/oder die der Beschlussfähigkeit kein Widerspruch, hat das Auswirkungen darauf, dass später diese Rügen von Mitgliedern, die an der Versammlung teilgenommen haben, i. d. R. nicht mehr gegen die Wirksamkeit von Beschlüssen der Mitgliederversammlung erhoben werden können (a. A. wohl Stöber, Rdn. 475; Reichert, Rdn. 970).

Einem **Mitglied,** das die Mängel kennt bzw. erkannt hat und diese später geltend machen will, ist deshalb dringend zu empfehlen, **Widerspruch** gegen die entsprechenden Feststellungen des Versammlungsleiters zu erheben (Reichert, Rdn. 966).

Macht die Satzung die Beschlussfähigkeit von einer bestimmten Anzahl von Mitgliedern abhängig, empfiehlt sich an dieser Stelle auch die **Feststellung,** wie viele **stimmberechtigte Mitglieder** entweder selbst oder durch einen Bevollmächtigten, soweit das die Satzung zulässt, vertreten sind. Das gleiche gilt, wenn für einen beabsichtigten Beschluss, z. B. Satzungsänderung, eine bestimmte Mehrheit erforderlich ist. In beiden Fällen sollte dann auch eine Anwesenheitsliste geführt werden.

190 Ist in der Satzung die Vorschrift enthalten, dass die Niederschrift/das **Protokoll** der (vorherigen) Mitgliederversammlung von der nächsten Versammlung zu **genehmigen** ist, ist der Mitgliederversammlung dazu Gelegenheit zu geben (Tagesordnung!). I. d. R. wird das Protokoll der früheren Mitgliederversammlung dann zu Beginn **verlesen.** Die Mitglieder haben danach die Möglichkeit, dazu Erklärungen abzugeben. Sinn und Zweck einer solchen Regelung ist es, so schnell wie möglich Klarheit darüber herbeizuführen, ob gegen die Beschlüsse einer Mitgliederversammlung Einwendungen erhoben werden. Wird das Protokoll genehmigt, müssen die Mitglieder, die keinen Widerspruch angemeldet haben, die Vermutung gegen sich gelten lassen, dass die festgestellten Abstimmungen und Beschlüsse satzungsgemäß zustande gekommen sind. Es ist dann Sache des erst nachträglich die Fehlerhaftigkeit eines Beschlusses rügenden Mitglieds, die Tatsachen darzutun und zu beweisen, aus denen die Unwirksamkeit folgen soll (BGH NJW 1968 S. 543).

b) Teilnahme von Dritten und Gästen

An dieser Stelle zu klären ist die Frage, ob **Nichtmitglieder** an der Mitgliederversammlung **teilnehmen** können. Grds. gilt, dass die Mitgliederversammlung nicht öffentlich ist. Allerdings ist die Teilnahme von Nichtmitgliedern nicht verboten. Diese haben jedoch selbstverständlich kein Stimmrecht und dürfen sich i. d. R. auch nicht an der Diskussion beteiligen. Natürlich **kann** (später) die Mitgliederversammlung, nicht der Versammlungsleiter aufgrund seines Leitungsrechts, eine Beteiligung auch von Nichtmitgliedern, z. B. eines Angehörigen einer übergeordneten Organisation oder eines Fachmannes in einer bestimmten Frage, an der **sachlichen Aussprache** zu einem Punkt **zulassen.** **191**

Hinweis:

Die Mitgliederversammlung kann dem **Versammlungsleiter** die **Entscheidung** über die Anwesenheit von Dritten **überlassen.** Das kann m. E. auch stillschweigend geschehen, indem z. B. gegen eine entsprechende Entscheidung des Leiters aus der Versammlung kein Widerspruch erhoben wird.

Hat es in der Vergangenheit um die Teilnahme von Nichtmitgliedern **Streit** gegeben, wird es sich empfehlen, darüber ausdrücklich **abzustimmen**.

Die Mitglieder haben grds. keinen **Anspruch** auf **Anwesenheit bestimmter Personen** (Sauter/Schweyer/Waldner, Rdn. 196), was – ggf. außer im Ausschluss- und Vereinsstrafenverfahren (s. Rdn. 53) – auch für die Hinzuziehung einer fachkundigen Person, z. B. eines Rechtsanwalts, gilt (BGH BB 1971 S. 449, 452). Etwas **anderes** wird nur angenommen, wenn die Satzung Berater oder Beistände zulässt (vgl. OLG Düsseldorf NJW-RR 1992 **192**

S. 1452 [für die GmbH]) und bei Vorliegen ganz **außergewöhnlicher** bzw. besonderer **Umstände.** Von letzterem wird man mit Sauter/Schweyer/Waldner (Rdn. 197) und Stöber (Rdn. 465) dann ausgehen können, wenn die zur Beschlussfassung anstehende Angelegenheit so kompliziert und von so wesentlicher Bedeutung ist, dass das Mitglied für eine sachgerechte Mitwirkung an der Willensbildung der Mitgliederversammlung eine fachkundige Beratung gerade in der Versammlung selbst notwendig hat. Das kann z. B. bei Verquickung von Vereinsmitgliedschaft und besonderen wirtschaftlichen Interessen eines Mitgliedes vorstellbar sein. Wird ein Rechtsanwalt oder eine sonstige Person als **Berater** des Vereinsmitglieds zugelassen, darf er/sie das **Mitglied nur beraten.** An der Aussprache nimmt er/sie ohne besondere Genehmigung des Versammlungsleiters nicht teil.

Hinweis:
Sollen an der Mitgliederversammlung Dritte, etwa als Berater eines Mitglieds oder auch nur als Gäste, teilnehmen, wird der Versammlungsleiter auf ihre Anwesenheit hinweisen und, wenn sich **gegen** die **Anwesenheit Widerspruch** aus der Mitgliederversammlung erhebt, einen **Beschluss** der Versammlung herbeiführen.

193 Die Mitglieder haben auch keinen Anspruch auf **Öffentlichkeit der Mitgliederversammlung,** also darauf, dass z. B. Presse, Rundfunk und Fernsehen teilnehmen dürfen. Über ihre Anwesenheit entscheidet, wenn die Satzung keine Regelung trifft, zunächst der Versammlungsleiter, der bei Widerspruch gegen seine Entscheidung die Versammlung entscheiden lassen sollte (Sauter/Schweyer/Waldner, Rdn. 196 a. E.). Auch die **Vertreter übergeordneter Organisationen** haben nicht ohne weiteres ein Zutrittsrecht zu einer Mitgliederversammlung eines nachgeordneten Vereins. Maßgebend ist vielmehr, wie das Verhältnis der beiden Organisationen zueinander in den beiden Satzungen geregelt ist. Entspricht es aber einer langjährigen Übung, dass Vertreter der übergeordneten Organisation an der Mitgliederversammlung teilnehmen, kann sich daraus inzwischen ein Anwesenheitsrecht entwickelt haben (Sauter/Schweyer/Waldner, a. a. O.).

c) Bekanntgabe der Tagesordnung

Den Anfangsformalitäten schließt sich die Bekanntgabe der Tagesordnung, soweit sie den Mitgliedern nicht schon mit der Einladung mitgeteilt worden ist, an. Sind vor der Mitgliederversammlung nach Zugang der Einladung Ergänzungsanträge zur Tagesordnung eingegangen, so sind diese ebenfalls bekannt zu machen. **194**

Werden nun aus den Reihen der Mitglieder **Anträge** gestellt, die die **Tagesordnung** betreffen, so ist zu unterscheiden (zu Anträgen bei der Behandlung einzelner Tagesordnungspunkte s. Rdn. 196 ff.): **195**

- Handelt es sich um den Antrag, eine bestimmte **Angelegenheit zusätzlich** auf die **Tagesordnung** zu setzen, diese also zu erweitern, hängt die Zulässigkeit eines solchen Antrags von der in der Satzung im Einzelfall getroffenen Regelung ab (s. Rdn. 182). Sieht die Satzung eine Erweiterung der Tagesordnung in der Mitgliederversammlung ausdrücklich nicht vor oder ist nach der Satzung gerade die Ergänzung um diesen Punkt unzulässig, muss der Versammlungsleiter die Versammlung und den Antragsteller darauf hinweisen. Wird der Antrag aufrechterhalten, die Tagesordnung ergänzt und später ein Beschluss in dieser Angelegenheit gefasst, kann der Versammlungsleiter dies nicht verhindern. Fraglich ist aber, ob dann auch der Vorstand gehalten ist, diesen satzungswidrig zustande gekommenen Beschluss auszuführen. Ist **in der Satzung keine Regelung** über die Erweiterung der Tagesordnung enthalten, ist der Antrag zur **Abstimmung** zu stellen. Wird er angenommen, hat die Mitgliederversammlung selbst durch Beschluss ihre Tagesordnung erweitert.

- **Zulässig** sind auf jeden Fall die sog. „Anträge zur Tagesordnung", die darauf abzielen, die **Reihenfolge** der einzelnen Tagesordnungspunkte zu **ändern**, einzelne Tagesordnungspunkte zu verbinden oder abzusetzen. Das sind Geschäftsordnungsanträge, für die etwaige Regelungen in der Satzung, die (Ergänzungs-)Anträge zur Tagesordnung betreffen (s. o. Rdn. 182 ff.), nicht gelten. Diese Anträge zur Geschäftsordnung hat der Versammlungsleiter ebenfalls zur **Abstimmung** zu **stellen.** Die Mitgliederversammlung kann ihm eine bestimmte Reihenfolge, in der sie ihre Geschäfte erledigen will, vorschreiben.

Hinweis:
Der **Versammlungsleiter** hat im Übrigen das Recht, von der (mitgeteilten) Reihenfolge der Tagesordnungspunkte nach eigenem pflichtgemäßen Ermessen **abzuweichen,** indem er etwa einen Punkt vorzieht oder zurückstellt (KG NJW 1957 S. 1680). Um Ärger in der Versammlung zu vermeiden, empfiehlt es sich jedoch, hierüber einen **Beschluss** der Versammlung herbeizuführen.

- **Zulässig** sind schließlich auch sog. **Geschäftsordnungsanträge**, die die geschäftsordnungsmäßige Behandlung von einzelnen Tagesordnungspunkten betreffen. Dabei kann es sich um einen Antrag auf Verkürzung oder Verlängerung der Redezeit oder auch um einen Antrag auf Abstimmung handeln (vgl. auch Rdn. 196).

d) Behandlung der einzelnen Tagesordnungspunkte

196 Nach der Bekanntgabe und Feststellung der Tagesordnung beginnt die Erledigung der einzelnen Tagesordnungspunkte. Sie sind grds. (siehe aber Rdn. 195) in der festgestellten Reihenfolge aufzurufen und zu behandeln und schließlich zur Beschlussfassung zu stellen.

Die **Mitglieder** können bei der Beratung der einzelnen Tagesordnungspunkte dazu (weitere) **Anträge** stellen. Diese Anträge sind **zulässig,** wenn sie sich **sachlich innerhalb** der **Grenzen** des in der Tagesordnung bezeichneten Gegenstandes der Beschlussfassung halten. Der Versammlungsleiter darf sie nicht mit der Begründung zurückweisen, dass die Anträge vorher hätten angekündigt werden müssen. Das ist insbesondere **wichtig,** wenn die Satzung z. B. für Satzungsänderungen vorsieht, dass entsprechende Anträge vor der Mitgliederversammlung angekündigt werden müssen, oder es nach der Satzung für Satzungsänderungen keine Dringlichkeitsanträge gibt. Unter Hinweis auf diese Satzungsbestimmungen kann dann ein Abänderungsantrag zu einer in der

Tagesordnung angekündigten Satzungsänderung nicht abgelehnt werden, wenn der Antrag sachlich noch mit der angekündigten Satzungsänderung zusammenhängt.

Beispiel:

In der Einladung zur Mitgliederversammlung kündigt der Vorstand einen Antrag auf Satzungsänderung an, wonach es zukünftig einen geschäftsführenden Vorstand geben soll. Auch die in Aussicht genommene Zusammensetzung dieses Vorstandes wird mitgeteilt. Wird auf der Mitgliederversammlung nun eine andere Zusammensetzung vorgeschlagen, kann der entsprechende Antrag nicht mit dem Hinweis, er hätte ggf. vorher angekündigt werden müssen, abgelehnt werden. Er hängt sachlich noch mit der angekündigten Satzungsänderung „geschäftsführender Vorstand" zusammen.

Neben Sachanträgen können die Mitglieder bei der Beratung der einzelnen Tagesordnungspunkte **auch Geschäftsordnungsanträge,** die das einzuschlagende Verfahren betreffen, stellen, so z. B. die Beratung über einen bestimmten Tagesordnungspunkt zurückzustellen, bis über einen anderen Punkt abschließend beraten ist (vgl. auch Rdn. 195). Sie sind ebenfalls **zulässig.** I. d. R. werden sie vor den zur Sache gestellten Anträgen zur Abstimmung gestellt, notwendig ist das aber nicht (Sauter/Schweyer/Waldner, Rdn. 184).

Liegen zu einem Tagesordnungspunkt unterschiedliche Sachanträge vor, soll über den **weitestgehenden Antrag zuerst** abgestimmt werden. **197**

Beispiel:

In einem Sportverein mit mehreren Abteilungen beantragt ein Abteilungsleiter, zusätzlich zum Vereinsbeitrag einen Abteilungsbeitrag von 10 € erheben zu können. Der Kassierer des Vereins beantragt, allen Abteilungen das Recht zu geben, einen Abteilungsbeitrag von bis zu 20 € erheben zu können. Der Antrag des Kassierers ist der weiter gehende Antrag. Über den muss zuerst abgestimmt werden.

Sind zu einem Antrag **Zusatz- oder Abänderungsanträge** gestellt, muss zunächst über diese beschlossen werden, da durch sie der Hauptantrag erweitert oder abgeändert werden kann. Erst danach wird über den Hauptantrag, ggf. in der geänderten oder erweiterten Form, abgestimmt.

Gestellte **Anträge** können **zurückgenommen** werden. Nach der Rücknahme kann der Antrag von einem Mitglied erneut gestellt werden, solange über den entsprechenden Punkt der Tagesordnung ein endgültiger Beschluss noch nicht gefasst ist.

198 Ist ein **Beschluss gefasst,** ist der betreffende Tagesordnungspunkt erledigt. Wird später aus der Versammlung der Antrag gestellt, die Behandlung dieses Punktes zu **wiederholen** und den gerade gefassten Beschluss ggf. wieder aufzuheben, ist das in dieser Versammlung regelmäßig **nicht zulässig.** Nur wenn feststeht, dass inzwischen kein Mitglied die Versammlung verlassen hat, kann der erledigte Tagesordnungspunkt ausnahmsweise noch einmal behandelt werden (Stöber, Rdn. 488). Darüber ist dann aber ein **Beschluss** der Versammlung herbeizuführen.

Hinweis:

Etwas **anderes** ist es, wenn Unklarheiten bei der **Stimmabgabe** bestehen, so z. B., wenn mehr oder weniger Stimmen ausgezählt worden sind, als Mitglieder anwesend sind. Kann diese Unklarheit dann nicht durch Befragung der Mitglieder oder auf sonstige Weise geklärt werden, kann die Stimmabgabe wiederholt werden. Im Interesse der Rechtssicherheit wird sich das sogar empfehlen (so Stöber, a. a. O.).

199 Ein i. d. R. in der Tagesordnung jeder Mitgliederversammlung enthaltener Tagesordnungspunkt ist die **Entlastung** des **Vorstandes.** Bei diesem Punkt wird dann der Prüfbericht der Kassenprüfer/Revisoren (s. dazu Rdn. 332 f.) vorgetragen und über ihn abgestimmt. Den **Antrag** auf Entlastung stellen die oder der **Kassenprüfer.** Es kann auch nur teilweise Entlastung beantragt und beschlossen werden.

Hinweis:

Bei der Beschlussfassung sind die von der Entlastung betroffenen Vorstandsmitglieder mit ihrem **Stimmrecht ausgeschlossen** (wegen der Einzelh. s. Rdn. 304).

e) Verkündung der Beschlüsse

I. d. R. obliegt es dem Versammlungsleiter, die Beschlüsse der Mitgliederversammlung zu verkünden. Das bedeutet, er muss bekannt geben, ob ein zur Abstimmung gestellter Antrag angenommen oder abgelehnt worden ist. Dabei empfiehlt es sich, den Inhalt des angenommenen oder abgelehnten Antrags nochmals zu wiederholen. Die Verkündung eines Beschlusses der Mitgliederversammlung durch den Versammlungsleiter ist i. d. R. **keine Voraussetzung für die Wirksamkeit** des Beschlusses. Eine entsprechende Satzungsbestimmung ist nach der Rspr. nur als Ordnungsvorschrift zu verstehen. Unterläuft dem Versammlungsleiter bei der Verkündung eines Abstimmungsergebnisses ein Fehler oder sind zuvor die Stimmen falsch ausgezählt worden, bleibt also das tatsächliche Ergebnis der Abstimmung maßgebend (BGH NJW 1975 S. 2101). Die Abstimmung braucht nicht wiederholt zu werden. Der Versammlungsleiter muss die Verkündung des Abstimmungsergebnisses entsprechend der tatsächlichen Abstimmung korrigieren. Er darf die Abstimmung nur dann wiederholen lassen, wenn die Versammlung das beschließt. Ob er selbst eine erste Abstimmung für fehlerhaft hält, ist unerheblich. **200**

f) Wortmeldungen

Der Versammlungsleiter muss die Wortmeldungen der einzelnen Mitglieder beachten. Er wird i. d. R. in der **Reihenfolge** das Wort erteilen, in der sich die Mitglieder gemeldet haben. Notwendig ist das jedoch nicht. Der Versammlungsleiter kann auch bestimmte Formen für Wortmeldungen vorschreiben (Sauter/Schweyer/Waldner, Rdn. 185), z. B. Meldung beim Protokollführer. Meldet sich ein Mitglied zu einer **persönlichen Bemerkung**, kann ihm das Wort sofort erteilt werden. Das Mitglied darf dann jedoch nicht zur Sache sprechen. **201**

g) Redezeit

Bei Bedarf kann der Versammlungsleiter von vornherein die jedem Mitglied zu gewährende Redezeit **festsetzen** (Sauter/Schweyer/Waldner, Rdn. 186; s. a. OLG Stuttgart DB 1995 S. 568; **202**

LG Stuttgart NJW-RR 1994 S. 937 m. w. N. [jeweils für Hauptversammlung einer AG]). Das ist insbesondere dann angebracht, wenn mit zahlreichen Wortmeldungen zu rechnen und nur so eine Gleichbehandlung aller Redner zu erreichen ist. Der Versammlungsleiter kann **auch,** wenn die Redezeit zunächst nicht beschränkt war, **im Verlauf** der Versammlung eine Beschränkung der Redezeit anordnen, wenn noch zahlreiche Wortmeldungen vorliegen. Er kann auch die restliche Redezeit eines einzelnen Mitglieds beschränken (LG Stuttgart a. a. O.), ggf. kann die Redezeit im Laufe der Debatte verkürzt werden (vgl. dazu OLG Stuttgart, a. a. O.).

203 Eine vom Versammlungsleiter angeordnete **Beschränkung** der Redezeit kann von der **Mitgliederversammlung aufgehoben** bzw. anderweitig festgesetzt werden. Denn die Mitgliederversammlung steht über dem Versammlungsleiter und kann ihm durch Beschluss eine bestimmte Verfahrensweise in der Versammlung vorschreiben.

Die **Bemessung** der Redezeit hängt von den Umständen des Einzelfalls ab; der Versammlungsleiter sollte sie nicht zu kurz bemessen. Im Zweifel wird er sich mit der Mitgliederversammlung abstimmen. Zu berücksichtigen ist neben der Bedeutung des Tagesordnungspunktes, um den es geht, die Zahl der noch vorliegenden Wortmeldungen, die restliche Tagesordnung und – wenn es um die nachträgliche Beschränkung der Redezeit geht – auch, wie viel Zeit den Vorrednern eingeräumt worden ist.

Hinweis:

I. d. R. wird einem Vereinsmitglied eine Redezeit von **mindestens 10 Minuten** einzuräumen sein (allg. Meinung, s. u. a. Sauter/Schweyer/Waldner, Rdn. 186; wohl auch Stöber, Rdn. 473 [S. 252]; Reichert, Rdn. 1007). Die (allgemeine) Beschränkung der Redezeit darf nicht dazu führen, dass das Auskunfts-/Fragerecht des Mitglieds eingeschränkt wird. Die auf Fragen verwendete Zeit darf deshalb nicht auf die (allgemeine) Redezeit angerechnet werden (Reichert, a. a. O.; OLG Stuttgart DB 1995 S. 568).

h) Entziehung des Wortes

Mit dem Recht auf Festsetzung der **Redezeit korrespondiert** das 204
Recht des Versammlungsleiters auf **Entziehung** des Wortes (OLG Stuttgart DB 1995 S. 568; LG Stuttgart NJW-RR 1994 S. 937 m. w. N.). Die Entziehung des Wortes kommt einmal in Betracht, wenn bei festgesetzter **Redezeit** diese **überschritten** wird. Ist die Redezeit nicht begrenzt, ist der Versammlungsleiter zur Wortentziehung berechtigt, wenn ein Redner sich wiederholt, **beleidigt oder unsachliche Ausführungen** macht. In beiden Fällen sollte der endgültigen Wortentziehung eine **Ermahnung** und Androhung der Maßnahme vorausgehen.

i) Das Protokoll der Mitgliederversammlung

I. d. R. wird über die Mitgliederversammlung ein Protokoll ange- 205
fertigt. Die Verantwortung für den Inhalt trägt zwar der Protokollführer, z. B. der Schriftführer des Vereins, der Versammlungsleiter wird aber immer auch darauf achten, dass das Protokoll ordnungsgemäß Gang und Ablauf sowie Ergebnisse der Mitgliederversammlung festhält.

Über den notwendigen Inhalt des Protokolls sagt das Gesetz nichts. § 58 Nr. 4 BGB schreibt lediglich vor, dass die Satzung eine Bestimmung über die Beurkundung der Beschlüsse der Mitgliederversammlung enthalten soll (s. Rdn. 89). Damit kann in der Satzung der Inhalt des Versammlungsprotokolls geregelt werden. Trifft die Satzung hierüber keine Bestimmung, dann sollte das Protokoll mindestens **folgende Angaben** enthalten (s. das **Musterprotokoll** Rdn. 551):

(1) **Ort, Tag** und **Stunde** der Versammlung. 206

(2) Die **Namen** des **Versammlungsleiters** und des Protokollführers.

(3) Die **Zahl** der **stimmberechtigten** (also selbst erschienenen oder vertretenen) **Mitglieder.**

(4) Die Feststellung, dass die Versammlung **satzungsgemäß einberufen** wurde.

(5) Die in der Versammlung **festgestellte Tagesordnung.**

(6) Die **Feststellung** der **Beschlussfähigkeit,** wenn die Satzung für die Beschlussfähigkeit eine Mindestzahl anwesender Mitglieder verlangt.

(7) Die gestellten **Anträge.**

(8) Die **Art** der **Abstimmung** (schriftlich, Zuruf, Handzeichen, geheim).

(9) Das **genaue Abstimmungsergebnis** mit Aufteilung nach Ja-, Nein-Stimmen, Stimmenthaltungen, ungültige Stimmen.

(10) Bei Wahlen die **genauen Personalien** der **Gewählten** und die Erklärung, dass sie die Wahl annehmen.

(11) Bei **Beschlüssen** den **genauen Wortlaut** der gefassten Beschlüsse, insbesondere den genauen Wortlaut geänderter Satzungsbestimmungen.

(12) Den **Zeitpunkt** des **Endes** der Versammlung.

(13) Die **Unterschrift** des **Protokollführers** und/oder weiterer in der Satzung bestimmter Personen, **Versammlungsleiter.**

Hinweis:

Ist in der Satzung ausdrücklich die Unterzeichnung des Protokolls durch einen Protokollführer bestimmt, muss derjenige, der das Protokoll angefertigt hat, auch **ausdrücklich** als „Protokollführer" unterzeichnen (OLG Hamm NJW-RR 1997 S. 484). Anderenfalls ist nicht eindeutig erkennbar, ob alle satzungsmäßigen Funktionsträger die Verantwortung für die Richtigkeit und Vollständigkeit des Protokolls übernommen haben. Ein solches Protokoll kann dann **nicht Grundlage** für eine Eintragung im **Vereinsregister** sein.

Das BGB kennt **keine Formvorschriften** für das Protokoll. Dieses kann also auch handschriftlich erstellt werden. Muss das Protokoll allerdings einem Eintragungsantrag an das Amtsgericht beigefügt werden, dürfte es sich, um Rückfragen zu vermeiden, empfehlen, das Protokoll maschinell niederzulegen.

Oberste **Richtlinie** bei der Abfassung des Protokolls ist es, die **wesentlichen Vorgänge** der Mitgliederversammlung **festzuhalten.** Der genaue Ablauf muss, wenn die Satzung es nicht verlangt, sich nicht aus dem Protokoll ergeben. Es reicht, wenn nach dem Protokoll die Ergebnisse feststehen. Diese müssen aber **so genau wie möglich** festgehalten werden. Bei Beschlüssen, die mit qualifizierter Mehrheit zu fassen sind, sollte das Abstimmungsergebnis nicht „mit großer Mehrheit", „fast einstimmig" und ähnlichen unklaren Angaben protokolliert werden. Vielmehr ist das genaue Abstimmungsergebnis mit genauer Aufteilung der abgegebenen Stimmen anzugeben. Im Übrigen empfiehlt sich bei wichtigen Beschlüssen eine wörtliche Protokollierung. Bei Satzungsänderungen ist der genaue Wortlaut der Änderungen festzuhalten. **207**

Die Vereinsmitglieder haben nur Anspruch auf Einsicht in die **satzungsgemäß unterschriebene Niederschrift.** Ein berechtigtes Interesse muss dafür m. E. nicht dargetan werden (so aber Stöber, Rdn. 610). Einen Anspruch auf Aushändigung eines Protokolls oder einer Kopie haben die Mitglieder hingegen nicht (BGHZ 127 S. 107 = NJW 1994 S. 3094 [für Aushändigung eines Hauptversammlungsprotokolls bei der AG]). Die Vereinsmitglieder haben auch kein Recht auf Einsicht in die Notizen des Protokollführers, die er während der Mitgliederversammlung für die spätere Anfertigung des Protokolls gemacht hatte (vgl. KG NJW 1989 S. 532 [für Wohnungseigentümerversammlung]). **208**

Das Protokoll kann sowohl während als auch **nach** der **Versammlung** angefertigt werden. I. d. R. ist für die Wirksamkeit eines Versammlungsbeschlusses seine Beurkundung nicht erforderlich (RGZ 104 S. 413, 415). Mit der Beurkundung wird lediglich ein Beweismittel über die Beschlussfassung geschaffen. Das Protokoll ist **zeitnah** fertig zu stellen. Das ist vor allem dann zu beachten, wenn das Protokoll erforderlich ist, um Anmeldungen zum Vereinsregister vorzunehmen. **209**

Zur **Gültigkeit** des Protokolls ist eine Genehmigung durch dieselbe oder eine spätere Mitgliederversammlung grds. **nicht** notwendig. Ist in der Satzung jedoch die **Vorschrift** enthalten, dass die

Niederschrift von der **nächsten Versammlung** zu genehmigen ist, ist der Mitgliederversammlung dazu Gelegenheit zu geben (siehe Rdn. 190).

k) Ausschluss von Störern

210 Der Versammlungsleiter hat während der Mitgliederversammlung die Ordnungsgewalt, die ihn auch berechtigt, Versammlungsteilnehmer von der weiteren Teilnahme an der Versammlung auszuschließen und sie aus dem Raum zu weisen. Dies kommt insbesondere bei (massiven) **Störungen** in Betracht, wie z. B. bei übermäßigen Zwischenrufen, Lärmen, unsachlichem und beleidigendem Dauerreden oder auch bei wiederholter Weigerung eines Mitglieds, das Rednerpult freizumachen (BVerfG NJW 2000 S. 349; OLG Stuttgart DB 1995 S. 568; LG Stuttgart NJW-RR 1994 S. 937 [jeweils für Hauptversammlung einer AG]).

Hinweis:
Die Hinausweisung ist das **äußerste Mittel,** um die Ordnung wiederherzustellen. Schwächere Maßnahmen, wie Ermahnungen, Wortentziehung, kurze Pause, werden daher i. d. R. vorausgehen müssen.

Auf jeden Fall sollte die Maßnahme **vorher** unmissverständlich **angedroht** werden, weil dem Mitglied durch die Verweisung praktisch sein Stimmrecht entzogen wird. Deshalb sollte auch, wenn das nach der Satzung zulässig ist, Gelegenheit gegeben werden, das Stimmrecht auf ein anderes Mitglied zu übertragen. Der Vorgang, der zur Hinausweisung Anlass gegeben hat, ist im **Protokoll** so festzuhalten, dass sich daraus auch für Nichtanwesende ein anschauliches Bild vom Verhalten des Störers ergibt.

Nehmen an der Mitgliederversammlung **Gäste** teil und **stören** diese, können auch sie vom Versammlungsleiter aus dem Versammlungsraum gewiesen werden. Ihnen gegenüber braucht nicht die gleiche Vorsicht (Ermahnung, Androhung) angewendet zu werden wie bei stimmberechtigten Mitgliedern. Das gleiche gilt auch, wenn Mitglieder an der Versammlung teilnehmen, die z. B. als nur passive oder fördernde Mitglieder kein Stimmrecht haben.

l) Schluss der Debatte

Ob der Versammlungsleiter auch befugt ist, aufgrund seines Leitungsrechts das Ende der Debatte zu einem Tagesordnungspunkt anzuordnen, ist fraglich. Darüber hat m. E. nicht der Versammlungsleiter, sondern **nur die Versammlung** selbst zu befinden (so auch Sauter/Schweyer/Waldner, Rdn. 189). Ein entsprechender Antrag aus den Reihen der Versammlungsteilnehmer ist **Geschäftsordnungsantrag** und als solcher vor Sachanträgen zu behandeln. Das Recht, das Ende der Debatte festzustellen, kann dem Versammlungsleiter allerdings durch die Satzung oder eine Geschäftsordnung eingeräumt werden. Immer wird der Versammlungsleiter aber darauf achten, dass er die Debatte erst schließt, wenn auch die Anhänger einer Gegenmeinung ausreichend Gelegenheit hatten, ihren Standpunkt darzulegen. Nach Reichert (Rdn. 1020) bedarf der massive Eingriff in das Rederecht einer besonderen Rechtfertigung. Sei die nicht ersichtlich, müsse ggf. vertagt oder unterbrochen werden (vgl. dazu Rdn. 212). **211**

m) Vertagung und Unterbrechung der Versammlung

Der Versammlungsleiter hat nicht das Recht, von sich aus die **Vertagung** der Mitgliederversammlung anzuordnen. Nach Eröffnung der Mitgliederversammlung können das **nur die Teilnehmer mit einfacher Mehrheit** der abgegebenen gültigen Stimmen beschließen, sofern die Satzung für diesen Vertagungsbeschluss nicht eine andere Stimmenmehrheit vorschreibt. Der Vertagungsbeschluss muss den neuen Versammlungstermin und -ort benennen. Eine erneute Einberufung der Mitgliederversammlung durch das Einberufungsorgan unter Beachtung der vom Gesetz und der Satzung vorgeschriebenen Formalitäten ist dann nicht notwendig. Ist hingegen ein **neuer Termin** und ein neuer Versammlungsort **nicht bestimmt** worden, handelt es sich um einen **Abbruch** der Versammlung, der zugleich die Aufforderung an das Einberufungsorgan enthält, eine neue Mitgliederversammlung einzuberufen, wobei dann aber die normalen Formalitäten zu beachten sind **212**

(Sauter/Schweyer/Waldner, Rdn. 195). Wird die Mitgliederversammlung **bereits vor** ihrer **Eröffnung** abgesetzt, handelt es sich weder um eine Vertagung im obigen Sinn noch um einen Abbruch, sondern um eine **Absetzung.** Diese ist nur durch das Einberufungsorgan möglich und macht die Einberufung einer neuen Versammlung unter Beachtung der dafür in der Satzung vorgesehenen Formalitäten notwendig.

213 Von der Vertagung zu unterscheiden ist die **Unterbrechung** der Mitgliederversammlung. Dazu hat der **Versammlungsleiter** aufgrund seines Leitungsrechts die **Befugnis.** Bei der Unterbrechung wird die einmal begonnene Mitgliederversammlung zu einem späteren Zeitpunkt wiederaufgenommen und fortgesetzt. Zwar sind auch hier **Zeit** und **Ort** für die **Fortsetzung** der unterbrochenen Mitgliederversammlung **anzugeben,** es handelt sich jedoch nicht wie bei der Vertagung um einen Neubeginn. Eine Unterbrechung der Mitgliederversammlung kann insbesondere in Betracht kommen, wenn die bisherige Dauer der Versammlung schon sehr lang war. Auch kann die Unterbrechung als Ordnungsmaßnahme zur Beruhigung der Gemüter angewandt werden.

Hinweis:

Wie lange die Unterbrechung dauern kann, ist **fraglich.** Nach Sauter/Schweyer/Waldner (s. Rdn. 190) und Stöber (Rdn. 473, S. 251) soll eine Unterbrechung auf mehrere Tage unzulässig sein. Davon kann man m. E. so allgemein nicht ausgehen. Entscheidend ist, ob die wieder aufgenommene Versammlung noch als unmittelbare Fortsetzung der unterbrochenen Versammlung angesehen und erwartet werden kann, dass die Mitglieder sich an die behandelten Themen noch erinnern. Die obere Grenze sollte man dabei entsprechend den strafprozessualen Regelungen in § 229 Abs. 1 StPO ziehen. Allerdings erscheint mir eine Unterbrechung der Mitgliederversammlung von drei Wochen, was nach der Neufassung des § 229 Abs. 1 StPO zulässig wäre, zu lang. M. E. sollte man sich an § 229 Abs. 1 StPO a. F. orientieren und eine Fortsetzung der unterbrochenen Versammlung daher spätestens innerhalb von 10 Tagen verlangen (ähnlich Reichert, Rdn. 1023 [ein oder zwei Wochen]).

n) Beendigung der Versammlung

Ist die Tagesordnung in **allen Punkten behandelt,** muss der Versammlungsleiter die Versammlung **förmlich schließen.** Dadurch wird klargestellt, dass jede weitere Betätigung der Versammelten außerhalb der Mitgliederversammlung erfolgt (KG OLGZ 1990 S. 316). **214**

Hinweis:

Grds. kann eine bereits geschlossene Versammlung **nicht wiedereröffnet** werden. Das ist nur dann zulässig, wenn noch sämtliche Teilnehmer anwesend sind und diese die Wiedereröffnung beschließen.

Die Entscheidung des Versammlungsleiters, die Versammlung zu schließen, ist grds. auch dann **verbindlich**, wenn die Tagesordnung noch nicht vollständig behandelt ist (BayObLGZ 1989 S. 303; KG OLGZ 1990 S. 318).

o) Rechtsschutz gegen Maßnahmen des Versammlungsleiters

Maßnahmen des Versammlungsleiters, die dieser während der Mitgliederversammlung aufgrund seiner Ordnungsgewalt oder seines Leitungsrechts trifft, können als solche **gerichtlich nicht angefochten** werden. Der betroffene Teilnehmer wird aber **in** der **Versammlung direkt Widerspruch** erheben können. Über diesen muss m. E. die Versammlung entscheiden dürfen, da sie über dem Versammlungsleiter steht. Eine weitere Frage ist, ob in der Sache gefasste Beschlüsse später deshalb angefochten werden können, weil ihnen eine unberechtigte Geschäftsordnungsmaßnahme des Versammlungsleiters vorausgegangen war (z. B. Hinausweisung eines Mitglieds; siehe dazu die allgemeinen Regeln zur Anfechtbarkeit Rdn. 231 ff.). **215**

11. Die Beschlussfassung in der Mitgliederversammlung

a) Die Stimmabgabe

Das **wichtigste Instrument** der **Willensbildung** im Verein ist die **Beschlussfassung** der Mitglieder in der Mitgliederversammlung. Der Beschluss ist ein Rechtsgeschäft eigener Art. Er ist kein Ver- **216** trag oder sonstiges Rechtsgeschäft der Mitglieder untereinander, sondern ein **Akt körperschaftlicher Willensbildung** (Palandt/Heinrichs, § 32 Rdn. 8), bei dem jedes mitstimmende Vereinsmitglied sein satzungsmäßiges Recht auf Mitgestaltung der Vereinsangelegenheiten wahrnimmt.

Die Stimmabgabe in der Mitgliederversammlung ist eine **Willenserklärung** (BayObLG NJW-RR 2000 S. 1034)**,** für die die allgemeinen Nichtigkeits- und Anfechtungsgründe gelten. Nach allgemeiner Meinung muss die **Anfechtung gegenüber** dem **Versammlungsleiter** erklärt werden, bei später entdecktem Irrtum gegenüber einem Mitglied des Vorstandes. Die Anfechtung hat gem. § 142 BGB zur Folge, dass die Stimmabgabe von Anfang an nichtig ist. Das berührt die Wirksamkeit des getroffenen Beschlusses aber nur dann, wenn der Wegfall der Stimme das Stimmenverhältnis entscheidend verändert, also z. B. wenn der Wegfall einer Ja-Stimme zur Stimmengleichheit und damit zur Ablehnung des Antrags führt.

217 Wie **minderjährige Mitglieder** ihr ggf. gegebenes Stimmrecht ausüben, bestimmt sich zunächst nach der Satzung. Im Einzelnen gilt:

- Die Stimmabgabe durch einen **Geschäftsunfähigen** (noch nicht das siebte Lebensjahr vollendet; § 104 Nr. 1 BGB) ist unwirksam (§ 105 BGB).
- Bei **beschränkt Geschäftsfähigen** (7 bis 18 Jahre alt) kann, wenn die Satzung keine Regelung trifft, der gesetzliche Vertreter stets für den Minderjährigen abstimmen. Die eigene Stimmabgabe des Minderjährigen ist grds. nur mit Einwilligung des gesetzlichen Vertreters wirksam (§§ 107, 111 S. 1 BGB). I. d. R. wird der gesetzliche Vertreter, der einem Minderjährigen den Beitritt zu einem Verein gestattet hat, damit einverstanden sein, dass der Minderjährige seine Mitgliedschaftsrechte und damit auch das Stimmrecht nach seinem Ermessen ausübt. Diese Vermutung ist jedoch nicht zwingend, so dass aus der Zustimmung des gesetzlichen Vertreters zum Beitritt nicht stets auch die Einwilligung, dass ein **Minderjähriger** an Mitgliederversammlun-

gen teilnehmen und abstimmen könne, abzuleiten ist. Vielmehr bleibt die Entscheidung über Teilnahme und Abstimmung grds. beim gesetzlichen Vertreter (Sauter/Schweyer/Waldner, Rdn. 10; Stöber, Rdn. 564 ff.; zur Rechtsstellung eines Minderjährigen im Verein ausführlich auch Reichert, RdJ 1971 S. 234; Hammelbeck, NJW 1962 S. 722; Hofmann, Rpfleger 1986 S. 5; s. a. Rdn. 6), der sie sich vorbehalten und sie vom Gegenstand der Beschlussfassung abhängig machen kann. Etwas anderes kann in den Fällen der §§ 112, 113 BGB gelten (siehe dazu auch Rdn. 19, 65).

Hinweis:

Stimmt also der Minderjährige mit **Einwilligung** seines gesetzlichen Vertreters ab, so ist diese **Stimmabgabe wirksam,** wenn er die Einwilligung seines gesetzlichen Vertreters in schriftlicher Form vorlegt. Tut er das nicht, muss der Versammlungsleiter die Stimmabgabe des Minderjährigen sofort zurückweisen, anderenfalls ist/bleibt die Stimmabgabe wirksam (s. dazu § 111 Satz 2 BGB, der nach Stöber, Rdn. 565, entsprechend anzuwenden ist).

Aus Gründen der Klarheit muss sich deshalb der Versammlungsleiter das **Einverständnis** des gesetzlichen Vertreters mit der Stimmabgabe eines Minderjährigen **nachweisen** lassen.

Anstelle der schriftlichen Einwilligung ist es aber auch möglich, dass der gesetzliche Vertreter den Verein von seiner **Einwilligung** in **Kenntnis** setzt. Das ist auch vor der Mitgliederversammlung möglich. Die Einwilligung könnte vom gesetzlichen Vertreter auch schon allgemein bei Eintritt des Minderjährigen in den Verein erklärt werden.

An der Willensbildung im Verein beteiligt sich das Mitglied **nach** 218
außen erkennbar durch Stimmabgabe bei der **Abstimmung.** Die wichtigste Abstimmung im Verein ist i. d. R. die Vorstandswahl (s. dazu u. Rdn. 251 ff.). Eine gesetzliche Vorschrift, wie die Abstimmung vorgenommen werden soll, gibt es nicht. Grds. wird das Mitglied zur Stimmabgabe in der Mitgliederversammlung anwesend sein müssen. Etwas anderes kann gelten, wenn die Satzung etwas anderes, z. B. eine Online-Versammlung oder Stimmabgabe per E-Mail, zulässt (vgl. dazu Erdmann, MMR 2000 S. 256 ff.; zur

Abgabe und zum Zugang elektronisch übermittelter Willenserklärungen Vehslage, AnwBl. 2002 S. 86).

Im Übrigen gilt:

- **Maßgeblich** ist **zunächst** die Art und Weise, wie die Abstimmung durch die Satzung geregelt wird. In Betracht kommen mündliche Abstimmung, Abstimmung durch Zuruf, schriftliche oder geheime Abstimmung mit verdeckten Stimmzetteln.

Hinweis:
Wegen der erheblichen Bedeutung, die Abstimmungen für das Vereinsleben haben, ist eine **Regelung** über den Abstimmungsmodus in der Satzung **dringend** zu **empfehlen.**

- Die Satzung kann auch **vorsehen,** dass **nur** bei **bestimmten Angelegenheiten,** z. B. Vorstandswahl, Ausschluss aus dem Verein, Verhängung einer Vereinsstrafe, eine **besondere Art** und Weise der Abstimmung (geheim!) eingehalten werden muss, ggf. sogar erst auf besonderen Antrag eines Mitglieds oder einer bestimmten Zahl von Mitgliedern.
- Enthält die **Satzung keine Bestimmung** über die Abstimmung, kann der Versammlungsleiter **anordnen,** auf welche Weise abgestimmt werden soll. Es empfiehlt sich, die Mitgliederversammlung vor der Entscheidung zu befragen und/oder einen Beschluss der Versammlung über die Abstimmungsart anzuregen.

Hinweis:
Häufig **verlangen** bei Streitigkeiten im Verein einzelne Mitglieder oder Mitgliedergruppen **schriftliche Abstimmung** oder mit verdeckten Stimmzetteln. Dann **muss nicht** in dieser Art und Weise abgestimmt werden, es sei denn, die Satzung sieht das für diesen Fall vor. Einen allgemeinen Rechtssatz dieses Inhalts gibt es aber nicht (BGH NJW 1970 S. 46). Die Satzung kann allerdings ein solches Antragsrecht ausdrücklich zubilligen. Es entscheidet dann aber die Mitgliederversammlung mit Mehrheit, ob geheim gewählt werden soll oder nicht. Überlässt die Satzung die Form der Abstimmung

dem Leiter, so muss er einen solchen Antrag nicht zur Abstimmung stellen, wenn er die geheime Abstimmung nicht anordnet (BGH NJW 1984 S. 1038).

- **Möglich** ist es auch, dass die Satzung für bestimmte Angelegenheiten oder für alle Beschlüsse **schriftliche Beschlussfassung** mit Mehrheit der Stimmen vorsieht (BGHZ 28 S. 358). § 32 Abs. 2 BGB, der für eine schriftliche Beschlussfassung Einstimmigkeit verlangt, ist nicht zwingend. Nicht erforderlich ist die zusätzliche Regelung in der Satzung, welche Person die Stimmen auszuzählen und dass eine Mitteilung des Abstimmungsergebnisses an die Mitglieder zu erfolgen hat (OLG Köln NJW-RR 1994 S. 1547). Die schriftliche Zustimmung kann auch mit Telegramm oder Telefax erfolgen (BGH NJW-RR 1996 S. 866 [für Austrittserklärung]). 219

b) Beschlussfähigkeit der Mitgliederversammlung

Für einen wirksamen Beschluss der Mitgliederversammlung ist deren Beschlussfähigkeit erforderlich. Nach dem Gesetz muss dafür nicht eine bestimmte Mindestzahl von Mitgliedern anwesend sein, so dass die **Anwesenheit eines Mitglieds** in einer ordnungsgemäß einberufenen Mitgliederversammlung für die Beschlussfähigkeit ausreicht. Davon kann die Satzung abweichen, um eine gewisse Mindestzahl von Mitgliedern an der Beschlussfassung zu beteiligen. Die Satzung kann also vorsehen, dass die Mitgliederversammlung nur beschlussfähig ist, wenn eine **bestimmte Zahl von Mitgliedern** oder ein Bruchteil anwesend ist. Bei der Berechnung ist dann auf die Zahl der erschienenen stimmberechtigten Mitglieder abzustellen; ein in eigener Sache nicht stimmberechtigtes Mitglied ist bei der Feststellung der Beschlussfähigkeit nicht mitzuzählen (Stöber, Rdn. 513 m. w. N.). 220

Hinweis:

Ob in der Satzung eine **Regelung** über die Beschlussfähigkeit enthalten sein soll, wird davon abhängen, ob der Verein auf einen möglichst großen Mitgliederbestand ausgelegt ist oder nicht. Bei angestrebter großer

Mitgliederzahl wird sich eine Regelung der Beschlussfähigkeit häufig nicht empfehlen, da dann – insbesondere, wenn die Anforderungen an die Beschlussfähigkeit auch noch hoch gesteckt werden – Probleme entstehen können, überhaupt eine beschlussfähige Mitgliederversammlung zu erreichen. Bei kleineren Vereinen mit überschaubarem Mitgliederbestand wird das i. d. R. nicht der Fall sein (zu allem a. Stöber, Rdn. 514).

Wird eine Regelung getroffen, dann sollten zugleich auch die **Folgen** der Beschlussunfähigkeit, insbesondere die Voraussetzungen für eine zweite Versammlung (vgl. dazu Rdn. 222) geregelt werden.

221 Die Beschlussfähigkeit muss im **Zeitpunkt** der jeweiligen Abstimmung gegeben sein (vgl. auch Rdn. 189). Das bedeutet, dass eine zunächst nicht beschlussfähige Mitgliederversammlung infolge des Erscheinens von **„Nachzüglern"** noch beschlussfähig wird. Nicht zu beanstanden ist auch eine Satzungsregelung, nach der eine nicht beschlussfähige Versammlung nach Ablauf einer gewissen **Wartezeit** beschlussfähig wird, wenn bei der Einladung darauf hingewiesen wird (BGH NJW-RR 1989 S. 376 = Rpfleger 1989 S. 111). Verlassen stimmberechtigte Mitglieder die Mitgliederversammlung vor der Abstimmung, kann dadurch Beschlussunfähigkeit eintreten.

Hinweis:

Ist die **Beschlussfähigkeit nicht** gegeben, sind dennoch gefasste Beschlüsse ohne weiteres **nichtig.**

Über **Änderungen** der **Mehrheitsverhältnisse** in der Mitgliederversammlung, so z. B. durch Erscheinen von Nachzüglern, muss der Versammlungsleiter die Versammlung **informieren**.

c) Zweite Versammlung nach Beschlussunfähigkeit

222 Von **besonderer praktischer Bedeutung** im Zusammenhang mit der Beschlussfähigkeit ist die Frage nach der sog. zweiten Versammlung. Viele Vereinssatzungen enthalten nämlich eine Regelung, nach der im Falle der Beschlussunfähigkeit der Mitgliederversammlung innerhalb einer bestimmten Frist mit der gleichen

Tagesordnung eine zweite Versammlung einberufen werden kann. Die **Zulässigkeit** einer solchen Bestimmung ist allgemein **anerkannt.** Für die zweite Versammlung gilt:

- Es ist nichts dagegen einzuwenden, wenn die **Beschlussfähigkeit** in der zweiten Versammlung an **weniger strenge Voraussetzungen** geknüpft wird. So brauchen häufig für die Beschlussfähigkeit weniger Mitglieder anwesend zu sein, die Satzung kann sogar auch ganz von einer bestimmten Mindestzahl absehen. Die Einladung zur zweiten Versammlung muss dann aber einen **Hinweis** darauf enthalten, dass für sie hinsichtlich der Beschlussfähigkeit geringere Anforderungen gelten (BGH NJW 1962 S. 394; s. **Muster** Rdn. 549; zur Einladung zur Mitgliederversammlung allgemein Rdn. 171 ff.).
- Die **Einladung** zur 2. Versammlung kann grds. erst **nach der ersten Versammlung** erfolgen (BGH NJW 1998 S. 1317 [für die GmbH]. Sie darf aber dann als Eventualeinladung bereits mit der zur ersten Versammlung verbunden werden, z. B. indem der Beginn der zweiten Versammlung einfach nur um eine Stunde oder auch eine Woche verschoben wird, wenn die Satzung das zulässt (BGH NJW-RR 1989 S. 376 = Rpfleger 1989 S. 111; krit. dazu Stöber, Rdn. 516 und auch Reichert, Rdn. 854 [nicht zu empfehlen bzw. abzuraten]).
- Die Einladung muss die **gleiche Tagesordnung** haben und den **Hinweis** enthalten, dass ggf. die Beschlussfassung weniger strengen Anforderungen unterliegt. Die Satzung kann aber auch davon Ausnahmen vorsehen.
- Sieht die Satzung eine **zweite Versammlung überhaupt** nicht vor, sind die **Beschlüsse,** die auf einer solchen zweiten Versammlung gefasst werden, **nichtig.** Sie werden von der Rspr. lediglich dann als wirksam behandelt, wenn in der zweiten Versammlung inzwischen die Voraussetzungen für die Beschlussfähigkeit gegeben waren, in dem z. B. durch Nachzügler die erforderliche Mindestzahl erreicht ist.
- Ist die Vereinssatzung dahin auszulegen, dass die **Wiederholungsversammlung erst** einberufen werden darf, wenn we-

gen mangelnder Teilnehmerzahl ein **Beschluss nicht zustande gekommen** ist, ist eine Eventualeinberufung gleichzeitig mit der ersten Einladung unwirksam (LG Nürnberg-Fürth Rpfleger 1990 S. 427).

d) Die Ermittlung der Abstimmungsmehrheit

223 Die Beschlussfassung ist i. d. R. **Mehrheitsentscheid.** Nach § 32 Abs. 1 S. 3 BGB entscheidet „die Mehrheit der erschienenen Mitglieder". Wie dieser Begriff auszulegen ist, war in Rspr. und Lit. lange Zeit umstritten. Inzwischen ist es wohl herrschende ständige Rspr. der Obergerichte, dass bei der Beschlussfassung im Verein die Mehrheit nur nach der Zahl der abgegebenen Ja- und Nein-Stimmen zu berechnen ist; Enthaltungen sind nicht mitzuzählen (BGH NJW 1982 S. 1585; NJW 1987 S. 2430; OLG Köln NJW-RR 1994 S. 1547; Reichert, Rdn. 1053; ablehnend Stöber, Rdn. 527 m. w. N. zur a. A.). Danach ist also ein Antrag angenommen, **wenn die Zahl der Ja-Stimmen größer ist als die der Nein-Stimmen.** Stimmenthaltung (und auch ungültige Stimmen) werden als Bekundung der Unentschiedenheit oder als Zeichen der Nichtteilnahme an der Abstimmung angesehen; nach der Rspr. des BGH handelt es sich bei dieser Mehrheit also um eine „Mehrheit der abstimmenden Mitglieder".

Diese – so verstandene – gesetzliche Regelung kann in der Satzung geändert werden, z. B. dahin, dass mit sog. „einfacher Mehrheit"(s. dazu u. Rdn. 225) entschieden wird. Bei einer solchen Regelung wirken sich Stimmenthaltungen und ungültige Stimmen praktisch als Nein-Stimmen aus (BGH NJW 1987 S. 2430). Möglich ist auch eine ausdrückliche Regelung, wie Stimmenthaltungen und/oder ungültige Stimmen zählen sollen.

Beispiel:

Sind in der Mitgliederversammlung 70 Mitglieder anwesend, von denen 35 mit „Ja", 28 mit „Nein" und 7 mit Enthaltung stimmen, ist ein Antrag angenommen, wenn nach der Satzung die „Mehrheit der erschienenen Mitglieder" ausreicht. Die Ja-Stimmen überwiegen die Nein-Stimmen. Verlangt die Satzung hingegen eine „einfache Mehrheit der abgegebenen Stimmen“, ist der Antrag abgelehnt. Die einfache Mehrheit der abgegebenen Stimmen beträgt 36.

Hinzuweisen ist auf Folgendes: 224

- Soll in der Satzung von der **gesetzlichen Regelung,** wie sie der Bundesgerichtshof versteht, **abgewichen** werden, muss das in der Satzung **eindeutig klargestellt** werden (BGH a. a. O.; BayObLG a. a. O.). Es **empfiehlt** sich also eine ausdrückliche Satzungsregelung, wie Stimmenthaltungen und Nein-Stimmen behandelt werden sollen (s. a. BayObLG a. a. O. [für die Wahl des Vorstandes, bei der nur Ja-Stimmen zählen sollen und derjenige Bewerber gewählt ist, der die meisten Stimmen – relative Mehrheit – auf sich vereint]).
- Verlangt das Gesetz für Beschlüsse, die die Satzung ändern oder den Verein auflösen (s. §§ 33, 41 BGB), eine **bestimmte,** also eine qualifizierte **Mehrheit** der erschienenen Mitglieder (s. Rdn. 225), gelten die obigen Ausführungen **entsprechend:** Nach h. M. sind bei der Berechnung der Mehrheit Stimmenthaltungen und ungültige Stimmen grds. nicht zu berücksichtigen.
- Verlangt die Satzung **Einstimmigkeit,** verhindern unwirksame Stimmen oder Stimmenthaltungen eine wirksame Beschlussfassung (BayObLG MDR 1995 S. 569 [für Wohnungseigentümerversammlung]).
- Bei **Stimmengleichheit** ist der **Antrag** grds. **abgelehnt,** wenn nicht die Satzung diesen Fall anders regelt. Es ist möglich, dann die Stimme des Versammlungsleiters oder des 1. Vorsitzenden den Ausschlag geben zu lassen. Es kann auch ein Stichentscheid durch ein Nichtmitglied oder durch das Los vorgesehen werden (Sauter/Schweyer/Waldner, Rdn. 206 m. w. N.).

Vereinssatzungen verwenden häufig noch **andere Mehrheitsbegriffe,** die hier geklärt werden sollen: 225

- Die sog. „**einfache** Mehrheit“ ist erreicht, wenn die Summe der Ja-Stimmen mindestens um eine Stimme größer ist als die Summe der Nein-Stimmen, wobei Stimmenthaltungen nicht mitgezählt werden dürfen (Sauter/Schweyer/Waldner, Rdn. 208;

Stöber, Rdn. 534; Reichert, Rdn. 1053). Die „einfache Mehrheit“ ist also immer eine Stimme mehr als die Hälfte der abgegebenen Stimmen.

- I. d. R. ist der Begriff „**absolute** Mehrheit“ ebenso zu verstehen, also mehr als die rechnerische Hälfte der zu zählenden Stimmen. Es kann aber auch die Mehrheit der bei der Abstimmung anwesenden Mitglieder gemeint sein. Dann sind Stimmenthaltungen zu berücksichtigen. Sie wirken sich praktisch als Nein-Stimmen aus. Gemeint sein kann schließlich auch die Mehrheit der Vereinsmitglieder.

Beispiel:

Von 49 anwesenden stimmberechtigten Mitgliedern stimmen 24 mit „Ja“, 20 mit „Nein“ und fünf enthalten sich der Stimme. Damit ist die Mehrheit der bei der Abstimmung anwesenden Mitglieder nicht erreicht und der Antrag abgelehnt.

Hinweis:

Die **Satzung** sollte **klären**, wie sich die absolute Mehrheit berechnet. Im Zweifelsfall oder dann, wenn entsprechende Anhaltspunkte für eine andere Auslegung fehlen, ist die einfache Mehrheit gemeint (Sauter/Schweyer/Waldner, Rdn. 208).

- Die „**relative** Stimmenmehrheit“ kann hinter der einfachen oder absoluten Mehrheit zurückbleiben. Sie besteht in der größten Stimmenzahl bei Verteilung der Stimmen auf mehr als 2 Vorschläge. So ist in dem obigen Beispiel die relative Mehrheit erreicht. Bei **Wahlen** ist, soweit die Satzung nichts anderes bestimmt, grds. die absolute bzw. einfache Mehrheit notwendig (BGH NJW 1974 S. 183).

Hinweis:

In der Praxis ist jedoch m. E., um die Wahl eines Kandidaten sicherzustellen, eine Satzungsbestimmung zu **empfehlen,** die die relative **Mehrheit** ausreichen lässt, da sonst häufig eine Entscheidung für einen von mehreren Kandidaten unmöglich ist (zur Notwendigkeit einer insoweit klaren Regelung s. a. BayObLG FGPrax 1996 S. 74).

Die relative Mehrheit reicht aber nur aus, wenn sich das **klar** und **eindeutig** aus der Satzung ergibt (BayObLG a. a. O.).

- Möglich ist es auch, für den Fall, dass in einem ersten Wahlgang kein Kandidat die absolute Mehrheit erreicht, einen 2. Wahlgang, in dem dann die relative Mehrheit ausreicht, oder eine **Stichwahl** vorzusehen.

Beispiel:

Auf der Mitgliederversammlung eines Kindergartenfördervereins erscheinen nur 15 Mitglieder. Für die Wahl zum Vorstand werden 3 Kandidaten vorgeschlagen. Bei der Wahl erhält Kandidat A 6 Stimmen, Kandidat B 5 Stimmen und Kandidat C 4 Stimmen. Heißt es nun in der Satzung z. B., dass alle Beschlüsse mit „einfacher Mehrheit" der erschienenen Mitglieder gefasst werden müssen, hat keiner der Kandidaten die erforderliche Mehrheit erreicht, da jeder weniger als 8 Stimmen hat (s. BayObLG a. a. O.). Bestimmt die Satzung hingegen: „Als gewählt gilt, wer die meisten Stimmen auf sich vereinigt", ist Kandidat A gewählt.

- Unter „**qualifizierter** Mehrheit" versteht man schließlich eine Stimmenmehrheit, die größer ist als die einfache Stimmenmehrheit, z. B. 3/4 und ähnliche Stimmenmehrheiten.

Das **Auszählen** der Stimmen obliegt dem Versammlungsleiter **225 a**
bzw. den ggf. dazu von der Mitgliederversammlung bestimmten Stimmzählern. Dabei ist besonders sorgfältig vorzugehen, damit Fehler vermieden werden. Nach der Auszählung gibt dann i. d. R. der Versammlungsleiter das **Abstimmungsergebnis bekannt**. Das ist vor allem deshalb zweckmäßig, weil so für das Protokoll festgehalten wird, mit welchem Ergebnis zu dem Tagesordnungspunkt beraten worden ist. Die Feststellung und Verkündung des Abstimmungsergebnisses hat im Vereinsrecht keine konstitutive Bedeutung (Reichert, Rdn. 1074), es sei denn in der Satzung ist etwas anderes bestimmt.

Hinweis:

Das hat zur Folge, dass **Zähl-** und **Verkündungsfehler ohne Bedeutung** sind. Entscheidend ist, was die Mitgliederversammlung tatsächlich beschlossen hat.

12. Das Stimmrecht des Mitglieds

a) Die Ausübung des Stimmrechts

226 Das Stimmrecht des Mitglieds ist eines seiner wichtigsten Mitgliedschaftsrechte. Der Grundsatz der Gleichbehandlung aller Mitglieder hat zur Folge, dass grds. **jedes Mitglied** nur **eine Stimme** hat (s. Rdn. 142). Soll das Stimmrecht einzelner Gruppen von Mitgliedern erweitert oder eingeschränkt werden, ist eine Regelung der Satzung erforderlich. So kann z. B. einzelnen (Gründungs-)Mitgliedern als Sonderrecht ein mehrfaches Stimmrecht in allen oder nur in bestimmten Angelegenheiten, z. B. bei Auflösung des Vereins, eingeräumt werden. Zulässig ist es auch, wenn die Satzung das Stimmrecht nur passiven Mitgliedern verwehrt. Ist ausdrücklich in der Satzung keine Regelung getroffen, steht im Zweifel das Stimmrecht nur den ordentlichen Mitgliedern zu (Sauter/Schweyer/Waldner, Rdn. 198).

Hinweis:

Insbesondere das Stimmrecht von **Minderjährigen** kann **abweichend** vom allgemeinen Stimmrecht geregelt werden. Allerdings muss die abweichende Regelung in der Satzung erfolgen. Möglich ist z. B. eine Begrenzung des Stimmrechts auf alle mindestens 16 Jahre alten Mitglieder.

227 Nach § 38 BGB ist das Stimmrecht **grds. persönlich auszuüben.** Die Übertragung auf eine andere Person ist nur zulässig, wenn die Satzung dies ausdrücklich zulässt. Die Regelung „Satzungsänderungen bedürfen der Mehrheit von mindestens ... der in der Mitgliederversammlung vertretenen Stimmen" ist aber nicht so zu verstehen, dass (nur) für Abstimmungen über Satzungsänderungen eine Stellvertretung zugelassen werden sollte (LG Detmold Rpfleger 1999 S. 333). Die Satzung kann auch bestimmen, ob die **Übertragung** nur auf ein Vereinsmitglied oder auch auf einen Außenstehenden möglich ist. Nach der hier vertretenen Auffassung (s. Rdn. 148) ist die Übertragung auf einen Außenstehenden unzulässig und unwirksam (a. A. Sauter/Schweyer/Waldner, Rdn. 199; Stöber, Rdn. 544). Ist eine **juristische Person** Mitglied, ist das Stimmrecht durch das zuständige Organ auszuüben (OLG Hamm NJW-RR 1990 S. 532), die Satzung kann aber eine Stimmabgabe durch einen Bevollmächtigten gestatten. Die Satzung kann den **Personenkreis**, auf den das Stimmrecht übertragen werden kann, bestimmen bzw. **eingrenzen**. So ist es z. B. zulässig, in der Satzung eines Kindergartenfördervereins festzulegen, dass das Stimmrecht nur auf den anderen Elternteil oder auf Ehepartner übertragen werden kann.

Nach **Übertragung** des **Stimmrechts** ist der Bevollmächtigte grds. frei in der Entscheidung, wie er abstimmen will. Er kann die Stimme des Vertretenen also in seinem eigenen Interesse benutzen. Allerdings kann der Stimmrechtsinhaber dem Bevollmächtigten **Anweisungen** erteilen, wie er abstimmen soll. Dabei kann es sich um eine generelle Anweisung handeln, aber auch um Vorgaben, wie zu bestimmten Tagesordnungspunkten abzustimmen ist. Eine solche Anweisung hat aber nur Bedeutung für die an der Anweisung Beteiligten. Im Verhältnis zum Verein ist sie ohne Bedeutung. Hat sich also das Mitglied nicht an eine Anweisung gehalten, berührt das die Gültigkeit seiner Stimmabgabe nicht (Sauter/Schweyer/Waldner, Rdn. 201 für den Fall der Abstimmungsvereinbarung). Eine andere Frage ist, ob der Bevollmächtigte ggf. dem Vollmachtgeber gegenüber **schadensersatzpflichtig** ist. **227 a**

Für einen **Minderjährigen** kann dessen **gesetzlicher Vertreter** das Stimmrecht **ausüben** (s. oben Rdn. 217). Das ist keine Frage der Stimmrechtsübertragung und braucht in der Satzung nicht ausdrücklich geregelt zu sein. Die Satzung kann aber auch die Ausübung des Stimmrechts durch den gesetzlichen Vertreter ausschließen, so z. B. bei Vereinen mit ausschließlich oder überwiegend jugendlichen Mitgliedern (Sauter/Schweyer/Waldner, Rdn. 199). In diesem Fall liegt aber in jedem Fall in der Einwil- **227 b** ligung des gesetzlichen Vertreters zum Beitritt des Minderjährigen die generelle Einwilligung zur selbständigen Ausübung des Stimmrechts durch den beschränkt Geschäftsfähigen (s. auch Rdn. 149, 217). Sieht die Satzung bei Minderjährigen die Stimmabgabe durch „die gesetzlichen Vertreter" vor, bedeutet das nicht, dass beide Elternteile bei der Mitgliederversammlung anwesend sein müssen. Nach § 1629 BGB sind zwar die Eltern **gemeinschaftlich gesetzliche Vertreter**. Möglich und zulässig ist es aber, dass der eine Elternteil den anderen zur Alleinvertretung in der Mitgliederversammlung bevollmächtigt.

228 Nach wohl h. M. kann ein Mitglied, das mehrere Stimmen besitzt (z. B. als Sonderrecht eines Gründungsmitglieds), diese **nur einheitlich** abgeben. Es darf also nicht mit der einen Stimme für, mit einer weiteren Stimme gegen einen Antrag stimmen (so auch Sauter/ Schweyer/Waldner, Rdn. 200). Zulässig soll die unterschiedliche Stimmabgabe aber dann sein, wenn ein Mitglied sowohl das eigene Stimmrecht ausübt als auch ihm von anderen Mitgliedern übertragene. Das ist auf jeden Fall dann zutreffend, wenn dem Mitglied bei Übertragung des Stimmrechts bestimmte Anweisungen hinsichtlich des Abstimmungsverhaltens, was zulässig ist (s. Rdn. 227), gegeben worden sind.

228 a Die Mitglieder sind in der Ausübung ihrer Stimmrechte grds. frei. Mehrere Mitglieder können **Vereinbarungen treffen, wie** sie **abstimmen.** Diese sind zulässig, es sei denn, die Satzung verbietet sie ausdrücklich oder die Vereinbarungen verstoßen gegen die guten Sitten. Die Vereinbarung hat rechtliche Bedeutung nur für die an ihr Beteiligten, nicht im Verhältnis zum Verein.

Hinweis:

Eine **entgegen** einer **Vereinbarung** abgegebene Stimme ist **gültig.** In Betracht kommt allerdings eine Schadensersatzpflicht des Mitglieds, das sich nicht an die Vereinbarung gehalten hat.

b) Der Ausschluss vom Stimmrecht

Der Ausschluss des Mitglieds vom Stimmrecht ist im Gesetz in § 34 BGB ausdrücklich geregelt. Danach ist ein Mitglied **nicht stimmberechtigt,** wenn die Beschlussfassung die Vornahme eines **Rechtsgeschäfts mit ihm selbst** oder die Einleitung oder Erledigung eines **Rechtsstreits zwischen ihm** und dem **Verein** betrifft. Gleichgültig ist, ob es sich um ein einseitiges Rechtsgeschäft (Kündigung eines Vertrages mit dem Mitglied, aber auch Entlastung [s. Rdn. 304]), einen Vertrag oder eine geschäftsähnliche Handlung (Mahnung, Fristsetzung) handelt (Palandt/Heinrichs, § 34 Rdn. 1). **Grund** für die gesetzliche Regelung ist eine mögliche **Interessenkollision** in einer Angelegenheit, bei der sich auf der einen Seite der Verein und auf der anderen das Mitglied in seinem privaten Rechtsbereich befinden. Deshalb kommt es nicht darauf an, ob ein Interessenwiderstreit tatsächlich besteht. Ein nur **mittelbarer Interessenkonflikt** reicht allerdings für den Stimmrechtsausschluss **nicht** aus. Deshalb darf das Mitglied mitstimmen, wenn es um ein Rechtsgeschäft mit nahen Angehörigen oder mit einer anderen juristischen Person geht, an der das Mitglied ebenfalls beteiligt, mit er es jedoch nicht identisch ist (Einmann-GmbH). Unbedenklich ist auch das **Mitstimmen** bei der **eigenen Wahl,** bei der Abwahl, beim Vereinsausschluss und bei der Verhängung einer Vereinsstrafe (Palandt/Heinrichs, § 34 Rdn. 2). 229

§ 34 BGB **verbietet** nur das Mitstimmen, **nicht** die **Teilnahme** an der Mitgliederversammlung. Das vom Stimmrecht ausgeschlossene Mitglied kann also an der Diskussion über den Tagesordnungspunkt teilnehmen. Das ausgeschlossene Mitglied kann sein Stimmrecht aber nicht auf ein anderes Mitglied übertragen oder für andere Mitglieder deren Stimmrecht ausüben.

Hinweis:

Trotz eines Verstoßes gegen § 34 BGB bleibt der mit der Stimme des vom Stimmrecht ausgeschlossenen Mitglieds gefasste **Beschluss wirksam,** wenn die ungültige Stimme nachweisbar ohne Einfluss auf das Abstimmungsergebnis war (BayObLG NZM 1998 S. 442 [für Stimmrechtsausschluss auf Wohnungseigentümerversammlung]). Bei der

Auszählung des Abstimmungsergebnisses wird der vom Stimmrecht ausgeschlossene, auch wenn er anwesend ist, als **nicht anwesend** angesehen.

230 Die Regelung über den Ausschluss vom Stimmrecht in § 34 BGB ist **zwingend** (§ 40 BGB). **Mildere Regelungen** sind in der Satzung daher **nicht zulässig.** Die Satzung kann aber den Stimmrechtsausschluss ausdehnen, wobei der Grundsatz der Gleichbehandlung aller Mitglieder beachtet werden muss. Erlaubt ist die Koppelung des Stimmrechts an die Zahlung des Vereinsbeitrages. Auch kann es von einer bestimmten Mindestzeit der Vereinszugehörigkeit abhängig gemacht werden.

13. Die Behandlung fehlerhafter oder nichtiger Beschlüsse der Mitgliederversammlung

231 Für die Antwort auf die Frage, wie fehlerhafte oder nichtige Versammlungsbeschlüsse zu behandeln sind, ist zuvor zu klären, **wann** ein Beschluss der Mitgliederversammlung fehlerhaft oder **nichtig** ist. Diese Frage ist in Rspr. und Lit. **sehr umstritten.** Als derzeitigen Stand der unterschiedlichen Meinungen lässt sich Folgendes dazu feststellen (s. BGH NJW 1973 S. 235; 1975 S. 2101; Soergel/Hadding, § 32 Rdn. 14; Sauter/Schweyer/Waldner, Rdn. 212 m. w. N.; Stöber, Rdn. 580 ff.; Reichert, Rdn. 1129 ff.):

a) Verstöße gegen Gesetz oder die Satzung

232 Im Gesetz ist nicht geregelt, welche rechtlichen Folgen Verstöße gegen gesetzliche Bestimmungen oder gegen die Satzung auf die Wirksamkeit von Beschlüssen haben. Die Rspr. hat es bisher abgelehnt, die Sondervorschriften des Aktien- und Genossenschaftsrechts (§§ 241 ff. AktG, § 51 GenG) auf fehlerhafte Beschlüsse der Mitgliederversammlung des Vereins direkt oder entsprechend anzuwenden (zuletzt BGH NJW 1975 S. 2101). Sie geht mit einem Teil der Lit. vielmehr davon aus, dass ein **Verstoß gegen zwingende Vorschriften des Gesetzes** oder der **Satzung** den Beschluss der Mitgliederversammlung **nichtig** macht. Im Vereins-

recht ist ein Beschluss der Mitgliederversammlung also entweder gültig oder ungültig.

Im Einzelnen gilt: **233**

- **Verstößt** ein Beschluss gegen ein **gesetzliches Verbot** (§ 134 BGB) oder ist er **sittenwidrig** (§ 138 BGB), ist er auf jeden Fall nichtig.
- Das gilt auch, wenn er in Widerspruch zu **unabdingbaren** vereinsrechtlichen **Vorschriften** steht (§ 40 BGB; s. dazu Sauter/Schweyer/Waldner, a. a. O.).

  Beispiel:

  Unwirksam ist ein Beschluss, wonach der Austritt aus dem Verein nicht mehr möglich sein soll. § 39 BGB ist zwingendes Recht. Dasselbe gilt, wenn durch einen Beschluss der Mitgliederversammlung das Recht einer Minderheit auf Einberufung der Mitgliederversammlung aus § 37 BGB abgeschafft werden soll.

- Liegt in dem Beschluss der Mitgliederversammlung ein **Verstoß gegen Satzungsvorschriften,** kommt es für die Frage der Wirksamkeit des Beschlusses darauf an, welchen **Charakter** die Satzungsvorschriften haben. Handelt es sich um Verstöße gegen Bestimmungen, die dem **gemeinschaftlichen Interesse** der Mitglieder an einer ordnungsgemäßen Willensbildung dienen, ist der Beschluss regelmäßig **nichtig** (Soergel/Hadding, § 32 Rdn. 15; Reichert, Rdn. 1144). Ist hingegen nur eine Vorschrift verletzt, die sich als Schutzbestimmung **zugunsten einzelner** Mitglieder darstellt und kein übergeordnetes Interesse, insbesondere an einer einwandfreien Willensbildung der Mitgliederversammlung, wahrnimmt, hängt die Rechtsbeständigkeit des Beschlusses davon ab, ob der Verstoß gerügt wird. Zu den beiden Gruppen lassen sich **folgende Beispiele** aus der Rspr. geben:

Zur **ersten Gruppe** – **Nichtigkeit** – gehört der Fall (vgl. weitere Nachweise bei Stöber, Rdn. 584), **234**

- dass ein **Teil** der Mitglieder zur Mitgliederversammlung **nicht eingeladen** worden ist,

Hinweis:

Nach Ansicht der Rspr. kann trotz Nichteinladung stimmberechtigter Mitglieder ein auf der Mitgliederversammlung gefasster Beschluss oder eine Wahl aber **dennoch wirksam** sein, wenn der Verein **nachweist,** dass der Beschluss/die Wahl **nicht** auf diesem Mangel **beruhen** kann (BGH NJW 1973 S. 235; BayObLG NJW-RR 1997 S. 289; OLG Karlsruhe NJW-RR 1998 S. 684). Dieser Nachweis wird i. d. R. aber nur schwer zu führen sein, da, wenn eine Diskussion oder Aussprache vorgesehen war, sich meist nicht wird ausschließen lassen, dass die nichterschienenen Mitglieder durch ihre Teilnahme andere Mitglieder im Hinblick auf deren Stimmabgabe beeinflusst hätten (BGH a. a. O.).

- dass unter **Verletzung** der Vorschriften über **Form** und **Ladungsfrist** eingeladen worden ist (KG OLGZ 1971 S. 482; a. A. LG Bremen Rpfleger 1990 S. 466 für zu kurze Einladungsfrist; wohl auch BayObLG NZM 1999 S. 130 [für Wohnungseigentümerversammlung]; OLG Karlsruhe NJW-RR 1998 S. 684), es sei denn der Verein weist nach, dass der Beschluss nicht auf dem Einladungsmangel beruht (BayObLG, OLG Karlsruhe jeweils a. a. O.; siehe aber auch LG Gießen Rpfleger 1998 S. 523 [unerheblich, wenn kein Mitglied die Nichteinhaltung gerügt hat]),
- dass die Mitgliederversammlung durch ein **unzuständiges Organ** oder ohne ordnungsgemäß zustande gekommenen Vorstandsbeschluss **einberufen** worden ist,
- dass **Nichtmitglieder teilgenommen** haben (s. aber BGH NJW 1973 S. 235),
- wenn bei der **Einladung** der Mitglieder der Gegenstand der Beschlussfassung nicht oder **nicht genau genug** (s. Rdn. 180 f.) bezeichnet worden ist (Soergel/Hadding, a. a. O.; Stöber, a. a. O., m. w. N.; vgl. dazu auch OLG Zweibrücken FGPrax 2002 S. 80),
- wenn die Beschlüsse der Mitgliederversammlung unter einer **satzungswidrigen Versammlungsleitung** gefasst wurden, da

Satzungsvorschriften über die Leitung der Mitgliederversammlung dem Gesamtinteresse aller Mitglieder an einer einwandfreien Willensbildung dienen und ein Verstoß deshalb zur Nichtigkeit führen dürfte (so auch KG NJW 1988 S. 3159; Sauter/Schweyer/Waldner, Rdn. 213; a. A. OLG Köln Rpfleger 1985 S. 447 f.; LG Bonn Rpfleger 1985 S. 198),

- dass die Mitgliederversammlung nach der Satzung **nicht beschlussfähig** war (BGH NJW 1994 S. 239).

Ob ein Verstoß zu der **zweiten Gruppe** gehört, bei der **nur auf** **235**
Rüge hin Nichtigkeit angenommen wird, wird von der **Regelung** des entsprechenden Punktes in der **Satzung** und von der Art des Verstoßes **abhängen.** Die versehentliche Verletzung einer Vorschrift wird i. d. R. nicht ohne weiteres zur Nichtigkeit des Beschlusses führen. Etwas anderes muss gelten, wenn **bewusst** gegen eine Satzungsbestimmung verstoßen wird, z. B. wenn einzelne Mitglieder nicht eingeladen werden. Auch eine unzureichende Informationserteilung des Vorstands während der Mitgliederversammlung (vgl. dazu Rdn. 286) macht – anders als im Aktienrecht – Beschlüsse der Mitgliederversammlung nicht nichtig (LG Frankfurt NJW-RR 1998 S. 396).

Hinweis:

Die Rspr. gibt dem Verein auch bei einem schweren Verfahrensverstoß allerdings noch die **Möglichkeit,** die an sich eintretende **Nichtigkeit abzuwenden:** Weist er nach, dass der Beschluss nicht auf dem Verfahrensverstoß beruht, ist der Beschluss gültig (BGH NJW 1973 S. 235: für die Beteiligung von Nichtmitgliedern; OLG Köln OLGZ 1983 S. 207: für Einladungsmängel bei der Einladung zur Mitgliederversammlung nach dem Tod eines Vorstandsmitglieds; s. auch Rdn. 159 ff., 297).

b) Wie ist mit fehlerhaften oder nichtigen Beschlüssen zu verfahren?

Der **Satzungsverstoß** muss grds. gegenüber der Mitgliederver- **236**
sammlung **gerügt** werden. Außerhalb der Mitgliederversammlung ist die Rüge beim Vorstand zu erheben oder ggf. später gegenüber

dem Registergericht, wenn dieses mit der Prüfung des ins Vereinsregister einzutragenden Beschlusses befasst ist. Wird der Verstoß in der Versammlung oder von denjenigen Mitgliedern, die nicht an der Versammlung teilgenommen haben, nach Kenntnis vom Beschluss innerhalb einer angemessenen Frist nicht gerügt, erlischt das Rügerecht. Der Beschluss kann von den Mitgliedern auch nachträglich genehmigt werden (OLG Frankfurt OLGZ 1984 S. 11 zur GmbH).

Ist nach den o. a. Grundsätzen ein Beschluss **nichtig,** entfaltet er **keinerlei Rechtswirkungen.** Die Wirksamkeit kann auch nicht dadurch herbeigeführt werden, dass die Mitgliederversammlung den Beschluss nachträglich so behandelt, als sei er wirksam zustande gekommen. Zur Heilung (§ 141 BGB) ist vielmehr die Wiederholung der Abstimmung in satzungsmäßig einwandfreier Form erforderlich.

Hinweis:

Die Nichtigkeit eines Beschlusses kann jedes Vereinsmitglied durch **Feststellungsklage** (§ 256 ZPO) gegenüber dem Verein geltend machen (zur Anfechtung von Wahlen in einem Ortsverband einer politischen Partei vgl. KG NJW 1988 S. 3159; s. auch LG Frankfurt NJW-RR 1998 S. 396 [aber nicht gegenüber anderen Vereinsmitgliedern oder Organen des Vereins]). Die Feststellungsklage ist zwar nach dem Gesetz grds. **nicht fristgebunden**. Aus Gründen der Rechtssicherheit und Rechtsklarheit wird in der Rspr. aber gefordert, dass die Frage der Wirksamkeit des Beschlusses innerhalb angemessener Frist geklärt sein muss (OLG Hamm NJW-RR 1997 S. 989). Eine Frist von annähernd vier Monaten ist dafür als zu lang angesehen worden (OLG Hamm a. a. O.; s. a. LG Gießen Rpfleger 1998, S. 523, 524 [Rüge der Nichteinhaltung der Ladungsfrist zur Mitgliederversammlung nicht unter einem und nicht über zwei Monaten]).

Vor einer Klage müssen auch die vereinsinternen **Rechtsbehelfe** ausgeschöpft werden (KG NJW 1988 S. 3159; s. auch oben Rdn. 105, 110). Wird gerichtlich die Ungültigkeit des Beschlusses festgestellt, ist das Urteil allgemein verbindlich (BGH NJW-RR 1992 S. 1209) und gilt nicht etwa nur zwischen Verein und klagendem Mitglied.

Nichtige Versammlungsbeschlüsse dürfen von den zuständigen Vereinsorganen **nicht ausgeführt** werden, anderenfalls haften die Organe ggf. selbst. Wird durch die Ausführung eines nichtigen Beschlusses ein Dritter geschädigt, haftet der Verein nach § 31 BGB, z. B. für vom Dritten insoweit erbrachte Leistungen (Sauter/Schweyer/Waldner, Rdn. 215 a. E.; zur Haftung des Vereins s. Rdn. 335 ff.). 237

Beispiel:

Die Mitgliederversammlung wird nicht von dem in der Satzung vorgesehenen Versammlungsleiter geleitet. Es wird beschlossen, ein Vereinsheim zu bauen und mit der Planung den Architekten A zu beauftragen. Der Vorstand erteilt dem Architekten den Auftrag, dieser beginnt mit den Planungsarbeiten. Später wird wegen der Nichtigkeit des Beschlusses eine neue Mitgliederversammlung einberufen, die nun den Architekten B beauftragt. A kann für seine erbrachten Leistungen Ersatz vom Verein verlangen.

14. Vertreterversammlung anstelle Mitgliederversammlung?

Die Satzung kann anstelle der Mitgliederversammlung eine Vertreterversammlung vorsehen, in der die Rechte der Mitglieder ausschließlich durch von den Mitgliedern bestellte Vertreter (Delegierte) ausgeübt werden (§§ 38, 40 BGB). Eine solche Regelung wird insbesondere bei den Vereinen **notwendig** sein oder werden, die eine so **große Zahl** von **Mitgliedern** haben oder im Laufe der Zeit erreichen, dass eine ordnungsgemäße Durchführung der Mitgliederversammlung aus organisatorischen Gründen nicht mehr gewährleistet ist. Man denke nur an die Raumfrage oder die notwendige schriftliche Einladung sämtlicher Mitglieder zur Mitgliederversammlung. Die Einführung einer Vertreterversammlung kommt ferner bei Vereinen mit Untergliederungen (Landesverbände, Bezirksverbände, Ortsgruppen usw.) in Betracht. 238

Die Satzung muss **bestimmen,** aus welchen Personen sich eine Vertreterversammlung **zusammensetzt** und wie die Vereinsmitglieder die Delegierten bestimmen (s. zu allem wegen der Einzelh. Sauter/Schweyer/Waldner, Rdn. 216 m. w. N.; Stöber, Rdn. 494 ff.; Reichert, Rdn. 2783 ff.). Die Satzung kann eine feste Zahl von Vertretern oder das Verhältnis zwischen der Zahl der Mitglieder 239 und der Zahl der Vertreter bestimmen. Untergliederungen kann sowohl eine bestimmte Zahl von Vertretern zugewiesen als auch angeordnet werden, dass auf eine bestimmte Zahl von Angehörigen der Untergliederung ein Vertreter entfällt. Bei allen Regelungen in diesem Bereich ist jedoch darauf zu achten, dass die **Gesamtheit** der Vereinsmitglieder durch die Vertreterversammlung **ausreichend repräsentiert** wird und Untergliederungen annähernd gleichmäßig vertreten sind. Die Art und Weise, wie die Mitglieder der Vertreterversammlung bestimmt werden, sollte in der Satzung mit großer Sorgfalt geregelt werden. Bei Vereinen ohne Untergliederung sind die Vertreter in der Mitgliederversammlung zu **wählen,** sofern die Satzung nicht die schriftliche Wahl zulässt. Die Satzung kann **„Listenwahl"** vorsehen. Die Mitglieder können dann nur unter verschiedenen Listen auswählen. Die Wahl ist dann jedoch nur als Verhältniswahl zulässig, nicht als Listen-Mehrheitswahl (BGH BB 1982 S. 1073). Eine Bestimmung, wonach diejenige Liste gewählt ist, die die meisten Stimmen auf sich vereinigt, ist daher unwirksam, weil durch sie ein Minderheitenschutz nicht gewährleistet ist (BGH a. a. O.). Bestimmt die Satzung, dass die Wahl der Delegierten als **Gesamtwahl** in einem Wahlgang erfolgt, so ist eine Häufung (Kumulierung) der dem stimmberechtigten Vereinsmitglied zustehenden Stimmen auf einen oder mehrere Kandidaten nur zulässig, wenn die Satzung dies ausdrücklich gestattet (BGH NJW 1989 S. 1212, 1213). Wegen weiterer Einzelheiten zur Bestellung der Vertreter s. Sauter/Schweyer/Waldner, Rdn. 217.

240 Die Satzung kann die **Rechtsstellung der Vertreter** regeln. Sie kann bestimmen, dass die Vertreter Weisungen zu befolgen haben, die ihnen bei ihrer Wahl gegeben worden sind. Sonst ist der Vertreter nicht an Weisungen gebunden. Grds. ist der Vertreter zur Teilnahme an der Vertreterversammlung verpflichtet. Das Amt des Vertreters endet durch Rücktritt, Tod, Ausscheiden aus dem Verein und Ablauf der Amtszeit. Der Rücktritt kann jederzeit erfolgen (§ 671 Abs. 1 BGB). Tritt der Vertreter zur Unzeit zurück, macht er sich dem Verein gegenüber schadensersatzpflichtig (§ 671 Abs. 2 BGB). Die Amtsdauer der Vertreter wird in der Satzung bestimmt. Sie sollte drei Jahre nicht übersteigen, um dem Wechsel der Mitglieder ausreichend Rechnung zu tragen (Sauter/Schweyer/Waldner, Rdn. 219). Verlängert die Vertreterversammlung durch satzungsändernden Beschluss die Amtsperiode der Vertreter, gilt das für Vertreter, die nach der Eintragung der Satzungsänderung in das Vereinsregister gewählt worden sind.

Wird bei einem Verein die Vertreterversammlung eingeführt, so besitzt diese nach der Eintragung der entsprechenden Satzungsänderung in das Vereinsregister alle **Befugnisse,** die nach Gesetz und Satzung der Mitgliederversammlung zustehen. Die für diese geltenden Vorschriften sind entsprechend anzuwenden (OLG Frankfurt Rpfleger 1973 S. 54 zu § 37 BGB), wenn nicht ausdrücklich neue Bestimmungen für die Vertreterversammlung, etwa über die Einberufung, die Beschlussfähigkeit und Beschlussfassung, erlassen worden sind. Die Mitgliederversammlung selbst besteht neben der Vertreterversammlung nur dann weiter, wenn die Satzung sie für einzelne Angelegenheiten noch vorsieht, so z. B. für die Auflösung des Vereins oder für die Änderung des Vereinszwecks. Die einzelnen Vereinsmitglieder können an der Willensbildung im Verein nur noch über die Wahl der Vertreter zur Vertreterversammlung teilnehmen. Sie haben kein Recht, die Unwirksamkeit eines von der Vertreterversammlung gefassten Beschlusses geltend zu machen, sofern sie nicht in ihrer Person davon betroffen sind (z. B. bei einer Vereinsstrafe). **241**

IX. Der Vorstand des Vereins

1. Allgemeines

Der Vorstand des Vereins ist ein notwendiges, vom Gesetz **zwingend vorgeschriebenes Vereinsorgan,** ohne das die juristische Person „Verein" nicht denkbar ist. Denn durch den Vorstand handelt der Verein und kann nach außen erkennbar am Rechtsverkehr teilnehmen. Dem Vorstand obliegt i. d. R. die Vertretung des Vereins (s. Rdn. 260 ff.) und die Geschäftsführung. Nach § 26 Abs. 2 S. 1 2. Halbsatz BGB hat der Vorstand die **Stellung eines gesetzli-** **242**

chen Vertreters. Dennoch kann man den Vorstand nicht als Vertreter im eigentlichen Sinn ansehen. Sein Handeln ist nämlich nicht Handeln für den Verein, sondern Handeln des Vereins, der über den Vorstand als sein Organ am Rechtsverkehr teilnimmt (zu allem eingehend auch Oesterreich, Rpfleger 2002 S. 67; Schwarz, Rechtspfleger 2003, 1).

2. Wer gehört zum Vorstand?

243 Nach § 26 Abs. 1 S. 1 BGB muss der Verein einen Vorstand haben, der nach S. 2 **aus mehreren Personen** bestehen kann. Nach § 58 Nr. 3 BGB muss (s. Rdn. 86) die Satzung auch eine Bestimmung über die „Bildung des Vorstandes" enthalten. Das Gesetz überlässt es also der Vereinssatzung zu regeln, ob der Vorstand aus einer oder mehreren Personen besteht, wobei zumindest diese Regelung in der Satzung enthalten sein muss. Im Übrigen kann bei einem mehrgliedrigen Vorstand die Satzung die Zahl der Mitglieder festlegen, sie kann aber auch lediglich eine Mindest- oder Höchstzahl oder beides bestimmen. In diesem Fall kann die Mitgliederversammlung innerhalb der vorgegebenen Grenzen bestimmen, wie viele Vorstandsmitglieder sie bestellen will. Enthält die Vereinssatzung entgegen den obigen Ausführungen keine **Regelung** über die „Bildung des Vorstandes" und ist der Verein dennoch in das Vereinsregister eingetragen worden, besteht der Vorstand aus **nur einer Person.**

244 Vorstand i. S. der Satzung und i. S. des BGB sind nicht notwendig identisch. Zum **Vorstand i. S.** des **§ 26 BGB** gehört nur, wer zur **gerichtlichen und außergerichtlichen Vertretung** des Vereins **befugt** ist/sein soll, z. B. der 1. und der 2. Vorsitzende (Reichert, Rdn. 1213). Der Vorstand i. S. der Satzung umfasst dagegen vielfach auch Personen, die von der Vertretung des Vereins ausgeschlossen sein sollen, z. B. Kassierer, Schriftführer, Beisitzer usw. Solche Gestaltungen der Satzung sind zulässig, sofern kein Zweifel darüber entstehen kann, wer zur Vertretung des Vereins berechtigt ist (siehe dazu BayObLG Rpfleger 2001 S. 431 f. = NJW-RR 2001 S. 1479 f.).

Beispiel:

Heißt es in der Vereinssatzung: „Der Vorstand besteht aus den beiden Vorsitzenden, dem Kassierer und dem Schriftführer. Der Verein wird gerichtlich und außergerichtlich durch die beiden Vorsitzenden vertreten, und zwar durch jeden allein", so kann nicht ohne weiteres angenommen werden, dass lediglich die beiden Vorsitzenden den Vorstand i. S. des BGB bilden. Klarheit besteht jedoch, wenn es in der Satzung z. B. wie folgt geregelt ist: „Der Gesamtvorstand besteht aus dem 1. Vorsitzenden, seinem Stellvertreter ... Der Verein wird gerichtlich und außergerichtlich durch den Vorstand i. S. des BGB, nämlich den 1. Vorsitzenden und seinen Stellvertreter, und zwar durch jeden allein, vertreten."

Hinweis:

Zur Rechtsklarheit und -sicherheit empfiehlt es sich, den engeren Kreis als Vorstand i. S. des BGB oder den größeren Kreis als erweiterten Vorstand oder Gesamtvorstand zu bezeichnen und diese **sorgfältig voneinander abzugrenzen.**

Der Vorstand i. S. des BGB sollte auch **nicht zu groß** gebildet werden, da das Auswirkungen auf die Handlungsfähigkeit haben kann. Es empfiehlt sich aber auf jeden Fall, den Vorstand i. S. des BGB aus **mindestens zwei Personen** zu bilden und diesen Einzelvertretungsmacht einzuräumen. Bei Verhinderung oder Wegfall einer Person ist dann immer noch ein vertretungsberechtigter Vorstand vorhanden (Stöber, Rdn. 240).

Unzulässig ist eine **bedingte Zugehörigkeit** zum Vorstand. Daher ist eine Satzungsbestimmung, wonach der Vorstand i. S. des BGB entweder der Vorsitzende oder sein Stellvertreter ist, mit § 26 BGB unvereinbar und damit nicht eintragungsfähig (BayObLG Rpfleger 1992 S. 255). Die häufig in Vereinssatzungen anzutreffende Regelung: „Der Verein wird durch den Vorsitzenden, im Fall seiner Verhinderung durch den stellvertretenden Vorsitzenden vertreten", ist an sich auch i. S. einer bedingten Zugehörigkeit zum Vorstand i. S. des BGB anzusehen und deshalb unzulässig. Sie kann aber **notfalls dahin** ausgelegt werden, dass der **Vorstand** aus dem Vorsitzenden **und** seinem **Stellvertreter** bestehen soll, beide Einzelvertretungsbefugnis besitzen, von der der 2. Vorsit- **245** zende aber nur dann Gebrauch machen darf, wenn der 1. Vorsitzende verhindert ist (Palandt/Heinrichs, § 26 Rdn. 3). Da derartige Beschränkungen im Innenverhältnis unbedenklich sind, wäre die Satzungsbestimmung in diesem Sinne zulässig. Da das Amtsgericht im Eintragungsverfahren i. d. R. darauf dringen wird, dass die Satzung eine diesem Sinn entsprechende Fassung erhält, sollte die o. a. Regelung, um eine solche Zwischenverfügung des Amtsgerichts zu vermeiden, in der Satzung möglichst vermieden werden.

Hinweis:

An ihrer Stelle ist vielmehr folgende – unbedenkliche – **Formulierung** zu verwenden: „Der Vorstand i. S. des BGB besteht aus dem 1. und 2. Vorsitzenden. Jeder vertritt den Verein allein. Im Innenverhältnis ist der 2. Vorsitzende gegenüber dem Verein verpflichtet, das Vorstandsamt nur bei Verhinderung des 1. Vorsitzenden auszuüben."

Unzulässig ist auch eine Regelung, wonach bei **Rücktritt** oder Verhinderung eines Vorstandsmitglieds, dessen Mitwirkung bei der Vertretung des Vereins i. S. von § 26 BGB unverzichtbar ist, ein anderes (Gesamt)**Vorstandsmitglied** zur – unverzichtbaren – Mitwirkung im Vorstand **berufen** ist. Deshalb ist die Regelung in der Satzung: „Der Verein wird durch den Vorstandsvorsitzenden und ein weiteres Vorstandsmitglied vertreten. Tritt der Vorstandsvorsitzende während der Amtsperiode zurück oder ist er aus anderen Gründen an der Wahrnehmung seines Amtes verhindert, wird der Verein durch den stellvertretenden Vorstandsvorsitzenden und ein weiteres Vorstandsmitglied vertreten.", nicht eintragungsfähig (LG Gießen Rpfleger 1998 S. 523; vgl. auch Rdn. 248).

246 Fraglich ist, ob einem **„Geschäftsführer"**, der nach der Satzung die laufenden Geschäfte des Vereins zu besorgen hat, aber nicht Mitglied des Vorstandes ist, in der Satzung die Befugnis erteilt werden kann, den Verein zusammen mit dem Vorstand(-svorsitzenden) oder einem anderen Vorstandsmitglied zu vertreten. Das dürfte mit der h. M. in Rspr. und Lit. zu verneinen sein (vgl. OLG Hamm DNotZ 1978 S. 292 ff. und die Nachweise bei Sauter/

Schweyer/Waldner, Rdn. 229). **Möglich** ist es aber, einem **Vorstandsmitglied Einzelvertretungsbefugnis** zu erteilen, jedoch mit der ausdrücklichen Bestimmung, dass es zur Wirksamkeit der Vertretungshandlung hinsichtlich bestimmter einzelner Rechtsgeschäfte der **Zustimmung** des **Geschäftsführers,** der nicht Vorstandsmitglied zu sein braucht, bedarf. Eine solche Beschränkung ist nach § 26 Abs. 2 S. 2 BGB zulässig, bedarf aber, um Wirksamkeit gegen Dritte zu erlangen, der Eintragung ins Vereinsregister (§§ 64, 70 BGB). Die Vertretungsmacht eines (Einzel-)Vorstands kann aber nicht allgemein an die Mitwirkung eines „Geschäftsführers" gebunden werden (Stöber, Rdn. 342). Ohne weiteres zulässig ist auch eine Regelung, wonach ein vertretungsberechtigtes Mitglied des Vorstandes als „Geschäftsführer" tätig wird.

Hinweis:
Soll für den Verein ein **Geschäftsführer** tätig werden, müssen dessen Befugnisse in der **Satzung** klar umrissen sein.

I. d. R. setzt sich der Vereinsvorstand **aus mehreren Personen** zusammen, die Inhaber klar abgegrenzter **Ämter** im Verein sind, z. B. 1. Vorsitzender, Stellvertreter, Kassierer, Schriftführer, Gerätewart, Sportwart usw. Handelt es sich dabei um einen „Gesamtvorstand"/Vorstand i. S. der Satzung, wird man eine Zusammenlegung von mehreren Ämtern in einer Person allein durch Vorstands- oder Beschluss der Mitgliederversammlung als zulässig ansehen können. Handelt es sich hingegen um den Vorstand i. S. des BGB dürfte eine **Personalunion** zwischen mehreren Vorstandsposten weder durch bloßen Beschluss des Vorstandes noch der Mitgliederversammlung zulässig sein (Soergel/Hadding, § 26 Rdn. 9; Sauter/Schweyer/Waldner, Rdn. 230; a. A. jetzt auch Palandt/Heinrichs, § 26 Rdn. 4; OLG Düsseldorf NJW-RR 1989 S. 894: Satzungsauslegungsfrage). Diese Verkleinerung des Vorstands kann nur durch eine Satzungsänderung erfolgen. **247**

Die Satzung kann aber für den Fall, dass ein **Inhaber** eines **Vorstandspostens**, z. B. durch Tod oder Niederlegung des Amtes, **wegfällt**, vorsehen, dass dieser Posten von einem anderen Vor- **248** standsmitglied übernommen wird oder diese Bestimmung dem Vorstand oder einem anderen Vereinsorgan überlassen (vgl. dazu Stöber, Rdn. 271a ff.). Aus der Bezeichnung eines Vorstandsmitglieds als z. B. „stellvertretender Vorsitzender" folgt jedoch nicht automatisch, dass dieses Mitglied beim Ausscheiden des eigentlichen Amtsinhabers ohne weiteres in dessen Vorstandsamt, z. B. des 1. Vorsitzenden, einrückt. Sinn und Zweck dieser Regelung ist nur eine stellvertretende Wahrnehmung des Vorstandsamtes (BayObLG Rpfleger 1972 S. 400). Möglich ist auch eine Satzungsregelung, wonach ein frei werdendes Vorstandsamt bis zur Neuwahl nicht wieder besetzt wird, sondern die übrigen Vorstandsmitglieder bis dahin allein den Vorstand bilden (LG Frankenthal Rpfleger 1975 S. 354).

Hinweis:

Wenn in der Satzung **keine Regelung** enthalten ist, bleibt das Amt des ausgeschiedenen Mitglieds **unbesetzt** (Stöber, Rdn. 271b). Dessen Aufgaben sind dann von den übrigen Vorstandsmitgliedern wahrzunehmen, die ihre Aufgabenbereiche dafür intern neu regeln können. Die übrigen Vorstandsmitglieder können den Verein auch vertreten, wenn noch Vorstandsmitglieder in ausreichender Zahl vorhanden sind. Ggf. ist eine (außerordentliche) Mitgliederversammlung zur Nachwahl des ausgeschiedenen Vorstandsmitgliedes einzuberufen bzw. ein Notvorstand zu bestellen (vgl. dazu Rdn. 318 ff.).

248 a Satzungen sehen häufig vor, verdiente ehemalige Vorstandsmitglieder/Vorsitzende zum sog. **Ehrenvorsitzenden/Ehrenmitglied** zu wählen oder zu ernennen. Deren Stellung richtet sich dann nach der Satzung. Sieht diese also z. B. nicht vor, dass der Ehrenvorsitzende als Mitglied des (Gesamt)Vorstandes Mitspracherecht bei der Vereinsführung haben soll, dann bleibt es allein bei dem Ehrentitel. Ein Mitspracherecht hat der Ehrenvorsitzende dann nicht. Etwas anderes gilt, wenn nach der Satzung „der Ehrenvorsitzende beratend an den Vorstandssitzungen teilnehmen" kann. Er hat dann ein Anwesenheits- und Anhörungsrecht, wird sich aber an Abstimmungen nicht beteiligen dürfen. Soll der „Ehrenvorsitzende" **mitentscheiden,** wird das **ausdrücklich** in der Satzung **geregelt** sein müssen (zum Ehrenvorsitzenden auch Stöber, Rdn. 179 b).

Hinweis:

Der Verein kann im Zweifel auch, wenn die **Satzung keine** besondere **Regelung** vorsieht, eine Ehrung verdienter (Vorstands)Mitglieder dadurch vornehmen, dass er sie zum Ehrenvorsitzenden ernennt. In diesem Fall hat das geehrte Mitglied aber auf **keinen** Fall **Teilhabe** an der Vereinsführung.

3. Wer kann Vorstandsmitglied werden?

Welche **persönlichen Voraussetzungen** die Vorstandsmitglieder **249** erfüllen müssen, entscheidet die **Satzung.** Sie **kann** für die Wahl in ein Vorstandsamt gewisse **Bedingungen** an Lebensalter, Beruf, fachliche Eignung, Dauer der Vereinszugehörigkeit oder an sonstige persönliche Eigenschaften stellen. Dann kann grds. nur eine Person in den Vorstand oder das bestimmte Vorstandsamt gewählt werden, die diesen Bedingungen entspricht. Ggf. kann eine entsprechende Satzungsbestimmung aber auch nur als Sollvorschrift anzusehen sein. Dann besteht die Möglichkeit, eine andere Person zu wählen, so z. B., wenn bereits früher auf die besonderen persönlichen Eigenschaften verzichtet worden ist. Es empfiehlt sich jedoch, die Satzungsbestimmungen zu beachten. Ergeben sich bei der Besetzung eines Vorstandsamtes wegen der persönlichen Voraussetzungen, die das potenzielle Vorstandsmitglied erfüllen soll, Schwierigkeiten, mag die Satzung geändert werden.

Enthält die Satzung keine besondere Regelung über die persönli- **250** chen Voraussetzungen, die die Vereinsmitglieder erfüllen müssen, kann **auch** ein **Nichtmitglied** in den Vorstand gewählt werden. Hier können sich aber ohne ausdrückliche Regelung in der Satzung Beschränkungen ergeben, und zwar sowohl aus einer langen Übung im Verein, nur Mitglieder in den Vorstand zu berufen, als auch aus dem Zweck des Vereins, z. B. bei weltanschaulicher oder politischer Zielsetzung nur Personen in den Vorstand zu wählen, die diesen Zielen entsprechen (Soergel/Hadding, § 27 Rdn. 3). Zum Vorstand kann auch eine andere **juristische Person** bestellt werden, die das Vorstandsamt dann durch ihr eigenes Vertretungsorgan ausübt.

Hinweis:
Beschränkt Geschäftsfähige können ebenfalls zum Vorstand **bestellt** werden, wenn der gesetzliche Vertreter in die Annahme des Vorstandsamtes einwilligt, was bereits bei Eintritt in den Verein geschehen kann. Bei Geschäftsunfähigen besteht diese Möglichkeit nicht (Sauter/Schweyer/Waldner, Rdn. 253; Reichert, Rdn. 1217). Es empfiehlt sich, in der Satzung ein Mindestalter festzulegen.

4. Wie wird der Vorstand bestellt?

a) Das normale Wahlverfahren

251 Nach § 27 Abs. 1 BGB erfolgt die Bestellung des Vorstandes durch Beschluss der **Mitgliederversammlung.** Diese Zuständigkeit kann in der Satzung anders geregelt werden, indem die Bestellung des Vorstandes einem **besonderen Organ** übertragen wird, z. B. einem Präsidium, Beirat, Kuratorium. Ist das der Fall, muss mit der Anmeldung des Vereins zur Eintragung in das Vereinsregister sowie bei der Anmeldung neu gewählter Vorstandsmitglieder auch eine Abschrift über die Bestellung dieses Organs beim Registergericht eingereicht werden. Mit Einschränkungen ist auch die Bestellung durch außerhalb des Vereins stehende Dritte zulässig (vgl. Reichert, Rdn. 1229 m. w. N.).

Bei der **Wahl** des Vorstandes durch die **Mitgliederversammlung** ist das in der Satzung vorgeschriebene Verfahren genau zu beachten. Ein Satzungsverstoß wird in diesem Fall regelmäßig zur Ungültigkeit der Wahl führen. Die Satzung kann die für die Wahl zum Vorstand erforderlichen Mehrheiten regeln. Ist dazu nichts bestimmt, wird **grds.** die absolute **Mehrheit** notwendig sein (BGH NJW 1974 S. 183), d. h. es muss eine Stimme mehr als die Hälfte der bei der Abstimmung anwesenden Mitglieder erreicht werden (s. Rdn. 225). Nach Palandt/Heinrichs (§ 32 Rdn. 7) soll das auch dann gelten, wenn die Satzung „einfache Mehrheit“ vorsieht, was nach der neueren Rspr. des BGH bedeuten würde, dass gewählt ist, wer die Mehrheit der abgegebenen gültigen Stimmen erlangt hat; Stimmenthaltungen und ungültige Stimmen wären also für das Wahlergebnis ohne Bedeutung (BGH NJW 1982 S. 1585; s. a. BayObLG FGPrax 1996 S. 74 und die Rdn. 223 ff.).

Hinweis:

Wegen der ggf. auftretenden Schwierigkeiten sollte das Wahlverfahren in der Satzung **sorgfältig geregelt** werden. Es dürfte sich, um Probleme bei der Kandidatur von mehr als zwei Kandidaten zu vermeiden, auch empfehlen, für die Wahl zum Vorstand die sog. **relative Mehrheit** ausreichen zu lassen (s. dazu Rdn. 225).

Die Bildung eines sog. **Wahlausschusses** zur Durchführung der Vorstandswahlen ist grds. auch ohne entsprechende Satzungsbestimmung **zulässig.** Leitet der Wahlausschuss den Wahlgang, indem er die Stimmen auszählt und das Wahlergebnis bekannt gibt, kann darin zwar ein Verstoß gegen die Satzung insoweit liegen, als diese bestimmt, dass die Versammlung und damit auch die Vorstandswahlen von einem im Einzelnen bestimmten Versammlungsleiter geleitet werden. Dieser Verstoß dürfte jedoch dann nicht zu beanstanden sein, wenn der Versammlungsleiter selbst bei der anstehenden Vorstandswahl kandidiert (OLG Köln Rpfleger 1985 S. 447). Darüber hinaus besteht Grund zur Beanstandung dieses Verfahrens m. E. auch dann nicht, wenn sich aus der Mitgliederversammlung gegen diese Verfahrensweise kein Widerspruch erhebt. Während der Dauer seiner Tätigkeit hat der Wahlausschuss die Rechte und Pflichten, die sonst dem Versammlungsleiter zustehen (s. dazu Rdn. 189 ff.). **252**

b) Besondere Verfahren

Folgende Wahlverfahren bieten sich an (allgemein zur Abstimmung in der Mitgliederversammlung s. o. Rdn. 216 ff.; zu allem auch Stöber, Rdn. 549 ff.): **253**

- **Maßgebend** ist zunächst das von der **Satzung** vorgesehene Wahlverfahren. Dieses ist zu beachten (s. oben Rdn. 251).
- Wenn die Satzung für die **Wahl mehrerer Vorstandsmitglieder** ein bestimmtes Wahlverfahren nicht vorsieht, liegt es im

Ermessen des Versammlungsleiters, ob er eine **Gesamt- oder Einzelabstimmung** vorsieht (BGH NJW 1989 S. 1150 f. und 1212 f.). Die Gesamtabstimmung ist aber nur zulässig, wenn jedes Mitglied so viele Stimmen hat, wie Kandidaten zu wählen sind und es von diesen Stimmen beliebigen Gebrauch machen, also auch weniger Stimmen abgeben kann (BGH a. a. O.; Sauter/Schweyer/Waldner, Rdn. 257).

- **Praktikabel** dürfte auch folgender Weg sein: Der Versammlungsleiter lässt über die Wahl aller Kandidaten zunächst **gleichzeitig** in **einem Wahlgang** abstimmen, wobei die Mitglieder, die auch nur einen Kandidaten nicht wählen wollen, mit „Nein" stimmen können. Wird in diesem Wahlgang die erforderliche Mehrheit erreicht, so sind alle Kandidaten gewählt. Anderenfalls muss nunmehr über jeden Kandidaten einzeln abgestimmt werden (Sauter/Schweyer/Waldner, Rdn. 257; s. auch Obermüller, DB 1969 S. 2025; a. A. Stöber, Rdn. 557).

- Ausdrücklich in der Satzung vorgesehen sein muss die **Mehrheitslistenwahl** (OLG Frankfurt Rpfleger 1984 S. 360). Hierbei können die Vereinsmitglieder nur einer Liste, die so viele Bewerber enthält, wie Vorstandsmitglieder zu wählen sind, die Stimme geben. Entsprechendes gilt für die **Blockwahl,** bei der von jedem Vereinsmitglied für die Gesamtwahl zu mehreren gleichrangigen Vereinsämtern so viele Bewerber gewählt werden müssen, wie Ämter zu besetzen sind (BayObLG NJW-RR 2001 S. 537).

- Ebenfalls **ausdrücklich regeln** muss die Satzung ein Wahlverfahren, bei dem mehr Kandidaten auf eine Liste gesetzt werden, als Vorstandsämter zu vergeben sind, und bei dem die Kandidaten gewählt sein sollen, die die **relativ meisten Stimmen** erhalten haben (BGH NJW 1989 S. 1212 f.; zum Erfordernis einer ausdrücklichen Bestimmung in der Satzung, wenn die relative Mehrheit ausreichen soll, s. a. BayObLG a. a. O.).

- Die Satzung kann auch folgenden **Gesamtwahlmodus** vorsehen: Jedes Mitglied hat so viele Stimmen, wie Vorstandsmitglieder zu wählen sind. Gewählt ist, wer die meisten Stimmen und zugleich die Mehrheit der abgegebenen Stimmen erhält. Wird sie nicht erreicht, findet ein zweiter Wahlgang statt, in dem die gewählt sind, die in der Reihenfolge der für sie abgegebenen Stimmen die meisten Stimmen erhalten haben (BGH NJW 1989 S. 1150 f. und a. a. O.).

- Vorstandsmitglieder können auch auf **schriftlichem Wege** gewählt werden. Dazu ist aber nach § 32 Abs. 2 BGB die Zustimmung aller Mitglieder erforderlich, wenn die Satzung keine besondere Regelung enthält. Die Satzung braucht dann aber nicht auch noch eine Regelung darüber zu enthalten, wer die Stimmen auszählt und dass eine Mitteilung des Abstimmungsergebnisses an die Mitglieder zu erfolgen hat (OLG Köln NJW-RR 1994 S. 1547).

Die Wahl des Vorstandes durch die Mitgliederversammlung ist der Normalfall der Bestellung des Vorstandes. Die Satzung kann aber auch **andere Formen** vorsehen: So kann der Vorstand durch einen Außenstehenden bestellt werden, z. B. durch den Vorstand eines übergeordneten Verbandes oder durch eine Behörde. Auch eine Kooptation (Selbstergänzung des Vorstandes) kann durch die Satzung zugelassen werden. Ferner kann die Satzung bestimmen, dass zum Vorstand der jeweilige Inhaber eines bestimmten öffentlichen oder kirchlichen Amtes berufen ist. Dann muss die Mitgliederversammlung aber das Recht zur Änderung der Satzung haben, weil sonst der Vorstand praktisch unabsetzbar würde (Sauter/Schweyer/Waldner, Rdn. 255; Reichert, Rdn. 1225; s. a. OLG Celle Nds. Rpfl. 1995 S. 49 [unzulässige Regelung der Satzung, wenn der Vorstand durch einen Beirat, auf dessen Zusammensetzung die Mitgliederversammlung praktisch keinen Einfluss hat, gewählt wird]). **254**

c) Die Annahmeerklärung des Gewählten

Die Bestellung zum Vorstand wird nicht schon mit der Wahl in der Mitgliederversammlung oder einem anderen Vereinsorgan wirksam, sondern **erst mit der Annahme** der Bestellungserklärung durch den Gewählten (BGH NJW 1975 S. 2101; BayObLGZ 1981 S. 277). Die Bestellung begründet eine Rechte und Pflichten **255** umfassende organschaftliche Rechtsstellung, die für den Gewählten auch die Gefahr der Haftung in sich birgt. Deshalb ist die **ausdrückliche Annahme** durch den Gewählten **erforderlich.** Es kann auch niemand gezwungen werden, die Wahl zum Vorstand anzunehmen. Nimmt der Gewählte die Wahl nicht an, ist ein neuer Wahlgang erforderlich. Es ist nicht etwa der Kandidat mit der nächst höheren Stimmenzahl gewählt.

d) Eintragung ins Vereinsregister

256 Die Vorstandsbestellung bedarf zu ihrer Wirksamkeit nicht der Eintragung ins Vereinsregister. Die Vorstandsmitglieder sind aber dennoch gesetzlich verpflichtet, jede **Änderung** des Vorstandes **zur Eintragung** ins Vereinsregister **anzumelden.** Der Anmeldung ist eine Abschrift der Urkunde über die Änderung, also z. B. des **Versammlungsprotokolls** beizufügen. Wirkt der Gewählte bei der Anmeldung nicht mit, muss sich aus den mit der Anmeldung vorzulegenden Urkunden auch ergeben, dass der Gewählte die Wahl angenommen hat, z. B. durch eine entsprechende Feststellung im Versammlungsprotokoll. Ist der Gewählte in Abwesenheit gewählt worden, muss seine Annahmeerklärung vorgelegt werden. Das Protokoll muss vom Protokollführer unterzeichnet sein. I. d. R. wird der in der Satzung namentlich nicht genannte Protokollführer die Niederschrift ausdrücklich mit „als Protokollführer“ unterzeichnen (OLG Hamm Rpfleger 1996 S. 513).

Für die Vornahme der **Anmeldung** durch einen mehrgliedrigen Vorstand gilt, dass die Mitwirkung von Vorstandsmitgliedern in vertretungsberechtigter Zahl genügt (s. Rdn. 25). Für die Anmeldung selbst gelten die allgemeinen Regeln für eine Anmeldung zum Vereinsregister (s. Rdn. 26 ff.). Nach dem Gesetz über elektronische Register und Justizkosten für Telekommunikation vom 10. 12. 2001 (BGBl. I 2001, S. 3422) müssen nach § 64 S. 2 BGB nicht nur die Mitglieder des Vorstandes, sondern auch ihre „Vertretungsmacht“ angegeben werden (vgl. dazu Schwarz, Rpfleger 2003, 1).

Hinweis:

Angemeldet werden müssen **nur Veränderungen** im Vorstand, Wiederwahlen dagegen nicht. Es empfiehlt sich aber, diese dem Registergericht formlos mitzuteilen. Dafür genügt eine Postkarte.

Angemeldet werden müssen auch nur Änderungen im **Vorstand i. S. des BGB,** nicht auch solche in einem „Gesamtvorstand" (zur Abgrenzung s. Rdn. 243 ff.).

Der **nicht eingetragene,** aber ordnungsgemäß bestellte **Vorstand** ist als rechtmäßiger Vorstand des Vereins zu allen **Rechtsgeschäften berechtigt,** die im Rahmen des Vereinszwecks und innerhalb seiner durch die Satzung bestimmten Vertretungsmacht liegen. Rechtsgeschäfte zwischen dem alten, noch eingetragenen Vorstand und einem gutgläubigen Dritten sind nach § 68 BGB für den Verein verbindlich (s. Rdn. 387). **257**

5. Das Verhältnis des Vorstandes zum Verein und zu seinen Mitgliedern

Bei dem **Innenverhältnis** zwischen Vorstand und Verein handelt es sich i. d. R. um einen **Geschäftsbesorgungsvertrag eigener Art,** auf den über § 675 BGB die wesentlichen Auftragsregeln des BGB Anwendung finden. Das bedeutet vor allem, dass der Vorstand nur Anspruch auf Ersatz seiner Aufwendungen hat, also grds. ehrenamtlich tätig ist. Die Satzung kann jedoch ein Entgelt für die Tätigkeit des Vorstands vorsehen. Ist das der Fall, muss darüber eine besondere Vereinbarung getroffen werden (s. a. Rdn. 290). **258**

Zuständig für den **Abschluss** (und die Kündigung/Lösung) eines **Anstellungsvertrages** zwischen dem Vorstand und Verein ist das Vereinsorgan, dem auch die Bestellung obliegt, falls das Innenverhältnis im zeitlichen Zusammenhang mit der Vorstandsbestellung geregelt wird. Vorstandsbestellung und Regelung des Dienstverhältnisses bilden dann eine Einheit (BGH NJW 1991 S. 1729). I. d. R. ist das die Mitgliederversammlung (LG Bonn Rbeistand 2004 S. 24). Besteht kein zeitlicher Zusammenhang, ist grds. der Vorstand als das Vertretungsorgan des Vereins zuständig; ggf.

muss ein Notvorstand durch das Gericht bestellt werden. Wird der **Arbeitnehmer** eines Vereins zum Vorstandsmitglied bestellt und im Hinblick darauf ein Dienstvertrag mit höheren Bezügen abgeschlossen, so wird im Zweifel das bisherige Arbeitsverhältnis aufgehoben (BAG NJW 1996 S. 614). Auch für eine Änderung des Anstellungsverhältnisses ist i. d. R. der Vorstand zuständig.

Hinweis:

Vorstandsmitglieder von Vereinen, die für diese gegen Entgelt tätig sind, unterliegen der Versicherungspflicht in der **Rentenversicherung** und in der **Arbeitslosenversicherung** (BSG NZA 2002 S. 82). Der Umstand, dass diese Personen ggf. Arbeitgeberfunktionen i. S. des Arbeitsrechts und des ArbGG ausüben, steht dem nicht entgegen (BSG NZG 2002 S. 431).

259 Rechtsbeziehungen bestehen nur zwischen dem Verein und dem Vorstand, **nicht** dagegen zu den **einzelnen Vereinsmitgliedern.** Der Vorstand ist daher bei Verletzung seiner Pflichten nur dem Verein, nicht aber den einzelnen Mitgliedern schadensersatzpflichtig. Der Vorstand darf aber die Mitgliedschaftsrechte der einzelnen Mitglieder nicht **verletzen.** Anderenfalls haftet der Verein gem. § 31 BGB auf **Schadensersatz** (vgl. BGH NJW 1984 S. 1884 [für den Ausschluss eines Vorstandsmitglieds aus dem Verein durch den Vorstand]; BGH NJW 1990 S. 2877 [für die schuldhafte Verweigerung der Teilnahme des Mitglieds an einer Yachtregatta]; s. a. Rdn. 335 ff.).

Hinweis:

Der Vorstand braucht sich außerhalb der Mitgliederversammlung mit **einzelnen Vereinsmitgliedern nicht** über Beanstandungen an seiner Geschäftsführung **auseinander zu setzen.** Das Mitglied, das mit der Geschäftsführung des Vorstandes nicht einverstanden ist, muss sich an das dem Vorstand übergeordnete Vereinsorgan, i. d. R. also an die Mitgliederversammlung, wenden (s. dazu auch KG NJW 1999 S. 1486 für Auskunftsrecht).

6. Allgemeines zu den Befugnissen des Vorstandes

Die Befugnisse und der Wirkungskreis des Vorstandes lassen sich in zwei Gruppen aufteilen, nämlich einmal in die **Vertretung** und Repräsentation des Vereins nach außen, sowie in die **Geschäftsführung.** Geschäftsführung ist jede im Dienst des Vereins stehende Tätigkeit, die sowohl rein tatsächlicher Art (z. B. Buch- und Kassenführung) wie auch rechtsgeschäftlicher Art (z. B. Einstellung von Personal, Anmietung von Räumen für eine Vereinsgeschäftsstelle) sein kann. Dabei stellt **jede Vertretungshandlung** nach außen zugleich **auch** einen Akt der **Geschäftsführung** dar (Sauter/Schweyer/Waldner, Rdn. 277; zum Vorstand als Geschäftsführungsorgan s. auch Linnenbrink, SpuRt 2000 S. 55). **260**

Grds. ist die dem Vorstand durch das Gesetz in § 26 Abs. 2 S. 1 BGB verliehene **Vertretungsmacht unbeschränkt** (BGH NJW-RR 1996 S. 866), nach § 26 Abs. 2 S. 2 BGB aber **beschränkbar.** Die Geschäftsführung kann in der Satzung einem anderen Vereinsorgan übertragen werden. Das gilt jedenfalls bei einem Verein, der in seiner Satzung den Vorstandsmitgliedern Einzelvertretungsmacht einräumt (BGH NJW 1977 S. 2310; so auch Sauter/Schweyer/Waldner, Rdn. 250 m. w. N.). Zulässig sind also Satzungsbestimmungen, wonach die Geschäftsführung des Vereins einem „erweiterten Vorstand" oder einem „Gesamtvorstand" übertragen ist. Die Übertragung der Geschäftsführung auf ein anderes Vereinsorgan darf aber nicht so weit gehen, dass dem Vorstand auch die zur Vertretung nach außen erforderliche Bildung seines Erklärungswillens entzogen wird. Der Vorstand muss an der **internen Beschlussfassung** (Geschäftsführung) wenigstens insoweit teilhaben, als diese mit der Vertretungshandlung nach außen untrennbar zusammenhängt (Sauter/Schweyer/Waldner, a. a. O., m. w. N.). In diesem Bereich muss also Identität zwischen Vertretungs- und Geschäftsführungsorgan bestehen, die in der Praxis dadurch erreicht wird, dass der Vorstand beiden Organen angehört.

Beispiel:

Möglich ist es, die vorbereitende Entscheidung, z. B. über die Einstellung von Personal, einem Ausschuss zu übertragen, wenn der Vorstand bei der endgültigen Entscheidung über die Einstellung, die er als Vertretungsorgan vornehmen muss, mitwirkt. Nicht zulässig wäre es, wenn der Vorstand die Entscheidung des Ausschusses nur noch auszuführen hätte.

7. Die Vertretungsmacht des Vorstandes

261 Die **Vertretungsmacht** des Vorstandes erstreckt sich auf alle Rechtsgeschäfte und Handlungen. Die Vertretungsmacht ist **grds. unbeschränkt** (§ 26 Abs. 2 S. 1 BGB). Sie bezieht sich aber nicht auf solche Rechtsgeschäfte, die auch für Dritte erkennbar **ganz außerhalb** des Vereinszweckes liegen (so Palandt/Heinrichs, § 26 Rdn. 5; a. A. Bamberger/Roth/Schwarz, BGB, 2003, § 26 Rdn. 12; offen gelassen von BGH NJW 1980 S. 2799). Entsprechendes gilt für Rechtsgeschäfte, die in die Befugnisse anderer Vereinsorgane eingreifen. Der Vorstand kann daher den Verein gegenüber einem Dritten nicht verpflichten, den Vereinsnamen zu ändern oder eine Satzungsänderung mit Änderung des Vereinszwecks vorzunehmen, wenn hierfür andere Vereinsorgane zuständig sind.

Hinweis:

Handelt der Vorstand im Rahmen der ihm nach Satzung und Gesetz zustehenden Vertretungsmacht für den Verein, wird er persönlich weder berechtigt noch verpflichtet. Beim Handeln für seinen Verein muss der Vorstand aber darauf achten, dass er den Zusatz **„e. V." führt.** Anderenfalls kann ihm persönlich die **Rechtsscheinshaftung** entsprechend § 54 S. 2 BGB drohen (siehe dazu auch OLG Celle NJW-RR 1999 S. 1052 [nicht bei einem nur einmaligen Verstoß gegen § 65 BGB]).

a) Vertretungsmacht und interner Vorstandsbeschluss

262 Fraglich ist, ob zur wirksamen Vertretung des Vereins bei einem **Vorstand,** der aus **drei** oder noch **mehr Personen** besteht, das Handeln aller Vorstandsmitglieder erforderlich ist oder ob es genügt, dass die Mehrheit von ihnen handelt. Enthält die Satzung dazu keine Regelung (s. Rdn. 86), gilt nach der h. M. in der Lit. nicht nur für die interne Beschlussfassung des Vorstandes, sondern auch für seine Vertretungshandlungen nach außen das Mehrheitsprinzip (Palandt/Heinrichs, § 26 Rdn. 6 m. w. N.; Schwarz, Rpfleger 2003 S. 1; so wohl auch BGH NJW 1977 S. 2310). D. h.:

Grds. kann der Verein **nur** durch die **Mehrheit** seiner Vorstandsmitglieder wirksam nach außen vertreten werden. Dabei wird „Mehrheit" von der h. M. so verstanden, dass Vertretungsmacht diejenige Anzahl von Vorstandsmitgliedern hat, die zur wirksamen Beschlussfassung im Innenverhältnis erforderlich ist (Schwarz, Rpfleger 2003 S. 1, 2).

Davon zu **unterscheiden** ist die Frage, ob Vertretungshandlungen des Vorstandes nach außen (z. B. der Abschluss eines Mietvertrages oder Einstellung von Personal) generell auch nur wirksam sind, wenn sie durch einen **gültigen internen Vorstandsbeschluss** gedeckt sind. Insoweit besteht kein Streit mehr, wenn für den Verein ein Vorstandsmitglied mit Einzelvertretungsmacht, mehrere Vorstandsmitglieder mit Gesamtvertretungsmacht oder alle Vorstandsmitglieder gehandelt haben: In diesen Fällen kommt es für die Wirksamkeit nicht auf die interne Beschlussfassung an, so dass also auch bei Abweichen der Vertretungshandlung vom internen Beschluss der Verein wirksam vertreten worden ist (BGH NJW 1993 S. 191). Enthält die **Satzung keine** besonderen **Bestimmungen** über die Vertretungsmacht der Vorstandsmitglieder, gilt also das **Mehrheitsprinzip,** hängt die Wirksamkeit der Vertretungshandlung nach außen jedoch davon ab, dass ein ordnungsgemäßer **interner** Beschluss des Vorstandes vorliegt (str.; s. Sauter/Schweyer/Waldner, Rdn. 232 m. w. N. zur h. M.; vgl. dazu Schwarz, Rpfleger 2003 S. 1, 3). Handelt ein Vorstandsmitglied zwar im Rahmen seiner satzungsmäßigen Vertretungsmacht, aber einem internen, in der Satzung nicht vorgesehenen Vorstandsbeschluss zuwider, wonach sämtliche Geschäfte, die eine bestimmte wirtschaftliche Größenordnung überschreiten, nur mit Zustimmung weiterer Vorstandsmitglieder vorgenommen werden dürfen, macht das das handelnde Vorstandsmitglied gegenüber dem Verein aber nicht allein schon deshalb schadensersatzpflichtig (BGH a. a. O.).

Die obigen Fragen stellen sich nur, wenn der Vorstand aus drei oder noch mehr Personen besteht. Bei einem **Vorstand,** der nur aus **zwei Personen** besteht, stellt sich das **Problem** Gesamtvertretung oder Vertretung durch die Mehrheit **nicht.** Hier kommt im- **263** mer nur (Gesamt-)Vertretung durch die beiden Vorstandsmitglieder in Betracht, soweit die Satzung nicht eine andere Regelung vorsieht.

b) Abweichungen vom Mehrheitsprinzip

264 Vom Mehrheitsprinzip kann die **Satzung abweichen.** Sie kann das Handeln nach außen dadurch erschweren, dass sie das Handeln aller Vorstandsmitglieder erforderlich macht. Sie kann aber auch die Vertretung durch einzelne Vorstandsmitglieder allein oder gemeinsam als zulässig ansehen. Einzelne Vorstandsmitglieder dürfen aber von der Vertretung des Vereins nicht gänzlich ausgeschlossen werden. Dies wäre z. B. der Fall, wenn bei einem mehrgliedrigen Vorstand die Satzung bestimmte, dass der Verein nur durch den 1. Vorsitzenden vertreten wird.

Das Mehrheitsprinzip hat **nicht** zur **Folge,** dass die Vorstandsmitglieder ihre **Willenserklärungen gleichzeitig** abgeben müssen. Ein von einem (vertretungsberechtigten) Vorstandsmitglied geschlossener Vertrag kann auch nachträglich durch die übrigen zur Vertretung erforderlichen Vorstandsmitglieder genehmigt werden. Vorstandsmitglieder, die nur zusammen zur Vertretung des Vereins berechtigt sind, können einander zur Abgabe der Erklärung **bevollmächtigen.** Es reicht aus, wenn einer allein die Erklärung abgibt. Bei einseitigen Rechtsgeschäften wie Kündigung, Anfechtung, Rücktritt kommt eine Genehmigung allerdings nur in Betracht, wenn der Gegner die von dem einzelnen Vorstandsmitglied behauptete Vertretungsmacht nicht beanstandet oder wenn er mit dessen Handeln einverstanden ist (BGH NJW 1982 S. 1036, 1037). Ein allein handelndes Vorstandsmitglied muss die Ermächtigungsurkunde vorlegen (§§ 174, 180 BGB).

8. Besondere Fragen zur Vertretungsmacht

265 Nach § 26 Abs. 2 BGB vertritt der Vorstand den Verein gerichtlich und außergerichtlich. Seine Vertretungsmacht ist grds. allumfassend (zu den Einschränkungen s. Rdn. 270 ff.) und erstreckt sich auf alle bei der Führung der Geschäfte anfallenden Rechtsgeschäfte. Es gelten die allgemeinen Regeln. Einige Fragen sind dabei

von besonderer Bedeutung und sollen deshalb hier dargestellt werden.

a) In-Sich-Geschäft

Für Rechtsgeschäfte des Vorstandsmitglieds mit dem Verein (sog. 266
„In-Sich-Geschäfte") gilt § 181 BGB. Danach ist es grds. verboten, dass ein Vertreter im Namen des Vertretenen mit sich im eigenen Namen ein Rechtsgeschäft vornimmt, es sei denn, der Geschäftsherr gestattet dieses In-Sich-Geschäft. Geschäftsherr ist der Verein, bei dem für die Erteilung der Erlaubnis die Mitgliederversammlung oder das Bestellungsorgan, nicht der Vorstand selbst, zuständig ist (BGHZ 33 S. 192; s. a. LG Ravensburg Rpfleger 1990 S. 26). Die **Erlaubnis**, In-Sich-Geschäfte zu tätigen, kann auch bereits in der **Satzung** allgemein oder nur für bestimmte Geschäfte festgelegt werden (OLG München NJW-RR 1991 S. 893). Die Befreiung in einem Anstellungsvertrag reicht nicht aus (BGH NJW 1995 S. 1158).

Hinweis:

Ob ein In-Sich-Geschäft dem Vorstand allein durch **Beschluss** der **Mitgliederversammlung** gestattet werden kann, wenn die Satzung dies nicht ausdrücklich vorsieht, ist in der Lit. umstr. Die Frage wird von Sauter/Schweyer/Waldner (Rdn. 239) bejaht, von Stöber (Rdn. 279 Fn. 77) und Reichert (Rdn. 1431) und der Rspr. (vgl. u. a. BGH NJW 1991 S. 1731; BayObLG NJW-RR 1996 S. 611) hingegen verneint. Es empfiehlt sich daher, diese Frage ggf. **ausdrücklich** in der Satzung zu **regeln** (vgl. BGH NJW 2000 S. 664; OLG Celle NJW-RR 2001 S. 175 [für GmbH]).

Bei der **Spielervermittlung** (für einen Sportverein) kann der Spielervermittler allerdings zugleich als Vertreter des Spielers und des abgebenden Vereins handeln (OLG Düsseldorf NJW-RR 1996 S. 558).

b) Entgegennahme von Willenserklärungen

Für die **Entgegennahme von Willenserklärungen** hat jedes Vor- 267
standsmitglied eines mehrgliedrigen Vorstandes nach § 28 Abs. 2

BGB, der durch die Satzung nicht abgeändert werden kann, **Einzelvertretungsmacht.** Für die Wirksamkeit von Erklärungen gegenüber dem Verein genügt es also, wenn diese nur einem Vorstandsmitglied zugehen (sog. Passivvertretung).

Das gilt ebenso, wenn es auf die **Kenntnis** oder das **Kennenmüssen** einer Tatsache ankommt oder wenn die Voraussetzungen der Arglist zu prüfen sind (BGH NJW 1990 S. 975). Hier muss sich der Verein schon das **Wissen** eines einzelnen Vorstandsmitglieds **zurechnen** lassen, auch wenn z. B. nur alle Vorstandsmitglieder zusammen den Verein vertreten können (vgl. BGH NJW 1995 S. 2159 [für GmbH] und krit. dazu Schultz NJW 1996 S. 1392). Der Verein muss sich das Wissen des Vorstandsmitglieds auch dann zurechnen lassen, wenn dieser es absichtlich unterdrückt, wenn er an dem konkreten Geschäft nicht beteiligt war (BGH a. a. O.; BayObLG NJW-RR 1989 S. 910; OLG Köln NJW-RR 2000 S. 470), wenn er die Kenntnis privat erlangt oder wenn er inzwischen aus dem Vorstandsamt ausgeschieden ist (s. a. Palandt/ Heinrichs, § 28 Rdn. 2 m. w. N.).

Beispiele:

1. Der A-Verein ist Eigentümer eines Hauses, in dem Wohnungen vermietet sind. Der Vorstand des Vereins besteht aus B, C und D. Mieter M will sein Mietverhältnis mit dem Verein kündigen. B ist verreist, C erkrankt. M spricht die Kündigung nur gegenüber D aus. Die Kündigung ist wirksam.

2. Der Sportverein e. V. beschließt, einen Großrasenmäher für den vereinseigenen Sportplatz zu kaufen. Der Vorstand besteht aus A, B und C. Mit dem Kauf wird A vom Vorstand betraut. Bei Vertragsschluss weiß A, dass der Rasenmäher einen Defekt an der Schneidevorrichtung hat. Wenn nun der Gesamtvorstand namens des e. V. wegen dieses Mangels später den Rücktritt vom Kaufvertrag (früher: Wandelung des Kaufvertrages) verlangt, kann der Verkäufer sich darauf berufen, dass der Verein in Kenntnis des Fehlers den Rasenmäher gekauft hat. Ein Rücktrittsrecht besteht deshalb nicht.

3. Zur Ausstattung seiner Vereinsräume will der Tennisverein e. V. mehrere Orientteppiche erwerben. Mit dem Kauf wird vom Gesamtvorstand das Vorstandsmitglied A beauftragt. Diesem werden verschiedene Teppiche angeboten. Einen dieser Teppiche erkennt der A als bei einem Bekannten gestohlen wieder. Wenn er nun dennoch für den Verein den Teppich kauft, erwirbt der Verein kein Eigentum, da A bösgläubig war (s. §§ 932 ff. BGB).

c) Vollmachtserteilung

Der Vorstand kann einem Dritten oder auch einem oder mehreren seiner Mitglieder **Vollmacht erteilen,** die aufgrund der jeweiligen Vorstandsbeschlüsse notwendigen Vertretungshandlungen vorzunehmen und die entsprechenden Erklärungen abzugeben. Die Vollmachtserteilung und der Widerruf der Vollmacht richten sich nach den **allgemeinen Regeln:** Intern muss über die Vollmachtserteilung oder den Widerruf der Vorstand durch Beschlussfassung entscheiden, nach außen bedarf es zur Vollmachtserteilung oder zum Widerruf wie bei jedem Rechtsgeschäft der Erklärung so vieler Vorstandsmitglieder, wie nach der Satzung zur Vertretung des Vereins erforderlich sind. Es gelten die Ausführungen zu Rdn. 262 ff. Ist eine Vollmacht erteilt, wird sie in ihrem Bestand nicht durch Änderungen in der Zusammensetzung des Vorstandes berührt. **268**

Grds. kann der Vorstand für jedes Rechtsgeschäft Vollmacht erteilen. Die Vollmachtserteilung darf aber **nicht** auf eine **Übertragung der Organstellung** insgesamt hinauslaufen oder generell auf die Umwandlung einer Mehr- oder Gesamtvertretungsmacht in eine Einzelvertretungsmacht. Unwirksam ist daher eine Vollmacht, mit der im Fall der Gesamtvertretung ein Vorstandsmitglied von den anderen allgemein zur (Allein-)Vertretung ermächtigt wird (zuletzt BGH NJW 1989 S. 164, 166 [für die vergleichbare Problematik bei der GmbH]; OLG München NJW-RR 1991 S. 893). Eine **unwiderrufliche Vollmacht** kann daher der Vorstand auch nur für bestimmte Einzelgeschäfte erteilen, da anderenfalls § 27 Abs. 2 BGB umgangen würde.

d) Sonstiges

In **Prozessen** des Vereins nimmt der Vorstand als Vertretungsorgan die Parteirolle ein. Er kann daher nicht als Zeuge vernommen werden, sondern nur als **Partei** nach den §§ 445 ff. ZPO. **269**

Beim mehrgliedrigen Vorstand bestimmt das Gericht, ob es alle oder nur einzelne Vorstandsmitglieder vernehmen will.

Der Vorstand stellt auch für den Verein **Strafantrag.** Wird nach dem Gesetz über Ordnungswidrigkeiten gem. § 30 Abs. 1 OWiG gegen den Verein eine Geldbuße festgesetzt, wird er in dem sich dann anschließenden gerichtlichen Verfahren durch den Vorstand vertreten.

Wird gegen den Verein die **Zwangsvollstreckung** (eidesstattliche Versicherung nach § 807 ZPO) betrieben oder ist der Verein zur Abgabe einer eidesstattlichen Versicherung verurteilt worden (s. §§ 889 ff. ZPO), muss der Vorstand als Vertretungsorgan die eidesstattliche Versicherung abgeben. Bei einem mehrgliedrigen Vorstand müssen so viele Vorstandsmitglieder mitwirken, wie nach Gesetz oder Satzung zur Vertretung des Vereins erforderlich sind (Sauter/Schweyer/Waldner, Rdn. 243 m. w. N.).

9. Beschränkungen der Vertretungsmacht

Nach § 26 Abs. 2 S. 2 BGB kann die grundsätzlich unbeschränkte Vertretungsmacht des Vorstandes durch die Satzung gegenüber Dritten beschränkt werden. Die Beschränkung der Vertretungsmacht muss, wenn sie gegenüber Dritten wirksam sein soll, gem. §§ 64, 68, 70 BGB ins Vereinsregister eingetragen werden.

a) Umfang der Beschränkungen

270 Die **Satzung** kann **frei** bestimmen, in welcher Weise sie die Vertretungsmacht des Vorstandes beschränken will. Sie kann die Vertretungsmacht jedoch **nicht vollständig** entziehen, der Vorstand muss in einem gewissen Rahmen Vertretungsorgan des Vereins bleiben. In diesem Rahmen hält sich die Beschränkung, wenn der Vorstand zur Vornahme bestimmter Geschäfte entweder überhaupt nicht befugt sein soll, weil hierfür ein „besonderer Vertreter“ (s. § 30 BGB; Rdn. 326 ff.) oder ein anderes Vereinsorgan vorgesehen ist, oder wenn er für die Wirksamkeit seines Handelns der Zustimmung anderer Vereinsorgane (Gesamtvorstand, Mitgliederversammlung, Beirat) oder bestimmter Einzelpersonen (Geschäftsführer, Kassierer usw.) bedarf.

Hinweis:

Die Satzung kann auch vorschreiben, dass der Vorstand Geschäfte, die einen bestimmten Wert übersteigen, nur mit Zustimmung eines anderen Vereinsorgans vornehmen darf. In der Satzung sollte dann z. B. etwa wie folgt formuliert werden: „Rechtsgeschäfte, die den Verein verpflichten und nicht nur in der Erfüllung einer Verbindlichkeit bestehen, mit einem Wert von über 1 500 €, sind für den Verein nur verbindlich, wenn die Zustimmung der Mitgliederversammlung schriftlich erteilt ist."

Auf die **Formulierung** der Beschränkung ist **besondere Sorgfalt** zu verwenden. Sie muss eindeutig aus der Satzung zu entnehmen sein (BayObLG Rpfleger 1999 S. 544 = NJW-RR 2000 S. 41). So schränkt nach Auffassung des BayObLG die Formulierung, dass der Vorstand „bei Investitionsmaßnahmen über 25 000 €" der Zustimmung der Mitgliederversammlung bedarf, die Vertretungsmacht des Vorstandes für die Belastung eines Grundstücks mit einer Grundschuld nicht ein (BayObLG a. a. O.; zugleich auch zur Frage, ob eine solche Satzungsbestimmung überhaupt die für die Eintragung in das Vereinsregister erforderliche Bestimmtheit hat; vgl. auch BayObLG DB 1973 S. 2518 = MDR 1974 S. 400). Der Begriff der „Investition" erfasse nicht auch eine Grundschuld, auch seien Verbindlichkeiten denkbar, die nicht zur Durchführung einer Investition eingegangen seien und die durch eine Grundschuld gesichert werden können.

Es **empfiehlt** sich daher, wenn es um die Beschränkung der Vertretungsmacht in Zusammenhang mit beweglichem und unbeweglichem Vermögen geht, neben dessen Veräußerung ausdrücklich auch dessen Belastung aufzuführen (BayObLG Rpfleger 1999 S. 544, 545).

Für die Beschränkung der Vertretungsmacht mit Wirkung gegen Dritte genügt nicht schon, dass in der Satzung eine den Handlungsspielraum des Vorstandes einschränkende Regelung getroffen ist. Vielmehr muss sich aus der betreffenden Satzungsbestimmung **eindeutig** ergeben, dass damit gerade die Vertretungsmacht des Vorstandes nach außen beschränkt sein soll, und dem Vorstand nicht lediglich ein bestimmtes vereinsinternes Verhalten zur Pflicht gemacht wird (BGH NJW 1980 S. 2799 und NJW-RR 1996 S. 866, jeweils für Austritt aus einem übergeordneten Verband und Zustimmungserfordernis für die Mitgliederversamm- **271** lung; s. a. BayObLG Rpfleger 1999 S. 544 und dazu Rdn. 270). Diese Frage ist nicht immer leicht zu beurteilen und läuft letztlich auf eine Auslegung der Satzung hinaus. Dafür lassen sich allgemeine Grundsätze kaum aufstellen, auf folgende **Gesichtspunkte** ist jedoch hinzuweisen:

- Maßgeblich kann sein, ob der **Zweck,** den die fragliche Satzungsbestimmung verfolgt, allein durch eine Beschränkung der Vertretungsmacht des Vorstandes erreicht werden kann.

- Zu fragen ist auch nach der **Bedeutung** der **fraglichen** Maßnahme für den Verein. Je bedeutungsvoller sie für den Verein, sein Vermögen und die Stellung des Vereins nach außen ist, desto eher wird man in der Verpflichtung des Vorstandes, andere Organe oder Einzelpersonen zu beteiligen, eine Beschränkung seiner Vertretungsmacht sehen müssen. Regelt die Satzungsbestimmung aber weniger die **Sachentscheidung,** sondern mehr die **Form,** in der der Vorstand Willenserklärungen abzugeben hat, so liegt darin regelmäßig keine Beschränkung der Vertretungsmacht.

Beispiele:

- In der Vorschrift, dass gewisse **Beschlüsse** des Vorstandes der **Zustimmung** der **Mitgliederversammlung** bedürfen, kann eine nach außen wirkende Beschränkung der Vertretungsmacht liegen (KG JW 1936 S. 2929; s. aber BGH a. a. O.).

- Heißt es in der Satzung, dem Vorstand obliege die **Führung** des Vereins **nach** der **Satzung** und den Beschlüssen der Mitgliederversammlung, bedeutet dies für sich allein nicht eine Beschränkung der Vertretungsmacht des Vorstands; sie stellt lediglich klar, dass die Mitgliederversammlung dem Vorstand Weisungen erteilen kann (OLG Frankfurt Rpfleger 1977 S. 103; Stöber, Rdn. 278).

- Heißt es in der Satzung, dass der Vorstand im Schriftverkehr mit dem **Namen** des **Vereins** und mit seiner **Namensunterschrift** zu **zeichnen** hat, handelt es sich lediglich um eine Ordnungsvorschrift, die regelt, wie der Vorstand seine Vertretungsmacht darzustellen hat (Stöber a. a. O., m. w. N.).

- Schreibt die Satzung vor, dass der Vorstand **rechtsgeschäftliche Erklärungen persönlich** abzugeben hat, wird er dadurch in seiner Handlungsfreiheit allerdings insoweit eingeschränkt, als er sich nicht durch Bevollmächtigte vertreten lassen darf (Sauter/Schweyer/Waldner, Rdn. 234).

b) Wirkung der Eintragung gegenüber Dritten

Die Beschränkung der Vertretungsmacht wirkt gegenüber Dritten **272**
nur, wenn sie gem. §§ 64, 68, 70 BGB im Vereinsregister eingetragen oder dem Dritten bekannt war. Nach § 68 i. V. m. § 70 BGB hat das Vereinsregister **sog. negative Publizität.** Das bedeutet:

- Beschränkungen, die nicht im Vereinsregister eingetragen sind, können einem **Dritten** vom Verein **nur entgegengehalten** werden, wenn er sie kannte; Kennenmüssen (Fahrlässigkeit) genügt nicht.

- Umgekehrt muss der **Dritte** eingetragene **Beschränkungen gegen sich** gelten lassen, es sei denn, dass er sie nicht kennt oder kennen muss.

Hinweis:

I. d. R. wird man sagen können, dass der **Geschäftspartner** des Vereins **fahrlässig** handelt, wenn er es **unterlässt,** vor dem Geschäftsabschluss das Vereinsregister **einzusehen,** und deshalb von einer eingetragenen Vertretungsmachtbeschränkung des Vorstandes keine Kenntnis hat (s. Rdn. 387). Etwas anderes kann dann gelten, wenn die Einsicht kurz vor Abschluss des Geschäfts erfolgt ist, danach dann aber noch eine Vorstandsänderung eingetragen worden ist.

Als **Faustregel** für den Zeitpunkt der Einsicht wird man festhalten können: Je wichtiger das mit dem Verein abzuschließende Geschäft ist, desto kürzer muss die Zeitspanne zwischen Einsichtnahme und Geschäftsabschluss sein (so wohl auch Stöber, Rdn. 1048).

- **„Dritter“** kann auch ein **Vereinsmitglied** sein, so z. B. wenn der Beitrag an den Vorstand gezahlt wird, der keine Inkassoberechtigung hat (Palandt/Heinrichs, §§ 67 ff. Rdn. 3).

10. Die Geschäftsführung des Vorstandes

a) Allgemeines

273 Zur Geschäftsführung gehören **alle Handlungen,** die der Vorstand **für** den **Verein** vornimmt, gleichgültig, ob sie tatsächlicher oder rechtlicher Art sind (s. Rdn. 260). Auch jede Vertretungshandlung ist zugleich Geschäftsführung (eingehend zur Geschäftsführung Linnenbrink, SpuRt 2000 S. 55).

Nach § 27 Abs. 3 BGB gelten für die Geschäftsführung des Vorstandes im Wesentlichen die Vorschriften, die das Gesetz für das Rechtsverhältnis zwischen dem Auftraggeber und dem Beauftragten in den §§ 664 bis 670 BGB **(Auftrag)** aufgestellt hat. Wegen der sich daraus ergebenden Rechte und Pflichten des Vorstandes siehe die Rdn. 276 ff. Hier ist nur auf Folgendes hinzuweisen:

Ohne **ausdrückliche Erlaubnis** in der Satzung darf der Vorstand die Geschäftsführung **nicht allgemein** einer anderen Person oder Stelle übertragen (§ 664 Abs. 1 BGB; s. Rdn. 268). Die Satzung kann das anders regeln. Der Vorstand kann aber für einzelne Geschäfte oder Geschäftsbereiche, wie z. B. die Kassenführung, Aufträge oder Vollmachten erteilen und darf auch das zur Erledigung der Geschäfte erforderliche Hilfspersonal einstellen. Inwieweit daran dann die Mitgliederversammlung oder ein anderes Vereinsorgan zu beteiligen ist, bestimmt ebenfalls die Satzung. Auch bei Beschäftigung von Angestellten oder eines „Geschäftsführers“ muss aber der Vorstand die Leitung des Vereins behalten (zum „Geschäftsführer“ Rdn. 246).

Für die Geschäftsführung gilt bei einem mehrgliedrigen Vorstand nach § 28 Abs. 1 BGB ebenso wie für die Vertretung nach außen das **Mehrheitsprinzip,** soweit die Satzung nichts anderes bestimmt (zur Beschlussfassung s. Rdn. 294 f.).

b) Aufteilung der Geschäftsführung im Vorstand

274 Gegen das Mehrheitsprinzip wird nicht verstoßen, wenn die Geschäftsführung **im Vorstand nach Sachgebieten aufgeteilt** wird (s. dazu eingehend Reichert, Rdn. 1484 ff.). Dies ist bei Großvereinen regelmäßig sogar geboten, um eine rasche Erledigung der

laufenden Vereinsgeschäfte zu gewährleisten. Die grundsätzlichen Entscheidungen über die Geschäftsführung des Vereins sollten aber dem gesamten Vorstand vorbehalten bleiben. Ist dies der Fall, ist gegen die Einführung eines geschäftsführenden Vorstandes, der die laufenden Vereinsgeschäfte erledigt, nichts einzuwenden.

Die **Aufteilung** der laufenden Vereinsgeschäfte unter die Mitglieder des Vorstandes **kann bereits** in der **Satzung** vorgenommen werden. Dafür reicht allerdings eine Satzungsbestimmung, wonach der Vorstand aus dem 1. Vorsitzenden, dem 2. Vorsitzenden, dem Schatzmeister und dem Schriftführer besteht, nicht aus. Vielmehr muss in der Satzung dem einzelnen Vorstandsamt ein **genau beschriebenes Aufgabengebiet** zugeordnet werden.

Hinweis:

Zu **empfehlen** ist die **Aufteilung** der laufenden Vereinsgeschäfte unter den Mitgliedern des Vorstandes bereits in der **Satzung** jedoch **nicht.** Denn dann ist für jede Änderung der einzelnen Zuständigkeiten eine Satzungsänderung erforderlich, zudem wird die Satzung unnötig mit einer ins Einzelne gehenden Regelung belastet. **Angebracht** ist es vielmehr, den Erlass einer Geschäftsordnung des **Vorstandes** (s. Anhang Rdn. 546) vorzusehen, in der dann die Aufteilung der Geschäftsführung vorgenommen werden kann.

Zuständig für den Erlass einer solchen **Geschäftsordnung/**Vereinsordnung ist, wenn die Satzung nichts anderes bestimmt, regelmäßig die Mitgliederversammlung. Aus Gründen der Praktikabilität empfiehlt es sich jedoch, die Aufstellung der Geschäftsordnung durch den Vorstand selbst vorzusehen, da dieser dann etwa notwendig werdende Änderungen selbst schnell vornehmen kann. In der Geschäftsordnung kann auch die Bildung von Unterausschüssen vorgesehen werden, etwa für Personal, Finanzen, zur Vorbereitung von Veranstaltungen usw., in denen Entscheidungen des Vorstandes vorberaten und vorbereitet werden. Die Geschäftsordnung kann aber **nicht** die **Beschlussfähigkeit** des Vorstandes regeln. Diese Regelung muss der Satzung vorbehalten bleiben. **275**

Hinweis:

Wenn eine Aufteilung der Geschäfte auf die einzelnen Vorstandsmitglieder vorgenommen werden soll, muss eine **eindeutige** und **klare** Regelung vorgenommen werden. Fehlt diese, trifft die volle Verantwortung für die Erfüllung der Pflichten weiterhin alle Vorstandsmitglieder (BFH NJW 1998 S. 3374 [für die Erfüllung steuerlicher Pflichten des Vereins]; s. dazu auch Rdn. 524).

Die Aufteilung sollte auf jeden Fall **schriftlich** erfolgen.

11. Die einzelnen Geschäftsführungspflichten des Vorstandes

Die sich aus der Geschäftsführung ergebenden Pflichten können je nach der Art des Vereins und seiner Größe unterschiedlich sein. Folgende sich aus der Geschäftsführung ergebende Pflichten treffen jedoch **jeden Vereinsvorstand:**

a) Sorgfaltspflicht

276 Über allem Geschäftsführungshandeln des Vereinsvorstandes steht die Sorgfaltspflicht. Der Vorstand haftet dem Verein gem. § 276 BGB für ein Verschulden bei der Geschäftsführung.

Beispiele:

Der Vorstand unterlässt es, Steuerrückerstattungsanträge beim Finanzamt zu stellen. Oder: Der Vorstand versäumt es, Mitgliederbeiträge einzuziehen. Für den dadurch dem Verein entstehenden Schaden (Zinsverlust, Beitragsverlust) haftet der Vorstand. Oder: Der Vorstand eines Fußballvereins zahlt verdeckte Vergütungen an Lizenzspieler und der Verein wird deshalb mit einer Vertragsstrafe des DFB belegt (LG Kaiserslautern VersR 2005 S. 1090).

Verschuldensmaßstab ist die Sorgfalt, die eine **gewissenhafte und ihrer Aufgabe gewachsene Person** anzuwenden pflegt. Dabei sind die Umstände des Einzelfalls, insbesondere Art und Größe des Vereins, der Vereinszweck sowie auch ein wirtschaftlicher Nebenbetrieb des Vereins zu berücksichtigen (Sauter/Schweyer/Waldner, Rdn. 278). Der Vorstand haftet grds. schon für eine leicht fahrlässige Verletzung seiner Pflichten (LG Bonn NJW-RR 1995 S. 1435).

Der Vorstand kann sich gegenüber dem Haftungsanspruch **nicht** auf **mangelnde Fähigkeiten** und **Kenntnisse** berufen. Er muss vielmehr für die Fähigkeiten und Kenntnisse einstehen, die die übernommene Aufgabe erfordern (BGH WPM 1971 S. 1548).

Hinweis:

Es sollte sich daher jeder, dem ein Vorstandsamt angetragen wird, **prüfen,** ob er über die dafür erforderlichen **Fähigkeiten** und **Kenntnisse** und vor allem auch über die für die Vorstandsarbeit notwendige **Zeit** verfügt.

Bei **besonderer Sachkunde** können den Vorstand auch Pflichten zur Aufklärung und Warnung des Vereins vor drohenden Gefahren treffen (BGH NJW-RR 1986 S. 572 [zugleich auch zur i. d. R. bestehenden Verpflichtung des Vorstandes eines (Reiter-)Vereins zum Abschluss einer Haftpflichtversicherung]).

Beispiel:

Wird ein Rechtsanwalt Vorstand eines Reitervereins, hat er genügend Sachkunde, den Verein vor den Gefahren der Tierhalterhaftung zu warnen und ggf. den Abschluss einer Versicherung anzuraten.

Die **arbeitsrechtlichen Grundsätze** über eine **Haftungsbeschränkung** (s. dazu u. a. BAG NZA 1994 S. 1083) sind beim Vereinsvorstand, der wegen Verletzung seiner normalen Vorstandspflichten in Anspruch genommen wird, nicht anwendbar (BGH WPM 1975 S. 467; zur Arbeitnehmerhaftung s. Waltzer, JuS 2002 S. 736). Denn Sinn und Zweck der Geschäftsführung ist es gerade, die Schwierigkeiten und Risiken der Leitung eines Vereins einer Person zu übertragen, die diese beherrscht. Etwas anderes kann gelten, wenn der Vorstand eine arbeitnehmerähnliche Stellung einnimmt, weil dann kein erheblicher Grund ersichtlich ist, ihn haftungsrechtlich anders zu stellen als einen „echten Arbeitnehmer“ (LG Bonn NJW-RR 1995 S. 1435). Dagegen kann sich ein **ehrenamtlich tätiges** (Vereins-)Mitglied, das nicht dem Vorstand angehört, auf diese Grundsätze berufen. Es kann vom Verein Freistellung von Schadensersatzansprüchen eines Geschädigten verlangen, wenn es eine schadensträchtige **Vereinsaufgabe** 277 übernommen hat (BGH NJW 1984 S. 789 [für die Führung einer Jugendgruppe in einem Pfadfinderverein, wobei es durch Verletzung der Aufsichtspflicht während eines Ferienlagers zu einem Unfall kommt]; s. a. AG Bochum NJW-RR 1989 S. 96). Unter Umständen sind auch die §§ 104 ff. SGB VII anwendbar (Lippert, NJW 1984 S. 2266, „Dienstunfall").

278 Der Vorstand, der vom Verein wegen einer Pflichtwidrigkeit in Anspruch genommen wird, kann grds. **nicht einwenden,** die Mitgliederversammlung habe ihn **schlecht ausgewählt** oder nicht genügend überwacht. Auf eine Weisung oder Zustimmung der Mitgliederversammlung zu einer Maßnahme kann er sich aber dann berufen, wenn er zuvor die Mitgliederversammlung richtig und vollständig unterrichtet oder auf ihm bekannte mögliche schädliche Folgen hingewiesen hat (Sauter/Schweyer/Waldner, Rdn. 278). Ein **satzungswidriges Verhalten** des Vorstandes wird jedoch durch das Einverständnis der Mitgliederversammlung nicht entschuldigt. Deshalb kann sich der Vorstand auch dann durch den Abschluss eines gegen die Vereinssatzung verstoßenden Rechtsgeschäfts wegen **Untreue** nach § 266 StGB in Form des sog. Missbrauchstatbestandes strafbar machen, wenn die Mitgliederversammlung dieses Rechtsgeschäft genehmigt (OLG Hamm StraFo 1999, 243 = wistra 1999, 350; zur Untreue in Vereinen mit ideeller Zielsetzung s. auch Eisele, GA 2001 S. 377).

Etwaige **Ansprüche** aus Verletzung einer Geschäftsführungspflicht **stehen** dem **Verein** und nicht den Vereinsmitgliedern **zu.** Andererseits haftet im Außenverhältnis auch nur der Verein gem. § 31 BGB für das Handeln seines Vertretungsorgans (wegen der Einzelheiten s. Rdn. 335 ff.).

b) Erhaltung des Vereinsvermögens

279 Mit die **wichtigste** Pflicht des Vorstandes ist die zur Erhaltung des Vereinsvermögens. Sie besteht nicht nur im Interesse der Vereinsmitglieder, sondern auch im Interesse der Gläubiger des Vereins. Aus dieser Pflicht folgt:

- Der Vorstand darf **kein Vereinsvermögen** unter den Vereinsmitgliedern aufteilen und dadurch die Befriedigung der Gläubiger erschweren.
- Der Vorstand muss die fälligen **Vereinsbeiträge** von den Mitgliedern **erheben** (s. a. Rdn. 276) sowie für den Erhalt einzelner Vermögensgegenstände sorgen, z. B. Unterhaltung vereinseigener Sportstätten.

c) Antrag auf Eröffnung des Insolvenzverfahrens **280**

Ist Überschuldung eingetreten, hat der Vereinsvorstand die Pflicht, die Eröffnung des Insolvenzverfahrens zu beantragen (§ 42 Abs. 2 BGB). **Überschuldung** und damit die Pflicht zur Stellung des Insolvenzantrags besteht, wenn die Aktivposten die Passivposten nicht mehr decken, wenn die Verbindlichkeiten also aus dem vorhandenen Vermögen nicht mehr getilgt werden können (vgl. z. B. OLG Köln NJW-RR 1998 S. 686). Ggf. muss der Vorstand sich darüber durch die Aufstellung einer Bilanz vergewissern. Das Insolvenzverfahren findet jedoch nicht nur bei Überschuldung, sondern auch bei Eintritt der **Zahlungsunfähigkeit** statt (§ 17 InsO). Diese ist das auf dem Mangel an Zahlungsmitteln beruhende nicht nur vorübergehende Unvermögen des Schuldners (Verein), seine sofort zu erfüllenden Geldschulden noch im Wesentlichen zu tilgen. Zahlungsunfähigkeit wird insbesondere im Falle der Zahlungseinstellung vermutet. Das ist die Unterlassung der fälligen Schulderfüllung aufgrund dauernder, nicht bloß vorübergehender Unmöglichkeit zur Erfüllung aller vorkommenden Verbindlichkeiten. Vorübergehende Zahlungsschwierigkeiten, die nur zu einer Zahlungsstockung führen, sind noch keine Zahlungseinstellung. Entscheidender Zeitpunkt ist der der Leistungserbringung durch den Gläubiger (AG Bergisch-Gladbach NJW-RR 2001 S. 400).

Gegenüber dem Verein bestand schon immer aufgrund der Verpflichtung zur ordentlichen Geschäftsführung die **Pflicht** zur **Stellung** des **Insolvenzantrags** sowohl bei Überschuldung als auch bei Zahlungsunfähigkeit. Gegenüber den Gläubigern war der Vorstand hingegen nach § 42 Abs. 2 BGB a. F. nur bei Überschuldung verpflichtet, den Konkursantrag zu stellen. **281**

Hinweis:

Die **Rechtslage** hat sich insoweit seit dem 1. 1. 1999 nach Inkrafttreten der InsO **geändert.** Nach der Neufassung des § 42 Abs. 2 BGB ist der Vorstand jetzt gegenüber den **Gläubigern** nicht mehr nur bei Überschuldung, sondern **auch** bei **Zahlungsunfähigkeit** zur Stellung des Insolvenzantrags verpflichtet.

282 Wird die Stellung des Insolvenzantrags schuldhaft **verzögert,** sind die Vorstandsmitglieder, denen ein Verschulden anzulasten ist, den **Gläubigern** des Vereins für den ihnen aus der Verzögerung entstandenen **Schaden haftbar** (zur eigenen Haftung siehe auch AG Bergisch Gladbach a. a. O.; Hass, SpuRt 1999 S. 1). Die Pflicht zur Stellung des Antrags trifft jedes einzelne Vorstandsmitglied, auch wenn Gesamtvertretung besteht. Allerdings trifft sie nur die Mitglieder des Vorstands i. S. von § 26 BGB, also des Vertretungsvorstandes, nicht auch die eines geschäftsführenden Vorstandes, der keine Vertretungsmacht hat (Sauter/Schweyer/Waldner, Rdn. 280).

Die Verletzung dieser Pflicht begründet die **Schadensersatzpflicht** auch gegenüber den nach Eintritt der Überschuldung/Zahlungsunfähigkeit hinzukommenden Gläubigern (BGH NJW 1994 S. 2220 [für die GmbH]). Die Gläubiger können verlangen, so gestellt zu werden, als hätten sie mit dem überschuldeten Verein keinen Vertrag geschlossen (BGH a. a. O.; BGHZ 138 S. 211 = NJW 1998 S. 2667; NJW-RR 1995 S. 289; OLG Köln NJW-RR 1998 S. 686). D. h.: Der Gläubiger hat **gegen** den **Vorstand** einen **Anspruch** auf **Ersatz** des **vollen Schadens,** nicht nur auf den, der infolge der Verzögerung durch die ggf. geringere Insolvenzquote entstanden ist (zur eigenen Haftung der Vereinsorgane im Übrigen s. Rdn. 348 ff.).

Beispiel:

Der Vorstand eines Fußballvereins bestellt für seine Mannschaften im Mai 2006 bei der T-GmbH Sportkleidung (Trikots, Fußballschuhe usw.) zum Gesamtpreis von 10 000 €. Die T-GmbH liefert im Juni 2006. Der Verein zahlt nicht. Im Juli 2006 wird das Insolvenzverfahren eröffnet. Die T-GmbH, die im Insolvenzverfahren nur eine geringe

Quote erhält, verlangt vom Vorstand Bezahlung, da er bereits bei Bestellung gewusst habe, dass der Verein überschuldet war. Der BGH (NJW 1994 S. 2220) hat einen Anspruch auf Ersatz des vollen Schadens (also Kaufpreis) zugebilligt.

d) Buchführungspflicht

Im Zusammenhang mit der Pflicht zur Erhaltung des Vereinsvermögens steht die Frage nach der Buchführung. Nach dem Handelsrecht sind Vereine **nicht buchführungspflichtig.** Gewerbliche Unternehmer, wozu auch ein Verein gehören kann, soweit er im Rahmen seines Vereinszwecks einen wirtschaftlichen Geschäftsbetrieb unterhält (s. Rdn. 36 ff.), können **jedoch vom Finanzamt** zur Buchführung **aufgefordert** werden, wenn der jährliche Gesamtumsatz 250 000 € oder der Gewinn aus Gewerbebetrieb im Wirtschaftsjahr 25 000 € übersteigt (§ 141 AO). Vgl. auch Rdn. 486 (eingehend zu Buchführungs- und Aufzeichnungspflichten des Vereins Galli, Die Rechnungslegung nichtwirtschaftlicher gemeinnütziger Vereine, DStR 1998 S. 263, 264 ff. m. w. N.). **283**

Diese Grenzen werden von Vereinen im Allgemeinen nicht erreicht. Damit sind Vereine aber nicht von allen **Aufzeichnungen über Einnahmen und Ausgaben** freigestellt.

Hinweis:

Gem. **§ 259 BGB** ist der Vorstand vielmehr verpflichtet, ordnungsgemäß Buch zu führen oder durch Beauftragte führen zu lassen. Er muss jederzeit in der Lage sein, über den Vermögensstand des Vereins Auskunft zu geben.

Für eine **ordnungsgemäße Rechnungslegung** gegenüber den Mitgliedern müssen entsprechende Unterlagen vorhanden sein. Die Aufzeichnungen über Einnahmen und Ausgaben müssen vollständig, richtig, zeitgerecht und geordnet vorgenommen werden. Es empfiehlt sich, zwischen dem wirtschaftlichen Geschäftsbetrieb und den übrigen Betätigungen zu trennen. Jede Einnahme und Ausgabe muss belegt sein, ggf. durch einen Eigenbeleg. Die Aufzeichnungen sind nach Maßgabe des § 147 AO 10 Jahre aufzubewahren, sofern nicht in anderen Steuergesetzen kürzere Aufbewahrungsfristen zugelassen sind (vgl. auch dazu Galli, a. a. O., DStR 1998 S. 263 f.).

Der Vorstand kann die Pflicht zur **Buchführung** einem **Dritten überlassen**, etwa einem Steuerberater. Der Vorstand hat dann aber die Pflicht, dessen Dienstführung in gewissen Zeitabständen nachzuprüfen. Kommt er dieser Pflicht nicht nach und wird dadurch eine Schädigung anderer Personen ermöglicht, kann der Verein auf Schadensersatz in Anspruch genommen werden.

e) Weitere Geschäftsführungspflichten

284 Auf folgende weitere Geschäftsführungspflichten des Vorstandes ist noch hinzuweisen:

- Jedes Mitglied des Vorstandes hat eine **Schweigepflicht** über vertrauliche Vorgänge und Mitteilungen. Diese dürfte aus einer entsprechenden Anwendung des § 93 Abs. 1 S. 2 AktG folgen.

Hinweis:

Muss der Vorstand auf der **Mitgliederversammlung** über vertrauliche Interna aus dem Verein berichten, kann ggf. die **Öffentlichkeit**, wenn sie zur Mitgliederversammlung zugelassen ist, **ausgeschlossen** werden (zur Öffentlichkeit der Mitgliederversammlung siehe Rdn. 179, 193).

- Es besteht außerdem die Pflicht, die **Mitgliederversammlung** in den durch die Satzung bestimmten Fällen (s. Rdn. 159 ff.) einzuberufen sowie dann, wenn das Interesse des Vereins es erfordert (§ 36 BGB).
- Der Vorstand ist weiterhin verpflichtet, die im Gesetz vorgeschriebenen **Anmeldungen** zum Vereinsregister vorzunehmen. Das sind insbesondere Satzungsänderungen (s. Rdn. 127 f.) und Änderungen in der Zusammensetzung des Vorstandes (s. Rdn. 256). Der Vorstand hat auf Verlangen dem Registergericht zudem jederzeit eine **Bescheinigung** über die **Zahl der Mitglieder** einzureichen (§ 72 BGB). Diese braucht nur die Zahl, nicht aber Namen und Adressen der Mitglieder zu

enthalten. Eine vollständige Mitgliederliste kann aber jedes Mitglied vom Vorstand verlangen.

- Gegenüber der Mitgliederversammlung besteht eine **Auskunftspflicht** (vgl. dazu Rdn. 286; zur Einsichtnahme in Bücher des Vereins siehe Rdn. 143).
- Es dürfte auch die Pflicht bestehen, bei berechtigtem Interesse **Einsicht** in eine **Mitgliederliste** zu gewähren (Sauter/Schweyer/Waldner, Rdn. 336; enger wohl Stöber, Rdn. 306 [nur ausnahmsweise]). Diese Verpflichtung ist m. E. dem Vorstand schon deshalb aufzuerlegen, weil sonst ggf. die Mitglieder kaum von ihrem Minderheitenrecht aus § 37 BGB auf Einberufung der Mitgliederversammlung Gebrauch machen können.

f) Pflichten nach Beendigung des Amtes

Nach Beendigung seines Amtes muss der Vorstand alles, was er **285** während seiner Amtszeit in seiner Eigenschaft als Vorstandsmitglied erhalten hat, **herausgeben** (Vereinsbücher, insbesondere die Mitgliederkartei, Korrespondenzen, Berichte, Geschäftsunterlagen, Bankauszüge, Geld, Wertsachen; vgl. Stöber, Rdn. 129). Herauszugeben sind insbesondere auch **Schlüssel** für Vereinsräume und z. B. (Sicherungs-)Disketten, wenn der Verein über einen eigenen Computer verfügt. Etwaige Ansprüche auf Herausgabe stehen nicht den Mitgliedern, sondern dem Verein zu (BGH NJW 1957 S. 832). Dieser muss also – notfalls – auf Herausgabe klagen.

12. Das Verhältnis des Vorstandes zur Mitgliederversammlung

a) Allgemeines, insbesondere Auskunftspflicht

Zwischen Vorstand und Mitgliederversammlung besteht i. d. R. **286** ein besonderes Verhältnis, da der Vorstand meist von der Mitgliederversammlung gewählt wird. Daraus folgt zunächst, dass der Vorstand die **Beschlüsse** der Mitgliederversammlung mit der nötigen Sorgfalt **ausführen** muss. Missachtet er einen Beschluss, ist es Sache der Mitgliederversammlung selbst, auf welche Weise sie ihren Willen durchsetzen will. Notfalls muss sie den Vorstand abberufen (s. dazu Rdn. 310 ff.).

Inwieweit der Vorstand an **Weisungen** der Mitgliederversammlung (oder eines anderen Vereinsorgans) gebunden ist, ergibt sich vor allem aus der Satzung. Schweigt diese, so spricht dies dafür, dass der Vorstand allgemeinen oder generellen Weisungen der Mitgliederversammlung nachzukommen hat. Soll der Vorstand keinerlei Weisungen bei seiner Geschäftsführung unterliegen, muss sich diese Ausnahme von der Regel zweifelsfrei aus der Satzung ergeben (s. auch Rdn. 158; zur Weisungsgebundenheit auch Reichert, Rdn. 1504 ff.).

Der Vorstand leitet den Verein aber aus eigener **Verantwortung.** Das bedeutet andererseits, dass er dem Verein für ggf. schuldhaftes Handeln verantwortlich ist. Eine Weisung der Mitgliederversammlung kann ihn ebenso wenig entschuldigen wie die (nachträgliche) Genehmigung eines satzungswidrigen Verhaltens (OLG Hamm StraFo 1999 S. 243 = wistra 1999 S. 350 [für Untreuehandlung eines Vorstands nach § 266 StGB]).

Der Vorstand muss auf Verlangen der Mitgliederversammlung **Auskunft** über den Stand der Geschäfte, worunter alle Vereinsangelegenheiten zu verstehen sind, geben (§ 666 BGB; s. auch Rdn. 288 f.). Diese Verpflichtung besteht in der Mitgliederversammlung auch gegenüber jedem einzelnen Mitglied, soweit die begehrte Auskunft zur Meinungsbildung und ordnungsgemäßen Erledigung von Tagesordnungspunkten erforderlich ist (LG Stuttgart NJW-RR 2001 S. 1478; zum Auskunftsrecht s. auch KG NJW-RR 1999 S. 1486). Dabei sind sämtliche Tagesordnungspunkte Prüfungsmaßstab dafür, ob eine gewünschte Auskunft erforderlich ist (BayObLG NJW-RR 2002 S. 104 [für Aktionärsversammlung einer AG]).

287 **Außerhalb** der **Mitgliederversammlung** ist der Vorstand jedoch nach h. M. nicht verpflichtet, einzelnen **Mitgliedern Auskunft** zu geben (KG NJW 1999 S. 1486). Es kann gerichtlich überprüft werden, ob die erbetene Auskunft zu Recht verweigert worden ist.

Deshalb muss der Vorstand die Auskunftsverweigerung begründen.

b) Rechenschaft und Rechenschaftsbericht

Der Vorstand hat gegenüber der **Mitgliederversammlung** auch Rechenschaft abzulegen und den Mitgliedern über die wesentlichen Vorkommnisse im Verein **Information** zu erteilen. Diese Pflichten bestehen auf jeden Fall nach Beendigung des Amtes und stets dann, wenn die Satzung Vorschriften über das Geschäftsjahr und die Abhaltung einer Jahresmitgliederversammlung enthält. In welchem Umfang und zeitlichem Abstand darüber hinaus Bericht zu erstatten ist, richtet sich nach dem Zweck des Vereins, seiner Größe und seinem organisatorischen Aufbau. Auch können **besondere Vorkommnisse** zur **außerperiodischen** Berichterstattung verpflichten. **288**

Der **Rechenschafts- und Geschäftsbericht** des Vorstandes, den er auf der Mitgliederversammlung gibt, ist die wesentlichste Maßnahme, die **Vereinsmitglieder** über die **Lage** des Vereins zu **informieren.** An diesem Zweck hat sich der Inhalt des Berichts auszurichten. Er ist daher sorgfältig, unmissverständlich, vollständig und wahr zu erstatten. Der Vorstand muss über alles berichten, was nach vernünftigem Ermessen und nach der Verkehrsanschauung zur Beurteilung der Vereinsverhältnisse nötig ist. Das kann auch für den Verein Nachteiliges sein. Der Bericht darf sich nicht nur auf den Stand am Schluss des Geschäftsjahres erstrecken, er muss vielmehr die **Gestaltung** des **Vermögensstandes** (Kassenbericht!!) und die Entwicklung der Verhältnisse während des abgelaufenen Vereinsjahres darstellen. Zu berichten ist insbesondere über: Zu- und Abgang von Mitgliedern; Einnahmen und Ausgaben, wobei die wesentlichen Positionen im Einzelnen darzustellen sind; Einleitung, Verlauf und Ausgang von für den Verein wichtigen Prozessen; **besondere Ereignisse** im Geschäftsjahr. Der Rechenschaftsbericht muss insbesondere auch den **Jahresabschluss erläutern.** Dabei sind wesentliche Abweichungen von Voranschlägen zu begründen. **289**

Hinweis:

Die Berichterstattung ist an den Grundsätzen einer **gewissenhaften und getreuen Rechnungslegung** auszurichten. Sie kann jedoch insoweit unterbleiben, als das überwiegende Interesse des Vereins oder der Allgemeinheit oder auch einzelner Mitglieder es erfordert. Das Verschweigen darf jedoch nicht zu falschen Angaben führen. Was der Bericht sagt, muss **wahr** sein; nur ausnahmsweise braucht er nicht vollständig zu sein (Sauter/Schweyer/Waldner, Rdn. 282).

Ob der Vorstand einen **schriftlichen Rechenschaftsbericht** vorlegen muss, richtet sich zunächst nach der Satzung. Trifft diese keine Regelung, bestimmt die ständige Übung im Verein die Form des Rechenschaftsberichtes.

Der Vorstand begeht eine **Pflichtverletzung,** wenn er den Geschäftsbericht in schuldhafter Weise nicht oder **nicht ordnungsgemäß** erstattet. Das kann, muss aber nicht, seine Abberufung zur Folge haben. Die Mitgliederversammlung kann auch trotz eines mangelhaften Berichts Entlastung erteilen, da sie in der Beurteilung der Geschäftsführung des Vorstandes frei ist.

13. Entgelt für die Vorstandsarbeit?

290 Ob ein Entgelt für die Vorstandsarbeit zu zahlen ist, richtet sich zunächst nach der **Satzung.** Ist danach eine **Vergütung** für die Vorstandsarbeit vorgesehen, bestimmt sich deren Höhe, wenn die Satzung nichts anderes regelt, nach dem Anstellungsvertrag, der zwischen Vorstand und Verein geschlossen wird. Das wird i. d. R. ein Dienstvertrag sein, auf den über § 675 BGB die wesentlichen Auftragsregeln Anwendung finden (Palandt/Heinrichs, § 27 Rdn. 4).

Meist ist in der **Satzung** ein **Entgelt** für die Vorstandsarbeit **nicht vorgesehen,** da i. d. R., insbesondere bei kleineren Vereinen nach den Umständen (Arbeitsanfall) die Vorstandsarbeit als **ehrenamtliche Tätigkeit** angesehen wird. Dann ist die Vorstandsarbeit auch ehrenamtlich auszuüben (BGH NJW-RR 1988 S. 745, 746; OLG Celle NJW-RR 1994 S. 1545).

Aber auch in diesen Fällen macht der Vorstand häufig **Aufwendungen,** wie z. B. für Porto oder Reisekosten. Dafür kann er vom Verein, wenn er sie den Umständen nach für erforderlich halten durfte, gem. § 670 BGB Aufwendungsersatz verlangen.

Hinweis: 291

Zum **Begriff** der **„Aufwendungen“** und zur Abgrenzung von einer Vergütung oder einem Entgelt hat der BGH in NJW-RR 1988 S. 745 ff. Folgendes festgestellt: Aufwendungen sind **alle Vermögensopfer** mit Ausnahme der eigenen Arbeitszeit und Arbeitskraft, die der Vorstand zwecks Ausführung seines satzungsmäßigen Auftrags freiwillig, auf Weisung der hierzu befugten Vereinsorgane oder als notwendige Folge der Auftragsausführung erbringt. Dazu zählen alle **Auslagen** des Vorstands, insbesondere für **Reisekosten, Post- und Telefonspesen, zusätzliche Beherbergungs- und Verpflegungskosten usw.**

Diese Aufwendungen sind **erstattungsfähig**, soweit sie **tatsächlich angefallen**, für die Führung des übernommenen Amtes erforderlich sind und sich in einem angemessenen Rahmen halten. Alle darüber hinaus gewährten Leistungen des Vereins an den ehrenamtlichen Vorstand sind Vergütung, das heißt offenes oder verschleiertes Entgelt für die geleistete Tätigkeit als solche. **Verdeckte Vergütung** sind nach Auffassung des BGH insbesondere auch sämtliche Pauschalen, die nicht tatsächlich entstandenen und belegbaren Aufwand abdecken oder Ersatz für Kosten sind, die mit der in Frage stehenden Tätigkeit typischerweise verbunden sind und in dieser Höhe üblicherweise pauschal, ohne Einzelnachweis, erstattet werden. Ein Entgelt ist es auch, wenn der Verein die Kosten einer Ersatzkraft übernimmt (BGH a. a. O.).

Keine Aufwendungen sind vor allem die für die übernommene Vorstandsarbeit eingesetzte **Arbeitszeit** und **Arbeitskraft.** Leistungen des Vereins, die zur Abgeltung dieses Aufwandes erbracht werden, sind Vergütung, auch wenn sie als Aufwandsentschädigung bezeichnet werden. Dem Vorstand steht dafür ein Entgelt nur zu, wenn eine entsprechende satzungsmäßige Regelung vorliegt (BGH a. a. O.; OLG Celle NJW-RR 1994 S. 1545; Sauter/Schweyer/Waldner, Rdn. 288; zur Abgrenzung der unentgeltlichen 292

Wahrnehmung eines Vereinsamtes vom entgeltlichen Werkvertrag, wenn ein Bauingenieur für einen Sportverein, dessen Mitglied er ist, Architektenleistungen erbringt, vgl. OLG Köln MDR 1990 S. 244).

Hinweis:
Aufgrund dieser Rspr. kann Vorstandsmitgliedern nur **empfohlen** werden, vor dem Einsatz von Arbeitskraft eindeutig **klarzustellen,** ob vom Verein später **Bezahlung** verlangt werden soll.

293 Der Vorstand kann vom Verein für die zur Geschäftsbesorgung erforderlichen Aufwendungen nach § 669 BGB **Vorschuss** verlangen, soweit die Mittel des Vereins, über die zu verfügen er berechtigt ist, dazu nicht ausreichen. Die Vorstandsmitglieder können ihre **„Aufwandsentschädigung“** nicht selbst festsetzen. Sie muss vielmehr in der Satzung ausdrücklich vorgesehen sein (Sauter/Schweyer/Waldner, Rdn. 288). Ist das nicht der Fall, bedarf die Einführung von Aufwandsentschädigungen einer Satzungsänderung, für die im Zweifel die Mitgliederversammlung zuständig ist. Der Anspruch (eines Vereinsmitglieds) auf Ersatz von Aufwendungen ist verwirkt, wenn er nicht vor Ablauf des auf die Entstehung folgenden Geschäftsjahres geltend gemacht wird (LG Mosbach MDR 1989 S. 993).

14. Die Beschlussfassung im Vorstand

294 Die Willensbildung des Vereins erfolgt bei einem mehrgliedrigen Vorstand durch Beschlussfassung, gleichgültig, ob es sich um die Vornahme von Rechtsgeschäften oder um Interna des Vereins handelt. Soweit die Satzung nichts Abweichendes bestimmt (§ 40 BGB), gelten für die Beschlussfassung die gesetzlichen **Vorschriften über die Mitgliederversammlung** (§§ 32, 34 BGB). Mitstimmen in eigener Sache kann allerdings auch die Satzung nicht zulassen (§§ 34, 40 BGB). Enthält die Satzung nur Bestimmungen über die Beschlussfassung in der Mitgliederversammlung, gelten diese Regeln für die Beschlussfassung des Vorstandes nicht.

Beispiel:

Laut Satzung hat ein Schützenverein sechs Vorstandsmitglieder. Es ist außerdem bestimmt, dass Beschlüsse der Mitgliederversammlung immer einer x-Mehrheit bedürfen. Das gilt für die Beschlussfassung im Vorstand nicht. Er entscheidet mit sog. einfacher Mehrheit.

Bei der Beschlussfassung des Vorstandes entscheidet nach dem Wortlaut des Gesetzes die Mehrheit **der erschienenen Vorstandsmitglieder** (§ 28 Abs. 1 i. V. m. § 32 Abs. 1 S. 3 BGB; zur Beschlussfähigkeit s. Rdn. 301). Das gilt sowohl für den Vorstand i. S. des BGB, auf den § 28 Abs. 1 BGB unmittelbar Anwendung findet, als auch für die (übrigen/sonstigen) Mitglieder eines Gesamtvorstandes, auf die die § 28 Abs. 1 BGB entsprechend Anwendung findet.

Beispiel:

Im vorhergehenden Beispiel besteht der Gesamtvorstand aus den drei Mitgliedern des Vorstandes i. S. des BGB und drei weiteren Mitgliedern. Für die drei Mitglieder i. S. des BGB gilt § 28 Abs. 1 BGB unmittelbar, für die übrigen Mitglieder entsprechend.

Nach der neueren **Rspr.** des **BGH** bedeutet dies, dass die Mehrheit nur nach der Zahl der abgegebenen (gültigen) Ja- und Nein-Stimmen zu berechnen ist. Stimmenthaltungen und ungültige Stimmen sind nicht mitzuzählen (s. Rdn. 223 f.). Ein Antrag ist also angenommen, wenn die Zahl der Ja-Stimmen größer ist als die der Nein-Stimmen. Ist nur ein Vorstandsmitglied erschienen, so kann dieses, falls die Satzung zur Beschlussfassung nicht die Anwesenheit einer größeren Zahl von Mitgliedern verlangt, einstimmig beschließen, wenn es sich weder um die Vornahme eines Rechtsgeschäfts mit diesem Mitglied noch um die Einleitung der Erledigung eines Rechtsstreits zwischen ihm und dem Verein handelt.

Bestimmt die Satzung, dass bei der Beschlussfassung des Vorstandes die Mehrheit der erschienenen Mitglieder entscheidet, so wird damit von der **Satzung** lediglich der **Wortlaut** des Gesetzes übernommen. Bei dieser Satzung ist daher die Annahme gerechtfertigt, dass keine von der gesetzlichen Regelung abweichende Bestim- **295** mung getroffen werden sollte. Es gilt der vom BGH als gesetzliche Regel aufgestellte Rechtssatz (s. o.).

Hinweis:
Es **empfiehlt** sich jedoch, die Formulierung der **Satzung** diesem **Rechtssatz** (Berechnung der Mehrheit nur nach der Zahl der abgegebenen Ja- und Nein-Stimmen) **anzupassen,** um auch in Zukunft Zweifel auszuschließen.

Eine entsprechende Bestimmung muss auch nicht als abweichende Satzungsbestimmung gem. § 64 BGB ins **Vereinsregister** eingetragen werden. Das gilt auch für eine Regelung, wonach bei der Beschlussfassung des Vorstandes die Mehrheit der abgegebenen Stimmen entscheidet, da dies nach der Rspr. nun der gesetzlichen Regelung entspricht. Eingetragen werden müssen aber Bestimmungen, die für Vorstandsbeschlüsse eine andere als die einfache Stimmenmehrheit fordern oder für den Fall der Stimmengleichheit eine besondere ausdrückliche Regelung treffen (wegen der Einzelh. zur Eintragung s. Sauter/Schweyer/Waldner, Rdn. 248).

15. Die Vorstandssitzung

296 Beschlüsse des Vorstandes, der aus mehreren Personen besteht, können nach dem Gesetz nur in einer Versammlung des Vorstandes gefasst werden. Für diese Vorstandssitzung **gelten** hinsichtlich Einberufung, Mitteilung der Tagesordnung, Beschlussfähigkeit usw. grds. die für die Mitgliederversammlung **erlassenen Bestimmungen.** Enthält die Satzung für die Mitgliederversammlung Bestimmungen, die die §§ 32 ff. BGB ändern oder ergänzen, ist es Auslegungsfrage, ob diese Satzungsvorschriften auch auf den Vorstand anzuwenden sind (Palandt/Heinrichs, § 28 Rdn. 1). Im Einzelnen gilt für die Vorstandssitzung Folgendes:

a) Einladung zur Vorstandssitzung

297 Die **Anberaumung** einer Vorstandssitzung und **Ladung** der Vorstandsmitglieder ist, wenn die Satzung nichts anderes bestimmt, Sache des Vorsitzenden des Vorstandes. Ist er dafür nach der Satzung ausdrücklich zuständig, so ist eine Einberufung des Vorstandes gegen seinen Willen ungültig. Der in der Satzung vorgesehene Stellvertreter des Vorsitzenden kann allerdings eine Vorstandssitzung einberufen, wenn der Vorsitzende verhindert ist oder er die Einberufung grundlos unterlässt oder verweigert. Der zur Einberufung Berechtigte braucht die Einladung nicht persönlich vorzunehmen. Er kann sich dabei eines anderen bedienen, der bei der Unterzeichnung der Einladung aber deutlich machen sollte, dass und in wessen Auftrag er handelt.

Zur Vorstandssitzung müssen **alle Vorstandsmitglieder** unter **Angabe des Ortes** und der **Zeit** der Sitzung **geladen** werden (s. das **Muster** bei Rdn. 548). Der Ort, an dem die Vorstandssitzung stattfindet, kann in der Satzung bestimmt werden. Ist das nicht der Fall, kann der für die Einberufung Zuständige bestimmen, wo die Sitzung stattfinden soll. Hierbei muss er sich aber ebenso wie bei der Wahl des Zeitpunktes im Rahmen des den übrigen Vorstandsmitgliedern Zumutbaren halten. Er kann also nicht die Sitzung morgens anberaumen, wenn der Vorstand weitgehend aus Berufstätigen besteht. Zeit und Ort der Vorstandssitzung können, etwa in einer Geschäftsordnung des Vorstandes (s. Anhang Rdn. 546), von vornherein ein für allemal festgelegt werden, z. B. jeden 1. Dienstag im Monat um 20 Uhr im Klubheim. Dann ist eine Einladung entbehrlich, es sei denn, von Ort und/oder Zeit soll abgewichen werden.

Hinweis:

Bei Einberufung der Sitzung durch einen Unbefugten oder bei Nichteinladung eines Vorstandsmitglieds ist ein auf der Vorstandssitzung gefasster **Beschluss ungültig** (OLG Schleswig NJW 1960 S. 1862; s. aber Rdn. 302). Deshalb ist auf die Einladung zur Vorstandssitzung **besondere Sorgfalt** zu verwenden.

Das Gesetz sieht für die Einladung zur Vorstandssitzung keine bestimmte **Form** vor. Es kann also schriftlich, telefonisch, telegrafisch, durch E-Mail, durch Anschlag im Klubheim oder in sonstiger Weise zur Vorstandssitzung eingeladen werden. Wird die Form der Einladung in der Satzung oder in einer Geschäftsordnung des Vorstandes geregelt, so ist allerdings danach zu verfahren. Fehlt in der Satzung eine ausdrückliche Regelung, so kann daraus i. d. R. aber nicht unbedingt geschlossen werden, es müsse die für die Einberufung der Mitgliederversammlung in der Satzung vorgesehene Form (§ 58 Nr. 4 BGB) eingehalten werden (Sauter/Schweyer/Waldner, Rdn. 245c).

298 Dasselbe gilt, wenn in der Satzung eine **Ladungsfrist** für die Einberufung des Vorstandes nicht ausdrücklich bestimmt ist. Es muss dann nicht die zur Einberufung der Mitgliederversammlung vorgesehene Frist eingehalten werden. Der für die Einberufung Zuständige kann die Ladungsfrist vielmehr frei bestimmen, allerdings muss die Frist angemessen, d. h. nicht zu kurz sein. Die Ladungsfrist für Vorstandssitzungen kann auch in einer Geschäftsordnung geregelt werden. An die dort bestimmte Frist muss sich der Einladende dann halten, es sei denn, es handelt sich um unaufschiebbare Dinge, über die Beschluss gefasst werden soll.

Grds. muss den Vorstandsmitgliedern mit der Einladung die **Tagesordnung mitgeteilt** werden, wenn auf der Vorstandssitzung gültige Beschlüsse gefasst werden sollen. Für die Abfassung der Tagesordnung gelten die gleichen Regeln wie für die Mitteilung der Tagesordnung bei der Einladung zur Mitgliederversammlung (s. Rdn. 180).

Hinweis:
Die Gegenstände der Beschlussfassung sind den Vorstandsmitgliedern also so mitzuteilen, dass sie sich auf die Sitzung **vorbereiten** können.

Die Satzung kann auf die Mitteilung der Tagesordnung **verzichten.** Tut sie das für die Einberufung der Mitgliederversammlung, so bedarf es auch bei der Einberufung des Vorstandes der Angabe der Tagesordnung nicht (Sauter/Schweyer/Waldner, Rdn. 245e m. w. N.; a. A. Palandt/Heinrichs, § 32 Rdn. 1).

b) Leitung der Sitzung/Protokoll

299 Der **Vorsitzende** des Vorstandes **leitet** i. d. R. die Vorstandssitzung. Insoweit gelten die gleichen Regeln wie für die Leitung der

Mitgliederversammlung. Insbesondere kann der Vorsitzende die Teilnahme von **Gästen** an der grds. nicht öffentlichen Vorstandssitzung zulassen (s. dazu auch Rdn. 193, 179). Es empfiehlt sich allerdings, dies ggf. in einer Geschäftsordnung festzulegen. Gibt es um die Anwesenheit der Gäste im Vorstand Streit, muss darüber abgestimmt werden.

Hinweis:
Die **Vereinsmitglieder** haben **keinen** allgemeinen **Anspruch** auf Teilnahme an einer Vorstandssitzung.

Bei **Verhinderung** des Vorsitzenden übernimmt dessen **Stellvertreter** die Leitung. Ist der Vorsitzende bei einem Beratungsgegenstand vom Stimmrecht ausgeschlossen, weil er befangen ist, hat sein Stellvertreter einen etwa notwendigen **Stichentscheid** vorzunehmen (OLG Düsseldorf NJW-RR 1988 S. 1271).

Das Gesetz enthält keine Vorschriften über eine schriftliche Nie- **300**
derlegung der Beschlüsse und/oder der im Vorstand getätigten Erörterungen **(Sitzungsprotokoll).** Die Satzung kann jedoch ein Protokoll vorschreiben. Tut sie das, so wird man i. d. R. darin keine Voraussetzung für die Wirksamkeit eines Vorstandsbeschlusses, sondern lediglich eine **Ordnungsvorschrift** zu sehen haben. Auch wenn die Satzung ein Protokoll über die Vorstandssitzungen nicht ausdrücklich vorschreibt, empfiehlt es sich aber, um Nachweise über die Geschäftsführung des Vorstandes in Händen zu haben, schriftliche Protokolle der Vorstandssitzungen anzufertigen.

Hinweis:
Fraglich ist, inwieweit Vorstandsmitglieder und sonstige Teilnehmer einen Anspruch darauf haben, eine Kopie des **Protokolls ausgehändigt** zu bekommen. Das wird man – ebenso wie für das Protokoll der Mitgliederversammlung (s. Rdn. 208) – verneinen müssen, es sei denn die Satzung trifft eine andere Regelung. Entsprechendes gilt für die Vereinsmitglieder, die m. E. auch keinen Anspruch auf **Einsicht** in die Protokolle haben. Ihr Kontrollrecht müssen sie ggf. in der Mitgliederversammlung durch Befragung des Vorstandes ausüben.

c) Die Beschlussfähigkeit des Vorstandes

301 Die Beschlussfähigkeit des Vorstandes ist im Gesetz **nicht ausdrücklich geregelt.** In der **Satzung** kann jedoch eine Bestimmung getroffen werden, dass zur Beschlussfähigkeit des Vorstandes die Anwesenheit eines bestimmten Mitglieds des Vorstandes (z. B. des 1. Vorsitzenden oder des Stellvertreters), einer bestimmten Zahl von Vorstandsmitgliedern oder eines bestimmten Bruchteils der Vorstandsmitglieder (z. B. eines Drittels oder der Hälfte) erforderlich ist. Im letzten Fall ist bei der Feststellung der Beschlussfähigkeit von der in der Satzung festgelegten Zahl der Vorstandsmitglieder auszugehen, unberücksichtigt bleiben die Vorstandsmitglieder, die im Vorstand kein Stimmrecht haben, sondern nur mit **beratender** Stimme an den Vorstandssitzungen teilnehmen. Unberücksichtigt bleibt auch, wenn inzwischen Vorstandsmitglieder aus dem Vorstand ausgeschieden sind (BGH NJW 1952 S. 343 [für den Aufsichtsrat einer Genossenschaft]).

Beispiel:

Nach der Satzung besteht der Vorstand aus 9 Personen, die Beschlussfähigkeit besteht bei Anwesenheit der Hälfte der Mitglieder. Sind drei Mitglieder durch Austritt, Tod usw. ausgeschieden, so ist der Vorstand beschlussfähig, wenn mindestens fünf der übrigen Vorstandsmitglieder zur Sitzung erschienen sind.

Eine andere Frage ist es, ob der Vorstand schon dadurch beschlussunfähig wird, dass ein oder mehrere Mitglieder aus dem Vorstand ausscheiden und der Vorstand damit **nicht mehr** die nach der Satzung **notwendige Zahl** von Mitgliedern hat. Hier wird richtigerweise die Auffassung vertreten, dass ein nicht vollständig besetzter Vorstand bis zu seiner Vervollständigung keine Beschlüsse fassen kann (vgl. Reichert, Rdn. 1476 m. w. N. aus der Rspr.; Sauter/Schweyer/Waldner, Rdn. 245a m. w. N.; a. A. Stöber, Rdn. 325). Etwas anderes muss sich aus der Satzung ergeben. Dazu reicht jedoch eine Satzungsbestimmung, wonach zur Beschlussfähigkeit des Vorstandes die Anwesenheit einer bestimmten Anzahl oder eines Bruchteils der Vorstandsmitglieder notwendig ist, nicht aus (vgl. Sauter/Schweyer/Waldner, a. a. O.). Denn eine solche Bestimmung will im Zweifel nur verhindern, dass durch eine zu geringe Zahl der an der Beschlussfassung mitwirkenden Personen eine Zufallsentscheidung ergeht. Eine weitergehende Bedeutung dahin, dass die Beschlussfähigkeit nur dann gegeben ist, wenn die geforderte Mindestzahl von Vorstandsmitgliedern überhaupt (noch) vorhanden ist, kommt der Bestimmung nicht zu.

Die **Vorstandsmitglieder** müssen an den Vorstandssitzungen **persönlich teilnehmen,** wenn sie ihr Stimmrecht ausüben wollen. Nach h. M. ist auch die Vertretung eines Vorstandsmitglieds durch eine nicht dem Vorstand angehörende Person nicht zulässig (OLG Hamm OLGZ 1978 S. 26, 29).

Ein Vorstandsmitglied kann **nicht** in **eigener Sache mitstimmen.** Das kann auch die Satzung nicht zulassen (§ 34 BGB; Palandt/Heinrichs, § 28 Rdn. 1).

d) Wirksamkeit von Beschlüssen

Formfehler bei der Einladung, etwa Nichtladung eines Vorstands- **302**
mitglieds, machen die in der Vorstandssitzung gefassten Beschlüsse nichtig, wenn das Mitglied nicht von sich aus an der Vorstandssitzung teilnimmt (OLG Schleswig NJW 1960 S. 1862). In diesem Fall wird man jedoch die Rspr. des BGH zur unterbliebenen Ladung von Mitgliedern zur Mitgliederversammlung entsprechend anwenden können (s. dazu Rdn. 233). Dann ist ein Vorstandsbeschluss gültig, wenn feststeht, dass der Beschluss auch bei Beteiligung des nicht geladenen Vorstandsmitglieds gefasst worden wäre (Palandt/Heinrichs, § 28 Rdn. 1; a. A. OLG Schleswig a. a. O.). Das muss der Verein beweisen.

Grds. kann ein Vorstandsbeschluss nur in einer **Vorstandssitzung** **303**
gefasst werden. Daneben können folgende **andere Formen** möglich sein: Auf schriftlichem Wege ist ein Vorstandsbeschluss nur mit Zustimmung aller Vorstandsmitglieder zur Beschlusssache möglich (§§ 28 Abs. 1, 32 Abs. 2 BGB). Die **Satzung** kann ebenfalls andere Formen zulassen, so z. B. einen Vorstandsbeschluss durch telefonische Absprache. Schließlich können auch sämtliche Vorstandsmitglieder ohne Einhaltung von Verfahrensvorschriften

zu einer Vorstandssitzung zusammentreten und wirksame Beschlüsse fassen, wenn kein Vorstandsmitglied dieser Verfahrensweise widerspricht. Es empfiehlt sich, um späteren Ärger zu vermeiden, den fehlenden Widerspruch in das Sitzungsprotokoll aufzunehmen.

16. Die Entlastung des Vorstandes

304 Die Entlastung des Vorstandes ist im Gesetz nicht ausdrücklich geregelt. Einen Anspruch **auf Entlastung** hat der Vorstand daher grds. nur, wenn hierfür eine Grundlage in der Satzung vorhanden ist (OLG Köln NJW-RR 1997 S. 483), was praktisch aber in jeder Satzung der Fall ist. Der Anspruch kann sich aber auch aus einem Vereinsbrauch, wie er wohl bei den meisten Vereinen besteht, ergeben (OLG Celle NJW-RR 1994 S. 1545; Sauter/Schweyer/Waldner, Rdn. 289).

Die Entlastung des Vorstandes kommt nur bei **einwandfreier Geschäftsführung** und nach Erfüllung **aller Pflichten** in Betracht. Sie stellt den Vorstand von allen Ansprüchen frei, die dem Verein bei sorgfältiger Prüfung aller Unterlagen erkennbar waren (BGH NJW-RR 1988 S. 745). Die Unterlagen müssen aber vollständig und dürfen weder durch Täuschung noch durch irreführende Vorlagen verschleiert sein. Die Entlastung erstreckt sich auf alle Schadensersatz- und etwa konkurrierende Bereicherungsansprüche (BGH a. a. O. und NJW 1986 S. 2250; NJW 1987 S. 2430) sowie auch auf Ersatzansprüche, die allen Mitgliedern des Vereins privat bekannt geworden sind (BGH NJW 1959 S. 192). Die Entlastung wirkt wie ein Verzicht, und zwar auch auf mögliche Abberufungs- und Kündigungsgründe (BGH NJW-RR 1988 S. 745, 748). Sie kann nicht angefochten werden. Möglich ist nur eine Klage auf Feststellung der Unwirksamkeit des Entlastungsbeschlusses, etwa wegen Täuschung.

Hinweis:

I. d. R. bezieht sich die Entlastung auf die **ganze Geschäftsführung.** Sie kann jedoch auf ein einzelnes Geschäft oder auf einen bestimmten Zeitabschnitt beschränkt werden (OLG Celle NJW-RR 1994 S. 1545;

a. A. für das Aktienrecht OLG Düsseldorf NJW-RR 1996 S. 1252). Sie kann auch den **einzelnen Vorstandsmitgliedern unterschiedlich** erteilt oder versagt werden.

Erfasst von der Entlastung werden aber nur die **Ansprüche**, die aus einem Rechenschaftsbericht des Vorstandes und den der Mitgliederversammlung ggf. vorgelegten Unterlagen **erkennbar** waren. Lassen sich hieraus die Ansprüche nicht oder nur unvollständig entnehmen, werden sie von der Entlastung nicht erfasst (BGH NJW 1988 S. 745, 748).

Zuständig für die Entlastung des Vorstandes ist, wenn die Satzung keine andere Regelung trifft, die **Mitgliederversammlung,** die auch darüber entscheidet, ob ein Vorstand insgesamt oder ob er nur hinsichtlich bestimmter Vorstandsmitglieder, Geschäftsbereiche oder Zeiträume (teil-)entlastet wird (OLG Celle a. a. O.). **305**

Bei der **Beschlussfassung** sind, wenn die Entlastung den Vorstandsmitgliedern einheitlich erteilt wird, jeweils sämtliche **Vorstandsmitglieder** vom **Stimmrecht ausgeschlossen.** Auch wenn über die Entlastung der einzelnen Vorstandsmitglieder gesondert abgestimmt wird, können die übrigen nur dann mitstimmen, wenn Sonderfälle in Frage stehen, an denen sie völlig unbeteiligt sind (Reichert, Rdn. 1535 a). In diesen Fällen können Vorstandsmitglieder auch nicht als Bevollmächtigte anderer Mitglieder mitstimmen. Bei der Beschlussfassung über die Entlastung muss nicht das Wort „Entlastung“ verwendet werden. Es genügt jede Äußerung der Mitgliederversammlung, aus der sich der Wille ergibt, aus der Geschäftsführung des Vorstandes oder einzelner Vorstandsmitglieder keine Ansprüche zu erheben.

Die Entlastung wird **zeitlich** im Allgemeinen im Anschluss an die Beschlussfassung über den Rechenschafts- und Geschäftsbericht des Vorstandes vorgenommen. Der Verein kann aber auch schon vor einer Beschlussfassung über die Entlastung Ansprüche, die er gegen noch nicht entlastete Vorstandsmitglieder zu haben glaubt, gerichtlich geltend machen. Die Entscheidung darüber muss der (übrige) Vorstand treffen. Er macht sich ggf. schadensersatzpflichtig, wenn er begründete Ansprüche nicht geltend macht. Allerdings kann die Mitgliederversammlung (später) beschließen, dass selbst berechtigte Ansprüche nicht verfolgt werden sollen (BGH NJW 1957 S. 832).

306 Wird dem Vorstand die Entlastung nicht erteilt, kann er **negative Feststellungsklage** mit dem Antrag erheben, dass vom Verein ggf. behauptete Ersatzansprüche nicht bestehen (weiter OLG Köln NJW-RR 1997 S. 483 [Feststellungsinteresse bereits dann, wenn nicht auszuschließen ist, dass Ersatzansprüche geltend gemacht werden]). Eine (Leistungs-)Klage des Vorstandes gegen den Verein auf Entlastung wird hingegen als nicht zulässig angesehen (OLG Köln a. a. O.; Sauter/Schweyer/Waldner, Rdn. 289 m. w. N.).

17. Wie lange dauert das Vorstandsamt?

307 Die Dauer des Vorstandsamtes ist im Gesetz nicht geregelt, auch die Satzung muss eine entsprechende Vorschrift nicht enthalten.

Regelmäßig wird jedoch die Amtsdauer des Vorstandes in der **Satzung** bestimmt. Es ist zulässig, beim mehrgliedrigen Vorstand die Amtszeiten der Vorstandsmitglieder unterschiedlich festzulegen.

Hinweis:
Diese Regelung **empfiehlt** sich dann, wenn insbesondere bei größeren Vereinen immer in der Vorstandsarbeit erfahrene Vorstandsmitglieder dem Vorstand angehören sollen und eine gewisse **Kontinuität** in der **Vorstandsarbeit** gewünscht wird.

An die in der Satzung festgelegten Amtszeiten ist das Bestellungsorgan gebunden; es kann den Vorstand weder für einen längeren noch für einen kürzeren Zeitraum bestellen.

Die Amtszeit **beginnt** regelmäßig mit der **Annahme** der (wirksamen) Wahl. Mit dem **Ablauf** der satzungsmäßigen **Amtszeit endet** das Amt des Vorstandes. Soll die Amtszeit erst später als mit der Annahme der Wahl beginnen, muss das ausdrücklich in der Satzung festgelegt werden, z. B. mit dem Beginn des nächsten Vereinsgeschäftsjahrs.

Eine **automatische Verlängerung** der Amtsdauer des Vorstandes über das satzungsmäßige Ende der Amtszeit hinaus bis zur Neuwahl oder Wiederwahl gibt es **nicht.** Deshalb muss vor dem Ende der Amtszeit eine Neu- oder Wiederwahl des Vorstandes stattfinden, wenn der Verein nicht ohne gesetzlichen Vertreter dastehen will. Dem kann aber dadurch begegnet werden, dass in die **Satzung** bei der Festlegung der Amtsdauer zusätzlich eine sog. **„Übergangsklausel“** aufgenommen wird, wonach der Vorstand bis zur Bestellung eines neuen Vorstandes im Amt bleibt. 308

Hinweis:

Eine solche Übergangsregelung ist im Hinblick auf die sonst sich ggf. aus dem Umstand, dass der Verein nicht über einen Vorstand verfügt, ergebende Folge **dringend** zu **empfehlen** (so auch Stöber, Rdn. 258).

Unabhängig davon, ob in der Satzung eine Übergangsklausel enthalten ist, bleibt der **Vorstand** aber **verpflichtet,** unverzüglich die **Mitgliederversammlung** oder das sonst zuständige Bestellungsorgan zur Neuwahl des Vorstandes **einzuberufen**. Fehlt die Übergangsklausel, so hat der Vorstand vor Ablauf seiner Amtszeit die Mitgliederversammlung wenigstens einzuberufen, selbst wenn sie erst nach dem Ablauf der Amtszeit tagt. Hat der Vorstand dies versäumt, so ist er nach der neueren Rspr. aber auch nach Ablauf seiner Amtszeit noch befugt, die Mitgliederversammlung einzuberufen, wenn er im Vereinsregister eingetragen ist (BGHZ 18 S. 334; BayObLGZ 1985 S. 26). Dies gilt auch dann, wenn den Beteiligten bekannt ist, dass die als Vorstand eingetragene Person nicht oder nicht mehr im Vorstand ist.

Enthält die **Satzung** über die Amtsdauer des Vorstandes **keine Regelung,** ist es dem für die Bestellung des Vorstandes zuständigen Vereinsorgan überlassen, im Bestellungsbeschluss die Amtsdauer des Vorstandes festzulegen. Es kann den Vorstand auf bestimmte oder unbestimmte Zeit bestellen, in beiden Fällen mit der Möglichkeit des Widerrufs. Das Widerrufsrecht kann in der Satzung auf den Fall beschränkt werden, dass ein wichtiger Grund vorliegt. 309

Ein weitergehender Ausschluss des Widerrufsrechts ist nicht zulässig (Sauter/Schweyer/Waldner, Rdn. 267).

18. Wie wird der Vorstand abberufen?

310 Neben dem Ablauf der Amtszeit ist der häufigste Beendigungsgrund für das Vorstandsamt der **Widerruf der Vorstandsbestellung. Zuständig** für den Widerruf ist i. d. R. das Vereinsorgan, das auch für die Bestellung des Vorstandes zuständig war. Ist das nicht die Mitgliederversammlung, gilt: Nach h. M. kann die Mitgliederversammlung den Vorstand aus wichtigem Grund auch dann abberufen, wenn nach der Satzung ein anderes Organ oder eine außerhalb des Vereins stehende Person für die Bestellung des Vorstandes zuständig ist (Palandt/Heinrichs, § 27 Rdn. 2; a. A. Sauter/Schweyer/Waldner, Rdn. 268 für den Fall, dass ein anderes [Vereins-]Organ zuständig ist).

Beispiel:

Nach der Satzung wird der Vorstand von einem Beirat bestellt. Er kann dann trotzdem von der Mitgliederversammlung aus wichtigem Grund abberufen werden.

Andere Organe können sich **nicht** ohne besondere Regelung in der Satzung für die Abberufung des Vorstandes **zuständig** erklären. So können z. B. nicht die übrigen Mitglieder des Vorstandes den 1. Vorsitzenden, mit dessen Amtsführung sie nicht einverstanden sind, seines „Amtes entheben“. Vielmehr muss auch in diesen Fällen das in der Satzung vorgesehene Verfahren eingehalten werden. Im Zweifel muss also die Mitgliederversammlung entscheiden, die dazu ggf. mit einem Minderheitenverlangen einberufen werden muss (s. dazu Rdn. 164 ff.; zum Ausschluss eines Vorstandsmitgliedes aus dem Verein durch den übrigen Vorstand s. Rdn. 94).

311 Die Abberufung des Vorstandes ohne feste Amtsdauer ist **jederzeit** zulässig; die Widerruflichkeit kann aber durch die Satzung auf den Fall beschränkt werden, dass ein **wichtiger Grund** vorliegt (§ 27 Abs. 2 BGB). Der Widerruf kann also nicht völlig ausgeschlossen werden. Ist in der Satzung die Amtszeit festgelegt, so lässt sich daraus allein nicht der Schluss ziehen, dass der Vorstand

nur aus wichtigem Grund abberufen werden kann (Sauter/Schweyer/Waldner, Rdn. 269). Belässt der Verein den Vorstand in Kenntnis des Abberufungsgrundes längere Zeit im Amt, kann das Recht des Vereins zur Abberufung **verwirkt** sein, wenn der Vorstand davon ausgehen konnte, der Verein wolle diese Umstände nicht zur Begründung seiner Abberufung geltend machen.

Für den wichtigen Grund gelten die allgemeinen **Regeln.** Ein wichtiger Grund ist immer dann gegeben, wenn dem Verein die Beibehaltung des Vorstands(-mitglieds) bis zum Ablauf seiner Amtszeit nicht mehr zuzumuten ist (BGH NJW 1991 S. 846). Als **Beispiele** nennt das Gesetz grobe Pflichtverletzung oder Unfähigkeit zur ordnungsgemäßen Geschäftsführung (ähnlich OLG Karlsruhe NJW-RR 1998 S. 684 [„triftiger Grund" dann, wenn von einigem Gewicht und eine ordnungsgemäße das Wohl des Vereins fördernde Amtsführung unmöglich oder wenigstens gefährdet ist]). Die Satzung kann weitere wichtige Gründe benennen. Ein **Verschulden** des Vorstandsmitgliedes ist **nicht erforderlich,** so dass veränderte organisatorische Verhältnisse im Verein, z. B. eine Verkleinerung des Vorstandes (Reichert, Rdn. 1301), ebenso wie ein Verhalten des Vorstandes im privaten Bereich ein Grund zur Abberufung sein kann.

Hinweis:

Unwirksam sind Satzungsbestimmungen, die die Möglichkeit des Widerrufs praktisch ausschließen (z. B. Festsetzung einer hohen Entschädigungssumme). Auch ein Verzicht des Vereins auf das Recht zum Widerruf ist unwirksam (LG Tübingen Rpfleger 1995 S. 258, 259).

Der Widerruf ist an eine bestimmte **Form** nicht gebunden. I. d. R. wird er durch die Bestellung/**Wahl** eines anderen neuen Vorstands(-mitglieds) vorgenommen. Muss dieses in der Mitgliederversammlung gewählt werden, ist diese dazu ggf. vom Vorstand auf Verlangen der Mitglieder einzuberufen (zum Inhalt der Einladung s. Rdn. 181 a). Ihr Verlangen können die Mitglieder gem. § 37 BGB durchsetzen (s. Rdn. 164 ff.). Der Widerruf kann auch bereits im **Ausspruch des Misstrauens** durch die Mitgliederver- **312** sammlung liegen. Allerdings wird für die Löschung des Vorstandes im Vereinsregister ein Versammlungsprotokoll, aus dem sich lediglich der Ausspruch des Misstrauens ergibt, nicht ausreichen. Im **Ausschluss** eines Vorstandsmitglieds aus dem Verein liegt der Widerruf jedenfalls dann, wenn ein und dasselbe Organ für den Ausschluss von Vereinsmitgliedern und den Widerruf der Vorstandsbestellung zuständig ist. Fehlt es an dieser Doppelzuständigkeit, dann wird man i. d. R. in dem Verlust der Vereinsmitgliedschaft durch den Ausschluss die Beendigung des Vorstandsamtes sehen können (OLG Celle MDR 1980 S. 576). Das Recht zum Ausschluss kann die Satzung aber nicht dem Vorstand einräumen (BGH NJW 1984 S. 1884; OLG Düsseldorf NJW 1988 S. 1271; LG Freiburg NJW-RR 1989 S. 1021; s. auch Rdn. 94).

313 Mit dem Widerruf endet das Vorstandsamt, **nicht** aber ohne weiteres der **(Dienst-)Vertrag,** auf dem ggf. der Vergütungsanspruch des Vorstands(-mitglieds) beruht (BAG NJW 1996 S. 614, 615).

Hinweis:

Zulässig ist es aber, die Beendigung des Dienstvertrages an den Widerruf/das Erlöschen des Vorstandsamtes zu **binden** (zuletzt BGH NJW 1997 S. 318, 320 m. w. N.).

Darüber hinaus entfällt der Dienstvertrag nur, wenn die Voraussetzungen für eine **Kündigung** aus **wichtigem Grund** (§ 626 BGB) vorliegen oder § 627 BGB anzuwenden ist.

Davon wird man ausgehen können, wenn die Abberufung des Vorstandes erkennbar der Ausdruck eines Vertrauensverlustes ist, der die Rechtsbeziehungen zu dem Entlassenen in ihrer Gesamtheit belastet (BGH DB 1975 S. 1548 für die AG). Für die Kündigung des Anstellungsvertrages ist i. d. R. allein das Vereinsorgan zuständig, das nach Gesetz oder Satzung dazu berufen ist (OLG Düsseldorf DStR 1994 S. 106).

Hinweis:

Besteht Streit um die Wirksamkeit der Abberufung haben sowohl der Vorstand als auch der Verein die Möglichkeit, diese Frage gerichtlich mit der (negativen) **Feststellungsklage** klären zu lassen (zum Rechtsschutz s. Reichert, Rdn. 1316 ff.).

19. Beendigung des Vorstandsamtes aus sonstigen Gründen

a) Tod, Geschäftsunfähigkeit usw.

Neben dem Ablauf der Amtszeit und dem Widerruf sind sonstige 314
Gründe für eine **automatische** Beendigung des Vorstandsamtes **Tod,** Eintritt der **Geschäftsunfähigkeit** (BGH NJW 1991 S. 2566) sowie **Wegfall der persönlichen Eigenschaften,** die nach der Satzung für die Vorstandsbestellung zwingend erforderlich sind (z. B. die Zugehörigkeit zu einem bestimmten Beruf). Das Vorstandsamt endet auch, wenn das Mitglied freiwillig aus dem Verein austritt oder aus dem Verein ausgeschlossen wird, es sei denn, in der Satzung ist etwas anderes bestimmt. Verringert sich durch eine Satzungsänderung die Zahl der Vorstandsmitglieder, endet dadurch nicht automatisch das Vorstandsamt einzelner überzähliger Vorstandsmitglieder. Vielmehr müssen die überzähligen Vorstandsmitglieder ausdrücklich abberufen werden. Für welche Mitglieder das zutrifft, steht im Ermessen des Bestellungsorgans, sofern nicht ein Vorstandsmitglied ein satzungsmäßiges Sonderrecht auf ein Vorstandsamt besitzt (BGH DNotZ 1969 S. 377). Ggf. ist der satzungsändernde Beschluss aber auch dahin auszulegen, dass die Verkleinerung des Vorstandes erst nach Ablauf der Amtszeit der noch amtierenden Vorstandsmitglieder wirksam werden soll.

b) Rücktritt

Das Vorstandsamt endet auch dadurch, dass der Vorstand oder ein 315
einzelnes Vorstandsmitglied zurücktritt. In der Rücktrittserklärung liegt die **Kündigung** des zwischen dem Verein und dem Vorstand bestehenden Innenverhältnisses (**Dienstvertrag** oder Geschäftsbesorgungsvertrag), die gleichzeitig die mit diesem Rechtsverhältnis untrennbar verbundene Organstellung aufhebt.

Hinweis:

Ist der Vorstand (i. S. des BGB) zurückgetreten, ist der Verein **handlungsunfähig**. Das bedeutet, dass auf einer (außerordentlichen) Mitgliederversammlung **schnellstmöglich** ein neuer **Vorstand gewählt** werden muss. Nicht möglich ist es, ein Vereins- oder anderes Vorstandsmitglied kommissarisch mit den Aufgaben des Vorstandes zu betrauen.

Die **Rücktrittserklärung** kann nach h. M. sowohl gegenüber einem anderen Vorstandsmitglied als auch gegenüber dem für die Bestellung zuständigen Vereinsorgan, meist die Mitgliederversammlung, wirksam abgegeben werden (Sauter/Schweyer/Waldner, Rdn. 275 m. w. N.). Der Rücktritt ist **höchstpersönliche Angelegenheit** eines jeden Vorstandsmitglieds.

Hinweis:

Ein mit Mehrheit gefasster **Beschluss** des (mehrgliedrigen) Vorstandes, die Ämter niederzulegen, **bindet** daher die in der Minderheit gebliebenen Vorstandsmitglieder **nicht.**

Eine wirksame **Rücktrittserklärung** kann der Vorstand später **nicht widerrufen,** um sich so wieder in das Vorstandsamt einzusetzen. Vielmehr ist für die weitere Ausübung des Vorstandsamtes eine Neuwahl notwendig; also „kein Rücktritt vom Rücktritt". Das gilt auch, wenn das Amt mit der Erklärung niedergelegt worden ist, dass das Amt noch bis zur Erledigung einer bestimmten Angelegenheit oder bis zu einem bestimmten Zeitpunkt weitergeführt werden soll.

316 Die Frage, **wann** ein **Rücktritt** des Vorstandes **möglich** ist, richtet sich danach, ob der Vorstand ehrenamtlich tätig ist oder ob mit ihm ein Anstellungsvertrag besteht.

- Der **ehrenamtlich** tätige Vorstand kann grds. sein Amt **jederzeit** zur Verfügung stellen (OLG Frankfurt Rpfleger 1978 S. 134, 135). Er darf dies aber, sofern er nicht einen „wichtigen Grund" geltend macht, nicht „zur Unzeit" tun. Das heißt, er muss dem Verein angemessene Zeit lassen, das freiwerdende

Vorstandsamt anderweitig zu besetzen. Wird der Verein durch den Rücktritt handlungsunfähig, z. B. beim Einmannvorstand oder wenn die zur Vertretung des Vereins erforderlichen Vorstandsmitglieder nicht mehr vorhanden sind, handelt es sich immer um einen Rücktritt zur Unzeit, sofern kein wichtiger Grund für den Rücktritt vorgelegen hat. Die Amtsniederlegung zur **Unzeit** ist grds. wirksam, sie **verpflichtet** den ehrenamtlich tätigen Vorstand aber zum Ersatz des dadurch dem Verein entstandenen **Schadens.** Die Amtsniederlegung ist jedoch unwirksam, wenn feststeht, dass sie aus unredlichen oder gegen Treu und Glauben verstoßenden Gründen erklärt wurde. Das ist z. B. anzunehmen, wenn der Vorstand nur deshalb zurücktritt, um den Verein in Rechtsstreitigkeiten handlungsunfähig zu machen oder um ihn bestimmten Verpflichtungen zu entziehen (z. B. Abgabe der eidesstattlichen Versicherung nach § 807 ZPO).

- Ist mit dem Vorstand ein **Anstellungsvertrag** geschlossen, kann er i. d. R. nur zurücktreten, wenn ein **wichtiger Grund** vorliegt (Palandt/Heinrichs, § 27 Rdn. 3; Stöber, Rdn. 270; a. A. jetzt Reichert, Rdn. 1331 unter Hinw. auf die Rspr. zum Rücktritt des GmbH-Geschäftsführers; wie z. B. BGH NJW 1993 S. 1198). Es kommt darauf an, ob dem Vorstand ein weiteres Verbleiben im Amt nicht zugemutet werden kann. Höchstrichterlich noch nicht endgültig geklärt ist die Frage, ob der aus wichtigem Grund erklärte Rücktritt auch dann sofort wirksam ist, wenn Verein und Vorstand über die Berechtigung streiten. Da bei einem Streit um die Wirksamkeit der Amtsniederlegung ggf. jahrelang Ungewissheit über die Vertretungsverhältnisse im Verein besteht, wird man aus Gründen der Rechtssicherheit den durch den Vereinsvorstand aus wichtigem Grund erklärten Rücktritt jedoch so lange für wirksam ansehen müssen, bis die Unwirksamkeit rechtskräftig festgestellt ist (BGH Rpfleger 1980 S. 424; NJW 1993 S. 1198, beide für den Geschäftsführer einer GmbH).

Zu den **Pflichten des Vorstandes nach Beendigung** seines Amtes **317**
siehe Rdn. 285.

20. Der Notvorstand

a) Bestellung in „dringenden Fällen"

318 Ist der Verein ohne Vorstand (i. S. des BGB) oder fehlen beim mehrgliedrigen Vorstand einzelne Vorstandsmitglieder, sind sie in dringenden Fällen auf Antrag eines Beteiligten vom Amtsgericht zu bestellen. **Voraussetzung** für diese Bestellung von Vorstandsmitgliedern durch das Gericht ist,

- dass ein nach der Satzung für eine **wirksame Beschlussfassung** oder Vertretung erforderliches **Vorstandsmitglied** infolge Todes, Geschäftsunfähigkeit, Absetzung, Rücktritt, Amtsablauf, längerer schwerer Krankheit oder längerer Abwesenheit an der **Amtsausübung gehindert** ist,
- oder dass eine auf § 34 BGB (Stimmrechtsausschluss) oder § 181 BGB (In-Sich-Geschäft) beruhende **Verhinderung** im **Einzelfall** vorliegt,
- oder auch die **grds. Verweigerung** der **Geschäftsführung** durch den Vorstand.
- Die **Bestellung** eines Notvorstandes kommt jedoch **nicht** in Betracht, wenn der **Vorstand** sich (nur) **weigert,** in einer **bestimmten Angelegenheit tätig** zu werden, oder wenn zwischen den Vorstandsmitgliedern Differenzen bestehen. Hier muss sich der Verein durch seine eigenen satzungsmäßigen Mittel, meist mit Beschlüssen der Mitgliederversammlung, selbst helfen. Das gilt auch, wenn ein Vorstand wegen Unfähigkeit entlassen werden soll. Das kann nicht das Gericht, sondern nur das zur Abberufung zuständige Organ (s. Rdn. 310).

319 Die Bestellung eines Notvorstandes kommt auch nicht in jedem Fall in Betracht, sondern **nur** wenn ein **dringender Fall** vorliegt. Ein solcher ist gegeben, wenn ohne die Notbestellung dem Verein oder einem Beteiligten **Schaden droht** (zur Verneinung eines dringenden Falls, wenn für das Insolvenzverfahren ein Verfahrenspfleger bestellt ist, s. OLG Zweibrücken ZIP 2001 S. 973). Es

muss sich nicht um einen Vermögensschaden handeln. In Betracht kommt die Bestellung etwa zur Anmeldung einer bereits beschlossenen Satzungsänderung, die dringend wirksam werden soll, oder wenn ein Gläubiger den Verein verklagen will. Von einem dringenden Fall ist nur dann auszugehen, wenn die Vereinsorgane selbst nicht in der Lage sind, innerhalb einer angemessenen Frist den Mangel zu beseitigen und dem Verein oder einem Beteiligten ohne Notvorstandsbestellung Schaden drohen würde oder eine alsbald erforderliche Handlung nicht vorgenommen werden könnte. Jedoch ist es nicht Aufgabe des Verfahrens nach § 29 BGB Differenzen zwischen verschiedenen Vorstandsmitgliedern zu entscheiden (s. auch OLG Frankfurt Rpfleger 2001 S. 241).

Hinweis:

Auch die Notwendigkeit, eine Mitgliederversammlung **einzuberufen,** rechtfertigt die Anwendung des § 29 BGB nicht, wenn ein eingetragener Vorstand vorhanden ist. Dieser kann nach neuerer Rspr. auch nach Beendigung seines Amtes noch die Mitgliederversammlung einberufen (s. Rdn. 307 f.). Die Bestellung eines Notvorstandes ist hier nur dann erforderlich, wenn von den eingetragenen Vorstandsmitgliedern die zur Mitwirkung bei der Einberufung Erforderlichen entweder verhindert sind oder es ablehnen, von ihrer noch bestehenden Einberufungsbefugnis Gebrauch zu machen.

b) Bestellung durch das Gericht

Das **Verfahren,** in dem der Notvorstand bestellt wird, ist wie folgt **320**
ausgestaltet:

- Für das Verfahren gilt das FGG. **Zuständig** ist der Rechtspfleger. Zuständig ist das Amtsgericht, das für den Bezirk, in dem der Verein seinen Sitz hat, das Vereinsregister führt.
- Notwendig ist der **Antrag** (s. **Muster** in Rdn. 552) eines Beteiligten. Das ist jeder, dessen Rechte oder Pflichten durch die Bestellung unmittelbar beeinflusst werden. Antragsberechtigt sind daher jedes Vereinsmitglied, jedes Vorstandsmitglied, die Gläubiger des Vereins und die vom Verein Verklagten. Der Antrag bedarf keiner besonderen **Form;** er kann schriftlich oder zu

Protokoll der Geschäftsstelle des Amtsgerichts gestellt werden. Ist ein Antrag mit Sicherheit von keinem Beteiligten zu erwarten, kann auch von Amts wegen ein Notvorstand bestellt werden (BayObLGZ 1988 S. 410, 413).

321 • Die **Auswahl** des Notvorstandes ist Sache des Gerichts. Es kann Vorschläge des Antragstellers berücksichtigen, braucht dies aber nicht. Schreibt die Satzung für den Vorstand eine bestimmte Qualifikation vor, muss diese auch vom Notvorstand erfüllt werden (BayObLG Rpfleger 1992 S. 114 m. w. N.). Stehen sich bei einem Streit im Verein zwei rivalisierende Gruppen gegenüber, wird i. d. R. der Notvorstand nicht aus einer dieser Gruppen ausgewählt werden können (BayObLG a. a. O.).

• Die Bestellung entfaltet nach h. M. ihre **Wirkung** gem. § 16 FGG mit der Bekanntgabe an den Bestellten (Sauter/Schweyer/Waldner, Rdn. 296 m. w. N.). Außerdem muss der Bestellte das Amt annehmen. Die **Annahme** braucht aber nicht ausdrücklich erklärt zu werden, sie kann sich auch daraus ergeben, dass der Bestellte die Amtstätigkeit aufnimmt.

322 • Gegen die Bestellung eines Notvorstandes kann neben dem Verein nur jedes Vereins- und jedes Vorstandsmitglied **Rechtsmittel** einlegen (BGH NJW-RR 1997 S. 289), und zwar die an keine Frist gebundene Erinnerung (Beschwerde) und **weitere Beschwerde.** Die weitere Beschwerde muss gem. § 29 FGG schriftlich durch einen Rechtsanwalt eingelegt werden. Bei Ablehnung des Antrags auf Bestellung stehen dem Antragsteller die gleichen Rechtsmittel zu. Auch gegen die Abberufung eines Notvorstandes können diese Rechtsmittel eingelegt werden, und zwar vom abberufenen Notvorstand.

c) Rechtsstellung des Notvorstandes

323 Die Bestellung gibt dem Bestellten die **volle Rechtsstellung** des fehlenden **Vorstandes** oder Vorstandsmitglieds. Die Bestellung bewirkt aber nicht deren Ausscheiden aus ihren Ämtern. Der Bestellungsbeschluss kann die Vertretungsmacht beschränken (BayObLG NJW-RR 1986 S. 523), z. B. auf die Einberufung und Lei-

tung einer Mitgliederversammlung. Der Notvorstand kann auch nur für eine bestimmte Zeit bestellt werden. Nach h. M. genügt bei vollständigem Wegfall eines mehrgliedrigen Vorstandes mit Gesamtvertretungsmacht die Bestellung einer einzigen Person als „Notvorstand". Dieser ist dann alleinvertretungsberechtigt (KG OLGZ 1968 S. 200, 207 m. w. N.; a. A. Sauter/Schweyer/Waldner, Rdn. 299).

Die **Aufgaben** des Notvorstandes gehen aber nicht weiter als in der **gerichtlichen Bestellung** aufgeführt (Stöber, Rdn. 359; BayObLG Rpfleger 1976 S. 357). Ein Notvorstand, der dafür sorgen soll, dass auf einer Mitgliederversammlung ein Vorstand gewählt wird, braucht in dieser nicht über eine Satzungsänderung verhandeln zu lassen. Das ist Aufgabe des neu gewählten Vorstandes. Ggf. muss der Notvorstand beim Amtsgericht nachfragen und/oder durch einen entsprechenden Antrag seine Befugnisse eindeutiger regeln/beschränken lassen.

Ist im Bestellungsbeschluss die **Amtsdauer** nicht befristet, endet sie von selbst mit dem Wegfall des Bestellungsgrundes, also i. d. R. mit der Wahl eines Vorstandes bzw. Vorstandsmitglieds durch das zuständige Organ. War der Notvorstand nur für eine bestimmte Aufgabe, z. B. Anmeldung zum Vereinsregister oder Einberufung einer Mitgliederversammlung, bestellt, endet das Amt mit deren Erfüllung (BayObLG NotBZ 2005 S. 380). War die Amtsdauer befristet, so endet die Amtszeit des Notvorstandes mit **Zeitablauf** auch dann, wenn der Bestellungsgrund noch nicht weggefallen ist. Es kann eine Verlängerung des Amtes durch das Gericht in Betracht kommen. Der Notvorstand kann sein Amt auch niederlegen. Zur erneuten Bestellung eines Notvorstandes ist dann ein neuer Antrag erforderlich. Das Gericht kann den Notvorstand auf Antrag, aber auch von Amts wegen, abberufen, wenn ein **wichtiger Grund** vorliegt. In Betracht kommt hier insbesondere die Nichterfüllung des Auftrags innerhalb angemessener Zeit. Antragsberechtigt sind insoweit nur Vorstands- und Vereinsmitglieder, nicht aber andere Beteiligte (BayObLG DB 1978 S. 2165). **324**

Hinweis:
Der Verein kann aber die gerichtliche Bestellung des Notvorstandes nicht dadurch rückgängig machen, dass er durch das Bestellungsorgan, i. d. R. also die Mitgliederversammlung, den Notvorstand wieder **abberuft**, bevor dessen Amtszeit beendet ist (OLG München GmbHR 1994 S. 259 [für die GmbH]).

325 Der Notvorstand hat keinen Vergütungsanspruch gegen den Staat oder den Antragsteller, sondern gem. § 612 BGB **gegen** den **Verein.** Dieser Anspruch besteht jedenfalls dann, wenn der Bestellte nicht Mitglied des Vereins ist oder wenn der Vorstand nach der Satzung Anspruch auf Vergütung (nicht nur auf Ersatz seiner Aufwendungen) hat. Kein Vergütungsanspruch, sondern nur ein Aufwendungsersatzanspruch nach § 670 BGB besteht aber, wenn nach den Umständen eine **ehrenamtliche Tätigkeit** zu erwarten war (Palandt/Heinrichs, § 29 Rdn. 9 m. w. N.), z. B. wenn sich ein Vereinsmitglied bereit erklärt, ein ehrenamtliches Vorstandsamt als Notvorstand zu übernehmen.

Hinweis:
Das gilt aber **nicht,** wenn das Gericht einen Notvorstand bestellt, der lediglich aufgrund seines **Berufes** bereit ist, die Bestellung anzunehmen, z. B. Rechtsanwalt, Steuerberater, Buchhalter. Einigen sich die Beteiligten nicht über die Vergütung, kann das (Prozess-)Gericht sie festsetzen (h. M.).

X. Der besondere Vertreter nach § 30 BGB

1. Allgemeines

326 Das BGB sieht als Vertretungsorgan **grds.** nur den **Vorstand** des Vereins vor. Das ist als Vertretungsorganisation bei größeren Vereinen, die z. B. verschiedene örtliche und/oder sachliche Abteilungen haben können, aber oft nicht ausreichend. Deshalb besteht nach § 30 BGB die Möglichkeit, neben dem Organ „Vorstand" ein Vereinsorgan „besonderer Vertreter" bestellen zu können. Dies kommt insbesondere in Betracht zur **Leitung einer unselbständigen Untergliederung,** z. B. Leitung einer Tennisabteilung eines großen Sportvereins oder zur eigenverantwortlichen Leitung einer selbständigen Vereinseinrichtung, auch eines wirtschaftlichen Nebenbetriebs, z. B. des Labors bei einem Laborverein (wegen weiterer Beispiele s. Rdn. 341). Der besondere Vertreter kann aber auch nur für ein **einzelnes Projekt** bestimmt werden (BayObLG Rpfleger 1999 S. 332).

2. Bestellung und Abberufung des besonderen Vertreters

Grds. muss die **Bestellung** des besonderen Vertreters in der **Satzung vorgesehen** sein (BAG NZA 1997 S. 959). **327**

Hinweis:

Von der Bestellung eines besonderen Vertreters als Vereinsorgan zu **unterscheiden** ist die Frage, ob der Vorstand mit der Erfüllung ihm obliegender Aufgaben auch **Hilfspersonen** beauftragen kann. Das ist grundsätzlich auch ohne besondere Regelung in der Satzung zulässig (s. Rdn. 273).

Sieht die Satzung einen besonderen Vertreter i. S. von § 30 BGB nicht vor, ist eine Bestellung unzulässig und unwirksam (BAG, a. a. O.). Ob die Bestellung bei fehlender Regelung in der Satzung auch auf einer langen Übung beruhen kann, erscheint zweifelhaft (so aber Palandt/Heinrichs, § 30 Rdn. 4). Denn bei der Bestellung des besonderen Vertreters, der Vereinsorgan mit beschränkter Zuständigkeit ist, handelt es sich um eine Grundentscheidung, für die in der Satzung eine Grundlage vorhanden sein muss (s. Rdn. 32 f.; wie hier auch Sauter/Schweyer/Waldner, Rdn. 313). Die **Bestellung** hat die Mitgliederversammlung vorzunehmen, wenn die Satzung kein anderes Verfahren vorsieht. Zulässig ist es aber auch, wenn die Bestellung dem Vorstand überlassen wird (BayObLG Rpfleger 1999 S. 332; Reichert, Rdn. 1558).

Hinweis:

Es kann **auch** ein **Vorstandsmitglied** für einen bestimmten Geschäftsbereich zum besonderen Vertreter des Vereins bestellt werden.

328 Die **Abberufung** des besonderen Vertreters richtet sich ebenfalls zunächst nach der Satzung. Sieht diese eine Regelung nicht vor, ist ebenfalls die **Mitgliederversammlung** zuständig.

329 Die Bestellung eines besonderen Vertreters muss in das **Vereinsregister eingetragen** werden, auch wenn § 64 BGB das nicht ausdrücklich vorsieht (str.; h. M.; s. u. a. Palandt/Heinrichs, § 30 Rdn. 6; § 66 Rdn. 3; Reichert, Rdn. 1573; a. A. Stöber, Rdn. 389 m. w. N.). Beschränkung oder Ausschluss der Vertretungsmacht des besonderen Vertreters (s. Rdn. 330) sind ebenfalls einzutragen und gelten dann gegen Dritte ebenso wie eine Beschränkung der Vertretungsmacht des Vorstandes (vgl. dazu Rdn. 272).

3. Die Stellung des besonderen Vertreters

330 Innerhalb seines **Wirkungskreises** hat der besondere Vertreter sowohl dem Verein als auch Dritten gegenüber dieselbe **Stellung wie der Vorstand.** Ist in der Satzung eine Regelung der Vertretungsmacht des besonderen Vertreters nicht vorgenommen, erstreckt sie sich im Zweifel auf alle Rechtsgeschäfte, die der **ihm zugewiesene Geschäftskreis** gewöhnlich mit sich bringt. I. d. R. hat der besondere Vertreter in diesem Wirkungskreis dann auch Vertretungsmacht (Sauter/Schweyer/Waldner, Rdn. 313). Unbedingt notwendig ist rechtsgeschäftliche Vertretungsmacht für einen besonderen Vertreter jedoch nicht; es genügt die Übertragung eines bestimmten Aufgabenkreises, in dem der besondere Vertreter nach außen hin selbständig handeln kann (RGZ 157 S. 236). Es schadet auch nicht, wenn der besondere Vertreter im Innenverhältnis weisungsgebunden ist (BGH NJW 1977 S. 2260). Rechtsgeschäftliche Vertretungsmacht kann vollständig ausgeschlossen oder auch (nur) **beschränkt** werden. So kann die Satzung vorsehen, dass der besondere Vertreter bloß zusammen mit einem Vorstandsmitglied zur rechtsgeschäftlichen Vertretung des Vereins ermächtigt ist oder dass er nach außen überhaupt nur mit besonderer, im Einzelfall erteilter Vollmacht des Vorstandes tätig werden darf (Sauter/Schweyer/Waldner, a. a. O.). Für die Wirksamkeit einer von ihm ausgesprochenen Kündigung braucht der besondere Vertreter aber eine Vollmachtsurkunde nicht vorzulegen. Er ist kraft Satzung wie ein gesetzlicher Vertreter zur Kündigung von Arbeitsverhältnissen befugt (BAG DB 1990 S. 1471).

Hinweis:
Der Verein **haftet** für den „besonderen Vertreter“ nach § 31 BGB (vgl. dazu Rdn. 335 ff.)

XI. Sonstige Vereinsorgane

1. Beirat, Aufsichtsrat, Präsidium usw.

Nach dem BGB muss der Verein mindestens zwei Organe haben, **331**
nämlich den Vorstand und die Mitgliederversammlung. Darüber hinaus können in der **Satzung weitere Vereinsorgane vorgesehen** werden. Meist werden diese als Beirat, Aufsichtsrat (vgl. dazu Reichert, Rdn. 1579 ff.), Präsidium (vgl. dazu Reichert, Rdn. 1585 ff.), Direktorium, Ausschuss usw. bezeichnet. **Vermieden** werden sollten **Bezeichnungen,** die den Bestandteil **„Vorstand“** enthalten, um Verwechslungen mit dem eigentlichen Vorstand i. S. des § 26 BGB auszuschließen. Auch sollten die Organe nicht einmal mit „Vorstand“ und einmal mit „Vorstand im Sinne des § 26 BGB“ für das vertretungsberechtigte Vereinsorgan „Vorstand“ unterschieden werden (zu den fakultativen Vereinsorganen s. eingehend auch Oesterreich, Rpfleger 2002 S. 67).

Wenn ein **weiteres Vereinsorgan** gebildet werden soll, muss dafür eine **Regelung** in der Satzung vorhanden sein. Nach dieser bestimmen sich auch ausschließlich die Aufgaben des Organs. Ihm können alle Befugnisse übertragen werden, die nicht zwingend dem Vorstand und der Mitgliederversammlung vorbehalten sind. Es kann den Vorstand überwachen und ihm gegenüber zu Weisungen berechtigt sein, sowie im Einzelnen oder insgesamt die Geschäfte des Vereins führen. Auch können bestimmte Geschäfte des Vorstandes von seiner Zustimmung abhängig sein, z. B. wenn Rechtsgeschäfte des Vorstandes einen bestimmten Wert übersteigen. Die Satzung kann und sollte aber nicht so gestaltet werden, dass die Geschicke des Vereins ausschließlich von diesem (weiteren) Organ geleitet werden, ohne dass die Mitglieder des Vereins auf die Bestellung und Kontrolle der Mitglieder des Organs einen – ausreichenden – Einfluss haben (OLG Celle NJW-RR 1995 S. 1273 [für Beirat, der weitere Mitglieder selbst kooptieren kann]). In diesem Fall sind die Grenzen der vereinsrechtlichen Gestaltungsfreiheit überschritten.

Die Satzung muss auch **Bestimmungen** über Zusammensetzung, Bestellung (Wahl), Amtsdauer und Beschlussfassung des sonstigen Vereinsorgans **vorsehen.** Grds. können auch Nichtvereinsmitglieder Organmitglieder sein. Ob auch Vorstandsmitglieder diesem Organ angehören können, richtet sich nach den zugewiesenen Aufgaben. Kann das Organ z. B. den Vorstand kontrollieren oder ihm Weisungen erteilen, wird eine Zugehörigkeit von Vorstandsmitgliedern nicht in Betracht kommen (Reichert, Rdn. 1580 für den „Aufsichtsrat“). Etwas anderes gilt, wenn dem Organ zumindest teilweise die Geschäftsführung übertragen worden ist. Dann wird die Zugehörigkeit von Vorstandsmitgliedern sogar zu empfehlen sein. Fehlen Vorschriften über die Beschlussfassung des Organs in der Satzung, so gelten die gesetzlichen Bestimmungen über die Beschlussfassung der Mitgliederversammlung und den Stimmrechtsausschluss entsprechend (Sauter/Schweyer/Waldner, Rdn. 310). Für den Ersatz von Aufwendungen oder Vergütungen gilt Rdn. 290 entsprechend.

2. Revisoren/Kassenprüfer

332 Im Vereinsrecht des BGB ist eine regelmäßige Prüfung der Geschäftsführung nicht vorgesehen. Gleichwohl finden solche Prüfungen bei fast allen Vereinen in unterschiedlichem Umfang statt. Dazu sind sog. Revisoren, Rechnungs- oder Kassenprüfer berufen. Grundsätzlich wird es ausreichen, wenn nur ein Prüfer vorgesehen ist. Allerdings sind i. d. R. in der Praxis zwei Prüfer üblich und auch zu empfehlen. Die Prüfer sind i. d. R. **nicht Vereinsorgan,** auch wenn ihre Bestellung in der Satzung vorgesehen ist.

Die Geschäftsprüfung kann in der **Satzung** vorgesehen sein. Sie kann aber auch generell oder von Fall zu Fall durch die **Mitglie-**

derversammlung angeordnet werden, wenn diese z. B. die Revisoren oder die Kassenprüfer wählt. Mit der Prüfung können, wenn die Satzung das nicht ausschließt, auch Nichtmitglieder beauftragt werden, nicht jedoch Mitglieder des zu überprüfenden Vereinsorgans selbst.

Gegenstand und Umfang der Prüfung bestimmt, wenn die Satzung keine ausdrückliche Regelung enthält, die Mitgliederversammlung. Je nach dem Umfang der vorgesehenen Prüfung bestimmen sich die **Rechte** und **Pflichten** der **Prüfer:** **333**

- Bei **kleineren Vereinen,** bei denen i. d. R. nur Kassenprüfer/Rechnungsprüfer gewählt werden, wird sich die Prüfung i. d. R. auf die Feststellung der Übereinstimmung der Ausgabe- und Einnahme**belege** mit dem **Kassenbestand** beschränken (BGH NJW-RR 1988 S. 745, 749). Es kann aber auch eine umfassende Revision der Geschäftsführung vorgesehen sein.
- Handelt es sich – wie meist bei **größeren Vereinen** – um eine umfassende **Revision der Geschäftsführung,** müssen sich die Prüfer vom Gang der Geschäfte des Vereins durch Einsichtnahme in die Bücher und Buchungsunterlagen unterrichten (vgl. dazu Reichert, Rdn. 1521 f.; s. auch Lehmann, Die Kassenprüfung im Verein). Sie haben zu prüfen, ob die **Bücher ordnungsgemäß geführt** werden und mit dem Jahresabschluss übereinstimmen. Diesen haben sie zu überprüfen. Es reichen Stichproben in den Büchern aus, wenn kein Grund zur umfassenden Prüfung besteht.

Zur Erfüllung ihres Auftrags können die Prüfer in alle Bücher, Schriften und Bestände des Vereins **Einsicht nehmen.** Ihnen ist von den Vereinsorganen umfassend Auskunft zu erteilen. Von den Prüfern ist ein **Prüfbericht** zu **erstellen,** den sie in der Mitgliederversammlung vorzutragen haben. Darin müssen sie mitteilen, wie und in welchem Umfang sie die Geschäftsführung geprüft haben und ob wesentliche Beanstandungen zu machen waren.

Der Prüfbericht ist **Grundlage** für die **Entlastung** z. B. des Vorstandes (vgl. dazu Rdn. 304). Den entsprechenden Antrag haben **334** die Prüfer in der Mitgliederversammlung zu stellen (vgl. a. Rdn. 199).

XII. Die Haftung des Vereins für seine Organe nach § 31 BGB

1. Allgemeines

335 *a) Allgemeine Voraussetzungen der Haftung*

Der Verein ist für den Schaden verantwortlich, den der Vorstand, ein Mitglied des Vorstandes oder ein anderes **verfassungsmäßig berufenes Organ** durch eine rechtsgeschäftliche oder tatsächliche Handlung in Ausübung der ihm übertragenen Tätigkeit einem anderen zufügt (sog. **Organhaftung** des § 31 BGB; wegen der Einzelh. s. insbesondere a. Reichert, Rdn. 1886 ff. m. w. N.). Da dem Verein das Handeln seiner verfassungsgemäß berufenen Vertreter als eigenes Handeln zugerechnet wird, haftet der Verein nach § 31 BGB nicht für fremdes, sondern **für eigenes Verschulden.** Seine Haftung greift überall dort ein, wo auch eine natürliche Person schadensersatzpflichtig wäre. Diese Haftung gilt **auch** zugunsten von **Vereinsmitgliedern.**

Beispiele sind:

Unerlaubte Handlungen, Verletzung von Verkehrssicherungspflichten (s. dazu Rdn. 337 f.), Schlechterfüllung von Verträgen, Verschulden bei Vertragsschluss, Verzug, Unmöglichkeit, Gefährdungshaftung, z. B. im Straßenverkehr als Halter eines Pkw.

336 Voraussetzung ist aber immer eine zum **Schadensersatz verpflichtende Handlung** eines verfassungsgemäß berufenen **Organs.**

Beispiele:

- Der **Vorstand** versäumt z. B. im **Winter,** vor dem Vereinshaus zu **streuen.** Auf dem glatten Bürgersteig bricht sich ein Passant ein Bein.
- Der Vorstand oder das verfassungsmäßig berufene Organ (s. aber auch Rdn. 347) ist insbesondere für die Einhaltung der sog. **Verkehrssicherungspflicht** verantwortlich. Das kann besonders für

Sportvereine von Bedeutung sein (zum Haftungsausschluss s. Rdn. 346).

Hinweis:

Die Haftung des Vereins kann sehr weit gehen. Es wird sich deshalb für den Verein **empfehlen,** sich vor den Haftungsrisiken durch entsprechende (Haftpflicht-)**Versicherungen** zu schützen. Dabei ist genau darauf zu achten, dass die gewünschte Sicherung durch den Abschluss der Versicherung auch erreicht wird (vgl. die Fallgestaltung bei OLG Köln zfs 2001 S. 323 zum Umfang des Versicherungsschutzes für beförderte Sportler und ihre Begleiter). Im Bereich des Sportes bestehen sog. **Sportversicherungsverträge** zwischen den jeweiligen Landessportbünden und Versicherungsgesellschaften. Über deren Inhalt kann man sich beim jeweiligen Landessportbund als auch im Internet unter Eingabe des Stichworts „Sportversicherungsvertrag" bei www.google.de informieren.

b) Verletzung der Verkehrssicherungspflicht **337**

Da die **Verkehrssicherungspflicht** von erheblicher praktischer Bedeutung ist, sollen hier einige **Beispiele** aus der Rspr. der letzen Zeit dargestellt werden:

- Grds. trifft den Verein die **Pflicht,** die **Benutzer** vor **Gefahren** zu schützen, die über das übliche Risiko bei der **Benutzung** einer Anlage, insbesondere einer **Sportanlage,** hinausgehen, vom Benutzer nicht vorhersehbar und nicht ohne weiteres erkennbar sind (zur Haftung des (Sport)Vereins als Veranstalter eingehend Röckrath, SpuRt 2003 S. 189 [besondere Berücksichtigung des Bergsports] und Weher, JR 2005 S. 485). Ein Sportverband, dem der ein Sportereignis veranstaltender Sportverein angehört, wird aber nicht alleine durch die Erwähnung auf der Eintrittskarte Veranstalter und damit auch nicht verkehrssicherungspflichtig (OLG Koblenz NJW-RR 2001 S. 526); zur Eigenschaft als Veranstalter bei einer Kommune, die einem Verein die Durchführung einer Veranstaltung überlässt und sich selbst nur als „Schirmherr" bezeichnet OLG Rostock OLGR Rostock 2004 S. 302). **Beispiele** zur Verkehrssicherungspflicht:

- für Flugplatz eines **Flugsportvereins** zum Segelflugbetrieb (BGH NJW-RR 1991 S. 281),
- für **Tennisverein** (OLG Bamberg VersR 2004 S. 484 = zfs 2004 S. 487),
- für Sportplatz eines **Turn-** und Sportvereins (BGH NJW-RR 1991 S. 668),
- für Sportanlage eines **Fußballvereins** (LG Hannover NJW-RR 1987 S. 1507),
- keine Verkehrssicherungspflicht hinsichtlich der Vermeidung eines **Attentats,** wenn es bislang weltweit noch zu keinem Attentatsversuch gekommen ist (LG Hamburg NJW 1997 S. 2606 [betr. Tennisturnier; Fall „Monica Seles"]),
- für Verkehrssicherungspflicht bei Rennveranstaltungen im **Skirennen-** und **Motorsport** s. Fritzweiler, SpuRt 1994 S. 131; König, SpuRt 1994 S. 112; Pichler, SpuRt 1994 S. 53,
- **Vereinsfest** (OLG Köln VersR 1989 S. 815),
- für einen **Volkswanderverein** (OLG Saarbrücken NJW-RR 2005, 1336), der bei einer winterlichen Volkswanderung vereiste Wegeflächen, die entweder als solche ohne weiteres erkennbar sind oder die auch von den Verantwortlichen des Vereins bei einer Kontrollbegehung nicht erkannt werden können, weder vom Eis befreien noch auf diese durch besondere Schilder hinweisen muss,
- für eine **Wildwasserrutschbahn** (OLG München VersR 1994 S. 997),
- zum Umfang der Verkehrssicherungspflicht des Betreibers eines **Hallenschwimmbades** (OLG Düsseldorf SpuRt 1995 S. 68; OLG Koblenz SpuRt 1996 S. 98),
- für Verkehrssicherungspflicht des Betreibers einer **Turnhalle** gegenüber dem Teilnehmer einer in dem Gebäude durchgeführten Veranstaltung (Chorprobe; OLG Nürnberg NJWE-VHR 1997 S. 165 [kein unangemessen glatter Fußboden im Eingangsbereich]),

- zur Verkehrssicherungspflicht gehört **auch,** dass z. B. Maßnahmen gegen das Umstürzen von (Kleinfeld-)Toren getroffen werden, und zwar auch für den Fall der bestimmungswidrigen **Benutzung** durch Schaukeln an der Querlatte (OLG Celle NJW 1995 S. 2642 [Ls.] = NJW-RR 1995 S. 984 = SpuRt 1996, 173).

Hinweis:

Die Verkehrssicherungspflicht für den Zustand einer Anlage einschließlich der Einrichtung besteht **auch** dann, wenn der Eigentümer und Betreiber der Anlage, z. B. einer Turnhalle, diese an einen Dritten **vermietet** hat, ohne dabei die Verkehrssicherungspflicht ausdrücklich dem Dritten zu übertragen (OLG Nürnberg NJW-RR 2001 S. 1106 = SpuRt 2001 S. 109).

Wird die Verkehrssicherungspflicht nicht erfüllt und kommt dadurch z. B. ein Zuschauer bei einer Sportveranstaltung zu Schaden, kann das für den Vorstand zu **strafrechtlichen Folgen** (§§ 222, 230 StGB) führen (vgl. dazu z. B. LG Waldshut-Tiengen NJW 2002 S. 153).

- **Zuschauer** und **Unbeteiligte** sind durch **Absperrmaßnahmen,** **338** Schutzgitter und Sicherheitszonen vor den Gefahren zu **schützen,** die normalerweise mit dem Sportbetrieb zusammenhängen und aus denen sich die nahe liegende Möglichkeit der Verletzung fremder Rechtsgüter ergibt. Danach hat der BGH (NJW 1984 S. 801; s. a. LG Freiburg VersR 1981 S. 1139) den Veranstalter eines **Eishockey-**Bundesligaspiels für verpflichtet gehalten, dafür Sorge zu tragen, dass Zuschauer nicht durch hinausgeschleuderte Pucks verletzt werden. Eine entsprechende Verpflichtung ist bei einem **Hallenfußballturnier** für einen abirrenden Fußball hingegen verneint worden (OLG Schleswig r+s 1995 S. 457; LG Trier VersR 1964 S. 879; a. A. AG Grevenbroich NJW-RR 1987 S. 987). Ein **Fußballverein,** der nach gewonnenem Aufstiegsspiel die Tore zum **Stadioninnenraum öffnen** lässt und damit einer großen Menschenmenge ermöglicht, auf das Spielfeld zu stürmen, muss aber durch seinen Ordnungsdienst verhindern, dass jugendliche Fans auf den Trainerunterstand klettern und diesen dadurch umkippen (OLG Düsseldorf SpuRt 1994 S. 146 = VersR 1996 S. 79).

- Ein Tennisanlagenbetreiber/**Tennissportverein** haftet auch dann unter dem Aspekt einer Verletzung der Verkehrssicherungspflicht, wenn er beim Aufstellen von **Werbeträgern** aus massivem Eisen, die eine erhebliche Stolper- und Verletzungsgefahr darstellen, nicht gegen die Regeln des Tennisverbandes verstoßen hat (OLG Bamberg VersR 2004 S. 484 = zfs 2004 S. 487).
- **Keinen** Ersatzanspruch begründen **Gefahrenursachen,** mit denen nach den Umständen zu rechnen ist (OLG Köln OLG-Report Köln 1996 S. 3 [für Zustand eines auf einem Wiesengelände gelegenen **Abreiteplatzes** bei einem ländlichen Reitturnier]), oder wenn sich bei der Verletzung nur das allgemeine Lebensrisiko verwirklicht (OLG Hamm NJW-RR 1996 S. 596 [für eine Verletzung bei einem **„Spiel ohne Grenzen“;** im Übrigen auch keine vertragliche Haftung, da es sich bei dem Verletzten um einen zahlenden Zuschauer handelte, der zunächst nicht die Absicht einer Teilnahme an dem Wettbewerb hatte]; OLG Stuttgart NJW 1996 S. 1352 [für Haftung eines alpinistischen **Vereins** wegen eines Bergunfalls infolge Ausrutschen eines Teilnehmers einer Seilschaft, durch das die gesamte Seilschaft mitgezogen worden ist] und Vorinstanz LG Stuttgart SpuRt 1995 S. 216 m. Anm. Fritzweiler, SpuRt 1995 S. 221; vgl. auch BGH NJW 2005 S. 981).

339 *c) Haftungsausschluss*

Die Haftung kann durch die **Satzung nicht vollständig ausgeschlossen** werden (anders für Mitglieder; s. u. Rdn. 346).

> **Hinweis:**
> **Nicht** erlassen werden kann nach § 276 Abs. 3 BGB die Haftung für **Vorsatz.**

Darüber hinaus ist in Rspr. und Lit. unstreitig, dass die Haftung für **leichte Fahrlässigkeit** in der Satzung ausgeschlossen werden kann (LG Stuttgart VersR 1987 S. 1024; Reichert, Rdn. 1966 ff.), ob hingegen auch für grobe, ist umstritten (verneinend AG Bückeburg NJW-RR 1991 S. 1107; Palandt/Heinrichs, § 31 Rdn. 12; bejahend Reichert, a. a. O., mit beachtlichen Argumenten unter Hinweis auf KG MDR 1985 S. 230 und BGH NJW 1988 S. 1729). Ein Sportverein kann aber jedenfalls durch entsprechende Regelung in der Satzung seine Haftung aus der Verletzung von Verkehrssicherungspflichten gegenüber den Vereinsmitgliedern ausschließen bzw. beschränken (LG Karlsruhe VersR 1987 S. 1023; LG Bielefeld NJWE-VHR 1997 S. 264 [für Tierhalterhaftung bei einem Zucht-, Reit- und Fahrverein]; Sauter/Schweyer/Waldner, Rdn. 291).

Möglich ist aber auch ein **vertraglicher Haftungsausschluss** für fahrlässiges Handeln der Vereinsorgane, jedoch ebenfalls nicht für vorsätzliches (§ 276 Abs. 3 BGB). Auf jeden Fall gilt aber der Grundsatz der Berücksichtigung des Mitverschuldens des Geschädigten (§ 254 BGB; OLG Nürnberg NJW-VHR 1997 S. 165).

d) Haftung für Hilfskräfte **340**

Keine Frage der Haftung des Vereins aus § 31 BGB ist die nach der Haftung für Hilfskräfte. Bei der Haftung aus Vertrag kommen hier **Erfüllungsgehilfen** (§ 278 BGB), z. B. Beschäftigte in einer Vereinsgaststätte, die auch von Vereinsfremden besucht werden kann, bei der Haftung wegen unerlaubter Handlungen **Verrichtungsgehilfen** (§ 831 BGB), z. B. Platzwart eines Sportvereins, in Betracht.

Hinweis:

Für **Vertragsverletzungen** der von den Organen bestellten Hilfskräfte haftet der Verein nach den Grundsätzen des Fremdverschuldens gem. § 278 BGB. Für **unerlaubte Handlungen** einer von einem Organ wirksam beauftragten Hilfskraft haftet der Verein nach § 831 BGB hingegen nur, wenn die Hilfskraft widerrechtlich gehandelt, einen Schaden verursacht hat und bei sorgfältiger Auswahl, Aufsicht und Zurverfügungstellung fehlerfreier Arbeitsmittel der Schaden nicht entstanden wäre.

Als **Beispiele** aus der Rspr. der letzten Zeit ist hinzuweisen u. a. auf:

- **Therapieleiter** einer Therapie zur Heilung von Drogenabhängigen ordnet an, dass die Teilnehmer ohne Sicherheitsvorkehrungen einen mehr als 6 m hohen Baum besteigen (OLG Frankfurt SpuRt 1994 S. 93),
- hinsichtlich des grundsätzlichen Umfangs der **Aufsichtspflicht** von Betreuern eines **Ferienlagers**, der die Betreuer genügen, wenn sie Verhaltensregeln aufstellen, deren Einhaltung kontrollieren und bei Regelverstößen Strafmaßnahmen durchsetzen (OLG Hamm r+s 1995 S. 60); nicht ausreichend ist es allerdings, wenn zu Beginn eines Ferienlagers eine allgemeine Belehrung gegeben wird, keine strafbaren Handlungen zu begehen (LG Landau NJW 2000 S. 2904),
- zur notwendigen Betreuung der während eines auswärtigen Turniers auswärts untergebrachten jugendlichen Mitglieder eines Sportvereins; **mündliches Alkoholverbot** ohne Kontrolle reicht nicht aus (OLG Hamm OLG-Report Hamm 1996 S. 117).

2. Wer ist verfassungsmäßig berufener Vertreter?

341 Der **Begriff** des verfassungsmäßig berufenen Vertreters wird **weit ausgelegt.** Nach § 31 BGB haftet der Verein zunächst für den Vorstand insgesamt, ein (einzelnes) Mitglied des Vorstandes, sowie nach h. M. auch für die Mitgliederversammlung, den Aufsichtsrat oder andere **Vereinsorgane** (Palandt/Heinrichs, § 31 Rdn. 5). Verfassungsmäßig berufener Vertreter ist daneben weiter insbesondere der **besondere Vertreter** i. S. des § 30 BGB. Darüber hinaus ist der Kreis der Personen, für den der Verein nach § 31 BGB haftet, von der **Rspr. erheblich ausgeweitet** worden (vgl. BGH NJW 1968 S. 391). Verfassungsmäßig berufene Vertreter sind danach nämlich nicht nur Personen, deren Tätigkeit in der Satzung des Vereins vorgesehen ist. Auch brauchen sie nichtrechtsgeschäftliche Vertretungsmacht zu haben und müssen nicht innerhalb eines Aufgabenbereichs der geschäftsführenden Verwaltungstätigkeit des Vereins handeln.

Hinweis:

Für die Stellung eines „verfassungsmäßigen Vertreters“ i. S. von § 31 BGB **genügt** es vielmehr, wenn dem Vertreter durch die allgemeine Betriebsregelung und Handhabung **bedeutsame, wesensmäßige Funktionen** der juristischen Person zur **selbständigen, eigenverantwortlichen Erfüllung** zugewiesen sind, dass er also den Verein auf diese Weise repräsentiert.

Beispiele:

Je nach der Organisation des Vereins können verfassungsmäßig berufene Vertreter i. S. des § 31 BGB sein:

- Der Geschäftsführer des Vereins;
- der Leiter einer Vereinsgeschäftsstelle;
- der Leiter einer Vereinsabteilung z. B. bei einem Sportverein, der Leiter bestimmter vereinseigener Einrichtungen (Sportzentren, Schwimmbad);
- der Vorstand einer unselbständigen Untergliederung oder Fachgruppe eines Gesamtvereins und sonstige Personen mit verantwortungsvollen Funktionen, die sie für die Öffentlichkeit als Repräsentanten des Vereins erscheinen lassen (Sauter/Schweyer/Waldner, Rdn. 292; s. a. Palandt/Heinrichs, § 31 Rdn. 9; Reichert, Rdn. 1892, m. w. N.).

3. Handeln „in Ausführung der zustehenden Verrichtung“

Der Vorstand oder ein anderes Vereinsorgan muss bei der schädi- **342**
genden Handlung in **„amtlicher“** Eigenschaft, eben als Vorstand oder Vereinsorgan und nicht als Privatperson gehandelt haben. Zwischen seinem Aufgabenkreis und der schädigenden Handlung muss ein **sachlicher,** nicht bloß ein zufälliger, zeitlicher und örtlicher **Zusammenhang** bestehen. Ein **Beispiel** für sog. Handeln „bei Gelegenheit“ ist der von einem Vorstandsmitglied bei Erledigung einer Angelegenheit für den Verein ausgeübte Diebstahl. Dafür haftet der Verein nicht.

Nicht erforderlich für die Haftung ist, dass die Handlung durch **343**
die Vertretungsmacht des Vorstandes oder des anderen Vereinsorgans **gedeckt** war. § 31 BGB erstreckt sich auch und gerade auf solche Fälle, in denen das Organ seine **Vertretungsmacht über-**

schritten hat. Allerdings darf sich das Vereinsorgan nicht so weit von seinem Aufgabenkreis entfernt haben, dass es für einen Außenstehenden erkennbar außerhalb des allgemeinen Rahmens der ihm übertragenen Aufgaben gehandelt hat.

Beispiele:

1. Eine Bank, die als Privatbank e. V. mit einem Kunden über die Anlage von Geld verhandelt, ist zur sorgfältigen Beratung und Betreuung verpflichtet. Sie haftet, wenn ein Filialleiter die ihm anvertrauten Kundengelder veruntreut. Die Handlung des Filialleiters ist unerlaubte Handlung, so dass der Verein schon aus diesem Grund haftet. Auf die Vertretungsmacht kommt es nicht an (BGH NJW 1977 S. 2260). Gehaftet wird auch, wenn der Filialleiter einen Kunden durch Täuschung zur Darlehensgewährung an einen anderen veranlasst, um dessen Schuldsaldo bei der Bank zu verringern (BGH NJW-RR 1990 S. 484).

2. Die Satzung eines Vereins verbietet dem Vorstand, sich selbst Darlehen zu bewilligen und Wechsel zu akzeptieren. Diese Beschränkung wurde im Vereinsregister eingetragen. Akzeptiert der Vorstand nun für den Verein einen Wechsel, haftet der Verein nicht. Hier kann sich der Dritte nur an den Vorstand persönlich als „Vertreter ohne Vertretungsmacht“ nach § 179 BGB halten, da er die ihm auferlegte Beschränkung der Vertretungsmacht überschritten hat. Er kann sich nach h. M. nicht, wenn vom Vorstand kein Schadensersatz zu erlangen ist, an den Verein halten (BGH NJW 1980 S. 116).

3. Ist im Beispiel 2 die Beschränkung nicht im Vereinsregister eingetragen, haftet der Verein. Der Vorstand handelt, obwohl an sich verboten, in dem ihm – als grds. unbeschränkt vertretungsbefugten Organ – zugewiesenen Geschäftsbereich.

4. In Anwendung dieser Grundsätze haftet der Verein auch für eine zu Unrecht ausgewiesene **Umsatzsteuer**, wenn die fehlerhafte Rechnung von einem nicht vertretungsberechtigten, aber im Rahmen seiner üblichen Zuständigkeiten handelnden Abteilungsleiter ausgestellt wurde (Hess. FG EFG 2003 S. 1423).

344 Der Verein haftet auch, wenn lediglich **eines von** mehreren gesamtvertretungsberechtigten **Mitgliedern** des Vorstandes gehandelt hat. Schon das Verschulden eines Vorstandsmitgliedes genügt, um eine Haftung des Vereins zu begründen. Das gilt auch, wenn ein gesamtvertretungsberechtigtes Vorstandsmitglied die Unterschrift eines Mitzeichnungsberechtigten fälscht.

Beispiel:

Vorstand A und B eines Schützenvereins e. V. sind gesamtvertretungsberechtigt. A beantragt ohne Wissen des B bei der C-Bank ein Darlehen. Dabei fälscht er ebenso die Unterschrift des B wie bei der Empfangsbestätigung für den Darlehensbetrag, den er für sich verwendet. Der Schützenverein e. V. haftet für die unerlaubte Handlung (BGH NJW 1986 S. 1104; OLG München NJW-RR 1991 S. 672; a. A. früher BGH BB 1967 S. 856).

Schließlich kann sich auch ein **Vorstandsmitglied,** das einen Schaden erlitten hat, auf die Haftung des Vereins nach § 31 BGB berufen, wenn es im Vorstand nicht selbst für das schadensstiftende Ereignis verantwortlich ist (BGH NJW 1978 S. 2390; NJW 1984 S. 1884).

Beispiel:

A ist Vorstandsmitglied eines Sportvereins, der auf dem vereinseigenen Sportplatz eine Kantine betreibt. Nach der Geschäftsverteilung im Vorstand ist A für die Kantine, insbesondere für die Einweisung des Personals in die Benutzung von technischen Geräten, nicht zuständig. A bestellt sich in der Kantine eine Tasse Kaffee. Serviert wird ihm eine Tasse, die mit Reinigungsflüssigkeit gefüllt ist, die aus der Kaffeemaschine noch nicht abgelassen war. Erleidet A infolge des Trinkens dieser Flüssigkeit Verletzungen, haftet ihm gem. § 31 BGB der Verein, wenn das zuständige Vorstandsmitglied das Personal nicht genügend eingewiesen und beaufsichtigt hat.

Im Übrigen hat jedes Vereinsmitglied Anspruch darauf, dass der Vorstand sein Mitgliedschaftsrecht **nicht verletzt.** Geschieht das, so begründet das Schadensersatzpflichten, für die der Verein nach § 31 BGB haftet (BGH NJW 1984 S. 1884; OLG Schleswig OLGR Schleswig 2002 S. 457 [Schadensersatzanspruch nach einem Vereinsausschluss]). **345**

Beispiel:

A ist Mitglied des B-Vereins. Er gehört außerdem dessen Vorstand als Vorsitzender an. Wegen Unstimmigkeiten schließt der Vorstand A aus dem Verein aus. Gegen den Ausschluss geht A mit Hilfe eines Rechtsanwaltes vor. Die ihm dadurch entstehenden Kosten kann er vom Verein ersetzt verlangen. Denn der Vorstand hat seine Mitgliedschaftsrechte verletzt, da er für den Ausschluss des Vorsitzenden A nicht zuständig war. Das war, auch wenn die Satzung allgemein dem Vorstand das Recht zur Ausschließung von Vereinsmitgliedern gibt, die Mitgliederversammlung (BGH a. a. O.).

346 Der Verein haftet auch, wenn einem Mitglied die **satzungsmäßigen Leistungen verweigert** werden, z. B. die Teilnahme an Vereinswettbewerben (BGH NJW 1990 S. 2877 [für Yachtregatta] m. Besprechung von Götz, JuS 1995 S. 106; vgl. auch BGH NJW-RR 2000 S. 758 [Verweigerung der Eintragung in das vom Verein geführte Zuchtbuch]) oder bei einer Schlechtleistung (BGH NJW 1988 S. 1030 [für Lohnsteuerhilfeverein]). Anspruchsgrundlage kann neben §§ 823 Abs. 1, 31 BGB § 280 Abs. 1 BGB sein (BGH, a. a. O.).

4. Haftung wegen eines Organisationsmangels

347 Die Rspr. hat den Anwendungsbereich des § 31 BGB noch durch die Lehre vom Organisationsmangel **ausgedehnt.** Danach ist der Verein verpflichtet, den Gesamtbereich seiner Tätigkeit so zu organisieren, dass für alle wichtigen Aufgabengebiete (s. Rdn. 335) ein **verfassungsmäßiger Vertreter** zuständig ist. Ist das nicht der Fall, wird ein Organisationsmangel angenommen, für den der Verein verantwortlich ist. Ist mit der wichtigen Aufgabe lediglich eine Person ohne leitende Stellung beauftragt worden, kann sich der Verein nicht wie sonst bei Handlungen eines „Verrichtungsgehilfen" damit entlasten, dass er bei der Auswahl der betreffenden Person die im Verkehr erforderliche Sorgfalt beachtet habe (§ 831 BGB; s. a. o. Rdn. 340).

Beispiel:

Für einen andauernden verkehrsgefährdenden Zustand, wenn etwa ein an belebter Straße gelegener Fußballplatz nicht genügend gegen hohe Bälle abgesichert ist, muss ein verfassungsmäßig berufener Vertreter des Vereins die Verantwortung tragen. Hat diese nur ein „normaler" Platzwart, liegt ein Organisationsmangel vor (BGH NJW 1960 S. 252). In Betracht kommt die Zuständigkeit eines „besonderen Vertreters".

Hinweis:

Hat der Verein seine Organisationspflicht **erfüllt,** haftet er nur nach den allgemeinen Vorschriften der §§ 278, 831 BGB. Für (unerlaubte) Handlungen seiner Angestellten hat er daher nur einzustehen, wenn einer der Vereinsvertreter eine Pflicht verletzt hat, z. B. die zur (Dienst-)Aufsicht (s. a. Rdn. 335 ff., 340).

5. Die eigene Haftung der Organe

Das **Vereinsorgan haftet** dem **Verein** für von ihm angerichtete Schäden aus einer positiven Vertragsverletzung der im Innenverhältnis zugrunde liegenden Auftragsvorschriften (BGH NJW 1987 S. 1077 [für Vorstand einer AG]). Das Vereinsorgan haftet für **jedes Verschulden** (LG Bonn NJW-RR 1995 S. 1435). Insbesondere bei einem **ehrenamtlich** unentgeltlich tätigen Vereinsorgan kann aber ein **Ersatz- oder Freistellungsanspruch** gegenüber dem Verein greifen. Gem. §§ 27 Abs. 3, 670 BGB wird man hier die Grundsätze über den innerbetrieblichen Schadensausgleich entsprechend anwenden können (BGH NJW 1984 S. 789). Ist eine ausdrückliche Vereinbarung nicht vorhanden, so muss das Organmitglied den Schaden so weit tragen, wie es bei unmittelbarer Schädigung des Vereins von diesem hätte in Anspruch genommen werden können. Das OLG Stuttgart (SpuRt 2004 S. 31) will diesen Freistellungsanspruch entsprechend den (heute so genannten) Grundsätzen des innerbetrieblichen Schadensausgleichs, einem ehrenamtlich Tätigen auch dann gewähren, wenn der Verein für das Mitglied freiwillig eine Haftpflichtversicherung abgeschlossen hatte, der Schadensersatzanspruch aber die Versicherungssumme übersteigt. Das hat der BGH nunmehr in vollem Umfang bestätigt (BGH NJW 2005 S. 981). Setze der Verein seine Mitglieder zur Durchführung schadensträchtiger Aufgaben ein, sei es unangemessen, wenn er sich an der daraus erwachsenden Haftung nicht beteiligen würde. Das gelte insbesondere bei unentgeltlicher Tätigkeit für den Verein. Bei der vorzunehmenden Schadensteilung ist je nach Lage des Einzelfalls der Verschuldensanteil des Handelnden zu berücksichtigen, nicht aber seine Vermögenslage, eine freiwillig abgeschlossene Versicherung oder etwa der Umstand, dass seine Erben aufgrund einer Beschränkung der Haftung auf den Nachlass den Geschädigten gegenüber nicht weiter haften. **348**

349 Dem **Geschädigten haften** neben dem Verein alle **verfassungsmäßigen Vertreter,** die eine **unerlaubte Handlung** begangen haben, persönlich als Gesamtschuldner. Das kann z. B. über § 823 Abs. 2 BGB der Fall sein, wenn der Vorstand einen Betrug (§ 263 StGB) oder eine Untreue (§ 266 StGB) begangen hat. Die neuere Rspr. geht hier sehr weit und nimmt eine Garantenstellung der Vereinsrepräsentanten für die ihnen übertragenen organisatorischen Aufgaben an (BGH NJW 1990 S. 976; zur Haftung s. auch Altmeppen, ZIP 1995 S. 881). Im Innenverhältnis ist das Organ dem Verein bei Delikten kraft Gesetzes nach § 840 Abs. 2 BGB, sonst nach Maßgabe des Anstellungsverhältnisses oder der Vorschriften über den Auftrag, ausgleichspflichtig (zur Haftung des Vorstandes bei Verletzung der Pflicht zur rechtzeitigen Stellung des Antrags auf Eröffnung des Insolvenzverfahrens s. Rdn. 280 ff.).

350 In Betracht kommen kann auch eine Haftung des Vorstands/Vereinsvorsitzenden für **Steuerschulden** des Vereins (zuletzt BFH NJW 1998 S. 3374 m. w. N. und FG Münster EFG 2002 S 1134; wegen der Einzelh. siehe Rdn. 524).

351 Bei **Vertragsverletzungen** haftet das handelnde **Organ neben** dem **Verein** i. d. R. **nicht**, da Vertragspartner immer der Verein ist (zur – verneinten – Rechtsscheinshaftung des Vorsitzenden eines eingetragenen Vereins bei einmaligem Weglassen des Zusatzes e. V. bei Abschluss eines Vertrages OLG Celle NJW-RR 1999 S. 1052). Etwas anderes gilt nur dann, wenn in der Vertragsverletzung zugleich auch eine unerlaubte Handlung (z. B. Betrug, § 263 StGB, oder Untreue, § 266 StGB) liegt oder Verschulden bei Vertragsschluss (jetzt §§ 280 Abs. 1, 311 Abs. 2, 3 i. V. m. § 241 BGB) anzunehmen ist. Das kommt namentlich in Betracht, wenn das Organ wirtschaftlich betrachtet gleichsam in eigener Sache tätig geworden ist. Ein eigenes wirtschaftliches Interesse des Vereinsorgans reicht für diese Annahme aber noch nicht aus, ggf. aber, wenn er die persönliche Gewähr für die Seriosität und Erfüllung eines Vertrages übernimmt (vgl. dazu Palandt/Heinrichs, § 276 Rdn. 93 ff., 97 m. w. N.). Nach Sauter/Schweyer/Waldner (Rdn. 292b) kann auch für **Schirmherren,** die eine Empfehlung

für Vereine oder Vereinsveranstaltungen geben, eine eigene Haftung in Betracht kommen. Erwogen wird, die entsprechende Anwendung des zur Prospekthaftung entwickelten Gedankens des Vertrauensschutzes, wenn der Schirmherr sich nicht ausreichend über den Verein/die Vereinsveranstaltung, die er empfiehlt, erkundigt hat.

6. Die Haftung der Vereinsmitglieder untereinander

Die Vereinsmitglieder haben aus ihrer Mitgliedschaft i. d. R. nur ein Verhältnis zum Verein, das grds. keine haftungsrechtlichen Beziehungen der Mitglieder untereinander erzeugt. **352**

Hinweis:
Im haftungsrechtlichen Bereich treten die Mitglieder sich also wie Nichtmitglieder einander gegenüber. Eine **Haftung** kann sich deshalb unter Mitgliedern **nur** aus **unerlaubter Handlung** ergeben (Reichert, Rdn. 1958).

Von besonderer **praktischer Bedeutung** sind in diesem Bereich die haftungsrechtlichen **Fragen,** die mit der Teilnahme von Mitgliedern eines **(Sport-)Vereins** an einem Spiel/Wettkampf und dabei erlittenen Verletzungen zusammenhängen. Die dazu entwickelten Grundsätze lassen sich im Überblick wie folgt darstellen (wegen der Einzelh. s. dazu Reichert, Rdn. 1959 ff.; zu den Rechtsverhältnissen zwischen den Teilnehmern sportlicher Wettbewerbe s. auch Pfister, SpuRt 2002 S. 45).

- Die Verletzungen infolge der Teilnahme am **Wettkampfsport** werden über die Einwilligung in ein erhöhtes Risiko geregelt (vgl. dazu grundlegend für Fußballspiel BGH NJW 1975 S. 109; NJW 1976 S. 2161 [für Basketballspiel]; zuletzt BGH NJW 2003 S. 2018 [für Autorennen]; OLG Hamm NJWE-VHR 1997 S. 164 = MDR 1997 S. 553; LG Halle zfs 1997 S. 126; zum Hallenhandballspiel OLG Frankfurt NJW-RR 1991 S. 418). Werden die Regeln eingehalten, ist der Verletzer auch bei schwersten Verletzungen von einer Haftung freigestellt (BGH NJW 1975 S. 109). Auch bei einem geringfügigen Regelverstoß greift die

Haftung wohl nicht (so z. B. OLG München NJW-RR 1989 S. 727; OLG Hamm NJW 1990 S. 925). Handelt es sich nicht nur um einen geringfügigen Verstoß, haftet der Verletzer (vgl. OLG Braunschweig NJW-RR 1990 S. 987).

- Beim sog. **Individualsport** finden die vorstehenden Grundsätze keine Anwendung (BGH VersR 1981 S. 853; VersR 1982 S. 1004; OLG Braunschweig NJW-RR 1990 S. 987).

Hinweis:

Hinzuweisen ist darauf, dass die Grundsätze auch dann gelten, wenn es zur Verletzung eines Spielers kommt, der demselben Verein angehört, was z. B. beim **Training** der Fall sein kann (s. dazu OLG Zweibrücken VersR 1994 S. 1366). Es muss sich aber um eine allgemein anerkannte Sportart handeln (OLG Hamm NJW 1997 S. 949 [für Gotcha-Spiel verneint]).

Die **Satzung** kann jedoch **anordnen,** dass **Vereinsmitglieder untereinander nicht** haften, wenn ein Mitglied einem anderen bei der Wahrnehmung von Mitgliedschaftsrechten (z. B. Tennis- oder Fußballspiel auf der vereinseigenen Anlage) oder bei der Erfüllung von Mitgliedschaftspflichten fahrlässig einen Schaden zufügt (OLG Braunschweig NJW-RR 1990 S. 987; Reichert, Rdn. 1967). Ein Ausschluss oder eine Begrenzung der Haftung für vorsätzliches Handeln ist nach § 276 Abs. 3 BGB unzulässig (zum Ausschluss der Tierhalterhaftung bei einem Zucht-, Reit- und Fahrverein s. LG Bielefeld NJWE-VHR 1997 S. 264).

XIII. Zusammenschluss mehrerer Vereine

Großvereine haben meist Untergliederungen, die i. d. R. regional, manchmal aber auch fachlich aufgeteilt sind. Zum Zusammenschluss mehrerer Vereine kann es insbesondere auch kommen, wenn verschiedene Vereine den gleichen oder einen ähnlichen Zweck verfolgen. Für die Ausgestaltung derartiger Gliederungen lassen die §§ 21 ff. BGB den Beteiligten weitgehend Freiheit. (s. aber auch Rdn. 362; aus der Lit. s. dazu König, Der Verein im Verein, Frankfurt 1992). In der Praxis kommen vor allem folgende

Organisationsformen vor, wobei die Übergänge fließend sein können:

1. Vereinsverband

Beim Vereinsverband handelt es sich um einen **Zusammenschluss von selbständigen Vereinen** zur Verfolgung gemeinsamer Zwecke (eingehend zum Vereinsverband Sauter/Schweyer/Waldner, Rdn. 323 ff.; Stöber, Rdn. 873; Reichert, Rdn. 1087). Der Verband kann als rechtsfähiger oder nichtrechtsfähiger Verein organisiert sein; Entsprechendes gilt für die Mitgliedsvereine. 353

Der Vereinsverband wird i. d. R. von Vereinen **gegründet.** Meist sind auch nur diese Mitglieder beim Vereinsverband. Möglich ist aber, dass die Mitglieder der (Mitglieds-)Vereine Verbandsmitglieder werden, wenn die Verbandssatzung dies zulässt. Bei der Gründung des Vereinsverbandes werden die Mitgliedsvereine durch ihren jeweiligen Vorstand in vertretungsberechtigter Zahl von Vorstandsmitgliedern vertreten. Diese nehmen auch die Mitgliedschaftsrechte der Mitgliedsvereine wahr, wenn die Verbandssatzung keine andere Regelung trifft, z. B. durch Einrichtung der Mitgliederversammlung als Versammlung von Delegierten der Mitgliedsvereine.

Wer die **Mitgliedschaft** in einem verbandsangehörigen Verein erwirbt, wird damit nicht ohne weiteres auch Mitglied des Verbandes. Hierfür ist erforderlich, dass die Verbandssatzung bestimmt, dass der Erwerb der Mitgliedschaft im Mitgliedsverein zugleich die Mitgliedschaft im Verband begründet, und außerdem, dass sich auch aus der Satzung des Mitgliedsvereins die **Doppelmitgliedschaft** ergibt, dass also jedes Vereinsmitglied zugleich Mitglied des Verbandes ist (BGH NJW 1958 S. 1867; NJW 1959 S. 379). Eine solche satzungsmäßig doppelte Grundlage ist vor allem auch deshalb erforderlich, wenn der Verband gegenüber den Mitgliedern der nachgeordneten Vereine Strafgewalt haben soll, etwa zur Verhängung einer Vereinsstrafe. Denn der Verband ist nicht befugt, Mitglieder aus den Mitgliedervereinen auszuschließen (BGH NJW 1958 S. 1867). 354

Im Übrigen wird man – falls keine Regelung in den Satzungen erfolgt ist – dem Verband nur in dem Bereich Vereinsstrafgewalt zuerkennen können, in dem eine – auch vom Mitglied wahrgenommene – Beziehung zwischen Verband und Mitglied besteht (Sauter/Schweyer/Waldner, Rdn. 324; vgl. a. BGH NJW 1995 S. 583 [Reiterliche Vereinigung]; Haas/Adolphsen, NJW 1995 S. 2146, Haas/Prokop, JR 1998 S. 45 [zur Autonomie der Sportverbände und der Rechtsstellung von Athleten; zur Verhängung von Vereinsstrafen gegen Nichtmitglieder Rdn. 113 f.; zur Bindung an Verbandsrecht in der Verbandshierarchie s. Pfister, SpuRt 1996 S. 48).

2. Gesamtverein

355 Beim Gesamtverein handelt es sich nicht notwendig um den Zusammenschluss mehrerer Vereine. Ein Gesamtverein kann auch dadurch entstehen, dass der Verein wegen gewachsenem Umfang die Vereinsgeschäfte nicht mehr bewältigen kann und deshalb bestimmte Aufgaben des Vereins auf örtliche Geschäftsbereiche verteilt werden. Diese sog. **Untergliederungen** sind **Teile der Gesamtorganisation.** Mitglieder des Gesamtvereins sind dann die einzelnen Mitglieder, nicht die Untergliederungen. Die Untergliederungen können rechtlich unselbständig sein (s. LG Bremen Rpfleger 1989 S. 202 m. w. N.). Sie können aber auch die Stellung eines rechtsfähigen oder nichtrechtsfähigen Vereins besitzen. Im Einzelnen gilt:

356 Soll die Untergliederung die **Rechtsstellung** eines **Vereins** haben, sog. **Zweigverein,** müssen alle (rechtlichen) Voraussetzungen für das Vorhandensein eines (selbständigen) Vereins erfüllt sein. Das setzt voraus, dass die Unterorganisation eigene Aufgaben selbständig wahrnimmt, eine körperschaftliche Verfassung besitzt, einen eigenen Namen führt und vom Wechsel der Mitglieder unabhängig ist (BGH NJW 1984 S. 2223). Nicht notwendig ist, dass die Untergliederung über eine eigene Satzung verfügt. Die Verfassung kann sich aus der Satzung des Gesamtvereins ergeben (BGH a. a. O.; wegen der Einzelh. s. Sauter/Schweyer/Waldner, Rdn. 329). Wird allerdings in der **Satzung** eines **Zweigvereins** auf die Satzung des **Gesamtvereins verwiesen,** so ist dies nur zulässig, wenn die Verweisung widerspruchsfrei und verständlich gefasst ist und sie sich auf bestimmte einzelne Vorschriften der in Bezug genommenen Satzung bezieht (OLG Hamm Rpfleger 1988 S. 28). Eine **allgemeine Bezugnahme reicht** also **nicht** aus.

Hinweis:

Verfügt die Untergliederung über eigene, nicht vom Gesamtverein eingesetzte **Organe,** eine selbständige Kassenführung sowie über eine eigene Mitgliederversammlung, spricht dies für eine Einstufung als **Zweigverein,** der rechtlich selbständig ist.

So sind von der Rspr. **beispielsweise** eingestuft worden:

- Kreisverwaltung der **ÖTV** (OLG Düsseldorf NJW-RR 1986 S. 1506),
- Ortsverband der **CSU** (OLG Bamberg NJW 1982 S. 895),
- Ortsgruppe der DLRG (BGHZ 90 S. 331),
- Ortsverein der SPD (LG Frankfurt NJW 1979 S. 1661),
- Tennisabteilung eines Sportvereins (LG Regensburg NJW-RR 1988 S. 184).

Die **Mitglieder** des Zweigvereins sind immer auch Mitglieder des Gesamtvereins. Der Zweigverein selbst ist i. d. R. nicht Mitglied des Gesamtvereins. Die Mitgliedschaft im Gesamtverein wird durch den Beitritt zum Zweigverein erworben (BGH NJW 1979 S. 1402).

Zu **unterscheiden** vom Zweigverein ist die **unselbständige Untergliederung,** die keine vereinsmäßige Verfassung besitzt (wegen der Einzelh. dazu s. Sauter/Schweyer/Waldner, Rdn. 330 m. w. N.). Der in der Praxis häufigste Fall ist der der unselbständigen Abteilung von Sportvereinen, also z. B. Fußballabteilung, Tennisabteilung usw. Die Abteilung/Untergliederung tritt nach außen nur im Namen des Gesamtvereins auf, der allein berechtigt und verpflichtet sein kann/wird. Der **Leiter** einer unselbständigen Untergliederung kann ohne in der Satzung vorgesehene Vertre- **357** tungsmacht für den Gesamtverein nur aufgrund einer Vollmacht des Vorstandes des Gesamtvereins handeln (Sauter/Schweyer/Waldner, Rdn. 330). Ist er allerdings in der Satzung des Gesamtvereins zum **„besonderen Vertreter"** gem. § 30 BGB bestellt worden, so besitzt er für alle Geschäfte, die gewöhnlich bei der Untergliederung anfallen, Vertretungsmacht für den Gesamtverein.

Hinweis:
Die unselbständige Untergliederung kann anders als der Zweigverein **kein Vermögen** erwerben. Alles, was sie besitzt, ist Eigentum des Gesamtvereins. Die Untergliederung kann als solche weder klagen noch verklagt werden.

357 a Ob ein Zweigverein oder eine unselbständige Untergliederung vorliegt, kann nur im **Einzelfall** unter Berücksichtigung sämtlicher Umstände entschieden werden. Besonderes Gewicht haben die oben erwähnte Organisation sowie der organisatorische Aufbau des Gesamtvereins. Als unselbständige Untergliederungen sind beispielsweise angesehen worden:

- Bezirksleitungen der IG-Metall (BAG AP Nr. 5 zu § 36 ZPO),
- Handballabteilung eines **Sportvereins** (KG OLGZ 1983 S. 272),
- Ortsverband der **CDU** (LG Bonn NJW 1976 S. 810 wegen fehlender Satzungsgewalt; zur Parteifähigkeit des Bezirksverbandes einer politischen Partei s. § 3 PartG).

XIV. Die Beendigung des Vereins

Folgende Beendigungsgründe sind zu unterscheiden: Die Auflösung und das Erlöschen des Vereins sowie der Verlust der Rechtsfähigkeit.

1. Auflösung durch Beschluss der Mitgliederversammlung

358 Nach § 41 S. 1 BGB kann der Verein durch Beschluss der Mitgliederversammlung aufgelöst werden. Dieses Recht kann den Mitgliedern durch die **Satzung** nicht genommen werden. Inwieweit das Auflösungsrecht in der Satzung neben der Mitgliederversammlung noch einem weiteren Vereinsorgan, z. B. dem Vorstand, oder sogar einem Dritten, z. B. einem Verband, dem der Verein angehört, eingeräumt werden kann, ist streitig. Teilweise wird es als zulässig angesehen, wenn einzelnen Mitgliedern, z. B. Gründungsmitgliedern, ein Widerspruchsrecht eingeräumt (Sonderrecht!; vgl. dazu Rdn. 146 ff.) oder die Zustimmung eines anderen Vereinsorgans vorgesehen wird (Palandt/Heinrichs, § 41 Rdn. 4; KG OLGZ 1968 S. 200, 206).

Hinweis:

Zutreffend dürfte es jedoch sein, die Entscheidung über die Auflösung wegen ihrer Bedeutung **insgesamt allein** der **Mitgliederversammlung** zuzusprechen (so Sauter/Schweyer/Waldner, Rdn. 387; Reichert, Rdn. 2056; OLG Stuttgart NJW-RR 1986 S. 995).

Etwas anderes wird in Rspr. und einem Teil der Lit. angenommen, wenn die Satzung für die Wirksamkeit der Auflösung die **Genehmigung** eines dem Verein nicht angehörenden **Dritten** fordert. Dies wird als zulässig angesehen (s. u. a. BayObLG NJW 1980 S. 1756 [für einen sog. kirchlichen Verein]; so auch Sauter/Schweyer/Waldner, Rdn. 391 m. w. N.; a. A. Stöber, Rdn. 824; s. a. OLG Köln NJW 1992 S. 1048). Argumentiert wird damit, dass es sich bei einem solchen Genehmigungsvorbehalt um die Ausnutzung der Regelung des § 41 S. 2 BGB handelt, wonach eine andere Regelung zur Beschlussfassung über die Auflösung zulässig sei.

Der **Beschluss** der Mitgliederversammlung, den Verein aufzulösen, bedarf nach dem Gesetz eine **Mehrheit** von **drei Vierteln** der „erschienenen" Mitglieder. Darunter ist nach den allgemeinen Regeln (s. Rdn. 223 ff.) eine Mehrheit von drei Vierteln der abgegebenen gültigen Stimmen zu verstehen. Stimmenthaltungen und ungültige Stimmen bleiben außer Betracht. **359**

Die **Satzung** kann etwas **anderes** bestimmen. Sie kann die Auflösung durch Festlegung einer größeren Mehrheit erschweren. Sie kann auch einen einstimmigen Beschluss oder die Zustimmung sämtlicher Vereinsmitglieder fordern. Die Auflösung kann aber auch erleichtert werden, indem z. B. eine geringere Mehrheit oder die einfache Mehrheit der abgegebenen gültigen Stimmen in der Satzung festgesetzt wird. Für das Letztere genügt aber nicht die allgemeine Formulierung, Beschlüsse würden mit einfacher Mehrheit gefasst (OLG Hamm NJW-RR 1990 S. 532). Möglich dürfte es auch sein, wenn die Satzung bestimmt, dass der Auflösungsbeschluss statt in einer Mitgliederversammlung durch schriftliche Zustimmung aller Vereinsmitglieder gefasst werden kann (Sauter/Schweyer/Waldner, Rdn. 390 m. w. N.).

Eine auf **politischen Druck** hin beschlossene Vereinsauflösung ist **unwirksam** (OLG Jena NJW-RR 1994 S. 698 = Rpfleger 1994 S. 217 [für in der NS-Zeit – 1935 – aufgelöste Freimaurer-Loge]). Ein so „aufgelöster" Verein kann wieder aufleben, wenn die alten Mitglieder sich mit der Auflösung des Vereins nicht abfinden und nach Beseitigung des politischen Drucks sofort wieder zusammenkommen, um den Verein unverändert fortzusetzen (BGHZ 19 S. 51 ff.; OLG Jena a. a. O.).

359 a Die **Auflösung** musste zur Eintragung ins **Vereinsregister angemeldet** werden.

359 b Der von der Mitgliederversammlung gefasste **Auflösungsbeschluss** kann wieder **rückgängig** gemacht werden, solange die Liquidation (vgl. dazu Rdn. 375 ff.) noch nicht beendet ist. Ist das der Fall, ist der Verein endgültig nicht mehr existent, so dass der Verein durch Rücknahme des Auflösungsbeschlusses nicht „wieder aufleben" kann.

Erforderlich zur Rücknahme eines Auflösungsbeschlusses ist ein Beschluss der **Mitgliederversammlung**, der deutlich macht, dass der Verein entgegen dem ursprünglichen Beschluss fortbestehen soll. Die dazu erforderliche Mitgliederversammlung wird von den Liquidatoren einberufen. Sie muss zugleich auch über die Wahl eines neuen Vorstandes beschließen (Stöber, Rdn. 825).

Hinweis:

Für den Beschluss zur Rücknahme der Auflösung ist m. E. zumindest die für die Auflösung vorgesehene Stimmenmehrheit als **Mehrheit** zu fordern (so auch Sauter/Schweyer/Waldner, Rn. 394; weitergehend Palandt/Heinrichs, § 41 Rn. 7 [die für Satzungsänderungen erforderliche Mehrheit]). Anderenfalls käme man zu dem m. E. widersinnigen Ergebnis, dass ggf. der Auflösungsbeschluss mit einer geringeren Mehrheit zurückgenommen werden könnte, als für seinen Erlass erforderlich war [a. A. Stöber, (a. a. O. [nach § 32 Abs. 1, 3 BGB nur die einfache Mehrheit der erschienenen Mitglieder, da nicht die Satzung geändert werde, sondern lediglich die Funktion des Vereins]).

2. Auflösung durch Zeitablauf

Der Verein wird aufgelöst durch Ablauf der in der Satzung fest- **360**
gelegten **Zeitdauer,** ohne dass es eines besonderen Auflösungsbeschlusses bedarf. Die Mitgliederversammlung kann jedoch die **Fortsetzung** des Vereins **beschließen.** Dazu ist nur eine Änderung der Satzungsbestimmung über die Zeitdauer des Vereins erforderlich.

3. Auflösung durch Erreichen des Vereinszwecks?

Die Satzung kann die Auflösung des Vereins bei Erreichen des **361**
Vereinszwecks vorsehen. Dazu wurde früher in der Literatur vertreten, dass dann mit Erreichen des Zwecks der Verein von selbst ohne Beschluss der Mitgliederversammlung aufgelöst sei. In der neueren Rspr. wird es jedoch **nicht** mehr allein als Auflösungsgrund angesehen, wenn der Vereinszweck erreicht oder seine Erreichung unmöglich geworden ist (BGHZ 49 S. 178). Auch wenn die Satzung für diese Fälle eine Auflösung vorsieht, muss vielmehr der Eintritt des Auflösungsgrundes durch die Mitgliederversammlung festgestellt werden. Dasselbe gilt, wenn infolge der Veränderung der tatsächlichen Verhältnisse die Durchführung des satzungsmäßigen Vereinszwecks unmöglich wird.

Beispiel:

Die Satzung sieht als Vereinszweck eines (Förder-)Vereins das Erreichen einer bestimmten Liga durch einen Sportverein vor. Ist der Verein dann in diese aufgestiegen, löst sich der (Förder-)Verein nicht automatisch auf. Dazu bedarf es noch eines ausdrücklichen Beschlusses der Mitgliederversammlung.

4. „Fusion"/Verschmelzung von Vereinen

362 Bis zum 1. 1. 1995 war die „Fusion" von Vereinen nur dadurch zu erreichen, dass einer oder beide Vereine sich auflöste(n) und die Mitglieder des einen – aufgelösten – Vereins in den anderen Verein eintraten oder – bei Auflösung beider Vereine – ein dritter Verein neu gegründet wurde. Dabei musste das Vermögen der oder des aufgelösten Vereins im Wege der Einzelübertragung auf den anderen/neuen Verein übertragen werden (BAG ZIP 1989 S. 1019; OLG Hamburg MDR 1972 S. 236).

363 Die Rechtslage hat sich ab 1. 1. 1995 mit Inkrafttreten des Gesetzes zur Bereinigung des Umwandlungsgesetzes geändert. Nunmehr ist auch Vereinen – allerdings in beschränktem Umfang – die Möglichkeit der **Verschmelzung** eröffnet, und zwar sowohl im Wege der Verschmelzung durch **Aufnahme** als auch durch **Neugründung.** Dazu ist auf Folgendes hinzuweisen (wegen der Einzelh. s. die eingehende Darstellung bei Neye/Limmer/Frenz/Harnacke, Handbuch der Unternehmensumwandlung, 2. Aufl., 2002, Rdn. 1372 ff. [im Folgenden kurz: Neye u. a., Rdn.], insbesondere auch die Vertrags/Antragsmuster Rdn. 1224 ff.; eingehend a. Reichert, Rdn. 2245 ff. und Stöber, Rdn. 770 und Katschinski, Die Verschmelzung von Vereinen, 1999):

- **Voraussetzung** für die Beteiligung eines rechtsfähigen Vereins an einer Verschmelzung ist nach § 99 Abs. 1 UmwG, dass die **Vereinssatzung** oder landesrechtliche Vorschriften **nicht entgegenstehen.**

- Nach § 99 Abs. 2 Alt. 1 UmwG können eingetragene Vereine **nur** andere **eingetragene Vereine aufnehmen,** wirtschaftliche Vereine (§ 22 BGB, siehe Rdn. 44) können sich nur als übertragende Vereine an einer Verschmelzung beteiligen (zur Verschmelzung durch Neugründung s. Neye u. a., Rdn. 1414 ff.), er kann andere Vereine nicht durch Verschmelzung aufnehmen.

- **Erforderlich** für die Verschmelzung ist ein **Verschmelzungsvertrag,** für den die allgemeinen Regeln des Umwandlungsrechts gelten (s. §§ 5 ff. UmwG; vgl. dazu Neye u. a., Rdn. 146 ff.).
- Der **Vorstand** des Vereins hat nach § 8 UmwG einen ausführlichen schriftlichen **Verschmelzungsbericht** zu erstatten (zum Inhalt s. Neye u. a., Rdn. 493 ff.).
- Bei einem wirtschaftlichen Verein ist nach § 100 UmwG der Verschmelzungsvertrag immer durch sog. Verschmelzungsprüfer zu **prüfen.** Bei einem Idealverein ist diese Prüfung nur erforderlich, wenn mindestens 10 % der Mitglieder dies schriftlich verlangen (zum Verfahren und zum Inhalt s. Neye u. a., Rdn. 517, 1391 ff.).
- Über die **Verschmelzung entscheidet** nach § 13 Abs. 1 S. 2 UmwG die **Mitgliederversammlung.** Für deren Einberufung gelten die **allgemeinen Regeln.** Von der Einberufung an sind gem. § 101 UmwG im Geschäftsraum des Vereins bestimmte **Schriftstücke auszulegen,** aus denen sich jedes Mitglied über die geplante Verschmelzung informieren kann. Nach § 101 Abs. 2 UmwG ist auf Verlangen jedem Mitglied unverzüglich kostenlos eine Abschrift dieser Unterlagen zu erteilen. **364**
- Nach § 103 UmwG bedarf der **Verschmelzungsbeschluss** der Mitgliederversammlung einer **Mehrheit** von drei Vierteln der erschienenen Mitglieder. Die Satzung kann eine größere Mehrheit und weitere Erfordernisse bestimmen (Neye u. a., Rdn. 1409). Die Ausführungen zu Rdn. 124 ff. und 358 gelten entsprechend. Entsprechend zu Rdn. 358 wird man auch die Frage entscheiden müssen, inwieweit Zustimmung und/oder Genehmigung Dritter für die Verschmelzung erforderlich sein kann/darf. Der Verschmelzungsbeschluss ist nach § 13 Abs. 3 UmwG notariell zu beurkunden (s. dazu Neye u. a., Rdn. 1403 ff.).
- Für die Mitgliederversammlung, auf der die Verschmelzung beschlossen werden soll, gelten im Übrigen die **allgemeinen Regeln** (s. o. Rdn. 184 ff.). Gem. § 102 UmwG sind in ihr die glei-

chen Unterlagen auszulegen, die bereits seit der Einberufung in den Geschäftsräumen des Vereins ausliegen.

- Gem. §§ 16, 17 bzw. 104 UmwG ist die **Verschmelzung anzumelden** und bekanntzumachen, ihre **Eintragung** erfolgt gem. §§ 19, 20, 104 UmwG.

5. Erlöschen des Vereins

365 Der Verein erlischt ohne vorherige Auflösung, wenn **alle Mitglieder** durch Tod, Austritt oder aus sonstigen Gründen **weggefallen** sind, da der Verein als Personenvereinigung ohne Mitglieder undenkbar ist (OLG Köln NJW-RR 1999 S. 336; BGH, Urt. v. 16. 12. 2004 - III ZR 179/04). Dem steht es gleich, wenn die Mitglieder sich jahrelang als solche nicht mehr betätigt und den Vereinszweck endgültig aufgegeben haben (BGH WPM 1976 S. 686). Der Verein erlischt dann ohne weiteres. Ist wenigstens noch ein Mitglied vorhanden, bleibt der Verein bis zum Eingreifen des Registergerichts (§ 73 BGB: Entziehung der Rechtsfähigkeit) bestehen.

Auch beim Erlöschen des Vereins muss über das noch vorhandene Vereinsvermögen entschieden werden. Die Abwicklung findet entsprechend § 45 BGB statt. Sie wird aber nicht durch einen Liquidator vorgenommen, sondern durch einen vom Amtsgericht gem. § 1913 BGB bestellten Pfleger (OLG Köln NJW-RR 1996 S. 989; 1999 S. 336; LG Frankenthal Rpfleger 1991 S. 503 m. w. N. aus der Rspr. des BGH).

6. Verbot des Vereins

366 Das Erlöschen des Vereins kann auch durch Verbot des Vereins und Einziehung seines Vermögens gem. §§ 3, 4, 11 Abs. 2 VereinsG eintreten. Das Verbot kommt in Betracht, wenn die Zwecke oder die Tätigkeit des Vereins Strafgesetzen zuwiderläuft oder er sich gegen die verfassungsmäßige Ordnung oder den Gedanken der Völkerverständigung richtet (s. dazu BVerwG NJW 1989 S. 993 [„Hell's Angels“]).

7. Auflösung durch Eröffnung des Insolvenzverfahrens

Nach § 42 Abs. 1 BGB wird der Verein heute mit der **Eröffnung** des Insolvenzverfahrens aufgelöst, während bis zum 31. 12. 1998 mit der Eröffnung des Konkursverfahrens der **Verlust** der **Rechtsfähigkeit** eintrat. **367**

Hinweis:

Das Insolvenzverfahren findet statt im Fall der **Zahlungsunfähigkeit,** § 17 InsO, und im Fall der **Überschuldung,** § 19 InsO (vgl. dazu Rdn. 280 ff.).

Während des **Insolvenzverfahrens** übt der **Insolvenzverwalter** die **Rechte** des Vereins aus, er hat das Verwaltungs- und Verfügungsrecht über das Vereinsvermögen. Die Vereinsorgane bleiben aber trotz des Insolvenzverfahrens bestehen. Den Antrag auf Eröffnung des Insolvenzverfahrens kann jeder Gläubiger, jedes Vorstandsmitglied und jeder Liquidator stellen, §§ 14, 15 InsO. Wird der Eröffnungsbeschluss auf die Beschwerde des Vereins vom Beschwerdegericht aufgehoben, gilt die Auflösung als nicht eingetreten (wegen der Einzelh. zur Pflicht des Vorstands bei Überschuldung Antrag auf Eröffnung des Insolvenzverfahrens zu stellen s. Rdn. 280 ff.; dort auch zur Haftung wegen Verletzung der Insolvenzantragspflicht).

Durch die **Satzung** kann im Übrigen bestimmt werden, dass der Verein im Falle der Eröffnung des Insolvenzverfahrens als **nichtrechtsfähiger Verein** fortbesteht (§ 42 Abs. 1 S. 3 BGB).

Wird das **Insolvenzverfahren** später auf Antrag des Schuldners **eingestellt** oder nach der Bestätigung eines Insolvenzplans, der den Fortbestand des Vereins vorsieht, aufgehoben, kann die **Mitgliederversammlung** die **Fortsetzung** des Vereins beschließen (§ 42 Abs. 1 S. 2 BGB). **368**

8. Verlust der Rechtsfähigkeit

369 Gründe für den Verlust der Rechtsfähigkeit können sein:

- Die Rechtsfähigkeit kann durch **Verzicht** verloren gehen. Wenn der Verein auf die Rechtsfähigkeit verzichtet, besteht er als nichtrechtsfähiger Verein fort.

Hinweis:

Da das zu Schwierigkeiten führen kann, wenn der Verein z. B. **Eigentümer** von **Grundstücken** ist – der nichtrechtsfähige Verein ist nicht grundbuchfähig (s. Rdn. 243) –, sollte in diesen Fällen **nicht** auf die Rechtsfähigkeit **verzichtet** werden.

Für den Verzicht auf die Rechtsfähigkeit ist der **Beschluss** der Mitgliederversammlung erforderlich. Dieser Beschluss muss nicht mit der für eine Auflösung erforderlichen Mehrheit, sondern mit der für eine Satzungsänderung notwendigen gefasst werden (s. Stöber, Rdn. 765 ff.), da der Beschluss den Verein als Personenverband bestehen lassen und nur seine Rechtsform ändern will.

- Die durch die Eintragung in das Vereinsregister erlangte Rechtsfähigkeit geht ferner verloren, wenn der Verein gem. §§ 159, 42 FGG **von Amts wegen** im Vereinsregister gelöscht wird. Das kommt insbesondere in Betracht, wenn ein Verein eingetragen ist, dessen Zweck nach der Satzung auf einen wirtschaftlichen Geschäftsbetrieb gerichtet ist (s. Rdn. 36 f.), oder wenn die Eintragung durch Täuschung des Registergerichts herbeigeführt wurde.

Beispiel:

Sechs Personen wollen einen e. V. gründen. Es gelingt ihnen nicht, ein siebtes Mitglied zu finden (§ 56 BGB!). Bei der Anmeldung wird deshalb das Registergericht über die Zahl der Mitglieder getäuscht.

9. Verlust der Rechtsfähigkeit durch Entziehung

370 Nach § 43 Abs. 1, 2 BGB kann dem Verein die Rechtsfähigkeit entzogen werden, wenn er durch einen gesetzeswidrigen Beschluss der Mitgliederversammlung oder durch gesetzwidriges

Verhalten des Vorstandes das **Gemeinwohl gefährdet,** oder wenn der Verein, dessen Zweck nach der Satzung nicht auf einen wirtschaftlichen Geschäftsbetrieb gerichtet ist, **wirtschaftliche Zwecke verfolgt** (vgl. dazu Schmidt, NJW 1993 S. 1225). Nach BezG Chemnitz (DtZ 1994 S. 158) soll die Amtslöschung bei einem wirtschaftlichen Verein (**Garagenverein;** § 22 BGB, vgl. Rdn. 44) aber nur in Betracht kommen, wenn durch die Eintragung schutzwürdige Interessen der Vereinsmitglieder oder Dritter verletzt werden oder wenn ein besonderes öffentliches Interesse an der Löschung des Vereins besteht (s. a. BayObLGZ 1978 S. 87). Die Entziehung der Rechtsfähigkeit ist auch dann möglich, wenn ein vom Verein unterhaltener wirtschaftlicher Nebenbetrieb einen Umfang angenommen hat, der nicht mehr durch das Nebenzweckprivileg gedeckt ist (s. Rdn. 42; s. dazu LG Hanau NJW-RR 2002 S. 102). Die Rechtsfähigkeit wird nach § 43 nicht durch das Amtsgericht, sondern durch die **Verwaltungsbehörde** entzogen.

Das Amtsgericht entzieht die Rechtsfähigkeit hingegen, wenn die **371**
Zahl der Vereinsmitglieder unter 3 gesunken ist (§ 73 BGB). Die Entziehung erfolgt auf Antrag des Vorstandes (s. **Muster** Rdn. 556) und, wenn der Antrag nicht binnen 3 Monaten gestellt wird, von Amts wegen nach Anhörung des Vorstandes.

Hinweis:

Um sich Gewissheit über die Zahl der Vereinsmitglieder zu verschaffen, kann das Gericht gem. § 72 BGB **jederzeit** vom Vorstand die Einreichung einer von ihm unterschriebenen **Bescheinigung** über die **Zahl** der **Vereinsmitglieder** verlangen.

Der **Beschluss,** durch den die Rechtsfähigkeit entzogen wird, ist dem Vorstand zuzustellen. Gegen den Beschluss kann binnen zwei Wochen ab Zustellung Erinnerung eingelegt werden. Gegen eine Entscheidung des Landgerichts ist die weitere Beschwerde zum Oberlandesgericht gegeben.

10. Wer erhält das Vereinsvermögen?

372 Mit der Auflösung des Vereins oder der Entziehung der Rechtsfähigkeit fällt das **Vermögen an** die in der **Satzung bestimmten Personen.** Auf diese geht das Vermögen, mit Ausnahme des Anfalls an den Fiskus, jedoch nicht automatisch über. Sie erwerben vielmehr nur einen schuldrechtlichen Anspruch auf Übertragung des Vermögens, das nach Befriedigung der Vereinsgläubiger übrig bleibt. Der **Anfall des Vereinsvermögens** ist in den §§ 45 ff. BGB geregelt. Sie gelten für alle Fälle der Auflösung des Vereins und des Verlustes der Rechtsfähigkeit.

373 Wer **Anfallsberechtigter** ist, bestimmt die **Satzung** oder das nach der Satzung zuständige Vereinsorgan. Das Anfallrecht eines Dritten kann jederzeit durch eine Satzungsänderung aufgehoben werden, und zwar auch noch im Liquidationsverfahren. Bei einem nicht auf einen wirtschaftlichen Geschäftsbetrieb gerichteten Verein – Idealverein – steht der Mitgliederversammlung auch ohne ausdrückliche Bestimmung in der Satzung die Regelung des Anfalls zu. Allerdings kann in diesem Fall das Vermögen nur einer öffentlichen Anstalt oder Stiftung zugewiesen werden. Beschlüsse darüber, wie das Vermögen bei Auflösung zu verwenden ist, dürfen bei Vereinen, die gemeinnützige, mildtätige oder kirchliche Zwecke verfolgen, gem. §§ 51, 61 Abs. 2 AO erst nach Einwilligung des Finanzamtes ausgeführt werden.

Fehlt es an einer **Bestimmung** des Anfallsberechtigten, so fällt das Vermögen, wenn der Verein nach seiner Satzung ausschließlich den Interessen seiner Mitglieder diente, an die zur Zeit der Auflösung oder der Entziehung der Rechtsfähigkeit vorhandenen **Mitglieder** zu gleichen Teilen, anderenfalls an den Fiskus des Landes, in dessen Gebiet der Verein seinen Sitz hatte, § 45 BGB. Sind die anfallsberechtigten Mitglieder nicht zu ermitteln, so sind sie in entsprechender Anwendung des § 50 BGB öffentlich zur Anmeldung aufzufordern.

Fällt das Vereinsvermögen an den Fiskus, findet eine Liquidation nicht statt (s. Rdn. 374). Fällt es nicht an den Fiskus, muss eine Liquidation gem. § 47 BGB stattfinden (s. Rdn. 375).

11. Anfall an den Fiskus

Fällt das Vermögen an den Fiskus, findet **kein Liquidationsverfahren** statt. Vielmehr gehen Vermögen und Schulden des Vereins durch **Gesamtrechtsnachfolge** auf den Fiskus über. Es finden die Vorschriften über eine dem Fiskus als gesetzlichen Erben zufallende Erbschaft entsprechende Anwendung, §§ 46, 1922, 1967 BGB. Der Fiskus kann den Erwerb nicht ausschlagen. Gegen den Fiskus als Nachfolger in das Vereinsvermögen und von ihm kann ein Recht erst geltend gemacht werden, wenn das Nachlassgericht den Fiskus als Anfallsberechtigten festgestellt hat. Vorher können also Vereinsgläubiger ihre Ansprüche nicht geltend machen. Der Fiskus haftet im Übrigen nur **mit dem übernommenen Vereinsvermögen,** §§ 2011 BGB, 780 ZPO. Nach § 46 S. 2 BGB hat der Fiskus das Vermögen tunlichst in einer den Zwecken des Vereins entsprechenden Weise zu verwenden. **374**

12. Das Liquidationsverfahren/die Liquidatoren

Eine Liquidation muss stattfinden, wenn das Vermögen nicht an den Fiskus fällt. Das Liquidationsverfahren dient dem Schutz der Gläubiger und der Anfallsberechtigten. **375**

Die Liquidation erfolgt **durch** den Vorstand, jedoch können zu **Liquidatoren** auch andere Personen bestellt werden. Für deren **Bestellung** sind die für die Bestellung des Vorstandes geltenden Vorschriften maßgebend. Die Mitglieder des Vorstandes sind verpflichtet, das Amt der Liquidatoren zu übernehmen, sofern nicht andere Personen bestellt werden (§ 48 Abs. 1 S. 1 BGB). Die Liquidatoren können durch die Mitgliederversammlung wieder abberufen und durch andere ersetzt werden. Zum Liquidator kann auch eine andere juristische Person bestellt werden, etwa eine Steuerberatungsgesellschaft.

Nach § 48 Abs. 2 BGB haben die **Liquidatoren** die **rechtliche Stellung** des **Vorstandes,** soweit sich nicht aus dem Zweck der Liquidation etwas anderes ergibt. Sie vertreten also den Verein während der Liquidation gerichtlich und außergerichtlich und führen die Geschäfte. Die Geschäftsführung kann ihnen weder durch **376** die Satzung noch durch die Mitgliederversammlung entzogen werden, diese kann aber Weisungen erteilen (Sauter/Schweyer/Waldner, Rdn. 409).

Hinweis:
Die **Vertretungsmacht** der Liquidatoren **beschränkt** sich auf die Geschäfte, die dem Zweck der Liquidation, nämlich das **Vereinsvermögen flüssig** zu machen, dienen. Ist der Vorstand in der Satzung von den Beschränkungen des § 181 BGB (In-Sich-Geschäft; s. Rdn. 266) befreit, gilt das auch für die Liquidatoren (OLG Zweibrücken Rpfleger 1998 S. 476 [für GmbH]).

Sind mehrere Liquidatoren tätig, gilt abweichend von § 28 BGB der Grundsatz **einstimmiger Beschlussfassung** und Gesamtvertretung, § 48 Abs. 3 BGB. Die Satzung oder der Bestellungsbeschluss können etwas anderes bestimmen, was dann allerdings gem. § 76 Abs. 1 BGB ins Vereinsregister einzutragen ist.

377 Während der Liquidation **besteht** der **Verein weiter.** Nach h. M. ist er aber in seiner **Rechtsfähigkeit** durch den Liquidationszweck **begrenzt,** d. h. sie besteht nur, soweit es darum geht, das Vereinsvermögen flüssig zu machen (Palandt/Heinrichs, §§ 48 f. Rdn. 4; vgl. dazu BGH WPM 2001 S. 1005 = ZIP 2001 S. 889 [einem Sportverein verbleibt die Befugnis, das übertragbare Teilnahmerecht seiner Mannschaften am sportlichen Wettbewerb einer Bundesliga zu verwerten]). Geschäfte, die auf eine Wiederaufnahme der Vereinstätigkeit abzielen, z. B. Anmietung von Räumen für eine neue Vereinsgeschäftsstelle, sind nicht möglich. Auch der Beitritt neuer Mitglieder ist nicht möglich, wohl aber der Austritt eines Mitglieds unter Einhaltung der entsprechenden Satzungsbestimmungen. Die Liquidation kann dadurch beendet werden, dass das zuständige Vereinsorgan die Reaktivierung des Vereins beschließt, wenn die Liquidation auf einem Auflösungsbeschluss der Mitgliederversammlung beruht (LG Frankenthal Rpfleger 1955 S. 106).

378 Die **Liquidatoren** sind im Vereinsregister **einzutragen.** Die Anmeldung erfolgt durch den Vorstand, später durch die Liquidatoren in öffentlich beglaubigter Form (s. Rdn. 26). Die Eintragung gerichtlich bestellter Liquidatoren erfolgt von Amts wegen.

13. Die Aufgaben der Liquidatoren

Die Liquidatoren haben die laufenden Geschäfte des Vereins zu beendigen, die Forderungen einzuziehen, das übrige Vermögen in Geld umzusetzen, die Gläubiger zu befriedigen und den Überschuss den Anfallberechtigten auszuhändigen, § 49 Abs. 1 BGB. Zur Beendigung schwebender Geschäfte dürfen sie auch **neue Geschäfte** eingehen. Es muss jedoch ein **Zusammenhang** zwischen dem alten und dem neuen Geschäft bestehen: Das neue Geschäft darf nur zu dem Zweck eingegangen werden, um das alte Geschäft überhaupt oder vorteilhafter erledigen zu können. **379**

Beispiel:

Reparatur einer beschädigten Maschine, die zur Ausführung eines alten Geschäfts benötigt wird.

Die **Liquidatoren** sind weiter **verpflichtet,** die **Forderungen einzuziehen,** und zwar auch gegen Vereinsmitglieder, z. B. aus Beitragsrückständen. Sie dürfen Zuwendungen, z. B. aus Erbschaft oder Schenkung, annehmen, wenn sie dem Liquidationszweck dienen. Erlaubt ist also die Annahme zur Tilgung von Verbindlichkeiten des Vereins, nicht hingegen, wenn die Zuwendung auf eine Wiederaufnahme der Vereinstätigkeit zielt.

Die **Gläubiger** des Vereins sind von den Liquidatoren zu **befriedigen** (§ 49 Abs. 1 BGB). Zu diesem Zweck muss die Auflösung des Vereins oder die Entziehung der Rechtsfähigkeit öffentlich bekannt gemacht werden. Dabei sind die Gläubiger zur Anmeldung ihrer Ansprüche aufzufordern. In welcher Zeitung oder Zeitschrift die öffentliche **Bekanntmachung** zu erfolgen hat, bestimmt zunächst die Satzung. Ist in dieser eine entsprechende Regelung nicht enthalten, so ist die Bekanntmachung in dem Blatt zu veröffentlichen, das für die Bekanntmachungen des Amtsgerichts bestimmt ist, in dessen Bezirk der Verein seinen Sitz hat. Die Vorschriften über die Bekanntmachung sind **zwingend.** Sie muss **380** auch dann erfolgen, wenn der Verein kein verwertbares Vermögen besitzt. Meldet sich ein bekannter Gläubiger trotz Aufforderung nicht, so ist der geschuldete Betrag, wenn die allgemeinen Voraussetzungen für eine Hinterlegung nach § 372 BGB gegeben sind, für den Gläubiger zu hinterlegen (§ 52 Abs. 1 BGB).

381 Ergibt sich nach der Anmeldung von Ansprüchen eine Überschuldung des Vereins, müssen die Liquidatoren die **Eröffnung** des Insolvenzverfahrens **beantragen.** Verzögern sie die Antragstellung schuldhaft, sind sie den Gläubigern für den daraus entstehenden Schaden verantwortlich.

382 Nach Befriedigung der Gläubigerforderungen müssen die Liquidatoren den **Überschuss** an die Anfallberechtigten **auskehren,** § 48 Abs. 1 S. 1 BGB. Nach § 51 BGB darf die Verteilung jedoch nicht vor Ablauf eines Jahres nach der Bekanntmachung der Auflösung des Vereins oder der Entziehung der Rechtsfähigkeit erfolgen. Ist nach Ablauf dieses Jahres die Liquidation noch nicht beendet, so sind auch dann noch sich meldende Gläubiger zu befriedigen. Haben dennoch schon Anfallberechtigte Vereinsvermögen erhalten, können die Liquidatoren dies zurückfordern.

383 Die Liquidation endet mit der Auskehrung des Vermögens an die Berechtigten. Dann haben die Liquidatoren noch die Verpflichtung, der **Mitgliederversammlung** eine **Schlussrechnung** zu erteilen (§§ 48 Abs. 2, 27 Abs. 3 BGB). Sie haben anschließend auch ein Recht auf Entlastung (Sauter/Schweyer/Waldner, Rdn. 418). Die Beendigung der Liquidation ist ins **Vereinsregister einzutragen.** Die entsprechende Anmeldung ist von den Liquidatoren vorzunehmen. Nach der Beendigung der Liquidation hört der Verein auf zu bestehen. Für ihn kann niemand mehr handeln. Auch die Parteifähigkeit entfällt, eine noch anhängige Klage ist als unzulässig abzuweisen (BGH NJW 1979 S. 1592). Ist der Verein von einem früheren Arbeitnehmer auf Feststellung der Unwirksamkeit einer fristlosen Kündigung verklagt worden, besteht der Verein aber bis zur Erledigung dieses Rechtsstreits weiter (BAG NJW 1972 S. 1831).

Hinweis:
Nicht geregelt ist im Vereinsrecht, ob die **Bücher und Schriften** des Vereins nach Beendigung der Liquidation noch **aufzubewahren** sind. Man wird insoweit wohl die Vorschriften im GmbHG und GenG über die Aufbewahrung der Bücher und Schriften entsprechend anwenden müssen. Diese sind daher 10 Jahre aufzubewahren. Es empfiehlt sich, in der letzten Mitgliederversammlung hierüber einen Beschluss zu fassen, insbesondere zu der Frage, wer die Bücher und Schriften verwahrt.

XV. Das Vereinsregister

1. Allgemeines

Das **Vereinsregister** wird grds. bei dem **Amtsgericht** geführt, in **384** dessen Bezirk der Verein seinen Sitz hat. Es können allerdings die Vereinssachen aus mehreren Gerichtsbezirken bei einem Amtsgericht zusammengefasst werden. Innerhalb eines Amtsgerichtes ist für sämtliche Vereinssachen der Rechtspfleger zuständig, der bei seinen Entscheidungen an das Gesetz gebunden ist. Nach § 55a BGB, der durch das Gesetz zur Vereinfachung und Beschleunigung registerrechtlicher und anderer Verfahren in das BGB aufgenommen worden ist, besteht die Möglichkeit, ein maschinelles Vereinsregister mit automatisierter Datei **(EDV)** sowie ein Abrufverfahren einzurichten (wegen der Einzelh. s. die Ausführungen zu § 55a BGB bei Palandt/Heinrichs und die VereinsregisterVO vom 20. 2. 1999 [BGBl. I S. 147]).

Das Amtsgericht hat **kein Recht,** in das **innere Vereinsleben ein-** **385** **zugreifen.** Bis auf die Fälle der §§ 29, 37, 73 BGB übt es grds. nur eine registrierende Tätigkeit aus. Es kontrolliert nicht die Arbeit der Vereinsorgane. Im Allgemeinen besagen die Eintragungen im Vereinsregister daher nur, dass in formgerechter Weise bestimmte Vorgänge, die sich im Verein zugetragen haben, zur Eintragung angemeldet wurden. Ob diese Erklärungen und die hierauf erfolgten Einträge den Tatsachen entsprechen, beweist das Register nicht. Dem Rechtspfleger steht aber ein gewisses **sachli-**

ches Prüfungsrecht zu. Wenn er Anlass zu Bedenken gegen die materielle Richtigkeit und Wirksamkeit der angemeldeten Vorgänge und Beschlüsse hat, hat er gem. § 12 FGG sogar die Pflicht zur Prüfung. Der vollen materiellen Prüfungsbefugnis unterliegen auch nur die sich aus dem Vereinsrecht ergebenden **Mindestanforderungen** an die körperschaftliche Organisation, den Zweck des Vereins und an die Einhaltung der in den §§ 56 bis 59 BGB genannten formellen Eintragungsvoraussetzungen, wobei aber der Inhalt der zu treffenden Regelungen freigestellt ist (OLG Hamm NJW-RR 1995 S. 119; OLG Köln NJW-RR 1994 S. 1547). Der Rechtspfleger darf auch nicht für alle tatsächlichen Voraussetzungen **urkundliche Nachweise** verlangen, im Allgemeinen wird er sich mit der Erklärung der gehörig legitimierten Beteiligten begnügen müssen (s. OLG Köln NJW 1989 S. 173).

386 Rechtserzeugende (konstitutive) Wirkung hat die Eintragung ins Vereinsregister nur für die Erlangung der Rechtsfähigkeit (§ 21 BGB) und die Satzungsänderung (§ 71 BGB); im Übrigen haben die Eintragungen nur kundmachende (deklaratorische) Bedeutung.

Beispiel:

Der Vorstand ist Vorstand allein aufgrund der Bestellung durch das zuständige Organ. Die gem. § 64 BGB notwendige Eintragung in das Vereinsregister hat für die Wirksamkeit der Bestellung keine Bedeutung.

2. Vertrauensschutz des Vereinsregisters

387 Das Vereinsregister gewährt einen anderen Vertrauensschutz als das Grundbuch. Dessen Inhalt gilt im rechtsgeschäftlichen Verkehr zugunsten eines Gutgläubigen als richtig (§ 892 BGB). Einen solchen Rechtssatz gibt es beim Vereinsregister nicht. Hier **schützt** § 68 BGB denjenigen, der **gutgläubig** oder in nicht vorwerfbarer Unkenntnis des Registerinhalts mit dem **„bisherigen Vorstand“** eine Rechtshandlung **vornimmt.** Die Vorschriften sind auf **„besondere Vertreter“ entsprechend** anzuwenden (zum Begriff s. Rdn. 326 ff.; Sauter/Schweyer/Waldner, Rdn. 429 a. E.).

Beispiel:

Ist der bisherige Vorstand noch im Vereinsregister eingetragen und nimmt er ein Rechtsgeschäft für den Verein vor, z. B. Kündigung oder Abschluss eines Vertrages, kann sich der Verein nicht darauf berufen, der Vorstand sei nicht mehr im Amt und deshalb sei das Rechtsgeschäft unwirksam.

Der gutgläubige Dritte kann sich aber **nicht** – unter Berufung auf § 68 BGB – darauf verlassen, dass der eingetragene Vorstand ordnungsgemäß bestellt worden ist. Darauf erstreckt sich der Vertrauensschutz ebenso wenig (BayObLGZ 1986 S. 528) wie darauf, dass der Vorstand nicht (inzwischen) geisteskrank (geworden) ist (BGH NJW 1991 S. 2566 [für GmbH]; Sauter/Schweyer/Waldner, Rdn. 429).

Der **Vertragspartner** darf von der eingetretenen Änderung zudem **388**
keine Kenntnis haben. Ist die Änderung im Vorstand bereits im Vereinsregister eingetragen, kann sich der Verein nach § 68 S. 2 BGB dann nicht auf die Änderung berufen, wenn der Vertragspartner sie nicht kennt und seine Unkenntnis auch nicht auf Fahrlässigkeit beruht. **Fahrlässig** handelt insoweit derjenige, der es vor Abschluss eines Rechtsgeschäftes mit dem Verein unterlassen hat, das Vereinsregister einzusehen oder durch einen Beauftragten einsehen zu lassen. Etwas anderes gilt, wenn bei Abschluss des Rechtsgeschäftes ein beglaubigter Auszug aus dem Vereinsregister vorgelegt wird, der die für den Verein handelnden Personen noch als Vorstand ausweist, während in Wirklichkeit ihr Vorstandsamt bereits beendet ist.

Gem. **§ 70 BGB erstreckt** sich der Vertrauensschutz des Vereins- **389**
registers im dargelegten Sinn auch auf **Satzungsbestimmungen,** die den Umfang der Vertretungsmacht des Vorstandes beschränken oder die Beschlussfassung des Vorstandes abweichend von § 28 Abs. 1 BGB regeln.

Beispiel:

Nach der Satzung bedarf der Vorstand für Rechtsgeschäfte über 5 000 € der Zustimmung der Mitgliederversammlung. Diese Bestimmung ist entgegen § 64 BGB nicht in das Vereinsregister eingetragen. Kauft der Vorstand nun einen Pkw für 6 000 € ohne Zustimmung der

Mitgliederversammlung, kann sich der Verein gegenüber dem Verkäufer, der diese Satzungsbestimmung nicht kannte, nicht darauf berufen, dass die Zustimmung der Mitgliederversammlung nicht vorliegt und der Vertrag deshalb unwirksam ist.

3. Anmeldungen zum Vereinsregister

390 Zur Eintragung ins Vereinsregister **anzumelden** sind: der Verein, der Vorstand (i. S. des BGB), jede Änderung des Vorstandes, die Liquidatoren, Beschränkungen der Vertretungsmacht von Vorstand und Liquidatoren, Satzungsänderungen, Auflösung des Vereins.

Hinweis:

Die **Wiederwahl** von Vorstandsmitgliedern braucht **nicht** mehr angemeldet zu werden. Angemeldet werden müssen **aber Änderungen** im **Vorstand,** bei denen zwar die Vorstandsmitglieder dieselben bleiben, aber die Vorstandsämter wechseln.

391 Die Anmeldung bedarf der **Schriftform.** Die Unterschriften müssen von einem Notar **öffentlich beglaubigt** werden. Die Anmeldung kann auch durch einen Bevollmächtigten vorgenommen werden. Dann muss die Vollmacht notariell beglaubigt sein. Wenn also die Vorstandsmitglieder den 1. Vorsitzenden allgemein zur Anmeldung eintragungspflichtiger Tatsachen bevollmächtigen, muss die Vollmacht der Vorstandsmitglieder öffentlich von einem Notar beglaubigt sein. Zur Vornahme der Anmeldungen beim mehrgliedrigen Vorstand s. Rdn. 25 f. (s. a. Sauter/Schweyer/Waldner, Rdn. 433 f.; zur Form des ggf. beizufügenden Protokolls der Mitgliederversammlung s. Rdn. 256 f.).

4. Einsicht in und Auszüge aus dem Vereinsregister

392 Die **Einsicht** in das Vereinsregister ist jedem Dritten während der Dienststunden des Amtsgerichts ohne weiteres gestattet, ohne dass er ein besonderes Interesse nachweisen muss (§ 79 Abs. 1 S. 1 BGB). Denn das Vereinsregister ist öffentlich und hat gerade den Zweck, die Verhältnisse im Verein jederzeit für Dritte leicht feststellbar zu machen.

Von den Registereintragungen und von den Akten kann sich jeder **Abschriften** anfertigen. Von den Eintragungen ins Vereinsregister können, auch ohne Nachweis eines besonderen Interesses, von jedermann Abschriften gefordert werden, die auf Verlangen zu beglaubigen sind. Von den vom Verein zum Vereinsregister eingereichten Urkunden, z. B. der Satzung, können Abschriften aber nur gefordert werden, wenn ein berechtigtes Interesse glaubhaft gemacht wird (§ 34 FGG). Das dürfte z. B. vorliegen, wenn der Vorstand Mitgliedern die Aushändigung einer Satzung in der gültigen Fassung verweigert. Nach § 79 Abs. 2 BGB ist die Einrichtung eines sog. **automatisierten Abrufverfahrens** aus einem maschinell geführten Vereinsregister (§ 55a BGB; s. Rdn. 384) zulässig, wenn der Abruf von Daten die nach § 79 Abs. 1 BGB zulässige Einsicht nicht überschreitet und die Zulässigkeit der Abrufe auf der Grundlage einer Protokollierung nicht kontrolliert werden kann (wegen der Einzelh. s. Palandt/Heinrichs, § 79 Rdn. 3 ff.).

Schließlich ist noch darauf hinzuweisen, dass Behörden gegenüber der Nachweis, dass der Vorstand aus den im Vereinsregister eingetragenen Personen besteht, durch ein **Zeugnis des Amtsgerichts über die Eintragung** geführt wird (§ 69 BGB). Dieses Zeugnis kann aber auch für Privatpersonen von Bedeutung sein. Lässt sich nämlich eine Privatperson vor Abschluss eines Rechtsgeschäfts mit dem Verein dieses Zeugnis des Amtsgerichts vorlegen, ist i. d. R. der Vorwurf fahrlässiger Unkenntnis von der fehlenden Vertretungsmacht (s. Rdn. 387 ff.) nicht berechtigt, wenn die in dem Zeugnis genannten Personen in Wirklichkeit tatsächlich nicht mehr Vorstand des Vereins sind. **393**

5. Festsetzung eines Zwangsgeldes

Nach § 78 BGB hat das Amtsgericht das Recht, die Vorstandsmitglieder und die Liquidatoren durch die Festsetzung eines Zwangsgeldes dazu anzuhalten, ihre gesetzlichen Pflichten gegenüber dem Amtsgericht zu erfüllen. Die Festsetzung eines Zwangsgeldes kommt insbesondere in Betracht, wenn das Amtsgericht gesetzlich vorgeschriebene Handlungen erzwingen will. Das sind die **Anmeldungen** von Änderungen des Vorstands, von Satzungsände- **394** rungen, der Auflösung des Vereins sowie der Liquidatoren und der für sie besonders bestimmten Vertretungsmacht sowie vom Gesetz abweichende Bestimmungen über ihre Beschlussfassung.

395 Das Zwangsgeldverfahren wird beim mehrgliedrigen Vorstand **gegen alle Vorstandsmitglieder** betrieben, unabhängig davon, wie in der Satzung die Vertretungsmacht der Vorstandsmitglieder abweichend von der gesetzlichen Regelung ausgestaltet ist. Ist eine Anmeldung von einem – nicht ausreichenden – Teil der Vorstandsmitglieder bereits vorgenommen worden, so darf das Zwangsgeldverfahren nur gegen die übrigen Vorstandsmitglieder betrieben werden (Stöber, Rdn. 353).

Beispiel:

Der A-Verein hat eine Satzungsänderung beschlossen. Der Vorstand des Vereins besteht aus B, C und D, die den Verein nur gemeinsam vertreten können. Die Satzungsänderung wird zur Eintragung angemeldet von den Vorstandsmitgliedern B und C. D lehnt die Teilnahme an der Anmeldung ab, weil er mit der Satzungsänderung nicht einverstanden ist. Das Zwangsgeldverfahren kann nur noch gegen ihn betrieben werden.

396 Geregelt ist das Zwangsgeldverfahren in den §§ 132-139, 159 FGG. Es richtet sich gegen die Vorstandsmitglieder und Liquidatoren **persönlich,** nicht etwa gegen den Vorstand als Vereinsorgan oder gegen den Verein als solchen (LG Lübeck SchlHAnz 1984 S. 115). Das Zwangsgeld selbst kann daher auch nicht aus dem Vermögen des Vereins beigetrieben werden. Es ist vielmehr von den Vorstandsmitgliedern oder Liquidatoren aus dem **eigenen Vermögen** zu entrichten. Dasselbe gilt für die Kosten des Verfahrens. Das Zwangsgeld beträgt nach Art. 6 EGStGB 5 bis 1 000 €.

Eingeleitet wird das **Verfahren** durch die Androhung eines bestimmten Zwangsgeldes, wenn nicht innerhalb einer bestimmten Frist die gesetzlich vorgeschriebene Handlung vorgenommen wird. Gegen diese Androhung kann Einspruch erhoben werden. Ist er begründet, wird die Androhungsverfügung aufgehoben. Ist er unbegründet, wird er durch Beschluss verworfen und das angedrohte Zwangsgeld festgesetzt, wenn die notwendige Handlung nicht inzwischen vorgenommen worden ist. Hiergegen kann die befristete Erinnerung (2 Wochen ab Zustellung) eingelegt werden, die auch noch nach Zahlung des Zwangsgeldes zulässig ist.

XVI. Betreuungsverein/Vereinsbetreuer

Bis zum Erlass des sog. Betreuungsgesetzes vom 12. 9. 1990 (BGBl I S. 2002) gab es über Volljährige gem. den §§ 1896–1908 a. F. BGB die Vormundschaft. Mit Inkrafttreten des Betreuungsgesetzes am 1. 1. 1992 ist an deren Stelle das Rechtsinstitut der Betreuung getreten. Da nach § 1897 Abs. 2 BGB auch ein (anerkannter) Betreuungsverein i. S. des § 1908f BGB als Betreuer bestellt werden kann, soll hier ein kurzer Überblick über die sog. Vereinsbetreuung gegeben werden. Wegen der Einzelheiten ist auf die einschlägige Literatur zu verweisen (s. die Nachweise bei Palandt/Diederichsen, vor § 1896 Rdn. 1, die Zusammenstellung in FamRZ 1992 S. 35, sowie die Übersichten zur Entwicklung des Betreuungsrechts von Dodegge, zuletzt in NJW 2005 S. 2660 ff. mit Verweisen zu den vorhergehenden Übersichten; zur Reform des Betreuungsrechts s. Coeppicus, Rpfleger 1996 S. 425; zum Betreuungsrechtsänderungsgesetz u. a. Dodegge, NJW 1998 S. 3073 ff. m. w. N. in Fn. 4 sowie zum 2. Betreuungsrechtsänderungsgesetz NJW 2005 S. 1896 ff.; dazu auch Renner, ZAP F. 11, S. 711). **397**

1. Allgemeines

Die Betreuung ist **staatlicher Beistand** in Form von tatsächlicher und Rechtsfürsorge (Palandt/Diederichsen, vor § 1896, Rdn. 1 m. w. N.). **Voraussetzung** für die Bestellung eines Betreuers ist nach § 1896 Abs. 1 BGB, dass ein Volljähriger aufgrund einer psychischen Krankheit oder einer körperlichen, geistigen oder seelischen Behinderung seine Angelegenheiten ganz oder teilweise nicht besorgen kann. Ist das der Fall, bestellt das Vormundschaftsgericht auf seinen Antrag oder von Amts wegen einen Betreuer. Dem Betreuer wird ein **bestimmter Aufgabenkreis** zugewiesen. Die Betreuung kann also vom Umfang her Totalbetreuung sein, sie kann sich aber auch als sog. Teilbetreuung auf bestimmte Auf- **398** gaben beschränken, z. B. auf die Vermögenssorge, auf Unterhaltsfragen, auf Gesundheitsfürsorge usw. (wegen der Einzelh. s. Palandt/Diederichsen, § 1896 Rdn. 18 ff.). Die Betreuung wird nicht unbefristet angeordnet, sondern muss einen Endzeitpunkt enthalten. Die Höchstdauer beträgt nach § 69 Abs. 1 Nr. 5 FGG fünf Jahre. Danach kann aber eine erneute Betreuung angeordnet werden (vgl. Palandt/Diederichsen, § 1896 Rdn. 24).

2. Anerkennung als Betreuungsverein

399 § 1897 Abs. 1 BGB sieht grds. die Betreuung durch eine Einzelperson vor. Nach § 1900 Abs. 1 BGB kann jedoch auch ein anerkannter Betreuungsverein i. S. des § 1908f BGB als Betreuer bestellt werden. Für die Anerkennung als Betreuungsverein müssen nach § 1908f BGB folgende Voraussetzungen erfüllt sein:

- Es muss sich um einen **rechtsfähigen Verein** handeln.
- Der Verein muss eine ausreichende Zahl **professioneller Betreuer** haben, die er beaufsichtigt, weiterbildet und gegen Schäden, die diese anderen im Rahmen ihrer Tätigkeit zufügen können, angemessen versichert (vgl. wegen der Einzelh. Palandt/Diederichsen, § 1908f Rdn. 3 m. w. N.).
- Der Verein muss außerdem **ehrenamtliche Mitarbeiter haben,** die Betreuungen übernehmen. Diese muss er in ihre Aufgaben einführen, fortbilden und beraten.
- Die **Bundesländer** können nach § 1908f Abs. 3 BGB **weitere Voraussetzungen** für die Anerkennung als Betreuungsverein aufstellen. Von diesen Möglichkeiten haben inzwischen alle Bundesländer Gebrauch gemacht (vgl. zu den Landesausführungsgesetzen Dodegge, NJW 1992 S. 1936 f.; NJW 1993 S. 2353 f.; NJW 1994 S. 2383 f.; NJW 2000 S. 2704; s. a. den Überblick von Winterstein, BtPrax 1995 S. 194 ff.).

Für das **Verfahren** der Anerkennung gilt: Die Anerkennung als Betreuungsverein erfolgt durch die nach dem jeweiligen Landesrecht dafür zuständige Behörde, und zwar durch Verwaltungsakt. Sie gilt für das jeweilige Bundesland und kann auf einzelne Landesteile beschränkt werden. Die Anerkennung ist nach § 1908f

Abs. 2 S. 2 BGB widerruflich und kann unter Auflagen (z. B. Einstellung weiterer Mitarbeiter) erteilt werden. Die näheren Einzelheiten sind den jeweiligen Landesgesetzen zu entnehmen.

3. Bestellung des Betreuungsvereins/des Vereinsbetreuers

Grds. wird die **Betreuung** nach § 1897 Abs. 1 BGB von (natürlichen) Einzelpersonen durchgeführt. Nach § 1897 Abs. 2 BGB kann dazu **auch** der **Mitarbeiter** eines anerkannten **Betreuungsvereins** (s. Rdn. 399), der dort ausschließlich oder teilweise als Betreuer tätig ist, als sog. Vereinsbetreuer bestellt werden. Dieser ist/bleibt jedoch Einzelbetreuer (Palandt/Diederichsen, § 1897 Rdn. 9 m. w. N.; zum Begriff BayObLG BtPrax 1994 S. 135). Für die Bestellung des Mitarbeiters als Betreuer ist die Einwilligung des Vereins erforderlich (§ 1897 Abs. 2 S. 1 BGB) und die Bereiterklärung des Vereinsbetreuers (BayObLG BtPrax 1994 S. 135). Bei der Auswahl des Betreuers hat der Betroffene nach § 1897 Abs. 4 BGB ein Vorschlagsrecht, das sich aber nur auf natürliche Personen, also nicht auf den Betreuungsverein, bezieht (BayObLG FamRZ 1999 S. 52; zur Auswahl des Betreuers s. auch noch BayObLG FGPrax 1998 S. 180 = FamRZ 1999 S. 50; OLG Stuttgart BtPrax 1999 S. 110). **400**

Hinweis:

Nur wenn der zu Betreuende durch eine oder mehrere (Einzel-)Personen **nicht hinreichend** betreut werden kann, kann gem. § 1900 Abs. 1 BGB ein **Betreuungsverein** selbst als Betreuer bestellt werden. Der Verein überträgt nach § 1900 Abs. 2 S. 1 BGB dann die Wahrnehmung der Betreuung einzelnen Personen, was jedoch an der Rechtsstellung des Vereins als Betreuer nichts ändert.

4. Vergütung des Vereinsbetreuers

Anerkannt ist aufgrund einer Entscheidung des BVerfG, dass die umfängliche nebenberufliche Betreuertätigkeit als **Berufsbetreuung** im Nebenberuf zu vergüten ist (BVerfG NJW 1999 S. 1621 = FamRZ 1999 S. 568). Für die Vergütungsfragen (vgl. allgemein dazu Palandt/Diederichsen, § 1836 BGB Rdn. 1 ff. m. w. N.; Kar- **401** masin, FamRZ 1999 S. 348; Zimmermann, FamRZ 1999 S. 630 ff.; Küsgen, BtPrax 2000 S. 242), die durch das 2. Betreuungsrechtsänderungsgesetz (vgl. dazu Dodegge, NJW 2005 S. 1896) neu geregelt worden sind, gilt: Nur bei **berufsmäßiger Amtsführung** besteht ein Vergütungsanspruch, dessen Einzelheiten sich aus dem Vormünder- und Betreuervergütungsgesetz ergeben, §§ 1908i Abs. 1, 1836 Abs. 1. S. 1–3 BGB. Einen neuen Standort im Gesetz haben die Regelungen zur ausnahmsweisen Vergütung eines ehrenamtlichen Vormunds/Betreuers, zu den Voraussetzungen der berufsmäßigen Ausübung des Amtes, zur Vergütungsbewilligung und Leistung aus der Staatskasse bei Mittellosigkeit sowie zum Erlöschen der Ansprüche in den § 1836 Abs. 2 BGB, §§ 1, 2 VBVG n. F. gefunden.

Hinweis:
Das neue Vergütungs- und Aufwendungsersatzrecht gilt nach (Art. 229 § 14 EGBGB) für alle vergütungsrelevanten Zeiträume **ab** dem **1. 7. 2005** (zur früheren Rechtslage vgl. die Vorauflage).

XVII. Vereinssponsoring – Ein Überblick

1. Allgemeines

402 Angesichts leerer öffentlicher Kassen und eines steigenden Finanzbedarfs der Bereiche Kultur und Sport **steigt** die **Bedeutung** von Sponsoren. Dies gilt insbesondere im Bereich der Sportvereine, die heute ihre Kosten allein mit Mitgliedsbeiträgen und Zuschauereinnahmen nicht mehr decken können. So sollen im Jahr 1994 rund 1,5 Milliarden € für Sportsponsoring aufgewendet worden sein, wovon rund 60 % auf das Sponsoring von Sportvereinen entfallen sein sollen (s. Reichert, Rdn. 2822). Wegen der immer mehr zunehmenden Bedeutung der mit dem Sponsoring zusammenhängenden Fragen soll auch hier darauf in einem Überblick kurz eingegangen werden. Zur **Vertiefung** ist auf die zu den Rechtsfragen vorliegende **Lit.** zu verweisen (s. u. a. Heuer, Kulturfinanzierung durch Sponsoring – steuerliche Konsequenzen beim

Sponsor und Gesponserten, DStR 1996 S. 1789; Weiand, Wirtschaftliche und rechtliche Grundlagen des Kommunikationsinstruments Sponsoring, DStR 1996 S. 1897 ff.; Boochs, Kultur- und Sportsponsoring, NWB F. 3, S. 10525 (Stand 31. 8. 1998)), und zwar insbesondere auf Bruhn/Mehlinger, Rechtliche Gestaltung des Sponsoring, Band I 2. Aufl., Band II, 1994, auf die Ausführungen bei Reichert, Rdn. 2820 ff., sowie auf die in SpuRt in loser Folge erscheinenden Beiträge zu den Rechtsfragen von Sportsponsoring von Mehlinger (s. zuletzt SpuRt 1996 S. 54 f.; s. auch noch Humberg, Sportstättensponsoring – Die Namensrechte bei Sportstätten (sog. Namingrights), JR 2005 S. 89; ders., Die Möglichkeit zur außerordentlichen Kündigung eines Sportsponsoringvertrages aufgrund Dopings, JR 2005 S. 271; Grotz, Zur Betrugsstrafbarkeit des gesponserten und gedopten Sportlers, SpuRt 2005 S. 93; Weiand, Form, Inhalt und Abschluss von Sportsponsoringverträgen, SpuRt 1997 S. 90). Mit den allgemeinen Fragen des Sponsoring, insbesondere aus der Sicht des Mittelstandes, befasst sich der „Sponsoring-Kompass" von Brückner/Schormann, 1996. Er bringt leicht nachvollziehbare Antworten auf Fragen, wie: Welche Formen des Sponsoring sind möglich, mit welchem Kosten- und Organisationsaufwand ist zu rechnen? Außerdem gibt er Tipps zur Vertragsgestaltung und auch Hinweise zur Pressearbeit. Hinzuweisen ist außerdem noch auf Brückner, So machen Sie ihren Verein erfolgreich. Presse- und Öffentlichkeitsarbeit – Sponsoring – Fundraising, erschienen 1996 sowie auf Weiand/Poser, Der Sponsoringvertrag 3. Aufl. 2005.

2. Begriffsbestimmung

Die Begriffe Sponsor und Sponsoring entstammen dem anglo- **403**
amerikanischen Rechtskreis und bedeuten u. a. auch **Geldgeber.** Rechtlich handelt es sich beim Sponsoring um ein **atypisches Vertragsverhältnis,** an dem zwei oder mehrere Partner beteiligt sind. Der Sponsor will mit Hilfe des Gesponserten i. d. R. den Bekanntheitsgrad seines Produkts oder seiner Dienstleistung steigern. Er verspricht daher dem Gesponserten eine wirtschaftliche Unterstützung in Form von Geld oder geldwerten Leistungen. Da-

für verpflichtet sich der Gesponserte i. d. R., zugunsten des Sponsors Werbeverpflichtungen zu übernehmen, indem er z. B. Einrichtungen oder Gegenstände zur Nutzung als Werbefläche zur Verfügung stellt oder aber auch Personen, im Sportbereich z. B. Spieler. Beim Sponsorvertrag handelt es sich also um einen **gegenseitigen Vertrag,** der Sponsor und Gesponserten wechselseitig verpflichtet (Bruhn/Mehlinger, a. a. O. Band I S. 5 ff.). Das Sponsoring ist **abzugrenzen** vom Mäzenatentum. Während der Sponsor für seine Unterstützung immer eine Gegenleistung verlangt, gewährt der Mäzen seine finanzielle Unterstützung selbstlos. Dem Mäzen geht es i. d. R. um die Förderung des anderen, während beim Sponsor die eigene Imageverbesserung im Vordergrund steht. Für ihn bilden auch Steuervergünstigungen einen wichtigen Anreiz, sich für sein Engagement zu entscheiden (zu den **steuerlichen Fragen** s. eingehend Boochs, NWB F. 3 S. 10525 ff.; Schleder, Rdn. 862 ff.; s. schließlich Rdn. 534).

3. Formen des Sponsoring

404 Das Sponsoring kann sowohl **sach-** als auch **personenbezogen** gestaltet werden (s. Rdn. 405). Entscheidend ist in beiden Fällen, dass der Gesponserte dem Sponsor die rechtliche Möglichkeit zur Werbung mit den Gegenständen oder Personen verschafft (Reichert, Rdn. 2820). Beim sachbezogenen **Sponsoring** ist es erforderlich, dass der Gesponserte die Befugnis hat, dem Sponsor die zur Werbung bestimmten Gegenstände zu überlassen, er also z. B. Eigentümer/Nutzungsberechtigter der Stadionbanden ist. Möglich ist es auch, dem Sponsor das Namensrecht zu überlassen (zum Namensrechtsvertrag bei Sportstätten s. Klingmüller, SpuRt 2002 S. 59). Für das **personenbezogene Sponsoring** ist die Zustimmung der in die Werbung einbezogenen Person, i. d. R. des Sportlers, erforderlich, da dessen Persönlichkeitsrechte betroffen sind (vgl. wegen der Einzelh. Reichert, Rdn. 2837 ff.; s. a. BGH NJW 1979 S. 2203 m. w. N., wonach es sich die Spieler der Fußballbundesliga als Personen der Zeitgeschichte gefallen lassen müssen, auch ohne ihre Einwilligung der Öffentlichkeit im Bild vorgestellt zu werden). Das gilt auch für die sog. Werbung am Mann (Reichert, Rdn. 2839).

In Betracht kommt z. B. folgendes **sachbezogenes** Sponsoring: **405**

- bei einem Sportverein die sog. **Bandenwerbung,**
- die Werbung auf den **Sportflächen,** auf der **Sportbekleidung** und der Sportausrüstung,
- die Werbung in **Vereinszeitschriften**, auf Eintrittskarten usw.,
- die Werbung auf (Vereins-)**Fahrzeugen**,
- das Sponsern einer **ganzen Veranstaltung,** indem z. B. deren Kosten ganz oder teilweise übernommen werden.

Personenbezogenes Sponsoring kann dadurch erreicht werden, dass die **Vermarktung** des **Namens** eines bestimmten Künstlers oder Sportlers dem Sponsor überlassen wird, wofür der Gesponserte eine finanzielle Unterstützung erhält. Möglich ist aber auch die im sportlichen Bereich häufig anzutreffende Variante, dass der Sponsor den gesponserten Verein in der Weise unterstützt, dass **Spieler Arbeitnehmer** des Betriebes des Sponsors werden, dieser sie auch entlohnt, die Spieler aber nicht im Betrieb tätig sind, sondern dem Verein in vollem Umfang zur Verfügung stehen (zur umsatzsteuerlichen Behandlung des Sponsoring Drescher, SpuRt 2001 S. 237; zur Rückzahlungspflicht von Vorschüssen und Darlehen nach Vertragsbeendigung OLG Frankfurt SpuRt 2004 S. 64).

Hinweis:

Immer häufiger werden in der letzten Zeit ganze **Sportstätten** gesponsert. Im Gegenzug gegen eine Beteiligung an den beträchtlichen Bau- oder Renovierungskosten erhält der Sponsor hier das Recht, den **Namen** der Sportstätte zu **bestimmen**. Der Berechtigte verzichtet also auf sein Recht zur Benennung der Sportstätte. Umstritten ist wie diese Konstellation rechtlich zu qualifizieren ist. Vertreten werden die Einordnung der Verträge als Kauf, Pacht oder auch als Vertrag eigener Art (vgl. dazu eingehend Humberg, JR 2005 S. 89).

4. Auswirkungen auf den inneren Vereinsbereich

406 I. d. R. ist am Sponsoring die **Mitgliederversammlung** des Vereins **kaum beteiligt** (Reichert, Rdn. 2823), da die damit zusammenhängenden Fragen in den Zuständigkeitsbereich der Vereinsverwaltung fallen und damit dem Vorstand obliegen. Die Mitgliederversammlung kommt mit Fragen des Sponsoring daher meist nur insoweit in Berührung, als einzelne Mitglieder den Vorstand im Zusammenhang mit dem von ihm abzugebenden Geschäftsbericht (vgl. dazu Rdn. 288 f.) dazu befragen, und soweit der Haushalt des Vereins Sponsoreneinnahmen aufweist, über die berichtet und beraten wird. Der **Abschluss** des **Sponsorvertrages** gehört ebenso zum Aufgabenbereich des **Vorstands** wie dessen spätere praktische Durchführung.

Hinweis:
Wegen der ggf. weitgehenden Folgen für den Verein ist auf die (zivilrechtliche) **Ausgestaltung** von Sponsorverträgen **große Sorgfalt** zu verwenden (eingehend dazu Kolvenbach, AnwBl 1998 S. 289 ff.; zum Sponsoringvertrag auch noch Weiand/Poser, Der Sponsoringvertrag, 3. Aufl., 2005).

Beim **Abschluss** des Vertrages wird der Verein gem. § 26 Abs. 2 S. 1 BGB durch den **Vorstand vertreten** (zu vorvertraglichen Fragen beim Sponsoring s. Schimke, SpuRt 1997 S. 160).

I. d. R. will der (Haupt-)**Sponsor** zumindest bei größeren (Sport-) Vereinen auf das **Vereinsleben** und die anstehenden Entscheidungen einen bestimmenden **Einfluss ausüben.** Das wird meist dadurch erreicht, dass er sich in den **Vorstand wählen** lässt. Dann kann er, selbst wenn er nicht 1. Vorsitzender des Vereins ist, auf die im Vorstand zu treffenden Entscheidungen Einfluss nehmen. Es gibt aber auch noch **andere** (vereinsrechtlich zulässige) **Möglichkeiten** des Sponsors, auf das Vereinsleben Einfluss zu nehmen (s. Reichert, Rdn. 2823). So kann der Sponsor zur Bedingung für seine Unterstützung machen, dass (nur) von ihm benannte Personen in das Vorstandsamt gewählt werden oder maßgebliche Entscheidungen des Vereins in einem Beirat getroffen werden, auf dessen Zusammensetzung der Sponsor Einfluss hat. Auch kann sich der Sponsor die (Mit-)Entscheidung bei bestimmten Maßnahmen (Einstellung/Entlassung von Spielern, Trainern oder Managern/Geschäftsführern) vorbehalten. Die **rechtliche Grenze** der vereinsrechtlichen Gestaltungsfreiheit ist da zu ziehen, wo die Geschicke des Vereins ausschließlich vom Sponsor bestimmt werden und die (übrigen) Mitglieder des Vereins keinen nennenswerten Einfluss bei der Willensbildung des Vereins mehr haben (OLG Celle NJW-RR 1995 S. 1273; s. a. Rdn. 122, 254, 331).

Im Zusammenhang mit dem Sponsoring taucht immer wieder auch die Frage auf, inwieweit **Mitglieder verpflichtet** sind/sein können, für den Verein **Sportkleidung** mit **Werbung** zu **tragen.** **407**

Hinweis:

Dazu gilt: Die Satzung – eines Sportvereins – kann nicht nur die Pflicht zum Training und zur Teilnahme an Wettkämpfen festlegen (vgl. Rdn. 81), sondern auch die **Pflicht,** für den Verein Sportkleidung mit **Werbung** zu tragen oder an den Spielen/Wettkämpfen teilzunehmen (Reichert, Rdn. 2837 ff.).

Satzungsmäßig kann/muss auch festgelegt werden, wenn der Spieler als Vereinsmitglied verpflichtet sein soll, dem Verein zu gestatten, dass dieser bestimmte Persönlichkeitsrechte des Vereinsmitglieds vermarkten darf. Die Festlegung dieser Pflichten muss so gestaltet sein, dass der Pflichtenkreis auch ohne juristische Beratung erkennbar ist (BGH NJW 1967 S. 1268 ff.). Nach Reichert (a. a. O.) wird eine Verpflichtung zur Werbung nicht allein durch den Umstand begründet, dass etwa einem beitretenden (Vereins-) Mitglied bekannt war, dass dieser Verein seit jeher Trikotwerbung für einen Sponsor betrieben hat (a. A. Bruhn/Mehlinger, a. a. O. Band II S. 21).

Bei einem **minderjährigen Vereinsmitglied** muss der gesetzliche Vertreter i. d. R. hinsichtlich der Beteiligung des Minderjährigen an Werbemaßnahmen nicht gesondert befragt werden. Weiß er bei der Zustimmung zum Vereinsbeitritt, dass in der Mannschaft, in der der gesetzlich Vertretene spielt/spielen soll, Sportkleidung mit

Werbung getragen wird, so ist im Allgemeinen die Zustimmung dazu bereits erteilt. Soll jedoch der Minderjährige zu Werbemaßnahmen verpflichtet werden, die bei der Zustimmung zum Vereinsbeitritt nicht vorhersehbar waren, muss der gesetzliche Vertreter zustimmen (Reichert, Rdn. 2842).

5. Sponsoring und Verbandsrecht

408 Sind am Sponsoring neben Vereinen auch (deren) Verbände beteiligt, ergeben sich eine **Reihe** von **vereinsrechtlichen Fragen,** die hier nicht alle dargestellt werden können. Dabei kann es sich um die Frage der (Zulässigkeit) der Prüfung von Sponsoring-Verträgen bei der Lizenzierung handeln (vgl. Reichert, Rdn. 2826), um die Fragen der Vermarktungsbeschränkungen für Mitgliedsvereine durch Regelungen des Verbandes (Reichert, Rdn. 2827 ff.) sowie um die Befugnis von Sportfachverbänden zum Abschluss von Sponsoring-Verträgen (Reichert, Rdn. 2833).

XVIII. Veranstaltung von Reisen durch den Verein

409 Häufig werden von Vereinen (auch) Reisen veranstaltet, so z. B. von einem Sportverein, der für die Auswärtsspiele seiner Fußballmannschaft einen Bus mietet und die Unterkunft bucht, oder von einem Skiverein, der Fahrt, Hotel und Liftpass in einer Reise für seine Mitglieder anbietet. Fraglich ist, inwieweit auf diese oder vergleichbare Veranstaltungen das Reiserecht der §§ 651a ff. BGB anzuwenden ist. Das ist besonders für die in § 651k Abs. 4 BGB vorgesehene sog. Insolvenzsicherung von Bedeutung. Besteht nämlich eine Insolvenzsicherungspflicht und wird diese nicht erfüllt, kann nach § 147b GewO eine **Geldbuße** bis zu 5 000 € festgesetzt werden.

410 Wegen der ggf. für Vereine bestehenden Pflicht zur Ausgabe eines sog. Sicherungsscheins gem. § 651k Abs. 4 BGB ist m. E. wie folgt zu **unterscheiden:**

- Die **Pflicht** zur Ausgabe eines Sicherungsscheins besteht **nicht,** wenn die §§ 651a ff. BGB von vornherein nicht zur Anwendung kommen. Das ist der Fall, wenn der **Verein nicht Reisever-**

anstalter i. S. des § 651a BGB ist. Das dürfte bei einer reinen Selbstorganisation einer Gruppenreise durch ein Vereinsmitglied, welches an dieser Fahrt selbst teilnimmt, der Fall sein; in diesem Fall liegt eine BGB-Gesellschaft nach § 705 BGB vor (OLG Stuttgart NJW 1996 S. 1352; Führich, Reiserecht, 5. Aufl., 2005, Rdn. 76, 469 f.; s. a. Palandt/Thomas, vor § 651a Rdn. 3).

- Ist der **Verein** hingegen **Reiseveranstalter** i. S. des § 651a Abs. 1 BGB, weil er nämlich zwei auf die Reise bezogene Leistungen erbringt (z. B. Beförderung und Unterkunft; Unterkunft und Sport; Tagesausflug mit Besichtigungsprogramm [OLG Celle RRa 2002 S. 159) usw. [s. zum Begriff a. Führich, a. a. O., Rdn. 77 m. w. N. und Münchner Kommentar zum BGB, 3. Aufl., vor § 651a BGB Rdn. 8 ff.]), ist er **grds.** zur **Ausgabe** eines **Sicherungsscheins** verpflichtet, wenn nicht eine der nachstehenden Ausnahmen eingreift.

(1) Nach § 651k Abs. 6 Nr. 1 BGB besteht eine erste Ausnahme dann, wenn es sich nur um die gelegentliche und nicht gewerbliche Organisation einer (Pauschal-)Reise handelt. **411**

Was unter **„gelegentlich“** zu verstehen ist, regelt das Gesetz nicht. In der Begründung des Gesetzentwurfs, in der Bundestags-Drucksache 12/5354, S. 13, ist der Gesetzgeber davon ausgegangen, dass ein oder **zwei Veranstaltungen** im **Jahr** noch gelegentlich sind. Werden von einem Verein also mehr Reisen angeboten, wird man das nicht mehr nur als „gelegentlich“ bezeichnen können. Von „gelegentlich“ kann aber auch dann nicht mehr gesprochen werden, wenn im Voraus ein Jahresprogramm für die durchzuführenden Reisen festgelegt wird. Wer dafür wirbt, handelt i. d. R. nicht gelegentlich (s. a. Führich, a. a. O., Rdn. 470). In diesen Fällen sind also auch Vereine nicht von der Pflicht zur Ausgabe eines Sicherungsscheins befreit. Führich, a. a. O., plädiert dafür, das Merkmal „gelegentlich“ im Interesse der von gemeinnützigen Einrichtungen veranstalteten Reisen i. S. von „unregelmäßig“ zu verstehen. Dafür dürfte jedoch unter Berücksichtigung der deutlichen Ausführungen in den Gesetzesmaterialien kein Raum sein.

Weitere Voraussetzung ist, dass der Verein **nicht gewerblich** handelt, es sich also nicht um eine zum Zwecke der Gewinnerzielung ausgeübte Tätigkeit handelt (Führich, a. a. O.). Davon wird bei (nicht-wirtschaftlichen) Vereinen i. d. R. auszugehen sein, so dass dann die Verpflichtung zur Ausstellung eines Sicherungsscheins entfällt.

Hinweis:

Grds. wird zu **empfehlen** sein, dass der Verein in den Fällen der Veranstaltung einer Reise eine entsprechende **Versicherung,** die für einen verhältnismäßig geringfügigen Preis zu erhalten ist, abschließt.

Hinzuweisen ist auch noch darauf, dass das Vorliegen der Voraussetzungen für eine Ausnahme nach § 651k Abs. 6 Nr. 1 BGB **nicht** dazu führt, dass der Verein von den **übrigen reiserechtlichen Vorschriften** der §§ 651a–651i BGB **befreit** ist. Diese gelten vielmehr auch dann, wenn der Verein nur „gelegentlich" Reisen veranstaltet (Führich, a. a. O., Rdn. 469 f. m. w. N.).

412 (2) Nach § 651k Abs. 6 Nr. 2 BGB besteht eine **zweite Ausnahme** von der Insolvenzsicherungspflicht für (Tages-)Reisen, die nicht länger als 24 Stunden dauern, keine Übernachtung einschließen und nicht mehr als 75 € kosten.

B. Der nicht eingetragene Verein

Bei Vereinsgründungen, aber auch bei Vereinen, die bereits längere Zeit ohne Eintragung in das Vereinsregister existieren, stellt sich die Frage, welche wesentlichen Unterschiede zwischen einem eingetragenen und einem nicht eingetragenen Verein mit „idealer" Zweckbestimmung bestehen und ob es sinnvoll/notwendig ist, ggf. einen „e. V." zu gründen bzw. den Verein ins Vereinsregister eintragen zu lassen. Die folgenden Ausführungen sollen helfen, die anstehende Entscheidung zu erleichtern.

I. Allgemeines

Der nicht eingetragene Verein ist ebenso wie der eingetragene **413** eine auf Dauer angelegte Verbindung einer größeren Anzahl von Personen zur Errichtung eines gemeinsamen Zwecks, die nach ihrer Satzung **körperschaftlich** organisiert ist, einen Gesamtnamen führt und einen wechselnden Mitgliederbestand aufweist. Dem nicht eingetragenen Verein **fehlt** lediglich die **Rechtsfähigkeit,** d. h. er besitzt keine eigene Rechtspersönlichkeit, kann also i. d. R. nicht selbständig Träger von Rechten und Pflichten sein.

Auf den nicht eingetragenen Verein finden nach dem Wortlaut des **414** § 54 BGB die **Vorschriften** über die **BGB-Gesellschaft** (§§ 705 ff. BGB) **Anwendung.** Der nicht eingetragene Verein ist selbst aber keine BGB-Gesellschaft. Der entscheidende Unterschied ist der, dass die Gesellschaft nach §§ 705 ff. BGB keinen wechselnden Mitgliederbestand hat, während der nichtrechtsfähige Verein vom Wechsel seiner Mitglieder unabhängig ist und über Vereinsorgane wie Vorstand und Mitgliederversammlung verfügt (zur Abgrenzung zwischen BGB-Gesellschaft, OHG und nichtrechtsfähigem Verein s. OLG Köln OLG-Report Köln 1996 S. 105). Bis auf die Rechtsfähigkeit unterscheidet den nicht eingetragenen Verein vom eingetragenen Verein nichts. Nach h. M. in Lit. und Rspr. (vgl. Palandt/Heinrichs, § 54 Rdn. 1 m. w. N.; Stöber, Rdn. 1232 ff.) ist die Verweisung auf die Vorschriften über die Gesellschaft deshalb überholt und daher **heute** auf den nicht eingetragenen Verein das **Vereinsrecht** des **BGB anzuwenden** mit Ausnahme der Vorschriften, die Rechtsfähigkeit voraussetzen (Palandt-Heinrichs, § 54 Rdn. 1; zur Zinsbesteuerung bei einem nichtrechtsfähigen Verein s. Rdn. 521). Es bleibt jedoch ein **Freiraum** für individuelle Regelungen, der Zwischenformen zwischen nichtrechtsfähigem Verein und Gesellschaft, auf die teilweise Vereinsrecht und Gesellschaftsrecht anzuwenden ist, gestattet (vgl. BGH NJW 1979 S. 2304 [zur Rechtsanwendung bei Austritt eines Mitglieds aus einer Werbegemeinschaft und zugleich auch zur Anwendung des § 39 Abs. 2 BGB bei nichtrechtsfähigen Vereinen]).

415 Als nichtrechtsfähige Vereine angesehen hat die Rspr. zum **Beispiel:**

- **Arbeitgeberverbände** und **Gewerkschaften** (vgl. u. a. BGHZ 50 S. 328),
- die **Heilsarmee** (RAG JW 1935 S. 2228),
- **Kartelle** und Syndikate (RGZ 82 S. 295),
- Ordensniederlassungen (RGZ 97 S. 123),
- **politische Parteien,** wenn sie nicht im Vereinsregister eingetragen waren, für die aber in erster Linie die Vorschriften des ParteienG gelten,
- **Parlamentsfraktionen** von politischen Parteien (OLG Schleswig NVwZ-RR 1996 S. 103; ArbG Berlin NJW 1990 S. 535),
- Studentenverbindungen (RGZ 78 S. 135),
- **Untergliederungen** von Großvereinen (s. Rdn. 213 ff.),
- Waldinteressengemeinschaften (BGHZ 25 S. 312).

II. Besonderheiten gegenüber dem eingetragenen Verein

1. Stellung im Rechtsverkehr

a) Partei- und Prozessfähigkeit

416 Der nicht eingetragene Verein ist **nichtrechtsfähig.** Deshalb ist er grds. auch nicht berechtigt, unter dem Vereinsnamen Klagen zu erheben und Prozesse aktiv zu führen. **Klagebefugt** ist nur die **Gesamtheit der Mitglieder,** die in der Klageschrift einzeln genannt werden müssen. Im Prozess werden die Mitglieder i. d. R. durch den Vorstand vertreten, der den Nachweis seiner Vollmacht durch Vorlage der Vereinssatzung und den Bestellungsbeschluss führt.

Das Fehlen der aktiven Parteifähigkeit führt zu erheblichen **Schwierigkeiten** (zu allem Stöber, Rdn. 1281 ff.). Bei mitgliedsstarken Vereinen mit erheblich fluktuierender Mitgliedschaft ist es nämlich praktisch ausgeschlossen, alle Mitglieder in der Klageschrift anzuführen. Deshalb haben Rspr. und Lit. in den letzten Jahren versucht, mit verschiedenen rechtlichen Konstruktionen dem nichtrechtsfähigen Verein zu gerichtlichem Rechtsschutz zu verhelfen. Nachdem die Rspr. den Gewerkschaften ausdrücklich volle Parteifähigkeit zuerkannt hat (BGHZ 50 S. 328) – im Übrigen sind auch die politischen Parteien nach § 3 ParteienG uneingeschränkt parteifähig – und der BGH im Wege der richterrechtlichen Rechtsfortbildung entschieden hat, dass die Gesellschaft bürgerlichen Rechts teilrechtsfähig und aktiv und passiv parteifähig ist (vgl. BGH NJW 2001 S. 1056), ist es gerechtfertigt, die **aktive Parteifähigkeit** nunmehr für alle nichtrechtsfähigen Vereine zu **bejahen** (Palandt/Heinrichs, § 54 Rdn. 10 m. w. N.; Reichert, Rdn. 2455 a; a. A. BAG DB 1990 S. 1569; BGH NJW 1990 S. 186 [für eine Siedlergemeinschaft]; OLG Koblenz NJW-RR 1993 S. 697; zu dieser Problematik im Hinblick auf die Entscheidung des BGH zur Rechtsfähigkeit der GbR BGH NJW 2001 S. 1056). Für verwaltungsgerichtliche Streitigkeiten ist der nichtrechtsfähige Verein im Übrigen nach § 61 Ziff. 2 VwGO in allen Bereichen aktiv und passiv parteifähig (OVG Lüneburg NJW 1979 S. 735. Entsprechendes gilt nach § 70 Nr. 2 SGG, § 58 FGG und § 10 ArbGG. **417**

Handelt es sich um **Prozesse,** die **gegen** den nichtrechtsfähigen Verein geführt werden, kann der Verein unter seinem Namen verklagt werden. Er hat in diesen Fällen die Stellung eines eingetragenen, rechtsfähigen Vereins (§ 50 Abs. 2 ZPO). Dasselbe gilt, wenn gegen den nichtrechtsfähigen Verein die Zwangsvollstre- **418** ckung betrieben werden soll (§ 735 ZPO) sowie im Falle eines Insolvenzverfahrens nach der InsO (§ 11 Abs. 1 S. 2 InsO).

b) Wechsel/Scheck- und Erbfähigkeit

419 Wegen der fehlenden Rechtsfähigkeit ist der nicht eingetragene Verein grds. auch **nicht wechselfähig.** D. h., er kann an sich weder einen Wechsel ausstellen noch akzeptieren (= annehmen) noch indossieren (= übertragen) oder Rechte daraus herleiten. Nach Palandt/Heinrichs (§ 54 Rdn. 9) haftet das Vereinsvermögen als Sondervermögen und daneben gem. § 54 S. 2 BGB der Handelnde, wenn von einem Vertretungsberechtigten im Namen des nichtrechtsfähigen Vereins ein Wechsel gezeichnet wird. Nach Palandt/Heinrichs soll der nichtrechtsfähige Verein im Hinblick auf die Entscheidung des BGH zur Rechtsfähigkeit der Gesellschaft bürgerlichen Rechts (NJW 2001 S. 1056) **scheckfähig** sein (s. § 54 Rdn. 9 unter weiterem Hinweis auf BGH NJW 1997 S. 2754; s. auch noch BGH NJW 1998 S. 376).

420 Ebenso verhält es sich mit der **Erbfähigkeit.** Sie ist früher verneint worden, der nicht eingetragene Verein konnte also nicht zum Erben eingesetzt werden (Sauter/Schweyer/Waldner, Rdn. 496; schon früher a. A. Palandt/Heinrichs, § 54 Rdn. 9, § 1923 Rdn. 1). Daran wird man im Hinblick auf die Entscheidung des BGH in NJW 2001 S. 1056 nicht mehr festhalten können (vgl. auch Reichert, Rdn. 2466 b). Ein nicht eingetragener Verein kann also zum Erben eingesetzt werden (Palandt/Edenhofer, § 1923 Rdn. 1).

c) Eintragung im Grundbuch

421 Ein **wesentlicher Unterschied** zwischen dem eingetragenen und dem nicht eingetragenen Verein besteht im Bereich des Grundbuchs. Während der eingetragene Verein ins Grundbuch eingetragen werden kann, ist die **Eintragung** des nichtrechtsfähigen **Vereins** als **Grundstückseigentümer** oder Inhaber eines Grundpfandrechts oder eines sonstigen dinglichen Rechts, z. B. Grunddienstbarkeit (Wegerecht), **unzulässig.** Vielmehr müssen als Berechtigte alle Vereinsmitglieder mit dem Vermerk eingetragen werden, dass ihnen das betreffende Recht als Mitgliedern des – namentlich zu bezeichnenden – nichtrechtsfähigen Vereins „zur gesamten Hand" zusteht. Die Eintragung nur auf den Vereinsnamen ist von der Rspr. bisher noch nicht gebilligt worden (vgl. OLG Zweibrücken NJW-RR 1986 S. 181; (vgl. dazu BayObLG NJW 2003 S. 70), von der Lit. wird sie jedoch befürwortet (vgl. Palandt/Heinrichs, § 54 Rdn. 8 m. w. N.; Reichert, Rdn. 2466 c m. w. N.; Ott, NJW 2003 S. 1223 in der Anm. zu BayObLG, a. a. O.). Der nichtrechtsfähige Verein ist also auf die Einschaltung eines Treuhänders angewiesen oder er muss sich in das Vereinsregister eintragen lassen.

Hinweis:
Will der nichtrechtsfähige Verein ein Grundstück erwerben, empfiehlt sich die **Umwandlung** in einen rechtsfähigen Verein.

2. Die Satzung

Die Satzung legt ebenso wie beim rechtsfähigen Verein die Organisation des nichtrechtsfähigen Vereins fest. Die für den eingetragenen Verein geltenden Vorschriften sind weitgehend **entsprechend anzuwenden**: Es gelten die Vorschriften über den Vorstand (§§ 26-28 BGB; s. dazu Rdn. 242 ff.), die über die Mitgliederversammlung (§§ 32 ff. BGB; s. dazu Rdn. 153 ff.), ebenso die über die Mitgliedschaft (§§ 35–38 BGB; s. dazu Rdn. 139 ff.) sowie die Grundsätze über die Vereinsstrafe (s. dazu Rdn. 110 f.), den Ausschluss (s. dazu Rdn. 92 ff.) und auch die Regeln über die Aufnahmepflicht (s. dazu Rdn. 70 ff.) sowie über den Austritt (s. dazu Rdn. 74 ff.). Bei Vereinigungen im Grenzbereich zwischen Gesellschaft und nichtrechtsfähigem Verein (z. B. Werbegemeinschaft) ist der an sich zwingende § 39 Abs. 2 BGB jedoch abdingbar (BGH NJW 1979 S. 2305). **Uneinig** ist sich die Rspr. über die Anwendbarkeit des § 29 BGB (Notvorstand; s. dazu Rdn. 318 ff.) und des § 37 Abs. 2 BGB (Einberufung der Mitgliederversammlung auf Verlangen einer Minderheit; s. dazu Rdn. 164 ff.). **422**

Die **Satzung** des nichtrechtsfähigen Vereins bedarf **keiner Form.** **423** Deshalb kann auch eine langjährig angewandte Vereinsübung als beschlossener Satzungsbestandteil angesehen werden. So kann z. B., wenn die Mitgliederversammlung immer in der ersten Hälfte des Jahres einberufen worden ist, inzwischen eine entsprechende Verpflichtung bestehen, auch wenn dieser Termin nicht ausdrücklich in der Satzung festgelegt ist. Hat die Satzung Lücken, sind diese durch Auslegung und entsprechende Anwendung der Vereinsvorschriften des BGB zu schließen. Für eine Heranziehung der Vorschriften des Gesellschaftsrechts ist i. d. R. kein Raum.

3. Rechte und Pflichten der Mitglieder

424 Die Mitglieder des nichtrechtsfähigen Vereins haben grds. die gleichen Rechte und Pflichten wie die des rechtsfähigen Vereins (s. Rdn. 142 ff.). Die Folge der fehlenden Rechtsfähigkeit ist es aber, dass **Träger** der dem Verein zugehörigen **Rechte** und **Pflichten** nicht der nicht eingetragene Verein ist, sondern die **Vereinsmitglieder** als sog. **Gesamthandsgemeinschaft** (s. aber Palandt/Heinrichs, § 54 Rdn. 7 [überholt]; so wohl auch Reichert, Rdn. 2497 ff.; K. Schmidt, NJW 2001 S. 1002). Dieser Begriff ist dem Recht der BGB-Gesellschaft entnommen. Er bedeutet, dass das Vereinsvermögen allen Mitgliedern gemeinsam, und zwar jedem zu 100 %, aber zusammen mit sämtlichen anderen Mitgliedern gehört. Es besitzt nicht etwa jedes Vereinsmitglied einen Pro-Kopf-Bruchteil, über den es frei verfügen könnte. Bei 10 Vereinsmitgliedern ist also nicht jedes Mitglied zu 1/10 am Vereinsvermögen beteiligt, sondern allen zusammen gehört das Vereinsvermögen gemeinsam. Diese sog. gesamthänderische Bindung schließt eine Verfügung der Mitglieder über ihren Anteil am Vereinsvermögen aus, z. B. durch Übertragung und Verpfändung. In den Anteil eines Mitglieds an dem Gesamthandsvermögen kann nur aufgrund eines vollstreckbaren Urteils gegen dieses Einzelmitglied vollstreckt werden (§ 859 ZPO). Tritt ein Mitglied in den nichtrechtsfähigen Verein ein, muss er nicht ausdrücklich am Vereinsvermögen durch (Eigentums-)Übertragung beteiligt werden. Vielmehr findet ein automatischer Erwerb durch sog. **Anwachsung** statt.

Hinweis:

Das **ausscheidende Mitglied** des nichtrechtsfähigen Vereins hat auch über § 54 S. 1 BGB **keinen Anspruch** gemäß § 738 Abs. 1 S. 2 BGB gegen die im Verein verbleibenden Mitglieder auf **anteilige Auszahlung** aus der Vereinskasse (AG Grevenbroich NJW-RR 2001 S. 967; so auch schon RGZ 143 S. 212, 213; siehe auch BGH NJW 1979 S. 2304). Ggf. dennoch der Vereinskasse entnommene Beträge müssen gemäß §§ 812 ff. BGB erstattet werden.

Die Mitglieder des Vereins haben gegeneinander Ansprüche auf **425** Mitwirkung an der **Verwirklichung des Vereinszwecks,** z. B. auf Beitragszahlung. Diese Ansprüche werden aber nicht von den einzelnen Mitgliedern, sondern ausschließlich durch die Vereinsorgane wahrgenommen. Die Ansprüche verwandeln sich also in Ansprüche gegen den Vorstand auf Pflichterfüllung. Der Vorstand ist Vertreter der Gesamthandsgemeinschaft, d. h. er macht für die Vereinsmitglieder die Ansprüche, z. B. auf Zahlung der Vereinsbeiträge gegen einzelne Vereinsmitglieder, geltend.

Schließlich ist noch darauf hinzuweisen, dass das **Namensrecht** **426** des Vereins nicht diesem als eigenständiger Rechtspersönlichkeit zusteht, sondern wegen fehlender Rechtsfähigkeit den Mitgliedern als Gesamthandsgemeinschaft (s. aber oben Rdn. 424). Der nichtrechtsfähige Verein genießt aber ebenso wie der rechtsfähige Namensschutz.

4. Der Vorstand des Vereins

Der nichtrechtsfähige Verein ist kein rechtlich selbständiges Ge- **427** bilde. Deshalb ist ein nach der Satzung vorgesehener Vorstand auch **nicht Organ** des Vereins, durch das der Verein handelt, **sondern** der Vorstand ist **Bevollmächtigter** der Gesamtheit der Mitglieder des Vereins (Stöber, Rdn. 1253; Soergel/Hadding, § 54 Rdn. 21 ff.). Er kann aufgrund seiner Bevollmächtigung über das Vereinsvermögen verfügen und die Vereinsmitglieder gegenüber Dritten verpflichten, indem er Verträge abschließt. Für den Vorstand gelten grds. die gleichen Regeln wie für den Vorstand des eingetragenen Vereins (s. Rdn. 242 ff.). Ist in der Satzung keine abweichende Regelung getroffen, geschieht die Willensbildung im Vorstand i. d. R. **mehrheitlich.**

428 Da die Vereinsmitglieder für die vom Vorstand eingegangenen Verbindlichkeiten grds. auch mit ihrem eigenen Vermögen haften (s. Rdn. 433), ist die **Beschränkung der Vertretungsmacht** des Vorstandes des nicht eingetragenen Vereins von besonderer Bedeutung.

Hinweis:
Die Vereinssatzung kann, und es empfiehlt sich, dies zu tun, die Vertretungsmacht des Vorstandes dahin **beschränken**, dass die Mitglieder nur mit ihrem Anteil am Vereinsvermögen haften (so auch Stöber, Rdn. 1271).

429 Es kann auch eine entsprechende **Vereinbarung** mit dem **Vertragspartner** getroffen werden. Ist das nicht geschehen und enthält die Satzung die Beschränkung der Vertretungsmacht nicht, ist nach h. M. in Rspr. und Lit. die Haftung der Vereinsmitglieder gleichwohl auf das Vereinsvermögen beschränkt, weil dies immer von den Mitgliedern bzw. dem Vorstand gewollt und den Gläubigern bekannt sein wird (BGH NJW 1979 S. 2304, 2306). Eine Beschränkung der Vertretungsmacht wirkt gegenüber Dritten auch ohne besondere Bekanntmachung (zur Anwendbarkeit des § 54 S. 2 BGB auf Verträge zwischen dem Verein und einem seiner Mitglieder vgl. BGH NJW-RR 2003 S. 1265). Die §§ 68, 70 BGB, die die Eintragung im Vereinsregister und die sich daraus ergebenden Folgen regeln, gelten beim nicht eingetragenen Verein naturgemäß gerade nicht.

5. Die Mitgliederversammlung

430 Auch der nichtrechtsfähige Verein hat eine Mitgliederversammlung. Zu ihren Rechten und Pflichten ist **ebenfalls** auf die Ausführungen zur Mitgliederversammlung des **eingetragenen Vereins** zu verweisen (s. Rdn. 153 ff.). Ebenso wie die Mitgliederversammlung des eingetragenen Vereins ist die des nicht eingetragenen Vereins auf Verlangen einer Minderheit der Vereinsmitglieder einzuberufen. § 37 BGB gilt auch hier. Anzuwenden ist auch § 37 Abs. 2 BGB, wonach das Amtsgericht die Mitglieder, die das Verlangen auf Einberufung gestellt haben, zur Einberufung ermächtigen kann, wenn dem Verlangen nicht entsprochen wird (vgl. LG Heidelberg NJW 1975 S. 1661; h. M.). Zuständig ist das Amtsgericht, in dessen Bezirk der nichtrechtsfähige Verein seinen Sitz hat.

6. Die Auflösung

Für den nichtrechtsfähigen Verein gelten die **gleichen Erlöschens-** und Auflösungsgründe wie für den rechtsfähigen Verein (s. dazu Rdn. 358 ff.). Während der eingetragene Verein als juristische Person mit nur einem Mitglied weiter bestehen kann, sind für einen nichtrechtsfähigen aber mindestens zwei erforderlich. Die nach Gesellschaftsrecht weiter möglichen Auflösungsgründe, wie Kündigung oder Tod eines Mitglieds, finden trotz der Verweisung in § 54 BGB keine Anwendung auf den nichtrechtsfähigen Verein. **431**

Da der nichtrechtsfähige Verein i. d. R. nur mit dem Vereinsvermögen haftet, muss nach Auflösung des Vereins entsprechend § 47 eine **Liquidation** stattfinden (so die wohl h. M.; s. Palandt/Heinrichs, § 54 Rdn. 14 m. w. N.). Es müssen also die Verbindlichkeiten des Vereins erfüllt und danach der Überschuss verteilt werden. Es kann in der Satzung ein Anfallsberechtigter bestimmt werden, an den das Restvermögen auszukehren ist. Die mit der Abwicklung betrauten Personen haften wie die Liquidatoren des rechtsfähigen Vereins entsprechend § 53 BGB. **432**

7. Die Haftung der Vereinsmitglieder

Für die Haftung der Vereinsmitglieder aus **Vertragsschulden** gilt Folgendes: Da der nichtrechtsfähige Verein keine juristische Person ist, kann er auch nicht für die Schulden haften, die seine „Organe" verursacht haben. Vielmehr haften die **Vereinsmitglieder** gem. §§ 421, 427 BGB für vertragliche Verbindlichkeiten als **Gesamtschuldner,** d. h. jeder auf die volle Höhe. Zur Sicherung der Gläubiger erstreckt sich diese Haftung grds. auf das **gesamte private Vermögen** der Mitglieder neben ihrem ideellen Anteil am Vereinsvermögen. Für Verbindlichkeiten von Fraktionen besteht aber nur deren eigene Haftung. Eine persönliche Haftung der Fraktionsmitglieder allein auf Grund ihrer Mitgliedschaft kommt nicht in Betracht (OLG Schleswig NVwZ-RR 1996 S. 103). **433**

434 Wegen dieser weiten Haftung der Vereinsmitglieder würde niemand Mitglied eines nichtrechtsfähigen Vereins werden. Deshalb kann die Haftung für Vertragsschulden auf das Vereinsvermögen beschränkt werden. Das geschieht entweder durch entsprechende **Beschränkung** der Vertretungsmacht des Vorstandes in der Satzung, wonach dann der Vorstand nur bis zur Höhe des Vereinsvermögens verpflichten kann, oder durch ausdrückliche Vereinbarung mit dem Gläubiger.

435 Auf die Haftung für **unerlaubte Handlungen** ist nach jetzt h. M. § 31 BGB entsprechend anzuwenden, wenn der Vorstand oder ein anderer besonderer Vertreter für den Verein tätig war. Durch § 31 BGB wird lediglich eine Haftung des Vereinsvermögens, nicht aber der Mitglieder persönlich begründet (vgl. Palandt/Heinrichs, § 54 Rdn. 12 m. w. N.). Auch soweit der Verein wegen des Verhaltens eines Verrichtungsgehilfens, der z. B. vom Vorstand beauftragt worden ist, aus § 831 BGB in Anspruch genommen wird, haftet ausschließlich das Vereinsvermögen. Die Mitglieder brauchen sich also nicht zu entlasten.

8. Die eigene Haftung des Handelnden

436 Unabhängig von der Haftung des Vereinsvermögens haftet daneben bei **unerlaubten Handlungen** nach den §§ 823 ff. BGB der **Handelnde** dem Geschädigten persönlich.

Beispiel:

Bei einem Unfall in der Vereinsgaststätte, der auf Verschulden des Vorstandes beruht, haftet nicht nur der Verein mit dem Vereinsvermögen, sondern auch der Vorstand persönlich mit seinem Privatvermögen.

437 Nach § 54 S. 2 BGB haftet außerdem aus einem **Rechtsgeschäft,** das im Namen des nichtrechtsfähigen Vereins einem Dritten gegenüber vorgenommen wird, der **Handelnde persönlich** (zur Anwendbarkeit des § 54 S. 2 BGB auf Verträge zwischen dem Verein und einem seiner Mitglieder vgl. BGH NJW-RR 2003 S. 1265). Das gilt aber nicht für Gerichtskosten, die der Verein aus einem Gerichtsverfahren schuldet (BVerwG JurBüro 1999 S. 598 = NVwZ-RR 2000 S. 60 m. w. N. auch zur a. A.). Handeln mehrere, z. B. bei einem mehrgliedrigen Vorstand, haften diese dem Dritten

als Gesamtschuldner, also jeder auf die volle Vertragssumme. Diese persönliche Haftung ist von der Stellung des Handelnden im Verein unabhängig. Sie entsteht auch dann, wenn der Handelnde vertretungsberechtigt ist und sein Handeln den Verein verpflichtet. Gleichgültig ist auch, ob der Handelnde Vereinsmitglied ist oder nicht und ob die Mitglieder nach der Satzung nur beschränkt mit ihrem Anteil am Vereinsvermögen haften. Entscheidend ist allein, dass er **nach außen hin für den Verein** auftritt. Eine Ausnahme gilt nur dann, wenn der Handelnde vertraglich mit dem Dritten seine persönliche Haftung ausgeschlossen oder beschränkt hat. Eine stillschweigende Haftungsfreistellung gibt es hier ebenso wenig wie den Ausschluss dieser Haftung durch die Satzung.

Beispiel:

Nach § 54 S. 2 BGB haften die Vorstandsmitglieder, die bei Abschluss eines Vertrages für den Verein aktiv mitgewirkt haben, nicht jedoch jene Vorstandsmitglieder, die zwar im Vorstand den Abschluss des Vertrages mitbeschlossen haben, dann aber nach außen nicht tätig geworden sind.

Hinweis:

Bei Abschluss der Vertrages müssen die handelnden Vorstandsmitglieder ihre **persönliche Haftung ausschließen.** Es empfiehlt sich etwa folgende Vereinbarung: „Aus dem Kaufvertrag und allen sich ggf. daraus ergebenden Ansprüchen wird ausschließlich der … Verein berechtigt und verpflichtet. Die persönliche Haftung des für den Verein Handelnden aus § 54 S. 2 BGB wird ausgeschlossen."

9. Die Haftung bei Umwandlung in einen eingetragenen Verein

Ist der nichtrechtsfähige Verein nur als Durchgangsstadium gedacht, liegt also ein sog. **Vorverein** vor (s. Rdn. 23 f.), übernimmt **438**
der spätere eingetragene Verein sämtliche Rechte und Pflichten. Die persönliche Haftung des Handelnden nach § 54 S. 2 BGB, der für den Vorverein aufgetreten ist, **erlischt,** wenn der Verein rechtsfähig wird (OLG Celle NJW 1976 S. 806).

Beispiel:

Der Vorstand des nichtrechtsfähigen Vereins schließt für diesen einen Mietvertrag ab. Zahlt der Verein nach Eintragung ins Vereinsregister und damit erlangter Rechtsfähigkeit die Miete nicht, haftet der Vorstand des nichtrechtsfähigen Vereins nicht nach § 54 S. 2 BGB.

Die persönliche Haftung des Handelnden erlischt allerdings nur in den Fällen, in denen der Verein zur Zeit des Rechtsgeschäfts die Erlangung der Rechtsfähigkeit bereits anstrebt, die satzungsmäßigen Voraussetzungen dafür geschaffen sind und es zur Erlangung der Rechtsfähigkeit nur noch an der Eintragung fehlt (OLG Düsseldorf MDR 1984 S. 489).

Beispiel:

Wird vom Vorstand eines nichtrechtsfähigen Vereins 2004 ein Darlehen aufgenommen, aber erst 2006 die Eintragung des Vereins ins Vereinsregister in die Wege geleitet, erlischt mit der Eintragung nicht die persönliche Haftung des Vorstandes für das Darlehen.

10. Nichtrechtsfähiger oder rechtsfähiger Verein?

439 Die oben aufgeführten Punkte geben einen Überblick über die praktisch wichtigsten Unterschiede zwischen einem rechtsfähigen und einem nichtrechtsfähigen Idealverein. Diese sind nicht mehr sehr groß. Allgemein lässt sich festhalten, dass ein Idealverein mit kleinem oder mittlerem Mitgliederbestand, der keinen Grundstückserwerb anstrebt und bei dem die persönliche Haftung des für den Verein Handelnden nicht gescheut wird, auch ohne Eintragung ins Vereinsregister und sich daraus ergebender Rechtsfähigkeit auskommen kann.

Hinweis:

Will der Verein allerdings ein **Grundstück erwerben**, sollte er wegen der nach h. M. immer noch nicht gegebenen Grundbuchfähigkeit (vgl. dazu BayObLG NJW 2003 S. 70 m. abl. Anm. Ott, NJW 2003 S. 1223) des nichtrechtsfähigen Vereins die Eintragung ins Vereinsregister in die Wege leiten. Dasselbe gilt, wenn die Geschäftstätigkeit des Vereins einen solchen Umfang annimmt, dass die **persönliche Haftung** des für den Verein Handelnden nicht mehr hinnehmbar ist.

C. Vereine und Steuerrecht

Die folgenden Ausführungen geben nur einen Überblick über die verhältnismäßig komplizierten gesetzlichen Bestimmungen zu Vereinen im Steuerrecht. Vorstandsmitglieder, insbesondere Kassierer/Schatzmeister, werden nicht umhin können, die aus der nachfolgenden Darstellung gewonnenen Kenntnisse zu vertiefen. Das gilt insbesondere auch deshalb, weil sie ggf. persönlich haften können, wenn sie für den Verein ihre steuerlichen Pflichten nicht erfüllen (BFH BStBl II 1980 S. 375 = NJW 1980 S. 2151 [Ls.]; zuletzt u. a. auch BFH NJW 1998 S. 3374; s. dazu Rdn. 524). Ggf. müssen sie sogar mit der Einleitung strafrechtlicher Ermittlungsverfahren rechnen (vgl. dazu Rdn. 525). **440**

Zur **Vertiefung** bietet sich die ausführliche Darstellung von Schleder, Steuerrecht der Vereine, 7. Aufl. 2005 (Reihe: NWB – Ratgeber Steuerrecht), oder Dauber, Vereinsbesteuerung Kompakt, 2004, an. Einen weiteren guten Überblick geben auch die Ausführungen von Schleder, „Besteuerung der Vereine" in NWB F. 2 S. 8381 ff. (Stand März 2004). Schließlich ist aus der Reihe „Das Finanzministerium des Landes NRW informiert" die Broschüre: „Vereine und Steuern" zu empfehlen. Dieses kann vom Presse- und Informationsreferat des Finanzministeriums des Landes NRW, Jägerhofstraße 6, 40479 Düsseldorf, bezogen oder im Internet über „http://www.fm.nrw.de" bestellt werden. Die Schrift konnte früher kostenfrei bezogen werden, inzwischen beträgt der Preis 9,90 € für die Broschüre bzw. die CD-ROM oder 14,10 €, wenn CD-ROM und Broschüre bestellt werden. Die CD-ROM erleichtert den Ausdruck von Formularen und ermöglicht die Übernahme von Mustervordrucken und -texten in Standardsoftware. **441**

I. Gemeinnützigkeit

1. Allgemeines

Es lassen sich kaum sämtliche Lebensbereiche, in denen sich Bürger zu Vereinen zusammengeschlossen haben, aufzählen. Die Spannweite der Aktivitäten reicht vom Sport über Brauchtum, ka- **442** ritative Hilfe, bildende Künste bis hin zum Umweltschutz. Während das Zivilrecht zwischen rechtsfähigen eingetragenen und nichtrechtsfähigen Vereinen unterscheidet, kommt es für die steuerrechtliche Behandlung der Vereine nicht darauf an, ob es sich um einen eingetragenen oder nicht eingetragenen Verein handelt. Für die Frage, ob und in welchem Umfang Steuern zu entrichten sind, sind vielmehr der Vereinszweck und die **Betätigung** des Vereins **entscheidend. Mildtätige** und **kirchliche** Vereine (s. Rdn. 465 ff.) werden im Steuerrecht im Wesentlichen **wie** die **gemeinnützigen** behandelt.

Für die steuerrechtliche Behandlung der Vereine sind das Vereinsförderungsgesetz vom 18. Dezember 1989 (BGBl 1989 I S. 2212; s. dazu Sauer, NJW 1990 S. 1028) und die Vorschriften des sog. Gemeinnützigkeitsrechts im Abschnitt „Steuerbegünstigte Zwecke" der Abgabenordnung (§§ 51 bis 68 AO) von überragender Bedeutung. Zur Auslegung der Vorschriften der AO haben die obersten Finanzbehörden des Bundes und der Länder allgemeine Verwaltungsanweisungen herausgegeben, von denen insbesondere der Anwendungserlass zur AO zu nennen ist. Er ist mit Schreiben des BMF vom 10. 9. 2002 (BStBl I, S. 867) noch einmal grundlegend überarbeitet worden. Einen Überblick über die steuerrechtliche Gemeinnützigkeit und über das Spendenrecht der Vereine vermittelt auch das Merkblatt zur Gemeinnützigkeit und zum Spendenrecht, das die OFD Hannover mit Verfügung vom 15. 3. 2000 bekannt gemacht hat (Az.: S 0170 - 27 StV 214, S. 1070 - 1 - StH 233; vgl. im Übrigen wegen weiterer Quellen Schleder, Rdn. 64). Die mit der Gemeinnützigkeit verbundenen Steuervergünstigungen sind in den Einzelsteuergesetzen geregelt; außerdem gibt es zu Einzelfragen der Gemeinnützigkeit BMF-Schreiben, auf die nachfolgend jeweils im Sachzusammenhang hingewiesen wird.

2. Anerkennungsverfahren

443 Ein besonderes Verfahren über die Anerkennung der Gemeinnützigkeit gibt es nicht (s. auch Schleder, Rdn. 712 ff.). Das örtlich zuständige FA entscheidet bei der jeweiligen Steuerart, ob die

Steuervergünstigungen wegen der Förderung gemeinnütziger Zwecke gewährt werden. In der Praxis ist die Körperschaftsteuerveranlagung von besonderer Bedeutung: Die bei der **Körperschaftsteuer** getroffene **Entscheidung** wird i. d. R. bei allen anderen Steuerarten **übernommen.**

Das FA stellt, wenn es einen Verein als gemeinnützig ansieht, entweder einen Körperschaftsteuerfeststellungsbescheid aus oder erklärt in einem Körperschaftsteuerbescheid, mit dem Steuern für einen wirtschaftlichen Geschäftsbetrieb festgesetzt werden, dass der Verein im Übrigen wegen der Förderung gemeinnütziger Zwecke von der Körperschaftsteuer befreit ist. Dieser Bescheid bedeutet die **Anerkennung der Gemeinnützigkeit.**

Hinweis:
Es empfiehlt sich, bei der Vereinsgründung die neue **Satzung** an einer Mustersatzung, die die Gemeinnützigkeitsvorschriften beachtet, auszurichten und die Satzung vor der Beschlussfassung mit dem **FA** zu besprechen. Denn die Anerkennung der Gemeinnützigkeit hat, wie die nachfolgenden Ausführungen zeigen werden, erhebliche finanzielle Folgen für den Verein (s. Rdn. 488).

Die **Satzungsbestimmungen** müssen auch so **bestimmt** sein, dass **444** die Voraussetzungen der Gemeinnützigkeit allein aufgrund der Satzung geprüft werden können. Die Bezugnahme auf die Satzung einer anderen Organisation reicht nicht (BFH BB 1989 S. 1476; BB 1992 S. 2208 für eine Motorsportclubsatzung mit bloßem Hinweis auf ADAC-Satzung; vgl. dazu auch OFD Münster v. 28. 9. 1993 – S 2729 – 75 – St 13 – 31).

Hinzuweisen ist auch darauf, dass ein Verein, der einen gemeinnützigen Zweck fördert, nur dann auch als gemeinnützig behandelt werden kann, wenn er auch die übrigen Voraussetzungen der AO für die Gemeinnützigkeit erfüllt, also seine Satzung den Anforderungen der §§ 59, 60 AO genügt (s. dazu Rdn. 48 ff. und insbesondere Schleder, Rdn. 701 ff.), er die Zwecke selbstlos (s. dazu Rdn. 467 f. und Schleder, Rdn. 421 ff.) und nicht nur einen fest abgeschlossenen Personenkreis fördert (s. dazu Rdn. 451 ff. und Schleder, Rdn. 102 ff.).

445 **Kleinere Vereine,** bei denen nicht jährlich wegen wirtschaftlicher Betätigungen Steuern festzusetzen sind, werden normalerweise nur im Abstand von 3 Jahren überprüft. Entsprechend erhalten sie auch nur alle 3 Jahre einen Körperschaftsteuerfeststellungsbescheid. Dieser gilt dann während des gesamten Zeitraums als Nachweis der Gemeinnützigkeit.

Hinweis:

Wenn ein Verein aber **jährlich** seine Gemeinnützigkeit nachweisen will oder muss, z. B. weil die Gemeinde bei der Vergabe von Zuschüssen darauf besteht, kann er beim FA eine jährliche Überprüfung **beantragen.** Er erhält dann auch jedes Jahr einen Freistellungsbescheid.

446 Die Körperschaftsteuerveranlagung kann immer erst nach Ablauf eines Jahres durchgeführt werden. Damit auch neu gegründete Vereine sofort ihre Gemeinnützigkeit nachweisen und ggf. steuerbegünstigte Spenden erhalten können, stellt das FA in diesen Fällen auf Antrag eine **vorläufige Bescheinigung** darüber aus, dass der Verein nach seiner Satzung die Voraussetzungen für die Anerkennung der Gemeinnützigkeit erfüllt (s. aber BFH NJW 1999 S. 310 und dazu das BMF-Schreiben vom 15. 5. 2000 [BStBl I S. 814] und jetzt das BMF-Schreiben vom 10. 9. 2002 [BStBl I S. 867], wonach die Anweisungen in den Anwendungserlass zur AO, Nr. 4 bis 6 zu § 59 AO, übernommen worden sind). Diese vorläufige Bescheinigung ist befristet und gilt regelmäßig nur für höchstens 18 Monate.

446 a **Hinweis:**

Das FA muss nach dem Anwendungserlass zur AO außerdem auch dann eine vorläufige Bescheinigung über die Gemeinnützigkeit erteilen, wenn der Verein nach Auffassung des FA nicht gemeinnützig ist, aber folgende **Voraussetzungen** erfüllt sind:

- Der Verein muss **gegen** die **Entscheidung** des **FA**, mit der die Erteilung einer vorläufigen Bescheinigung abgelehnt wurde, beim zuständigen **Finanzgericht** Rechtsschutz begehrt haben.
- Es müssen **ernstliche Zweifel** bestehen, ob die Ablehnung der Gemeinnützigkeit im Klageverfahren bestätigt wird. Dies erfordert, dass der Verein schlüssig darlegt, dass er die Voraussetzungen für die Gemeinnützigkeit nach Satzung und tatsächlicher Geschäftsführung erfüllt.
- Die **wirtschaftliche Existenz** des Vereins muss infolge der Nichterteilung der vorläufigen Bescheinigung **gefährdet** sein. Der Verein muss dies schlüssig darlegen.

Wenn das FA die Gemeinnützigkeit nicht anerkennt, teilt es dies als Erläuterung in einem Körperschaftsteuerbescheid mit. Der Verein kann diesen Bescheid dann mit den üblichen Rechtsbehelfen **Einspruch** und **Klage** anfechten. **447**

3. Bedeutung der Gemeinnützigkeit

Die Anerkennung der Gemeinnützigkeit hat folgende steuerliche Folgen für den Verein (vgl. dazu a. Schleder, Rdn. 71 ff.): **448**

Für gemeinnützige, mildtätige und kirchliche Vereine sind bei allen wichtigen Steuerarten Steuervergünstigungen vorgesehen, und zwar im Einzelnen:

- **Befreiung** der Zweckbetriebe von der Körperschafts- und Gewerbesteuer;
- **Befreiung** von der Grund- und Erbschaft-/Schenkungsteuer, Kapitalverkehrssteuer;
- **Steuerfreiheit** der wirtschaftlichen Geschäftsbetriebe, die keine Zweckbetriebe sind, von der Körperschafts- und Gewerbesteuer, wenn die Einnahmen insgesamt 30 678 € im Jahr nicht übersteigen;
- **Besteuerung** der Umsätze der Zweckbetriebe mit dem **ermäßigten** Steuersatz bei der Umsatzsteuer;

- **Steuerfreiheit** nach § 3 Nr. 26 EStG für Aufwandsentschädigungen bis 1 848 € im Jahr bei bestimmten nebenberuflichen Tätigkeiten im gemeinnützigen Bereich.
- Darüber hinaus ist ein gemeinnütziger Verein unter bestimmten zusätzlichen Voraussetzungen zum Empfang von **Spenden** berechtigt, die beim Spender **steuerlich abziehbar** sind (vgl. dazu im Einzelnen unten Rdn. 526 ff.).
- Schließlich werden gemeinnützigen Vereinen häufig auch im außersteuerlichen **Bereich Vergünstigungen** gewährt. So ist z. B. die Gemeinnützigkeit Voraussetzung für die Mitgliedschaft in ebenfalls gemeinnützigen Spitzen- oder Dachverbänden, z. B. als Sportverein im Deutschen Sportbund, oder sie ist Voraussetzung für die Zuteilung öffentlicher Zuschüsse oder für die Befreiung von staatlichen Gebühren und Kosten.

4. Voraussetzungen der Gemeinnützigkeit

a) Allgemeines

449 Die Gewährung der Steuervergünstigungen ist vom Gesetzgeber **nicht** dem **Ermessen** des FA überlassen worden, sondern er hat in der AO die Voraussetzungen genau umschrieben. Danach ist nach § 51 AO allgemeine Voraussetzung für die Gewährung der Steuervergünstigungen, dass es sich um eine **Körperschaft** i. S. des KStG handelt, was bedeutet, dass auch nichtrechtsfähige Vereine begünstigt sind. Der Verein muss **ausschließlich** und **unmittelbar** (§§ 56, 57 AO) **gemeinnützige** (§ 52 AO), **mildtätige** (§ 53 AO) oder **kirchliche** (§ 54 AO) Zwecke verfolgen. Gem. §§ 59, 63 AO müssen Satzung und tatsächliche Geschäftsführung den Voraussetzungen der §§ 51 ff. AO entsprechen.

450 Weitere Einzelheiten, insbesondere auch Hinweise auf die Rspr. des BFH, enthält der **Anwendungserlass zur Abgabenordnung** (vgl. BStBl 1999 I S. 591 i. d. F. v. 10. 9. 2002 [BStBl I S. 867]; s. auch oben Rdn. 442). Der Anwendungserlass ist eine Verwaltungsanweisung, die eine einheitliche Anwendung der Vorschriften der AO und damit auch des steuerlichen Gemeinnützigkeitsrechts durch die Behörden der Finanzverwaltung sicherstellen soll.

b) Förderung der Allgemeinheit

Nach der allgemeinen Definition in § 52 Abs. 1 AO dient ein Verein gemeinnützigen Zwecken, wenn seine Tätigkeit darauf gerichtet ist, die **Allgemeinheit** auf materiellem, geistigem und sittlichem Gebiet **selbstlos** zu **fördern** (zur Förderung der Allgemeinheit s. a. Rdn. 48 und Schleder, Rdn. 102 ff.). **451**

Förderung der Allgemeinheit bedeutet, der Verein darf **nicht nur** einem kleinen, **begrenzten Kreis** dienen. Der Kreis, dem die Förderung zugute kommt, darf auch nicht ein fest abgeschlossener Personenkreis sein. So erfüllt z. B. eine Betriebssportgemeinschaft, die lediglich auf die Förderung der Belegschaft eines Unternehmens ausgerichtet ist, nicht das Merkmal der Förderung der Allgemeinheit, es sei denn nach der Satzung können auch Personen Mitglied werden, die nicht zur Belegschaft gehören (Schleder, Rdn. 103). Der Mitgliederkreis darf auch nicht infolge örtlicher oder beruflicher Abgrenzung „dauernd nur klein sein". In der **Praxis** wird unterschieden, ob der Verein im Wesentlichen seine Mitglieder fördert, wie z. B. ein Sportverein (s. Rdn. 452 f.), oder ob seine Tätigkeit nach außen gerichtet ist (s. Rdn. 454).

Im ersten Fall muss der Erwerb der **Mitgliedschaft** grds. für **jedermann** möglich sein. Ein vorübergehender Aufnahmestopp, weil etwa die Kapazitäten der vereinseigenen (Sport-)Einrichtungen erschöpft sind, ist aber zulässig. Eine **unzulässige Begrenzung** des Mitgliederkreises kann dadurch eintreten, dass durch **hohe Aufnahmegebühren** oder Mitgliedsbeiträge der Allgemeinheit der Zugang zum Verein praktisch verwehrt wird. Das hat in der Praxis insbesondere bei Golfclubs Bedeutung (zur Gemeinnützigkeit von Golfclubs Vogt, SpuRt 2004 S. 149). Zu der Problematik hat der Anwendungserlass zur AO, Nr. 1 zu § 52 AO (BMF-Schreiben v. 10. 9. 2002, BStBl I S. 867 Stellung genommen. Im Einzelnen gilt (vgl. im Übrigen dazu eingehend Schleder, **452**

Rdn. 108 ff. und Vogt, a. a. O.; zu Sport und Steuern s. auch Jachmann, SpuRt 2004 S. 190):

Bei (Sport-)Vereinen wird eine Förderung der Allgemeinheit noch angenommen, wenn die **Beiträge** und Umlagen zusammen im Durchschnitt **1 023 €** je Mitglied und Jahr und die Aufnahmegebühr für die im Jahr aufgenommenen Mitglieder im Durchschnitt **1 534 €** nicht übersteigen. Daneben darf der Verein zusätzlich eine Investitionszulage erheben, und zwar höchstens 5 113 € innerhalb von 10 Jahren je Mitglied, wobei die Mitglieder die Möglichkeit haben müssen, die Zahlung der Umlage auf bis zu 10 Jahren zu verteilen (vgl. dazu Wallenhorst, DStR 1997 S. 479). Das gilt auch dann, wenn nicht der Höchstbetrag verlangt wird. Werden im Zusammenhang mit der Aufnahme **Darlehen** gewährt, bleiben solche mit einem Zinssatz von 5,5 % oder mehr unberücksichtigt. Von Darlehen mit geringerem Zinssatz wird der Zinsverzicht als zusätzlicher Mitgliedsbeitrag erfasst, das Darlehen selbst bleibt jetzt – anders die frühere Regelung – unberücksichtigt (wegen der Einzelh. s. den Anwendungserlass zu AO und Schleder, Rdn. 122, sowie die Stellungnahme von Pruger, DB 1996 S. 496 zu früheren, vergleichbaren Regelungen/Schreiben; s. a. zur nicht abzugsfähigen Eintrittsspende, die in der Form geleistet wurde, dass auf die Rückzahlung eines einem Golfclub gegebenen Darlehens verzichtet wurde FG Düsseldorf EFG 1995 S. 710; s. auch BFH NJW 1997 S. 3047, 3048).

453 Auch **„Spenden“** können, wenn sie nicht freiwillig geleistet werden, bei der Berechnung den Aufnahmegebühr mitherangezogen werden (vgl. wegen der Einzelh. den Anwendungserlass zur AO (Nr. 1.3.1.7 zu § 52 AO) und Schleder, Rdn. 124 ff.; zur Auswirkung von Spenden auf die Gemeinnützigkeit eines Golfclubs s. u. a. FG Schleswig EFG 1996 S. 604; zusammenfassend zur Gemeinnützigkeit eines Golfclubs BFH NJW 1998 S. 928 [Ls.] = DStR 1997 S. 1679; eingehend zu Golf-Clubs auch Schleder, Rdn. 106 ff.; Offerhaus/Augstein, SpuRt 2001 S. 225 mit Modellen und Hinweisen, wie ggf. der freiwillige Charakter einer Zuwendung gewahrt bleiben kann).

Hinweis:

Bei **„Zwangsspenden"**, bei denen es sich in Wahrheit um verkappte Aufnahmegebühren handelt, für die aber dennoch Spendenbescheinigungen ausgestellt und von den Spendern/Neumitgliedern beim FA eingereicht werden, muss zudem mit einem steuerstrafrechtlichen **Ermittlungsverfahren** gerechnet werden (siehe dazu PStR 1999 S. 211).

In der Praxis nicht selten ist bei Sportvereinen neuerdings auch **453 a** das sog. **Beteiligungsmodell**. Bei diesem müssen sich die neuen Mitglieder verpflichten, Anteile an einer neben dem Verein bestehenden Kapital- oder Personengesellschaft, der die (Golf-)Anlage gehört, zu zeichnen oder von ihr sog. Nutzungsrechte zur Erlangung der Spielberechtigung in dem Verein zu erwerben. Nach Auffassung der Finanzverwaltung sind dann die Aufwendungen für den Erwerb der Gesellschaftsanteile oder der Spielberechtigung als zusätzliche Gebühren für die Aufnahme in den Verein zu erfassen. Der BFH hat mit Urt. v. 23. 7. 2003 - I R 41/03 (DStR 2003 S. 2067 = SpuRt 2004 S. 164 m. Anm. Vogt, SpuRt 2004 S. 149) entschieden, dass solche Aufwendungen mit Ausnahme des Agios nicht als zusätzliche Aufnahmegebühren zu behandeln sind, weil insoweit nur eine Vermögensumschichtung vorliegt. Nach dem BMF-Schreiben v. 19. 5. 2005 (IV C 4 - S 0171 - 66/05) ist allgemein nach den Rechtsgrundsätzen dieses Urteils zur Selbstlosigkeit zu verfahren. Die entgegenstehenden Verwaltungsanweisungen im Anwendungserlass zur AO (vgl. Nr. 1.3.1.6 zu § 52 AO) sind nicht mehr anzuwenden.

Bei einem Verein, dessen gemeinnützige **Tätigkeit nach außen** **454** **gerichtet** ist, d. h. anderen Personen als den Mitgliedern zugute kommt, darf der **Kreis** der geförderten Personen **nicht fest abgeschlossen** oder infolge seiner Abgrenzung dauernd nur klein sein. Auf den Zugang zur Mitgliedschaft und die Höhe der **Mitgliedsbeiträge** und **Umlagen kommt** es bei einem solchen Verein **nicht** an (Schleder, Rdn. 129).

Eine **Förderung** der Allgemeinheit liegt dann **nicht** vor, wenn der **455** Verein bei seiner Tätigkeit gegen Recht und Gesetz oder gegen die **guten Sitten verstößt,** so z. B. wenn er mit unwahren Behauptungen um Spenden wirbt. Auch ein Freikörperkulturverein ist nicht gemeinnützig (Niedersächsisches FG Urt. vom 14. 5. 1991 – VI 375/88). Der Gemeinnützigkeit steht es hingegen nicht entgegen, wenn die Zwecke eines Umwelt- oder Naturschutzvereins gegen die Planungen von Behörden gerichtet sind, z. B. gegen den Bau einer geplanten Straße oder eines Flughafens oder gegen die Ansiedlung eines Industriebetriebes. Bei einem Verein, der seine gemeinnützigen Zwecke nur im **Ausland** verwirklicht, z. B. ein Entwicklungshilfeverein, muss eine Förderung der Allgemeinheit im Inland festgestellt werden können. Diese wird u. a. darin gesehen, dass die Tätigkeit des Vereins positive Rückwirkung für die Bevölkerung im Inland hat (Schleder, Rdn. 139).

456 **Kritisch** kann für den Verein die Übertragung der Mitglieder- und **Spendenwerbung** an **gewerbliche Unternehmer** werden. Dies nicht nur wegen des darin möglicherweise liegenden Verstoßes gegen das Gebot der Selbstlosigkeit (s. dazu u. Rdn. 467 f.). Es können auch die manchmal unseriösen Praktiken der Werbeunternehmen, wenn sie reißerische Methoden anwenden oder hohe Vermittlungsgebühren verschweigen, u. U. als ein dem Verein zuzurechnender Verstoß gegen die guten Sitten gewertet werden (s. dazu u. a. OLG München NJW 1996 S. 263; OLG Stuttgart NJW 1985 S. 1401 [die Werbegesellschaft sollte einen erheblichen Teil des von dem geworbenen Mitglieds zu zahlenden Beitrags, und zwar 49 % des ersten, 18 % des zweiten sowie 15 % des in den Folgejahren zu entrichtenden Jahresbeitrags, erhalten]; s. auch BGH NJW 1995 S. 539 [zur Frage, wann ein strafbares Verhalten der unlauteren Werber vorliegt]).

c) Gemeinnützige Zwecke

457 § 52 Abs. 2 Nr. 1 bis 3 AO führt in einem nicht abgeschlossenen, beispielhaften **Katalog** die sog. klassischen gemeinnützigen Zwecke auf und nennt dabei insbesondere

- die Förderung **von Wissenschaft und Forschung,**

- **Bildung** (zur Gemeinnützigkeit von sog. Internet-Vereinen s. Verfügung der OFD Münster vom 6. 2. 1996 – S 2729 – 171 – St 13 – 31) **und Erziehung,**

- **den Sport** (einschl. Schach; zur Definition des Sportbegriffs s. eingehend Schleder, Rdn. 190 m. w. N.; Jachmann, SpuRt 2004 S. 190),

- **die Jugend- und Altenhilfe** (zur Nichtanerkennung der Gemeinnützigkeit von Selbsthilfegruppen allein stehender Menschen s. Verfügung der OFD Münster vom 24. 6. 1994 – S 2729 B – 139 – St 13 – 31; zur Gemeinnützigkeit von Seniorenhilfevereinen s. OFD Frankfurt/Main in der Verfügung vom 9. 4. 2001 - Az.: S 0171 A - 124 - St II 12 mit Mustersatzung),

- den **Umwelt-, Landschafts-** (zu Anglervereinen s. BMF – Schreiben vom 25. 9. 1991 – IV B 4 – S 0171 – 50/91) und **Denkmalschutz,**

- die **Kunst** und **Kultur,** die **Völkerverständigung** und **Entwicklungshilfe,** den Heimatgedanken (wegen der weiteren Zwecke s. Rdn. 540, 542 und die umfassende **alphabetische Zusammenstellung** bei Schleder, Rdn. 231 ff.).

Gemeinnützig sind **auch** Betätigungen, die den vorstehend genannten Zwecken **ähnlich** sind, z. B. die Förderung der Rettung aus Lebensgefahr, der Verkehrssicherheit und der Unfallverhütung, des Feuerschutzes und des Zivilschutzes, des Tierschutzes, der Verbraucherberatung, der Gleichberechtigung von Männern und Frauen. Weitere gemeinnützige Zwecke sind in der Anlage 7 der Einkommensteuerrichtlinien bzw. der Anlage 3 der Lohnsteuerrichtlinien genannt, die in der Rdn. 542 abgedruckt sind.

Durch das VereinsförderungsG ist § 52 Abs. 2 AO um eine neue **458**
Ziffer 4 ergänzt worden. Danach werden ab 1990 **auch** als gemeinnützig anerkannt: die Förderung der **Tierzucht** (auch Pferderennvereine sind gemeinnützig; s. Erlass des FM NRW v. 21. 11. 1994), der Pflanzenzucht, der Kleingärtnerei, des traditionellen **Brauchtums** einschl. des Karnevals, der Fastnacht und

des Faschings, der Soldaten- und Reservistenbetreuung, des Amateurfunks, des Modellflugs und des Hundesports.

459 Ob es sich im Gegensatz zu der nur beispielhaften Aufzählung der gemeinnützigen Zwecke in § 52 Abs. 2 Nr. 1 bis 3 AO (s. o. Rdn. 457) dabei um eine **abschließende Aufzählung** handelt, war in der Vergangenheit umstritten. Im Anwendungserlass wurden die Finanzämter früher angewiesen, nur die in § 52 Abs. 2 Nr. 4 AO ausdrücklich genannten Freizeitbetätigungen als gemeinnützig anzusehen. Der BFH (vgl. Urt. vom 14. 9. 1994 – I R 153/93, BB 1995 S. 613 = NJW 1996 S. 343) hat die **Regelung** indes als **nicht abschließend** angesehen. Dem hat sich die Finanzverwaltung inzwischen angeschlossen. Der Anwendungserlass zu § 52 AO ist entsprechend geändert worden.

460 Als Förderung der Allgemeinheit dürfen jedoch nur die Förderung solcher Freizeitaktivitäten außerhalb des Bereichs des Sports anerkannt werden, die hinsichtlich der ihre steuerrechtliche Förderung rechtfertigenden Merkmale mit den im Katalog des § 52 Abs. 2 Nr. 4 AO genannten Freizeitgestaltungen identisch sind; nur sinnvoll und ähnlich reicht nicht aus. Hinsichtlich der **Förderung** des **Modellbaues** und des **Modellsports** ist der BFH davon ausgegangen, dass diese mindestens in gleichem Umfang wie die Förderung des Modellflugs geeignet sind, die Allgemeinheit auf materiellem und geistigem Gebiet zu fördern. Inzwischen wird auch der Drachenflug mit Modellen als identisch angesehen (Erlass des FM Nordrhein-Westfalen vom 10. 1. 1997 – S 0171 – 11-V B 4). Auch das **CB-Funken** wird als gemeinnütziger Zweck anerkannt (Erlass des FM Baden-Württemberg vom 24. 10. 1996 – S 0171/24). Diese Zwecke sind jedoch nicht besonders förderungswürdig, so dass Zuwendungen an diese Vereine nicht spendenbegünstigt sind (OFD Düsseldorf vom 3. 2. 1997 – S 2729 A St 1313; zur Behandlung von Spenden s. Rdn. 526 ff.).

461 Für alle **Sportvereine** ist wichtig, dass insbesondere die Förderung des Sports zu den gemeinnützigen Zwecken gehört (s. a. Schleder, Rdn. 190 ff.). Zum Sport in diesem Sinne gehört **stets** der **Amateursport.**

Hinweis:

Für die **Anerkennung** von Sportvereinen als gemeinnützig ist nicht (mehr) erforderlich, dass körperliche Ertüchtigung durch Leibesübungen betrieben wird. **Ausreichend** ist nach neuerer Rspr. vielmehr die **Eignung** der betriebenen Sportart zur **körperlichen Ertüchtigung** (BFH NJW 1998 S. 928 [Ls.] = DStR 1998 S. 113 [für Motorsport]). Es ist auch nicht erforderlich, dass die geförderte Sportart weder unfallträchtig noch umweltbelastend ist.

Die Förderung des **bezahlten Sports** ist hingegen **kein gemeinnütziger** Zweck. Es steht der Gemeinnützigkeit aber nicht entgegen, wenn ein Sportverein neben dem unbezahlten auch den bezahlten Sport fördert. Sportliche Veranstaltungen eines gemeinnützigen Sportvereins, an denen bezahlte Sportler teilnehmen, sind jedoch u. U. als steuerpflichtige wirtschaftliche Geschäftsbetriebe zu behandeln (s. Rdn. 483 ff.; s. a. Dziadkowski, BB 1995 S. 1062 ff.). **462**

Ein **wesentliches Element** des Sports ist die **körperliche Ertüchtigung,** ausreichend ist die Eignung dazu (zu Sport und Steuern s. Jachmann, SpuRt 2004 S. 190). Zum Sport in diesem Sinne gehört auch der Motorsport in allen seinen Erscheinungsformen (s. oben Rdn. 461), nicht hingegen Tischfußball. Auch Denksportarten, wie das Skat-, Bridge- oder Go-Spiel, zählen nicht dazu, da es an einer körperlichen Ertüchtigung fehlt. **Verneint** wird auch die Gemeinnützigkeit von **Paintball-,** Gotcha- und ähnlichen Vereinen (s. Erlass des FM Mecklenburg-Vorpommern vom 1. 4. 1999 – IV 320 – S 0172-29/99). Eine Ausnahme gilt kraft ausdrücklicher gesetzlicher Regelung für das **Schach**spiel, so dass Schachvereine oder Sportvereine mit Schachabteilungen gemeinnützig sein können. **Tanzen**, **Billard**, einschließlich Pool-Billard, **Kegeln** und **Dart** werden grds. als Sport angesehen. Die Vereine können aber nur dann als gemeinnützig anerkannt werden, wenn sie den jeweiligen Sport **turnier**- und **wettkampfmäßig** betreiben und die Pflege der Geselligkeit nicht im Vordergrund ihrer Tätigkeit steht. **463**

464 **Politische Zwecke,** wie z. B. die Beeinflussung der politischen Meinungsbildung oder die Unterstützung und Förderung politischer Parteien, zählen nicht zu den gemeinnützigen Zwecken. Ein gemeinnütziger Verein muss sich aber nicht jeder politischen Betätigung enthalten. Sie ist unschädlich, wenn die gemeinnützige Tätigkeit nach den Verhältnissen im Einzelfall zwangsläufig mit einer politischen Zielsetzung verbunden ist und die unmittelbare Einwirkung auf die politischen Parteien und die staatliche Willensbildung gegenüber der Förderung des gemeinnützigen Zwecks weit in den Hintergrund tritt (BFH BStBl II 1984 S. 844 für einen Verein von Atomkraftgegnern).

d) Mildtätige Zwecke

465 Ein Verein verfolgt nach § 53 AO mildtätige Zwecke, wenn seine Tätigkeit darauf gerichtet ist, Personen selbstlos zu unterstützen, die infolge ihres körperlichen, geistigen oder seelischen Zustands auf die **Hilfe anderer** angewiesen oder die **wirtschaftlich hilfsbedürftig** sind (vgl. dazu Schleder, Rdn. 401 ff.). Die Abgrenzung zu den gemeinnützigen Zwecken ist im Einzelfall schwierig, z. B. kann die Förderung der Altenpflege sowohl mildtätig als auch gemeinnützig sein (vgl. zur Gemeinnützigkeit von Seniorenhilfevereinen OFD Frankfurt/Main in der Verfügung vom 9. 4. 2001 - S 0171 A - 124 - St II 12 mit Mustersatzung). Sie ist aber vor allem deshalb von Bedeutung, weil der Abzugssatz für Spenden zur Förderung mildtätiger Zwecke unter Umständen 10 % des Gesamtbetrags der Einkünfte beträgt, während er bei gemeinnützigen Zwecken auf 5 % beschränkt ist.

e) Kirchliche Zwecke

466 Eine Förderung kirchlicher Zwecke liegt nur vor, wenn der Verein eine Religionsgemeinschaft, die eine juristische Person des öffentlichen Rechts ist, also eine der **großen Kirchen,** fördert. Das kann z. B. durch die Unterhaltung von Gotteshäusern, die Ausbildung von Geistlichen, die Erteilung von Religionsunterricht oder die Verwaltung des Kirchenvermögens geschehen. Die Tätigkeit der Kirchen selbst ist keine Förderung kirchlicher Zwecke.

5. Selbstlosigkeit

Das in § 55 AO geregelte Gebot der Selbstlosigkeit ist eine der zentralen Vorschriften des Gemeinnützigkeitsrechts. Selbstlosigkeit ist fast mit Gemeinnützigkeit gleichzusetzen. Das Gebot der Selbstlosigkeit (vgl. dazu Schleder, Rdn. 421 ff.) verlangt: **467**

- Der Verein darf **nicht** in erster Linie **eigenwirtschaftliche Zwecke** fördern. Er darf also nicht auf die Vermehrung eigenen Vermögens oder auf die Förderung der Erwerbstätigkeit seiner Mitglieder gerichtet sein, wie das z. B. bei Berufsverbänden der Fall sein kann (vgl. wegen der Einzelh. Schleder, Rdn. 423 ff.). Entscheidend ist das **Verhältnis** der **Einnahmen** aus einem etwaigen steuerpflichtigen wirtschaftlichen Geschäftsbetrieb zu den anderen Einnahmen des Vereins. Überwiegen die aus dem wirtschaftlichen Geschäftsbetrieben, ist auf den Umfang der jeweiligen Betätigungen abzustellen (zu allem Schleder, Rdn. 427 ff. und Bopp, DStZ 1999 S. 123; s. auch BFH/NV 1999 S. 244).

> **Hinweis:**
>
> Das bedeutet, dass auch ein Sportverein (noch) gemeinnützig sein kann, der zwar den Großteil seiner Einnahmen durch die steuerpflichtigen Veranstaltungen seiner sog. 1. Mannschaft erzielt (Bundesliga!), dessen Hauptteil seiner Aktivitäten dennoch im gemeinnützigen Bereich, etwa bei den Jugendmannschaften, liegt (zu Fördervereinen s. Rdn. 477).

- Die **Mittel** des Vereins dürfen **nur** für die **satzungsmäßigen gemeinnützigen** Zwecke **verwendet** werden, d. h. dass etwaige **Verluste** der steuerpflichtigen wirtschaftlichen Geschäftsbetriebe i. d. R. nicht aus den anderen Mitteln des Vereins ausgeglichen werden dürfen. Nach der **(neuen) Rspr.** des **BFH** ist der Ausgleich eines Verlustes nur noch dann unschädlich für die Gemeinnützigkeit, wenn der Verlust auf einer Fehlkalkulation beruht und der Verein bis zum Ende des Wirtschaftsjahres, das dem Verlustentstehungsjahr folgt, dem ideellen Bereich wieder

Mittel in entsprechender Höhe zuführt (BFH NJW 1997 S. 1462; krit. dazu Schauhoff, DStR 1998 S. 701).

Dazu hat dann auch die **Finanzverwaltung** im BMF-Schreiben vom 19. 10. 1998 – IV C 6 – S 0171 – 10/98 (BStBl I S. 1423) Stellung genommen und sich der Auffassung des BFH im Grundsatz angeschlossen hat. In mehreren Punkten wird jedoch **milder** verfahren als der BFH es vorsieht (vgl. dazu auch den geänderten Anwendungserlass zur AO Nr. 4 bis 8 zu § 55 AO). Von besonderer Bedeutung sind dabei die von der Finanzverwaltung angewendeten **Fristen**: So ist eine Verwendung von Mitteln des ideellen Bereichs für den Ausgleich eines Verlustes nicht anzunehmen, wenn dem ideellen Bereich in den sechs vorangegangenen Jahren Gewinne der steuerpflichtigen wirtschaftlichen Geschäftsbetriebe in mindestens gleicher Höhe zugeführt worden sind. Für den Ausgleich von Anlaufverlusten mit dafür zulässig verwendbaren Mitteln hat der Verein 3 Jahre Zeit (wegen weiterer Einzelh. vgl. Schleder, Rdn. 440).

- Der Verein darf einen Teil seiner Mittel für die **allgemeine Verwaltung** (Kosten der Vereinsgeschäftsstelle, der Geschäftsführung usw.) verwenden. Die Verwaltungsausgaben müssen sich aber in einem angemessenen Rahmen halten, wobei es auf den Einzelfall ankommt. Entscheidend sind Größe des Vereins, der geförderte Zweck und auch, ob es sich um einen gerade neu gegründeten Verein handelt (vgl. zu allem Schleder, Rdn. 443 ff. und BFH NJW 1999 S. 310 = DStR 1998 S. 1674). Ein Anteil der Verwaltungskosten von 50 % der Gesamtausgaben des Vereins ist jedoch nicht mehr angemessen (BFH, a. a. O.). Ein Verstoß gegen die Selbstlosigkeit kann auch vorliegen, wenn der Verein die **Mitglieder- und Spendenwerbung an gewerbliche Unternehmer** überträgt. Insoweit dürfte es nicht zu beanstanden sein, wenn der Verein im Jahr nicht mehr als 10 % der Mitgliedsbeiträge für die Werbung neuer Mitglieder verwendet (Schleder, Rdn. 447 f.; vgl. dazu auch BFH, a. a. O.).

468 - Es darf **kein Mitglied Zuwendungen** aus den Mitteln des Vereins erhalten (zur Selbstlosigkeit bei einem Car-Sharing-Verein

FG Köln v. 21. 4. 2005 - 10 K 2476/00, EFG 2005 S. 1234). Ausgenommen sind **geringfügige Aufmerksamkeiten** (vgl. R 73 LStR), wie sie im Rahmen der Betreuung von Mitgliedern allgemein üblich sind, z. B. kleine Geschenke anlässlich eines besonderen Geburtstags oder langer Vereinszugehörigkeit (zu geselligen Veranstaltungen des Vereins s. § 58 Nr. 8 AO; vgl. wegen der Zulässigkeit Schleder, Rdn. 451 ff.). Das Verbot gilt auch nicht für den **Ersatz nachgewiesenen Aufwands,** der dem Mitglied für den Verein entstanden ist (s. dazu auch Rdn. 290). Der Verein darf mit seinen Mitgliedern Arbeitsverträge abschließen, z. B. als Trainer, Sportler oder als Hilfskräfte bei Veranstaltungen, sofern sie klare Vereinbarungen enthalten und die Vergütung nicht überhöht ist.

- Für **Ablösesummen** beim Vereinswechsel von **Amateursportlern** gelten Sonderregelungen (vgl. AEAO zu § 67a Tz. II Nr. 1 und 3 und Tz. IV Nr. 15). Ablösezahlungen an einen anderen Sportverein für die Übernahme eines Sportlers sind – steuerrechtlich – uneingeschränkt zulässig, wenn sie aus einem Zweckbetrieb i. S. des § 67a Abs. 1 AO geleistet werden. Ansonsten dürfen lediglich die Ausbildungskosten für den den Verein wechselnden Amateursportler gezahlt werden. Eine derartige Kostenerstattung wird bei Zahlungen bis zu 2 555 € je Sportler ohne weiteres angenommen werden.

- Die **Mitglieder** dürfen bei ihrem **Ausscheiden** oder bei Auflösung des Vereins **nicht mehr** als ihre **eingezahlten Kapitalanteile** oder den gemeinen Wert ihrer geleisteten Sacheinlagen zurückerhalten.

- Der Verein darf **keine Person** durch Ausgaben, die seinem Zweck fremd sind, oder durch unverhältnismäßig **hohe Vergütungen begünstigen,** und das Vermögen des Vereins darf bei seiner Auflösung oder Aufhebung oder bei Wegfall seines bisherigen Zwecks nur für steuerbegünstigte Zwecke verwendet werden **(Grundsatz der Vermögensbindung).**

- Diese Voraussetzungen für die Selbstlosigkeit müssen **bereits** in der **Satzung** des Vereins **festgelegt** sein (s. Rdn. 21; 320 f.).

Auch muss gem. § 63 AO die tatsächliche Geschäftsführung mit der Satzung im Einklang stehen. Den Nachweis darüber hat der Verein durch ordnungsgemäße Aufzeichnungen über sämtliche Einnahmen und Ausgaben zu führen. Die tatsächliche Geschäftsführung umfasst auch die Ausstellung steuerlicher Spendenbescheinigungen. Missbräuche auf diesem Gebiet, z. B. durch die Ausstellung von Gefälligkeitsbescheinigungen, stellen einen Verstoß gegen die Selbstlosigkeit dar.

6. Zeitnahe Mittelverwendung

a) Grundsatz

469 Ein gemeinnütziger Verein muss grds. **sämtliche** vereinnahmten **Mittel,** insbesondere Mitgliedsbeiträge, Spenden, Vermögenserträge, Gewinne aus Zweckbetrieben oder steuerpflichtigen wirtschaftlichen Geschäftsbetrieben, laufend (= **zeitnah**) für die satzungsmäßigen Zwecke verwenden. Die vereinnahmten Mittel sollen nicht auf die „hohe Kante" gelegt werden und so nur mit ihren Erträgen dem steuerbegünstigten Zweck dienen.

Hinweis:

Die Verwendung ist im Allgemeinen noch als **zeitnah** anzusehen, wenn die in einem Geschäftsjahr eingenommenen Mittel im **Laufe** des **folgenden Jahres** tatsächlich für die satzungsmäßigen Ziele verwendet werden.

Beispiel:

Eine in 2005 eingenommene Spende muss der Verein i. d. R. bis spätestens zum 31. 12. 2006 für seine steuerbegünstigten Zwecke ausgeben.

b) Verwendung von Spenden

470 Zu den zeitnah zu verwendenden Mitteln gehören grds. auch Spenden, die jedoch in folgenden Fällen **ausnahmsweise** zur Erhöhung des Vermögens verwendet, d. h. **gespart,** werden dürfen:

- bei einer Einzelzuwendung erklärt der Spender ausdrücklich, dass sie zur Erhöhung des Vermögens bestimmt ist (sog. Zustiftung);

- bei Spenden aufgrund eines **Spendenaufrufs** auch ohne ausdrückliche Erklärung des Spenders, wenn aus dem Spendenaufruf ersichtlich ist, dass die Beträge zur Aufstockung des Kapitals des Vereins erbeten werden;

- Zuwendungen **von Todes** wegen, wenn der Erblasser eine Verwendung für den laufenden Unterhalt nicht vorschreibt;

- Sachzuwendungen, die ihrer Natur nach der **Vermögensbildung** dienen, wenn z. B. einem Verein ein Mietwohngrundstück geschenkt wird.

Eine Zuführung der Mittel zum Vermögen ist auch dann zulässig, **471**
wenn das Vermögen unmittelbar dem begünstigten Satzungszweck dient.

Beispiele:

Ein steuerbegünstigtes Altenheim finanziert aus seinen Mitteln einen neuen Bettentrakt. Ein gemeinnütziger Sportverein finanziert eine neue Sportanlage oder erweitert vorhandene Sportstätten.

c) Bildung von Rücklagen

Eine weitere Ausnahme vom Grundsatz der zeitnahen Mittelver- **472**
wendung ist die Bildung von Rücklagen, die unmittelbar in der AO geregelt ist (vgl. wegen der Einzelh. Schleder, Rdn. 527 ff.).

Nach § 58 Nr. 7a AO darf ein Verein ab dem **1. 1. 2000** höchstens **ein Drittel** des Überschusses der Einnahmen über die Unkosten aus Vermögensverwaltung und darüber hinaus bis zu 10 % seiner sonstigen zeitnah zu verwendenden Mittel einer freien Rücklage zuführen. Diese **freie Rücklage** braucht, solange der Verein besteht, nicht aufgelöst zu werden. Die in die Rücklage eingestellten Mittel können auch dem Vermögen zugeführt werden.

Hinweis:
Wird die Höchstgrenze für die Zuführung zu der freien Rücklage in einem Jahr nicht voll ausgeschöpft, so ist eine **Nachholung** in späteren Jahren **nicht zulässig** (Schleder, Rdn. 534).

Nach § 58 Nr. 6 AO ist es in besonderen Fällen zulässig, die Mittel nicht sofort auszugeben, sondern sie zunächst einer **zweckgebundenen Rücklage** zuzuführen. Voraussetzung dieser Rücklagenbildung ist aber in jedem Fall, dass ohne sie die satzungsmäßigen Zwecke nachhaltig nicht erfüllt werden können. Die Mittel müssen für **bestimmte Vorhaben** angesammelt werden, für deren Durchführung bereits **konkrete Zeitvorstellungen** bestehen.

Beispiele:

- Zulässig sind bei einem Sportverein Rücklagen für die Errichtung, Erweiterung oder **Instandsetzung** einer **Sportanlage.**
- Zulässig sind Rücklagen für **periodisch wiederkehrende Ausgaben,** z. B. Löhne, Gehälter und Mieten, in Höhe des Mittelbedarfs für eine angemessene Zeitperiode oder für wiederkehrende Ausgaben zur Erfüllung des satzungsmäßigen Zwecks, z. B. Gewährung von Stipendien.
- Zulässig sind auch Rücklagen für die **Pflege** des **Vermögens,** also z. B. für eine demnächst erforderliche Reparatur an einem geerbten Mietwohngrundstück.

473 Kann der **Zeitraum** bis zur Verwendung der Mittel noch **nicht konkret angegeben** werden, ist die Bildung von Rücklagen grds. **unzulässig.** Unter besonderen Voraussetzungen kann aber auch ohne konkrete Zeitvorstellung **ausnahmsweise** eine Rücklage gebildet werden, wenn dies zur Durchführung eines bestimmten Vorhabens notwendig, die Durchführung des Vorhabens glaubhaft und bei den finanziellen Verhältnissen des Vereins in einem angemessenen Zeitraum möglich ist.

Beispiel:

Ein Sportverein benötigt eine Sporthalle. Unter Berücksichtigung öffentlicher Zuschüsse ist ein erheblicher Teil der Herstellungskosten vom Verein selbst zu tragen. Wegen der schwankenden Erträge des Vereins ist nicht abzusehen, wann die erforderlichen Mittel für den

Bau der Halle vorhanden sein werden. Der Verein stellt einen Finanzierungsplan auf, wonach die Mittel für den Bau in drei Jahren „angespart“ sind.

Die **Gründe** sowohl für die Bildung einer freien als auch einer zweckgebundenen Rücklage sind dem zuständigen **FA** im Einzelnen **darzulegen** und zu erläutern.

d) Darlehensvergabe durch den Verein **474**

Aus den Mitteln, die der Verein nicht zeitnah für seine gemeinnützigen Zwecke verwenden muss, darf er ohne weiteres Darlehen vergeben (s. Schleder, Rdn. 463 ff.). Als zulässig wird es auch angesehen, wenn ein Verein aus zeitnah zu verwendenden Mitteln zinslose oder zinsgünstige Darlehen vergibt, die der unmittelbaren Verwirklichung seiner steuerbegünstigten Zwecke dienen, wie z. B. darlehensweise **Vergabe** von **Stipendien** usw. Auch die Vergabe von Darlehen an andere gemeinnützige Körperschaften ist zulässig, wenn diese dann die Mittel zeitnah verwenden.

7. Ausschließlichkeit

Gemeinnützig ist ein Verein nur, wenn er **ausschließlich** gemeinnützige Zwecke fördert. Das ist z. B. aber auch dann der Fall, wenn in der Satzung neben dem gemeinnützigen Zweck als weiterer Vereinszweck „Förderung der Kameradschaft“ genannt wird. Die Nennung dieses an sich nicht gemeinnützigen Zwecks (BFHE 78 S. 54) schadet nicht, wenn sich aus der Satzung ergibt, dass damit lediglich eine Verbundenheit der Vereinsmitglieder angestrebt wird, die aus der im Übrigen ausschließlich verfolgten Vereinstätigkeit folgt (BFH NJW 1999 S. 2463). Der gemeinnützige Zweck darf also **nicht nur ein Teil** unter anderen Vereinszwecken sein. **475**

Zulässig ist aber die Unterhaltung eines steuerpflichtigen **wirtschaftlichen Geschäftsbetriebs,** soweit diese wirtschaftliche Betätigung nicht Selbstzweck ist. Entsprechendes gilt für gesellige Veranstaltungen des Vereins. Es ist daher z. B. Tanzsport nur dann gemeinnützig, wenn er turnier- und sportmäßig betrieben wird **476**

und die Pflege der Geselligkeit von untergeordneter Bedeutung ist.

8. Unmittelbarkeit

477 Der Verein muss seine Zwecke unmittelbar verfolgen. Es genügt nicht, wenn er sich von Fall zu Fall zur Unterstützung anderer Vereine oder Institutionen entschließt. Ausdrücklich **anerkannt** sind aber folgende **mittelbare Maßnahmen** zur Förderung anderer Einrichtungen:

- das **Zurverfügungstellen** von eigenen **Arbeitskräften** einschließlich Arbeitsmitteln an andere für steuerbegünstigte Zwecke, z. B. der Schwestern oder der Sanitäter des DRK einschließlich Krankenwagen bei einer Sportveranstaltung,
- die **Überlassung** von eigenen **Räumen** oder Anlagen wie Sportstätten an andere steuerbegünstigte Vereine zur Benutzung für deren steuerbegünstigte Zwecke,
- das Beschaffen von Mitteln für die steuerbegünstigten Zwecke anderer Körperschaften, wenn ein solcher Zweck in der Satzung ausdrücklich festgelegt ist (**Fördervereine,** Spendensammelvereine, s. dazu Schleder, Rdn. 505, 512 ff.).

Hinweis:

Die Körperschaft, für die der Förderverein die Mittel beschafft, brauchte bis zum **20. 12. 2000** nicht gemeinnützig zu sein. Da die (alte) Regelung in § 58 Nr. 1 AO zunehmend dazu missbraucht wurde, inländischen, nicht gemeinnützigen Körperschaften durch die Gründung eines Fördervereins dennoch eine mittelbare Empfangsberechtigung für steuerlich abziehbare Spenden zu verschaffen, ist der **Anwendungsbereich** der Vorschrift **eingeschränkt** worden. Sie gilt jetzt nur, wenn die Körperschaft, für die der Förderverein die Mittel beschafft, selbst auch gemeinnützig ist. Ist diese Körperschaft in der BRD nicht unbeschränkt steuerpflichtig, hat sie also weder Sitz noch Geschäftsleitung in der BRD, muss der Förderverein, ggf. mit Hilfe der ausländischen Empfängerkörperschaft, ausreichend nachweisen, dass die Mittel für gemeinnützige Zwecke ausgegeben wurden.

Beispiele:

- Ein **inländischer Förderverein** sammelt Spenden für einen **ausländischen Verein**, z. B. für das Türkische Rote Kreuz. Der Förderverein kann dann gemeinnützig sein/anerkannt werden, wenn er dem FA anhand geeigneter Unterlagen nachweist, dass das Türkische Rote Kreuz die ihm vom Förderverein zur Verfügung gestellten Mittel für nach deutschem Steuerrecht gemeinnützige Zwecke ausgegeben hat.
- Ein **Golfverein** erhebt sehr hohe Aufnahmegebühren und wird deshalb nicht als gemeinnützig anerkannt. In der Vergangenheit konnte er einen Förderverein gründen, der die vereinnahmten, steuerlich abziehbare Spenden an ihn weitergeben konnte. Das ist nach dem 20. 12. 2000 nicht mehr möglich, da der Golfverein **selbst nicht gemeinnützig** ist.

II. Tätigkeitsbereiche eines gemeinnützigen Vereins

1. Allgemeines

Vereine sind zur Finanzierung ihrer Aufgaben auf die verschiedensten Geldquellen angewiesen. Außer Zuschüssen und Mitgliedsbeiträgen können Erträge aus mehr oder weniger erheblicher wirtschaftlicher Betätigung anfallen. Die Einnahmen eines Vereins sind **teilweise insgesamt steuerfrei.** Soweit sich Vereine aber wirtschaftlich betätigen, sind die Einkünfte u. a. aus Wettbewerbsgründen nur teilweise oder in bestimmten Grenzen steuerfrei. **478**

Das Gemeinnützigkeitsrecht unterscheidet nach dem Grad der Beteiligung des Vereins am Wirtschaftsverkehr (Außenwirkung) oder der Höhe der Einnahmen **vier Tätigkeitsbereiche,** und zwar

- den steuerfreien ideellen Bereich (s. Rdn. 479),
- die steuerbegünstigte Vermögensverwaltung (s. Rdn. 480),
- den steuerbegünstigten wirtschaftlichen Geschäftsbetrieb (Zweckbetrieb; s. Rdn. 481)
- und den steuerpflichtigen wirtschaftlichen Geschäftsbetrieb (s. Rdn. 483).

Die komplizierte Abgrenzung der vier Bereiche sollen die folgenden Ausführungen verständlicher machen.

2. Der ideelle Vereinsbereich

479 Zu den Einnahmen im ideellen Bereich, die von allen Steuern befreit sind, gehören insbesondere echte **Mitgliedsbeiträge** und Aufnahmegebühren, die nach Art und Höhe in der Satzung festgelegt oder durch ein satzungsmäßig bestimmtes Organ festgesetzt sind, sofern ihre Höhe und die Zweckbestimmung den allgemeinen Anforderungen der Gemeinnützigkeit gerecht wird, Zuschüsse von Bund, Land und Gemeinden oder anderen öffentlichen Körperschaften und Spenden, Schenkungen, Erbschaften und Vermächtnisse. **Sonderentgelte,** z. B. für die Benutzung vereinseigener Anlagen, z. B. einer Tennishalle, zählen hierzu **nicht.**

3. Vermögensverwaltung

480 Die steuerbegünstigte Vermögensverwaltung umfasst Einkünfte aus Kapitalvermögen, wie **Zinsen aus Bank- und Sparguthaben,** Wertpapiererträge usw. und Einkünfte aus **Vermietung** und Verpachtung (zur Vermögensverwaltung Schleder, Rdn. 572 ff.). Im Einzelnen kann die Abgrenzung zwischen Vermögensverwaltung und wirtschaftlichem Geschäftsbetrieb schwierig sein.

Beispiele:

1. **Verpachtet** der Verein die **Vereinsgaststätte** oder eine Kantine an einen Pächter, so gehört der Pachtzins zu den begünstigten Einnahmen aus Vermietung und Verpachtung. Betreibt er dagegen dieselbe Einrichtung in eigener Regie, also durch Angestellte oder Vereinsmitglieder, handelt es sich um einen steuerpflichtigen wirtschaftlichen Geschäftsbetrieb, auch wenn sich das Angebot nur an die Mitglieder richtet.
2. Ähnlich verhält es sich mit dem **Inseratengeschäft** in Vereinszeitschriften oder Programmheften: Überträgt der Verein diese Tätigkeit gegen Entgelt einem Werbeunternehmen, sind die Einnahmen für ihn steuerfrei, anderenfalls werden sie als steuerpflichtige gewerbliche Einnahmen behandelt.
3. Die Vermietung eines Sportplatzes oder einer Turnhalle gehört zur steuerfreien Vermietung und Verpachtung, wenn es sich um eine **Dauervermietung** handelt. Die laufende kurzfristige Vermietung,

bei der der Verein für die jederzeitige Benutzbarkeit Sorge zu tragen hat, z. B. die kurzfristige Vermietung von Sportstätten an Vereinsmitglieder, gilt hingegen als steuerpflichtiger wirtschaftlicher Geschäftsbetrieb, ggf. als steuerbegünstigter Zweckbetrieb (zur Umsatzbesteuerung und Vorsteuerabzug bei Sportstätten und Sportparks s. Rondorf, NWB F. 7 S. 5481).

4. Auch die entgeltliche Übertragung des Rechts zur Nutzung von Werbeflächen in vereinseigenen oder gemieteten Sportstätten **(Bandenwerbung)** sowie von Lautsprecheranlagen zu Werbezwecken kann Vermögensverwaltung sein. Voraussetzung ist jedoch, dass dem Werbeunternehmen als Pächter ein angemessener Gewinn verbleibt.

5. Die entgeltliche Nutzung von **Werbeflächen** auf Sportkleidung, z. B. auf Trikots, Schuhen oder Helmen, ist dagegen stets als steuerpflichtiger wirtschaftlicher Geschäftsbetrieb anzusehen.

4. Der Zweckbetrieb

Die allgemeinen Voraussetzungen für das Vorliegen eines Zweck- **481**
betriebes, dessen Einkünfte und Vermögen **steuerfrei** bleiben, sind in § 65 AO geregelt. Danach ist eine wirtschaftliche Betätigung, die über den Rahmen der bloßen Vermögensverwaltung hinausgeht, ein Zweckbetrieb, wenn sie der unmittelbaren Verwirklichung der gemeinnützigen Satzungszwecke dient, die wirtschaftliche Betätigung für die **Zweckverwirklichung unentbehrlich** ist und der Verein nicht mehr als unbedingt notwendig in Wettbewerb mit anderen Steuerpflichtigen tritt. Das ist z. B. beim Verkauf einer Vereinszeitschrift, die über die satzungsmäßigen Aktivitäten des Vereins berichtet, der Fall. Steht aber z. B. bei der Sammlung und Veräußerung von Altkleidern nicht die unentgeltliche Weitergabe, sondern der Weiterverkauf im Vordergrund, liegt ein Zweckbetrieb nicht mehr vor (BFH NJW 1992 S. 3319).

Für bestimmte wirtschaftliche Betätigungen gibt es **Sonder- 482**
regelungen, die in den §§ 66, 67, 67a und 68 AO enthalten sind und den allgemeinen Bestimmungen des § 65 AO vorgehen. Die dort genannten Einrichtungen, wie z. B. Krankenhäuser, Kindergärten und Lotterien, sind stets Zweckbetriebe (vgl. im Übrigen Rdn. 540; wegen der Einzelh. s. Schleder, Rdn. 582 ff.; zu sportlichen Veranstaltungen s. u. Rdn. 490 ff.).

Das gilt ab 1. 1. 1990 auch für kulturelle **Einrichtungen** wie Museen, Theater und kulturelle Veranstaltungen wie Konzerte und Ausstellungen, unabhängig von der Höhe der erzielten Überschüsse.

Hinweis:
Der **Verkauf von Speisen und Getränken** gehört **nicht** zu den kulturellen Einrichtungen und Veranstaltungen. Insoweit ist immer ein steuerpflichtiger wirtschaftlicher Geschäftsbetrieb gegeben.

Wird für den Besuch einer kulturellen Veranstaltung mit Bewirtung ein einheitlicher Eintrittspreis bezahlt, so ist dieser in einen Entgeltanteil für den Besuch der Veranstaltung und für die Bewirtungsleistungen aufzuteilen (zum **Begriff** der kulturellen Veranstaltung s. a. BFH BB 1994 S. 1851 = DB 1994 S. 2012 und BMF-Schreiben v. 10. 7. 1995 – IV B 7 – S 0184-10/95: Es kann auch dann eine kulturelle Veranstaltung vorliegen, wenn ein Kulturverein in Erfüllung seiner Satzungszwecke im Rahmen einer Veranstaltung einer anderen Person oder Körperschaft eine sportliche oder kulturelle Darbietung erbringt). Ein wirtschaftlicher Geschäftsbetrieb ist ab 1. 1. 1990 **auch** die **gesellige Veranstaltung,** für die vom Verein Eintrittsgeld erhoben wird, wie z. B. ein Vereinsfest für die Mitglieder. Dieses gehörte früher unter bestimmten Voraussetzungen zu den steuerbegünstigten Zweckbetrieben (vgl. Einzelh. bei Schleder, Rdn. 624 ff.).

5. Der wirtschaftliche Geschäftsbetrieb

a) Grundsatz

483 Um einen steuerpflichtigen wirtschaftlichen Geschäftsbetrieb handelt es sich, wenn sich der Verein über den Rahmen der Vermögensverwaltung hinaus **nachhaltig wirtschaftlich** betätigt, dadurch Einnahmen erzielt und kein Zweckbetrieb vorliegt (§§ 14, 65 AO; vgl. auch Rdn. 36 ff.; zum Zweckbetrieb Rdn. 481 ff.).

Steuerpflichtige **wirtschaftliche Geschäftsbetriebe sind** zum **Beispiel** (s. im Übrigen Schleder, Rdn. 658 ff.; zur Ausgliederung wirtschaftlicher Geschäftsbetriebe s. Wewel/Tönnes, DStR 1998 S. 274):

- **sportliche Veranstaltungen,** die nicht als Zweckbetrieb zu behandeln sind (vgl. dazu Rdn. 490 ff.),
- der **Verkauf** von **Speisen** und Getränken,
- **gesellige Veranstaltungen,** für die Eintrittsgeld erhoben wird,
- die (stundenweise) Vermietung von Sportanlagen und Sportgeräten an Nichtmitglieder,
- Vereinsgaststätten,
- **Werbung** in eigener Regie,
- Verkauf von Sportartikeln,
- die **Sammlung** und Verwertung von **Altmaterialien** zur Mittelbeschaffung (BFH NJW 1992 S. 3319),
- die Veranstaltung von **Basaren, Flohmärkten** und Straßenfesten,
- **Totalisatorbetrieb** eines Pferderennvereins (zur Umsatzsteuer beim Pferderennverein s. a. Schreiben des BFM v. 6. 3. 1995 – IV C 3 – S 7242a – 4/95 – NWB EN-Nr. 473/95).

Hinweis:

In Zusammenhang mit **Bannerwerbung** auf einer **Website** ist auf ein **ertragssteuerliches Risiko** hinzuweisen. Bringt der Verein nämlich auf seine Website über das Logo eines Sponsors hinaus einen Hinweis auf den Sponsor an, sei es als Link, sei es als Banner, liegt darin nach Ansicht des FM Bayern (Erlass vom 11. 2. 2000 - 33 S 0183-12/14-59 239, DStR 2000 S. 594) eine Werbeleistung des Vereins, die zur Annahme eines steuerpflichtigen wirtschaftlichen Geschäftsbetriebes führt (vgl. Wengel, Der Sportverein im Steuerrecht, StuB 2001 S. 642, 648).

b) Besteuerungsgrenze

Die Gewinne aus steuerpflichtigen wirtschaftlichen Geschäftsbetrieben unterliegen **grds. der Körperschafts- und der Gewerbesteuer** (s. dazu Rdn. 493, 496; wegen der Einzelh. Schleder, **484**

Rdn. 663 ff.). Eine im Gesetz vorgesehene Besteuerungsgrenze enthebt jedoch die meisten Vereine der Steuerpflicht. Denn seit dem 1. 1. 1990 braucht ein gemeinnütziger Verein keine (Körperschaft-)Steuer mehr zu zahlen, wenn die Bruttoeinnahmen, also die Einnahmen einschließlich der Umsatzsteuer, aller steuerpflichtigen wirtschaftlichen Geschäftsbetriebe insgesamt 30 678 € im Jahr nicht übersteigen.

485 Bei der **Prüfung,** ob die Besteuerungsgrenze überschritten ist, werden die Einnahmen im ideellen Bereich, aus der steuerfreien Vermögensverwaltung und die Einnahmen aus einem Zweckbetrieb, also z. B. aus sportlichen Veranstaltungen i. S. des § 67a Abs. 1 AO nicht berücksichtigt.

Beispiel:

Der Verein hat folgende Einnahmen:

Mitgliedsbeiträge	5 000 €
Vermietung einer Turnhalle	12 500 €
Einnahmen eines Sportfestes	10 000 €
selbst betriebene Vereinsgaststätte	75 000 €,

insgesamt somit zwar 35 000 €, aber dennoch keine Steuerpflicht, da bei der Prüfung der Besteuerungsgrenze die Mitgliedsbeiträge und die Einnahmen aus der Vermietung der Turnhalle, weil Vermögensverwaltung, und des Sportfestes, weil Zweckbetrieb, unberücksichtigt bleiben.

Hinweis:

Liegen die Einnahmen aus wirtschaftlichen Betätigungen **über 30 678 €,** unterliegen die **Überschüsse insgesamt** der Körperschaftsteuer. Es wird also nicht nur der **30 678 €** übersteigende Betrag versteuert. Im Übrigen bleibt jedoch die Steuerfreiheit des gemeinnützigen Vereins erhalten.

c) Gewinnermittlung bei Überschreiten der Besteuerungsgrenze

486 Wird die Besteuerungsgrenze überschritten, sollte zweckmäßigerweise für jeden steuerpflichtigen wirtschaftlichen Geschäftsbetrieb eine Gewinnermittlung durchgeführt werden. Die zusammengefassten Ergebnisse werden dann der Berechnung der (Körperschaft-)Steuer zugrunde gelegt.

Für die Gewinnermittlung (wegen der Einzelh. s. Schleder, Rdn. 761 ff.; wegen der Besonderheiten der Gewinnermittlung beim wirtschaftlichen Geschäftsbetrieb „Werbung" s. Schleder, Rdn. 876 ff.) genügt allgemein die **Überschussermittlung,** bei der die Betriebseinnahmen und Betriebsausgaben des Einzelbetriebs oder der Veranstaltung gegenübergestellt werden. **Bilanzen** mit Gewinn- und Verlustrechnungen sind nur erforderlich, wenn nach dem zusammengefassten Ergebnis aller steuerpflichtigen wirtschaftlichen Geschäftsbetriebe der Gesamtgewinn 30 000 € oder der Umsatz 350 000 € übersteigt und das FA den Verein zur Bilanzierung aufgefordert hat.

Betriebseinnahmen sind alle Einnahmen, die im Rahmen des wirtschaftlichen Geschäftsbetriebs anfallen, wie Eintrittsgelder oder Einnahmen aus dem Verkauf von Speisen und Getränken. Betriebsausgaben sind alle Aufwendungen, die durch den wirtschaftlichen Geschäftsbetrieb veranlasst sind, wie z. B. Ausgaben für Personal, Waren, Telefon, Porto usw. Fiktive Kosten für unentgeltliche Mitarbeit von Vereinsmitgliedern sind keine Betriebsausgabe. Es ist jedoch eine angemessene Bezahlung von Vereinsmitgliedern zulässig, auch wenn das Mitglied dem Verein die erhaltene Vergütung anschließend zurückspendet. **487**

Eine **Erleichterung** gilt für die Besteuerung von **Werbeeinnahmen anlässlich sportlicher Veranstaltungen,** die Zweckbetriebe sind. Hier wird zugelassen, dass ein Teil der Veranstaltungskosten von den Werbeeinnahmen abgezogen wird. Die abziehbaren Veranstaltungskosten können pauschal mit 25 % der Werbeeinnahmen angesetzt werden. **488**

Eine weitere Erleichterung besteht seit 1. 1. 1990 für **Altmaterialsammlungen.** Die Überschüsse aus Altmaterialsammlungen (Lumpen, Altpapier, Schrott) außerhalb einer ständig dafür vorgesehenen Verkaufsstelle können in Höhe des branchenüblichen Gewinns geschätzt werden. Er ist mit 5 % für Altpapier und 20 %

für sonstiges Altmaterial anzusetzen (s. im Übrigen Schleder, Rdn. 676 ff.).

d) Verluste des steuerpflichtigen wirtschaftlichen Geschäftsbetriebs

489 Die steuerpflichtigen wirtschaftlichen Geschäftsbetriebe müssen **auf Dauer** gesehen zumindest **kostendeckend** arbeiten. Sie dürfen keine Dauerverluste erwirtschaften, denn für deren Ausgleich kämen dann nur noch solche Mittel in Betracht, die gesetzlich für die Verwendung zu satzungsmäßigen Zwecken vorgesehen sind. Damit würde gegen den Grundsatz der Selbstlosigkeit verstoßen, was den Verlust der Anerkennung der Gemeinnützigkeit zur Folge hätte. Ein gelegentlicher Ausgleich eines Verlustes aus gebundenen Mitteln lässt aber die Gemeinnützigkeit unberührt (s. auch Rdn. 467).

e) Sonderregelungen für sportliche Veranstaltungen

490 Bis zum 1. 1. 1990 galt für sportliche Veranstaltungen in § 67a AO eine komplizierte Sonderregelung. Diese ist durch die durch das VereinsförderungsG eingeführte **Zweckbetriebsgrenze** des § 67a Abs. 1 AO vereinfacht worden. Eine sportliche Veranstaltung ist die organisatorische Maßnahme eines Sportvereins, die es aktiven Sportlern, nicht nur Mitgliedern des Vereins, ermöglicht, Sport zu treiben (BFH DStR 1997 S. 107 = BB 1997 S. 399; zum Begriff der sportlichen Veranstaltung s. auch BFH BStBl. II 1994 S. 886 [Schauauftritt eines Formationstanzclubs bei einer anderen Veranstaltung als sportliche Veranstaltung/Zweckbetrieb] und dazu BMF-Schreiben v. 10. 7. 1995 – IV B 7 – S 0184-10/95, sowie BFH BStBl 1998 II S. 154).

Es gelten folgende **Grundzüge** (zur Sonderstellung der Sportvereine im Steuerrecht s. eingehend Madl, BB 1997 S. 1126 ff.; Schauhoff/Fischer, Der Sportverein im Steuerrecht, NON PROFIT LAW YEARBOOK 2002 S. 199; s. a. Schleder, Rdn. 591 ff.): **Übersteigen** die Einnahmen eines Sportvereins aus seinen sportlichen Veranstaltungen einschließlich Umsatzsteuer insgesamt **nicht 30 678 €** im Jahr, werden alle sportlichen Veranstaltungen als **steuerfreier Zweckbetrieb** behandelt. Wird die Grenze überschritten, gelten alle Veranstaltungen als steuerpflichtiger wirtschaftlicher Geschäftsbetrieb.

Zu den **Einnahmen** aus Sportveranstaltungen gehören neben den Eintrittsgeldern auch Startgelder, Meldegebühren, Unkostenbeiträge, Einnahmen aus dem Verkauf von Programmheften, Festschriften sowie **auch Ablösesummen** für die Freigabe von Sportlern (zu letzterem s. Schleder, Rdn. 593). **Nicht** dazu gehören die **Einnahmen** aus **Werbung** oder dem Verkauf von Speisen und Getränken. Sportveranstaltungen sind auch Sportunterricht (Sportkurse und -lehrgänge) für Mitglieder und Nichtmitglieder, ferner Trimmveranstaltungen oder Volkswettbewerbe. Es ist für die Zweckbetriebsgrenze unerheblich, wenn neben unbezahlten auch bezahlte Sportler bei den Veranstaltungen eingesetzt werden.

In **Einzelfällen** kann die Anwendung der Zweckbetriebsgrenze für einen Sportverein auch **ungünstiger** sein als die steuerliche Behandlung seiner sportlichen Veranstaltungen nach dem vor dem 1. 1. 1990 geltenden Recht. **491**

- Das ist einmal der Fall, wenn **gleichzeitig** die Einnahmen aus sportlichen Veranstaltungen die Zweckbetriebsgrenze übersteigen, der Verein keine bezahlten Sportler (s. Rdn. 492) einsetzt, bei den sportlichen Veranstaltungen Überschüsse erwirtschaftet werden und Verluste aus anderen steuerpflichtigen wirtschaftlichen Geschäftsbetrieben, mit denen die Überschüsse verrechnet werden können, nicht vorhanden sind. In diesem Fall würden die Überschüsse der **Besteuerung** unterliegen.
- Das ist außerdem der Fall, wenn bei den sportlichen Veranstaltungen Verluste erwirtschaftet werden, die auf Dauer nicht mit Überschüssen aus anderen wirtschaftlichen Geschäftsbetrieben abgedeckt werden können. Hier wäre die Gemeinnützigkeit **gefährdet,** da die steuerpflichtigen wirtschaftlichen Geschäftsbetriebe keine Dauerverluste erwirtschaften und gebundene Mittel zur Verlustabdeckung nicht verwendet werden dürfen.

Um diese **Nachteile** zu **vermeiden,** können **Sportvereine** jeweils für fünf Jahre auf die Zweckbetriebsgrenze verzichten und die gesetzliche Regelung des § 67a Abs. 3 AO wählen. Wird von diesem **Wahlrecht** Gebrauch gemacht, sind sportliche Veranstaltungen eines Sportvereins ein Zweckbetrieb, wenn kein bezahlter Sportler teilnimmt und der Verein keine vereinsfremden Sportler selbst oder in Zusammenwirken mit einem Dritten für die Teilnahme an der Veranstaltung bezahlt.

Hinweis:

An die Erklärung ist der Verein dann aber für **fünf Jahre gebunden.**

492 **Bezahlte Sportler** sind Sportler des Vereins, die für ihre sportliche Betätigung oder als Werbeträger vom Verein oder von Dritten Vergütungen oder andere **Vorteile** erhalten, die über eine Aufwandsentschädigung hinausgehen. Nach AEAO zu § 67a Nr. 31 sind Zuwendungen der Sportvereine an ihre aktiven Sportler **bis zu 358 €** im Durchschnitt pro Monat, höhere Beträge nur bei Einzelnachweis der gesamten Aufwendungen des Sportlers, als **unschädliche Aufwandsentschädigung** anzusehen. Nicht angerechnet werden Zuwendungen der Deutschen Sporthilfe, Frankfurt, und der Sporthilfe Berlin.

Hinweis:

Diese Regelung gilt **nur für eigene Sportler** des Vereins, nicht aber für Zahlungen an vereinsfremde Sportler. Jede Zahlung an einen vereinsfremden Sportler, die über eine Erstattung des tatsächlichen Aufwands hinausgeht, führt zum Verlust der Zweckbetriebseigenschaft der Veranstaltung.

Schwarzgeldzahlungen können zum Verlust der Gemeinnützigkeit führen (BFH, Urt. v. 27. 9. 2001 – V R 17/99).

493 Wird auf die Anwendung der Zweckbetriebsgrenze **verzichtet,** sind sportliche Veranstaltungen, bei denen **bezahlte** Sportler **mitwirken, stets** steuerpflichtige **wirtschaftliche Geschäftsbetriebe.** Diese schließen die Gemeinnützigkeit nicht aus, wenn die Vergütungen oder anderen Vorteile für die Sportler ausschließlich aus

wirtschaftlichen Geschäftsbetrieben, die nicht Zweckbetriebe sind, oder von Dritten geleistet werden.

III. Die einzelnen Steuerarten

1. Körperschaftsteuer

Grds. sind gemeinnützige, mildtätige und kirchliche Vereine von der Körperschaftsteuer **befreit.** Überschreiten jedoch die Einnahmen aus allen steuerpflichtigen wirtschaftlichen Geschäftsbetrieben die Besteuerungsgrenze, unterliegt der zusammengefasste Gewinn gem. § 5 Abs. 1 Nr. 9 KStG der Körperschaftsteuer. Die Frage nach der Körperschaftsteuer ist für Vereine von besonderer Bedeutung. Die damit zusammenhängenden Fragen können hier aus Platzgründen nicht dargestellt werden. Insoweit ist auf die eingehende Darstellung der Einzelh. bei Schleder, Rdn. 741 ff. zu verweisen. Hingewiesen werden soll hier nur auf die Einnahmen, welche ein gemeinnütziger Verein ohne Belastung mit Körperschafts- und Gewerbesteuer (vgl. dazu Rdn. 496) haben kann. Das sind: 494

- Mitgliedsbeiträge,
- Spenden,
- **Zuschüsse** aus öffentl. Mitteln, aus Toto- und Lottogeldern,
- **Schenkungen,** Erbschaften, Vermächtnisse,
- Erträge der Vermögensverwaltung (s. dazu Rdn. 480),
- **Erträge** aus dem Verkauf von Grundstücken, Einrichtungsgegenständen usw., soweit die Gegenstände nicht zu einem steuerpflichtigen Betrieb gehören,
- Erträge aus Zweckbetrieben (vgl. dazu Rdn. 481),
- **Erträge** aus steuerpflichtigen **wirtschaftlichen Geschäftsbetrieben** gemeinnütziger Körperschaften, wenn die Bruttoeinnahmen daraus die Besteuerungsgrenze von insgesamt 30 678 € im Jahr nicht übersteigen oder wenn das Einkommen den Freibetrag von jetzt 3 835 € nicht übersteigt.

495 Vom steuerpflichtigen Einkommen wird bei der Berechnung der Körperschaftsteuer ein Freibetrag von 3 835 € abgezogen. Der Freibetrag wird unabhängig von der Höhe des Einkommens stets gewährt. Der **Körperschaftsteuersatz** beträgt ab 1. 1. 2001 25 %. Ab 1. 1. 1995 haben körperschaftsteuerpflichtige Vereine auch den sog. **Solidaritätszuschlag** in der jeweils gültigen Höhe von der festgesetzten Körperschaftsteuer zu zahlen.

2. Gewerbesteuer

496 Gewerbesteuer fällt nur in den Bereichen an, die auch der Körperschaftsteuer unterliegen. Für gemeinnützige Vereine bedeutet das, dass die Einnahmen im ideellen Bereich, aus der Vermögensverwaltung und aus Zweckbetrieben (gewerbe-)**steuerfrei** bleiben. Der steuerpflichtige **wirtschaftliche Geschäftsbetrieb** ist hingegen auch gewerbesteuerpflichtig (wegen der Einzelh. zur Gewerbesteuer s. Schleder, Rdn. 981 ff.).

Bei der Gewerbesteuer gilt auch die Besteuerungsgrenze, d. h. ein Verein braucht keine Gewerbesteuer zu zahlen, wenn die Einnahmen aller steuerpflichtigen wirtschaftlichen Geschäftsbetriebe einschließlich Umsatzsteuer insgesamt 30 678 € im Jahr nicht übersteigen. Überschreiten die Einnahmen die Besteuerungsgrenze, unterliegt der Verein mit seinen wirtschaftlichen Geschäftsbetrieben der Gewerbesteuer (§ 2 Abs. 3 GewStG).

Der **Gewerbeertrag** bleibt **bis zu 3 900 € steuerfrei.** Nur für den darüber hinausgehenden Gewerbeertrag wird der Steuermessbetrag nach dem Gewerbeertrag mit 5 % ermittelt.

Die Gewerbesteuer wird von der Gemeinde nach ihrem jeweiligen Gewerbesteuerhebesatz auf der Grundlage des vom FA einheitlich festgestellten Gewerbesteuer-Messbetrages errechnet.

3. Umsatzsteuer

Wegen der Einzelh. zur Umsatzsteuer s. Schleder, Rdn. 1051 ff.

a) Unternehmereigenschaft des Vereins

497 Vereine sind insoweit Unternehmer i. S. des UStG, als ihre Tätigkeit darauf gerichtet ist, **nachhaltig** zur Erzielung von Einnahmen

entgeltliche Lieferungen oder sonstige Leistungen auszuführen (zur Unternehmereigenschaft von eingetragenen Vereinen Schleder, Rdn. 1064; Steinbrücker/Bundschuh, DStR 1999 S. 1296). Nachhaltigkeit besteht z. B. schon dann, wenn ein Musikverein jährlich ein Musikfest veranstaltet und dabei Eintrittsgeld erhebt.

Es wird zwischen dem unternehmerischen und dem nichtunternehmerischen Bereich **unterschieden:**

- Einnahmen **im ideellen Tätigkeitsbereich** gemeinnütziger Vereine ohne Entgeltcharakter, wie z. B. echte Mitgliedsbeiträge, Spenden, öffentliche Zuschüsse und Schenkungen, gehören zum nichtunternehmerischen Bereich und sind deshalb **nicht umsatzsteuerpflichtig.** Hierzu zählen auch sog. Hilfsgeschäfte, die der Betrieb des nichtunternehmerischen Vereinsbereichs mit sich bringt, wie z. B. der Verkauf eines gebrauchten Kfz oder von Einrichtungsgegenständen des Vereinsheims.

- Zum **unternehmerischen Bereich** gehören grds. alle Einnahmen aus wirtschaftlichem **Geschäftsbetrieb,** aus **Zweckbetrieb** und **Vermögensverwaltung.** Das sind also z. B. die Einnahmen aus einer selbst betriebenen Vereinsgaststätte, aus Sportveranstaltungen, dem Zeitschriften- oder Programmverkauf, der Werbung an der Bande oder am Trikot, der Ablösung von Sportlern und allen kulturellen und geselligen Veranstaltungen gegen Eintrittsgeld, sowie auch aus dem Verkauf von Angelkarten durch einen Angelsportverein oder aus der Veräußerung von Gegenständen, wenn sie für sich allein gesehen nachhaltig ist (BFH BStBl II 1994 S. 57 = NJW 1994 S. 1304 [Ls.]; zur Besteuerung von Heimatabenden s. OFD Nürnberg, Verfügung v. 30. 1. 1997 – S 7177-37/St 43).

Hinweis: **497 a**

Diese **nationale Rechtslage** steht nach dem Urteil des **EuGH** v. 21. 3. 2003 (C-174/00, Kennemer Golf und Country Club, BFH/NV 2002 Beilage 3 S. 95) auf dem **Prüfstand**. In diesem Urteil hat der EuGH entschieden, dass die Jahresbeiträge eines Sportvereins Gegenleistung für eine Leistung des Vereins sind, wenn diese Leistungen von dem einzelnen Mitglied individuell in Anspruch genommen werden können. Das Bestehen eines Leistungsaustausches soll nicht davon abhängen, ob die Mitglieder die Sportanlage tatsächlich nutzen. Die entsprechenden Leistungen können nach Auffassung des EuGH aber weitgehend von der Umsatzsteuer befreit werden. Soweit dies zulässig ist, ändert sich aufgrund des Urteils für die gemeinnützigen Vereine praktisch nichts. Ob keine USt abfällt, weil Leistungen nicht steuerbar oder steuerfrei sind, ist nebensächlich. Problematisch ist aber, dass nicht alle Leistungen, die in der BRD bisher als nicht steuerbar behandelt wurden, nach der 6. EU-Richtlinie von der USt befreit werden dürfen. Die Prüfung, wie das nationale Recht aufgrund des Urteils des EuGH geändert werden muss, ist noch nicht abgeschlossen (Schleder, Rdn. 1078; vgl. zu dieser Problematik auch u. a. Alvermann, UStB 2003 S. 48; Prugger, DStR 2002 S. 238).

b) Steuerbefreiungen

498 Bei Vereinen sind von den zahlreichen Befreiungsvorschriften insbesondere folgende Umsatzsteuerbefreiungen von Bedeutung (vgl. im Übrigen § 4 UStG):

- die **Veräußerung von Grundstücken,** da diese unter das GrEStG fallen,
- die Umsätze aus Lotterie- und Rennwetteinnahmen, die unter das Rennwett- und LotterieG fallen,
- die **Vermietung und Verpachtung** von Grundstücken, Gebäuden und Räumen in Gebäuden (s. dazu Schleder, Rdn. 1132 ff.; zur umsatzsteuerlichen Behandlung der stundenweisen Überlassung von Sportanlagen auch Dziadkowski/Robisch, DStR 1997 S. 771). Um eine Vermietung handelt es sich nicht, wenn Einzelpersonen die Benutzung z. B. eines Sportplatzes, einer Eissporthalle oder eines Schwimmbades im Rahmen des allgemeinen Sport- bzw. Badebetriebes gegen Eintrittsgeld gestattet wird. Dies sind umsatzsteuerpflichtige Leistungen aus Verträgen besonderer Art. Werden auch Betriebsvorrichtungen mietweise überlassen, ist der Umsatz nur insoweit steuerfrei, als er auf das Grundstück entfällt. Die auf die Betriebsvorrichtung entfallende Miete oder Pacht ist dagegen steuerpflichtig.

Beispiel:

Wird die Vereinsgaststätte einschließlich der Einrichtung an einen Gastwirt für einen monatlichen Pachtzins von 1500 € verpachtet, wovon 1 000 € auf die Gaststätte und 500 € auf die Einrichtung entfallen, so sind 500 € umsatzsteuerpflichtig.

Hinweis:

Die **Nutzungsüberlassung** von **Sportstätten** wurde früher ebenfalls aufgeteilt in eine steuerfreie Grundstücksvermietung und eine steuerpflichtige Vermietung von Betriebsvorrichtungen. Nach dem BFH-Urt. v. 31. 5. 2001 - V R 97/98; (DStR 2001 S. 1345 = BB 2001 S. 99; s. dazu das BMF-Schreiben v. 15. 10. 2001 - IV b 7-S 7100-220/01 und das Schreiben vom 17. 4. 2003, BStBl I S. 279) wird das jetzt als eine einheitliche Leistung angesehen, die dem allgemeinen Steuersatz unterliegt (zur Umsatzbesteuerung und Vorsteuerabzug bei Sportstätten und Sportparks s. Rondorf, NWB F. 7 S. 5481 und 5935; für Altfälle s. das Gesetz zur Sicherstellung einer Übergangsregelung für die Umsatzbesteuerung von Alt-Sportanlagen v. 1. 9. 2002 (BGBl I S. 3441: Übergangsregelung bis zum 31. 12. 2003).

- **Wohlfahrtsleistungen** von gemeinnützigen, mildtätigen oder kirchlichen Vereinen,
- Umsätze aus der Unterhaltung von z. B. **Theatern,** Orchestern, Chören, botanischen und zoologischen Gärten,
- Vorträge, Kurse und andere Veranstaltungen **wissenschaftlicher** oder belehrender Art sowie andere **kulturelle und sportliche Veranstaltungen**
- sowie die Gewährung von Beherbergung, Beköstigung und der üblichen Naturalleistungen durch Vereine, wenn sie überwiegend **Jugendliche** für Erziehungs-, Ausbildungs- oder Fortbildungszwecke bei sich **aufnehmen.**

c) Steuersätze

Umsätze von gemeinnützigen Vereinen unterliegen grds. dem **ermäßigten Steuersatz** von z. Zt. **7 %,** wenn die Umsätze im Rahmen eines Zweckbetriebs oder der Vermögensverwaltung ausgeführt werden. Im Übrigen gilt der Steuersatz von z. Zt. 16 %. 499

Grundlage für die Steuerberechnung ist das Entgelt ohne Umsatzsteuer, das der Verein für die vereinbarte Leistung erhält. Ist die Umsatzsteuer im Preis enthalten und nicht offen ausgewiesen, so ist die Umsatzsteuer herauszurechnen. Die Umsatzsteuer beträgt 6,54 % des Bruttoumsatzes, wenn der ermäßigte Steuersatz von 7 % anzuwenden ist und 13,79 % des Bruttoumsatzes bei der Anwendung des Steuersatzes von 16 %.

Beispiel:

Ein gemeinnütziger Sportverein erzielt u. a. die folgenden Umsätze, bei denen die USt nicht getrennt ausgewiesen wurde: Einnahmen aus dem Verkauf von Eintrittskarten zu sportlichen Veranstaltungen im Zweckbetrieb 750 € und Einnahmen aus dem Verkauf von Getränken in der Vereinsgaststätte 500 €.

Die Umsatzsteuer beträgt: 6,54 % von 750 € (ermäßigter Steuersatz von 7%) = 49,05 € und 13,79 % von 500 € = 68,95 €.

d) Vorsteuer

500 Von der berechneten Umsatzsteuer kann der Verein die ihm von anderen Unternehmern in Rechnung gestellte Umsatzsteuer (sog. **Vorsteuer) abziehen,** wenn diese Vorsteuer auf Lieferungen und Leistungen entfällt, die den unternehmerischen Bereich des Vereins betreffen (wegen der Einzelh. s. Schleder, Rdn. 1216 ff. mit Beispielen). Betrifft die Vorsteuer den nichtunternehmerischen Bereich, kann sie nicht abgezogen werden.

Beispiel:

Die Anschaffung von Sportgeräten und Büromaterial für allgemeine Vereinszwecke betrifft den nichtunternehmerischen Bereich, die darauf entfallende Vorsteuer kann nicht abgezogen werden. Werden hingegen für eine Vereinsgaststätte Getränke eingekauft, die den unternehmerischen Bereich betreffen, kann die Vorsteuer abgezogen werden.

Der Vorsteuerabzug entfällt außerdem, wenn der Verein unter die sog. **Kleinunternehmerregelung** fällt und von der Umsatzsteuererhebung freigestellt ist (s. Schleder, Rdn. 1251 ff.). Das ist der Fall, wenn die steuerpflichtigen Einnahmen einschließlich des Eigenverbrauchs zuzüglich der darauf entfallenden Steuer aus der gesamten unternehmerischen Betätigung des Vereins im vorangegangenen Kalenderjahr 17 500 € nicht überstiegen haben und im laufenden Kalenderjahr voraussichtlich 50 000 € nicht übersteigen werden.

Für **kleinere steuerbegünstigte Vereine** wird die Ermittlung der abziehbaren Vorsteuerbeträge wesentlich vereinfacht. Steuerbegünstigte Vereine, deren umsatzsteuerpflichtiger Vorjahresumsatz (Netto-Einnahmen) 30 678 € nicht überschritten hat, können ihre abziehbaren Vorsteuern statt im Einzelnachweis nach einem **Durchschnittssatz** berechnen. Der beträgt 7 % der steuerpflichtigen Umsätze. Ein weiterer Vorsteuerabzug ist dann ausgeschlossen (wegen der Einzelh. s. Schleder, Rdn. 1218 ff.).

e) Umsatzsteuererklärung

Der Verein muss grds. seine steuerpflichtigen **Umsätze,** getrennt **501**
nach Steuersätzen, und die steuerfreien Umsätze sowie Vorsteuern aufzeichnen. Die Umsätze sind dem FA auf den amtlich vorgeschriebenen Vordrucken bei einer Steuerschuld im Vorjahr von über 6 136 € monatlich, sonst vierteljährlich anzumelden. Zugleich ist die **selbst errechnete Umsatzsteuer**-Schuld zu entrichten.

Hinweis:
Bei einer Vorjahres-Steuerschuld bis zu **512 €** entfällt regelmäßig – auf **Antrag** – die Pflicht zur Abgabe von Voranmeldungen. Unberührt bleibt die Pflicht zur Abgabe von Jahressteuererklärungen.

4. Grund- und Grunderwerbssteuer

Die **Grundsteuer** ist eine Gemeindesteuer. Sie kann für alle **502**
Grundstücke, Grundstücksteile und Gebäude anfallen.

Für gemeinnützige, mildtätige und kirchliche Vereine gelten allerdings **weit reichende Steuerbefreiungen,** wenn die Grundstücke steuerbegünstigten Zwecken einschließlich Zweckbetrieben dienen. Bei gemeinnützigen Sportvereinen sind nicht nur die Sportanlagen und Sportplätze einschließlich der Zuschauertribünen, sondern auch Unterrichts- und Ausbildungsräume, Übernachtungs-, Umkleide- oder Erfrischungsräume, Gerätedepots, Schutzhütten von Bergsteiger- oder Wandervereinen und Aufenthaltsräume befreit.

Grundstücke, die für steuerpflichtige wirtschaftliche Geschäftsbetriebe genutzt werden, sind grundsteuerpflichtig. Dies gilt auch für Sportveranstaltungen, die als steuerpflichtige wirtschaftliche Geschäftsbetriebe zu behandeln sind. Eine Ausnahme gilt, wenn es sich um Anlagen handelt, die überwiegend von Amateur- und Jugendmannschaften zu Trainingszwecken oder zu Amateursportveranstaltungen ohne Eintrittsgeld verwendet werden.

503 Seit 1983 müssen auch Vereine für **Grunderwerbe** Grunderwerbssteuer entrichten. Für Grundstückserwerbe bis zum 31. 12. 1982 waren steuerbegünstigte Vereine im Wesentlichen unter denselben Voraussetzungen wie bei der Grundsteuer von der bis dahin 7 % betragenden Grunderwerbssteuer befreit. Ab dem 1. 1. 1997 beträgt die Grunderwerbsteuer 3,5 %.

5. Vermögensteuer

504 Ab dem 1. 1. 1997 wird die Vermögensteuer nicht mehr erhoben.

6. Erbschaft- und Schenkungsteuer

505 Erhält ein rechtsfähiger Verein Grundvermögen, Kapitalvermögen oder sonstige Vermögensgegenstände durch Erbfall, Vermächtnis oder Schenkung, hat er Erbschaft- oder Schenkungsteuer zu entrichten, falls die Zuwendung 5 200 € übersteigt. Bis 52 000 € sind 17 % Steuer zu entrichten. Für **gemeinnützige Vereine** ist jeder Vermögenserwerb **steuerfrei,** es sei denn, der Verein würde innerhalb von 10 Jahren nach dem Empfang die Steuerbegünstigung verlieren und das Vermögen nicht für begünstigte Zwecke verwenden (§ 13 Abs. 1 Nr. 16b ErbStG).

7. Kraftfahrzeugsteuer

506 Auf den Verein kann ein Kraftfahrzeug zugelassen sein, so dass der Verein dann der Kraftfahrzeugsteuer unterliegt.

Das Kraftfahrzeugsteuerrecht kennt **keine besonderen Befreiungsvorschriften** für Vereine. Auch ist das Halten von Fahrzeugen für gemeinnützige, mildtätige und kirchliche Vereine nicht allgemein von der Kraftfahrzeugsteuer befreit.

Von den allgemeinen Befreiungsvorschriften dürften für die Vereine folgende Befreiungen von Bedeutung sein: das Halten von nicht dem Zulassungsverfahren unterliegenden Spezialanhängern zur Beförderung von Sportgeräten oder Tieren für Sportzwecke sowie das Halten von Fahrzeugen, solange sie ausschließlich bei Unglücksfällen, im Rettungsdienst oder zur Krankenbeförderung verwendet werden und die Fahrzeuge als für diese Zwecke bestimmt äußerlich erkennbar und nach ihrer Bauart und Einrichtung den bezeichneten Verwendungszwecken angepasst sind. **507**

8. Lotteriesteuer

Veranstaltet ein Verein Lotterien, kann Lotteriesteuer anfallen. Sie beträgt 16 ²/₃ % des Nennwertes der Lose. **508**

Eine Lotterie in Form einer **Tombola** ist **steuerfrei,** wenn der Gesamtpreis der Lose 650 € nicht übersteigt und keine Bargeldgewinne ausgeschüttet werden oder wenn eine Ausspielung, die von der zuständigen Behörde genehmigt ist, ausschließlich gemeinnützigen, mildtätigen oder kirchlichen Zwecken dient und der Gesamtpreis der Lose 40 000 € nicht übersteigt.

9. Vergnügungsteuer

Die Vergnügungsteuer ist eine örtliche Steuer, die von den Gemeinden auf der Grundlage von Landesgesetzen erhoben wird. Besteuert werden grds. die in den Gemeinden veranstalteten Vergnügungen, die in den jeweiligen VergnügungsteuerG aufgeführt sind. Für die **meisten Veranstaltungen,** die bei gemeinnützigen Vereinen häufig vorkommen, gibt es jedoch aus Gründen der Kulturpflege, der Förderung des Sports und anderer im öffentlichen Interesse gelegener Erwägungen **Steuerbefreiungen** (zur Vergnügungssteuerpflicht bei Vereinen mit Räumen mit Spielhallenausstattung OVG Münster NVWZ-RR 1999 S. 794). **509**

Hinweis:
Für welche Veranstaltungen Vergnügungsteuer anfällt, kann bei der zuständigen **Gemeinde erfragt** werden.

10. Lohnsteuer

a) Der Verein als Arbeitgeber

510 Beschäftigt ein Verein einen hauptberuflichen Geschäftsführer oder in seinen Einrichtungen, z. B. in seiner Vereinsgaststätte oder in seiner Geschäftsstelle, Arbeitskräfte gegen Entgelt, ist er Arbeitgeber und hat die **lohnsteuerrechtlichen Bestimmungen zu beachten.** Das ist für den Verein deshalb so wichtig, weil unter bestimmten Voraussetzungen das FA bzw. der Sozialversicherungsträger den Verein und die verantwortlichen Vorstandsmitglieder persönlich als Haftungsschuldner in Anspruch nehmen kann (vgl. dazu auch Rdn. 524 f.; Valentin, EFG 2002 S. 1137 in der Anm. zu FG Münster EFG 2002 S. 1134). Auch gerät der Vorstand, der lohnsteuerrechtliche Bestimmungen nicht beachtet, schnell in den Verdacht der Steuerhinterziehung und läuft Gefahr, dass gegen ihn ein steuerstrafrechtliches Ermittlungsverfahren eingeleitet wird (vgl. dazu Flore/Burmann, PStR 1999 S. 208).

Der Verein als Arbeitgeber hat deshalb u. a. die Pflicht, den Steuerabzug vom Arbeitslohn vorzunehmen und die einbehaltene Lohn- und Kirchensteuer sowie den Solidaritätszuschlag an das FA abzuführen. Der Verein muss die Lohnsteuer nach Maßgabe der Besteuerungsmerkmale des Arbeitnehmers (Steuerklasse, Familienstand und Zahl der Kinderfreibeträge) berechnen.

b) Wer ist Arbeitnehmer?

511 Für die Beantwortung der Frage, wer Arbeitnehmer ist, kommt es wesentlich darauf an, ob die Tätigkeit gegenüber dem Verein selbständig oder **nicht selbständig** ausgeübt wird.

Ob eine selbständige Tätigkeit ausgeübt wird oder nicht, hängt in erster Linie von der Vertragsgestaltung und ihrer **praktischen Durchführung** ab. Das FA wird im Allgemeinen der Entscheidung der Beteiligten folgen. Haben die Beteiligten ihre Beziehungen zueinander jedoch nicht eindeutig geregelt, orientiert sich das FA an folgenden Merkmalen:

Eine **nicht selbständige Tätigkeit** kommt in Betracht, wenn der Beschäftigte dem Verein „seine Arbeitskraft schuldet". Das ist insbesondere der Fall, wenn der Verein hinsichtlich der Art und Weise der Ausführung der Tätigkeit weisungsbefugt ist. Von Bedeutung kann auch sein, wenn eine Tätigkeit übernommen wird, die einen Teil des Geschäftsbetriebes des Vereins ausmacht, was z. B. der Fall sein kann, wenn der Beschäftigte durchschnittlich mehr als sechs Wochenstunden für den Verein tätig ist. Schließlich ist auch darauf abzustellen, ob Sozialversicherungspflicht besteht, der Verein Urlaub gewährt oder die Vergütung während des Urlaubs oder bei Krankheit weiter bezahlt **(Entgeltfortzahlung).** **512**

Beispiele für Arbeitnehmer:

- Personen, die in einem festen Anstellungsverhältnis zum Verein stehen, z. B. Hausmeister;
- Beschäftigte innerhalb eines vom Verein selbst unterhaltenen wirtschaftlichen Geschäftsbetriebs, z. B. Köche und Kellner in einer Vereinsgaststätte;
- Personen, die für die Verwirklichung des satzungsmäßigen Vereinszwecks haupt- und nebenberuflich verpflichtet werden, z. B. Trainer und Übungsleiter bei Sportvereinen;
- Personen, die als Sportler dem Sportverein ihre Arbeitskraft für eine Zeitdauer, die eine Reihe von sportlichen Veranstaltungen umfasst, gegen Entgelt zur Verfügung stellen, z. B. Teilnahme an Trainings- und Sportveranstaltungen.

Kein **Arbeitsverhältnis** liegt vor, wenn der Verein jemandem nur die tatsächlich entstandenen Kosten ersetzt, die dieser für den Verein aufgewendet hat (**Auslagenersatz,** steuerfrei nach § 3 Nr. 50 EStG). Dies gilt insbesondere für die Erstattung von Reise-, Fahrtkosten und den Auslagenersatz für Telefongespräche (wegen der Einzelh. s. Schleder, Rdn. 1302 ff.). **513**

Die obigen Ausführungen gelten **grds. auch** für **Sportler** (wegen der Einzelh. s. Schleder, Rdn. 1313 ff.). Die Angehörigen von sog. **514**

Profimannschaften sind danach regelmäßig Arbeitnehmer ihrer Vereine, für andere Sportler kommt es auf die Umstände des Einzelfalls an. Bei kleineren und mittleren Vereinen werden die Voraussetzungen für die Annahme eines Arbeitsverhältnisses i. d. R. nicht vorliegen. Die Erstattung von Auslagen und Reisekosten begründet auch bei Sportlern kein Arbeitsverhältnis. Nach der Rspr. des BFH (BB 1993 S. 719 = DB 1993 S. 1017) liegt bei Amateursportlern (Fußballspieler) nur dann ein Arbeitsverhältnis vor, wenn der Sportler im Zusammenhang mit seiner Betätigung Zahlungen erhält, die nicht nur ganz unwesentlich höher sind als die ihm entstandenen Aufwendungen.

515 Eine **selbständige Tätigkeit** kommt in Betracht, wenn die aufgeführten Merkmale einer nicht selbständigen Tätigkeit nicht vorliegen, besonders, wenn die Tätigkeit für den Verein in der Woche nicht mehr als sechs Stunden dauert.

Beispiele für selbständig Tätige (siehe auch Rdn. 518):

- Trainer und Übungsleiter von Turn- und Sportvereinen;
- Chorleiter und Leiter von Kapellen bei Gesang- und Musikvereinen, wenn der Umfang ihrer Tätigkeit durchschnittlich sechs Stunden in der Woche nicht übersteigt;
- Musiker, die nur gelegentlich, z. B. anlässlich einer Vereinsveranstaltung, verpflichtet werden;
- Pächter von Vereinsgaststätten.

516 **Vereinsmitglieder,** deren Tätigkeit bei besonderen Anlässen eine bloße **Gefälligkeit** oder eine gelegentliche Hilfeleistung darstellt, die als Ausfluss persönlicher Verbundenheit und nicht zu Erwerbszwecken erbracht wird, sind **nicht** als **Arbeitnehmer** anzusehen. Das ist z. B. dann der Fall, wenn sich Vereinsmitglieder bei einer Vereinsfeier zu Arbeiten zur Verfügung stellen oder bei sportlichen Veranstaltungen als Helfer einspringen und dafür eine Vergütung erhalten, die über die tatsächlich entstandenen Kosten nicht hinausgeht (Auslagenersatz). Etwas anderes gilt, wenn die Vereinsmitglieder für ihre Tätigkeit entlohnt werden.

In diesem Zusammenhang ist aber darauf hinzuweisen, dass die Mitglieder die ihnen zustehende Vergütung sogleich an den Verein zurückspenden können (wegen der Einzelh. s. Schleder, Rdn. 1511 ff.; zu sog. Aufwandsspenden s. a. Rdn. 528). Insoweit wird von den Finanzämtern nicht beanstandet, wenn die Mitglieder nur auf die Auszahlung des Lohns verzichten (s. dazu aber BFH BB 1991 S. 470 = NJW 1991 S. 1256).

Vereine müssen für **kostenlos geleistete Eigenarbeit** ihrer Mitglieder auch **keine Pflichtbeiträge** zur gesetzlichen Unfallversicherung entrichten. Das gilt auch bei Bauarbeiten des Vereins, die nicht gewerbsmäßig ausgeführt werden (s. zu allem a. Ernst, SpuRt 1994 S. 230).

Beispiel:

Die Mitgliederversammlung eines Kleingartenvereins beschließt, dass jedes Mitglied beim Bau eines Vereinsheims ohne Bezahlung 50 Pflichtarbeitsstunden leisten oder ersatzweise für jede Stunde 15 € zahlen muss. Die Bauarbeiten werden hier allein aufgrund der Vereinsmitgliedschaft geleistet, so dass keine arbeitnehmerähnlichen Beschäftigungsverhältnisse entstehen, damit kein Unfallversicherungsschutz besteht und damit auch keine Beiträge zur Unfallversicherung zu zahlen sind (BSG Urteil vom 24. 1. 1992 – 2 RU 3/91).

Die **unentgeltliche Ausübung eines Ehrenamtes,** z. B. als Ver- **517**
einsvorsitzender, begründet ebenfalls **kein Arbeitsverhältnis.** Dies gilt auch dann, wenn dem ehrenamtlich Tätigen die tatsächlich entstandenen Kosten wie Telefongebühren, Reisekosten, Portokosten usw. ersetzt werden.

Hinweis:

Werden an **Vorstandsmitglieder** und andere Vereinsmitglieder **pauschale Zahlungen** geleistet, wird aber i. d. R. angenommen, dass nicht nur Aufwand ersetzt, sondern auch Arbeitsleistung vergütet wird (s. zum „Entgelt" für Vorstandsmitglieder auch Rdn. 290). Es liegen dann Einnahmen vor, die zu versteuern sind, allerdings können Aufwendungen als Werbungskosten geltend gemacht werden (s. auch Schleder, Rdn. 1305, 1330). Von steuerpflichtigen Einkünften ist in Anlehnung an § 22 Nr. 3 EStG aber nur dann auszugehen, wenn der Aufwendungsersatz und andere Vergütungen im Kalenderjahr die als Werbungskosten abziehbaren Aufwendungen um mehr als 256 € übersteigen.

Die entsprechenden Regelungen in der Satzung/Vereinbarung sollten deutlich zum Ausdruck bringen, dass es sich bei Zahlungen nur um Aufwendungsersatz und nicht um „pauschalen“ Lohn handelt.

c) Sonderregelungen für Übungsleiter und vergleichbare Personen

518 Für Übungsleiter und vergleichbare Personen gibt es eine **Sonderregelung:** Nebenberuflich tätige Übungsleiter werden **i. d. R. nicht** als **Arbeitnehmer** des Vereins angesehen, wenn sie **nicht mehr** als 6 Stunden in der **Woche** für den Verein tätig sind. Sie beziehen dann Einnahmen aus einer selbständigen Arbeit i. S. des § 18 Abs. 1 EStG, es sei denn, es ist ausdrücklich ein Arbeitsverhältnis vereinbart worden (s. aber BSG SGb 2002 S. 208, wonach eine ansonsten keine Erwerbstätigkeit ausübende Sportlehrerin, die für einen Sportverein an einem Abend in der Woche drei Stunden als Übungsleiterin Gymnastikkurse durchführt, abhängig beschäftigt ist).

Hinweis:

Es ist dem Verein zu empfehlen, in **Verträgen** mit Übungsleitern und vergleichbaren Personen, die **wöchentliche Arbeitszeit** genau **festzulegen**. Beläuft sie sich auf weniger als 6 Wochenstunden, sollte der Verein die Lehrkraft darauf hinweisen, dass sie Einnahmen aus selbständiger Arbeit bezieht, die sie auf jeden Fall gegenüber dem FA erklären muss. Damit ist dann die von den Lehrkräften gegenüber dem FA häufig erhobene „Nettolohneinrede“ abgeschnitten, die sonst ggf. dazu führen kann, dass der Verein zusätzlich zu der vereinbarten Vergütung auch noch die Lohnsteuer zahlen muss (Schleder, Rdn. 1309).

Die nebenberuflich **tätigen Übungsleiter** (z. B. Sporttrainer, Chorleiter und Dirigenten), Ausbilder, Erzieher, **Betreuer** oder Personen mit einer vergleichbaren nebenberuflichen **Tätigkeit** (wie die Lehr- und Vortragstätigkeit im Rahmen der allgemeinen Bildung und Ausbildung, z. B. Kurse an Volkshochschulen, Erste-Hilfe-Kurse) sowie die Personen, die nebenberuflich künstlerisch z. B. als Organist oder Orchestermusiker tätig sind oder nebenberuflich zur Pflege alter, kranker oder behinderter Menschen eingesetzt werden, können nach § 3 Nr. 26 EStG **Vergütungen** für die genannten Tätigkeiten bis zur Höhe von **1 848 € im Kalenderjahr** von **Einkommensteuer/Lohnsteuer befreit** erhalten.

Voraussetzung ist, dass die nebenberufliche Tätigkeit zur **Förderung gemeinnütziger, mildtätiger oder kirchlicher Zwecke** ausgeübt wird. Die Steuerbefreiung wird auch für eine Tätigkeit in einem Zweckbetrieb gewährt, nicht hingegen für eine Tätigkeit in einem steuerpflichtigen wirtschaftlichen Geschäftsbetrieb. Das gilt auch, wenn durch Überschreitung der Zweckbetriebsgrenze (vgl. dazu Rdn. 490) z. B. sämtliche sportliche Veranstaltungen, auch Amateursportveranstaltungen, bei denen die Tätigkeit ausgeübt wird, als wirtschaftlicher Geschäftsbetrieb behandelt werden (zur Übungsleiterpauschale eingehend Schleder, Rdn. 1381 ff.).

Als nebenberufliche Tätigkeit wird auch die Tätigkeit von Personen angesehen, die **keine bezahlte Hauptbeschäftigung** ausüben, wie Hausfrauen, Studenten und Rentner. Bei Anwendung des § 3 Nr. 26 EStG besteht insoweit keine Pflicht des Vereins zum Lohnsteuerabzug. Der Arbeitnehmer muss allerdings gegenüber dem Verein schriftlich erklären, dass er die Begünstigung nicht schon anderweitig in Anspruch genommen hat. Der Verein muss diese Erklärung zum Lohnkonto nehmen.

d) Freistellung von der Besteuerung bei geringfügig Beschäftigten

Seit dem 1. 4. 1999 ist die steuerliche Behandlung der geringfügi- **519**
gen Beschäftigungsverhältnisse neu geregelt. Das sind die Beschäftigungsverhältnisse, bei denen das monatliche Entgelt **400 €/ Monat** nicht übersteigt; mehrere Beschäftigungsverhältnisse werden zusammengerechnet. Die damit zusammenhängenden Fragen sind komplex und können hier nur im **Überblick** dargestellt werden. Zur Vertiefung verweise ich auf die eingehenden Ausführungen von Schleder, Rdn. 1356 ff. Im Einzelnen gilt:

- Eine **geringfügige Beschäftigung** liegt vor, wenn das Arbeitsentgelt regelmäßig 400 € im Monat nicht übersteigt (vgl. dazu Schleder, Rdn. 1357).
- Entgelte aus **mehreren geringfügigen Beschäftigungsverhältnissen** werden zusammengerechnet. Wird die Grenze von 400 € überschritten, gelten die Sonderregelungen nicht. Neben einer versicherungspflichtigen Hauptbeschäftigung kann der Arbeitnehmer nur ein begünstigtes geringfügiges Beschäftigungsverhältnis (das erste) ausüben.
- An die **Rentenversicherung** ist zwingend ein **pauschaler Arbeitgeberbeitrag** von 12 % zu zahlen.

Hinweis:
Der Arbeitnehmer erlangt, wenn er zusätzlich einen eigenen Beitrag von 7,5 % abführt, einen **vollen Leistungsanspruch**. Darüber muss der Verein als Arbeitgeber **informieren**.

- Neben dem pauschalen Beitrag zur Rentenversicherung muss der Arbeitgeber/Verein i. d. R. einen pauschalen Beitrag von **11 %** des Bruttoarbeitsentgelts an die **Krankenversicherung** zahlen. Davon ist er befreit, wenn der geringfügig Beschäftigte nicht **gesetzlich** krankenversichert ist.
- Außerdem fällt eine **pauschale Lohnsteuer** von **2 %** an, die auch schon Kirchensteuer und Solidaritätszuschlag enthält.

Hinweis:
Die pauschalen Abgaben sind an die Einzugsstelle der **Bundesknappschaft**/Verwaltungsstelle Cottbus zu zahlen. Diese übersendet Vordrucke und steht für Informationen u. a. unter www.minijob-zentrale.de zur Verfügung. Im Rahmen des Haushaltsbegleitgesetzes 2006 ist geplant, die pauschalen Abgaben von insgesamt 25 auf 30 % (Rentenversicherung: 15 %; Krankenversicherung: 13 %) zu erhöhen.

e) Pauschalierung der Lohnsteuer

520 Eine weitere Erleichterung besteht in der Möglichkeit zur Pauschalierung der Lohnsteuer für eine gelegentliche kurzfristige oder für eine regelmäßige, aber **geringfügige Tätigkeit,** wenn der Arbeitslohn bestimmte Grenzen nicht übersteigt. In Betracht kommt diese Möglichkeit bei denjenigen Beschäftigten, deren Beschäftigungsdauer 18 zusammenhängende Arbeitstage nicht übersteigt und der Arbeitslohn während der Beschäftigungsdauer 62 € durchschnittlich je Arbeitstag nicht übersteigt (kurzfristige Beschäftigung). Nicht zulässig ist die Lohnsteuerpauschalierung bei Arbeitnehmern, deren Lohn durchschnittlich mehr als 12 € /Arbeitsstunde beträgt (Schleder, Rdn. 1364 ff.). Bei kurzfristiger Beschäftigung beträgt die pauschale Lohnsteuer dann 25 % des Arbeitslohnes, bei geringfügiger Beschäftigung 20 %.

Hinweis:
Bei **Übungsleitern** u. a., für die die Sonderregelung des § 3 Nr. 26 EStG gilt (s. Rdn. 518 ff.), besteht die Möglichkeit, für die den steuerfreien Betrag von **1 848 € übersteigende Vergütung** die **Lohnsteuerpauschalierung** anzuwenden.

11. Zinsbesteuerung

Die Neuregelung der Zinsbesteuerung durch das Zinsabschlaggesetz vom 9. November 1992 (BGBl I S. 1853) hat für **gemeinnützige,** von der Körperschaftsteuer befreite (Sport-)Vereine i. d. R. **keine Änderung** der bisherigen Rechtslage mit sich gebracht. Es gilt (vgl. zur Rechtslage im einzelnen Schleder, Rdn. 932 ff.): 521

Bezieht ein **gemeinnütziger Verein** Kapitaleinkünfte und fallen diese nicht im wirtschaftlichen Geschäftsbetrieb des Vereins an, so ist ein **Zinsabschlag grds. nicht** einzubehalten.

Hinweis:
Voraussetzung dafür ist, dass das Konto auf den Namen des Vereins lautet und dieser gegenüber dem Kreditinstitut durch eine **Bescheinigung** des zuständigen Finanzamtes nachweist, dass er eine von der Körperschaftsteuer befreite Einrichtung ist. Erfüllt der gemeinnützige Verein als Gläubiger der Kapitalerträge diese Voraussetzungen, so wird ohne Höchstgrenze vom Zinsabschlag Abstand genommen.

522 **Steuerpflichtigen** Vereinen steht der Sparer-Freibetrag von 1 370 € und der Werbungskosten-Pauschbetrag von 51 € zu. Sie können deshalb auch einen **Freistellungsauftrag** über jetzt 1 421 € erteilen.

Für **freie Sportgruppen,** die sich nicht als Verein haben eintragen lassen und die auch nicht als gemeinnützig anerkannt sind, gilt Folgendes: Erfüllt die freie Sportgruppe die Voraussetzungen eines **nicht eingetragenen Vereins** (Satzung, Vorstand usw.; s. auch Rdn. 416 ff.), so kann dieser seiner Bank einen **Freistellungsauftrag** bis zur gesetzlich zulässigen Höhe erteilen. In diesem Fall wird der Steuerabzug bis zu dieser Höhe nicht vorgenommen. **Voraussetzung** ist aber, dass das (Spar-)Konto auf den Namen des nichtrechtsfähigen Vereins als Gläubiger der Kapitalerträge (Zinsen) lautet.

523 Nach dem BMF-Schr. v. 18. 12. 1992 (BStBl 1993 I S. 58) gilt hinsichtlich des Zinsabschlaggesetzes bei Personenzusammenschlüssen Folgendes:

(1.) Körperschaftsteuerpflichtige Gebilde

Unbeschränkt körperschaftsteuerpflichtigen und nicht von der Körperschaftsteuer befreiten Körperschaften, Personenvereinigungen und Vermögensmassen steht bei Einkünften aus Kapitalvermögen der Werbungskosten-Pauschbetrag von 51 € (§ 9a Nr. 2 EStG) und der Sparer-Freibetrag von 1 370 € zu. Sie können deshalb auf demselben Vordruck wie natürliche Personen einen Freistellungsauftrag erteilen, wenn das Konto auf ihren Namen lautet. Außerdem können diese Gebilde beim Finanzamt eine sog. Nichtveranlagungsbescheinigung beantragen, wenn ihr zu versteuerndes Einkommen nicht mehr als 3 835 € beträgt. Durch Vorlage dieser Bescheinigung bei dem Kreditinstitut kann ebenfalls eine Abstandnahme vom Zinsabschlag erreicht werden.

Diese Grundsätze gelten u. a. auch für nichtrechtsfähige Vereine (§ 1 Abs. 1 Nr. 5 KStG). Ein nichtrechtsfähiger Verein liegt vor, wenn die Personengruppe

– einen gemeinsamen Zweck verfolgt,

- einen Gesamtnamen führt,
- eine Satzung hat,
- unabhängig davon bestehen soll, ob neue Mitglieder aufgenommen werden oder bisherige Mitglieder ausscheiden,
- einen für die Gesamtheit der Mitglieder handelnden Vorstand hat (s. a. Rdn. 413 ff.).

Das Kreditinstitut hat sich anhand einer Satzung der Personengruppe zu vergewissern, ob die genannten Wesensmerkmale gegeben sind.

(2.) Nicht der Körperschaftsteuer unterliegende Zusammenschlüsse

a) Grundsatz

Ein nicht körperschaftsteuerpflichtiger Personenzusammenschluss (z. B. eine Gesellschaft bürgerlichen Rechts oder eine Personenvereinigung, die nicht die unter 1. beschriebenen Wesensmerkmale erfüllt) darf einen Freistellungsauftrag nicht erteilen. Die ihm zufließenden Kapitalerträge unterliegen dem Zinsabschlag nach den allgemeinen Grundsätzen.

Die Einnahmen aus Kapitalvermögen, die Werbungskosten und die anzurechnenden Steuern (Körperschafts-, Kapitalertragsteuer und Zinsabschlag) sind grds. nach § 180 Abs. 1 Nr. 2a AO gesondert und einheitlich festzustellen.

Die Erklärung zur gesonderten und einheitlichen Feststellung ist vom Geschäftsführer bzw. vom Vermögensverwalter abzugeben. Soweit ein Geschäftsführer oder Vermögensverwalter nicht vorhanden ist, kann sich das Finanzamt an jedes Mitglied oder jeden Gesellschafter halten.

Die gesondert und einheitlich festgestellten Besteuerungsgrundlagen werden bei der Einkommensteuerveranlagung des einzelnen Mitglieds oder Gesellschafters berücksichtigt. Dabei wird auch der Sparer-Freibetrag angesetzt.

Von einer gesonderten und einheitlichen Feststellung der Besteuerungsgrundlagen kann gem. § 180 Abs. 3 S. 1 Nr. 2 AO abgesehen werden, wenn es sich um einen Fall von geringer Bedeutung handelt. In diesen Fällen reicht es aus, dass der Geschäftsführer bzw. Vermögensverwalter (Kontoinhaber) die anteiligen Einnahmen aus Kapitalvermögen auf die Mitglieder oder Gesellschafter aufteilt und sie den Beteiligten mitteilt. Die Anrechnung des Zinsabschlags bei den einzelnen Beteiligten ist nur möglich, wenn neben der Mitteilung des Geschäftsführers bzw. Vermögensverwalters über die Aufteilung der Einnahmen und des Zinsabschlags eine Ablichtung der Steuerbescheinigung des Kreditinstituts vorgelegt wird.

b) Vereinfachungsregel

Aus Vereinfachungsgründen ist es nicht zu beanstanden, wenn bei losen Personenzusammenschlüssen (z. B. Sparclubs, Schulklassen, Sportgruppen), die aus mindestens 7 Mitgliedern bestehen, wie folgt verfahren wird:

Das Kreditinstitut kann vom Zinsabschlag Abstand nehmen, wenn

- das Konto neben dem Namen des Kontoinhabers einen Zusatz enthält, der auf den Personenzusammenschluss hinweist (z. B. Sparclub XX, Klassenkonto der Realschule YY, Klasse 5 A),
- die Kapitalerträge bei den einzelnen Guthaben des Personenzusammenschlusses im Kalenderjahr den Betrag von 10 €, vervielfältigt mit der Anzahl der Mitglieder, höchstens 300 € im Kalenderjahr, nicht übersteigen,
- der Kontoinhaber dem Kreditinstitut jeweils vor dem ersten Zufluss von Kapitalerträgen im Kalenderjahr eine Erklärung über die Anzahl der Mitglieder des Personenzusammenschlusses abgibt.
- Das Kreditinstitut hat die Erklärung aufzubewahren.

Ein „loser Personenzusammenschluss" i. S. dieser Vereinfachungsregel ist z. B. nicht gegeben bei

- Grundstücksgemeinschaften,
- Erbengemeinschaften,
- Wohnungseigentümergemeinschaften,

- Mietern im Hinblick auf gemeinschaftliche Mietkautionskonten.

IV. Haftung für Steuerschulden 524

Der rechtsfähige Verein wird gerichtlich und außergerichtlich durch seinen **Vorstand** i. S. des § 26 BGB vertreten. Dieser hat als für den Verein handelndes Organ auch die dem Verein obliegenden **steuerlichen Pflichten** zu **erfüllen.** Das bedeutet insbesondere, dass er dafür sorgen und darauf achten muss, dass die anfallenden Steuern rechtzeitig und vollständig gezahlt werden. Dies gilt für den Vorstand des nichtrechtsfähigen Vereins ebenso.

Kommt der Vorstand vorsätzlich bzw. grob fahrlässig diesen ihm als gesetzlichem Vertreter obliegenden Verpflichtungen des Vereins nicht nach, **haftet** er **persönlich** für die steuerlichen Verbindlichkeiten des Vereins (wie z. B. Lohnsteuer, Umsatzsteuer). Die Haftung folgt aus § 69 AO i. V. m. §§ 34 Abs. 1, 26 BGB. Das gilt auch, wenn der Vorstand nicht – wie etwa ein angestellter GmbH-Geschäftsführer – entgeltlich und hauptberuflich, sondern nur ehrenamtlich für den Verein tätig ist, da es nicht darauf ankommt, in welchem Umfang der Vorstand für den Verein tätig wird (BFH NJW 1998 S. 3374, 3375; vgl. auch FG Münster EFG 2002 S. 1134 m. Anm. Valentin, EFG 2002 S. 1137).

Hinweis:

Die Haftung des Vereinsvorsitzenden wird grds. auch **nicht** dadurch **ausgeschlossen,** dass die Erfüllung der steuerlichen Pflichten einem **Dritten** (z. B. dem 2. Vorsitzenden) **übertragen** wird. Denn hinsichtlich der ordnungsgemäßen Erledigung der steuerlichen Angelegenheiten durch den beauftragten Dritten trifft den Vereinsvorsitzenden eine Überwachungspflicht. Das gilt jedenfalls dann, wenn der Vorsitzende Anlass hatte, an der ordnungsgemäßen Erledigung der steuerlichen Verpflichtungen durch den Dritten zu zweifeln (BFH a. a. O.) Auf jeden Fall sollten die Vorstandsmitglieder klar regeln, wer für die steuerlichen Belange des Vereins zuständig sein soll.

525 Der Vorstand haftet **neben** dem **Verein** persönlich für alle Ansprüche aus dem Steuerschuldverhältnis. Die Haftung umfasst **auch** die infolge der Pflichtverletzung zu zahlenden Säumniszuschläge. Das Erlöschen der Vertretungsmacht infolge Ausscheiden aus dem Vorstandsamt schließt im Übrigen eine Inanspruchnahme wegen schuldhafter Pflichtverletzung während der Amtszeit nicht aus.

Neben der steuerrechtlichen Haftung ist immer auch die **strafrechtliche Verantwortlichkeit** zu beachten. Werden die steuerlichen Pflichten nicht erfüllt, kommt ggf. eine Strafbarkeit wegen Steuerhinterziehung nach §§ 370 ff. AO in Betracht (vgl. zu Ermittlungsverfahren gegen Sportvereine wegen Abgabe unrichtiger Lohnsteuer-Anmeldungen Flore/Burmann, PStR 1999 S. 208 ff.).

Hinweis:

Es kann daher nur dringend empfohlen werden, **alle Einnahmen,** wie z. B. die aus den ggf. betriebenen wirtschaftlichen Geschäftbetrieben, die aus Vermietung von Vereinslokalen usw. in ihrer tatsächlich entstandenen Höhe gegenüber dem Finanzamt zu erklären (zu typischen Hinterziehungsfehlern bei gemeinnützigen Vereinen s. die Zusammenstellung in PStR 1999 S. 225 ff.).

V. Steuerliche Behandlung von Spenden an Vereine und von Mitgliedsbeiträgen

526 Neben den unmittelbaren Steuerbegünstigungen hat der Gesetzgeber in Form des sog. Spendenabzugs einen beachtlichen **steuerlichen Anreiz** zur Finanzierung gemeinnütziger, mildtätiger oder kirchlicher Vereine geschaffen. Bestimmte freiwillige Zuwendungen (Spenden) und ggf. auch Mitgliedsbeiträge kann der Spender bei seiner Einkommen-, Lohn- oder Körperschaftsteuererklärung als Sonderausgaben abziehen, so dass sie sich als **Steuerermäßigung** auswirken. Es gelten folgende Grundzüge (eingehend Schleder, Rdn. 1481 ff.; Hüttemann, NJW 2000 S. 638 sowie das Merkblatt der OFD Hannover v. 15. 3. 2000 - S 0170-27-StO 214, S 0170-1-StH 233):

1. Begünstigte Zuwendungen

Nach § 10b EStG sind Zuwendungen, Spenden und Mitgliedsbeiträge zur Förderung **mildtätiger, kirchlicher, religiöser, wissenschaftlicher und der als besonders förderungswürdig anerkannten gemeinnützigen Zwecke** als Sonderausgaben abziehbar. Der **Abzugsbetrag** ist grds. begrenzt auf **5 %** des Gesamtbetrages der Einkünfte. Er erhöht sich für wissenschaftliche, mildtätige und als besonders förderungswürdig anerkannte kulturelle Zwecke auf **10 %.** Zu den begünstigten Spenden gehören sowohl **Geld- als auch Sachleistungen,** nicht aber Nutzungsüberlassungen oder Dienstleistungen. Der Wert unentgeltlicher Arbeitsleistungen für Vereine ist also nicht als Spende abziehbar. 527

Hinweis:

Nutzungs- und Leistungsspenden lassen sich aber in abzugsfähige Geldspenden **umwandeln.** Die Leistung darf dann dem Verein nicht kostenlos zur Verfügung gestellt werden, sondern gegen Bezahlung. Der „Spender“ kann dann das erhaltene Geld an den Verein zurückspenden (s. auch Schleder, Rdn. 1512).

Vom Spendenabzug ebenfalls nicht ausgeschlossen sind auch tatsächlich aus dem Vermögen des Spenders abgeflossene und für den Verein erbrachte Aufwendungen **(sog. Aufwandsspenden),** z. B. Betriebskosten für Pkw, Telefonkosten, Auslagen für Porto, Schreibmaterial. Diese sind abziehbar, wenn der Spender einen durch Vertrag oder Satzung des Vereins eingeräumten **Rechtsanspruch** auf Erstattung der Aufwendungen hat. Dieser muss ernsthaft bestehen. Das ist zumindest zweifelhaft bei einem mittellosen Verein oder wenn der Anspruch unter der gleichzeitigen Bedingung des Verzichts auf den Anspruch eingeräumt wird. Zu den Anforderungen der steuerlichen Anerkennung sog. Aufwandsspenden an gemeinnützige Vereine hat das BMF im BMF-Schreiben vom 7. 6 1999 – IV C 4 – S 2223-111/99, BStBl 1999 I S. 591 = DStR 1999 S. 1229 = NJW 2000 S. 195 ausführlich Stellung genommen. Wegen der Einzelheiten wird darauf verwiesen. Nach dem BMF-Schreiben vom 2. 6. 2000 (BStBl I S. 592) muss der 528

Verein in der Bestätigung der Zuwendung einer sog. Aufwandsspende angeben, dass es sich um den Verzicht auf die Erstattung von Aufwendungen handelt. Er muss die zutreffende Höhe des Ersatzanspruchs auch im Einzelnen begründen können (s. dazu Schleder, Rdn. 1514).

529 Wenn der Verein eine Gegenleistung für die Zuwendung erbringt, fehlt es an dem **Erfordernis der Unentgeltlichkeit.** So liegt eine Spende z. B. nicht vor, wenn ein Verein mit Werbeaufschrift versehene Sportkleidung erhält oder sich verpflichtet, bei bestimmten Sportveranstaltungen Sportgeräte oder -kleidung eines bestimmten Herstellers zu verwenden. Eine abzugsfähige Spende liegt auch nicht vor, wenn aus Anlass des Beitritts zu einem Verein ein Darlehen geleistet und zugleich auf dessen Rückzahlung verzichtet wurde (FG Düsseldorf EFG 1995 S. 710 [für Golfclub]) oder, wenn es sich tatsächlich nicht um eine – freiwillige – Spende handelt, sondern um eine versteckte Aufnahmegebühr (zur Beitrittsspende siehe BFH NJW 1997 S. 3047; s. auch Rdn. 452 f.).

2. Begünstigte Zwecke

530 Die Steuerbegünstigung von Spenden für gemeinnützige Zwecke ist u. a. davon abhängig, dass die Zwecke als **besonders förderungswürdig** anerkannt sind. Diese besonders förderungswürdigen Zwecke sind nun im Einzelnen in der neuen Anlage 1 zu § 48 Abs. 2 der Einkommensteuer-Durchführungsverordnung BGBl 1999 I S. 2413 (s. Rdn. 542). Da dort so gut wie alle bekannten gemeinnützigen Zwecke enthalten sind, können **fast alle** gemeinnützigen Vereine **steuerbegünstigte Spenden** erhalten. Fällt die Anerkennung der Gemeinnützigkeit **rückwirkend weg,** kann der ESt-Bescheid des Spenders gem. § 175 Abs. 1 S. 1 Nr. 2 AO berichtigt werden. Die (einmal erfolgte) Anerkennung der Gemeinnützigkeit durch das zuständige FA schafft keinen Vertrauenstatbestand (FG Düsseldorf EFG 1994 S. 10 = SpuRt 1994 S. 48; siehe aber BFHE 183 S. 427 = NJW 1997 S. 3047 [zum alten Recht]).

3. Abschaffung der Durchlaufspende

Bis zur Änderung der Einkommensteuer-Durchführungsverordnung in 1999 (vgl. BGBl 1999 I S. 2413) wurden die begünstigten Empfängerkreise nach den spendenwürdigen gemeinnützigen in **zwei** etwa gleich große **Gruppen** aufgeteilt: 531

Zur ersten Gruppe gehörten die Zwecke, deren Förderung ohne Hinweis auf den Empfängerkreis in den Anlagen der Richtlinien aufgeführt ist. Insoweit konnten steuerlich abziehbare **Spenden unmittelbar** an den Verein geleistet werden. Hier waren **auch Mitgliedsbeiträge abzugsfähig.**

Zu der zweiten Gruppe gehörten die Zwecke, die nur dann als besonders förderungswürdig anerkannt waren, wenn der Empfänger der Zuwendung eine **juristische Person des öffentlichen Rechts** oder eine öffentliche Dienststelle ist. Das waren insbesondere die Förderung des Sports, kultureller Zwecke, der Heimatpflege, des Natur- und Umweltschutzes, der Entwicklungshilfe und der in § 52 Abs. 2 Nr. 4 AO genannten Freizeitzwecke. Hier war nur eine sog. **Durchlaufspende möglich** (zu den verfassungsrechtlichen Bedenken und zur Kritik an den sog. Durchlaufspenden nach altem Recht s. insbesondere BFHE 183 S. 427 = NJW 1997 S. 3047 m. w. N.). In diesen Fällen waren die Mitgliedsbeiträge **nicht** als Spenden steuerlich **abziehbar.**

Inzwischen ist durch die bereits erwähnte Änderung der Einkommensteuer-Durchführungsverordnung die sog. **Durchlaufspende** aus Vereinfachungsgründen **abgeschafft** worden.

Hinweis:

Die Abschaffung der Durchlaufspende hat zur Folge, dass **alle Vereine,** die steuerbegünstigte Zwecke im Sinn des § 10b Abs. 1 EStG fördern, **unmittelbar** zum **Empfang** von **Spenden berechtigt** sind. Daneben bleibt es aber auch zulässig, einem gemeinnützigen Verein steuerbegünstigte Zuwendungen über eine inländische juristische Person des öffentlichen Rechts, z. B. eine Gemeinde, oder eine inländische öffentliche Dienststelle zuzuwenden.

Die **Abziehbarkeit** von **Mitgliedsbeiträgen** ist in § 48 Abs. 4 der Einkommensteuer-Durchführungsverordnung wie folgt geregelt: Das Abzugsverbot ergibt sich nun unmittelbar aus der Einkommensteuer-Durchführungsverordnung und nicht mehr nur mittelbar aus dem Durchlaufspendenverfahren. Abziehbar sind die Mitgliedsbeiträge nur bei Vereinen, die in Abschnitt A der Anlage 1 zu § 48 Abs. 2 Einkommensteuer-Durchführungsverordnung (s. Rdn. 542) genannte Zwecke fördern. Bei Vereinen, die sowohl in Abschnitt A als auch in Abschnitt B der Anlage 1 zu § 48 Abs. 2 Einkommensteuer-Durchführungsverordnung (s. Rdn. 542) genannt sind, scheidet ein steuerlicher Abzug der Mitgliedsbeiträge aus. Das sind – wie bisher – insbesondere Sportvereine (zur verneinten Abzugsfähigkeit von Mitgliedsbeiträgen an Musik- und Gesangvereine s. Vfg: der OFD Karlsruhe v. 21. 11. 2001 - S 2223 A-St 333).

4. Spendenbescheinigung

532 Voraussetzung für die steuerliche Abziehbarkeit ist **grds.** die Vorlage einer **förmlichen,** von einer zeichnungsberechtigten Person unterschriebenen Spendenbescheinigung. Das **Muster** der Spendenbescheinigung eines gemeinnützigen Vereins ist in Rdn. 558 abgedruckt. Bei Spenden zur Linderung der Not in Katastrophenfällen oder bei einer **100 € nicht übersteigenden** Spende/einem Mitgliedsbeitrag kann unter bestimmten Voraussetzungen als Nachweis ein **Bareinzahlungsbeleg** oder die Buchungsbestätigung eines Kreditinstituts als Spendennachweis genügen; wegen der Einzelh. siehe § 50 Einkommensteuer-Durchführungsverordnung (BGBl I 1999 S. 2413).

Hinweis:
Unter ganz bestimmten Voraussetzungen, die beim FA zu erfragen sind, kann auch eine maschinell (= **EDV-gefertigte**) Spendenbescheinigung ohne eigenhändige Unterschrift ausreichend sein.

Die Spendenbescheinigung schafft keinen Vertrauenstatbestand (Niedersächsisches FG Urt. v. 2. 11. 1994 – VIII 403/94), bei nachträglichem Wegfall der Gemeinnützigkeit kann daher eine Berichtigung des Steuerbescheides des Spenders erfolgen (s. aber § 10b Abs. 4 EStG).

5. Haftung der Vereinsvertreter

Nach § 10b Abs. 4 EStG darf der Spender auf die **Richtigkeit** der Bestätigung über Spenden und Mitgliedsbeiträge **vertrauen.** Darauf baut die ebenfalls in § 10b Abs. 4 EStG normierte **Haftung** für die wegen der Gewährung des Vertrauensschutzes entgangene Steuer auf. Danach haftet, 533

- wer vorsätzlich oder grob fahrlässig eine **unrichtige Spendenbescheinigung** ausstellt oder
- wer **veranlasst,** dass Zuwendungen **nicht** zu den in der Bestätigung angegebenen **steuerbegünstigten Zwecken** verwendet werden.

Unrichtig ist eine Spendenbestätigung u. a. dann, wenn sie Zuwendungen ausweist, die Entgelt für Leistungen sind (BFH NJW 2000 S. 1063 für Zuwendungen an einen Schulförderverein einer Schule, deren Träger das Schulgeld so niedrig angesetzt hatte, dass der normale Betrieb der Schule nur durch die Zuwendungen der Eltern der Schüler an den Förderverein aufrechterhalten werden konnte). Die entgangene **Steuer** wird **stets** pauschal mit 40 % der **Spende** angesetzt. Die **Ausstellerhaftung** trifft grds. nur den Verein, nicht aber den Vertreter des Vereins. Dieser haftet nur, wenn er außerhalb des ihm zugewiesenen Wirkungskreises gehandelt hat (BFHE 199 S. 162 = BStBl II 2003 S. 128; vgl. dazu Schießl, SpuRt 2004 S. 53).

VI. Sponsoring und Steuern

An dieser Stelle kann aus Platzgründen nur auf Folgendes hingewiesen werden (vgl. auch Schleder, Rdn. 861): Bei den steuerrechtlichen Fragen ist zu unterscheiden: 534

- Für den **Sponsor** steht im Vordergrund, inwieweit seine Leistungen als Betriebsausgabe oder Werbungskosten absetzbar sind, bei den Gesponserten die Frage nach der Versteuerung der erzielten Einnahmen. Es gilt grds.: Die Aufwendungen für das Sponsoring werden beim Sponsor dann als Betriebsausgabe anerkannt, wenn sie in einem tatsächlichen oder wirtschaftlichen Zusammenhang mit dem Betrieb stehen. Entscheidend ist, ob sie mit dem Ziel bereitgestellt werden, eine unternehmerische Gegenleistung zu erhalten).

- Beim Verein liegt i. d. R. in der bezahlten Werbung für einen Unternehmer und/oder dessen Produkte ein steuerpflichtiger wirtschaftlicher Geschäftsbetrieb (vgl. dazu Rdn. 483) vor. Den wird man auf jeden Fall dann annehmen müssen, wenn der Unternehmer seine Zahlungen als Betriebsausgabe behandelt. Damit sind die (Werbe-)Einnahmen i. d. R. zu versteuern (wegen der Einzelh. s. Schleder, Rdn. 862 ff.; s. a. Rdn. 486).

Hinzuweisen ist in diesem Zusammenhang abschließend auf das BMF-**Schreiben** zur ertragsteuerlichen Behandlung des Sponsoring vom 18. 2. 1998 – IV B 2- S 2144-40/98 und IV B 7 – S 0183-62/98 = BStBl 1998 I S. 212 = NJW 1998 S. 1928, das den **Sponsoring-Erlass** des BMF vom 9. 7. 1997 – IV B 2 – S 2144-118/97 = DB 1998 S. 1491 ersetzt (siehe dazu auch NJW 1997 S. 3425; s. auch das BMF-Schreiben v. 10. 9. 2002, BStBl I S. 867, durch das die Verwaltungsanweisungen zur steuerlichen Behandlung der Sponsoring-Einnahmen bei gemeinnützigen Empfängerkörperschaften in den Anwendungserlass zur AO übernommen worden sind (vgl. Nr. 7 bis 10 zu § 64 AO).

D. Gesetzestexte (Auszüge)

(Die jeweils aktuelle Fassung der Gesetze kann im Internet abgefragt werden unter http://dejure.org)

1. Bürgerliches Gesetzbuch (BGB) 535

Vom 2. 1. 2002 (BGBl I S. 42)

Buch 1: Allgemeiner Teil

Abschnitt 1: Personen

Titel 2: Juristische Personen

Untertitel 1: Vereine

Kapitel 1: Allgemeine Vorschriften

§ 21 Nichtwirtschaftlicher Verein

Ein Verein, dessen Zweck nicht auf einen wirtschaftlichen Geschäftsbetrieb gerichtet ist, erlangt Rechtsfähigkeit durch Eintragung in das Vereinsregister des zuständigen Amtsgerichts.

§ 22 Wirtschaftlicher Verein

Ein Verein, dessen Zweck auf einen wirtschaftlichen Geschäftsbetrieb gerichtet ist, erlangt in Ermangelung besonderer reichsgesetzlicher Vorschriften Rechtsfähigkeit durch staatliche Verleihung. Die Verleihung steht dem Bundesstaate zu, in dessen Gebiete der Verein seinen Sitz hat.

§ 23 Ausländischer Verein

Einem Vereine, der seinen Sitz nicht in einem Bundesstaate hat, kann in Ermangelung besonderer reichsgesetzlicher Vorschriften Rechtsfähigkeit durch Beschluss des Bundesrats verliehen werden.

§ 24 Sitz

Als Sitz eines Vereins gilt, wenn nicht ein anderes bestimmt ist, der Ort, an dem die Verwaltung geführt wird.

§ 25 Verfassung

Die Verfassung eines rechtsfähigen Vereins wird, soweit sie nicht auf den nachfolgenden Vorschriften beruht, durch die Vereinssatzung bestimmt.

§ 26 Vorstand; Vertretung

(1) Der Verein muss einen Vorstand haben. Der Vorstand kann aus mehreren Personen bestehen.

(2) Der Vorstand vertritt den Verein gerichtlich und außergerichtlich; er hat die Stellung eines gesetzlichen Vertreters. Der Umfang seiner Vertretungsmacht kann durch die Satzung mit Wirkung gegen Dritte beschränkt werden.

§ 27 Bestellung und Geschäftsführung des Vorstandes

(1) Die Bestellung des Vorstandes erfolgt durch Beschluss der Mitgliederversammlung.

(2) Die Bestellung ist jederzeit widerruflich, unbeschadet des Anspruchs auf die vertragsmäßige Vergütung. Die Widerruflichkeit kann durch die Satzung auf den Fall beschränkt werden, dass ein wichtiger Grund für den Widerruf vorliegt; ein solcher Grund ist insbesondere grobe Pflichtverletzung oder Unfähigkeit zur ordnungsmäßigen Geschäftsführung.

(3) Auf die Geschäftsführung des Vorstandes finden die für den Auftrag geltenden Vorschriften der §§ 664 bis 670 entsprechende Anwendung.

§ 28 Beschlussfassung; Passivvertretung

(1) Besteht der Vorstand aus mehreren Personen, so erfolgt die Beschlussfassung nach den für die Beschlüsse der Mitglieder des Vereins geltenden Vorschriften der §§ 32, 34.

(2) Ist eine Willenserklärung dem Vereine gegenüber abzugeben, so genügt die Abgabe gegenüber einem Mitgliede des Vorstandes.

§ 29 Notbestellung durch Amtsgericht

Soweit die erforderlichen Mitglieder des Vorstandes fehlen, sind sie in dringenden Fällen für die Zeit bis zur Behebung des Mangels auf Antrag eines Beteiligten von dem Amtsgericht zu bestellen, das für den Bezirk, in dem der Verein seinen Sitz hat, das Vereinsregister führt.

§ 30 Besondere Vertreter

Durch die Satzung kann bestimmt werden, dass neben dem Vorstande für gewisse Geschäfte besondere Vertreter zu bestellen sind. Die Vertretungsmacht eines solchen Vertreters erstreckt sich im Zweifel auf alle Rechtsgeschäfte, die der ihm zugewiesene Geschäftskreis gewöhnlich mit sich bringt.

§ 31 Haftung des Vereins für Organe

Der Verein ist für den Schaden verantwortlich, den der Vorstand, ein Mitglied des Vorstandes oder ein anderer verfassungsmäßig berufener Vertreter durch eine in Ausführung der ihm zustehenden Verrichtungen begangene, zum Schadensersatze verpflichtende Handlung einem Dritten zufügt.

§ 32 Mitgliederversammlung; Beschlussfassung

(1) Die Angelegenheiten des Vereins werden, soweit sie nicht von dem Vorstand oder einem anderen Vereinsorgane zu besorgen sind, durch Beschlussfassung in einer Versammlung der Mitglieder geordnet. Zur Gültigkeit des Beschlusses ist erforderlich, dass der Gegenstand bei der Berufung bezeichnet wird. Bei der Beschlussfassung entscheidet die Mehrheit der erschienenen Mitglieder.

(2) Auch ohne Versammlung der Mitglieder ist ein Beschluss gültig, wenn alle Mitglieder ihre Zustimmung zu dem Beschlusse schriftlich erklären.

§ 33 Satzungsänderung

(1) Zu einem Beschlusse, der eine Änderung der Satzung enthält, ist eine Mehrheit von drei Vierteilen der erschienenen Mitglieder erforderlich. Zur Änderung des Zweckes des Vereins ist die Zustimmung aller Mitglieder erforderlich; die Zustimmung der nicht erschienenen Mitglieder muss schriftlich erfolgen.

(2) Beruht die Rechtsfähigkeit des Vereins auf Verleihung, so ist zu jeder Änderung der Satzung staatliche Genehmigung oder, falls die Verleihung durch den Bundesrat erfolgt ist, die Genehmigung des Bundesrats erforderlich.

§ 34 Ausschluss vom Stimmrecht

Ein Mitglied ist nicht stimmberechtigt, wenn die Beschlussfassung die Vornahme eines Rechtsgeschäfts mit ihm oder die Einleitung oder Erledigung eines Rechtsstreits zwischen ihm und dem Vereine betrifft.

§ 35 Sonderrechte

Sonderrechte eines Mitglieds können nicht ohne dessen Zustimmung durch Beschluss der Mitgliederversammlung beeinträchtigt werden.

§ 36 Berufung der Mitgliederversammlung

Die Mitgliederversammlung ist in den durch die Satzung bestimmten Fällen sowie dann zu berufen, wenn das Interesse des Vereins es erfordert.

§ 37 Berufung auf Verlangen einer Minderheit

(1) Die Mitgliederversammlung ist zu berufen, wenn der durch die Satzung bestimmte Teil oder in Ermangelung einer Bestimmung der zehnte Teil der Mitglieder die Berufung schriftlich unter Angabe des Zweckes und der Gründe verlangt.

(2) Wird dem Verlangen nicht entsprochen, so kann das Amtsgericht die Mitglieder, die das Verlangen gestellt haben, zur Berufung der Versammlung ermächtigen; es kann Anordnungen über die Führung des Vorsitzes in der Versammlung treffen. Zuständig ist das Amtsgericht, das für den Bezirk, in dem der Verein seinen Sitz hat, das Vereinsregister führt. Auf die Ermächtigung muss bei der Berufung der Versammlung Bezug genommen werden.

§ 38 Mitgliedschaft

Die Mitgliedschaft ist nicht übertragbar und nicht vererblich. Die Ausübung der Mitgliedschaftsrechte kann nicht einem anderen überlassen werden.

§ 39 Austritt aus dem Verein

(1) Die Mitglieder sind zum Austritt aus dem Vereine berechtigt.

(2) Durch die Satzung kann bestimmt werden, dass der Austritt nur am Schlusse eines Geschäftsjahrs oder erst nach Ablauf einer Kündigungsfrist zulässig ist; die Kündigungsfrist kann höchstens zwei Jahre betragen.

§ 40 Nachgiebige Vorschriften

Die Vorschriften des § 27 Abs. 1, 3, des § 28 Abs. 1 und der §§ 32, 33, 38 finden insoweit keine Anwendung, als die Satzung ein anderes bestimmt.

§ 41 Auflösung des Vereins

Der Verein kann durch Beschluss der Mitgliederversammlung aufgelöst werden. Zu dem Beschluss ist eine Mehrheit von drei Vierteilen der erschienenen Mitglieder erforderlich, wenn nicht die Satzung ein anderes bestimmt.

§ 42 Insolvenz

(1) Der Verein wird durch die Eröffnung des Insolvenzverfahrens aufgelöst. Wird das Verfahren auf Antrag des Schuldners eingestellt oder nach der Bestätigung eines Insolvenzplans, der den Fortbestand des Vereins vorsieht, aufgehoben, so kann die Mitgliederversammlung die Fortsetzung des Vereins beschließen. Durch die Satzung kann bestimmt werden, dass der Verein im Falle der Eröffnung des Insolvenzverfahrens als nichtrechtsfähiger Verein fortbesteht; auch in diesem Falle kann unter den Voraussetzungen des Satzes 2 die Fortsetzung als rechtsfähiger Verein beschlossen werden.

(2) Der Vorstand hat im Falle der Zahlungsunfähigkeit oder der Überschuldung die Eröffnung des Insolvenzverfahrens zu beantragen. Wird die Stellung des Antrags verzögert, so sind die Vorstandsmitglieder, denen ein Verschulden zur Last fällt, den Gläubigern für den daraus entstehenden Schaden verantwortlich; sie haften als Gesamtschuldner.

§ 43 Entziehung der Rechtsfähigkeit

(1) Dem Vereine kann die Rechtsfähigkeit entzogen werden, wenn er durch einen rechtswidrigen Beschluss der Mitgliederversammlung oder durch gesetzwidriges Verhalten des Vorstandes das Gemeinwohl gefährdet.

(2) Einem Vereine, dessen Zweck nach der Satzung nicht auf einen wirtschaftlichen Geschäftsbetrieb gerichtet ist, kann die Rechtsfähigkeit entzogen werden, wenn er einen solchen Zweck verfolgt.

(3) (aufgehoben)

(4) Einem Vereine, dessen Rechtsfähigkeit auf Verleihung beruht, kann die Rechtsfähigkeit entzogen werden, wenn er einen anderen als den in der Satzung bestimmten Zweck verfolgt.

§ 44 Zuständigkeit und Verfahren

(1) Die Zuständigkeit und das Verfahren bestimmen sich in den Fällen des § 43 nach dem Recht des Landes, in dem der Verein seinen Sitz hat.

(2) Beruht die Rechtsfähigkeit auf Verleihung durch den Bundesrat, so erfolgt die Entziehung durch Beschluss des Bundesrats.

§ 45 Anfall des Vereinsvermögens

(1) Mit der Auflösung des Vereins oder der Entziehung der Rechtsfähigkeit fällt das Vermögen an die in der Satzung bestimmten Personen.

(2) Durch die Satzung kann vorgeschrieben werden, dass die Anfallberechtigten durch Beschluss der Mitgliederversammlung oder eines anderen Vereinsorgans bestimmt werden. Ist der Zweck des Vereins nicht auf einen wirtschaftlichen Geschäftsbetrieb gerichtet, so kann die Mitgliederversammlung auch ohne eine solche Vorschrift das Vermögen einer öffentlichen Stiftung oder Anstalt zuweisen.

(3) Fehlt es an einer Bestimmung der Anfallberechtigten, so fällt das Vermögen, wenn der Verein nach der Satzung ausschließlich den Interessen seiner Mitglieder diente, an die zur Zeit der Auflösung oder der Entziehung der Rechtsfähigkeit vorhandenen Mitglieder zu gleichen Teilen, andernfalls an den Fiskus des Bundesstaats, in dessen Gebiete der Verein seinen Sitz hatte.

§ 46 Anfall an den Fiskus

Fällt das Vereinsvermögen an den Fiskus, so finden die Vorschriften über eine dem Fiskus als gesetzlichem Erben anfallende Erbschaft entsprechende Anwendung. Der Fiskus hat das Vermögen tunlichst in einer den Zwecken des Vereins entsprechenden Weise zu verwenden.

§ 47 Liquidation

Fällt das Vereinsvermögen nicht an den Fiskus, so muss eine Liquidation stattfinden, sofern nicht über das Vermögen des Vereins das Insolvenzverfahren eröffnet ist.

§ 48 Liquidatoren

(1) Die Liquidation erfolgt durch den Vorstand. Zu Liquidatoren können auch andere Personen bestellt werden; für die Bestellung sind die für die Bestellung des Vorstandes geltenden Vorschriften maßgebend.

(2) Die Liquidatoren haben die rechtliche Stellung des Vorstandes, soweit sich nicht aus dem Zwecke der Liquidation ein anderes ergibt.

(3) Sind mehrere Liquidatoren vorhanden, so ist für ihre Beschlüsse Übereinstimmung aller erforderlich, sofern nicht ein anderes bestimmt ist.

§ 49 Aufgaben der Liquidatoren

(1) Die Liquidatoren haben die laufenden Geschäfte zu beendigen, die Forderungen einzuziehen, das übrige Vermögen in Geld umzusetzen, die Gläubiger zu befriedigen und den Überschuss den Anfallberechtigten auszuantworten. Zur Beendigung schwebender Geschäfte können die Liquidatoren auch neue Geschäfte eingehen. Die Einziehung der Forderungen sowie die Umsetzung des übrigen Vermögens in Geld darf unterbleiben, soweit diese Maßregeln nicht zur Befriedigung der Gläubiger oder zur Verteilung des Überschusses unter die Anfallberechtigten erforderlich sind.

(2) Der Verein gilt bis zur Beendigung der Liquidation als fortbestehend, soweit der Zweck der Liquidation es erfordert.

§ 50 Bekanntmachung

(1) Die Auflösung des Vereins oder die Entziehung der Rechtsfähigkeit ist durch die Liquidatoren öffentlich bekannt zu machen. In der Bekanntmachung sind die Gläubiger zur Anmeldung ihrer Ansprüche aufzufordern. Die Bekanntmachung erfolgt durch das in der Satzung für Veröffentlichungen bestimmte Blatt, in Ermangelung eines solchen durch dasjenige Blatt, welches für Bekanntmachungen des Amtsgerichts bestimmt ist, in dessen Bezirke der Verein seinen Sitz hatte. Die Bekanntmachung gilt mit dem Ablaufe des zweiten Tages nach der Einrückung oder der ersten Einrückung als bewirkt.

(2) Bekannte Gläubiger sind durch besondere Mitteilung zur Anmeldung aufzufordern.

§ 51 Sperrjahr

Das Vermögen darf den Anfallberechtigten nicht vor dem Ablauf eines Jahres nach der Bekanntmachung der Auflösung des Vereins oder der Entziehung der Rechtsfähigkeit ausgeantwortet werden.

§ 52 Sicherung für Gläubiger

(1) Meldet sich ein bekannter Gläubiger nicht, so ist der geschuldete Betrag, wenn die Berechtigung zur Hinterlegung vorhanden ist, für den Gläubiger zu hinterlegen.

(2) Ist die Berichtigung einer Verbindlichkeit zurzeit nicht ausführbar oder ist eine Verbindlichkeit streitig, so darf das Vermögen den Anfallberechtigten nur ausgeantwortet werden, wenn dem Gläubiger Sicherheit geleistet ist.

§ 53 Schadensersatzpflicht der Liquidatoren

Liquidatoren, welche die ihnen nach dem § 42 Abs. 2 und den §§ 50 bis 52 obliegenden Verpflichtungen verletzen oder vor der Befriedigung der Gläubiger Vermögen den Anfallberechtigten ausantworten, sind, wenn ihnen ein Verschulden zur Last fällt, den Gläubigern für den daraus entstehenden Schaden verantwortlich; sie haften als Gesamtschuldner.

§ 54 Nichtrechtsfähige Vereine

Auf Vereine, die nichtrechtsfähig sind, finden die Vorschriften über die Gesellschaft Anwendung. Aus einem Rechtsgeschäfte, das im Namen eines solchen Vereins einem Dritten gegenüber vorgenommen wird, haftet der Handelnde persönlich; handeln mehrere, so haften sie als Gesamtschuldner.

Kapitel 2: Eingetragene Vereine

§ 55 Zuständigkeit für die Registereintragung

(1) Die Eintragung eines Vereins der im § 21 bezeichneten Art in das Vereinsregister hat bei dem Amtsgerichte zu geschehen, in dessen Bezirke der Verein seinen Sitz hat.

(2) Die Landesjustizverwaltungen können die Vereinssachen einem Amtsgericht für die Bezirke mehrerer Amtsgerichte zuweisen.

§ 55a Elektronische Vereinsregister

(1) Die Landesregierungen können durch Rechtsverordnung bestimmen, dass und in welchem Umfang das Vereinsregister in maschineller Form als automatisierte Datei geführt wird. Hierbei muss gewährleistet sein, dass

1. die Grundsätze einer ordnungsgemäßen Datenverarbeitung eingehalten, insbesondere Vorkehrungen gegen einen Datenverlust getroffen sowie die erforderlichen Kopien der Datenbestände mindestens tagesaktuell gehalten und die originären Datenbestände sowie deren Kopien sicher aufbewahrt werden;
2. die vorzunehmenden Eintragungen alsbald in einen Datenspeicher aufgenommen und auf Dauer inhaltlich unverändert in lesbarer Form wiedergegeben werden können;
3. die nach der Anlage zu § 126 Abs. 1 Satz 2 Nr. 3 der Grundbuchordnung gebotenen Maßnahmen getroffen werden.

Die Landesregierungen können durch Rechtsverordnung die Ermächtigung nach Satz 1 auf die Landesjustizverwaltungen übertragen.

(2) Die Führung des Vereinsregisters auch in maschineller Form umfaßt die Einrichtung und Führung eines Verzeichnisses der Vereine sowie weiterer, für die Führung des Vereinsregisters erforderlicher Verzeichnisse.

(3) Das maschinell geführte Vereinsregister tritt für eine Seite des Registers an die Stelle des bisherigen Registers, sobald die Eintragungen dieser Seite in den für die Vereinsregistereintragungen bestimmten Datenspeicher aufgenommen und als Vereinsregister freigegeben worden sind. Die entsprechenden Seiten des bisherigen Vereinsregisters sind mit einem Schließungsvermerk zu versehen.

(4) Eine Eintragung wird wirksam, sobald sie in den für die Registereintragungen bestimmten Datenspeicher aufgenommen ist und auf Dauer inhaltlich unverändert in lesbarer Form wiedergegeben werden kann. Durch eine Bestätigungsanzeige oder in anderer geeigneter Weise ist zu überprüfen, ob diese Voraussetzungen eingetreten sind. Jede Eintragung soll den Tag angeben, an dem sie wirksam geworden ist.

(5) Die zum Vereinsregister eingereichten Schriftstücke können zur Ersetzung der Urschrift auch als Wiedergabe auf einem Bildträger oder auf anderen Datenträgern aufbewahrt werden, wenn sichergestellt ist, dass die Wiedergabe oder die Daten innerhalb angemessener Zeit lesbar gemacht werden können. Bei der Herstellung der Bild- oder Datenträger ist ein schriftlicher Nachweis über ihre inhaltliche Übereinstimmung mit der Urschrift anzufertigen.

(6) Wird das Vereinsregister in maschineller Form als automatisierte Datei geführt, so kann die Datenverarbeitung im Auftrag des zuständigen Amtsgerichts auf den Anlagen einer anderen staatlichen Stelle oder auf den Anlagen einer juristischen Person des öffentlichen Rechts vorgenommen werden, wenn die ordnungsgemäße Erledigung der Registersachen sichergestellt ist. Die Landesregierungen werden ermächtigt,

durch Rechtsverordnung zu bestimmen, dass die Daten des bei einem Amtsgericht in maschineller Form geführten Vereinsregisters an andere Amtsgerichte übermittelt und dort auch zur Einsicht und zur Erteilung von Ausdrucken bereitgehalten werden, wenn dies der Erleichterung des Rechtsverkehrs dient und mit einer rationellen Registerführung vereinbar ist; die Landesregierungen können durch Rechtsverordnung die Ermächtigung auf die Landesjustizverwaltungen übertragen.

(7) Das Bundesministerium der Justiz wird ermächtigt, durch Rechtsverordnung mit Zustimmung des Bundesrates nähere Vorschriften zu erlassen über die Einzelheiten der Einrichtung und Führung des Vereinsregisters, auch soweit es maschinell geführt wird.

§ 56 Mindestmitgliederzahl des Vereins

Die Eintragung soll nur erfolgen, wenn die Zahl der Mitglieder mindestens sieben beträgt.

§ 57 Mindesterfordernisse an die Vereinssatzung

(1) Die Satzung muss den Zweck, den Namen und den Sitz des Vereins enthalten und ergeben, dass der Verein eingetragen werden soll.

(2) Der Name soll sich von den Namen der an demselben Orte oder in derselben Gemeinde bestehenden eingetragenen Vereine deutlich unterscheiden.

§ 58 Sollinhalt der Vereinssatzung

Die Satzung soll Bestimmungen enthalten:

1. über den Eintritt und Austritt der Mitglieder;
2. darüber, ob und welche Beiträge von den Mitgliedern zu leisten sind;
3. über die Bildung des Vorstandes;
4. über die Voraussetzungen, unter denen die Mitgliederversammlung zu berufen ist, über die Form der Berufung und über die Beurkundung der Beschlüsse.

§ 59 Anmeldung zur Eintragung

(1) Der Vorstand hat den Verein zur Eintragung anzumelden.

(2) Der Anmeldung sind beizufügen:

1. die Satzung in Urschrift und Abschrift;

2. eine Abschrift der Urkunden über die Bestellung des Vorstandes.

(3) Die Satzung soll von mindestens sieben Mitgliedern unterzeichnet sein und die Angabe des Tages der Errichtung enthalten.

§ 60 Zurückweisung der Anmeldung

Die Anmeldung ist, wenn den Erfordernissen der §§ 56 bis 59 nicht genügt ist, von dem Amtsgericht unter Angabe der Gründe zurückzuweisen.

§§ 61–63 (aufgehoben)

§ 64 Inhalt der Vereinsregistereintragung

Bei der Eintragung sind der Name und der Sitz des Vereins, der Tag der Errichtung der Satzung, die Mitglieder des Vorstandes und ihre Vertretungsmacht anzugeben.

§ 65 Namenszusatz

Mit der Eintragung erhält der Name des Vereins den Zusatz „eingetragener Verein".

§ 66 Bekanntmachung

(1) Das Amtsgericht hat die Eintragung durch das für seine Bekanntmachungen bestimmte Blatt zu veröffentlichen.

(2) Die Urschrift der Satzung ist mit der Bescheinigung der Eintragung zu versehen und zurückzugeben. Die Abschrift wird von dem Amtsgerichte beglaubigt und mit den übrigen Schriftstücken aufbewahrt.

§ 67 Änderung des Vorstands

(1) Jede Änderung des Vorstands ist von dem Vorstand zur Eintragung anzumelden. Der Anmeldung ist eine Abschrift der Urkunde über die Änderung beizufügen.

(2) Die Eintragung gerichtlich bestellter Vorstandsmitglieder erfolgt von Amts wegen.

§ 68 Vertrauensschutz durch Vereinsregister

Wird zwischen den bisherigen Mitgliedern des Vorstandes und einem Dritten ein Rechtsgeschäft vorgenommen, so kann die Änderung des

Vorstandes dem Dritten nur entgegengesetzt werden, wenn sie zur Zeit der Vornahme des Rechtsgeschäfts im Vereinsregister eingetragen oder dem Dritten bekannt ist. Ist die Änderung eingetragen, so braucht der Dritte sie nicht gegen sich gelten zu lassen, wenn er sie nicht kennt, seine Unkenntnis auch nicht auf Fahrlässigkeit beruht.

§ 69 Nachweis des Vereinsvorstands

Der Nachweis, dass der Vorstand aus den im Register eingetragenen Personen besteht, wird Behörden gegenüber durch ein Zeugnis des Amtsgerichts über die Eintragung geführt.

§ 70 Beschränkung der Vertretungsmacht; Beschlussfassung

Die Vorschriften des § 68 gelten auch für Bestimmungen, die den Umfang der Vertretungsmacht des Vorstandes beschränken oder die Beschlussfassung des Vorstandes abweichend von der Vorschrift des § 28 Abs. 1 regeln.

§ 71 Änderung der Satzung

(1) Änderungen der Satzung bedürfen zu ihrer Wirksamkeit der Eintragung in das Vereinsregister. Die Änderung ist von dem Vorstande zur Eintragung anzumelden. Der Anmeldung ist der die Änderung enthaltende Beschluss in Urschrift und Abschrift beizufügen.

(2) Die Vorschriften der §§ 60, 64 und des § 66 Abs. 2 finden entsprechende Anwendung.

§ 72 Bescheinigung der Mitgliederzahl

Der Vorstand hat dem Amtsgericht auf dessen Verlangen jederzeit eine von ihm vollzogene Bescheinigung über die Zahl der Vereinsmitglieder einzureichen.

§ 73 Unterschreiten der Mindestmitgliederzahl

Sinkt die Zahl der Vereinsmitglieder unter drei herab, so hat das Amtsgericht auf Antrag des Vorstandes und, wenn der Antrag nicht binnen drei Monaten gestellt wird, von Amts wegen nach Anhörung des Vorstandes dem Vereine die Rechtsfähigkeit zu entziehen.

§ 74 Auflösung

(1) Die Auflösung des Vereins sowie die Entziehung der Rechtsfähigkeit ist in das Vereinsregister einzutragen. Im Falle der Eröffnung des Insolvenzverfahrens unterbleibt die Eintragung.

(2) Wird der Verein durch Beschluss der Mitgliederversammlung oder durch den Ablauf der für die Dauer des Vereins bestimmten Zeit aufgelöst, so hat der Vorstand die Auflösung zu Eintragung anzumelden. Der Anmeldung ist im ersteren Falle eine Abschrift des Auflösungsbeschlusses beizufügen.

(3) Wird dem Verein auf Grund des § 43 die Rechtsfähigkeit entzogen, so erfolgt die Eintragung auf Anzeige der zuständigen Behörde.

§ 75 Eröffnung des Insolvenzverfahrens

Die Eröffnung des Insolvenzverfahrens ist von Amts wegen einzutragen. Das gleiche gilt für

1. die Aufhebung des Eröffnungsbeschlusses;
2. die Bestellung eines vorläufigen Insolvenzverwalters, wenn zusätzlich dem Schuldner ein allgemeines Verfügungsverbot auferlegt oder angeordnet wird, dass Verfügungen des Schuldners nur mit Zustimmung des vorläufigen Insolvenzverwalters wirksam sind, und die Aufhebung einer derartigen Sicherungsmaßnahme;
3. die Anordnung der Eigenverwaltung durch den Schuldner und deren Aufhebung sowie die Anordnung der Zustimmungsbedürftigkeit bestimmter Rechtsgeschäfte des Schuldners,
4. die Einstellung und die Aufhebung des Verfahrens und
5. die Überwachung der Erfüllung eines Insolvenzplans und die Aufhebung der Überwachung.

§ 76 Eintragung der Liquidatoren

(1) Die Liquidatoren sind in das Vereinsregister einzutragen. Das gleiche gilt von Bestimmungen, welche den Beschluss der Liquidatoren abweichend von der Vorschrift des § 48 Abs. 3 regeln.

(2) Die Anmeldung hat durch den Vorstand, bei späteren Änderungen durch die Liquidatoren zu erfolgen. Bei der Anmeldung ist der Umfang der Vertretungsmacht der Liquidatoren anzugeben. Der Anmeldung der durch Beschluss der Mitgliederversammlung bestellten Liquidatoren ist eine Abschrift des Beschlusses, der Anmeldung einer Bestimmung über die Beschlussfassung der Liquidatoren eine Abschrift der die Bestimmung enthaltenden Urkunde beizufügen.

(3) Die Eintragung gerichtlich bestellter Liquidatoren geschieht von Amts wegen.

§ 77 Form der Anmeldungen

Die Anmeldungen zum Vereinsregister sind von den Mitgliedern des Vorstandes sowie von den Liquidatoren mittels öffentlich beglaubigter Erklärung zu bewirken.

§ 78 Festsetzung von Zwangsgeld

(1) Das Amtsgericht kann die Mitglieder des Vorstandes zur Befolgung der Vorschriften des § 67 Abs. 1, des § 71 Abs. 1, des § 72, des § 74 Abs. 2 und des § 76 durch Festsetzung von Zwangsgeld anhalten.

(2) In gleicher Weise können die Liquidatoren zur Befolgung der Vorschriften des § 76 angehalten werden.

§ 79 Einsicht in das Vereinsregister

(1) Die Einsicht des Vereinsregisters sowie der von dem Vereine bei dem Amtsgericht eingereichten Schriftstücke ist jedem gestattet. Von den Eintragungen kann eine Abschrift gefordert werden; die Abschrift ist auf Verlangen zu beglaubigen. Werden die Schriftstücke nach § 55a Abs. 5 aufbewahrt, so kann eine Abschrift nur von der Wiedergabe gefordert werden. Die Abschrift ist auf Verlangen zu beglaubigen. Eine Einsicht in das Original ist nur gestattet, wenn ein berechtigtes Interesse darin dargelegt wird.

(2) Die Einrichtung eines automatisierten Verfahrens, das die Übermittlung der Daten aus dem maschinell geführten Vereinsregister durch Abruf ermöglicht, ist zulässig, sofern sichergestellt ist, dass

1. der Abruf von Daten die nach Absatz 1 zulässige Einsicht nicht überschreitet und
2. die Zulässigkeit der Abrufe auf der Grundlage einer Protokollierung kontrolliert werden kann.

(3) Der Nutzer ist darauf hinzuweisen, dass er die übermittelten Daten nur zu Informationszwecken verwenden darf. Die zuständige Stelle hat (z. B. durch Stichproben) zu prüfen, ob sich Anhaltspunkte dafür ergeben, dass die nach Satz 1 zulässige Einsicht überschritten oder übermittelte Daten missbraucht werden

(4) Die zuständige Stelle kann einen Nutzer, der die Funktionsfähigkeit der Abrufeinrichtung gefährdet, die nach Absatz 3 Satz 1 zulässige Einsicht überschreitet oder übermittelte Daten missbraucht, von der Teil-

nahme am automatisierten Abrufverfahren ausschließen; dasselbe gilt bei drohender Überschreitung oder drohendem Missbrauch.

(5) Zuständige Stelle ist die Landesjustizverwaltung. Örtlich zuständig ist die Behörde, in deren Bezirk das betreffende Amtsgericht liegt. Die Zuständigkeit kann durch Rechtsverordnung der Landesregierung übertragen werden. Sie kann diese Ermächtigung durch Rechtsverordnung auf die Landesjustizverwaltung übertragen.

Abschnitt 3: Rechtsgeschäfte

Titel 1: Geschäftsfähigkeit

§ 105a Geschäfte des täglichen Lebens

Tätigt ein volljähriger Geschäftsunfähiger ein Geschäft des täglichen Lebens, das mit geringwertigen Mitteln bewirkt werden kann, so gilt der von ihm geschlossene Vertrag in Ansehung von Leistung und, soweit vereinbart, Gegenleistung als wirksam, sobald Leistung und Gegenleistung bewirkt sind. Satz 1 gilt nicht bei einer erheblichen Gefahr für die Person oder das Vermögen des Geschäftsunfähigen.

§ 107 Einwilligung des gesetzlichen Vertreters

Der Minderjährige bedarf zu einer Willenserklärung, durch die er nicht lediglich einen rechtlichen Vorteil erlangt, der Einwilligung seines gesetzlichen Vertreters.

§ 110 Bewirken der Leistung mit eigenen Mitteln

Ein von dem Minderjährigen ohne Zustimmung des gesetzlichen Vertreters geschlossener Vertrag gilt als von Anfang an wirksam, wenn der Minderjährige die vertragsmäßige Leistung mit Mitteln bewirkt, die ihm zu diesem Zwecke oder zu freier Verfügung von dem Vertreter oder mit dessen Zustimmung von einem Dritten überlassen worden sind.

§ 111 Einseitige Rechtsgeschäfte

Ein einseitiges Rechtsgeschäft, das der Minderjährige ohne die erforderliche Einwilligung des gesetzlichen Vertreters vornimmt, ist unwirksam. Nimmt der Minderjährige mit dieser Einwilligung ein solches Rechtsgeschäft einem anderen gegenüber vor, so ist das Rechtsgeschäft unwirksam, wenn der Minderjährige die Einwilligung nicht in schriftlicher Form vorlegt und der andere das Rechtsgeschäft aus diesem Grunde unverzüglich zurückweist. Die Zurückweisung ist ausgeschlossen, wenn der Vertreter den anderen von der Einwilligung in Kenntnis gesetzt hatte.

§ 112 Selbständiger Betrieb eines Erwerbsgeschäfts

(1) Ermächtigt der gesetzliche Vertreter mit Genehmigung des Vormundschaftsgerichts den Minderjährigen zum selbständigen Betrieb eines Erwerbsgeschäfts, so ist der Minderjährige für solche Rechtsgeschäfte unbeschränkt geschäftsfähig, welche der Geschäftsbetrieb mit sich bringt. Ausgenommen sind Rechtsgeschäfte, zu denen der Vertreter die Genehmigung des Vormundschaftsgerichts bedarf.

(2) Die Ermächtigung kann von dem Vertreter nur mit Genehmigung des Vormundschaftsgerichts zurückgenommen werden.

§ 113 Dienst- oder Arbeitsverhältnis

(1) Ermächtigt der gesetzliche Vertreter den Minderjährigen, in Dienst oder in Arbeit zu treten, so ist der Minderjährige für solche Rechtsgeschäfte unbeschränkt geschäftsfähig, welche die Eingehung oder Aufhebung eines Dienst- oder Arbeitsverhältnisses der gestatteten Art oder die Erfüllung der sich aus einem solchen Verhältnis ergebenden Verpflichtungen betreffen. Ausgenommen sind Verträge, zu denen der Vertreter der Genehmigung des Vormundschaftsgerichts bedarf.

(2) Die Ermächtigung kann von dem Vertreter zurückgenommen oder eingeschränkt werden.

(3) Ist der gesetzliche Vertreter ein Vormund, so kann die Ermächtigung, wenn sie von ihm verweigert wird, auf Antrag des Minderjährigen durch das Vormundschaftsgericht ersetzt werden. Das Vormundschaftsgericht hat die Ermächtigung zu ersetzen, wenn sie im Interesse des Mündels liegt.

(4) Die für einen einzelnen Fall erteilte Ermächtigung gilt im Zweifel als allgemeine Ermächtigung zur Eingehung von Verhältnissen derselben Art.

Titel 2: Willenserklärung

§ 126a Elektronische Form

(1) Soll die gesetzlich vorgeschriebene schriftliche Form durch die elektronische Form ersetzt werden, so muss der Aussteller der Erklärung dieser seinen Namen hinzufügen und das elektronische Dokument mit

einer qualifizierten elektronischen Signatur nach dem Signaturgesetz versehen.

(2) Bei einem Vertrag müssen die Parteien jeweils ein gleichlautendes Dokument in der in Absatz 1 bezeichneten Weise elektronisch signieren.

§ 127 Vereinbarte Form

(1) Die Vorschriften des § 126, des § 126a oder des § 126b gelten im Zweifel auch für die durch Rechtsgeschäft bestimmte Form.

(2) Zur Wahrung der durch Rechtsgeschäft bestimmten schriftlichen Form genügt, soweit nicht ein anderer Wille anzunehmen ist, die telekommunikative Übermittlung und bei einem Vertrag der Briefwechsel. Wird eine solche Form gewählt, so kann nachträglich eine dem § 126 entsprechende Beurkundung verlangt werden.

(3) Zur Wahrung der durch Rechtsgeschäft bestimmten elektronischen Form genügt, soweit nicht ein anderer Wille anzunehmen ist, auch eine andere als die in § 126a bestimmte elektronische Signatur und bei einem Vertrag der Austausch von Angebots- und Annahmeerklärung, die jeweils mit einer elektronischen Form versehen sind. Wird eine solche Form gewählt, so kann nachträglich eine dem § 126a entsprechende elektronische Signierung oder, wenn diese einer der Parteien nicht möglich ist, eine dem § 126 entsprechende Beurkundung verlangt werden.

§ 138 Sittenwidriges Rechtsgeschäft; Wucher

(1) Ein Rechtsgeschäft, das gegen die guten Sitten verstößt, ist nichtig.

(2) Nichtig ist insbesondere ein Rechtsgeschäft, durch das jemand unter Ausbeutung der Zwangslage, der Unerfahrenheit, des Mangels an Urteilsvermögen oder der erheblichen Willensschwäche eines anderen sich oder einem Dritten für eine Leistung Vermögensvorteile versprechen oder gewähren lässt, die in einem auffälligen Missverhältnis zu der Leistung stehen.

Titel 5: Vertretung und Vollmacht

§ 179 Haftung des Vertreters ohne Vertretungsmacht

(1) Wer als Vertreter einen Vertrag geschlossen hat, ist, sofern er nicht seine Vertretungsmacht nachweist, dem anderen Teile nach dessen Wahl zur Erfüllung oder zum Schadensersatze verpflichtet, wenn der Vertretene die Genehmigung des Vertrags verweigert.

(2) Hat der Vertreter den Mangel der Vertretungsmacht nicht gekannt, so ist er nur zum Ersatze desjenigen Schadens verpflichtet, welchen der andere Teil dadurch erleidet, dass er auf die Vertretungsmacht vertraut, jedoch nicht über den Betrag des Interesses hinaus, welches der andere Teil an der Wirksamkeit des Vertrags hat.

(3) Der Vertreter haftet nicht, wenn der andere Teil den Mangel der Vertretungsmacht kannte oder kennen musste. Der Vertreter haftet auch dann nicht, wenn er in der Geschäftsfähigkeit beschränkt war, es sei denn, dass er mit Zustimmung seines gesetzlichen Vertreters gehandelt hat.

§ 181 In-sich-Geschäft

Ein Vertreter kann, soweit nicht ein anderes ihm gestattet ist, im Namen des Vertretenen mit sich im eigenen Namen oder als Vertreter eines Dritten ein Rechtsgeschäft nicht vornehmen, es sei denn, dass das Rechtsgeschäft ausschließlich in der Erfüllung einer Verbindlichkeit besteht.

§ 195 Regelmäßige Verjährungsfrist

Die regelmäßige Verjährungsfrist beträgt drei Jahre.

§ 199 Beginn der regelmäßigen Verjährungsfrist und Höchstfristen

(1) Die regelmäßige Verjährungsfrist beginnt mit dem Schluss des Jahres, in dem

1. der Anspruch entstanden ist, und
2. der Gläubiger von den den Anspruch begründenden Umständen und der Person des Schuldners Kenntnis erlangt oder ohne grobe Fahrlässigkeit erlangen müsste.

(2) – (5) (vom Abdruck wurde abgesehen)

Buch 2: Recht der Schuldverhältnisse

Abschnitt 1: Inhalt der Schuldverhältnisse

Titel 1: Verpflichtung zur Leistung

§ 259 Umfang der Rechenschaftspflicht

(1) Wer verpflichtet ist, über eine mit Einnahmen und Ausgaben verbundene Verwaltung Rechenschaft abzulegen, hat dem Berechtigten eine die geordnete Zusammenstellung der Einnahmen oder der Ausgaben enthaltende Rechnung mitzuteilen und, soweit Belege erteilt zu werden pflegen, Belege vorzulegen.

(2) Besteht Grund zu der Annahme, dass die in der Rechnung enthaltenen Angaben über die Einnahmen nicht mit der erforderlichen Sorgfalt gemacht worden sind, so hat der Verpflichtete auf Verlangen zu Protokoll an Eides statt zu versichern, dass er nach bestem Wissen die Einnahmen so vollständig angegeben hat, als er dazu imstande sei.

(3) In Angelegenheiten von geringer Bedeutung besteht eine Verpflichtung zur Abgabe der eidesstattlichen Versicherung nicht.

§ 276 Verantwortlichkeit des Schuldners

(1) Der Schuldner hat Vorsatz und Fahrlässigkeit zu vertreten, wenn eine strengere oder mildere Haftung weder bestimmt noch aus dem sonstigen Inhalt des Schuldverhältnisses, insbesondere aus der Übernahme einer Garantie oder eines Beschaffungsrisikos zu entnehmen ist. Die Vorschriften der §§ 827 und 828 finden entsprechende Anwendung.

(2) Fahrlässig handelt, wer die im Verkehr erforderliche Sorgfalt außer Acht lässt.

(3) Die Haftung wegen Vorsatzes kann dem Schuldner nicht im Voraus erlassen werden.

§ 278 Verantwortlichkeit des Schuldners für Dritte

Der Schuldner hat ein Verschulden seines gesetzlichen Vertreters und der Personen, deren er sich zur Erfüllung seiner Verbindlichkeit bedient, im gleichen Umfange zu vertreten wie eigenes Verschulden. Die Vorschrift des § 276 Abs. 3 findet keine Anwendung.

§ 312 Widerrufsrecht bei Haustürgeschäften

(1) Bei einem Vertrag zwischen einem Unternehmer und einem Verbraucher, der eine entgeltliche Leistung zum Gegenstand hat und zu dessen Abschluss der Verbraucher

1. durch mündliche Verhandlungen an seinem Arbeitsplatz oder im Bereich einer Privatwohnung,
2. anlässlich einer vom Unternehmer oder von einem Dritten zumindest auch im Interesse des Unternehmers durchgeführten Freizeitveranstaltung oder
3. im Anschluss an ein überraschendes Ansprechen in Verkehrsmitteln oder im Bereich öffentlich zugänglicher Verkehrsflächen

bestimmt worden ist (Haustürgeschäft), steht dem Verbraucher ein Widerrufsrecht gemäß § 355 zu. Dem Verbraucher kann anstelle des Widerrufsrechts ein Rückgaberecht nach § 356 eingeräumt werden, wenn zwischen dem Verbraucher und dem Unternehmer im Zusammenhang mit diesem oder einem späteren Geschäft auch eine ständige Verbindung aufrechterhalten werden soll.

(2) Die erforderliche Belehrung über das Widerrufs- oder Rückgaberecht muss auf die Rechtsfolgen des § 357 Abs. 1 und 3 hinweisen.

(3) Das Widerrufs- oder Rückgaberecht besteht unbeschadet anderer Vorschriften nicht bei Versicherungsverträgen oder wenn

1. im Fall von Absatz 1 Nr. 1 die mündlichen Verhandlungen, auf denen der Abschluss des Vertrages beruht, auf vorhergehende Bestellung des Verbrauchers geführt worden sind oder
2. die Leistung bei Abschluss der Verhandlung sofort erbracht und bezahlt wird und das Entgelt 40 Euro nicht übersteigt oder
3. die Willenserklärung des Verbrauchers von einem Notar beurkundet worden ist.

Abschnitt 7: Einzelne Schuldverhältnisse

Titel 6: Dienstvertrag

§ 626 Fristlose Kündigung aus wichtigem Grund

(1) Das Dienstverhältnis kann von jedem Vertragsteil aus wichtigem Grund ohne Einhaltung einer Kündigungsfrist gekündigt werden, wenn Tatsachen vorliegen, aufgrund derer dem Kündigenden unter Berücksichtigung aller Umstände des Einzelfalles und unter Abwägung der In-

teressen beider Vertragsteile die Fortsetzung des Dienstverhältnisses bis zum Ablauf der Kündigungsfrist oder bis zu der vereinbarten Beendigung des Dienstverhältnisses nicht zugemutet werden kann.

(2) Die Kündigung kann nur innerhalb von zwei Wochen erfolgen. Die Frist beginnt mit dem Zeitpunkt, in dem der Kündigungsberechtigte von den für die Kündigung maßgebenden Tatsachen Kenntnis erlangt. Der Kündigende muss dem anderen Teil auf Verlangen den Kündigungsgrund unverzüglich schriftlich mitteilen.

§ 627 Fristlose Kündigung bei Vertrauensstellung

(1) Bei einem Dienstverhältnis, das kein Arbeitsverhältnis im Sinne des § 622 ist, ist die Kündigung auch ohne die im § 626 bezeichnete Voraussetzung zulässig, wenn der zur Dienstleistung Verpflichtete, ohne in einem dauernden Dienstverhältnis mit festen Bezügen zu stehen, Dienste höherer Art zu leisten hat, die aufgrund besonderen Vertrauens übertragen zu werden pflegen.

(2) Der Verpflichtete darf nur in der Art kündigen, dass sich der Dienstberechtigte die Dienste anderweit beschaffen kann, es sei denn, dass ein wichtiger Grund für die unzeitige Kündigung vorliegt. Kündigt er ohne solchen Grund zur Unzeit, so hat er dem Dienstberechtigten den daraus entstehenden Schaden zu ersetzen.

Titel 12: Auftrag und Geschäftsbesorgungsvertrag

§ 664 Unübertragbarkeit; Haftung für Gehilfen

(1) Der Beauftragte darf im Zweifel die Ausführung des Auftrags nicht einem Dritten übertragen. Ist die Übertragung gestattet, so hat er nur ein ihm bei der Übertragung zur Last fallendes Verschulden zu vertreten. Für das Verschulden eines Gehilfen ist er nach § 278 verantwortlich.

(2) Der Anspruch auf Ausführung des Auftrags ist im Zweifel nicht übertragbar.

§ 665 Abweichung von Weisungen

Der Beauftragte ist berechtigt, von den Weisungen des Auftraggebers abzuweichen, wenn er den Umständen nach annehmen darf, dass der Auftraggeber bei Kenntnis der Sachlage die Abweichung billigen würde. Der Beauftragte hat vor der Abweichung dem Auftraggeber Anzeige zu machen und dessen Entschließung abzuwarten, wenn nicht mit dem Aufschube Gefahr verbunden ist.

§ 666 Auskunfts- und Rechenschaftspflicht

Der Beauftragte ist verpflichtet, dem Auftraggeber die erforderlichen Nachrichten zu geben, auf Verlangen über den Stand des Geschäfts Auskunft zu erteilen und nach der Ausführung des Auftrags Rechenschaft abzulegen.

§ 667 Herausgabepflicht

Der Beauftragte ist verpflichtet, dem Auftraggeber alles, was er zur Ausführung des Auftrags erhält und was er aus der Geschäftsbesorgung erlangt, herauszugeben.

§ 668 Verzinsung des verwendeten Geldes

Verwendet der Beauftragte Geld für sich, das er dem Auftraggeber herauszugeben oder für ihn zu verwenden hat, so ist er verpflichtet, es von der Zeit der Verwendung an zu verzinsen.

§ 669 Vorschusspflicht

Für die zur Ausführung des Auftrags erforderlichen Aufwendungen hat der Auftraggeber dem Beauftragten auf Verlangen Vorschuss zu leisten.

§ 670 Ersatz von Aufwendungen

Macht der Beauftragte zum Zwecke der Ausführung des Auftrags Aufwendungen, die er den Umständen nach für erforderlich halten darf, so ist der Auftraggeber zum Ersatze verpflichtet.

§ 671 Widerruf; Kündigung

(1) Der Auftrag kann von dem Auftraggeber jederzeit widerrufen, von dem Beauftragten jederzeit gekündigt werden.

(2) Der Beauftragte darf nur in der Art kündigen, dass der Auftraggeber für die Besorgung des Geschäfts anderweit Fürsorge treffen kann, es sei denn, dass ein wichtiger Grund für die unzeitige Kündigung vorliegt. Kündigt er ohne solchen Grund zur Unzeit, so hat er dem Auftraggeber den daraus entstehenden Schaden zu ersetzen.

(3) Liegt ein wichtiger Grund vor, so ist der Beauftragte zur Kündigung auch dann berechtigt, wenn er auf das Kündigungsrecht verzichtet hat.

Titel 27: Unerlaubte Handlungen

§ 823 Schadensersatzpflicht

(1) Wer vorsätzlich oder fahrlässig das Leben, den Körper, die Gesundheit, die Freiheit, das Eigentum oder ein sonstiges Recht eines anderen widerrechtlich verletzt, ist dem anderen zum Ersatze des daraus entstehenden Schadens verpflichtet.

(2) Die gleiche Verpflichtung trifft denjenigen, welcher gegen ein den Schutz eines anderen bezweckendes Gesetz verstößt. Ist nach dem Inhalte des Gesetzes ein Verstoß gegen dieses auch ohne Verschulden möglich, so tritt die Ersatzpflicht nur im Falle des Verschuldens ein.

§ 831 Haftung für den Verrichtungsgehilfen

(1) Wer einen anderen zu einer Verrichtung bestellt, ist zum Ersatze des Schadens verpflichtet, den der andere in Ausführung der Verrichtung einem Dritten widerrechtlich zufügt. Die Ersatzpflicht tritt nicht ein, wenn der Geschäftsherr bei der Auswahl der bestellten Person und, sofern er Vorrichtungen oder Gerätschaften zu beschaffen oder die Ausführung der Verrichtung zu leiten hat, bei der Beschaffung oder der Leitung die im Verkehr erforderliche Sorgfalt beobachtet oder wenn der Schaden auch bei Anwendung dieser Sorgfalt entstanden sein würde.

(2) Die gleiche Verantwortlichkeit trifft denjenigen, welcher für den Geschäftsherrn die Besorgung eines der im Absatz 1 Satz 2 bezeichneten Geschäfte durch Vertrag übernimmt.

2. Gesetz über die Angelegenheiten der freiwilligen Gerichtsbarkeit (FGG) 536

Vom 20. 5. 1898 (RGBl I S. 771)

Erster Abschnitt: Allgemeine Vorschriften

§ 12 Amtsermittlung

Das Gericht hat von Amts wegen die zur Feststellung der Tatsachen erforderlichen Ermittlungen zu veranstalten und die geeignet erscheinenden Beweise aufzunehmen.

Siebenter Abschnitt: Handelssachen

§ 132 Einschreiten des Registergerichts

(1) Sobald das Registergericht von einem sein Einschreiten nach den §§ 14, 37a Abs. 4, 125a Abs. 2, §§ 335, 340o, § 341o des Handelsgesetzbuchs, §§ 407, 408 des Aktiengesetzes, § 28 Abs. 4 des Einführungsgesetzes zum Aktiengesetz, § 21 des Gesetzes über die Rechnungslegung von bestimmten Unternehmen und Konzernen vom 15. August 1969 (Bundesgesetzbl. I S. 1189), § 79 Abs. 1 des Gesetzes betreffend die Gesellschaften mit beschränkter Haftung, § 316 des Umwandlungsgesetzes oder § 12 des Gesetzes zur Ausführung der EWG-Verordnung über die Europäische wirtschaftliche Interessenvereinigung rechtfertigenden Sachverhalt glaubhaft Kenntnis erhält, hat es dem Beteiligten unter Androhung eines Zwangsgeldes aufzugeben, innerhalb einer bestimmten Frist seiner gesetzlichen Verpflichtung nachzukommen oder die Unterlassung mittels Einspruchs gegen die Verfügung zu rechtfertigen. § 335 Satz 2 bis 7 des Handelsgesetzbuchs bleibt unberührt.

(2) Die Beschwerde gegen diese Verfügung ist unzulässig.

§ 133 Festsetzung von Zwangsgeld

(1) Wird innerhalb der bestimmten Frist weder der gesetzlichen Verpflichtung genügt noch Einspruch erhoben, so ist das angedrohte Zwangsgeld festzusetzen und zugleich die frühere Verfügung unter Androhung eines erneuten Zwangsgeldes zu wiederholen.

(2) In gleicher Weise ist fortzufahren, bis der gesetzlichen Verpflichtung genügt oder Einspruch erhoben wird.

§ 134 Einspruch

(1) Wird rechtzeitig Einspruch erhoben, so hat das Gericht, wenn sich der Einspruch nicht ohne weiteres als begründet ergibt, zur Erörterung der Sache den Beteiligten zu einem Termine zu laden.

(2) Das Gericht kann, auch wenn der Beteiligte nicht erscheint, nach Lage der Sache entscheiden.

§ 135 Entscheidung über den Einspruch

(1) Wird der Einspruch für begründet erachtet, so ist die erlassene Verfügung aufzuheben.

(2) Andernfalls hat das Gericht den Einspruch zu verwerfen und das angedrohte Zwangsgeld festzusetzen. Das Gericht kann, wenn die Umstände es rechtfertigen, von der Festsetzung eines Zwangsgeldes absehen oder ein geringeres als das angedrohte Zwangsgeld festsetzen.

(3) Im Falle der Verwerfung des Einspruchs hat das Gericht zugleich eine erneute Verfügung nach § 132 zu erlassen. Die in dieser Verfügung bestimmte Frist beginnt mit dem Eintritt der Rechtskraft der Verwerfung des Einspruchs.

§ 136 Einspruch gegen die wiederholte Verfügung

Wird im Falle des § 133 gegen die wiederholte Verfügung Einspruch erhoben und dieser für begründet erachtet, so kann das Gericht, wenn die Umstände es rechtfertigen, zugleich ein früher festgesetztes Zwangsgeld aufheben oder an dessen Stelle ein geringeres Zwangsgeld festsetzen.

§ 137 Wiedereinsetzung

Gegen die Versäumung der Einspruchsfrist ist auf Antrag nach Maßgabe des § 22 Abs. 2 die Wiedereinsetzung in den vorigen Stand zu erteilen.

§ 138 Kosten

Bei der Festsetzung des Zwangsgeldes sind dem Beteiligten zugleich die Kosten des Verfahrens aufzuerlegen.

§ 139 Sofortige Beschwerde

(1) Gegen den Beschluss, durch welchen das Zwangsgeld festgesetzt oder der Einspruch verworfen wird, findet die sofortige Beschwerde statt.

(2) Ist das Zwangsgeld nach Maßgabe des § 133 festgesetzt, so kann die Beschwerde nicht darauf gestützt werden, dass die Verfügung, durch welche das Zwangsgeld angedroht worden ist, nicht gerechtfertigt gewesen sei.

537 3. Handelsgesetzbuch (HGB)

Vom 10. 5. 1897 (RGBl I S. 219)

1. Buch: Handelsstand

Dritter Abschnitt: Handelsfirma

§ 18 Firma

(1) Die Firma muss zur Kennzeichnung des Kaufmanns geeignet sein und Unterscheidungskraft besitzen.

(2) Die Firma darf keine Angaben enthalten, die geeignet sind, über geschäftliche Verhältnisse, die für die angesprochenen Verkehrskreise wesentlich sind, irrezuführen. Im Verfahren vor dem Registergericht wird die Eignung der Irreführung nur berücksichtigt, wenn sie ersichtlich ist.

538 4. Strafprozessordnung (StPO)

Vom 7. 4. 1987 (BGBl I S. 1074)

§ 22 Ausschließung eines Richters

Ein Richter ist von der Ausübung des Richteramtes kraft Gesetzes ausgeschlossen,

1. wenn er selbst durch die Straftat verletzt ist;

2. wenn er Ehegatte, Lebenspartner, Vormund oder Betreuer des Beschuldigten oder des Verletzten ist oder gewesen ist;

3. wenn er mit dem Beschuldigten oder mit dem Verletzten in gerader Linie verwandt oder verschwägert, in der Seitenlinie bis zum dritten Grad verwandt oder bis zum zweiten Grad verschwägert ist oder war;

4. wenn er in der Sache als Beamter der Staatsanwaltschaft, als Polizeibeamter, als Anwalt des Verletzten oder als Verteidiger tätig gewesen ist;

5. wenn er in der Sache als Zeuge oder Sachverständiger vernommen ist.

5. Zivilprozessordnung (ZPO) 539

Vom 5. 12. 2005 (BGBl I S. 3202)

Erstes Buch: Allgemeine Vorschriften

Zweiter Titel: Gerichtsstand

§ 17 Gerichtsstand juristischer Personen

(1) Der allgemeine Gerichtsstand der Gemeinden, der Korporationen sowie derjenigen Gesellschaften, Genossenschaften oder anderen Vereine und derjenigen Stiftungen, Anstalten und Vermögensmassen, die als solche verklagt werden können, wird durch ihren Sitz bestimmt. Als Sitz gilt, wenn sich nichts anderes ergibt, der Ort, wo die Verwaltung geführt wird.

(2) Gewerkschaften haben den allgemeinen Gerichtsstand bei dem Gericht, in dessen Bezirk das Bergwerk liegt, Behörden, wenn sie als solche verklagt werden können, bei dem Gericht ihres Amtssitzes.

(3) Neben dem durch die Vorschriften dieses Paragraphen bestimmten Gerichtsstand ist ein durch Statut oder in anderer Weise besonders geregelter Gerichtsstand zulässig.

§ 22 Besonderer Gerichtsstand bei Mitgliedsstreitigkeiten

Das Gericht, bei dem Gemeinden, Korporationen, Gesellschaften, Genossenschaften oder andere Vereine den allgemeinen Gerichtsstand haben, ist für die Klagen zuständig, die von ihnen gegen ihre Mitglieder als solche oder von den Mitgliedern in dieser Eigenschaft gegeneinander erhoben werden.

Zweiter Abschnitt: Parteien

Erster Titel: Parteifähigkeit, Prozessfähigkeit

§ 50 Parteifähigkeit

(1) Parteifähig ist, wer rechtsfähig ist.

(2) Ein Verein, der nicht rechtsfähig ist, kann verklagt werden; in dem Rechtsstreit hat der Verein die Stellung eines rechtsfähigen Vereins.

§ 57 Bestellung eines Prozesspflegers

(1) Soll eine nicht prozessfähige Partei verklagt werden, die ohne gesetzlichen Vertreter ist, so hat ihr der Vorsitzende des Prozessgerichts, falls mit dem Verzuge Gefahr verbunden ist, auf Antrag bis zu dem Eintritt des gesetzlichen Vertreters einen besonderen Vertreter zu bestellen.

(2) Der Vorsitzende kann einen solchen Vertreter auch bestellen, wenn in den Fällen des § 20 eine nicht prozessfähige Person bei dem Gericht ihres Aufenthaltsortes verklagt werden soll.

Zweites Buch: Verfahren im ersten Rechtszuge

Erster Abschnitt: Verfahren vor den Landgerichten

Erster Titel: Verfahren bis zum Urteil

§ 256 Feststellungsklage

(1) Auf Feststellung des Bestehens oder Nichtbestehens eines Rechtsverhältnisses, auf Anerkennung einer Urkunde oder auf Feststellung ihrer Unechtheit kann Klage erhoben werden, wenn der Kläger ein rechtliches Interesse daran hat, dass das Rechtsverhältnis oder die Echtheit oder Unechtheit der Urkunde durch richterliche Entscheidung alsbald festgestellt werde.

(2) Bis zum Schluss derjenigen mündlichen Verhandlung, auf die das Urteil ergeht, kann der Kläger durch Erweiterung des Klageantrags, der Beklagte durch Erhebung einer Widerklage beantragen, dass ein im Laufe des Prozesses streitig gewordenes Rechtsverhältnis, von dessen Bestehen oder Nichtbestehen die Entscheidung des Rechtsstreits ganz oder zum Teil abhängt, durch richterliche Entscheidung festgestellt werde.

Achtes Buch: Zwangsvollstreckung

Erster Abschnitt: Allgemeine Vorschriften

§ 735 Zwangsvollstreckung gegen nichtrechtsfähigen Verein

Zur Zwangsvollstreckung in das Vermögen eines nichtrechtsfähigen Vereins genügt ein gegen den Verein ergangenes Urteil.

6. Abgabenordnung (AO) 540

Vom 1. 10. 2002 (BGBl I S. 3866; ber. BGBl 2003 I S. 61)

Erster Teil: Einleitende Vorschriften

Zweiter Abschnitt: Steuerliche Begriffsbestimmungen

§ 14 Wirtschaftlicher Geschäftsbetrieb

Ein wirtschaftlicher Geschäftsbetrieb ist eine selbständige nachhaltige Tätigkeit, durch die Einnahmen oder andere wirtschaftliche Vorteile erzielt werden und die über den Rahmen einer Vermögensverwaltung hinausgeht. Die Absicht, Gewinn zu erzielen, ist nicht erforderlich. Eine Vermögensverwaltung liegt in der Regel vor, wenn Vermögen genutzt, zum Beispiel Kapitalvermögen verzinslich angelegt oder unbewegliches Vermögen vermietet oder verpachtet wird.

Dritter Abschnitt: Steuerbegünstigte Zwecke

§ 51 Allgemeines

Gewährt das Gesetz eine Steuervergünstigung, weil eine Körperschaft ausschließlich und unmittelbar gemeinnützige, mildtätige oder kirchliche Zwecke (steuerbegünstigte Zwecke) verfolgt, so gelten die folgenden Vorschriften. Unter Körperschaften sind die Körperschaften, Personenvereinigungen und Vermögensmassen im Sinne des Körperschaftsteuergesetzes zu verstehen. Funktionale Untergliederungen (Abteilungen) von Körperschaften gelten nicht als selbständige Steuersubjekte.

§ 52 Gemeinnützige Zwecke

(1) Eine Körperschaft verfolgt gemeinnützige Zwecke, wenn ihre Tätigkeit darauf gerichtet ist, die Allgemeinheit auf materiellem, geistigem oder sittlichem Gebiet selbstlos zu fördern. Eine Förderung der Allgemeinheit ist nicht gegeben, wenn der Kreis der Personen, dem die Förderung zugute kommt, fest abgeschlossen ist, zum Beispiel Zugehörigkeit zu einer Familie oder zur Belegschaft eines Unternehmens, oder infolge seiner Abgrenzung, insbesondere nach räumlichen oder beruflichen Merkmalen, dauernd nur klein sein kann. Eine Förderung der Allgemeinheit liegt nicht allein deswegen vor, weil eine Körperschaft ihre Mittel einer Körperschaft des öffentlichen Rechts zuführt.

(2) Unter den Voraussetzungen des Absatzes 1 sind als Förderung der Allgemeinheit anzuerkennen insbesondere:

1. die Förderung von Wissenschaft und Forschung, Bildung und Erziehung, Kunst und Kultur, der Religion, der Völkerverständigung, der Entwicklungshilfe, des Umwelt-, Landschafts- und Denkmalschutzes, des Heimatgedankens,
2. die Förderung der Jugendhilfe, der Altenhilfe, des öffentlichen Gesundheitswesens, des Wohlfahrtswesens und des Sports. Schach gilt als Sport,
3. die allgemeine Förderung des demokratischen Staatswesens im Geltungsbereich dieses Gesetzes; hierzu gehören nicht Bestrebungen, die nur bestimmte Einzelinteressen staatsbürgerlicher Art verfolgen oder die auf den kommunalpolitischen Bereich beschränkt sind,
4. die Förderung der Tierzucht, der Pflanzenzucht, der Kleingärtnerei, des traditionellen Brauchtums einschließlich des Karnevals, der Fastnacht und des Faschings, der Soldaten- und Reservistenbetreuung, des Amateurfunkens, des Modellflugs und des Hundesports.

§ 53 Mildtätige Zwecke

Eine Körperschaft verfolgt mildtätige Zwecke, wenn ihre Tätigkeit darauf gerichtet ist, Personen selbstlos zu unterstützen,

1. die infolge ihres körperlichen, geistigen oder seelischen Zustandes auf die Hilfe anderer angewiesen sind oder
2. deren Bezüge nicht höher sind als das Vierfache des Regelsatzes der Sozialhilfe im Sinne des § 22 des Bundessozialhilfegesetzes; beim Alleinstehenden oder Haushaltsvorstand tritt an die Stelle des Vierfachen das Fünffache des Regelsatzes. Dies gilt nicht für Personen, deren Vermögen zur nachhaltigen Verbesserung ihres Unterhalts ausreicht und denen zugemutet werden kann, es dafür zu verwenden. Bei Personen, deren wirtschaftliche Lage aus besonderen Gründen zu einer Notlage geworden ist, dürfen die Bezüge oder das Vermögen die genannten Grenzen übersteigen. Bezüge im Sinne dieser Vorschrift sind
   a) Einkünfte im Sinne des § 2 Abs. 1 des Einkommensteuergesetzes und
   b) andere zur Bestreitung des Unterhalts bestimmte oder geeignete Bezüge,

die der Alleinstehende oder der Haushaltsvorstand und die sonstigen Haushaltsangehörigen haben. Zu den Bezügen zählen nicht Leistungen der Sozialhilfe und bis zur Höhe der Leistungen der Sozialhilfe Unterhaltsleistungen an Personen, die ohne die Unterhaltsleistungen sozialhilfeberechtigt wären. Unterhaltsansprüche sind zu berücksichtigen.

§ 54 Kirchliche Zwecke

(1) Eine Körperschaft verfolgt kirchliche Zwecke, wenn ihre Tätigkeit darauf gerichtet ist, eine Religionsgemeinschaft, die Körperschaft des öffentlichen Rechts ist, selbstlos zu fördern.

(2) Zu diesen Zwecken gehören insbesondere die Errichtung, Ausschmückung und Unterhaltung von Gotteshäusern und kirchlichen Gemeindehäusern, die Abhaltung von Gottesdiensten, die Ausbildung von Geistlichen, die Erteilung von Religionsunterricht, die Beerdigung und die Pflege des Andenkens der Toten, ferner die Verwaltung des Kirchenvermögens, die Besoldung der Geistlichen, Kirchenbeamten und Kirchendiener, die Alters- und Behindertenversorgung für diese Personen und die Versorgung ihrer Witwen und Waisen.

§ 55 Selbstlosigkeit

(1) Eine Förderung oder Unterstützung geschieht selbstlos, wenn dadurch nicht in erster Linie eigenwirtschaftliche Zwecke – zum Beispiel gewerbliche Zwecke oder sonstige Erwerbszwecke – verfolgt werden und wenn die folgenden Voraussetzungen gegeben sind:

1. Mittel der Körperschaft dürfen nur für die satzungsmäßigen Zwecke verwendet werden. Die Mitglieder oder Gesellschafter (Mitglieder im Sinne dieser Vorschriften) dürfen keine Gewinnanteile und in ihrer Eigenschaft als Mitglieder auch keine sonstigen Zuwendungen aus Mitteln der Körperschaft erhalten. Die Körperschaft darf ihre Mittel weder für die unmittelbare noch für die mittelbare Unterstützung oder Förderung politischer Parteien verwenden.
2. Die Mitglieder dürfen bei ihrem Ausscheiden oder bei Auflösung oder Aufhebung der Körperschaft nicht mehr als ihre eingezahlten Kapitalanteile und den gemeinen Wert ihrer geleisteten Sacheinlagen zurückerhalten.
3. Die Körperschaft darf keine Person durch Ausgaben, die dem Zweck der Körperschaft fremd sind, oder durch unverhältnismäßig hohe Vergütungen begünstigen.
4. Bei Auflösung oder Aufhebung der Körperschaft oder bei Wegfall ihres bisherigen Zwecks darf das Vermögen der Körperschaft, soweit

es die eingezahlten Kapitalanteile der Mitglieder und den gemeinen Wert der von den Mitgliedern geleisteten Sacheinlagen übersteigt, nur für steuerbegünstigte Zwecke verwendet werden (Grundsatz der Vermögensbindung). Diese Voraussetzung ist auch erfüllt, wenn das Vermögen einer anderen steuerbegünstigten Körperschaft oder einer Körperschaft des öffentlichen Rechts für steuerbegünstigte Zwecke übertragen werden soll.

5. Die Körperschaft muss ihre Mittel grundsätzlich zeitnah für ihre steuerbegünstigten Zwecke verwenden. Verwendung in diesem Sinne ist auch die Verwendung der Mittel für die Anschaffung oder Herstellung von Vermögensgegenständen, die satzungsmäßigen Zwecken dienen. Eine zeitnahe Mittelverwendung ist gegeben, wenn die Mittel spätestens in dem auf den Zufluss folgenden Kalender- oder Wirtschaftsjahr für die steuerbegünstigten satzungsmäßigen Zwecke verwendet werden.

(2) Bei der Ermittlung des gemeinen Werts (Absatz 1 Nr. 2 und 4) kommt es auf die Verhältnisse zu dem Zeitpunkt an, in dem die Sacheinlagen geleistet worden sind.

(3) Die Vorschriften, die die Mitglieder der Körperschaft betreffen (Absatz 1 Nr. 1, 2 und 4), gelten bei Stiftungen für die Stifter und ihre Erben, bei Betrieben gewerblicher Art von Körperschaften des öffentlichen Rechts für die Körperschaft sinngemäß, jedoch mit der Maßgabe, dass bei Wirtschaftsgütern, die nach § 6 Abs. 1 Nr. 4 Satz 4 und 5 des Einkommensteuergesetzes aus einem Betriebsvermögen zum Buchwert entnommen worden sind, an die Stelle des gemeinen Werts der Buchwert der Entnahme tritt.

§ 56 Ausschließlichkeit

Ausschließlichkeit liegt vor, wenn eine Körperschaft nur ihre steuerbegünstigten satzungsmäßigen Zwecke verfolgt.

§ 57 Unmittelbarkeit

(1) Eine Körperschaft verfolgt unmittelbar ihre steuerbegünstigten satzungsmäßigen Zwecke, wenn sie selbst diese Zwecke verwirklicht. Das kann auch durch Hilfspersonen geschehen, wenn nach den Umständen des Falles, insbesondere nach den rechtlichen und tatsächlichen Beziehungen, die zwischen der Körperschaft und der Hilfsperson bestehen, das Wirken der Hilfsperson wie eigenes Wirken der Körperschaft anzusehen ist.

(2) Eine Körperschaft, in der steuerbegünstigte Körperschaften zusammengefasst sind, wird einer Körperschaft, die unmittelbar steuerbegünstigte Zwecke verfolgt, gleichgestellt.

§ 58 Steuerlich unschädliche Betätigungen

Die Steuervergünstigung wird nicht dadurch ausgeschlossen, dass

1. eine Körperschaft Mittel für die Verwirklichung der steuerbegünstigten Zwecke einer anderen Körperschaft oder für die Verwirklichung steuerbegünstigter Zwecke durch eine Körperschaft des öffentlichen Rechts beschafft; die Beschaffung von Mitteln für eine unbeschränkt steuerpflichtige Körperschaft setzt voraus, dass diese selbst steuerbegünstigt ist,
2. eine Körperschaft ihre Mittel teilweise einer anderen, ebenfalls steuerbegünstigten Körperschaft oder einer Körperschaft des öffentlichen Rechts zur Verwendung zu steuerbegünstigten Zwecken zuwendet,
3. eine Körperschaft ihre Arbeitskräfte anderen Personen, Unternehmen oder Einrichtungen für steuerbegünstigte Zwecke zur Verfügung stellt,
4. eine Körperschaft ihr gehörende Räume einer anderen steuerbegünstigten Körperschaft zur Benutzung für deren steuerbegünstigte Zwecke überlässt,
5. eine Stiftung einen Teil, jedoch höchstens ein Drittel ihres Einkommens dazu verwendet, um in angemessener Weise den Stifter und seine nächsten Angehörigen zu unterhalten, ihre Gräber zu pflegen und ihr Andenken zu ehren,
6. eine Körperschaft ihre Mittel ganz oder teilweise einer Rücklage zuführt, soweit dies erforderlich ist, um ihre steuerbegünstigten satzungsmäßigen Zwecke nachhaltig erfüllen zu können,
7. a) eine Körperschaft höchstens ein Drittel des Überschusses der Einnahmen über die Unkosten aus Vermögensverwaltung und darüber hinaus höchstens 10 vom Hundert ihrer sonstigen nach § 55 Abs. 1 Nr. 5 zeitnah zu verwendenden Mittel einer freien Rücklage zuführt,

   b) eine Körperschaft Mittel zum Erwerb von Gesellschaftsrechten zur Erhaltung der prozentualen Beteiligung an Kapitalgesellschaften ansammelt oder im Jahr des Zuflusses verwendet; diese Beträge sind auf die nach Buchstabe a in demselben Jahr oder künftig zulässigen Rücklagen anzurechnen,

8. eine Körperschaft gesellige Zusammenkünfte veranstaltet, die im Vergleich zu ihrer steuerbegünstigten Tätigkeit von untergeordneter Bedeutung sind,
9. ein Sportverein neben dem unbezahlten auch den bezahlten Sport fördert,
10. eine von einer Gebietskörperschaft errichtete Stiftung zur Erfüllung ihrer steuerbegünstigten Zwecke Zuschüsse an Wirtschaftsunternehmen vergibt,
11. eine Körperschaft folgende Mittel ihrem Vermögen zuführt:
    a) Zuwendungen von Todes wegen, wenn der Erblasser keine Verwendung für den laufenden Aufwand der Körperschaft vorgeschrieben hat,
    b) Zuwendungen, bei denen der Zuwendende ausdrücklich erklärt, dass sie zur Ausstattung der Körperschaft mit Vermögen oder zur Erhöhung des Vermögens bestimmt sind,
    c) Zuwendungen aufgrund eines Spendenaufrufs der Körperschaft, wenn aus dem Spendenaufruf ersichtlich ist, dass Beträge zur Aufstockung des Vermögens erbeten werden,
    d) Sachzuwendungen, die ihrer Natur nach zum Vermögen gehören,
12. eine Stiftung im Jahr ihrer Errichtung und in den zwei folgenden Kalenderjahren Überschüsse aus der Vermögensverwaltung und die Gewinne aus wirtschaftlichen Geschäftsbetrieben (§ 14) ganz oder teilweise ihrem Vermögen zuführt.

§ 59 Voraussetzung der Steuervergünstigung

Die Steuervergünstigung wird gewährt, wenn sich aus der Satzung, dem Stiftungsgeschäft oder der sonstigen Verfassung (Satzung im Sinne dieser Vorschriften) ergibt, welchen Zweck die Körperschaft verfolgt, dass dieser Zweck den Anforderungen der §§ 52 bis 55 entspricht und dass er ausschließlich und unmittelbar verfolgt wird; die tatsächliche Geschäftsführung muss diesen Satzungsbestimmungen entsprechen.

§ 60 Anforderungen an die Satzung

(1) Die Satzungszwecke und die Art ihrer Verwirklichung müssen so genau bestimmt sein, dass aufgrund der Satzung geprüft werden kann, ob die satzungsmäßigen Voraussetzungen für Steuervergünstigungen gegeben sind.

(2) Die Satzung muss den vorgeschriebenen Erfordernissen bei der Körperschaftsteuer und bei der Gewerbesteuer während des ganzen Veranlagungs- oder Bemessungszeitraums, bei den anderen Steuern im Zeitpunkt der Entstehung der Steuer entsprechen.

§ 61 Satzungsmäßige Vermögensbindung

(1) Eine steuerlich ausreichende Vermögensbindung (§ 55 Abs. 1 Nr. 4) liegt vor, wenn der Zweck, für den das Vermögen bei Auflösung oder Aufhebung der Körperschaft oder bei Wegfall ihres bisherigen Zweckes verwendet werden soll, in der Satzung so genau bestimmt ist, dass auf Grund der Satzung geprüft werden kann, ob der Verwendungszweck steuerbegünstigt ist.

(2) Kann aus zwingenden Gründen der künftige Verwendungszweck des Vermögens bei der Aufstellung der Satzung nach Absatz 1 noch nicht genau angegeben werden, so genügt es, wenn in der Satzung bestimmt wird, dass das Vermögen bei Auflösung oder Aufhebung der Körperschaft oder bei Wegfall ihres bisherigen Zweckes zu steuerbegünstigten Zwecken zu verwenden ist und dass der künftige Beschluss der Körperschaft über die Verwendung erst nach Einwilligung des Finanzamts ausgeführt werden darf. Das Finanzamt hat die Einwilligung zu erteilen, wenn der beschlossene Verwendungszweck steuerbegünstigt ist.

(3) Wird die Bestimmung über die Vermögensbindung nachträglich so geändert, dass sie den Anforderungen des § 55 Abs. 1 Nr. 4 nicht mehr entspricht, so gilt sie von Anfang an als steuerlich nicht ausreichend. § 175 Abs. 1 Satz 1 Nr. 2 ist mit der Maßgabe anzuwenden, dass Steuerbescheide erlassen, aufgehoben oder geändert werden können, soweit sie Steuern betreffen, die innerhalb der letzten zehn Kalenderjahre vor der Änderung der Bestimmung über die Vermögensbindung entstanden sind.

§ 62 Ausnahmen von der satzungsmäßigen Vermögensbindung

Bei Betrieben gewerblicher Art von Körperschaften des öffentlichen Rechts, bei staatlich beaufsichtigten Stiftungen, bei den von einer Körperschaft des öffentlichen Rechts verwalteten unselbständigen Stiftungen und bei geistlichen Genossenschaften (Orden, Kongregationen) braucht die Vermögensbindung in der Satzung nicht festgelegt zu werden.

§ 63 Anforderungen an die tatsächliche Geschäftsführung

(1) Die tatsächliche Geschäftsführung der Körperschaft muss auf die ausschließliche und unmittelbare Erfüllung der steuerbegünstigten Zwecke gerichtet sein und den Bestimmungen entsprechen, die die Satzung über die Voraussetzungen für Steuervergünstigungen enthält.

(2) Für die tatsächliche Geschäftsführung gilt sinngemäß § 60 Abs. 2, für eine Verletzung der Vorschrift über die Vermögensbindung § 61 Abs. 3.

(3) Die Körperschaft hat den Nachweis, dass ihre tatsächliche Geschäftsführung den Erfordernissen des Absatzes 1 entspricht, durch ordnungsmäßige Aufzeichnungen über ihre Einnahmen und Ausgaben zu führen.

(4) Hat die Körperschaft Mittel angesammelt, ohne dass die Voraussetzungen des § 58 Nr. 6 und 7 vorliegen, kann das Finanzamt ihr eine Frist für die Verwendung der Mittel setzen. Die tatsächliche Geschäftsführung gilt als ordnungsgemäß im Sinne des Absatzes 1, wenn die Körperschaft die Mittel innerhalb der Frist für steuerbegünstigte Zwecke verwendet.

§ 64 Steuerpflichtige wirtschaftliche Geschäftsbetriebe

(1) Schließt das Gesetz die Steuervergünstigung insoweit aus, als ein wirtschaftlicher Geschäftsbetrieb (§ 14) unterhalten wird, so verliert die Körperschaft die Steuervergünstigung für die dem Geschäftsbetrieb zuzuordnenden Besteuerungsgrundlagen (Einkünfte, Umsätze, Vermögen), soweit der wirtschaftliche Geschäftsbetrieb kein Zweckbetrieb (§§ 65 bis 68) ist.

(2) Unterhält die Körperschaft mehrere wirtschaftliche Geschäftsbetriebe, die keine Zweckbetriebe (§§ 65 bis 68) sind, werden diese als ein wirtschaftlicher Geschäftsbetrieb behandelt.

(3) Übersteigen die Einnahmen einschließlich Umsatzsteuer aus wirtschaftlichen Geschäftsbetrieben, die keine Zweckbetriebe sind, insgesamt nicht 30 678 Euro im Jahr, so unterliegen die diesen Geschäftsbetrieben zuzuordnenden Besteuerungsgrundlagen nicht der Körperschaftsteuer und der Gewerbesteuer.

(4) Die Aufteilung einer Körperschaft in mehrere selbständige Körperschaften zum Zweck der mehrfachen Inanspruchnahme der Steuervergünstigung nach Absatz 3 gilt als Missbrauch von rechtlichen Gestaltungsmöglichkeiten im Sinne des § 42.

(5) Überschüsse aus der Verwertung unentgeltlich erworbenen Altmaterials außerhalb einer ständig dafür vorgehaltenen Verkaufsstelle, die der Körperschaftsteuer und der Gewerbesteuer unterliegen, können in Höhe des branchenüblichen Reingewinns geschätzt werden.

(6) Bei den folgenden steuerpflichtigen wirtschaftlichen Geschäftsbetrieben kann der Besteuerung ein Gewinn von 15 vom Hundert der Einnahmen zugrunde gelegt werden:

1. Werbung für Unternehmen, die im Zusammenhang mit der steuerbegünstigten Tätigkeit einschließlich Zweckbetrieben stattfindet,
2. Totalisatorbetriebe,
3. zweite Fraktionierungsstufe der Blutspendedienste.

§ 65 Zweckbetrieb

Ein Zweckbetrieb ist gegeben, wenn

1. der wirtschaftliche Geschäftsbetrieb in seiner Gesamtrichtung dazu dient, die steuerbegünstigten satzungsmäßigen Zwecke der Körperschaft zu verwirklichen,
2. die Zwecke nur durch einen solchen Geschäftsbetrieb erreicht werden können und
3. der wirtschaftliche Geschäftsbetrieb zu nicht begünstigten Betrieben derselben oder ähnlicher Art nicht in größerem Umfang in Wettbewerb tritt, als es bei Erfüllung der steuerbegünstigten Zwecke unvermeidbar ist.

§ 66 Wohlfahrtspflege

(1) Eine Einrichtung der Wohlfahrtspflege ist ein Zweckbetrieb, wenn sie in besonderem Maße den in § 53 genannten Personen dient.

(2) Wohlfahrtspflege ist die planmäßige, zum Wohle der Allgemeinheit und nicht des Erwerbes wegen ausgeübte Sorge für notleidende oder gefährdete Mitmenschen. Die Sorge kann sich auf das gesundheitliche, sittliche, erzieherische oder wirtschaftliche Wohl erstrecken und Vorbeugung oder Abhilfe bezwecken.

(3) Eine Einrichtung der Wohlfahrtspflege dient in besonderem Maße den in § 53 genannten Personen, wenn diesen mindestens zwei Drittel ihrer Leistungen zugute kommen. Für Krankenhäuser gilt § 67.

§ 67 Krankenhäuser

(1) Ein Krankenhaus, das in den Anwendungsbereich der Bundespflegesatzverordnung fällt, ist ein Zweckbetrieb, wenn mindestens 40 vom Hundert der jährlichen Pflegetage auf Patienten entfallen, bei denen nur Entgelte für allgemeine Krankenhausleistungen (§§ 11, 13 und 26 der Bundespflegesatzverordnung) berechnet werden.

(2) Ein Krankenhaus, das nicht in den Anwendungsbereich der Bundespflegesatzverordnung fällt, ist ein Zweckbetrieb, wenn mindestens 40 vom Hundert der jährlichen Pflegetage auf Patienten entfallen, bei denen für die Krankenhausleistungen kein höheres Entgelt als nach Absatz 1 berechnet wird.

§ 67a Sportliche Veranstaltungen

(1) Sportliche Veranstaltungen eines Sportvereins sind ein Zweckbetrieb, wenn die Einnahmen einschließlich Umsatzsteuer insgesamt 30 678 € im Jahr nicht übersteigen. Der Verkauf von Speisen und Getränken sowie die Werbung gehören nicht zu den sportlichen Veranstaltungen.

(2) Der Sportverein kann dem Finanzamt bis zur Unanfechtbarkeit des Körperschaftsteuerbescheids erklären, dass er auf die Anwendung des Absatzes 1 Satz 1 verzichtet. Die Erklärung bindet den Sportverein für mindestens fünf Veranlagungszeiträume.

(3) Wird auf die Anwendung des Absatzes 1 Satz 1 verzichtet, sind sportliche Veranstaltungen eines Sportvereins ein Zweckbetrieb, wenn

1. kein Sportler des Vereins teilnimmt, der für seine sportliche Betätigung oder für die Benutzung seiner Person, seines Namens, seines Bildes oder seiner sportlichen Betätigung zu Werbezwecken von dem Verein oder einem Dritten über eine Aufwandsentschädigung hinaus Vergütungen oder andere Vorteile erhält und
2. kein anderer Sportler teilnimmt, der für die Teilnahme an der Veranstaltung von dem Verein oder einem Dritten im Zusammenwirken mit dem Verein über eine Aufwandsentschädigung hinaus Vergütungen oder andere Vorteile erhält.

Andere sportliche Veranstaltungen sind ein steuerpflichtiger wirtschaftlicher Geschäftsbetrieb. Dieser schließt die Steuervergünstigung nicht aus, wenn die Vergütungen oder andere Vorteile ausschließlich aus wirtschaftlichen Geschäftsbetrieben, die nicht Zweckbetriebe sind, oder von Dritten geleistet werden.

§ 68 Einzelne Zweckbetriebe

Zweckbetriebe sind auch:

1. a) Alten-, Altenwohn- und Pflegeheime, Erholungsheime, Mahlzeitendienste, wenn sie in besonderem Maße den in § 53 genannten Personen dienen (§ 66 Abs. 3),

b) Kindergärten, Kinder-, Jugend- und Studentenheime, Schullandheime und Jugendherbergen,

2. a) landwirtschaftliche Betriebe und Gärtnereien, die der Selbstversorgung von Körperschaften dienen und dadurch die sachgemäße Ernährung und ausreichende Versorgung von Anstaltsangehörigen sichern,

   b) andere Einrichtungen, die für die Selbstversorgung von Körperschaften erforderlich sind, wie Tischlereien, Schlossereien,

   wenn die Lieferungen und sonstigen Leistungen dieser Einrichtungen an Außenstehende dem Wert nach 20 vom Hundert der gesamten Lieferungen und sonstigen Leistungen des Betriebes – einschließlich der an die Körperschaft selbst bewirkten – nicht übersteigen,

3. Werkstätten für Behinderte, die nach den Vorschriften des Dritten Buches Sozialgesetzbuch förderungsfähig sind und Personen Arbeitsplätze bieten, die wegen ihrer Behinderung nicht auf dem allgemeinen Arbeitsmarkt tätig sein können, sowie Einrichtungen für Beschäftigungs- und Arbeitstherapie, die der Eingliederung von Behinderten dienen,

4. Einrichtungen, die zur Durchführung der Blindenfürsorge und zur Durchführung der Fürsorge für Körperbehinderte unterhalten werden,

5. Einrichtungen der Fürsorgeerziehung und der freiwilligen Erziehungshilfe,

6. von den zuständigen Behörden genehmigte Lotterien und Ausspielungen, wenn der Reinertrag unmittelbar und ausschließlich zur Förderung mildtätiger, kirchlicher oder gemeinnütziger Zwecke verwendet wird,

7. kulturelle Einrichtungen, wie Museen, Theater, und kulturelle Veranstaltungen, wie Konzerte, Kunstausstellungen; dazu gehört nicht der Verkauf von Speisen und Getränken,

8. Volkshochschulen und andere Einrichtungen, soweit sie selbst Vorträge, Kurse und andere Veranstaltungen wissenschaftlicher oder belehrender Art durchführen; dies gilt auch, soweit die Einrichtungen den Teilnehmern dieser Veranstaltungen selbst Beherbergung und Beköstigung gewähren.

9. Wissenschafts- und Forschungseinrichtungen, deren Träger sich überwiegend aus Zuwendungen der öffentlichen Hand oder Dritter oder aus der Vermögensverwaltung finanziert. Der Wissenschaft und Forschung dient auch die Auftragsforschung. Nicht zum Zweck-

betrieb gehören Tätigkeiten, die sich auf die Anwendung gesicherter wissenschaftlicher Erkenntnisse beschränken, die Übernahme von Projektträgerschaften sowie wirtschaftliche Tätigkeiten ohne Forschungsbezug.

541 7. Einkommensteuergesetz (EStG)

Vom 16. 4. 1997 (BGBl I S. 823)

II. Einkommen

5. Sonderausgaben

§ 10b Steuerbegünstigte Zwecke

(1) Ausgaben zur Förderung mildtätiger, kirchlicher, religiöser, wissenschaftlicher und der als besonders förderungswürdig anerkannten gemeinnützigen Zwecke sind bis zur Höhe von insgesamt 5 vom Hundert des Gesamtbetrags der Einkünfte oder 2 vom Tausend der Summe der gesamten Umsätze und der im Kalenderjahr aufgewendeten Löhne und Gehälter als Sonderausgaben abzugsfähig. Für wissenschaftliche, mildtätige und als besonders förderungswürdig anerkannte kulturelle Zwecke erhöht sich der Vomhundertsatz von 5 um weitere 5 vom Hundert. Zuwendungen an Stiftungen des öffentlichen Rechts und an nach § 5 Abs. 1 Nr. 9 des Körperschaftsteuergesetzes streuerbefreite Stiftungen des privaten Rechts zur Förderung steuerbegünstigter Zwecke im Sinne der §§ 52 bis 54 der Abgabenordnung mit Ausnahme der Zwecke, die nach § 52 Abs. 2 Nr. 4 der Abgabenordnung gemeinnützig sind, sind darüber hinaus bis zur Höhe von 40 000 Deutsche Mark, ab dem 1. Januar 2002 20 450 Euro, abziehbar. Überschreitet eine Einzelzuwendung von mindestens 25 565 Euro zur Förderung wissenschaftlicher, mildtätiger oder als besonders förderungswürdig anerkannter kultureller Zwecke diese Höchstsätze, ist sie im Rahmen der Höchstsätze im Veranlagungszeitraum der Zuwendung im vorangegangenen und in den fünf folgenden Veranlagungszeiträumen abzuziehen. § 10d gilt entsprechend.

(1a) Zuwendungen im Sinne des Absatzes 1, die anlässlich der Neugründung in den Vermögensstock einer Stiftung des öffentlichen Rechts oder einer nach § 5 Abs. 1 Nr. 9 des Körperschaftsteuergesetzes steuerbefreiten Stiftung des privaten Rechts geleistet werden, könne im Jahr der Zuwendung und in den folgenden neun Veranlagungszeiträumen nach Antrag des Steuerpflichtigen bis zu einem Betrag von 600 000 Deutsche Mark, ab dem 1. Januar 2002 307 000 Euro, neben den als Sonderausgaben im Sinne des Absatzes 1 zu berücksichtigenden Zuwendungen und über den nach Absatz 1 zulässigen Umfang hinaus abgezogen werden. Als anlässlich der Neugründung einer Stiftung nach Satz 1 geleistet gelten Zuwendungen bis zum Ablauf eines Jahres nach Gründung der Stiftung. Der besondere Abzugsbetrag nach Satz 1 kann der Höhe nach innerhalb des Zehnjahreszeitraums nur einmal in Anspruch genommen werden. § 10d Abs. 4 gilt entsprechend.

(2) Mitgliedsbeiträge und Spenden an politische Parteien im Sinne des § 2 des Parteiengesetzes sind bis zur Höhe von insgesamt 1 534 Euro und im Fall der Zusammenveranlagung von Ehegatten bis zur Höhe von insgesamt 3 068 Euro im Kalenderjahr abzugsfähig. Sie können nur insoweit als Sonderausgaben abgezogen werden, als für sie nicht eine Steuerermäßigung nach § 34g gewährt worden ist.

(3) Als Ausgabe im Sinne dieser Vorschrift gilt auch die Zuwendung von Wirtschaftsgütern mit Ausnahme von Nutzungen und Leistungen. Ist das Wirtschaftsgut unmittelbar vor seiner Zuwendung einem Betriebsvermögen entnommen worden, so darf bei der Ermittlung der Ausgabenhöhe der bei der Entnahme angesetzte Wert nicht überschritten werden. In allen übrigen Fällen bestimmt sich die Höhe der Ausgabe nach dem gemeinen Wert des zugewendeten Wirtschaftsguts. Aufwendungen zugunsten einer zum Empfang steuerlich abzugsfähiger Zuwendungen berechtigten Körperschaft sind nur abzugsfähig, wenn ein Anspruch auf die Erstattung der Aufwendungen durch Vertrag oder Satzung eingeräumt und auf die Erstattung verzichtet worden ist. Der Anspruch darf nicht unter der Bedingung des Verzichts eingeräumt worden sein.

(4) Der Steuerpflichtige darf auf die Richtigkeit der Bestätigung über Spenden und Mitgliedsbeiträge vertrauen, es sei denn, dass er die Bestätigung durch unlautere Mittel oder falsche Angaben erwirkt hat oder dass ihm die Unrichtigkeit der Bestätigung bekannt oder infolge grober Fahrlässigkeit nicht bekannt war. Wer vorsätzlich oder grob fahrlässig eine unrichtige Bestätigung ausstellt oder wer veranlasst, dass Zuwendungen nicht zu den in der Bestätigung angegebenen steuerbegünstigten Zwecken verwendet werden, haftet für die entgangene Steuer. Diese ist mit 40 vom Hundert des zugewendeten Betrags anzusetzen.

542 8. Verzeichnis der Zwecke, die allgemein als besonders förderungswürdig im Sinne des § 10b Abs. 1 des Einkommensteuergesetzes anerkannt sind

(Anlage 1 zu § 48 Abs. 2 Einkommensteuer-Durchführungsverordnung)

Verzeichnis der Zwecke, die allgemein als besonders förderungswürdig im Sinne des § 10b Abs. 1 des Einkommensteuergesetzes anerkannt sind

Abschnitt A

1. Förderung der öffentlichen Gesundheitspflege, insbesondere die Bekämpfung von Seuchen und seuchenähnlichen Krankheiten, auch durch Krankenhäuser im Sinne des § 67 der Abgabenordnung, und von Tierseuchen;
2. Förderung der Jugend- und der Altenhilfe;
3. Förderung kultureller Zwecke; dies ist die ausschließliche und unmittelbare Förderung der Kunst, die Förderung der Pflege und Erhaltung von Kulturwerten sowie die Förderung der Denkmalpflege;
   a) die Förderung der Kunst umfasst die Bereiche der Musik, der Literatur, der darstellenden und bildenden Kunst und schließt die Förderung von kulturellen Einrichtungen, wie Theater und Museen, sowie von kulturellen Veranstaltungen, wie Konzerte und Kunstausstellungen, ein;
   b) Kulturwerte sind Gegenstände von künstlerischer und sonstiger kultureller Bedeutung, Kunstsammlungen und künstlerische Nachlässe, Bibliotheken, Archive sowie andere vergleichbare Einrichtungen;
   c) die Förderung der Denkmalpflege bezieht sich auf die Erhaltung und Wiederherstellung von Bau- und Bodendenkmälern, die nach den jeweiligen landesrechtlichen Vorschriften anerkannt sind; die Anerkennung ist durch eine Bescheinigung der zuständigen Stelle nachzuweisen;
4. Förderung der Erziehung, Volks- und Berufsbildung einschließlich der Studentenhilfe;

5. Förderung des Naturschutzes und der Landschaftspflege im Sinne des Bundesnaturschutzgesetzes und der Naturschutzgesetze der Länder, des Umweltschutzes, des Küstenschutzes und des Hochwasserschutzes;
6. Zwecke der amtlich anerkannten Verbände der freien Wohlfahrtspflege (Diakonisches Werk der Evangelischen Kirche in Deutschland e. V., Deutscher Caritasverband e. V., Deutscher Paritätischer Wohlfahrtsverband e. V., Deutsches Rotes Kreuz e. V., Arbeiterwohlfahrt – Bundesverband e. V., Zentralwohlfahrtsstelle der Juden in Deutschland e. V., Deutscher Blindenverband e. V., Bund der Kriegsblinden Deutschlands e. V., Verband Deutscher Wohltätigkeitsstiftungen e. V., Bundesarbeitsgemeinschaft Hilfe für Behinderte e. V., Verband der Kriegs- und Wehrdienstopfer, Behinderten und Sozialrentner e. V.), ihrer Unterverbände und ihrer angeschlossenen Einrichtungen und Anstalten;
7. Förderung der Hilfe für politisch, rassisch oder religiös Verfolgte, für Flüchtlinge, Vertriebene, Aussiedler, Spätaussiedler, Kriegsopfer, Kriegshinterbliebene, Kriegsbeschädigte und Kriegsgefangene, Zivilbeschädigte und Behinderte sowie Hilfe für Opfer von Straftaten; Förderung des Andenkens an Verfolgte, Kriegs- und Katastrophenopfer einschließlich der Errichtung von Ehrenmalen und Gedenkstätten; Förderung des Suchdienstes für Vermisste;
8. Förderung der Rettung aus Lebensgefahr;
9. Förderung des Feuer-, Arbeits-, Katastrophen- und Zivilschutzes sowie der Unfallverhütung;
10. die Förderung internationaler Gesinnung, der Toleranz auf allen Gebieten der Kultur und des Völkerverständigungsgedankens, sofern nicht nach Satzungszweck und tatsächlicher Geschäftsführung mit der Verfassung unvereinbare oder überwiegend touristische Aktivitäten verfolgt werden;
11. Förderung des Tierschutzes;
12. Förderung der Entwicklungshilfe;
13. Förderung von Verbraucherberatung und Verbraucherschutz;
14. Förderung der Fürsorge für Strafgefangene und ehemalige Strafgefangene;
15. Förderung der Gleichberechtigung von Männern und Frauen;
16. Förderung des Schutzes von Ehe und Familie;
17. Förderung der Kriminalprävention.

Abschnitt B

1. Förderung des Sports;
2. Förderung kultureller Betätigungen, die in erster Linie der Freizeitgestaltung dienen;
3. Förderung der Heimatpflege und Heimatkunde;
4. Förderung der nach § 52 Abs. 2 Nr. 4 der Abgabenordnung gemeinnützigen Zwecke.

E. Anhang von Mustern für Satzungen, Protokolle, Einladungen, Anträge u. a.

Hinweis:
Die nachfolgenden Muster stehen im **Internet** zum Download bereit. Sie finden sie unter **http://www.burhoff.de** –> Bücher –> Vereinsrecht –> Muster zum Download.

1. Einfache Vereinssatzung 543

§ 1 Name und Sitz

Der Verein führt den Namen „Harmonie" mit dem Zusatz „e. V." nach Eintragung und hat seinen Sitz in München. Der Verein ist in das Vereinsregister des Amtsgerichts München einzutragen.

§ 2 Zweck

Zweck des Vereins ist die Pflege der Geselligkeit. Mittel zur Erreichung des Vereinszwecks sind insbesondere regelmäßige Zusammenkünfte mit musikalischen und sonstigen künstlerischen Darbietungen.

§ 3 Mitgliedschaft

Mitglieder des Vereins können alle volljährigen Personen werden, wenn sie um die Aufnahme schriftlich beim Vorstand des Vereins nachsuchen. Lehnt der Vorstand den Aufnahmeantrag ab, so steht dem Betroffenen die Berufung zur Mitgliederversammlung zu. Diese entscheidet endgültig.

§ 4 Beendigung der Mitgliedschaft

Die Mitgliedschaft endet durch Tod, Austrittserklärung oder Ausschluss. Der Austritt erfolgt durch schriftliche Erklärung gegenüber dem Vorstand. Über den Ausschluss beschließt die Mitgliederversammlung mit einer Mehrheit von drei Vierteln der anwesenden Mitglieder.

§ 5 Mitgliedsbeiträge

Von den Mitgliedern werden Beiträge erhoben. Die Höhe des Jahresbeitrages wird in der Mitgliederversammlung bestimmt.

§ 6 Organe des Vereins

Organe des Vereins sind Vorstand und Mitgliederversammlung.

§ 7 Vorstand

Der Vorstand des Vereins besteht aus dem 1. Vorsitzenden, dem 2. Vorsitzenden, dem Kassierer und dem Schriftführer. Der Verein wird gerichtlich und außergerichtlich durch den 1. und 2. Vorsitzenden je allein vertreten. (Anmerkung: Bei zwei Vorstandsmitgliedern ist es auf jeden Fall zweckmäßig zu bestimmen, dass jeder alleinvertretungsberechtigt ist.)

§ 8 Amtsdauer und Beschlussfassung des Vorstandes

Der Vorstand wird von der Mitgliederversammlung auf die Dauer von 2 Jahren, vom Tag der Wahl an gerechnet, gewählt. Der Vorstand bleibt jedoch auch nach Ablauf seiner Amtszeit bis zur Neuwahl des neuen Vorstandes im Amt. Der Vorstand fasst seine Beschlüsse in Vorstandssitzungen, die vom Vorsitzenden oder vom stellvertretenden Vorsitzenden schriftlich, fernmündlich oder telegrafisch einberufen werden.

§ 9 Mitgliederversammlung

Mindestens einmal im Jahr, möglichst zu Beginn des Kalenderjahres, findet eine ordentliche Mitgliederversammlung statt. Sie beschließt vor allem über die Beiträge, die Entlastung und Wahl des Vorstandes und über Satzungsänderungen. Eine außerordentliche Mitgliederversammlung ist auf Verlangen eines Drittels der Mitglieder einzuberufen. Die Einberufung zu Mitgliederversammlungen geschieht durch den Vorstand mit einer Frist von einer Woche schriftlich unter Bekanntgabe der Tagesordnung. Die Tagesordnung kann durch Mehrheitsbeschluss der Mitgliederversammlung in der Sitzung ergänzt oder geändert werden; dies gilt nicht für Satzungsänderungen.

Die Mitgliederversammlung fasst ihre Beschlüsse mit der Mehrheit der erschienenen Mitglieder. Stimmenthaltungen und ungültige Stimmen bleiben außer Betracht.

§ 10 Beurkundung der Beschlüsse der Vereinsorgane

Über die Beschlüsse des Vorstandes und der Mitgliederversammlung ist eine Niederschrift aufzunehmen, die vom Vorsitzenden oder seinem Stellvertreter und vom Schriftführer oder einem von der Versammlung gewählten Protokollführer zu unterzeichnen ist.

§ 11 Auflösung

Die Auflösung kann nur in einer besonderen, zu diesem Zweck mit einer Frist von einem Monat einzuberufenden außerordentlichen Mitgliederversammlung mit einer Mehrheit von drei Vierteln der erschienenen Mitglieder beschlossen werden.

Die Versammlung beschließt auch über die Art der Liquidation und die Verwertung des verbleibenden Vermögens.

Vorstehende Satzung wurde am ... errichtet.

(Es folgen die Unterschriften von allen Personen, die in der Gründerversammlung dem Verein beigetreten sind. Mindestens sieben Unterschriften sind erforderlich.)

2. Ausführliche Satzung eines gemeinnützigen Vereins 544

Satzung der Musikschule Adorf e. V.

§ 1 Name und Sitz

(1) Der Verein trägt den Namen „Musikschule Adorf e. V.“.

(2) Der Verein hat seinen Sitz in Adorf.

(3) Der Verein soll in das Vereinsregister beim Amtsgericht Astadt eingetragen werden.

§ 2 Zweck des Vereins

(1) Der Verein dient der Förderung der musikalischen Erziehung und der musischen Bildung nach den Richtlinien des Verbandes deutscher Musikschulen e. V. und unterhält zu diesem Zweck eine Musikschule in Adorf und Bedorf.

(2) Der Verein verfolgt ausschließlich und unmittelbar gemeinnützige Zwecke im Sinne des Abschnitts „Steuerbegünstigte Zwecke“ der Abgabenordnung (§§ 51 bis 68 AO) in der jeweils gültigen Fassung.

(3) Der Verein ist selbstlos tätig; er verfolgt nicht in erster Linie eigenwirtschaftliche Zwecke.

§ 3 Gewinnverwendung und Begünstigungsverbot

(1) Etwaige Mittel dürfen nur für die satzungsmäßigen Zwecke verwendet werden. Die Mitglieder erhalten keine Gewinnanteile und in ihrer Eigenschaft als Mitglieder auch keine sonstigen Zuwendungen aus Mitteln des Vereins.

(2) Die Mitglieder erhalten bei ihrem Ausscheiden oder bei Auflösung oder Aufhebung des Vereins keinen Anteil am Vereinsvermögens.

(3) Es darf keine Person durch Verwaltungsaufgaben, die den Zwecken des Vereins fremd sind oder durch unverhältnismäßige Vergütung begünstigt werden.

§ 4 Mitgliedschaft

(1) Mitglied des Vereins kann jede voll geschäftsfähige, natürliche Person und juristische Person werden. Der Antrag auf Aufnahme in den Verein ist an den Vorstand zu richten, der über die Aufnahme beschließt.

(2) Der Mitgliedsbeitrag wird durch die Mitgliederversammlung festgesetzt.

(3) Die Mitgliedschaft endet

a) durch Tod oder – bei juristischen Personen – durch Auflösung,
b) durch Austritt,
c) durch Ausschluss,
d) durch Streichung in der Mitgliederliste.

Der Austritt aus dem Verein erfolgt durch schriftliche Erklärung gegenüber dem Vorstand mit einer Frist von drei Monaten zum Ende eines Kalenderjahres. Der Ausschluss ist nur aus wichtigem Grund mit und ohne Einhaltung einer Frist durch Beschluss des Vorstandes möglich. Gegen den Beschluss des Vorstandes kann binnen einer Frist von einem Monat nach Zugang der Ausschlusserklärung Einspruch bei der Mitgliederversammlung eingelegt werden. Bis zur Entscheidung der Mitgliederversammlung ruhen die Rechte des Mitglieds. Die Streichung aus der Mitgliederliste erfolgt durch den Vorstand. Sie kann erfolgen, wenn das Mitglied mit seinem Mitgliedsbeitrag länger als drei Monate in Verzug ist und trotz Mahnung den Rückstand nicht innerhalb von zwei Wochen ausgeglichen hat. In der Mahnung muss das Mitglied auf die bevorstehende Streichung aus der Mitgliederliste hingewiesen werden.

§ 5 Organe des Vereins

Organe des Vereins sind:

a) die Mitgliederversammlung,
b) der Vorstand.

§ 6 Mitgliederversammlung

(1) Die Mitgliederversammlung besteht aus den Vereinsmitgliedern.

(2) Mindestens einmal im Jahr findet eine ordentliche Mitgliederversammlung statt, und zwar im ersten Halbjahr. Die Aufgaben der Mitgliederversammlung sind:

1. die Wahl des Vorstandes,
2. Entscheidung über die Berufung eines ausgeschlossenen Mitglieds,
3. Entgegennahme des Jahresberichtes und der Jahresrechnung,
4. Entlastung des Vorstandes,
5. Wahl der Rechnungsprüfer,
6. Änderung der Satzung,
7. Auflösung des Vereins.

(3) Die Mitgliederversammlung wird vom Vorsitzenden des Vorstandes oder seinem Stellvertreter mit einer Frist von 14 Tagen unter Angabe der Tagesordnung schriftlich eingeladen. Jedes Mitglied kann bis zum 5. Tage vor der Mitgliederversammlung Anträge zur Tagesordnung stellen. Sie ist einzuberufen, wenn 1/3 der Mitglieder dieses verlangen. Die Tagesordnung kann durch Mehrheitsbeschluss der Mitgliederversammlung in der Sitzung ergänzt oder geändert werden; dies gilt nicht für Satzungsänderungen.

Jedes Mitglied kann sich mit schriftlicher Vollmacht durch ein anderes Mitglied vertreten lassen. Die Vollmacht ist für jede Versammlung neu zu erteilen.

(4) Der Vorsitzende des Vorstandes oder sein Stellvertreter leiten die Versammlung.

(5) Bei der Abstimmung hat jedes Mitglied eine Stimme. Stimmenthaltungen gelten als ungültige Stimmen.

(6) Die Beschlüsse der Mitgliederversammlung werden mit einfacher Mehrheit der gültigen Stimmen gefasst. Beschlüsse über Satzungsänderungen und Auflösung des Vereins bedürfen einer 2/3-Mehrheit der gültigen Stimmen. Bei Wahlen ist derjenige gewählt, der die meisten Stimmen auf sich vereinigt.

(7) Über die Beschlüsse der Mitgliederversammlung ist ein Protokoll anzufertigen, das vom Sitzungsleiter und von einem anderen Vorstandsmitglied gegenzuzeichnen ist. Das Protokoll ist in der nächsten Mitgliederversammlung zu verlesen und zur Abstimmung zu bringen.

§ 7 Der Vorstand

(1) Der Vorstand besteht aus dem Vorsitzenden, seinem Stellvertreter, dem Schatzmeister, dem Schriftführer und 5 Beisitzern. Der Vorstand wird auf 2 Kalenderjahre gewählt, jedoch bleiben die Vorstandsmitglieder so lange im Amt, bis ein Nachfolger gewählt ist. Scheidet ein Mitglied des Vorstandes vorzeitig, z. B. durch Rücktritt oder Tod, aus, ist das Ersatzmitglied des Vorstandes nur für die restliche Amtsdauer des Ausgeschiedenen gewählt.

(2) Mitglieder im Vorstand mit beratender Stimme ist der jeweilige Leiter der Schule, falls ein solcher bestellt ist. Der Gemeindedirektor der Gemeinde Adorf oder ein von ihm Beauftragter nehmen mit beratender Stimme an den Vorstandssitzungen teil.

(3) Die Mitglieder sind ehrenamtlich tätig.

Die Mitgliedersammlung kann jedoch mit einfacher Stimmenmehrheit beschließen, dass den Vorstandsmitgliedern für diejenigen Tätigkeiten, die über den üblichen Aufgabenkreis des Vereinsvorstandes hinausgehen:

a) Entschädigung für den tatsächlichen nachgewiesenen Aufwand

b) angemessene Abgeltung des Zeitaufwandes

gezahlt wird.

(4) Der Vorsitzende oder sein Stellvertreter vertritt den Verein gerichtlich und außergerichtlich.

(5) Der Vorstand entscheidet mit Stimmenmehrheit. Bei Stimmengleichheit gibt die Stimme des Vorsitzenden den Ausschlag.

(6) Dem Vorstand obliegt die Leitung des Vereins, die Ausführung der Beschlüsse der Mitgliederversammlung und die Verwaltung des Vereinsvermögens. Er ist befugt, Musiklehrer einzustellen und zu entlassen. Er kann einen Leiter der Musikschule und einen Geschäftsführer bestellen.

(7) Der Vorsitzende ruft bei Bedarf, oder wenn zwei Vorstandsmitglieder es begehren, eine Vorstandssitzung unter Angabe der Tagesordnung ein. Er leitet die Vorstandssitzung. Über die Sitzungen ist ein Protokoll durch den Schriftführer anzufertigen und von ihm und dem Vorsitzenden zu unterschreiben.

(8) Der Vorstand beschließt die Gebührenordnung für den Musikunterricht. Er beschließt weiter eine Schulordnung.

§ 8 Geschäftsjahr

Das Geschäftsjahr des Vereins ist das Kalenderjahr.

§ 9 Auflösung des Vereins

Bei Auflösung oder Aufhebung des Vereins oder bei Wegfall seines bisherigen Zwecks fällt das Vermögen des Vereins an die Gemeinde Adorf, die es unmittelbar und ausschließlich für gemeinnützige Zwecke im Sinne der Satzung zu verwenden hat.

Errichtet zu Adorf, den ...

(Unterschriften von mindestens sieben Mitgliedern)

3. Besonders ausführliche Satzung eines gemeinnützigen Vereins 545

(nach Sauter/Schweyer/Waldner, Rdn. 500)

§ 1 Name, Sitz, Geschäftsjahr

Der Verein führt den Namen „Verein zur Förderung körperbehinderter Kinder“ und soll in das Vereinsregister eingetragen werden; nach der Eintragung führt er den Zusatz „e. V.“.

Der Verein hat seinen Sitz in München.

Das Geschäftsjahr des Vereins ist das Kalenderjahr.

§ 2 Der Zweck des Vereins

Zweck des Vereins ist die Förderung körperbehinderter Kinder. Der Verein verfolgt ausschließlich und unmittelbar gemeinnützige Zwecke im Sinne des Abschnitts „Steuerbegünstigte Zwecke“ der Abgabenordnung.

Der Satzungszweck wird verwirklicht insbesondere durch folgende Maßnahmen:

Beratung der Eltern und der sonstigen Erziehungsberechtigten körperbehinderter Kinder;

Einflussnahme auf die Errichtung von Spezialbehandlungszentren durch die Gebietskörperschaften;

Aufklärung der Öffentlichkeit über die Probleme des körperbehinderten Kindes.

Der Verein ist selbstlos tätig; er verfolgt nicht in erster Linie eigenwirtschaftliche Zwecke.

Mittel des Vereins dürfen nur für die satzungsmäßigen Zwecke verwendet werden. Die Mitglieder erhalten keine Gewinnanteile und in ihrer Eigenschaft als Mitglieder auch keine sonstigen Zuwendungen aus den Mitteln des Vereins. Es darf keine Person durch Ausgaben, die dem Zweck des Vereins fremd sind, oder durch unverhältnismäßig hohe Vergütungen begünstigt werden.

Bei Auflösung des Vereins oder bei Wegfall seines bisherigen Zwecks fällt das Vermögen des Vereins an das Bayerische Rote Kreuz zwecks Verwendung für die Förderung des öffentlichen Gesundheitswesens.

Alle Inhaber von Vereinsämtern sind ehrenamtlich tätig. Jeder Beschluss über die Änderung der Satzung ist vor dessen Anmeldung beim Registergericht dem zuständigen Finanzamt vorzulegen.

§ 3 Erwerb der Mitgliedschaft

Mitglied des Vereins kann jede volljährige Person werden. Über den schriftlichen Antrag entscheidet der Vorstand. Der Antrag soll den Namen, das Alter, den Beruf und die Anschrift des Antragstellers sowie die Angabe enthalten, ob er Vater (Mutter) eines körperbehinderten Kindes ist; gegebenenfalls ist das Alter des Kindes anzugeben.

Gegen den ablehnenden Bescheid des Vorstandes, der mit Gründen zu versehen ist, kann der Antragsteller Beschwerde erheben. Die Beschwerde ist innerhalb eines Monats ab Zugang des ablehnenden Bescheids schriftlich beim Vorstand einzulegen. Über die Beschwerde entscheidet die nächste ordentliche Mitgliederversammlung.

§ 4 Beendigung der Mitgliedschaft

Die Mitgliedschaft endet

a) mit dem Tod des Mitglieds;

b) durch freiwilligen Austritt;

c) durch Streichung von der Mitgliederliste;

d) durch Ausschluss aus dem Verein.

Der freiwillige Austritt erfolgt durch schriftliche Erklärung gegenüber einem Mitglied des Vorstandes. Er ist nur zum Schluss eines Kalenderjahres unter Einhaltung einer Kündigungsfrist von drei Monaten zulässig.

Ein Mitglied kann durch Beschluss des Vorstandes von der Mitgliederliste gestrichen werden, wenn es trotz zweimaliger Mahnung mit der Zahlung des Beitrages im Rückstand ist. Die Streichung darf erst beschlossen werden, nachdem seit der Absendung des zweiten Mahnschreibens drei Monate verstrichen und die Beitragsschulden nicht beglichen sind. Die Streichung ist dem Mitglied mitzuteilen.

Ein Mitglied kann, wenn es gegen die Vereinsinteressen gröblich verstoßen hat, durch Beschluss des Vorstandes aus dem Verein ausgeschlossen werden. Vor der Beschlussfassung ist dem Mitglied unter Setzung einer angemessenen Frist Gelegenheit zu geben, sich persönlich vor dem Vorstand oder schriftlich zu rechtfertigen. Eine schriftliche Stellungnahme des Betroffenen ist in der Vorstandssitzung zu verlesen. Der Beschluss über den Ausschluss ist mit Gründen zu versehen und dem Mitglied mittels eingeschriebenen Briefes bekannt zu machen. Gegen den Ausschließungsbeschluss des Vorstandes steht dem Mitglied das Recht der Berufung an die Mitgliederversammlung zu. Die Berufung muss innerhalb einer Frist von einem Monat ab Zugang des Ausschließungsbeschlusses beim Vorstand schriftlich eingelegt werden. Ist die Berufung rechtzeitig eingelegt, so hat der Vorstand innerhalb von zwei Monaten die Mitgliederversammlung zur Entscheidung über die Berufung einzuberufen. Geschieht das nicht, gilt der Ausschließungsbeschluss als nicht erlassen. Macht das Mitglied von dem Recht der Berufung gegen den Ausschließungsbeschluss keinen Gebrauch oder versäumt es die Berufungsfrist, so unterwirft es sich damit dem Ausschließungsbeschluss mit der Folge, dass die Mitgliedschaft als beendet gilt.

§ 5 Mitgliedsbeiträge

Von den Mitgliedern werden Beiträge erhoben. Die Höhe des Jahresbeitrages und dessen Fälligkeit werden von der Mitgliederversammlung bestimmt. Mitglieder, die den Vorstand ermächtigen, den Betrag durch Abbuchung von ihrem Konto einzuziehen, erhalten einen Nachlass von 5 %.

Ehrenmitglieder sind von der Beitragspflicht befreit.

§ 6 Organe des Vereins

Organe des Vereins sind

a) der Vorstand,

b) der Beirat,

c) die Mitgliederversammlung.

§ 7 Der Vorstand

Der Vorstand des Vereins besteht aus dem Vorsitzenden, dem stellvertretenden Vorsitzenden, dem Schatzmeister und dem Schriftführer.

Der Verein wird gerichtlich und außergerichtlich durch zwei Mitglieder des Vorstandes, darunter der Vorsitzende oder der stellvertretende Vorsitzende, vertreten. Rechtsgeschäfte mit einem Geschäftswert über 3000 € sind für den Verein nur verbindlich, wenn die Zustimmung des Beirats hierzu schriftlich erteilt ist.

§ 8 Die Zuständigkeit des Vorstandes

Der Vorstand ist für alle Angelegenheiten des Vereins zuständig, soweit sie nicht durch die Satzung einem anderen Vereinsorgan zugewiesen sind. Er hat vor allem folgende Aufgaben:

1. Vorbereitung der Mitgliederversammlungen und Aufstellung der Tagesordnungen;
2. Einberufung der Mitgliederversammlung;
3. Ausführung der Beschlüsse der Mitgliederversammlung;
4. Aufstellung eines Haushaltsplans für jedes Geschäftsjahr; Buchführung; Erstellung eines Jahresberichts;
5. Aufstellung von Richtlinien für den Betrieb der vereinseigenen Behandlungsstätten;
6. Abschluss und Kündigung von Arbeitsverträgen;
7. Beschlussfassung über Aufnahme, Streichung und Ausschluss von Mitgliedern.

Der Vorstand ist verpflichtet, in allen wichtigen Angelegenheiten die Meinung des Beirats einzuholen.

§ 9 Amtsdauer des Vorstandes

Der Vorstand wird von der Mitgliederversammlung auf die Dauer von zwei Jahren, vom Tage der Wahl an gerechnet, gewählt; er bleibt jedoch bis zur Neuwahl des Vorstandes im Amt. Jedes Vorstandsmitglied ist einzeln zu wählen. Wählbar sind nur Vereinsmitglieder. Der Vorsitzende und der stellvertretende Vorsitzende sollen ein Facharzt für Orthopädie sein. Scheidet ein Mitglied des Vorstandes während der Amtsperiode aus, so wählt der Vorstand ein Ersatzmitglied für die restliche Amtsdauer des Ausgeschiedenen.

§ 10 Beschlussfassung des Vorstandes

Der Vorstand fasst seine Beschlüsse im Allgemeinen in Vorstandssitzungen, die vom Vorsitzenden, bei dessen Verhinderung dem stellvertretenden Vorsitzenden, schriftlich, fernmündlich oder telegrafisch einberufen werden. In jedem Fall ist eine Einberufungsfrist von einer Woche einzuhalten. Einer Mitteilung der Tagesordnung bedarf es nicht. Der Vorstand ist beschlussfähig, wenn mindestens zwei Vorstandsmitglieder, darunter der Vorsitzende oder der stellvertretende Vorsitzende, anwesend sind. Bei der Beschlussfassung entscheidet die Mehrheit der abgegebenen gültigen Stimmen. Bei Stimmengleichheit entscheidet die Stimme des Leiters der Vorstandssitzung. Die Vorstandssitzung leitet der Vorsitzende, bei dessen Verhinderung der stellvertretende Vorsitzende. Die Beschlüsse des Vorstandes sind zu Beweiszwecken in ein Beschlussbuch einzutragen und vom Sitzungsleiter zu unterschreiben. Die Niederschrift soll Ort und Zeit der Vorstandssitzung, die Namen der Teilnehmer, die gefassten Beschlüsse und das Abstimmungsergebnis enthalten.

Ein Vorstandsbeschluss kann auf schriftlichem Wege gefasst werden, wenn alle Vorstandsmitglieder ihre Zustimmung zu der zu beschließenden Regelung erklären.

Die Vereinigung mehrerer Vorstandsämter in einer Person ist unzulässig.

§ 11 Der Beirat

Der Beirat besteht aus fünf Mitgliedern. Er wird auf die Dauer von drei Jahren, vom Tage der Wahl an gerechnet, von der Mitgliederversammlung gewählt; er bleibt jedoch bis zur Neuwahl des Beirats im Amt. Jedes Mitglied des Beirats ist einzeln zu wählen. Wählbar sind nur Vereinsmitglieder, die dem Verein mindestens zwei Kalenderjahre angehören, dies gilt nicht für die ersten Mitglieder des Beirats nach der Gründung des Vereins. Drei Mitglieder des Beirats sollen Erziehungsberechtigte körperbehinderter Kinder sein. Vorstandsmitglieder können nicht zugleich Mitglieder des Beirats sein.

Der Beirat hat die Aufgabe, den Vorstand in wichtigen Vereinsangelegenheiten zu beraten. Er unterrichtet sich durch Abhaltung von Sprechstunden oder in sonst geeigneter Weise über die Angelegenheiten der Vereinsmitglieder und macht dem Vorstand Vorschläge für die Geschäftsführung. Bei Rechtsgeschäften mit einem Geschäftswert von mehr als 3 000 € beschließt er, ob dem Rechtsgeschäft zugestimmt wird.

Mindestens einmal im Vierteljahr soll eine Sitzung des Beirats stattfinden. Der Beirat wird vom Vorsitzenden oder vom stellvertretenden Vorsitzenden des Vereins schriftlich, fernmündlich oder telegrafisch mit einer Frist von mindestens einer Woche einberufen. Einer Mitteilung der Tagesordnung bedarf es nicht. Der Beirat muss einberufen werden, wenn mindestens zwei Beiratsmitglieder die Einberufung schriftlich vom

Vorstand verlangen. Wird dem Verlangen innerhalb einer Frist von zwei Wochen nicht entsprochen, sind die Beiratsmitglieder, die die Einberufung des Beirats vom Vorstand verlangt haben, berechtigt, selbst den Beirat einzuberufen.

Zu den Sitzungen des Beirats haben alle Vorstandsmitglieder Zutritt, auch das Recht zur Diskussion, aber kein Stimmrecht. Die Vorstandsmitglieder sind von den Sitzungen des Beirats zu verständigen. Die Sitzungen des Beirats werden vom Vorsitzenden, bei dessen Verhinderung vom stellvertretenden Vorsitzenden des Vereins geleitet; ist auch dieser verhindert, leitet das Beiratsmitglied die Sitzung, das am längsten dem Verein angehört. Im Zweifelsfall bestimmen die erschienenen Beiratsmitglieder den Sitzungsleiter.

Der Beirat bildet seine Meinung durch Beschlussfassung. Bei der Beschlussfassung entscheidet die Mehrheit der abgegebenen gültigen Stimmen.

Scheidet ein Mitglied des Beirats vorzeitig aus, so wählt der Beirat für die restliche Amtsdauer des ausgeschiedenen Mitglieds ein Ersatzmitglied.

Die Beschlüsse des Beirats sind zu Beweiszwecken in ein Beschlussbuch einzutragen und vom jeweiligen Sitzungsleiter zu unterschreiben.

§ 12 Die Mitgliederversammlung

In der Mitgliederversammlung hat jedes Mitglied – auch ein Ehrenmitglied – eine Stimme. Zur Ausübung des Stimmrechts kann ein anderes Mitglied schriftlich bevollmächtigt werden. Die Bevollmächtigung ist für jede Mitgliederversammlung gesondert zu erteilen. Ein Mitglied darf jedoch nicht mehr als drei fremde Stimmen vertreten.

Die Mitgliederversammlung ist ausschließlich für folgende Angelegenheiten zuständig:

1. Genehmigung des vom Vorstand aufgestellten Haushaltsplans für das nächste Geschäftsjahr; Entgegennahme des Jahresberichts des Vorstandes; Entlastung des Vorstandes;
2. Festsetzung der Höhe und der Fälligkeit des Jahresbeitrags;
3. Wahl und Abberufung der Mitglieder des Vorstandes und des Beirats;
4. Beschlussfassung über Änderung der Satzung und über die Auflösung des Vereins;

5. Beschlussfassung über die Beschwerde gegen die Ablehnung des Aufnahmeantrags sowie über die Berufung gegen einen Ausschließungsbeschluss des Vorstandes;
6. Ernennung von Ehrenmitgliedern.

In Angelegenheiten, die in den Zuständigkeitsbereich des Vorstandes fallen, kann die Mitgliederversammlung Empfehlungen an den Vorstand beschließen. Der Vorstand kann seinerseits in Angelegenheiten seines Zuständigkeitsbereiches die Meinung der Mitgliederversammlung einholen.

§ 13 Die Einberufung der Mitgliederversammlung

Mindestens einmal im Jahr, möglichst im letzten Quartal, soll eine ordentliche Mitgliederversammlung stattfinden. Sie wird vom Vorstand unter Einhaltung einer Frist von zwei Wochen schriftlich unter Angabe der Tagesordnung einberufen. Die Frist beginnt mit dem auf die Absendung des Einladungsschreibens folgenden Tag. Das Einladungsschreiben gilt dem Mitglied als zugegangen, wenn es an die letzte vom Mitglied dem Verein bekannt gegebene Adresse gerichtet ist. Die Tagesordnung setzt der Vorstand fest. Die Tagesordnung kann durch Mehrheitsbeschluss der Mitgliederversammlung in der Sitzung ergänzt oder geändert werden; dies gilt nicht für Satzungsänderungen.

§ 14 Die Beschlussfassung der Mitgliederversammlung

Die Mitgliederversammlung wird vom Vorsitzenden, bei dessen Verhinderung vom stellvertretenden Vorsitzenden oder einem anderen Vorstandsmitglied geleitet. Ist kein Vorstandsmitglied anwesend, bestimmt die Versammlung den Leiter. Bei Wahlen kann die Versammlungsleitung für die Dauer des Wahlgangs und der vorhergehenden Diskussion einem Wahlausschuss übertragen werden.

Der Protokollführer wird vom Versammlungsleiter bestimmt; zum Protokollführer kann auch ein Nichtmitglied bestimmt werden.

Die Art der Abstimmung bestimmt der Versammlungsleiter. Die Abstimmung muss schriftlich durchgeführt werden, wenn ein Drittel der bei der Abstimmung anwesenden stimmberechtigten Mitglieder dies beantragt.

Die Mitgliederversammlung ist nicht öffentlich. Der Versammlungsleiter kann Gäste zulassen. Über die Zulassung der Presse, des Rundfunks und des Fernsehens beschließt die Mitgliederversammlung.

Die Mitgliederversammlung ist beschlussfähig, wenn mindestens ein Drittel sämtlicher Vereinsmitglieder anwesend ist. Bei Beschlussunfähigkeit ist der Vorstand verpflichtet, innerhalb von vier Wochen eine zweite

Mitgliederversammlung mit der gleichen Tagesordnung einzuberufen; diese ist ohne Rücksicht auf die Zahl der erschienenen Mitglieder beschlussfähig. Hierauf ist in der Einladung hinzuweisen.

Die Mitgliederversammlung fasst Beschlüsse im Allgemeinen mit einfacher Mehrheit der abgegebenen gültigen Stimmen; Stimmenthaltungen bleiben daher außer Betracht. Zur Änderung der Satzung ist jedoch eine Mehrheit von drei Vierteln der abgegebenen gültigen Stimmen, zur Auflösung des Vereins eine solche von vier Fünfteln erforderlich. Eine Änderung des Zwecks des Vereins kann nur mit Zustimmung aller Mitglieder beschlossen werden. Die schriftliche Zustimmung der in der Mitgliederversammlung nicht erschienenen Mitglieder kann nur innerhalb eines Monats gegenüber dem Vorstand erklärt werden.

Für Wahlen gilt Folgendes: Hat im ersten Wahlgang kein Kandidat die Mehrheit der abgegebenen Stimmen erreicht, findet eine Stichwahl zwischen den Kandidaten statt, welche die beiden höchsten Stimmenzahlen erreicht haben. Gewählt ist dann derjenige, der die meisten Stimmen auf sich vereinigt.

Über die Beschlüsse der Mitgliederversammlung ist ein Protokoll aufzunehmen, das vom jeweiligen Versammlungsleiter und dem Protokollführer zu unterzeichnen ist. Es soll folgende Feststellungen enthalten: Ort und Zeit der Versammlung, die Person des Versammlungsleiters und des Protokollführers, die Zahl der erschienenen Mitglieder, die Tagesordnung, die einzelnen Abstimmungsergebnisse und die Art der Abstimmung. Bei Satzungsänderungen soll der genaue Wortlaut angegeben werden.

§ 15 Nachträgliche Anträge zur Tagesordnung

Jedes Mitglied kann bis spätestens eine Woche vor dem Tag der Mitgliederversammlung beim Vorstand schriftlich beantragen, dass weitere Angelegenheiten nachträglich auf die Tagesordnung gesetzt werden. Der Versammlungsleiter hat zu Beginn der Mitgliederversammlung die Tagesordnung entsprechend zu ergänzen. Über Anträge auf Ergänzung der Tagesordnung, die erst in der Mitgliederversammlung gestellt werden, beschließt die Mitgliederversammlung. Zur Annahme des Antrags ist eine Mehrheit von drei Vierteln der abgegebenen gültigen Stimmen erforderlich.

§ 16 Außerordentliche Mitgliederversammlungen

Der Vorstand kann jederzeit eine außerordentliche Mitgliederversammlung einberufen. Diese muss einberufen werden, wenn das Interesse des Vereins es erfordert oder wenn die Einberufung von einem Drittel aller Mitglieder schriftlich unter Angabe des Zwecks und der Gründe vom Vorstand verlangt wird. Für die außerordentliche Mitgliederversammlung gelten die §§ 12, 13, 14 und 15 entsprechend.

§ 17 Auflösung des Vereins und Anfallberechtigung

Die Auflösung des Vereins kann nur in einer Mitgliederversammlung mit der im § 14 festgelegten Stimmenmehrheit beschlossen werden. Sofern die Mitgliederversammlung nichts anderes beschließt, sind der Vorsitzende und der stellvertretende Vorsitzende gemeinsam vertretungsberechtigte Liquidatoren. Die vorstehenden Vorschriften gelten entsprechend für den Fall, dass der Verein aus einem anderen Grund aufgelöst wird oder seine Rechtsfähigkeit verliert.

Die vorstehende Satzung wurde in der Gründungsversammlung vom ... errichtet.

(Es folgen die deutlichen Unterschriften der dem Verein in der Gründungsversammlung beigetretenen Personen; mindestens sind sieben Unterschriften erforderlich.)

4. Geschäftsordnung des Vorstandes 546

Geschäftsordnung für den Vorstand der Musikschule Adorf e. V.

§ 1 Einberufung

Der Vorsitzende ruft bei Bedarf, oder wenn zwei Vorstandsmitglieder es begehren, eine Vorstandssitzung unter Angabe der Tagesordnung schriftlich oder in sonst geeigneter Weise ein.

§ 2 Ladungsfrist

Die Ladungsfrist soll mindestens eine Woche betragen. In dringenden Fällen kann auf die Ladungsfrist verzichtet werden.

§ 3 Tagesordnung

1. Der Vorsitzende setzt nach Rücksprache mit dem Schulleiter die Tagesordnung fest.
   Sie muss alle Anträge enthalten, die bis zum Einladungstag schriftlich eingegangen sind.
2. Die Tagesordnung kann in der Sitzung durch Beschluss des Vorstandes erweitert werden.

§ 4 Sitzungsverlauf

1. Der Vorsitzende, bei dessen Verhinderung sein Stellvertreter, leitet die Sitzung.
2. Nur Vorstandsmitglieder können Anträge stellen.
3. Anträge zur Geschäftsordnung können jederzeit gestellt werden.

§ 5 Öffentlichkeit

1. Die Sitzungen des Vorstandes sind nicht öffentlich.
2. Beschluss und Beratungsergebnisse sind vertraulich zu behandeln, insbesondere sind die geltenden Bestimmungen des Datenschutzgesetzes zu beachten.
3. Der Vorstand kann durch Beschluss für bestimmte Tagesordnungspunkte die Öffentlichkeit herstellen.

§ 6 Befangenheit

1. An Beratungen und Beschlüssen über Gegenstände, an denen einzelne Mitglieder des Vorstandes, direkt oder indirekt, persönlich beteiligt sind, dürfen diese nicht teilnehmen. Die Betroffenen haben dieses dem Vorsitzenden unaufgefordert mitzuteilen.
2. Im Zweifelsfall entscheidet der Vorstand über die Ausschließung.

§ 7 Abstimmung

1. Stimmberechtigt sind alle gewählten Mitglieder des Vorstandes, soweit sie nicht nur beratende Stimme haben.
2. Die Stimmabgabe erfolgt durch Handzeichen, es sei denn, dass Antrag auf geheime Abstimmung gestellt wird.
3. Der Vorstand entscheidet mit Stimmenmehrheit. Bei Stimmengleichheit gibt die Stimme des Vorsitzenden den Ausschlag.
4. Über Anträge zur Geschäftsordnung ist sofort, ohne Aussprache, abzustimmen.
5. In Angelegenheiten der Musikschule, die keinen Aufschub dulden, entscheidet der Vorsitzende mit einem weiteren Vertreter des Vorstandes.

Soweit Belange der Gemeinde berührt werden, ist diese vorher zu beteiligen.

Die Entscheidung ist in der nächsten Vorstandssitzung zur Genehmigung vorzulegen.

§ 8 Niederschrift

Über den Verlauf der Sitzung ist vom Protokollführer eine Niederschrift zu fertigen.

§ 9 Ausschüsse

1. Der Vorstand bildet zur Arbeitsteilung folgende Ausschüsse:

a) Organisation und Presse

b) Finanzen

c) Einkauf

d) Raumfragen

e) Werbung und Konzerte

f) Bewerbungen und Einstellungen.

2. Bei Bedarf können weitere Ausschüsse gebildet werden.

3. Die Ausschüsse haben keine Entscheidungsbefugnisse. Sie bereiten anstehende Entscheidungen vor und bringen sie als Beschlussvorlage in den Vorstand ein.

4. Die Ausschüsse unterstützen und beraten den Leiter der Musikschule bei seiner Tätigkeit.

§ 10 Inkrafttreten

Diese Geschäftsordnung tritt mit Wirkung vom 1. 1. 2006 in Kraft.

5. Gründungsprotokoll 547

Niederschrift über die Gründung des Vereins Musikschule Adorf e. V.

Heute, am 10. November 2005, 18.00 Uhr, erschienen im Sitzungssaal des Verwaltungsgebäudes der Gemeinde Adorf, Bergstraße 8, die aus der beigefügten Anwesenheitsliste ersichtlichen 31 Personen zur Beschlussfassung über die Gründung eines Vereins Musikschule Adorf.

Der Gemeindedirektor Th. begrüßte die Erschienenen und erläuterte den Zweck der Versammlung. Durch Zuruf wurden Herr Th. zum Versammlungsleiter und Herr H. als Protokollführer gewählt; sie nahmen beide die Ämter an.

Herr Th. schlug sodann folgende weitere Tagesordnung vor:

1. Aussprache über die Gründung eines Musikschulvereins
2. Beratung und Feststellung der Vereinssatzung
3. Wahlen
   a) des Vorstandes
   b) des Vorsitzenden und seines Stellvertreters
4. Weitere Verfahrensschritte

Gegen diese Tagesordnung wurde kein Widerspruch erhoben.

Der Protokollführer verteilte einen Satzungsentwurf, der im Einzelnen durchgegangen und erörtert wurde.

Der anliegenden Fassung der Satzung stimmten alle Gründungsmitglieder durch Handzeichen zu. Herr Th. stellte fest, dass damit der Verein Musikschule gegründet ist und forderte alle Gründungsmitglieder auf, ihren Beitritt durch Unterzeichnung der Satzung zu bestätigen. Daraufhin unterzeichneten diese die Satzung.

Die Wahl der Vorstandsmitglieder wurde unter Leitung von Herrn Th. durchgeführt. Zu Vorstandsmitgliedern wurden gewählt:

Herr K. (Vorsitzender), Herr G. (stellv. Vorsitzender), Herr L. (Schatzmeister), Frau M. (Schriftführerin), Frau R., Frau V., Frau Sch. (Beisitzer auf 3 Jahre), Herr F., Herr B. (Beisitzer auf 2 Jahre)

Alle Gewählten erklärten, dass sie die Wahl annehmen.

Sodann wurden die nächsten Schritte für die Aufnahme der Vereinstätigkeit erörtert. Es wurde durch Handzeichen einstimmig beschlossen, dass der Vorstand bis zur Eintragung des Vereins in das Vereinsregister neben der Bestellung eines Leiters der Musikschule nur die Rechtsgeschäfte vornehmen soll, die zur Erlangung der Rechtsfähigkeit des Vereins erforderlich sind.

Der Mitgliedsbeitrag wurde einstimmig auf 12,- € pro Monat festgesetzt.

Herr Th. schloss um 21.00 Uhr die Versammlung.

Adorf, den 10. November 2005

gez. H. gez. Th. gez. K.

6. Einladung zu einer Mitgliederversammlung 548

Musikschule Adorf e. V. Adorf, den 17. Februar 2006

An alle Mitglieder der Musikschule Adorf e. V.

Sehr geehrte Damen und Herren,

zur 7. ordentlichen Mitgliederversammlung der Musikschule Adorf e. V. lade ich gemäß § 6 Abs. 3 der Satzung herzlich ein. Sie findet statt

am Dienstag, dem 7. März 2006, um 20.00 Uhr, in Adorf, Kirchplatz 20, Landgasthof Meier.

Tagesordnung:

1. Verlesung und Beschluss über die Niederschrift der letzten Mitgliederversammlung

2. Bericht des Vorstandes

3.1 Bericht der Schatzmeisterin

3.2 Verlesung des Kassenprüfers

3.3 Entlastung des Vorstandes

4. Vorstandswahlen

4.1 Wahl des/der 2. Vorsitzenden

4.2 Wahl des/der Schatzmeisters(in) (dazu Erläuterung unten)

4.3 Wahl von 3 Beisitzern/innen

5. Wahl eines Kassenprüfers

6. Bericht des Musikschulleiters

7. Verschiedenes

Nach § 6 Abs. 3 der Satzung können Anträge zur Ergänzung der Tagesordnung bis zum 2. März 2006 gestellt werden.

Zum Tagesordnungspunkt 4.2 ist auf Folgendes hinzuweisen: Die Schatzmeisterin wird während der Mitgliederversammlung ihr Amt zur Verfügung stellen, um eine Neuwahl zu ermöglichen. Dadurch soll der von der Satzung vorgesehene Rhythmus, der durch die Vorstandswahlen auf der außerordentlichen Mitgliederversammlung am 25. 11. 2005 verloren gegangen ist, wiedergewonnen werden.

Der Vorstand schlägt bereits jetzt für das Amt des Schatzmeisters ebenso wie für die übrigen Vorstandsposten Wiederwahl vor.

Mit freundlichen Grüßen

D. B., 1. Vorsitzender

549 7. Einladung zu einer 2. Mitgliederversammlung nach beschlussunfähiger erster Versammlung

Musikschule Adorf e. V. Adorf, den 1. April 2006

An alle Mitglieder der Musikschule Adorf e. V.

Sehr geehrte Damen und Herren,

zur 7. ordentlichen Mitgliederversammlung der Musikschule Adorf e. V. lade ich erneut herzlich ein. Sie findet statt

am Dienstag, dem 18. April 2006, um 20.00 Uhr, in Adorf, Kirchplatz 20, Landgasthof Meier.

Tagesordnung: Hier sind dieselben Tagesordnungspunkte aufzuführen wie in der ersten Einladung.

Die für den 7. März 2006 einberufene Mitgliederversammlung war nach §... der Satzung nicht beschlussfähig, da zu wenig Mitglieder erschienen waren. Das macht nun die Abhaltung einer zweiten Mitgliederversammlung erforderlich. Ich weise ausdrücklich darauf hin, dass diese nun auf den 18. April 2006 einberufene Mitgliederversammlung nach der Satzung ohne Rücksicht auf die Zahl der erschienenen Mitglieder beschlussfähig ist.

(Im Übrigen bleibt es bei dem Inhalt der 1. Einladung.)

Mit freundlichem Gruß

D. B., 1. Vorsitzender

550 8. Einladung zu einer Mitgliederversammlung mit Satzungsänderung

Musikschule Adorf e. V. Adorf, den 17. Februar 2006

An alle Mitglieder der Musikschule Adorf e. V.

Sehr geehrte Damen und Herren,

zur 7. ordentlichen Mitgliederversammlung der Musikschule Adorf e. V. lade ich gem. § 6 Abs. 3 der Satzung herzlich ein. Sie findet statt

am Mittwoch, dem 7. März 2006, um 20.00 Uhr, in Adorf, Kirchplatz 20, Landgasthof Meier.

Tagesordnung:

Hier sind die Tagesordnungspunkte aufzuführen (s. dazu Rdn. 194 ff.), darunter u. a.: z. B.

6. Antrag des Vorstandes auf Satzungsänderung: Ergänzung von § 7 Abs. 1 der Satzung (s. untenstehende Gegenüberstellung).

Begründung des Satzungsänderungsantrags:

§ 7 Abs. 1 der Satzung lautet bisher:

Der Vorstand besteht aus dem Vorsitzenden, seinem Stellvertreter, dem Schatzmeister und dem Schriftführer. Der Vorstand wird auf zwei Jahre gewählt . . .

Der Vorstand bittet die Mitgliederversammlung, § 7 Abs. 1 der Satzung folgenden Wortlaut zu geben: Der Vorstand besteht aus dem Vorsitzenden, seinem Stellvertreter, dem Schatzmeister und dem Schriftführer. Der Vorstand wird auf zwei Jahre gewählt, jedoch bleiben die Vorstandsmitglieder solange im Amt, bis sie wiedergewählt oder ein Nachfolger gewählt ist.

Die Einfügung von Satz 2 2. Halbsatz erscheint notwendig, da das Amt des Vorstandes nach dem Vereinsrecht mit Ablauf der in der Satzung festgesetzten Amtszeit erlischt. Da sie sich nicht automatisch verlängert, ist der Verein mit Ablauf der Amtszeit des Vorstandes grundsätzlich ohne Vorstand. Dem begegnet die o. a. Einfügung.

Mit freundlichen Grüßen
D. B., 1. Vorsitzender

9. Protokoll einer Mitgliederversammlung mit Vorstandswahl und Satzungsänderung 551

Protokoll der Mitgliederversammlung am 8. 3. 2006 im Hotel „Waldesruh“ in Adorf, Südstraße 36

Beginn der Versammlung um 19.45 Uhr.

Der Vorsitzende, Herr D. B., eröffnete die Versammlung und begrüßte die anwesenden Mitglieder. Er stellte den fristgemäßen Eingang der Einladung und die Beschlussfähigkeit der Versammlung fest. Anträge zur Tagesordnung lagen nicht vor.

TOP 1 Verlesung und Beschluss über die Niederschrift der letzten Mitgliederversammlung

Die Niederschrift der Mitgliederversammlung vom 7. 3. 2005 wurde von der Schriftführerin, M. H., verlesen und ohne Einwände von den Anwesenden akzeptiert.

TOP 2 Bericht des Vorstandes

Herr D. B. teilte mit, dass der Musikschulverein per 15. 2. 2006 167 Mitglieder zählt. Das sind 19 mehr als im Vorjahr, aber bei 460 Schülern leider immer noch sehr wenig.

Im vergangenen Jahr hielt der Vorstand 11 Vorstandssitzungen und mehrere Ausschusssitzungen ab.

Auch in diesem Jahr finden wieder vier Schlosskonzerte statt. Erstmals werden hierzu Abonnements angeboten.

2005 fanden verschiedene Aktivitäten statt: Gemeinschaftskonzerte mit der Musikschule Weiler in Bedorf und in Weiler, Weihnachtsmarkt und Eröffnungskonzert am Vorabend, Klassenvorspiele und verschiedene Konzerte.

In der Verwaltung werden zurzeit eine sozialversicherte Halbtagskraft und eine Aushilfskraft für die Buchhaltung beschäftigt.

Der Musikschulleiter, Herr M., hat fristgerecht zum 31. 3. 2006 gekündigt. Die Stelle wurde zum 15. 2. 2006 in der Fachzeitschrift „Neue Musikzeitung" ausgeschrieben, worauf 42 Bewerbungen eingegangen sind. 5 Bewerber kamen in die engere Auswahl und wurden zu einem Vorstellungsgespräch eingeladen.

Die Gemeinde hat 2005 einen Zuschuss von 60 000 € und 108 000 € zweckgebunden für die Schlosskonzerte zugesteuert. Herr D. B. sprach seinen Dank aus, nicht zuletzt auch für die Übernahme der Porto- und Telefonkosten.

TOP 3.1 Bericht des Schatzmeisters

Die Schatzmeisterin O. erläuterte die von ihr erstellte Gewinn- und Verlustrechnung, die allen Mitgliedern mit der Einladung zugegangen war. Danach konnte die Musikschule eine Rücklage von 10 000 € bilden und einen Überschuss von 1 644 € erwirtschaften.

TOP 3.2 Verlesung des Kassenprüfberichts und

TOP 3.3 Entlastung des Vorstandes

Herr F. verlas den Kassenprüfbericht und empfahl, dem Vorstand Entlastung zu erteilen.

Entlastung erfolgte mit 12 Stimmenthaltungen.

TOP 4 Vorstandswahlen

Frau M. E. und Frau E. R. wurden zu Stimmzählerinnen benannt.

Es waren 31 stimmberechtigte Mitglieder anwesend, 10 wurden durch schriftliche Vollmachten vertreten (= 41).

Es wurde in geheimer Wahl abgestimmt.

TOP 4.1 Wahl des 1. Vorsitzenden

Wie schon in der Einladung erklärt, soll durch Neuwahlen der in § 7 Abs. 1 der Satzung vorgesehene Rhythmus bei den Vorstandswahlen wiederhergestellt werden.

Herr D. B. trat aus diesem Grunde von seinem Amt als 1. Vorsitzender zurück.

Der 2. Vorsitzende, Herr G., übernahm die Leitung der Versammlung. Er bedankte sich bei Herrn D. B. für die in der kurzen Zeit bereits geleistete Arbeit und die gute Zusammenarbeit innerhalb des Vorstandes.

Er schlug Herrn D. B. zur Wiederwahl vor.

Ergebnisse: 37 ja 4 Enthaltungen

Herr D. B. nahm die Wahl an und übernahm wieder die Leitung der Versammlung.

TOP 4.2 Wahl des Schriftführers

Die Schriftführerin M. H. legte aus dem schon vom Vorsitzenden erläuterten Grund ihr Amt als Schriftführerin nieder.

Der Vorstand schlug Frau H. zur Wiederwahl vor.

Ergebnis: 37 ja 4 Enthaltungen

Frau H. nahm die Wahl an.

TOP 4.3 Wahl von 2 Beisitzern

Die Wahl eines Beisitzers wurde turnusmäßig fällig. Herr F. wurde in Abwesenheit zur Wiederwahl vorgeschlagen. Sein schriftliches Einverständnis mit Kandidatur und Wahl lag vor.

Ergebnis: 37 ja 2 nein 2 Enthaltungen

Herr D. stellte ebenfalls aus dem o. g. Grund sein Amt als Beisitzer zur Verfügung.

Herr D. wurde ebenfalls zur Wiederwahl vorgeschlagen.

Ergebnis: 35 ja 6 nein

Herr D. nahm die Wahl an.

TOP 5 Wahl eines Kassenprüfers

Herr F. schied turnusmäßig als Kassenprüfer aus. Herr D. B. sprach ihm Dank für sein Engagement aus.

Die Versammlung schlug Herrn F. zur Wiederwahl vor.

Ergebnis: 36 ja 2 nein 2 Enthaltungen

Herr F. nahm die Wahl an.

TOP 6 Antrag des Vorstandes auf Satzungsänderung: Ergänzung und Streichung in § 7 Abs. 1 der Satzung

Der Vorsitzende erklärte die Gründe, die die Änderung des § 7 Abs. 1 der Satzung erforderlich machen.

Der Vorstand beantragte, § 7 Abs. 1 der Satzung folgenden Wortlaut zu geben:

„Der Vorstand besteht aus dem Vorsitzenden, seinem Stellvertreter, dem Schatzmeister, dem Schriftführer und 5 Beisitzern. Der Vorstand wird auf 2 Kalenderjahre gewählt, jedoch bleiben die Vorstandsmitglieder solange im Amt, bis sie wiedergewählt oder ein Nachfolger gewählt ist. Scheidet ein Mitglied des Vorstandes vorzeitig, z. B. durch Rücktritt oder Tod, aus, ist das Ersatzmitglied des Vorstandes nur für die restliche Amtsdauer des Ausgeschiedenen gewählt."

Ergebnis: 37 ja 4 nein

Herr D. B. stellte fest, dass damit § 7 Abs. 1 der Satzung folgenden Wortlaut hat:

„Der Vorstand besteht aus dem Vorsitzenden, seinem Stellvertreter, dem Schatzmeister, dem Schriftführer und 5 Beisitzern. Der Vorstand wird auf zwei Kalenderjahre gewählt, jedoch bleiben die Vorstandsmitglieder solange im Amt, bis sie wiedergewählt oder ein Nachfolger gewählt ist. Scheidet ein Mitglied des Vorstandes vorzeitig, z. B. durch Rücktritt oder Tod, aus, ist das Ersatzmitglied des Vorstandes nur für die restliche Amtsdauer des Ausgeschiedenen gewählt."

TOP 7 Verschiedenes

Es erfolgten keine Wortmeldungen.

Ende der Versammlung um 21.00 Uhr.

Adorf, den 20. 3. 2006

D. B. A. G. M. H.

1. Vorsitzender 2. Vorsitzender Schriftführerin

10. Antrag auf Bestellung eines Notvorstandes gem. § 29 BGB 552

(Der Antrag kann schriftlich oder zu Protokoll der Geschäftsstelle des zuständigen Amtsgerichts gestellt werden; notarielle Beglaubigung der Unterschrift ist nicht erforderlich.)

An das
Amtsgericht Astadt
Postfach

Betr.: Bestellung eines Notvorstandes gem. § 29 BGB
für Musikschule Astadt e. V.
Aktenzeichen: VR . . .

Sehr geehrte Damen und Herren,

ich bin als Schriftführerin Mitglied des Vorstandes der Musikschule Adorf e. V. Nach § 7 der Satzung besteht der Vorstand aus einem Vorsitzenden, dem Stellvertreter, dem Schatzmeister und dem Schriftführer. Der 1. Vorsitzende, der Stellvertreter und der Schatzmeister sind im Anschluss an die Vorstandssitzung vom 7. 1. 2006 von ihren Ämtern zurückgetreten. Kopien der schriftlichen Rücktrittserklärungen füge ich der Anlage bei.

Nach § 6 der Satzung muss nunmehr eine Mitgliederversammlung einberufen werden. Dazu bin ich allein nicht in der Lage, da nach § 7 der Satzung immer zwei Vorstandsmitglieder gemeinsam den Verein vertreten. Die zurückgetretenen Vorstandsmitglieder weigern sich, noch eine Mitgliederversammlung einzuberufen.

Ich beantrage deshalb, den Bürgermeister Herrn K. M., der Mitglied des Vereins ist und das Vertrauen der anderen Mitglieder genießt, zum Vorstand zu bestellen.

In der Anlage ist eine Erklärung von Herrn Müller beigefügt, dass er bereit ist, das Amt eines Notvorstandes zu übernehmen.

Mit freundlichem Gruß
(Unterschrift)

553 11. Minderheitsverlangen gem. § 37 BGB an den Vorstand auf Einberufung einer außerordentlichen Mitgliederversammlung mit einer bestimmten Tagesordnung

Herrn D. B.
Grüne Wiese 3
Adorf

Adorf, den 2. März 2006

Die unterzeichneten Mitglieder beantragen hiermit von Ihnen als Vorstand des Vereins „Musikschule Adorf e. V." in Adorf gem. § . . . der Satzung, binnen eines Monats eine außerordentliche Mitgliederversammlung mit der Tagesordnung „Abberufung des Schatzmeisters und Neuwahl" einzuberufen. Zur Begründung ist auf Folgendes hinzuweisen:

Der Schatzmeister Fritz Meier ist als Hauptkassierer der Spar- und Darlehenskasse O. tätig. Aus der Tagespresse ist uns bekannt geworden, dass er dort fristlos entlassen worden ist, weil ihm Unterschlagungen nachgewiesen werden konnten. Wir befürchten, dass es auch bei der Kassenführung unseres Vereins zu Unregelmäßigkeiten kommen könnte. Wir weisen darauf hin, dass die Kassenprüfer bereits im vergangenen Jahr einige Belege und die Art und Weise der Kassenführung bemängelt haben.

U. E. ist nun eine außerordentliche Mitgliederversammlung erforderlich, um den Mitgliedern Gelegenheit zu geben, zu entscheiden, ob Herr Fritz Meier als Schatzmeister des Vereins noch tragbar ist.

Unterschriften der erforderlichen Anzahl von Mitgliedern (s. Rdn. 164 ff.)

554 12. Schriftlicher Antrag der Mitglieder an das Amtsgericht auf Ermächtigung zur Selbstberufung der Mitgliederversammlung gem. § 37 BGB

An das
Amtsgericht Astadt

Adorf, den 20. 4. 2006

Betr.: Musikschule Adorf e. V. – VR . . .

Die unterzeichneten Mitglieder der „Musikschule Adorf e. V." haben am 2. März 2006 an den Vorstand des Vereins, Herrn D. B., Grüne Wiese 3, Adorf, das schriftliche Verlangen gestellt, binnen eines Monats eine außerordentliche Mitgliederversammlung mit der Tagesordnung „Abberufung des Schatzmeisters und Neuwahl" einzuberufen. Die Gründe für das Verlangen sind aus dem an den Vorstand gerichteten Schreiben vom 2. März 2006, von dem eine Kopie anliegt, zu entnehmen. Diesem Verlangen ist der Vorstand bis heute nicht nachgekommen.

Die Unterzeichneten beantragen deshalb, sie selbst zur Einberufung der außerordentlichen Mitgliederversammlung mit der angegebenen Tagesordnung zu ermächtigen.

Nach unserem Kenntnisstand besteht der Verein derzeit aus 177 Mitgliedern. In der Satzung ist die Einberufung der Mitgliederversammlung auf Verlangen einer Minderheit nicht geregelt, so dass also die gesetzliche Regelung in § 37 BGB eingreift. Danach reicht ein Zehntel der Mitglieder aus, um das Verlangen zu stellen. Da insgesamt x (s. Rdn. 88) Mitglieder diesen Antrag unterzeichnen, sind die formellen Voraussetzungen zur Ermächtigung durch das Gericht gegeben.

(Unterschriften)

13. Vollmacht zur Vertretung in der Mitgliederversammlung, wenn nach der Satzung Vertretung gestattet ist 555

Hiermit erteile ich Herrn F. M., Adorf, Ringstr. 7, Vollmacht, mich in der Mitgliederversammlung am ... der Musikschule Adorf e. V. zu vertreten und meine Mitgliedschaftsrechte, insbesondere mein Stimmrecht, für mich auszuüben. Das Stimmrecht ist unbeschränkt.

Die Vollmacht darf nicht auf einen anderen übertragen werden.

Adorf, den ... (Unterschrift)

14. Antrag an das Amtsgericht auf Entziehung der Rechtsfähigkeit gem. § 73 BGB 556

(eine notarielle Beglaubigung der Unterschrift ist nicht erforderlich)

Karl Schulz Adorf, den ...

An das Amtsgericht Astadt

Betr.: Musikschule Adorf e. V. (Aktenzeichen VR ...)

Der Verein „Musikschule Adorf e. V." besteht einschließlich meiner Person nur noch aus zwei Mitgliedern. Ich bin einzelvertretungsberechtigtes Vorstandsmitglied.

Ich beantrage, dem Verein die Rechtsfähigkeit zu entziehen. Das zweite Mitglied ist ...

Karl Schulz

557 ## 15. Schiedsgerichtsordnung

(siehe das Muster bei Sauter/Schweyer/Waldner, Rdn. 529)

558 ## 16. Muster der Spendenbestätigung eines gemeinnützigen Vereins

(Anlage 4 – Muster 2 – der ESt-Richtlinien)

1. Sachzuwendung

Aussteller (Bezeichnung der inländischen juristischen Person oder inländischen öffentlichen Dienststelle)

Bestätigung

über Zuwendungen im Sinne des § 10b des Einkommensteuergesetzes an inländische juristische Personen des öffentlichen Rechts oder inländische öffentliche Dienststellen

Art der Zuwendung: **Sachzuwendung**

Name und Anschrift des Zuwendenden:

Betrag der Zuwendung in Ziffern/in Buchstaben/Tag der Zuwendung:

Genaue Bezeichnung der Sachzuwendung mit Alter, Zustand, Kaufpreis u. s. w. Die Sachzuwendung stammt nach den Angaben des Zuwendenden aus dem Betriebsvermögen und ist mit Entnahmewert (ggf. mit dem niedrigeren gemeinen Wert) bewertet. Die Sachzuwendung stammt nach den Angaben des Zuwendenden aus dem Privatvermögen. Der Zuwendende hat trotz Aufforderung keine Angaben zur Herkunft der Sachzuwendung gemacht. Geeignete Unterlagen, die zur Wertermittlung gedient haben, z. B. Rechnung, Gutachten.

Es wird bestätigt, dass die Zuwendung nur zur Förderung (begünstigter Zweck) (im Sinne der Anlage 1 – zu § 48 Abs. 2 Einkommensteuer-Durchführungsverordnung – Abschnitt A/B Nr. ...) (im Ausland) verwendet wird.

Die Zuwendung wird

von uns unmittelbar für den angegebenen Zweck verwendet,

entsprechend den Angaben des Zuwendenden an .... weitergeleitet, die/der vom Finanzamt .... , StNr. .... mit Bescheid vom .... /vorläufiger Bescheinigung vom .... als begünstigte/r Empfänger/in anerkannt ist.

Ort, Datum und Unterschrift des Zuwendungsempfängers

Hinweis: Wer vorsätzlich oder grob fahrlässig eine unrichtige Zuwendungsbestätigung erstellt oder wer veranlasst, dass Zuwendungen nicht zu den in der Zuwendungsbestätigung angegebenen steuerbegünstigten Zwecken verwendet werden, haftet für die Steuer, die dem Fiskus durch einen etwaigen Abzug der Zuwendungen beim Zuwendenden entgeht (§ 10b Abs. 4 EStG, § 9 Abs. 3 KStG, § 9 Nr. 5 GewStG). Diese Bestätigung wir nicht als Nachweis für die steuerliche Berücksichtigung der Zuwendung anerkannt, wenn das Datum des Freistellungsbescheides länger als 5 Jahre bzw. das Datum der vorläufigen Bescheinigung länger als 3 Jahre seit Ausstellung der Bestätigung zurückliegt (BMF vom 15. 12. 1994 – BStBl I S. 884).

2. Mitgliedsbeitrag/Geldzuwendung

Aussteller (Bezeichnung und Anschrift der Körperschaft o. Ä.)

Bestätigung

über Zuwendungen im Sinne des § 10b des Einkommensteuergesetzes an eine der in § 5 Abs. 1 Nr. 9 des Körperschaftsteuergesetzes bezeichneten Körperschaften, Personenvereinigungen oder Vermögensmassen

Art der Zuwendung: **Mitgliedsbeitrag/Geldzuwendung**

Name und Anschrift des Zuwendenden:

Betrag der Zuwendung in Ziffern/in Buchstaben/Tag der Zuwendung:

Es handelt sich (nicht) um den Verzicht auf die Erstattung von Aufwendungen.

Wir sind wegen Förderung (begünstigter Zweck) durch Bescheinigung des Finanzamtes . . . . . . , StNr. . . . . , vom . . . . . . vorläufig ab . . . . als gemeinnützig anerkannt/nach dem letzten und zugegangenen Freistellungsbescheid des Finanzamts . . . . , StNr. . . . . , vom . . . . für die Jahre . . . . nach § 5 Abs. 1 Nr. 9 des Körperschaftsteuergesetzes von der Körperschaftsteuer befreit.

Es wird bestätigt, dass (es sich nicht um Mitgliedsbeiträge, sonstige Mitgliedsumlagen oder Aufnahmegebühren handelt und) die Zuwendung nur zur Förderung (begünstigter Zweck) (im Sinne der Anlage 1 – zu § 48 Abs. 2 Einkommensteuer-Durchführungsverordnung – Abschnitt A/B Nr. . . . .) (im Ausland) verwendet wird.

Ort, Datum und Unterschrift des Zuwendungsempfängers

Hinweis: Wer vorsätzlich oder grob fahrlässig eine unrichtige Zuwendungsbestätigung erstellt oder wer veranlasst, dass Zuwendungen nicht zu den in der Zuwendungsbestätigung angegebenen steuerbegünstigten Zwecken verwendet werden, haftet für die Steuer, die dem Fiskus durch einen etwaigen Abzug der Zuwendungen beim Zuwendenden entgeht (§ 10b Abs. 4 EStG, § 9 Abs. 3 KStG, § 9 Nr. 5 GewStG). Diese Bestätigung wir nicht als Nachweis für die steuerliche Berücksichtigung der Zuwendung anerkannt, wenn das Datum des Freistellungsbescheides länger als 5 Jahre bzw. das Datum der vorläufigen Bescheinigung länger als 3 Jahre seit Ausstellung der Bestätigung zurückliegt (BMF vom 15. 12. 1994 – BStBl I S. 884).

559 17. Muster eines Vertrages für eine geringfügige Beschäftigung

Mustervertrag für eine geringfügige Beschäftigung

Zwischen . . . . . . (im Folgenden: Firma/Verein) . . . . . . (Anschrift)
und . . . . (im Folgenden: Arbeitnehmer) . . . . (Anschrift)
wird folgender Arbeitsvertrag geschlossen:

§ 1 Beginn des Arbeitsverhältnisses/der Tätigkeit

Frau/Herr . . . . wird mit Wirkung ab dem . . . . als . . . . in . . . . eingestellt[1]. Der Vertrag wird auf unbestimmte Zeit geschlossen.

Der Verein/die Firma behält sich vor, dem Arbeitnehmer eine andere zumutbare Tätigkeit zu übertragen.

§ 2 Probezeit/Kündigung

Die ersten 6 Monate gelten als Probezeit[2]. Während dieser Zeit kann das Arbeitsverhältnis beiderseits mit einer Frist von zwei Wochen gekündigt werden. Nach Ablauf der Probezeit kann das Arbeitsverhältnis von beiden Parteien unter Einhaltung der gesetzlichen Kündigungsfristen gekündigt werden. Eine Verlängerung der gesetzlichen Kündigungsfristen gilt für beide Vertragsparteien.

---

1 Jeder Vertrag sollte mit der Erwähnung seines Gegenstandes beginnen. Auch bei geringfügig Beschäftigten empfiehlt sich eine genaue Beschreibung der auszuübenden Tätigkeit, gegebenenfalls in einer gesonderten Stellenbeschreibung. Die Tätigkeitsbeschreibung sollte mit einer Umsetzungsklausel verbunden werden.

2 Gem. § 622 Abs. 3 BGB kann während einer vereinbarten Probezeit, längstens für die Dauer von 6 Monaten, das Arbeitsverhältnis mit einer Frist von 2 Wochen gekündigt werden.

Beide Vertragsparteien haben ein Recht zur außerordentlichen Kündigung, wenn das Arbeitsverhältnis wegen gesetzlicher Änderungen sozialversicherungspflichtig wird.

Die Kündigung hat schriftlich zu erfolgen[1].

§ 3 Arbeitszeit[2]

Die regelmäßige wöchentliche Arbeitszeit beträgt 9 Stunden an . . . . Tagen zu je . . . . Stunden, und zwar an folgenden Tagen: . . . .

§ 4 Vergütung

Die Vertragsparteien sind sich einig, dass es sich bei der vorliegenden Beschäftigung um eine geringfügige Beschäftigung im Sinne des Sozialversicherungsrechts handelt und die jeweils geltenden gesetzlichen Grenzen zu beachten sind.

Der Arbeitnehmer erhält eine monatliche Vergütung von . . . . € brutto (höchstens: 400 €). Die Vergütung ist jeweils am Monatsende fällig und wird auf ein der Firma anzugebendes Konto überwiesen.

§ 5 Sozialversicherung[3]

Das Arbeitsverhältnis ist beitragspflichtig zur Kranken- und Rentenversicherung. Die zu entrichtenden Pauschalbeiträge von zurzeit insgesamt 23 % werden vom Arbeitgeber übernommen und an die zuständige Krankenkasse abgeführt.

---

1 Seit dem 1. 5. 2000 bedürfen Kündigungen von Gesetzes wegen zu ihrer Wirksamkeit der Schriftform (§ 623 BGB).

2 Eine kurzfristige Beschäftigung (Saisonarbeit, die 2 Monate oder 50 Arbeitstage im Jahr nicht überschreitet) bleibt grundsätzlich unabhängig von Arbeitsentgelt versicherungsfrei.

3 Das bei einer geringfügigen Beschäftigung erzielte Arbeitsentgelt führt in der gesetzlichen Renten- und Krankenversicherung nicht zur Versicherungspflicht. In der Krankenversicherung zahlt der Arbeitgeber aber grundsätzlich für geringfügige Beschäftigungsverhältnisse einen Arbeitgeberanteil in Höhe von 11 % auf das Bruttoarbeitsentgelt (§ 249b SGB V). Den Beschäftigten erwächst daraus aber kein Anspruch auf Leistungen. Für Geringverdiener, die in der gesetzlichen Krankenversicherung nicht versichert sind, wird kein pauschaler Arbeitgeberbeitrag erhoben. In der gesetzlichen Rentenversicherung zahlt der Arbeitgeber einen Arbeitgeberanteil/Pauschalbeitrag in Höhe von 12 % auf das Bruttoarbeitsentgelt (vgl. dazu ausführlich NWB F. 27 S. 5613).

§ 6 Hinweis zur gesetzlichen Rentenversicherung[1]

Der Arbeitnehmer wird darauf hingewiesen, dass er in der gesetzlichen Rentenversicherung die Stellung eines versicherungspflichtigen Arbeitnehmers erwerben kann, wenn er nach § 5 Abs. 2 Satz 2 SGB VI auf die Versicherungsfreiheit durch Erklärung gegenüber dem Arbeitgeber verzichtet.

§ 7 Besteuerung

Der Arbeitgeber führt unter Verzicht auf die Vorlage einer Lohnsteuerkarte einen Pauschsteuersatz von 2 % an das zuständige Finanzamt ab.

§ 8 Urlaub[2]

Der Arbeitnehmer hat Anspruch auf ... Werktage Urlaub. Die Lage des Urlaubs ist mit dem Verein abzustimmen. Im Eintritts- und Austrittsjahr hat der Arbeitnehmer Anspruch auf anteiligen Urlaub in Höhe von 1/12 je vollem Beschäftigungsmonat.

Der Urlaub ist im laufenden Kalenderjahr zu nehmen. Nicht genommener Urlaub wird nach den gesetzlichen Vorschriften auf das folgende

---

1 Geringfügig Beschäftigte haben die Möglichkeit, den Arbeitgeberbeitrag zur Rentenversicherung (12 % des Bruttoarbeitsentgelts) auf den vollen Beitragssatz aufzustocken (§ 5 Abs. 2 Satz 2 SGB VI). Der Verzicht auf die Versicherungsfreiheit ist schriftlich und einheitlich bei mehreren geringfügigen Beschäftigungen gegenüber dem Arbeitgeber zu erklären. Die Wahrnehmung dieser Option bewirkt, dass ein versicherungspflichtiges Beschäftigungsverhältnis vorliegt und dass vollwertige Pflichtbeitragszeiten erworben werden. Gem. § 2 Abs. 1 NachwG besteht bei geringfügigen Beschäftigungen die Hinweispflicht, dass der Arbeitnehmer in der gesetzlichen Rentenversicherung die Stellung eines versicherungspflichtigen Arbeitnehmers erwerben kann.

2 Jeder geringfügig beschäftigte Arbeitnehmer hat wie alle anderen Arbeitnehmer Anspruch auf bezahlten Urlaub, § 1 BUrlG. Der Urlaubsanspruch besteht in entsprechendem Umfang wie bei einem vollzeitbeschäftigten Arbeitnehmer. Ist ein geringfügig beschäftigter Arbeitnehmer regelmäßig an weniger Arbeitstagen einer Woche als ein vollzeitbeschäftigter Arbeitnehmer beschäftigt, lässt sich die Urlaubsdauer entsprechend der Zahl der für ihn maßgeblichen Arbeitstage ermitteln. Legt man also beispielsweise als Urlaubsdauer eines vollzeitbeschäftigten Arbeitnehmers 25 Arbeitstage zugrunde und unterstellt man, der geringfügig beschäftigte Arbeitnehmer arbeitet regelmäßig an zwei Arbeitstagen pro Woche, ergibt sich für den geringfügig Beschäftigten ein anteiliger Urlaubsanspruch von 10 Arbeitstagen (25 : 5 x 2 = 10). Ist die regelmäßige Arbeitszeit eines geringfügig Beschäftigten auf einen Zeitraum verteilt, der mit einer Kalenderwoche nicht übereinstimmt, muss für die Umrechnung eines nach Arbeitstagen bemessenen Urlaubsanspruchs auf längere Zeitabschnitte, ggf. auf ein Kalenderjahr, abgestellt werden.

Kalenderjahr übertragen. Bis 31. 3. des Folgejahrs nicht genommener Resturlaub verfällt ersatzlos.

§ 9 Arbeitsverhinderung[1]

Im Falle einer krankheitsbedingten oder aus sonstigen Gründen veranlassten Arbeitsverhinderung hat der Arbeitnehmer den Verein unverzüglich unter Angabe der Gründe zu informieren. Dauert die Arbeitsverhinderung infolge Arbeitsunfähigkeit länger als 3 Kalendertage, hat der Arbeitnehmer eine ärztliche Bescheinigung über das Bestehen der Arbeitsunfähigkeit sowie deren voraussichtliche Dauer spätestens am darauf folgenden Arbeitstag vorzulegen. Die Bescheinigung kann von dem Verein auch verlangt werden, wenn die Krankheit weniger als 3 Tage dauert. Dauert die Arbeitsunfähigkeit länger als in der Bescheinigung angegeben, muss der Arbeitnehmer spätestens am 2. Kalendertag nach Ablauf der alten Bescheinigung eine Folgebescheinigung vorlegen.

§ 10 Verschwiegenheitspflicht

Der Arbeitnehmer wird über alle betrieblichen Angelegenheiten, die ihm im Rahmen oder aus Anlass seiner Tätigkeit für den Verein bekannt geworden sind, Stillschweigen bewahren. Dies gilt auch für die Zeit nach Beendigung des Arbeitsverhältnisses.

§ 11 Weitere Beschäftigungen

Der Arbeitnehmer versichert ausdrücklich, derzeit keiner weiteren Beschäftigung und somit auch keiner weiteren geringfügigen Beschäftigung nachzugehen. Er verpflichtet sich, jede weitere Aufnahme einer

---

1 Nach dem Entgeltfortzahlungsgesetz (EFZG) haben auch kurzfristig und geringfügig Beschäftigte ohne Einschränkung Anspruch auf Entgeltfortzahlung im Krankheitsfall (nach vierwöchiger ununterbrochener Dauer des Arbeitsverhältnisses). Der Arbeitnehmer ist aufgrund gesetzlicher Regelung verpflichtet, den Arbeitgeber in Fällen der Arbeitsunfähigkeit unverzüglich zu informieren. Ferner muss ein Nachweis über die Arbeitsunfähigkeit erbracht werden (§ 5 EFZG). Gefordert ist dabei eine unverzügliche mündliche, telefonische oder telegrafische Mitteilung, die auch durch Angehörige oder Arbeitskollegen erfolgen kann. Eine Arbeitsunfähigkeitsbescheinigung muss nach § 5 EFZG grundsätzlich erst dann vorgelegt werden, wenn die Erkrankung länger als 3 Tage dauert. Nach § 5 Abs. 1 Satz 3 EFZG kann der Arbeitgeber die Bescheinigung auch schon früher fordern.

Beschäftigung dem Verein/der Firma unverzüglich mitzuteilen[1]. Der Arbeitnehmer wurde ausdrücklich darauf hingewiesen, dass die Aufnahme einer weiteren geringfügigen Beschäftigung zur Sozialversicherungs- und Lohnsteuerpflicht auch des vorliegenden Arbeitsverhältnisses führen kann.

Bei Verstoß gegen diese Mitteilungspflicht ist der Arbeitnehmer verpflichtet, eventuelle Ansprüche der Sozialversicherungsträger und des Finanzamtes an den Verein/die Firma auszugleichen.

Der Arbeitnehmer verpflichtet sich, seinen Sozialversicherungsausweis für die Dauer des Beschäftigungsverhältnisses beim Arbeitgeber zu hinterlegen[2].

§ 12 Ausschlussklausel

Alle Ansprüche aus dem Arbeitsverhältnis müssen beidseitig spätestens innerhalb von drei Monaten nach Fälligkeit schriftlich geltend gemacht werden. Nicht rechtzeitig geltend gemachte Ansprüche sind verfallen.

§ 13 Zeugnis[3]

Nach Beendigung der Beschäftigung erhält der Arbeitnehmer ein Zeugnis, aus dem sich Art und Dauer der Beschäftigung sowie, falls gewünscht, eine Beurteilung von Führung und Leistung des Arbeitnehmers ergeben.

---

1 Grundsätzlich kann dem Arbeitnehmer nicht untersagt werden, weiteren Beschäftigungen nachzugehen, es sei denn, der Arbeitnehmer würde in einem Konkurrenzunternehmen einer zusätzlichen Beschäftigung nachgehen oder seine Arbeitsleistung durch die Mehrfachbelastung nicht mehr ordnungsgemäß erbringen können. Hinsichtlich geringfügiger Beschäftigungen besteht jedoch die Besonderheit, dass, wenn neben der geringfügigen Beschäftigung noch eine weitere Beschäftigung ausgeübt wird, die Vergütungen der einzelnen Beschäftigungen zusammenzurechnen sind. Übersteigt dann das Gesamtentgelt die Geringfügigkeitsgrenzen, unterliegen alle Beschäftigungen der Versicherungspflicht, selbst wenn sie für sich betrachtet versicherungsfrei wären.

2 Auch geringfügig Beschäftigte müssen einen Sozialversicherungsausweis beim Arbeitgeber vorlegen. Für Beschäftigungen im Rahmen der Geringfügigkeitsgrenzen ist die Möglichkeit gegeben zu vereinbaren, dass der Arbeitgeber den Sozialversicherungsausweis in Verwahrung nimmt (§ 99 Abs. 3 SGB IV).

3 Für geringfügig Beschäftigte besteht auch ein Zeugnisanspruch über Art und Dauer der Beschäftigung. Auf Wunsch des Arbeitnehmers ist das Zeugnis auf die Beurteilung von Führung und Leistung zu erstrecken, wenn die Dauer der Beschäftigung eine Beurteilung möglich macht bzw. der Arbeitgeber in der Lage ist, eine verlässliche Beurteilung abzugeben.

§ 14 Sonstiges

Änderungen der persönlichen Verhältnisse des Arbeitnehmer sind, soweit sie für das Arbeitsverhältnis von Bedeutung sind, der Firma unverzüglich mitzuteilen. Alle Erklärungen, die der Verein/die Firma dem Arbeitnehmer an seinen zuletzt mitgeteilten Wohnsitz übermittelt, gelten als wirksam zugegangen.

Nebenabreden außerhalb dieses Arbeitsvertrages sind nicht getroffen worden. Ergänzungen und Änderungen des Vertrags bedürfen zu ihrer Rechtswirksamkeit der Schriftform. Dieses Formerfordernis kann weder mündlich noch stillschweigend aufgehoben oder außer Kraft gesetzt werden.

Eine etwaige Unwirksamkeit einzelner Vertragsbestimmungen berührt die Wirksamkeit der übrigen Bestimmungen nicht. Die Vertragsparteien verpflichten sich, für die unwirksame Bestimmung eine neue Vereinbarung zu treffen, die der unwirksamen Bestimmung im Ergebnis wirtschaftlich möglichst nahe kommt.

______________________	______________________
(Ort, Datum)	(Ort, Datum)
______________________	______________________
(Verein)	(Arbeitnehmer)

18. Merkblatt zum Datenschutz im Verein 560

(Herausgegeben von den Landesbeauftragten für den Datenschutz der Länder Bremen, Hamburg, Niedersachsen, Nordrhein-Westfalen und Schleswig-Holstein [Stand April 2002]).

Will ein Verein personenbezogene Daten unter Einsatz von Datenverarbeitungsanlagen verarbeiten, nutzen oder dafür erheben oder die Daten in oder aus nicht-automatisierten Dateien verarbeiten, nutzen oder dafür erheben, ist dies nur zulässig, wenn eine **Vorschrift des Bundesdatenschutzgesetzes** (letzte Änderung 22. Mai 2001 BGBl I S. 904) oder eine sonstige Rechtsvorschrift dies **erlaubt** oder soweit der Betroffene (Vereinsmitglied, dessen Daten genutzt werden sollen) **eingewilligt** hat.

Wann dürfen welche Daten verarbeitet werden?

Für eigene Zwecke des Vereins kann der Verein personenbezogene Daten verarbeiten, wenn dies dem Vereinszweck oder einem Vertragsverhältnis mit den jeweils betroffenen Personen entspricht. Darüber hinaus ist ihm die Verarbeitung personenbezogener Daten dann erlaubt, wenn sie zur Wahrung eines berechtigten Interesses des Vereins erforderlich ist oder wenn es sich um allgemein zugängliche Daten handelt und kein Grund zu der Annahme besteht, dass die Betroffenen überwiegende schutzwürdige Interessen am Ausschluss der Verarbeitung oder Nutzung haben.

Für fremde Zwecke darf ein Verein personenbezogene Daten übermitteln oder nutzen, soweit dies zur Wahrung berechtigter Interessen eines Dritten oder zur Abwehr von Gefahren für die staatliche und öffentliche Sicherheit sowie zur Verfolgung von Straftaten erforderlich ist.

Für Zwecke der Werbung oder der Markt- und Meinungsforschung können die in § 28 Abs. 3 Nr. 3 BDSG aufgeführten Daten (z. B. Zugehörigkeit zu einer Personengruppe, wie etwa Mitglied eines Sportvereins, Name, Anschrift, Geburtsjahr) listenmäßig übermittelt werden. In allen diesen Fällen ist die Übermittlung oder Nutzung der Daten nur zulässig, wenn bei pauschaler Abwägung kein Grund zu der Annahme besteht, dass schutzwürdige Interessen der betroffenen Personen entgegenstehen.

Wenn die Verarbeitung oder Nutzung personenbezogener Daten nicht auf eine der vorstehenden Regelungen gestützt werden kann, ist sie nur zulässig, wenn der Betroffene **eingewilligt** hat. Die Einwilligung ist datenschutzrechtlich nur wirksam, wenn der Betroffene zuvor ausreichend klar darüber **informiert** worden ist, welche Daten für welchen Zweck vom Verein gespeichert und genutzt werden bzw. an wen sie ggf. übermittelt werden sollen, so dass er die Folgen seiner Einwilligung auf der Grundlage dieser Information konkret abschätzen kann. Die Einwilligung bedarf regelmäßig der **Schriftform**. Die Betroffenen sind darüber aufzuklären, dass sie ihre Einwilligung jederzeit *widerrufen* können.

Wann dürfen Mitgliederdaten übermittelt werden?

Übermittlung von Mitgliederdaten an andere Vereinsmitglieder

Wenn Mitglieder im Einzelfall den Verein um Auskunft über Daten anderer Mitglieder ersuchen (etwa um eine Bekanntschaft zu pflegen), beurteilt sich die Zulässigkeit der Datenübermittlung danach, ob das auskunftsersuchende Vereinsmitglied ein berechtigtes Interesse an der Kenntnis der Daten hat und ob bei pauschaler Abwägung keine schutzwürdigen Interessen der betroffenen Mitglieder der Datenübermittlung entgegenstehen. Dabei kommt es auf die Umstände des konkreten Falles an.

Herausgabe von Mitgliederlisten/Mitgliederverzeichnissen an Vereinsmitglieder

Besteht bei Vereinen vom **Vereinszweck** her eine persönliche Verbundenheit und kennen sich die Mitglieder gegenseitig oder stellt die Pflege des persönlichen oder geschäftlichen Kontakts der Mitglieder einen wichtigen Bestandteil des Vereinszwecks dar, ist die Herausgabe einer Mitgliederliste zulässig. Bei anderen Vereinen, bei denen diese Voraussetzungen nicht vorliegen, aber dennoch der Verein oder die meisten Vereinsmitglieder ein Interesse an der Herausgabe einer Mitgliederliste haben, ist dieses Interesse mit etwaigen entgegenstehenden Interessen anderer Vereinsmitglieder abzuwägen. Für die **Wahrnehmung satzungsmäßiger Mitgliederrechte** ist die Offenbarung von Mitgliederdaten für diesen Zweck wegen der Pflicht des Vereins, die Ausübung satzungsmäßiger Minderheitsrechte zu ermöglichen, regelmäßig im Vereinsinteresse erforderlich. Wenn der Verein nicht generell eine Mitgliederliste oder ein Mitgliederverzeichnis herausgibt, kann es erforderlich sein, dass er Mitgliedern beispielsweise durch Einsicht in seine Unterlagen ermöglicht, eine ausreichende Anzahl anderer Mitglieder für die Unterstützung eines solchen Minderheitsantrags zu erreichen.

Mitteilung von Mitgliederdaten in Aushängen und Vereinspublikationen

In vielen Vereinen ist es üblich, personenbezogene Informationen am Schwarzen Brett auszuhängen oder in Vereinsblättern bekannt zu geben. Der Vereinsvorstand darf grundsätzlich nicht ohne Einwilligung seiner Mitglieder Adressen am Schwarzen Brett aushängen, wenn die Kenntnisnahme durch Vereinsfremde erfolgen kann.

Dürfen Mitgliederdaten an Empfänger außerhalb des Vereins übermittelt werden?

Übermittlung von Mitgliederdaten an Dachorganisationen und vereinsnahe Organisationen

Ist ein Verein verpflichtet, die Daten seiner Mitglieder regelmäßig einer Dachorganisation – beispielsweise einem Bundes- oder Landesverband – zu übermitteln, sollte dies in der Vereinssatzung geregelt werden.

Übermittlung von Mitgliederdaten an Sponsoren

Nicht selten verlangen Sponsoren als Gegenleistung für ihre Unterstützung die Weitergabe von Mitgliederdaten, die dann zu Werbezwecken eingesetzt werden. Das ist vom Vereinszweck nicht gedeckt. Bei einer Mitgliedschaft in einem Verein handelt es sich um ein personenrechtliches Rechtsverhältnis, aus dem sich für den Verein besondere **Rücksichtnahmepflichten in Bezug auf die schutzwürdigen Belange seiner Mitglieder** ergeben, die je nach Art des Vereins unterschiedlich stark sind.

Insbesondere Mitglieder örtlicher Vereine vertrauen regelmäßig darauf, dass der Verein ihre Daten grundsätzlich nicht für vereinsfremde Zwecke verwendet. Im Allgemeinen dürfen Mitgliederdaten nur mit **Einwilligung** der betroffenen Mitglieder an Sponsoren übermittelt werden. Dies gilt in besonderem Maße, wenn es sich um **besonders schutzbedürftige Daten** (z. B. Daten über die Gesundheit oder politische und religiöse Auffassung von Personen, § 3 Abs. 9 BDSG) handelt. Nur dann, wenn Interessen von Vereinsmitgliedern offensichtlich nicht entgegenstehen, können die in § 28 Abs. 3 Nr. 3 BDSG aufgeführten listenmäßigen Daten auch ohne Einwilligung an Sponsoren weitergegeben werden. Ein vorbildlicher Vereinsvorstand thematisiert die Zusammenarbeit mit einem Sponsor und die sich daraus ergebenden Konsequenzen auf einer Mitgliederversammlung.

Diese Ausführungen gelten für die Übermittlung an sonstige Wirtschaftsunternehmen entsprechend.

Übermittlung von Mitgliederdaten an die Presse

Vereine dürfen aus Gründen des Persönlichkeitsschutzes grundsätzlich keine Angaben über Mitglieder an die Presse oder an andere Medien übermitteln, soweit schutzwürdige Interessen der betroffenen Mitglieder entgegenstehen. Eine Datenübermittlung kann jedoch in Ausnahmefällen in Betracht kommen, beispielsweise wenn ein Verein wegen des Ausschlusses eines Mitglieds ins Gerede gekommen ist und eine Information im überwiegenden Interesse des Vereins liegt.

Darf der Verein personenbezogene Daten im Internet veröffentlichen?

Will der Verein Informationen über seine Mitglieder (z. B. im Internet) veröffentlichen, ist die vorherige schriftliche Einwilligung des Betroffenen erforderlich. Dabei sollte ein formularmäßiger Vordruck zweierlei berücksichtigen:

(1) Das eintretende Mitglied gibt diese Erklärung freiwillig ab und kann sie jederzeit widerrufen. Es kann den Umfang der zu veröffentlichenden Daten auch von vornherein beschränken.

(2) Dem Mitglied muss die Tragweite seiner Erklärung bewusst sein, das ist nur der Fall, wenn es weiß, welche seiner Daten in das Internet gestellt werden. Vereine sollten gerade bei der Nutzung des neuen Mediums Internet sehr sorgfältig überlegen, welche personenbezogene Informationen zur Selbstdarstellung im Internet wirklich notwendig sind. Das Internet bietet für die Vereine große Chancen zur Selbstdarstellung, aber auch Risiken für die betroffenen Vereinsmitglieder. Daneben sind zahlreiche Fragen der Internetsicherheit zu berücksichtigen. Der Adressatenkreis im Internet ist nahezu unbegrenzt und einmal in das world wide web gestellte Daten sind preisgegeben, da die Daten weltweit, d. h. auch in Staaten mit niedrigerem Datenschutzniveau abrufbar sind. Zudem ist auf die generellen Risiken, wie die weitreichende Verknüpfbarkeit, die mangelnde Vertraulichkeit und die Möglichkeit der inhaltlichen Veränderung hinzuweisen. *(Siehe das **Formular zur Einwilligungserklärung bei Rdn. 561**)*

Was ist bei der Verwaltung von Mitgliederdaten zu beachten?

Die **Vereinssatzung** sollte eine **Datenschutzerklärung** enthalten. Dabei sind die Zwecke, für die die Daten verarbeitet oder genutzt werden sollen, konkret festzulegen. Ggf. kann dort auch die Unterrichtung der Betroffenen über die Identität, Zweckbestimmungen und die Empfängerkategorien unter den Voraussetzungen des § 4 Abs. 3 BDSG erfolgen.

Vereine sollten Regelungen für die ordnungsgemäße Datenverarbeitung treffen und dabei insbesondere bestimmen, welche Daten zu welchem Zweck in welcher Form von wem verarbeitet oder genutzt werden dürfen. Dabei sind auch **technische und organisatorische Sicherheitsmaßnahmen** vorzusehen (§ 9 BDSG und die entsprechende Anlage hierzu), etwa um zu verhindern, dass die Mitgliederdaten missbräuchlich verwendet werden, Unbefugte hiervon Kenntnis erlangen oder Daten aufgrund unzureichender Datensicherung verloren gehen.

Die mit der Verarbeitung der Mitgliederdaten betrauten Personen sollten schriftlich auf die Wahrung des Datengeheimnisses **verpflichtet** werden.

Grundsätzlich hat ein Verein einen **Datenschutzbeauftragten** zu bestellen, wenn mindestens fünf Mitarbeiter oder ehrenamtliche Vereinsmitglieder mit der automatisierten Erhebung, Verarbeitung oder Nutzung personenbezogener Daten beschäftigt werden.

Wenn Vereinsmitglieder nicht auf andere Weise Kenntnis von der Speicherung ihrer Daten erlangen, muss der Verein sie von der erstmaligen Speicherung ihrer Daten und der Art der gespeicherten Daten (z. B. vom Verband oder anderen Dritten mitgeteilte Daten) **benachrichtigen**. Die Benachrichtigung soll die Mitglieder in die Lage versetzen, ihre Rechte auf Auskunft, Berichtigung, Sperrung und Löschung ihrer Daten geltend zu machen.

Wichtig ist auch, dass der Verein **Unterlagen**, die nicht mehr benötigt werden, so **entsorgt**, dass Dritte keine Kenntnis von den darin enthaltenen Mitgliederdaten erlangen können. Insbesondere dürfen Mitglieder- oder Spendenlisten nicht unzerkleinert in Müllcontainer geworfen werden. In der Praxis haben sich insoweit vor allem beim Wechsel oder Wegzug von Funktionsträgern verschiedentlich Probleme ergeben.

561 19. Muster einer Einwilligungserklärung zum Datenschutz

(Herausgegeben von den Landesbeauftragten für den Datenschutz der Länder Bremen, Hamburg, Niedersachsen, Nordrhein-Westfalen und Schleswig-Holstein [Stand April 2002]).

Der für die Veröffentlichung verantwortliche Vereinsvorstand ist verpflichtet, alle Maßnahmen zur Gewährleistung des Datenschutzes zu ergreifen, die durch die Umstände geboten erscheinen. Angesichts der besonderen Eigenschaften von Online-Verfahren (insbesondere Internet), kann dieser den Datenschutz jedoch nicht umfassend garantieren. Daher nimmt das Vereinsmitglied die Risiken für eine Persönlichkeitsverletzung zur Kenntnis und ist sich bewusst, dass:

- die personenbezogenen Daten auch in Staaten abrufbar sind, die keine der der Bundesrepublik Deutschland vergleichbaren Datenschutzbestimmungen kennen,

ferner ist nicht garantiert dass:

- die Daten vertraulich bleiben,
- die inhaltliche Richtigkeit fortbesteht,
- die Daten nicht verändert werden können,

Das Vereinsmitglied kann seine Einwilligung jederzeit zurückziehen.

Der Unterzeichner bestätigt, das Vorstehende zur Kenntnis genommen zu haben und erlaubt dem Verein

. . . .

folgende Daten online oder über Internet:

Allgemeine Daten	Spezielle Daten von Funktionsträgern
• Vorname	• Anschrift
• Zuname	• Telefonnummer
• Fotografien	• Faxnummer
• Eigene	• E-Mailadresse
• fremde	
• sonstige Daten (z. B. Leistungsergebnisse, Lizenzen, Mannschaftsgruppe)	

(bitte ankreuzen)

. . . .

wie angegeben über

. . . .

(Online-Dienst / Internet ; Zugangsadresse)

zu veröffentlichen.

Ort und Datum: Unterschrift:

. . . .

(Bei Minderjährigen Unterschrift eines Erziehungsberechtigten)

20. Beispiel für eine Datenschutzerklärung im Rahmen einer Vereinssatzung 562

(Herausgegeben von den Landesbeauftragten für den Datenschutz der Länder Bremen, Hamburg, Niedersachsen, Nordrhein-Westfalen und Schleswig-Holstein [Stand April 2002]).

Datenschutzerklärung

(1) Mit dem Beitritt eines Mitglieds nimmt der Verein seine Adresse, sein Alter und seine Bankverbindung auf. Diese Informationen werden in dem vereinseigenen EDV-System / in den EDV-Systemen des ersten und zweiten Vorsitzenden, des Kassenwarts ... gespeichert. Jedem Vereinsmitglied wird dabei eine Mitgliedsnummer zugeordnet. Die per-

sonenbezogenen Daten werden dabei durch geeignete technische und organisatorische Maßnahmen vor der Kenntnisnahme Dritter geschützt.

Sonstige Informationen und Informationen über Nichtmitglieder werden von dem Verein grundsätzlich intern nur verarbeitet, wenn sie zur Förderung des Vereinszweckes nützlich sind (z. B. Speicherung von Telefon- und Faxnummern einzelner Mitglieder) und keine Anhaltspunkte bestehen, dass die betroffene Person ein schutzwürdiges Interesse hat, das der Verarbeitung entgegensteht.

(2) Als Mitglied des ... (Landessportverband und sonstige Verbände mit Adresse einsetzen) ist der Verein verpflichtet, seine Mitglieder an den Verband zu melden. Übermittelt werden dabei Name, Alter und Vereinsmitgliedsnummer (sonstige Daten); bei Mitgliedern mit besonderen Aufgaben (z. B. Vorstandsmitglieder) die vollständige Adresse mit Telefonnummer, Mailadresse sowie der Bezeichnung ihrer Funktion im Verein. Im Rahmen von Ligaspielen oder Turnieren meldet der Verein Ergebnisse (z. B. bei Fußball: Torschützen) und besondere Ereignisse (z. B. Fußball: Platzverweise u. s. w.) an den Verband.

(3) Pressearbeit

Der Verein informiert die Tagespresse sowie die ... (Namen der Zeitungen und Zeitschriften einsetzen, die informiert werden) über Turnierergebnisse und besondere Ereignisse. Solche Informationen werden überdies auf der Internetseite des Vereins veröffentlicht.

Das einzelne Mitglied kann jederzeit gegenüber dem Vorstand einer solchen Veröffentlichung widersprechen. Im Falle des Widerspruches unterbleiben in Bezug auf das widersprechende Mitglied weitere Veröffentlichungen. Personenbezogene Daten des widersprechenden Mitglieds werden von der Homepage des Vereins entfernt. Der Verein benachrichtigt .... (Namen der Verbände einsetzen, denen der Verein angehört) von dem Widerspruch des Mitglieds.

(4) Weitergabe von Mitgliedsdaten an Vereinsmitglieder

Der Vorstand macht besondere Ereignisse des Vereinsleben, insbesondere die Durchführung und die Ergebnisse von Turnieren sowie Feierlichkeiten am Schwarzen Brett des Vereins bekannt. Dabei können personenbezogene Mitgliederdaten veröffentlicht werden. Das einzelne Mitglied kann jederzeit gegenüber dem Vorstand einer solchen Veröffentlichung widersprechen. Im Falle des Widerspruches unterbleibt in Bezug auf das widersprechende Mitglied eine weitere Veröffentlichung am Schwarzen Brett. Der Vorstand macht besondere Ereignisse des Vereinslebens, insbesondere die Durchführung und die Ergebnisse von Turnieren sowie Feierlichkeiten in der Vereinszeitschrift bekannt. Das einzelne Mitglied kann jederzeit gegenüber dem Vorstand einer solchen

Veröffentlichung widersprechen. Im Falle des Widerspruches unterbleibt in Bezug auf das widersprechende Mitglied eine weitere Veröffentlichung, mit Ausnahme von Ergebnissen aus Ligaspielen und Vereinsturnierergebnissen. Mitgliederverzeichnisse werden nur an Vorstandsmitglieder und sonstige Mitglieder ausgehändigt, die im Verein eine besondere Funktion ausüben, welche die Kenntnis der Mitgliederdaten erfordert. Macht ein Mitglied geltend, dass er die Mitgliederliste zur Wahrnehmung seiner satzungsmäßigen Rechte benötigt, händigt der Vorstand die Liste nur gegen die schriftliche Versicherung aus, dass die Adressen nicht zu anderen Zwecken verwendet werden.

(5) Der Verein hat ein Kooperationsabkommen mit ... (Name des kooperierenden Unternehmens) abgeschlossen. Er übermittelt einmal im Jahr eine vollständige Liste der Mitglieder an ... (Name des kooperierenden Unternehmens), die den Namen, die Adresse und das Geburtsjahr enthält. Ein Mitglied kann dieser Übermittlung widersprechen; im Falle eines Widerspruches werden seine personenbezogenen Daten auf der zu übermittelnden Liste geschwärzt.

(6) Beim Austritt werden Name, Adresse und Geburtsjahr des Mitglieds aus der Mitgliederliste gelöscht. Personenbezogene Daten des austretenden Mitglieds, die die Kassenverwaltung betreffen, werden gemäß der steuergesetzlichen Bestimmungen bis zu zehn Jahre ab der schriftlichen Bestätigung des Austritts durch den Vorstand aufbewahrt.

Einwilligungserklärung:

Die vorstehenden Bestimmungen des § ... der Vereinssatzung habe ich gelesen und willige in die dort vorgesehenen Datenverarbeitungsvorgänge ein.

Ort, Datum Unterschrift

(ggf. Unterschrift eines gesetzlichen Vertreters)

Kommentar:

Ziffer 1)

soll dem Mitglied verdeutlichen, welche Funktionsträger im Verein über seine personenbezogene Daten verfügen.

Ziffer 2)

macht Datenübermittlungen transparent, die der Verein aufgrund seiner Zugehörigkeit zu Verbänden vornehmen muss.

Ziffer 3)

betrifft Datenübermittlungen, die nicht unmittelbar zur Erfüllung des Vereinszweckes erforderlich sind, aber regelmäßig im Rahmen der Öffentlichkeitsarbeit vorgenommen werden. Insoweit hat das einzelne Vereinsmitglied das Recht, die ihn betreffenden Informationsweitergaben zu verhindern, wenn es ein hinreichendes schutzwürdiges Interesse gegen die Informationsweitergabe hat.

Ziffer 4)

regelt die vereinsinterne Kommunikation. Ob personenbezogene Informationen an Mitglieder weitergegeben werden dürfen, hängt unter anderem davon ab, wie weit der Kreis der Informationsempfänger ist und welche Informationen weitergegeben werden.

Ziffer 5)

betrifft die Übermittlung von personenbezogenen Mitgliederdaten zu Werbezwecken. Das Bundesdatenschutzgesetz sieht insoweit weitreichende Rechte des Betroffenen vor. Deshalb muss auch das Vereinsmitglied die jederzeitige Möglichkeit haben, eine solche Datenübermittlung zu unterbinden. Nimmt ein Mitglied an einem Vereinsturnier teil, muss es jedoch regelmäßig hinnehmen, dass alle Vereinsmitglieder Kenntnis von den Ergebnissen erhalten.

Ziffer 6)

betrifft insbesondere die Aufbewahrungsfristen nach Maßgabe der §§ 145 – 147 Abgabenordnung.

Stichwortverzeichnis

Die Zahlen verweisen auf die Randnummern

P

Q

R

S

T